全国统计教材编审委员会"十一五"规划教材

质量管理统计方法

第二版

★ 周纪芗 茆诗松 编

中国统计出版社
China Statistics Press

(京)新登字 041 号

图书在版编目(CIP)数据

质量管理统计方法/周纪芗,茆诗松编.—2版.
—北京:中国统计出版社,2008.8(2021.7重印)
"十一五"国家级规划教材
ISBN 978-7-5037-5517-0

Ⅰ.质
Ⅱ.①周… ②茆…
Ⅲ.质量管理-统计分析-高等学校-教材
Ⅳ.F273.2

中国版本图书馆 CIP 数据核字(2008)第 120002 号

质量管理统计方法

作　　者/周纪芗　茆诗松
责任编辑/梁　超　李秋月
装帧设计/艺编广告
出版发行/中国统计出版社
通信地址/北京市西城区月坛南街 57 号　邮政编码/100826
办公地址/北京市丰台区西三环南路甲 6 号
电　　话/邮购(010)63376907　书店(010)68783172
印　　刷/三河双峰印刷装订有限公司
经　　销/新华书店
开　　本/787×1092mm　1/16
字　　数/500 千字
印　　张/32.5
印　　数/14001—16000 册
版　　别/2008 年 10 月第 2 版
版　　次/2021 年 7 月第 6 次印刷
书　　号/ISBN 978-7-5037-5517-0/F・2744
定　　价/68.00 元

中国统计版图书,版权所有,侵权必究。
中国统计版图书,如有印装错误,本社发行部负责调换。

出版说明

"十一五"时期是继续深化教育改革,加强素质教育,努力建设有利于创新型科技人才成长的教育体系的关键时期。为了更好地培育统计创新型科技人才,适应统计教育发展的新形势,全国统计教材编审委员会制定了《"十一五"全国统计教材建设规划》(以下简称规划)。规划坚持"以人为本"的科学发展观,坚持统计教育与实践相结合,坚持统计教育同国际接轨,坚持培养创新型的统计人才的指导思想,编写符合国民经济发展需要和统计事业发展需要的统计教材。

这批教材是在深入分析统计教育形势和统计教材建设发展状况,总结多年来统计教材建设经验的基础上,本着以建设本科统计教材为主的方针,积极探索研究生层次的统计教材,力争使规划统计教材的编写做到层次分明,有针对性和实用性。建设精品教材,是编委会自成立以来就孜孜以求的目标。考虑到统计教材建设的实际情况,"十一五"期间,本科教材主要以修订为主,对以往规划统计教材中使用面广,得到广大教师和学生普遍认可的教材组织了修订。修订后的教材,淘汰了过时的内容和例子,增加了计算机操作和大量的案例,编写手法也做了一定的调整,在实用性、可操作性等方面有了较大的改进。

近年来,我国现代化建设快速发展,高等教育规模持续扩大,尤其是研究生教育规模的扩大,使得高等学校研究生统计教学工作面临着许多新情况、新问题,任务艰巨。因此,必须坚持科学发展观,在规模持续发展的同时,把提高研究生统计教学质量放在突出的位置,培养全面发展的创新型的统计人才。教材是统计教学的载体,建设高质量的研究生层次的统计教材是统计教育发展的需要。因此,编委会在"十一五"期间对研究生的统计基础课教材做了些有益的探索。根据《规划》的要求,这批教材主要采取招标和邀请的方式组织有关院校的专家、学者编写。

值得特别提出的是,在这批教材中,有《非参数统计》、《概率论与数理统计》、《经济计量学教程》、《医学统计》、《应用时间序列分析》、《多元统计分析》、《统计学》、《统计指数理论及应用》、《现代金融投资统计分析》9种教材入选国家教育部组织编写的"普通高等教育'十一五'国家级规划教材",更加充实和完善了"十一五"期间统计教材的建设。

为了便于教学和学习,这批教材里面包含了与之相配套的《学习指导与习题》,使得这批教材在编辑出版上形成了比较完整的体系。我们相信,这批教材的出版和发行,对于推动我国统计教育改革,加快我国统计教材体系和教材内容更新、改造的步伐,打造精品教材,都将起到积极的促进作用。

限于水平和经验,这批教材的编审、出版工作还会有缺点和不足,诚恳欢迎教材的使用单位、广大教师和同学们提出批评和建议。

全国统计教材编审委员会
2006 年 6 月

第二版序

近年来，统计方法在质量管理中的应用愈来愈受到重视，不少企业开展了六西格玛质量改进活动、国家举办了质量工程师资格考试等，对统计方法的要求愈来愈迫切。教材应该根据实际需要进行修订。

根据多年的教学，这次修订主要有如下几点：首先是改写了第一章，增加了方差分析与回归分析两章内容；在抽样检验与控制图两章中结合国家标准的修订，按新的国家标准改写了原来一些内容，并增加了检测微小变化的控制图与一些非常规的控制图；在正交试验设计中增加了多指标的数据分析与饱和设计的数据分析方法；在测量系统分析中增加了破坏性试验与属性数据的测量系统分析。

本书的第一、六、九、十章由茆诗松修订，其他各章由周纪芗修订，全书由周纪芗统稿。这本书的出版得到华东师范大学统计系广大教师的支持，得到国家统计局教育中心的关心，也和中国统计出版社同志的努力是分不开的，在此一并致谢。最后还希望听到广大师生的批评和建议，使本书在不断改进中继续前进。

编者

2008 年 7 月

第一版前言

本书是按照全国统计教材编审委员会审定的《质量管理统计方法》编写大纲编写的，供高等院校统计专业本科生学习用的教科书，也可供从事质量管理的实际工作者参考。

质量是企业的生命。随着全面质量管理的开展，国际标准化组织制定了质量管理与质量保证的国际标准，这便是人们常常简称的 ISO 9000 系列标准。在这一个系列标准中对统计方法的应用都十分重视，将统计方法的应用看作质量管理的重要内容，是质量体系不可缺少的组成部分。因此将质量管理统计方法列为大学生的选修课是十分必要的，对深刻理解统计方法的应用也是很有帮助的。

本书的选材是围绕着质量管理的若干阶段来展开的。第一章叙述表征产品质量的数据的一般整理方法，第二章叙述产品定型后如何判断其是否合格的抽样检验方法，第三章叙述在生产过程中如何进行产品质量控制的统计过程控制方法，第四～六章叙述如何寻找优良的生产条件来提高产品的质量的试验设计的方法，第七章叙述有关产品寿命的分析方法，由于任何质量数据的获得都离不开测量，因此第八章叙述有关测量系统的数据分析方法。周纪芗编写了前五章，茆诗松编写了后三章。

本教材的许多内容，我们曾在学校和一些企业中为质量管理与工程技术人员进行过讲授，现将它们整理出来，并作修改与补充。作为正式教材，还是第一次尝试，加上我们的水平有限，因此教材中会有不少不当之处，恳请同行与读者批评指正。

编者

1999 年 3 月

目录

第一章 质量数据的描述　1

§1.1 质量数据及其分布　1
1.1.1 过程与过程控制系统　1
1.1.2 质量特性的分布　2
1.1.3 质量管理中的常用分布　5
1.1.4 分布的特征数　13

§1.2 总体、样本与统计量　17
1.2.1 总体与样本　17
1.2.2 从样本去认识总体　19
1.2.3 统计量　23
1.2.4 抽样分布　24

§1.3 参数估计　28
1.3.1 参数的点估计　28
1.3.2 点估计优劣的评价标准　30
1.3.3 置信区间　33

§1.4 假设检验　35
1.4.1 假设检验问题　35
1.4.2 假设检验的步骤　36
1.4.3 p 值——简化了的判断法则　40
1.4.4 有关正态总体的其他检验　41

§1.5 过程能力指数　46
1.5.1 过程能力指数 C_p　47
1.5.2 实际过程能力指数 C_{pk}　50
1.5.3 过程性能指数 P_p, P_{pk}　55
1.5.4 过程能力分析　58
1.5.5 有目标值的过程能力指数　59

§习题一　61

第二章 抽样检验　65

§2.1 抽样检验的基本概念　65
2.1.1 几个概念　65
2.1.2 常用的抽样检验方案　67

§2.2 计数抽样检验的一般原理　68
2.2.1 接收概率曲线(OC 曲线)　68
2.2.2 接收概率的计算方法　69
2.2.3 OC 曲线的比较　72
2.2.4 两种错判　73
2.2.5 评价抽检方案的其他指标　74

§2.3 计数标准型一次抽样检验方案　78
§2.4 计数调整型抽样检验方案　79
　2.4.1 AQL方案(Acceptance Quality Limit Plans)　79
　2.4.2 AQL的确定　80
　2.4.3 调整型抽样检验计划　81
　2.4.4 检验水平(IL)与样本量字码　82
　2.4.5 检索计数调整型一次抽样方案的步骤　83
　2.4.6 复合抽检特性曲线　85
§2.5 计量一次抽样检验方案　86
　2.5.1 计量一次抽样检验方案　86
　2.5.2 具有下规格限的计量标准型一次抽样检验方案　86
　2.5.3 具有上规格限的计量标准型一次抽样检验方案　90
　2.5.4 具有双侧规格限的计量标准型一次抽样检验方案　92
§2.6 计数序贯抽样检验方案简介　96
　2.6.1 计数序贯抽样检验方案　96
　2.6.2 计数序贯抽样方案的图形表示　97
§习题二　98

第三章 控制图　100

§3.1 概述　100
　3.1.1 波动及其原因　100
　3.1.2 减小波动的对策　101
　3.1.3 控制图概述　102
§3.2 计量特性的常规控制图　105
　3.2.1 概述　105
　3.2.2 均值－标准差控制图($\bar{x}-s$ 图)　107
　3.2.3 均值－极差控制图($\bar{x}-R$ 图)　114
　3.2.4 中位数－极差控制图($Me-R$ 图)　118
　3.2.5 单值－移动极差控制图($x-MR$ 图)　119
§3.3 计件特性的常规控制图　123
　3.3.1 概述　123
　3.3.2 不合格品率控制图(p 图)　124
　3.3.3 不合格品数控制图(np 图)　127
§3.4 计点特性的常规控制图　128
　3.4.1 概述　128
　3.4.2 单位缺陷数控制图(u 图)　128
　3.4.3 缺陷数控制图(c 图)　131

目 录

§3.5 标准值给定的控制图　132
　3.5.1 什么是标准值　132
　3.5.2 标准值给定的控制图　134
　3.5.3 如何给定标准值　134

§3.6 检测微小变化的控制图介绍　136
　3.6.1 计数型累积和控制图　136
　3.6.2 均值的累积和控制图　142
　3.6.3 指数加权滑动平均控制图　144

§3.7 其他控制图介绍　146
　3.7.1 偏差控制图　146
　3.7.2 标准化控制图　147
　3.7.3 三相控制图　149

§习题三　151

第四章 方差分析　154

§4.1 基本概念与假定　154
　4.1.1 几个名词术语　155
　4.1.2 方差分析的基本假定　155

§4.2 单因子方差分析　155
　4.2.1 统计模型　156
　4.2.2 方差分析的基本思想　157
　4.2.3 各水平均值 μ_i 与误差方差 σ^2 的估计　161
　4.2.4 重复数不等的方差分析　162
　4.2.5 多重比较　163
　4.2.6 方差齐性检验　166
　4.2.7 正态性检验与诊断　167
　4.2.8 随机效应模型　172

§4.3 两因子方差分析　176
　4.3.1 交互作用　176
　4.3.2 有重复试验场合的方差分析　178
　4.3.3 没有重复试验的方差分析　183

§4.4 随机化完全区组设计　188
　4.4.1 区组与随机化完全区组设计　188
　4.4.2 统计分析　189

§习题四　192

第五章 正交试验设计　196

§5.1 正交表　196

§5.2 无交互作用的正交试验设计与数据分析　198
　5.2.1 试验的设计　198

目录

    5.2.2 进行试验和记录试验结果 199
    5.2.3 数据分析 200
    5.2.4 验证试验 206

§5.3 有交互作用的正交试验设计与数据分析 206
    5.3.1 试验的设计 206
    5.3.2 数据分析 207

§5.4 有关交互作用与表头设计的几个问题 212
    5.4.1 自由度 212
    5.4.2 部分实施法 212
    5.4.3 避免混杂现象——表头设计的一个原则 213
    5.4.4 二水平正交设计的分辨度 215

§5.5 有重复试验的数据分析 220
    5.5.1 统计模型 220
    5.5.2 方差分析 221
    5.5.3 几点补述 225

§5.6 水平数不等的试验设计与数据分析 227
    5.6.1 直接选用混合水平正交表 227
    5.6.2 并列法 230
    5.6.3 拟水平法 233
    5.6.4 组合法 236
    5.6.5 赋闲列法 240

§5.7 多指标的数据分析 244
    5.7.1 综合平衡法 244
    5.7.2 综合评分法 247

§5.8 饱和设计 248
    5.8.1 极差分法析 248
    5.8.2 半正态概率纸判断法 249
    5.8.3 Lenth 方法 252

§习题五 254

第六章 参数设计 260

§6.1 参数设计的基本思想 260
    6.1.1 产品开发的三个阶段 260
    6.1.2 从损失函数看质量 261
    6.1.3 减少平均损失的两步法 261

§6.2 稳健设计 263
    6.2.1 明确参数设计问题 263
    6.2.2 区分可控因子与噪声因子 263
    6.2.3 内外表设计 264

目 录

   6.2.4 进行试验,获得每个试验结果 y_{ij} 264
   6.2.5 信噪比 265
   6.2.6 统计分析 267
   6.2.7 验证试验 268
 §6.3 灵敏度设计 272
   6.3.1 什么是灵敏度设计 272
   6.3.2 灵敏度设计与分析的要点 273
 §6.4 综合噪声因子 276
 §6.5 动态特性的参数设计 280
   6.5.1 动态特性 280
   6.5.2 信号因子 281
   6.5.3 动态特性参数设计的要求 281
   6.5.4 动态特性参数设计的试验安排 283
   6.5.5 信噪比与灵敏度的计算公式 284
   6.5.6 动态特性参数设计的实例 287
 §习题六 293

第七章 回归分析 299
 §7.1 变量间的两类关系与相关系数 299
   7.1.1 变量间的两类关系 299
   7.1.2 研究相关关系的方法 299
   7.1.3 样本相关系数 300
 §7.2 一元线性回归 303
   7.2.1 模型 303
   7.2.2 回归系数的最小二乘估计及其性质 303
   7.2.3 回归方程的显著性检验 306
   7.2.4 利用回归方程作预测 310
   7.2.5 利用回归方程作控制 311
   7.2.6 失拟性检验 312
   7.2.7 回归诊断 314
 §7.3 可以化为一元线性回归的曲线回归 316
   7.3.1 确定曲线回归方程形式 317
   7.3.2 曲线回归方程中参数的估计 317
   7.3.3 曲线回归方程的比较 319
 §7.4 多元线性回归 320
   7.4.1 多元线性回归的统计模型 320
   7.4.2 参数的最小二乘估计及其性质 322
   7.4.3 回归方程的显著性检验 327
   7.4.4 回归系数的显著性检验 331
   7.4.5 利用回归方程进行预测 334

目录

    7.4.6 回归诊断 336
§7.5 逐步回归简介 337
§习题七 338

第八章 回归设计 341
§8.1 基本概念 341
§8.2 一次回归的正交设计 342
    8.2.1 两项准备工作 342
    8.2.2 一次回归的试验设计 343
    8.2.3 数据分析 344
    8.2.4 零水平处的拟合检验 347
    8.2.5 一次回归正交设计的一个性质——旋转性 348
    8.2.6 重复试验的情况 349
    8.2.7 快速登高法 350
§8.3 二次回归的组合设计 354
    8.3.1 中心组合设计方案 354
    8.3.2 二次回归的正交设计 355
    8.3.3 二次回归的旋转设计 363
§习题八 370

第九章 可靠性分析 373
§9.1 产品的可靠性 373
    9.1.1 产品的两类质量指标 373
    9.1.2 产品可靠性的定义 373
    9.1.3 产品的寿命及其失效分布 374
§9.2 常用的可靠性指标 376
    9.2.1 可靠度函数 $R(t)$ 376
    9.2.2 失效率函数 $\lambda(t)$ 379
    9.2.3 平均寿命 383
    9.2.4 产品的维修性及平均维修时间 384
§9.3 指数分布寿命数据处理 386
    9.3.1 截尾寿命试验 386
    9.3.2 平均寿命 θ 与失效率 λ 的点估计 389
    9.3.3 平均寿命 θ 与失效率 λ 的置信限 390
    9.3.4 指数分布的检验 391
§9.4 威布尔分布寿命数据处理 393
    9.4.1 威布尔分布简介 393
    9.4.2 威布尔概率纸的应用 394
    9.4.3 形状参数 m 和特征寿命 η 的点估计 396
§9.5 加速寿命试验 399

§ 习题九　401

第十章　测量系统分析　403

§ 10.1　测量系统　403
 10.1.1　测量系统　403
 10.1.2　表征数据质量的统计指标　404

§ 10.2　测量系统的基本要求　405
 10.2.1　测量系统要有足够的分辨力　405
 10.2.2　测量系统在规定的时间内要保持
    统计稳定性　406
 10.2.3　测量系统要具有线性性　409

§ 10.3　测量系统的波动　413
 10.3.1　重复性(Repeatability)　413
 10.3.2　再现性(Reproducibility)　414
 10.3.3　零件之间的变差　417

§ 10.4　测量系统分析 I——均值极差法　418
 10.4.1　测量数据的结构与%GRR　418
 10.4.2　分辨力与数据组数　420

§ 10.5　测量系统分析 II——方差分析法　421
 10.5.1　方差分析法所使用的模型　421
 10.5.2　随机方式收集数据　422
 10.5.3　总平方和的分解　423
 10.5.4　各种方差的估计　424
 10.5.5　交互作用不存在时的方差分析　425

§ 10.6　破坏性试验的测量系统分析　426
 10.6.1　嵌套试验设计与交叉试验设计　426
 10.6.2　两因子嵌套试验设计的模型　427

§ 10.7　属性数据的测量系统分析　431
 10.7.1　Kappa 系数　431
 10.7.2　已知标准下的 Kappa 系数　434
 10.7.3　多人多次重复下的 Kappa 系数　435
 10.7.4　一般场合下的 Kappa 系数　438

§ 习题十　440

附表　443
 附表1　基本统计用表　445
  附表1.1　标准正态分布函数 $\Phi(x)$ 表　445
  附表1.2　标准正态分布的 α 分位数表　447
  附表1.3　t 分布分位数 $t_{1-\alpha}(n)$ 表　448
  附表1.4　χ^2 分布分位数 $\chi^2_{1-\alpha}(n)$ 表　450

目录

附表 1.5　F 分布分位数 $F_{1-\alpha}(n_1, n_2)$ 表　451

附表 2　抽样检验用表　459

　附表 2.1　计数标准型一次抽样方案表　459

　附表 2.2　正常检验一次抽样方案　463

　附表 2.3　加严检验一次抽样方案　464

　附表 2.4　放宽检验一次抽样方案　465

　附表 2.5　单侧限"σ"法的样本量与接收常数　466

　附表 2.6　单侧限"s"法的样本量与接收常数　467

　附表 2.7　双侧限"σ"法的样本量与接收常数　468

　附表 2.8　双侧限"s"法的样本量与接收常数　469

附表 3　计量控制图计算控制线的系数表　470

附表 4　t 化极差统计量的分位数 $q_{1-\alpha}(r, f)$ 表　471

附表 5　正交试验设计用表　474

　附表 5.1　正交表　474

　附表 5.2　Lenth 检验的临界值表　481

附表 6　可靠性用表　483

　附表 6.1　$\Gamma\left(1+\dfrac{1}{m}\right)$ 数值表　483

　附表 6.2　最佳线性无偏估计系数表（威布尔分布）　485

　附表 6.3　最佳线性无偏估计方差表（威布尔分布）　491

　附表 6.4　简单线性无偏估计表（威布尔分布）　492

参考答案　497

参考文献　501

第一章

质量数据的描述

§1.1 质量数据及其分布

1.1.1 过程与过程控制系统

一个产品的制造常常可以分解为若干个过程。这里讲的过程是指制造过程的一个工段、一道工序、一项操作等。一般说来,过程是将人、设备、材料、方法、环境等五项输入资源按一定要求组合起来,转化为中间产品、半成品、零部件等输出的活动。

譬如加工一根机械轴就是一个过程,它是操作者利用机器、刀具、毛坯钢材、一定电压的电源和一定的测量工具等资源(这些都属于输入),按一定的要求将它们组合起来进行加工,形成一根一定规格的轴(这便是输出)。

过程的输出是产品(或半成品),产品的质量是通过其质量特性显露出来的,因此把产品的质量特性看作过程的输出更便于研究。质量特性是随机变量,若对一些产品的某个质量特性(记为 X)进行测量或观察就可得到一系列测量值或观察值 $x_1, x_2, \cdots, x_n$,它们也称为数据,这些数据含有产品质量特性的信息。如果在过程中和过程输出处增加信息的收集,并利用统计方法对收集到的信息进行加工,通过统计处理,发现问题,寻找原因,指出进一步应采取的行动,再反馈给过程的输入,调整过程的某些输入资源,以保证过程工作正常,这样一串处理称为反馈系统。一个过程增加了反馈系统就称为过程控制系统(见图 1.1.1)。

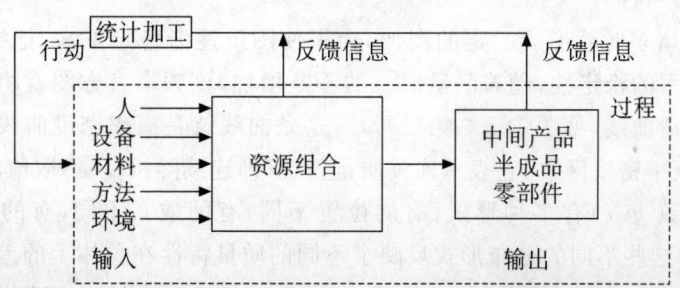

图 1.1.1 过程＋反馈系统＝过程控制系统

产品质量的改进与提高都要通过过程的反馈系统来实现,因此统计方法在过程控制系统中得到了广泛的应用。质量管理就是建立在"所有工作都是通过过程来完成的"这一基本认识基础上的。一个好的质量管理系统不仅是若干过程的总和,而且是相互协调与相容的。

1.1.2 质量特性的分布

一、两类数据

在质量管理中遇到的数据可分为两类:连续的与离散的。

1. 连续数据(又称计量数据):若质量特性的取值可以是某个区间内任一个值,且可通过某种量具或仪表测定的数据称为连续数据,这样的质量特性可以用连续随机变量描述。只是因为我们所取的刻度单位的局限,才使数据呈间隔状态。譬如在测量厚度时:

- 用直尺我们只能得到测量精度为 0.1 厘米的厚度;
- 用游标卡尺可以得到测量精度为 0.05 厘米的同样厚度;
- 用千分尺可以得到测量精度为 0.005 厘米的同样厚度;
- 用坐标测量设备可以得到测量精度为 0.000001 厘米的同样厚度。

类似地,测量长度、重量、时间等也会发生类似情况。

2. 离散数据(又称计数数据或属性数据):若质量特性的取值只能是有限个或可数个孤立值之一,且可通过计数方法获得的数据称为离散数据,它常用非负整数 $0,1,2,\cdots$ 表示。譬如 100 个产品中的不合格品数,一个铸件上的砂眼数等。这样的质量特性可用离散随机变量描述。

人们认识质量特性要从如下两个方面进行:

(1) 质量特性(随机变量)可取哪些值,或在哪一个区间上取值。

(2) 质量特性取这些值(或在某个区间取值)的概率各是多少。

综合上述两点就构成质量特性(随机变量)的概率分布。由于质量特性的取值可以分为两类,因此其概率分布亦有两类,一类是连续分布,另一类是离散分布。下面分别叙述。

二、连续分布用概率密度函数表示

任意两个产品不会是完全一样的,即使在自动化生产线上生产的产品也不例外。产品间的差异可以很大,也可以很小,有时可能小到无法测量,但差异总是存在的。每个产品的质量特性取什么值是随机的,但一大批产品的质量特性的取值会呈现出某种规律性。譬如我们一个接一个地去测量机械轴的直径 x,并不断地把测量值放在 x 轴上,差异便会显示出来(见图 1.1.2 第一行)。

当测量值 x 增多时就形成一定的图形,为了使图形逐渐稳定下来,把纵轴上的频数改为频率。由于频率的稳定性,随着测量值 x 的不断增加,该频率直方图就稳定下来了,其外形显现出一条光滑曲线(见图 1.1.2 第二行)。这条曲线就是概率密度曲线,相应的函数表达式 $p(x)$ 称为概率密度函数,它表示连续质量特性(即连续随机变量)取值的统计规律性。

概率密度函数 $p(x)$ 有多种形式,有的位置不同,有的散布不同,有的形状不同(见图 1.1.2 第三行)。这些不同的分布形式反映了不同的质量特性在总体上的差别,这种差别正是管理层应特别关注之处。一般说来,只要 $p(x)$ 非负,且与 x 轴所夹面积为 1,都可称 $p(x)$ 为概率密度函数。

有了概率密度函数 $p(x)$ 后,可以从中提取很多有用信息。

- 计算均值(数学期望),它表明分布的中心位置:

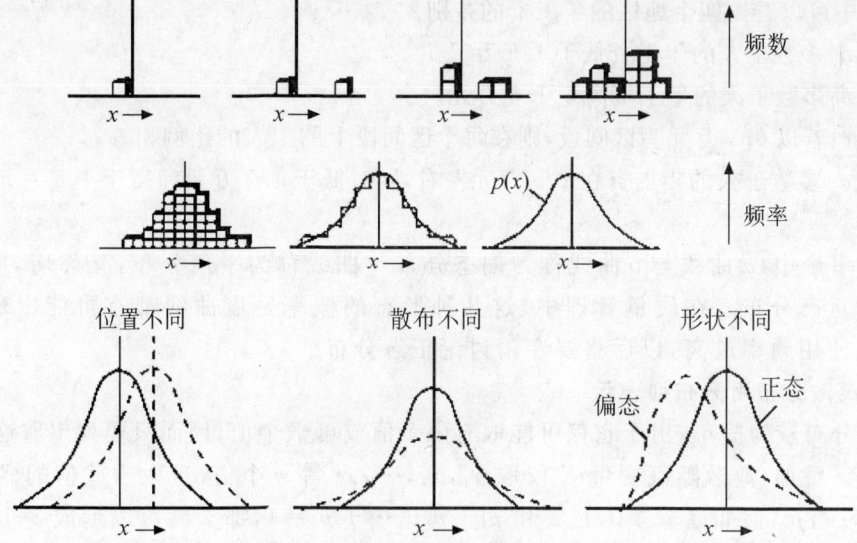

图 1.1.2 概率密度函数 $p(x)$ 的形成

$$E(X) = \int_{-\infty}^{\infty} xp(x)\mathrm{d}x$$

- 计算方差,它表明分布的分散程度:

$$\mathrm{Var}(X) = E(X-EX)^2 = \int_{-\infty}^{\infty}(x-EX)^2 p(x)\mathrm{d}x$$

- 计算标准差,它也表明分布的分散程度,但其单位与质量特性 X、均值 $E(X)$ 相同:

$$\sigma(X) = \sqrt{\mathrm{Var}(X)}$$

- 计算概率,质量特性 X 位于区间 $[a,b]$ 内的概率为:

$$P(a \leqslant X \leqslant b) = \int_a^b p(x)\mathrm{d}x$$

- 质量特性 X 取一点的概率为 0,即

$$P(X=a) = \int_a^a p(x)\mathrm{d}x = 0$$

由此可知 $P(X \leqslant b) = P(X < b)$。

例 1.1.1 某行业工人的年工资是一个连续随机变量(单位:万元),四个不同地区(用 a,b,c,d 表示)的该行业工人的年工资的概率密度函数曲线如图 1.1.3 所示。

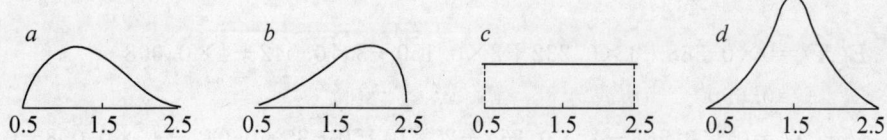

图 1.1.3 四个地区工人年工资的概率密度函数

从图中可以看出四个地区的年工资的差别。

地区 a:多数工人的年工资低于 1.5 万元。

地区 b:多数工人的年工资高于 1.5 万元。

地区 c:若以 0.1 万元为区间段,则在每个区间段上的工人的比例相等。

地区 d:多数工人的年工资在 1.5 万元左右,同时低于 1.5 万元和高于 1.5 万元的工人各占一半。

在概率论中,a 曲线与 b 曲线称为偏态分布,c 曲线称为平顶分布,又称均匀分布,d 曲线称为正态分布。在质量管理中,这几种形态的概率密度曲线都有可能出现,其中正态分布使用频率最高,以后将要专门讨论正态分布。

三、离散分布用分布列表示

离散分布较为简单,由于它仅可能取有限个值或可数个值,因而只要列出取这些值的概率即可。譬如,离散随机变量 X 仅取 $x_1, x_2, \cdots, x_n$ 等 n 个值,且取这些值的概率依次为 $p_1, p_2, \cdots, p_n$,假如诸 $p_i \geq 0$,且其和 $p_1 + p_2 + \cdots + p_n = 1$,那么就可以形成一个概率分布,并记为:

$$P(X = x_i) = p_i, \quad i = 1, 2, \cdots, n$$

或者列成如下的表格形式:

X	x_1	x_2	$\cdots$	x_n
P	p_1	p_2	$\cdots$	p_n

该离散分布的均值、方差、标准差分别为:

$$E(X) = \sum_{i=1}^{n} x_i p_i$$

$$\mathrm{Var}(X) = \sum_{i=1}^{n} (x_i - EX)^2 p_i = \sum_{i=1}^{n} x_i^2 p_i - (EX)^2$$

$$\sigma(X) = \sqrt{\mathrm{Var}(X)}$$

例 1.1.2 某厂生产的三极管 100 只装一盒,每日随机抽 10 盒进行质量检查,记录每盒中的不合格品数 X,累计 50 日得 X 的分布如下:

X	0	1	2	3	4
P	0.568	0.232	0.150	0.042	0.008

这是仅取 5 个值的离散分布,其中概率是用频率估计的。该分布的均值、方差、标准差分别为:

$$E(X) = 0 \times 0.568 + 1 \times 0.232 + 2 \times 0.150 + 3 \times 0.042 + 4 \times 0.008$$
$$= 0.690$$

$$\mathrm{Var}(X) = 0^2 \times 0.568 + 1^2 \times 0.232 + 2^2 \times 0.150 + 3^2 \times 0.042 + 4^2 \times 0.008 - 0.690^2$$
$$= 0.862$$

$$\sigma(X)=\sqrt{0.862}=0.928$$

由此可见,每盒三极管中平均有 0.69 个不合格品,或者说三盒中平均有 2 个不合格品,其标准差为 0.928。

1.1.3 质量管理中的常用分布

一、正态分布

概率密度函数为:

$$p(x)=\frac{1}{\sqrt{2\pi}\sigma}e^{-\frac{(x-\mu)^2}{2\sigma^2}}, \quad -\infty<x<\infty$$

的概率分布称为正态分布,该密度函数呈对称钟形曲线形状,见图 1.1.4。

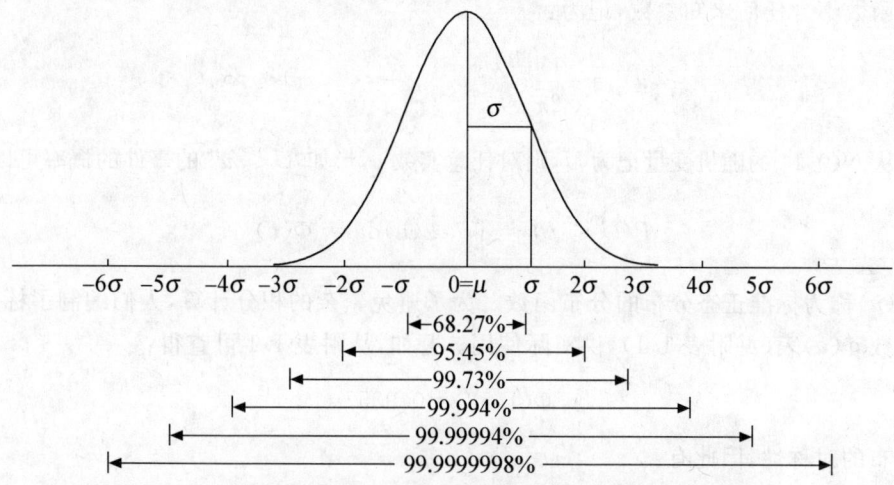

图 1.1.4 正态分布 $N(\mu,\sigma^2)$ 的概率密度曲线,在 $\mu\pm\sigma$ 处有拐点

正态分布含有两个参数 μ 与 σ,记为 $N(\mu,\sigma^2)$,其中:

- $\mu(-\infty<\mu<\infty)$ 是概率密度曲线的对称中心,又是该分布的均值,即 $E(X)=\mu$;若质量特性 X 服从正态分布 $N(\mu,\sigma^2)$,可记为 $X\sim N(\mu,\sigma^2)$,则 X 在 μ 附近取值的机会大,远离 μ 时取值的机会小。不同的 μ 表示正态分布的位置不同(见图 1.1.5)。

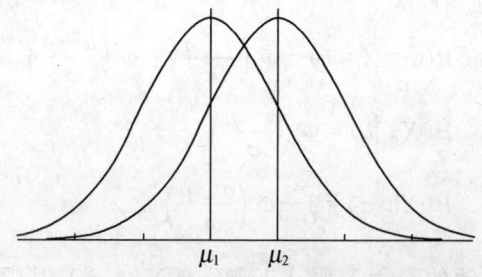

图 1.1.5 σ 相同 μ 不同($\mu_1<\mu_2$)

- $\sigma(\sigma>0)$ 是该分布的标准差,σ^2 是分布的方差,即 $\mathrm{Var}(X)=\sigma^2$。σ 愈小分布愈集中,σ 愈大分布愈分散(见图 1.1.6)。

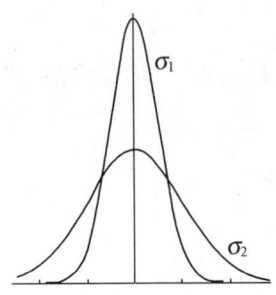

图 1.1.6 μ 相同 σ 不同 ($\sigma_1 < \sigma_2$)

许多实际问题都可以用正态分布描述,很多场合需要计算与正态分布有关事件的概率。为了回答这类问题,需要研究标准正态分布 $N(0,1)$,它是 $\mu=0, \sigma=1$ 的正态分布,它的概率密度函数不含任何未知参数,记为:

$$\varphi(u) = \frac{1}{\sqrt{2\pi}} e^{-u^2/2}, \qquad -\infty < u < \infty$$

若将服从 $N(0,1)$ 的随机变量记为 U,则对任意实数 u,形如"$U \leqslant u$"的事件的概率可以算出:

$$P(U \leqslant u) = \int_{-\infty}^{u} \varphi(u) \mathrm{d}u = \Phi(u)$$

其中 $\Phi(u)$ 称为标准正态分布的分布函数。为了避免繁杂的积分计算,人们编制了标准正态分布函数 $\Phi(u)$ 表(见附表 1.1),供实际使用。譬如,从附表 1.1 可查得:

$$\Phi(1.52) = 0.9357$$

由于分布的对称性,因此有:

$$\Phi(-u) = 1 - \Phi(u)$$

由此可知:$\Phi(-1.52) = 1 - \Phi(1.52) = 1 - 0.9357 = 0.0643$。

为了解决一般正态分布有关概率的计算,需要下面的定理:

定理 1.1.1 若 $X \sim N(\mu, \sigma^2)$,则 $U = \dfrac{X - \mu}{\sigma} \sim N(0,1)$。

由该定理可知:

$$P(a < X \leqslant b) = \Phi\left(\frac{b-\mu}{\sigma}\right) - \Phi\left(\frac{a-\mu}{\sigma}\right)$$

$$P(X \leqslant b) = \Phi\left(\frac{b-\mu}{\sigma}\right)$$

$$P(X > a) = 1 - \Phi\left(\frac{a-\mu}{\sigma}\right)$$

例 1.1.3 设汽车电池的寿命 X 服从正态分布 $N(\mu, \sigma^2)$,其中 $\mu=800$(天),$\sigma=15$(天)。随机地选择一个电池,其寿命不超过 760 天的概率可由下式求出:

$$P(X \leqslant 760) = P\left(\frac{X-\mu}{\sigma} \leqslant \frac{760-800}{15}\right)$$

$$= P(U \leqslant -2.67) = \Phi(-2.67)$$
$$= 1 - \Phi(2.67) = 1 - 0.9962 = 0.0038$$

其中 $\Phi(2.67) = 0.9962$ 是从附表 1.1 查得的。

例 1.1.4 设 $X \sim N(\mu, \sigma^2)$,对正整数 k 求概率 $P(|X - \mu| \leqslant k\sigma)$。

解:

$$P(|X-\mu| \leqslant k\sigma) = P\left(\left|\frac{X-\mu}{\sigma}\right| \leqslant k\right)$$
$$= P(|U| \leqslant k) = P(-k \leqslant U \leqslant k)$$
$$= \Phi(k) - \Phi(-k) = \Phi(k) - [1 - \Phi(k)] = 2\Phi(k) - 1$$

譬如,当 $k = 3$ 时,则正态变量 X 落入区间 $[\mu - 3\sigma, \mu + 3\sigma]$ 内的概率为:

$$2\Phi(3) - 1 = 2 \times 0.99865 - 1 = 0.9973$$

二、对数正态分布 $LN(\mu, \sigma^2)$

对数正态分布是偏态分布,某些产品的寿命、故障的修理时间、化学变化的响应时间等都服从对数正态分布。它的概率密度函数及图形见图 1.1.7。

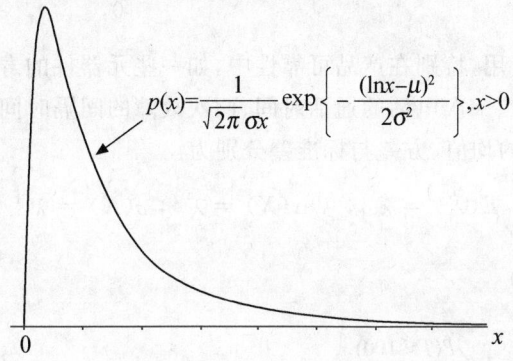

图 1.1.7 对数正态分布 $LN(\mu, \sigma^2)$ 的密度函数 $p(x)$ 及其图形

服从对数正态分布 $LN(\mu, \sigma^2)$ 的质量特性 X 有如下特点:

- X 是仅取正实数的随机变量,它的大量取值集中在左边,少量取值在右边且很分散。譬如,在机床维修时,大量故障在短时间内可以修好,少数故障需要较长时间,个别故障需要更长的修理时间。故修理时间的分布是呈偏态状。
- X 取对数后 $Y = \ln X$ 服从正态分布 $N(\mu, \sigma^2)$,这是对数正态分布最重要的特征。
- $\mu = E(\ln X)$ 是 X 的对数均值,$\sigma^2 = \text{Var}(\ln X)$ 是 X 的对数方差。
- X 的均值与方差分别为:

$$E(X) = \exp\left(\mu + \frac{\sigma^2}{2}\right), \quad \text{Var}(X) = (EX)^2 \times [\exp(\sigma^2) - 1]$$

例 1.1.5 设 X 服从对数正态分布 $LN(\mu, \sigma^2)$,其中 $\mu = 7.5, \sigma = 2$。求 X 的均值、方差和 X 小于 13000 的概率。

解: 按对数正态分布均值与方差的公式,可得:

$$E(X) = \exp\left(7.5 + \frac{2^2}{2}\right) = e^{9.5} = 13359.73$$

$$\text{Var}(X) = 13359.73^2 \times [\exp(2^2) - 1] = 9.566 \times 10^9$$

所求概率可以通过标准正态分布求得,具体如下:

$$P(X < 13000) = P(\ln X < \ln 13000) = P(\ln X < 9.47)$$
$$= P\left(\frac{\ln X - 7.5}{2} < \frac{9.47 - 7.5}{2}\right) = P(U < 0.99) = 0.8389$$

三、指数分布 Exp(λ)

用下列指数函数表示的概率密度函数称为指数分布:

$$p(x) = \begin{cases} \lambda e^{-\lambda x}, & x \geq 0 \\ 0, & x < 0 \end{cases}$$

记为 Exp(λ),其中 $\lambda > 0$ 是指数分布中的唯一参数,其曲线如图 1.1.8 所示。服从指数分布的质量特性仅取非负实数,是严重偏态分布。它的分布函数 $F(x)$ 有一个简洁形式:

$$F(x) = P(X \leq x) = \int_{-\infty}^{x} p(x)\mathrm{d}x = \begin{cases} 1 - e^{-\lambda x}, & x \geq 0 \\ 0, & x < 0 \end{cases}$$

指数分布有重要应用,特别在产品可靠性中,如一些元器件的寿命、某些系统(如发电系统、通讯系统等)的寿命、一次电话的通话时间、两次故障的间隔时间通常都认为服从指数分布。指数分布 Exp(λ) 的均值、方差与标准差分别为:

$$E(X) = \lambda^{-1}, \quad \text{Var}(X) = \lambda^{-2}, \quad \sigma(X) = \lambda^{-1}$$

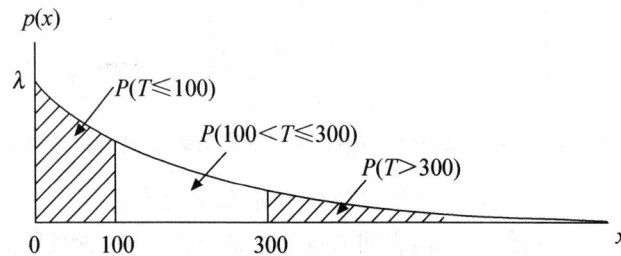

图 1.1.8 指数分布 Exp(λ)的概率密度曲线,其中 λ＝0.005

例 1.1.6 某型号推土机发生故障后的维修时间(单位:分)服从 $\lambda = 0.005$ 的指数分布(见图 1.1.8),为了求出图 1.1.8 上所示的三个概率,可以利用其分布函数:

$$F(x) = \begin{cases} 1 - e^{-0.005x}, & x \geq 0 \\ 0, & x < 0 \end{cases}$$

于是: $P(X \leq 100) = F(100) = 1 - e^{-0.005 \times 100} = 1 - e^{-0.5} = 0.3935$

$P(100 < X \leq 300) = F(300) - F(100) = e^{-0.5} - e^{-1.5} = 0.3834$

$P(X > 300) = 1 - P(X \leq 300) = 1 - (1 - e^{-0.005 \times 300}) = e^{-1.5} = 0.2231$

该指数分布的均值、方差与标准差分别为：

$$E(X)=\sigma(X)=(0.005)^{-1}=200 \text{ 分}$$
$$\text{Var}(X)=(0.005)^{-2}=4\times 10^4 \text{ 分}^2$$
$$\sigma(X)=\sqrt{4\times 10^4}=200 \text{ 分}$$

可见该推土机故障的平均维修时间和标准差均为 3 小时 20 分钟。

四、二项分布

二项分布产生的背景是：

(1) 重复进行 n 次随机试验。例如，把一枚硬币连抛 n 次、检验 n 个产品的质量、对一个目标连续射击 n 次等。

(2) n 次试验间相互独立，即每一次试验结果不对其他次试验结果产生影响。

(3) 每次试验仅有两个可能结果。例如，正面与反面、合格与不合格、命中与不命中、具有某特性与不具有某特性，以下统称为"成功"与"失败"。

(4) 每次试验成功的概率均为 p，失败的概率均为 $1-p$。

在上述四个条件下，设 X 表示 n 次独立重复试验中成功出现的次数，显然 X 是可以取 $0,1,\cdots,n$ 等 $n+1$ 个值的离散随机变量，且 $X=x$ 的概率为：

$$P(X=x)=\binom{n}{x}p^x(1-p)^{n-x}, \quad x=0,1,2,\cdots,n$$

这一分布称为二项分布，记为 $b(n,p)$，其中 $\binom{n}{x}$ 是从 n 个不同元素中取出 x 个的组合数，它的计算公式为：

$$\binom{n}{x}=\frac{n!}{x!(n-x)!}$$

若不合格品率为 p 的一批产品批量很大，现从中随机地抽取 n 个产品相对较少，观察所抽出的产品是合格品还是不合格品，那么：

- 由于一批产品的批量很大，以致于抽取一个产品不管是否为不合格品，不会影响下次抽到不合格品的概率，因此可以认为各次抽取是相互独立的。
- 每次抽取只有两个结果：合格品与不合格品，且抽到不合格品的概率皆为 p，抽到合格品的概率皆为 $1-p$。

若记 n 个产品中不合格品数为 X，则 X 服从二项分布 $b(n,p)$。

二项分布 $b(n,p)$ 的均值、方差与标准差分别为：

$$E(X)=np$$
$$\text{Var}(X)=np(1-p)$$
$$\sigma(X)=\sqrt{np(1-p)}$$

特例：$n=1$ 的二项分布称为二点分布。它的概率函数(即分布列)为：

$$P(X=x)=p^x(1-p)^{1-x}, x=0,1$$

或列表如下：

X	0	1
P	$1-p$	p

它的均值、方差与标准差分别为：

$$E(X)=p, \text{Var}(X)=p(1-p), \sigma(X)=\sqrt{p(1-p)}$$

例 1.1.7 在一个制造过程中，不合格品率为 0.1，如今从成品中随机取出 6 个，记 X 为 6 个成品中的不合格品数，即将抽到不合格品看成是"成功"，则 X 服从二项分布 $b(6,0.1)$，简记为 $X \sim b(6,0.1)$。现研究如下几个问题：

(1) 恰有 1 个不合格品的概率是多少？即事件 $X=1$ 的概率为：

$$P(X=1)=\binom{6}{1}\times 0.1\times(1-0.1)^{6-1}=6\times 0.1\times 0.9^5=0.3543$$

这表明，6 个成品中恰有一个不合格品的概率为 0.3543。类似可计算 $X=0, X=2, \cdots, X=6$ 的概率，计算结果可列出一张分布列，具体如下：

X	0	1	2	3	4	5	6
P	0.5314	0.3543	0.0984	0.0146	0.0012	0.0001	0.0000

这里 0.0000 表示 $X=6$ 的概率取前 4 位有效数字为零，实际它的概率为 $P(X=6)=0.000001$，并不严格为零。

还可以画一张线条图（图 1.1.9a）来表示这个分布（x 共有 7 个取值），图上的横坐标为 X 的取值，纵坐标为其相应的概率。从此图上可以看出分布的形态，哪些 x 上的概率大，哪些 x 上的概率小。假如改变 p 的值，其线条图也会改变。譬如，连抛 6 次均匀的硬币，其中正面出现的次数 $X \sim b(6,0.5)$，通过计算可画出其线条图（见图 1.1.9b），此图是对称的，如 $P(X=2)=P(X=4)=0.2343$。

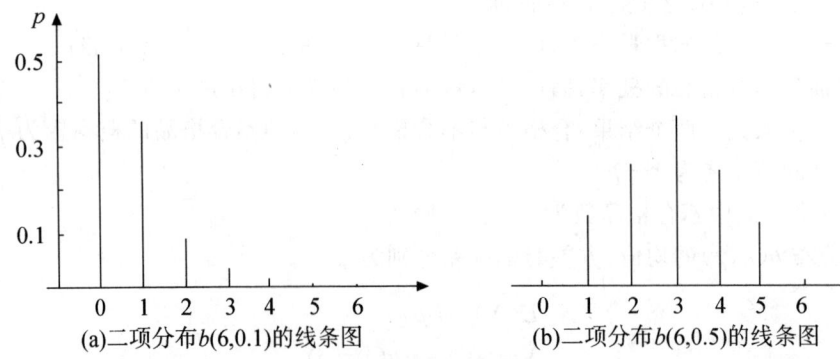

(a) 二项分布 $b(6,0.1)$ 的线条图　　(b) 二项分布 $b(6,0.5)$ 的线条图

图 1.1.9　二项分布 $b(n,p)$ 的线条图

(2) 不超过 1 个不合格品的概率为：

$$P(X\leqslant 1)=P(X=0)+P(X=1)=0.5314+0.3543=0.8857$$

(3)二项分布 $b(6,0.1)$ 的均值、方差与标准差分别为：

$$E(X)=np=6\times 0.1=0.6$$
$$\mathrm{Var}(X)=np(1-p)=6\times 0.1\times 0.9=0.54$$
$$\sigma(X)=\sqrt{np(1-p)}=\sqrt{0.54}=0.73$$

五、泊松分布

泊松分布是描述单位产品上的缺陷数 X 的离散分布。若设 λ 为单位产品上的平均缺陷数(DPU,Defect Per Unit)，则 X 取 x 值的概率为：

$$P(X=x)=\frac{\lambda^x}{x!}e^{-\lambda},\quad x=0,1,2,\cdots$$

这个分布称为泊松分布，记为 $P(\lambda)$，其中 $e=2.71828\cdots$ 为自然对数的底。泊松分布的均值、方差与标准差分别为：

$$E(X)=\lambda,\mathrm{Var}(X)=\lambda,\sigma(X)=\sqrt{\lambda}$$

服从泊松分布的质量特性很多，譬如：
- 在一定时间内，电话总站接错电话的次数；
- 在一定时间内，某操作系统发生的故障数；
- 一个铸件上的砂眼个数；
- 一平方米玻璃上气泡的个数；
- 一件产品因擦伤留下的痕迹个数。

例1.1.8 某产品上的缺陷数 X 服从泊松分布 $P(\lambda)$，其中 λ 为单位产品上的平均缺陷数(DPU)，为估计 λ，对其四种型号产品分别进行抽样，检查缺陷数，获得以下数据：

型号	产品数	缺陷数
A	$n_A=304$	$d_A=12$
B	$n_B=112$	$d_B=6$
C	$n_C=411$	$d_C=5$
D	$n_D=2419$	$d_D=105$
累计	$n=3246$	$d=128$

据此可以算得单位产品平均缺陷数

$$\hat{\lambda}=\mathrm{DPU}=\frac{d}{n}=\frac{128}{3246}=0.0394$$

由此还可算得该产品的合格率 $P(X=0)$ 和至少有2个缺陷的概率 $P(X\geqslant 2)$ 分别为：

$$P(X=0)=e^{-\mathrm{DPU}}=e^{-0.0394}=0.9614$$
$$P(X\geqslant 2)=1-P(X=0)-P(X=1)=1-(1+\mathrm{DPU})e^{-\mathrm{DPU}}$$
$$=1-(1+0.0394)e^{-0.0394}=0.000756$$

可见该产品上发生2个或2个以上缺陷的概率不到千分之一，合格品(没有缺陷)的概率为

0.9614。

下面提及泊松分布的一项重要应用,在一定条件下,二项分布可用泊松分布近似,从而简化计算。

定理 1.1.2 泊松定理(二项分布的泊松近似) 在二项分布 $b(n,p)$ 中,若 n 较大,p 较小,$np=\lambda$ 适中,则有

$$\binom{n}{x}p^x(1-p)^{n-x} \approx \frac{\lambda^x}{x!}e^{-\lambda}, \quad \lambda=np$$

例 1.1.9 为保证设备正常工作,需要配一些修理工。如果各台设备发生故障是相互独立的,且每台设备发生故障的概率都是 0.01。试在以下各种情况下,求设备发生故障而不能及时修理的概率。

(1) 1 名修理工负责 20 台设备;
(2) 3 名修理工负责 90 台设备;
(3) 10 名修理工负责 500 台设备。

解:(1) 以 X_1 表示 20 台设备中同时发生故障的台数,则 $X_1 \sim b(20, 0.01)$。用参数为 $\lambda=np=20\times 0.01=0.2$ 的泊松分布作近似计算,得所求概率为:

$$P(X_1 > 1) \approx 1 - \sum_{k=0}^{1} \frac{0.2^k}{k!}e^{-0.2} = 1 - 0.982 = 0.018$$

(2) 以 X_2 表示 90 台设备中同时发生故障的台数,则 $X_2 \sim b(90, 0.01)$,用参数为 $\lambda=np=90\times 0.01=0.9$ 的泊松分布作近似计算,得所求概率为:

$$P(X_2 > 3) \approx 1 - \sum_{k=0}^{3} \frac{0.9^k}{k!}e^{-0.9} = 1 - 0.987 = 0.013$$

注意,此种情况下,不但所求概率比(1)中有所降低,而且 3 名维修工负责 90 台设备相当于每个维修工负责 30 台设备,工作效率是(1)的 1.5 倍。

(3) 以 X_3 表示 500 台设备中同时发生故障的台数,则 $X_3 \sim b(500, 0.01)$,用参数为 $\lambda=np=500\times 0.01=5$ 的泊松分布作近似计算,得所求概率为:

$$P(X_3 > 10) \approx 1 - \sum_{k=0}^{10} \frac{5^k}{k!}e^{-5} = 1 - 0.986 = 0.014$$

注意,此种情况下所求概率与(2)中基本一样,而 10 名维修工负责 500 台设备相当于每个维修工负责 50 台设备,工作效率是(2)的 1.67 倍,是(1)的 2.5 倍。

六、超几何分布

从一个有限总体中进行不放回抽样常会遇到超几何分布。

设有 N 个产品,其中有 M 个不合格品。若从中不放回地随机抽取 n 个,则其中含有的不合格品的个数 X 是只取 $0, 1, \cdots, r$ 个值的离散随机变量,其中 r 不能超过样本量 n,又不能超过总体中不合格品数 M,故 $r = \min(n, M)$,这个随机变量 X 取 x 值的概率为:

$$P(X=x) = \binom{M}{x}\binom{N-M}{n-x} \Big/ \binom{N}{n}, \quad x = 0, 1, \cdots, r$$

这个分布称为超几何分布,记为 $h(n,N,M)$,它的均值与方差分别为:

$$E(X)=\frac{nM}{N}, \quad \mathrm{Var}(X)=\frac{n(N-n)}{N-1} \cdot \frac{M}{N}\left(1-\frac{M}{N}\right)$$

例 1.1.10 20 个产品中有 5 个不合格品,若从中随机抽取 8 个,试求其中不合格品数 X 的概率分布。

解:这是有限总体,其中 $N=20, M=5, n=8$,利用超几何分布可算得:

$$P(X=0)=\frac{\binom{5}{0}\binom{15}{8}}{\binom{20}{8}}=0.0511$$

$$P(X=1)=\frac{\binom{5}{1}\binom{15}{7}}{\binom{20}{8}}=0.2554$$

类似地可算得 $X=2,3,4,5$ 的概率,现把结果列表如下:

X	0	1	2	3	4	5
P	0.0511	0.2554	0.3973	0.2384	0.0542	0.0036

这里 $r=\min(n,M)=\min(8,5)=5$。

这个超几何分布 $h(8,20,5)$ 的均值与方差分别为:

$$E(X)=\frac{nM}{N}=\frac{8\times 5}{20}=2$$

$$\begin{aligned}\mathrm{Var}(X)&=\frac{n(N-n)}{N-1}\cdot\frac{M}{N}\left(1-\frac{M}{N}\right)\\&=\frac{8(20-5)}{20-1}\cdot\frac{5}{20}\cdot\left(1-\frac{5}{20}\right)=1.1842\end{aligned}$$

1.1.4 分布的特征数

分布的特征数有多种,它们各自用一个数描述分布的一个侧面的特征。分布的均值 $E(X)$、方差 $\mathrm{Var}(X)$ 和标准差 $\sigma(X)$ 是分布最重要的三个特征数。此外分布还有其他特征数,如矩、变异系数、中位数、分位数等。在叙述这些特征数之前先罗列均值与方差的运算性质。

一、均值与方差的运算性质

1. 常数 c 的均值仍然为 c,其方差为 0,即

$$E(c)=c, \quad \mathrm{Var}(c)=0$$

2. 线性函数 $aX+b$ 的均值与方差分别为:

$$E(aX+b)=aE(X)+b, \quad \mathrm{Var}(aX+b)=a^2\mathrm{Var}(X)$$

3. 随机变量和或差的均值等于均值的和或差,即

$$E(X \pm Y) = E(X) \pm E(Y)$$

4. 若随机变量 X 与 Y 相互独立（指 X 的取值与 Y 的取值互不影响），则

$$\mathrm{Var}(X \pm Y) = \mathrm{Var}(X) + \mathrm{Var}(Y)$$

5. 若随机变量 X 与 Y 相互独立，则

$$E(X \cdot Y) = E(X) \cdot E(Y)$$

其中性质 3、4、5 可以推广到三个或三个以上随机变量场合，但性质 4 与 5 仍然要求各随机变量相互独立。

例 1.1.11 设 $X_1, X_2, \cdots, X_n$ 是 n 个相互独立同分布的随机变量，它们的算术平均值 $\overline{X} = \frac{1}{n}(X_1 + X_2 + \cdots + X_n)$ 称为样本均值。若诸 X_i 的均值皆为 μ，方差皆为 σ^2，求 $\overline{X}$ 的均值、方差与标准差。

解：由性质 2 与 3 知：

$$E(\overline{X}) = \frac{1}{n}[E(X_1) + E(X_2) + \cdots + E(X_n)] = \frac{1}{n}(\mu + \mu + \cdots + \mu) = \mu$$

再由性质 2 与 4 知：

$$\mathrm{Var}(\overline{X}) = \frac{1}{n^2}[\mathrm{Var}(X_1) + \mathrm{Var}(X_2) + \cdots + \mathrm{Var}(X_n)]$$

$$= \frac{1}{n^2}(\sigma^2 + \sigma^2 + \cdots + \sigma^2) = \frac{\sigma^2}{n}$$

$$\sigma(\overline{X}) = \sigma/\sqrt{n}$$

二、矩

矩有两种：原点矩与中心矩。

随机变量 X 的 k 次幂的均值 $\mu_k = E(X^k)$ 称为 X 的 k 阶（原点）矩。一阶矩就是 X 的均值。

随机变量 X 与均值之差的 k 次幂的均值 $\nu_k = E(X - EX)^k$ 称为 X 的 k 阶中心矩。显然 $\nu_1 = 0$，$\nu_2 = \mathrm{Var}(X)$。

三、变异系数

随机变量 X 的标准差与均值之比 $C_v = \sigma(X)/E(X)$ 称为 X 的变异系数。它是以均值为单位来度量标准差大小的特征量，它是一个无量纲的量。譬如：

正态分布 $N(1, 10^2)$ 的变异系数 $C_v^{(1)} = 10/1 = 10$

正态分布 $N(100, 10^2)$ 的变异系数 $C_v^{(2)} = 10/100 = 0.1$

由于 $C_v^{(2)} < C_v^{(1)}$，可见第二个正态分布的变异系数比第一个小。一般说来，测量短距离的标准差要小于测量长距离的标准差，所以变异系数更能反映分布的散布程度。

四、分位数

分位数常对连续分布来定义。连续分布函数 $F(x)$ 的 $\alpha(0 < \alpha < 1)$ 分位数 x_α 是指满足如下等式的解：

$$P(X \leq x_\alpha) = \alpha \quad \text{或} \quad F(x_\alpha) = \alpha$$

0.5 分位数 $x_{0.5}$ 称为中位数。

分布的 α 分位数是 x 轴上的一个点（实数），它把密度函数 $p(x)$ 下的面积（概率）分成两块，左侧一块面积恰好为 α，右侧一块面积为 $1-\alpha$。中位数 $x_{0.5}$ 把 $p(x)$ 下的面积分成相等的两块，各为 0.5（见图 1.1.10）。

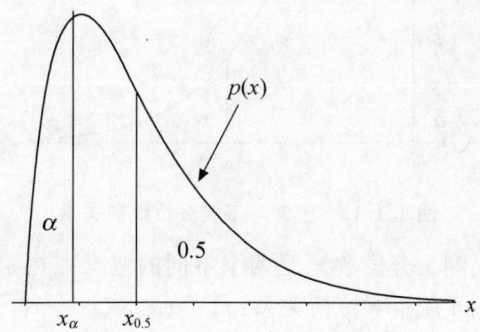

图 1.1.10 α 分位数与中位数

寻求 α 分位数就是求分布函数 $F(x)$ 的反函数 $F^{-1}(\cdot)$ 在 α 处的值，即 $x_\alpha = F^{-1}(\alpha)$。

分布的 α 分位数 x_α 是 α 的非减函数，譬如 $x_{0.1} \leqslant x_{0.3} \leqslant x_{0.7}$。

标准正态分布 $N(0,1)$ 的 α 分位数记为 u_α，有 $u_\alpha = \Phi^{-1}(\alpha)$，其中 $\Phi^{-1}(\cdot)$ 是标准正态分布函数 $\Phi(u)$ 的反函数。人们已对各种 α 编制了"标准正态分布 α 分位数 u_α 表"（见附表 1.2），由于标准正态分布函数的对称性，故有（见图 1.1.11）：

- 当 $\alpha < 0.5$ 时，$u_\alpha < 0$；
- 当 $\alpha > 0.5$ 时，$u_\alpha > 0$；
- 当 $\alpha = 0.5$ 时，$u_{0.5} = 0$
- 对任意 $\alpha(0 < \alpha < 1)$ 有 $u_\alpha = -u_{1-\alpha}$ 或 $u_\alpha + u_{1-\alpha} = 0$。

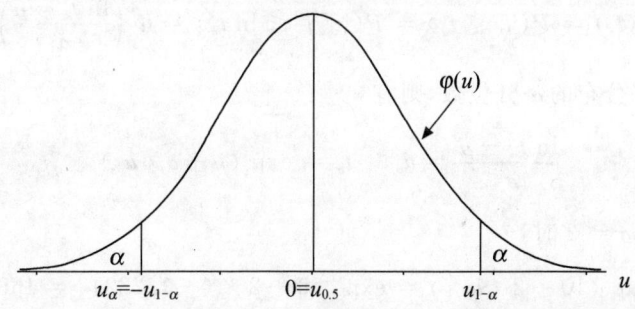

图 1.1.11 标准正态分布的分位数

一般正态分布 $N(\mu, \sigma^2)$ 的 α 分位数 $x_\alpha = \mu + \sigma \cdot u_\alpha$，其中 u_α 为标准正态分布的 α 分位数。

连续分布的 α 分位数有两种：下侧 α 分位数 x_α 与上侧 α 分位数 x'_α。下侧 α 分位数就是上面叙述的 α 分位数 x_α，常把"下侧"两字省略。而上侧 α 分位数 x'_α 是指满足如下等式的解：

$$P(X > x'_\alpha) = \alpha \text{ 或 } 1 - F(x'_\alpha) = \alpha$$

见图 1.1.12。

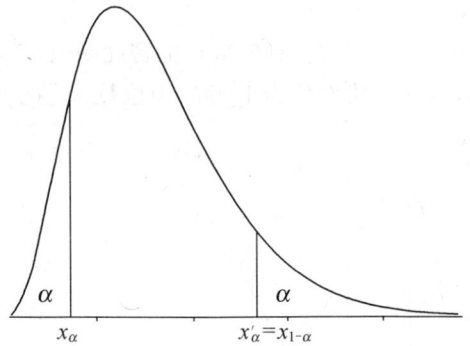

图 1.1.12　上侧与下侧分位数的关系

下侧 α 分位数 x_α 与上侧 α 分位数 x'_α 是两个不同的概念。在 $\alpha \neq 0.5$ 时，$x_\alpha \neq x'_\alpha$，而在 $\alpha = 0.5$ 时，$x_\alpha = x'_\alpha$。它们之间有如下转换关系：$x'_\alpha = x_{1-\alpha}$ 或 $x_\alpha = x'_{1-\alpha}$。可以根据使用方便选用 x_α 或 x'_α。譬如：

- 某公司的轴承寿命 T 低于 1500 小时的轴承占总产量的 10%，这里 1500 小时就是轴承寿命分布的下侧 0.1 分位数，即 $t_{0.1} = 1500$ 小时。
- 国务院新闻办公室于 2006 年 12 月 12 日发布的《中国老年事业的发展》报告中称：2005 年底，中国 60 岁以上老年人占总人口的比例达 11%，这里 60 岁就是中国人年龄 X 的上侧 0.11 分位数，即 $x'_{0.11} = 60$ 岁。

例 1.1.12　某绝缘材料的使用寿命 T（单位：小时）服从对数正态分布 $LN(\mu, \sigma^2)$。
(1) 求对数正态分布的 α 分位数 t_α；
(2) 若 $\mu = 10, \sigma = 2$，求 $t_{0.1}$；
(3) 若 $t_{0.2} = 5000$ 小时，$t_{0.8} = 65000$ 小时，求 μ 与 σ。

解：(1) 设对数正态分布的分布函数为 $F(t)$，则其 α 分位数 t_α 满足方程 $F(t_\alpha) = \alpha$，其中

$$F(t_\alpha) = P(T \leqslant t_\alpha) = P(\ln T \leqslant \ln t_\alpha) = \Phi\left(\frac{\ln t_\alpha - \mu}{\sigma}\right)$$

若令 u_α 为标准正态分布的 α 分位数，则有

$$\frac{\ln t_\alpha - \mu}{\sigma} = u_\alpha, \quad t_\alpha = \exp(\mu + \sigma \cdot u_\alpha)$$

(2) 在 $\mu = 10, \sigma = 2$ 时，

$$t_{0.1} = \exp(10 + 2 \cdot u_{0.1}) = \exp[10 + 2 \times (-1.282)] = 1662 \text{ 小时}$$

这表明，该绝缘材料在 1662 小时内有 10% 会发生失效。若进行质量改进，把对数标准差 σ 减少到 1.7，这时 0.1 的分位数

$$t_{0.1} = \exp[10 + 1.7 \times (-1.282)] = 2491 \text{ 小时}$$

这表明，该绝缘材料的寿命延长了，其 10% 失效时间延迟到 2491 小时。

(3) 若 $t_{0.2} = 5000$ 和 $t_{0.8} = 65000$，可列出如下联立方程：

$$\ln 5000 = \mu + \sigma \cdot u_{0.2}$$
$$\ln 65000 = \mu + \sigma \cdot u_{0.8}$$

查表可知，$u_{0.8}=0.84, u_{0.2}=-u_{0.8}=-0.84$，代入上式，解之得：

$$\mu=9.8, \quad \sigma=1.527$$

这意味着，该绝缘材料的平均寿命 $E(T)$ 为：

$$E(T)=\exp\left\{\mu+\frac{\sigma^2}{2}\right\}=\exp\{9.8+1.527^2/2\}=57865 \text{ 小时}$$

§1.2 总体、样本与统计量

1.2.1 总体与样本

一、总体与个体

在实际问题中，我们把研究对象的全体称为总体，把构成总体的每个成员称为个体。

统计学关心的是研究对象（即个体）的某个数量指标，那么将每个研究对象的数量指标 x 称为个体，指标值的全体看作一个总体。这样一来，总体就是一堆数。在这一堆数中有些数出现的机会高，有些数出现的机会低，故描述这一堆数的特性的最好方法就是用一个分布。因此总体又可看作是一个分布，不同的总体可用不同的分布去描述。以后"从总体中抽样"可以说成"从分布中抽样"。

例 1.2.1 对某产品仅考察其合格与否，并记合格品为 0，不合格品为 1，那么：

总体＝{该产品的全体}＝{由 0 或 1 组成的一堆数}

这一堆数的分布是什么呢？若记 1 在总体中所占比例为 p，则该总体可用如下一个二点分布 $b(1,p)$（$n=1$ 的二项分布）表示：

X	0	1
P	$1-p$	p

譬如，有两个工厂生产同一个产品，甲厂的不合格品率 $p=0.01$，乙厂的不合格品率 $p=0.08$，甲乙两厂所生产的产品（即两个总体）分别用如下两个分布描述：

$X_甲$	0	1
P	0.99	0.01

$X_乙$	0	1
P	0.92	0.08

这个总体可称为二值总体。类似地，正态总体是指总体可用正态分布描述的总体，泊松总体是指总体可用泊松分布描述的总体。

二、样本

从总体中抽取部分个体所组成的集合称为样本。样本中的个体称为样品，样品的个数称为样本容量或样本量。

人们从总体中抽取样本是为了认识总体，即从样本推断总体，譬如推断总体是什么分布？推断总体的均值为多少？推断总体的标准差是多少？为了使此种统计推断有所依据，推断结果有效，对样本的抽取应有所要求。

满足下面两个条件的样本称为简单随机样本，又简称样本。

(1)随机性，总体中每个个体都有相同的机会入样。譬如，按随机性要求抽出5个样品，记为$X_1, X_2, \cdots, X_5$，则其中每一个都应与总体分布相同。只要随机抽样就可保证此点实现。

(2)独立性，从总体中抽取的每个样品对其他样品的抽取无任何影响，假如总体很大甚至是无限的，抽样独立性容易满足。这时抽出的5个样品$X_1, X_2, \cdots, X_5$还是相互独立的随机变量。

综上两点，样本$X_1, X_2, \cdots, X_n$可以看作n个相互独立的、同分布的随机变量，其分布与总体分布相同。今后的样本都是指满足这些要求的简单随机样本。在抽样中切忌干扰，特别是人为干扰。某些人的倾向性会使所得样本不是简单随机样本，从而使最后的统计推断失效。

例 1.2.2 样本的例子及表示方法

(1)某食品厂用自动装罐机生产净重为345克的午餐肉罐头。由于生产中众多因素的干扰，每只罐头净重都有差别。现从生产线上随机抽10个罐头，称其净重，得：

| 344 | 336 | 345 | 342 | 340 |
| 336 | 344 | 348 | 344 | 346 |

这就是容量为10的一个样本。它是来自该生产线上罐头净重这个总体的一个样本。

(2)(分组样本)对363个零售店调查周零售额(单位:万元)的结果如下表1.2.1所示：

表 1.2.1 周零售额的调查结果 (单位:万元)

零售额	≤1	(1,5]	(5,10]	(10,20]	(20,30]
商店数	61	135	110	42	15

这是一个容量为363的样本。对应的总体是该地区全部零售商店的周零售额。这个样本与前一个样本不同，它仅给出样本所在区间，没有给出具体的零售额。这样做虽会失去一些信息，但要准确获得每个零售店的周零售额并非易事，能做到的是把区间再缩小一些。这种样本称为分组样本。它是一种不完全样本。"不完全"是它的缺陷，但也有优点。譬如，在样本量n很大时，譬如几百个甚至上千个，罗列所有数据非常不便，且使人眼花缭乱不得要领，这时可把样本作初步整理转化为分组样本加以表达，这样可立即给人一个大致的印象。以后在作频率直方图时要用到这个方法。

(3)(有序样本)设$x_1, x_2, \cdots, x_n$是从某总体随机抽取的一个样本。将它们从小到大排列为$x_{(1)} \leq x_{(2)} \leq \cdots \leq x_{(n)}$，这便是有序样本。譬如本例(1)是样本量为10的样本。经排序可得如下的有序样本：

$$x_{(1)}=336, x_{(2)}=336, x_{(3)}=340, x_{(4)}=342, x_{(5)}=344$$
$$x_{(6)}=344, x_{(7)}=344, x_{(8)}=345, x_{(9)}=346, x_{(10)}=348$$

从有序样本可获得一些有用信息。譬如样本中的最小值为$x_{(1)}=336$，最大值为$x_{(10)}=348$，

样本极差 $R = x_{(10)} - x_{(1)} = 348 - 336 = 12$。这些量对我们认识生产线的现状都是有帮助的。

随机变量 X 及其取值 x 分别用大写和小写英文字母表示,以示区别,可在统计中常不加区分,都用小写英文字母 x 表示,这在实用中是方便的,当需要区分时,可按上下文的含义而加以解释。

1.2.2 从样本去认识总体

样本来自总体,必含有总体信息,但样本是一组杂乱无章的数据,须对其进行整理和加工后才能显示出有用的信息。整理和加工数据的方法有图表和统计量两类方法,这里先介绍几种图表示方法。

一、频数频率表与直方图

例 1.2.3 食品厂用自动装罐机生产午餐肉罐头,由于诸多因素影响,罐头的重量间都有差异。现从生产线上随机抽取 100 只罐头,称其净重,数据如下(单位:克):

```
342  342  346  344  343  339  336  342  347  340
340  350  340  336  341  339  346  338  342  346
340  346  346  345  344  350  348  342  340  356
339  348  338  342  347  347  344  343  339  341
348  341  340  340  342  337  344  340  344  346
342  344  345  338  341  348  345  339  344  346
346  344  344  344  343  345  345  350  353  345
352  350  345  343  347  343  350  343  350  344
343  348  342  344  345  349  332  343  340  346
342  335  349  343  344  347  341  346  341  342
```

对这一批数据的整理可分两步,先把它转化为分组样本,得频数频率表;然后再作直方图,观察其分布形状。具体如下:

(1) 从样本中找出最大值 $x_{\max} = x_{(100)}$,最小值 $x_{\min} = x_{(1)}$,并计算极差 R,在本例中:

$$x_{\max} = x_{(100)} = 356, x_{\min} = x_{(1)} = 332$$

$$R = x_{\max} - x_{\min} = 356 - 332 = 24$$

(2) 对样本进行分组,决定组数 k 和组距 d。一般对样本分为 7～15 组为宜。具体组数可据样本量 n 大小而定,通常可参照表 1.2.2 选择组数。

表 1.2.2 组数 k 的参考表

样本量 n	组数 k
40～99	6～8
100～200	8～10
201～500	9～11
501～1000	10～13
1000 以上	12～15

每组区间长度可以相同也可不同,实际中常选用长度相同的区间,以便相对比较。这时可用极差 R 与组数 k 来确定组距：

$$d = R/k$$

在本例中,取 $k=9$,则 $d=24/9 \approx 3$,即组距为 3。

(3) 决定各组的区间端点 $a_0, a_0+d=a_1, a_0+2d=a_2, \cdots$,形成如下区间：

$$(a_0, a_1], (a_1, a_2], \cdots, (a_{k-1}, a_k]$$

其中 a_0 略小于 $x_{\min}$,a_k 略大于 $x_{\max}$。本例中,取 $a_0 = 331.5$,由于 $d=3$,故：

$$a_1 = 334.5, a_2 = 337.5, \cdots, a_9 = 358.5$$

(4) 用唱票方法统计样本落在每个区间中的频数 n_i,并计算频率 $f_i = n_i/n$,列出频数频率表。具体见表 1.2.3。

表 1.2.3 分组的频数频率表(分组样本)

组号	区间	组中值	频数统计	频数 n_i	频率 f_i
1	(331.5, 334.5]	333	一	1	0.01
2	(334.5, 337.5]	336	正	4	0.04
3	(337.5, 340.5]	339	正正正丁	17	0.17
4	(340.5, 343.5]	342	正正正正正丁	27	0.27
5	(343.5, 346.5]	345	正正正正正正	30	0.30
6	(346.5, 349.5]	348	正正丁	12	0.12
7	(349.5, 352.5]	351	正丁	7	0.07
8	(352.5, 355.5]	354	一	1	0.01
9	(355.5, 358.5]	357	一	1	0.01
合计				100	1.00

从表中上可见,约有 74% 的数据集中在 (337.5, 346.5) 之间。

(5) 画出直方图。其横坐标为区间端点,纵坐标为频率/组距(得频率直方图),也可为频数(得频数直方图),详见图 1.2.1。从图上可以看出,直方图呈中间高、两边低,左右基本对称,可以初步认定该样本来自正态分布。

二、正态概率图

正态概率图是在正态概率纸上画出的。正态概率纸(图 1.2.2)是一种特殊刻度的坐标纸,其横坐标 x 是等间隔刻度,纵坐标是正态累积概率 $F(x)$ 刻度,中间密,两头疏。

正态分布 $N(\mu, \sigma^2)$ 的分布函数在正态概率纸上呈上升直线状,而非正态分布的分布函数在正态概率纸上呈曲线状。由此可见,在正态概率纸上可检验一个样本 $x_1, x_2, \cdots, x_n$ 是否来自正态分布。具体操作如下：

(1) 把数据从小到大排序,得有序样本 $x_{(1)} \leqslant x_{(2)} \leqslant \cdots \leqslant x_{(n)}$。

(2) 在点 $x_{(k)} (k=1, 2, \cdots, n)$ 处的累积概率 $F(x_{(k)}) = P(X \leqslant x_{(k)})$ 可用如下修正频率作出估计：

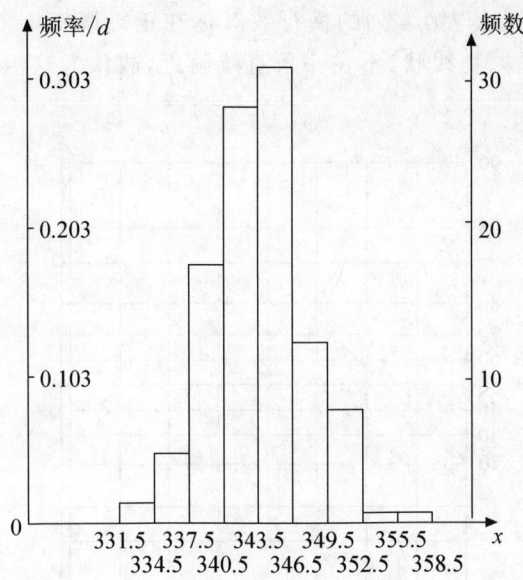

图 1.2.1　罐头净重样本的频率直方图

$$\hat{F}(x_{(k)}) = \frac{k-3/8}{n+1/4} \text{ 或 } \frac{k}{n+1}$$

(3)在正态概率纸上描出如下 n 个点,得正态概率图:$(x_{(k)}, \hat{F}(x_{(k)})), k=1,2,\cdots,n$
(4)判断:
- 若 n 个点近似在一直线附近,则认为该样本来自正态分布;
- 若 n 个点明显不在一直线附近,则认为该样本不是来自正态分布。

注:当不能作出判断时,可用其他方法检验其正态性。

例 1.2.4　金属疲劳弯曲试验的 15 个数据按序排列在表 1.2.4 的第 2 列上。

表 1.2.4　金属疲劳弯曲试验数据及其对数

k	$x_{(k)}$	$\lg(10x_{(k)})$	$\hat{F}_k = \dfrac{k-3/8}{n+1/4}$
1	0.200	0.301	0.041
2	0.333	0.522	0.107
3	0.445	0.648	0.172
4	0.490	0.690	0.238
5	0.780	0.892	0.303
6	0.920	0.964	0.369
7	0.950	0.978	0.434
8	0.970	0.987	0.500
9	1.040	1.017	0.566
10	1.710	1.233	0.631
11	2.220	1.346	0.697
12	2.275	1.357	0.762
13	3.650	1.562	0.828
14	7.000	1.845	0.893
15	8.800	1.944	0.959

将表 1.2.4 上的第 2 列与第 4 列的横行数对标在正态概率纸上得正态概率图(见图 1.2.2)。显见,15 个点呈抛物线状,不在一条直线附近,故认为这组数据不是来自正态分布。

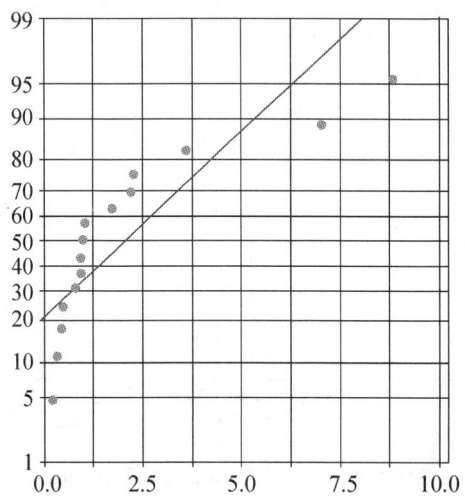

图 1.2.2　金属疲劳弯曲试验数据的正态概率图

当这种现象出现时,还可继续试探,把原始数据取对数(或取倒数,或开方等)后的数据列在表 1.2.4 的第 3 列,再在另一张正态概率纸上描点。注意,这时横坐标要另外设置,具体见图 1.2.3。从该图上可见,经对数变换后的 15 个数据近似在一直线附近。这一现象表明:X 不服从正态分布,但是 $Y = \lg(X)$ 服从正态分布,即 X 服从对数正态分布。所以可以认为样本 $x_1, x_2, \cdots, x_n$ 来自对数正态分布。

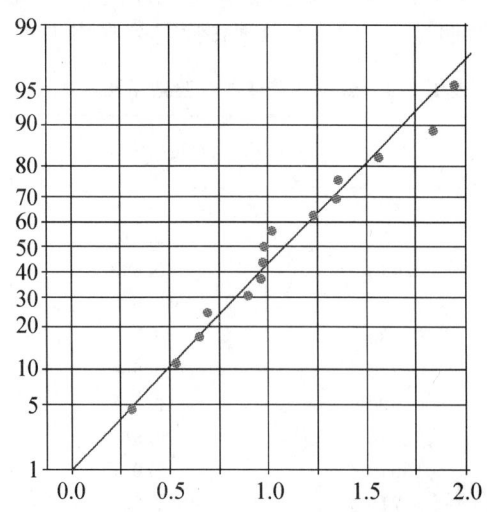

图 1.2.3　对数变换后的正态概率图

上述现象给人们一个启示,非正态数据有时可经过一个变换后成为来自(近似)正态的数据。至今最常用和最有效的变换式是如下的 Box-Cox 变换:

$$y = \begin{cases} x^\lambda, & \lambda \neq 0 \\ \log x, & \lambda = 0 \end{cases}$$

这些变换都可使 y 为光滑的连续函数,且能保序。其中 $y = \log x(\lambda = 0)$, $y = \sqrt{x}(\lambda = 0.5)$, $y = 1/x(\lambda = -1)$ 最为常用。λ 的选择可以用试探法,或用变换后的数据的标准差最小来确定 λ 的值。

1.2.3 统计量

定义 1.2.1 设 $x_1, x_2, \cdots, x_n$ 是来自某总体的一个样本,不含未知参数的样本的函数 $T = T(x_1, x_2, \cdots, x_n)$ 称为**统计量**,统计量的分布称为**抽样分布**。

最常用的统计量是样本均值 $\bar{x}$、样本方差 s^2 和样本标准差 s,它们的定义如下:

$$\bar{x} = \frac{1}{n}\sum_{i=1}^{n}x_i, \quad s^2 = \frac{1}{n-1}\sum_{i=1}^{n}(x_i-\bar{x})^2, \quad s = \sqrt{s^2}$$

下面对这三个使用频率最高的基本统计量作一些说明。

- 样本均值 $\bar{x}$ 总位于样本中间位置,常用来估计总体均值 μ,记为 $\hat{\mu} = \bar{x}$。
- x_i 的偏差 $x_i - \bar{x}$,可正可负,其和恒为 0,即 $\sum_{i=1}^{n}(x_i - \bar{x}) = 0$。
- 样本的偏差平方和 $Q = \sum_{i=1}^{n}(x_i - \bar{x})^2$ 表征样本分散程度,它还有两个简便的计算公式:

$$Q = \sum_{i=1}^{n}x_i^2 - \frac{1}{n}\left(\sum_{i=1}^{n}x_i\right)^2 = \sum_{i=1}^{n}x_i^2 - n\bar{x}^2$$

- 偏差平方和 Q 的自由度 f 是指独立偏差的个数,Q 虽含有 n 个偏差 $x_i - \bar{x}$, $i = 1, 2, \cdots, n$,由于其和为 0,故其独立偏差个数只有 $n-1$ 个,即其自由度 $f = n-1$。
- 样本方差是平均偏差平方和,即 $s^2 = \dfrac{Q}{n-1}$,它排除了样本量的影响,是总体方差 σ^2 的最好估计,记为 $\hat{\sigma}^2 = s^2$。
- 样本标准差 $s = \sqrt{s^2}$ 常用来估计总体标准差,记为 $\hat{\sigma} = s$。
- 分组样本的均值与方差分别为:

$$\bar{x} = \frac{1}{n}\sum_{i=1}^{k}n_i x_i, \quad s^2 = \frac{1}{n}\sum_{i=1}^{k}n_i(x_i - \bar{x})^2$$

可用来估计总体均值 μ 与总体方差 σ^2,其中 k 为分组样本中的组数,x_i 与 n_i 分别为第 i 组的组中值与样品个数,$n = \sum_{i=1}^{k}n_i$。譬如对 100 只午餐肉罐头净重的分组样本(见表 1.2.3)得均值、方差与标准差分别为:

$$\bar{x} = (333 \times 1 + 336 \times 4 + \cdots + 357 \times 1)/100 = 343.68$$

$$s^2 = [(333 - 343.68)^2 \times 1 + (336 - 343.68)^2 \times 4 + \cdots$$
$$+ (357 - 343.68)^2 \times 1]/99$$
$$= 17.5127$$

$$s = \sqrt{17.5127} = 4.18$$

除了上述三个基本统计量外,还有一些统计量在实际中也会用到。譬如:
- 样本极差 R:它是样本中最大值与最小值之间的距离,即 $R = x_{\max} - x_{\min}$,它反映总体散布的信息,在有些场合,经过再加工可用来估计总体标准差。
- 样本中位数 m_d:它是有序样本中位于中间位置的数,具体是:

$$m_d = \begin{cases} x_{(\frac{n+1}{2})}, & n \text{ 为奇数} \\ \frac{1}{2}[x_{(\frac{n}{2})} + x_{(\frac{n}{2}+1)}], & n \text{ 为偶数} \end{cases}$$

样本中位数反映总体中位数的信息。在总体分布是对称的场合,样本中位数 m_d 可用来估计总体均值 μ。譬如容量为 5 的样本 1,3,4,6,7 的样本中位数 $m_d = 4$;若再增加一个样本观察值 10,则容量为 6 的样本中位数 $m_d = (4+6)/2 = 5$。

- 样本 k 阶(原点)矩 $A_k = \frac{1}{n}\sum_{i=1}^n x_i^k$,它反映总体 k 阶(原点)矩 $E(X^k)$ 的信息,$k = 1, 2, \cdots$。样本的一阶矩就是样本均值 $\bar{x}$。
- 样本 k 阶中心矩 $B_k = \frac{1}{n}\sum_{i=1}^n (x_i - \bar{x})^k$,它反映总体 k 阶中心矩的信息,$k = 1, 2, \cdots$。

样本二阶中心矩 B_2 亦可用来估计总体方差 σ^2。研究表明,在小样本场合 B_2 往往会低估 σ^2,故人们喜欢用 s^2 估计 σ^2,而在大样本场合 B_2 与 s^2 相差无几,故二者都可以使用。譬如,样本 1,3,4,6,7 的 $\bar{x} = 4.2$,从而偏差分别为 $-3.2, -1.2, -0.2, 1.8, 2.8$,则 B_2 与 s^2 分别为:

$$B_2 = [(-3.2)^2 + (-1.2)^2 + (-0.2)^2 + 1.8^2 + 2.8^2]/5 = 4.56$$
$$s^2 = [(-3.2)^2 + (-1.2)^2 + (-0.2)^2 + 1.8^2 + 2.8^2]/4 = 5.70$$

两者相差较大。低估方差往往会给人们带来更大的风险。

1.2.4 抽样分布

统计量的分布称为抽样分布,它常用来评价估计量的好坏,构造置信区间和拒绝域,在推断统计中很有用,故寻求抽样分布是统计推断的基础工作。有三种途径可获得各种抽样分布:

一是用严格的数学推理获得精确的抽样分布。此类抽样分布并不多,其中大多是在正态总体假设下获得的。

二是用大样本方法(如用中心极限定理)获得的渐近抽样分布。在样本量较大场合才可使用的近似分布称为渐近分布。

三是用随机模拟或其他拟合方法获得的近似分布。

下面用一个例子来说明抽样分布的含义。

例 1.2.5 设有一个由 20 个数据组成的有限总体(见图 1.2.4)。先从该总体抽取容量为 5 的样本,计算其样本均值 $\bar{x}_1 = 9.8$,放回去再从中抽取容量相同的第二个样本算得 $\bar{x}_2 = 10.2$。图 1.2.4 种记录了 4 个样本均值,由于随机性它们之间是有差别的。

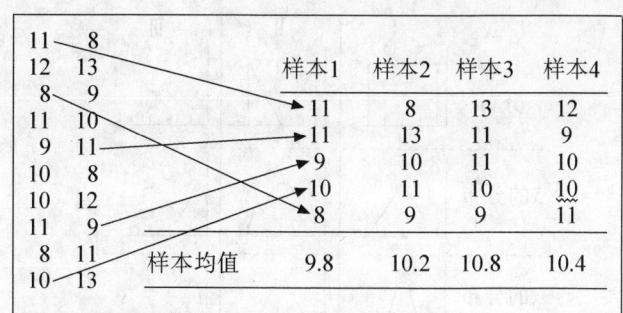

图 1.2.4　4 个样本均值

若把 4 个均值分别写在 4 张小纸上,并放入一个袋中。设想此种抽样不断重复下去,袋中的数就愈积愈多,袋中这堆数就有一个分布,这个分布就是该有限总体的容量是 5 的样本均值的抽样分布。这个抽样分布是什么分布呢?我们把前 500 个样本均值作成直方图(见图 1.2.5),从此直方图看出,样本均值的抽样分布很像正态分布。这个猜测是对的,下面就来叙述这个结论。

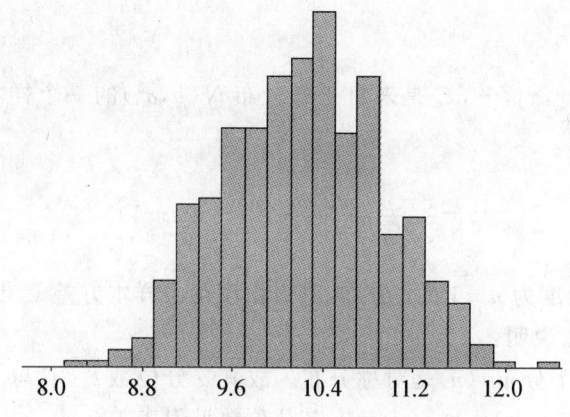

图 1.2.5　500 个样本均值形成的直方图

下面用定理形式介绍几个常用的抽样分布。

1. 样本均值 $\bar{x}$ 的分布

定理 1.2.1　设 $x_1, x_2, \cdots, x_n$ 是来自某总体的一个样本。

(1)若总体为正态分布 $N(\mu, \sigma^2)$,则样本均值 $\bar{x}$ 的精确分布为 $N(\mu, \sigma^2/n)$。

(2)若总体分布未知,或是某个非正态分布,只要其均值 μ 与方差 σ^2 存在,则在 n 较大时,样本均值的渐近分布为正态分布 $N(\mu, \sigma^2/n)$,常记为 $\bar{x} \sim AN(\mu, \sigma^2/n)$。

这个定理表明:无论总体是正态还是非正态,连续还是离散,只要其方差 σ^2 存在,则 $\bar{x}$ 的分布随着样本量 n 的增加而愈来愈接近正态分布,其均值不变,方差缩小 n 倍,$\bar{x}$ 的标准差 $\sigma_{\bar{x}} = \sigma/\sqrt{n}$。

例 1.2.6　图 1.2.6 给出三种不同总体样本均值的分布,三个总体分别是:(Ⅰ)均匀分布,(Ⅱ)倒三角分布,(Ⅲ)指数分布,随着样本量的增加,样本均值 $\bar{x}$ 的抽样分布逐渐向正态分布逼近,它们均值保持不变,而方差缩小为原来的 $1/n$。当样本量为 30 时,这三个抽样分布都近似于正态分布。

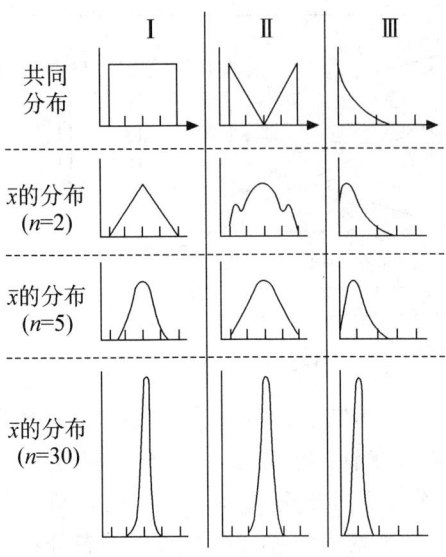

图 1.2.6　样本均值的分布

2. t 分布

定理 1.2.2　设 $x_1, x_2, \cdots, x_n$ 是来自正态分布 $N(\mu, \sigma^2)$ 的一个样本，$\bar{x}$ 与 s^2 是其样本均值与样本方差，则有

$$t = \frac{\bar{x} - \mu}{s/\sqrt{n}} = \frac{\sqrt{n}(\bar{x} - \mu)}{s} \sim t(n-1)$$

其中 $t(n-1)$ 表示自由度为 $n-1$ 的 t 分布，其自由度是由样本方差 s^2 带来的。

关于 t 分布有几点说明：

- 自由度为 n 的 t 分布 $t(n)$ 是对称分布。故其 α 分位数 $t_\alpha(n)$ 与 $1-\alpha$ 分位数 $t_{1-\alpha}(n)$ 互为相反数，即 $t_\alpha(n) + t_{1-\alpha}(n) = 0$，其分位数见附表 1.3。
- t 分布的概率密度函数与标准正态分布的概率密度函数很相似，其峰总比 $N(0,1)$ 的峰略低一些，而两侧的尾部概率总比 $N(0,1)$ 的尾部概率大一些（见图 1.2.7），详见表 1.2.5。正是这种差别促使英国酿酒工程师 Gesset 发现了 t 分布。

3. χ^2 分布

定理 1.2.3　设 $x_1, x_2, \cdots, x_n$ 是来自正态分布 $N(\mu, \sigma^2)$ 的一个样本，$\bar{x}$ 与 s^2 是其样本均值与样本方差，则有

$$\chi^2 = \frac{(n-1)s^2}{\sigma^2} = \frac{1}{\sigma^2} \sum_{i=1}^{n} (x_i - \bar{x})^2 \sim \chi^2(n-1)$$

其中 $\chi^2(n-1)$ 是自由度为 $n-1$ 的 χ^2 分布，其密度函数如图 1.2.8 所示，它是偏态分布，自由度愈小偏态愈重。当自由度 $n-1 \geq 30$ 时，χ^2 分布近似于正态分布。χ^2 分布的分位数可从附表 1.4 中查得。

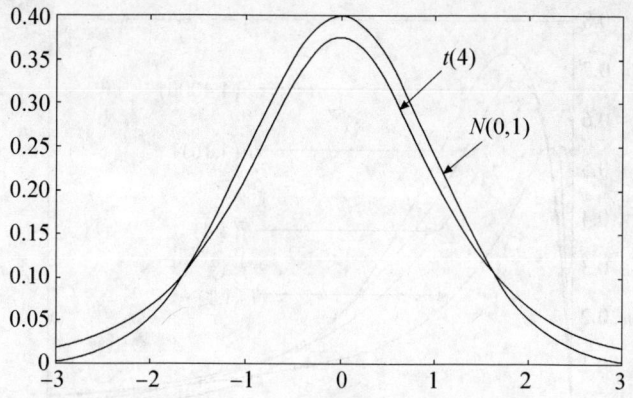

图 1.2.7　$t(4)$ 分布与 $N(0,1)$ 的密度函数

表 1.2.5　$N(0,1)$ 和 $t(4)$ 的尾部概率 $P(|X|>c)$

	$c=2$	$c=2.5$	$c=3$	$c=3.5$
$X\sim N(0,1)$	0.0455	0.0124	0.0027	0.000465
$X\sim t(4)$	0.1161	0.0668	0.0399	0.0249

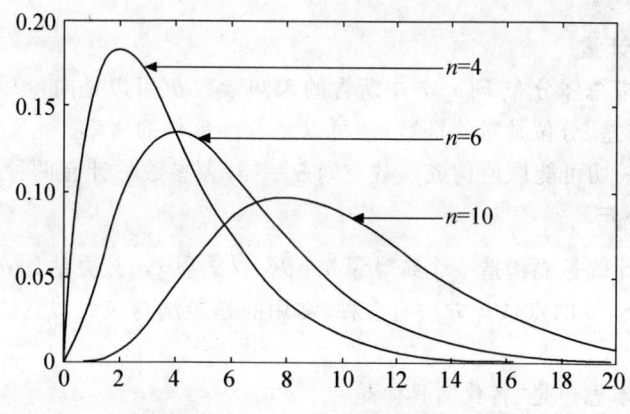

图 1.2.8　$\chi^2(n)$ 分布的密度函数

4. F 分布

定理 1.2.4　设 $x_1,x_2,\cdots,x_n$ 是来自正态分布 $N(\mu_1,\sigma^2)$ 的一个样本，$\bar{x}$ 与 s_x^2 是其样本均值与样本方差，又设 $y_1,y_2,\cdots,y_m$ 是来自正态分布 $N(\mu_2,\sigma^2)$ 的一个样本，$\bar{y}$ 与 s_y^2 是其样本均值与样本方差，并且两个样本相互独立，则其两个样本方差比

$$F=s_x^2/s_y^2\sim F(n-1,m-1)$$

其中 $F(n-1,m-1)$ 是分子自由度为 $n-1$，分母自由度为 $m-1$ 的 F 分布，其密度函数如图 1.2.9 所示，它是偏态分布，特别是分母自由度愈小偏态就愈严重。F 分布的分位数可从附表 1.5 中查得。

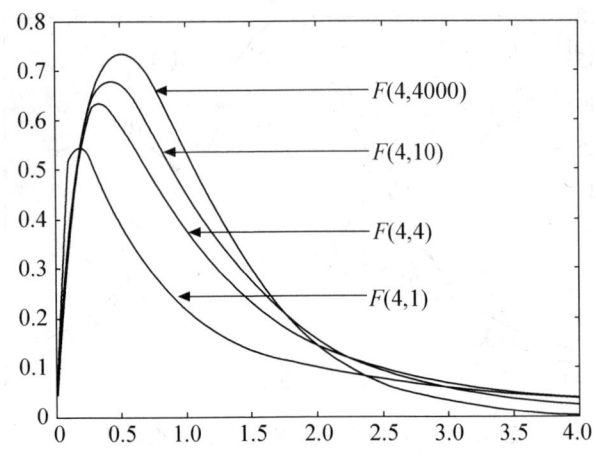

图 1.2.9　$F(n,m)$ 分布的密度函数

§ 1.3　参数估计

1.3.1　参数的点估计

1. 参数及其估计量

这里的参数是指总体分布 $F(x;\theta)$ 中所含的未知参数 θ(可以是向量)及其函数 $g(\theta)$；也可以是总体均值、方差、分位数等特征数；还可以是各种事件的概率。

未知参数 θ 的一切可能取值构成参数空间 $\Theta=\{\theta\}$。参数估计有两种形式：点估计与区间估计，它们互为补充。

参数 θ 的点估计就是要构造一个统计量 $\hat{\theta}=\hat{\theta}(x_1,x_2,\cdots,x_n)$ 去估计 θ，称 $\hat{\theta}$ 为 θ 的（点）**估计量**，简称为**估计**。θ 的点估计方法有多种，常用的是矩法与极大似然法。

2. 矩法

矩法估计的基本思想是"替代"，具体是：

- 用样本矩去替代总体矩，即用样本矩估计总体相应的矩。如用样本均值 $\bar{x}$ 估计总体均值 μ，用样本方差 s^2 估计总体方差 σ^2 等。
- 用样本矩的函数估计总体矩的相应函数。如用样本标准差 $s=\sqrt{s^2}$ 估计总体标准差 $\sigma=\sqrt{\sigma^2}$，用样本变异系数 $\hat{C}_v=\bar{x}/s$ 去估计总体变异系数 $C_v=\sigma(X)/E(X)$。
- 用频率去估计概率。
- 用样本 p 分位数 m_p 去估计总体 p 分位数 $x_p(0<p<1)$。

矩法估计的优点是不要求知道总体的分布形式，且随着样本量 n 的增加，矩法估计与参数 θ 的大偏差发生的可能性愈来愈小。它的缺点是不唯一，如泊松分布的均值与方差相同，都为 λ，依矩法的思想，可用样本均值 $\bar{x}$ 去估计 λ，也可用样本方差 s^2 去估计 λ。在这种场合，尽量用低阶矩给出估计，在泊松分布场合，可选用 $\hat{\lambda}=\bar{x}$ 作为 λ 的矩法估计。

3. 极大似然法

极大似然法是寻求点估计的最重要的方法,应用很广,但要事先知道总体的分布。下面分几步叙述其要点。

(1) 似然函数 设样本 $x_1, x_2, \cdots, x_n$ 来自总体密度函数 $p(x;\theta)$,或分布列 $\{p(x_i;\theta)\}$,则样本的联合密度或联合分布列

$$L(\theta) = \prod_{i=1}^{n} p(x_i;\theta)$$

在样本给定下是 θ 的函数,这个函数称为似然函数,它表述在给定的样本 $x_1, x_2, \cdots, x_n$ 下参数值为 θ 的可能性大小。

(2) 极大似然估计 在写出似然函数 $L(\theta)$ 后,若存在一个统计量 $\hat{\theta}$,使得

$$L(\hat{\theta}) = \max_{\theta \in \Theta} L(\theta)$$

则称 $\hat{\theta}$ 是 θ 的极大似然估计(MLE)。它可以由定义导出,也可对似然函数 $L(\theta)$ 或对数似然函数 $l(\theta) = \ln L(\theta)$ 使用微分法导出。

(3) 极大似然估计的不变原则 若 $\hat{\theta}$ 是 θ 的极大似然估计,$g(\theta)$ 是 θ 的连续函数,则 $g(\hat{\theta})$ 亦是 $g(\theta)$ 的极大似然估计。此不变原则扩大了极大似然估计的应用范围。如在正态分布 $N(\mu, \sigma^2)$ 场合,概率 $p = P(X \leq a) = \Phi\left(\dfrac{a-\mu}{\sigma}\right)$ 的极大似然估计为 $\hat{p} = \Phi\left(\dfrac{a-\hat{\mu}}{\hat{\sigma}}\right)$,其中 $\hat{\mu}$ 与 $\hat{\sigma}$ 分别是 μ 与 σ 的极大似然估计。

(4) 极大似然估计的渐近正态性 在某些一般条件下,θ 的极大似然估计 $\hat{\theta}$ 有如下渐近正态分布:

$$\hat{\theta} \stackrel{.}{\sim} N\left(\theta, \left[nE\left(\dfrac{\partial \ln p}{\partial \theta}\right)^2\right]^{-1}\right)$$

例 1.3.1 截尾二项分布的分布列为:

$$P(X=x;p) = \dfrac{\binom{m}{x} p^x (1-p)^{m-x}}{1-(1-p)^m}, \quad x = 1, 2, \cdots, m$$

若已知 $m=2$,从中获得样本 $x_1, x_2, \cdots, x_n$,求 p 的极大似然估计。

解:先写出似然函数与对数似然函数

$$L(p) = \left(\dfrac{1}{1-(1-p)^2}\right)^n \prod_{i=1}^{n} \binom{2}{x_i} p^{n\bar{x}} (1-p)^{n(2-\bar{x})}$$

$$l(p) = -n \ln[1-(1-p)^2] + n\bar{x} \ln p + n(2-\bar{x}) \ln(1-p) + \sum_{i=1}^{n} \ln \binom{2}{x_i}$$

将它对 p 求导,并令其为 0,得如下似然方程:

$$\frac{\partial l(p)}{\partial p}=\frac{-2n(1-p)}{1-(1-p)^2}+\frac{n\bar{x}}{p}-\frac{n(2-\bar{x})}{1-p}=0$$

其解 $\hat{p}=\dfrac{2(\bar{x}-1)}{\bar{x}}$ 就是 p 的极大似然估计,因为 $l(p)$ 的二阶导数在 $p=\hat{p}$ 处小于 0。

1.3.2 点估计优劣的评价标准

常用点估计优劣的评价标准有以下几个:

1. 无偏性 设 $\hat{\theta}$ 是参数 θ 的一个估计,如果对一切 $\theta\in\Theta$,有

$$E(\hat{\theta})=\theta$$

则称 **$\hat{\theta}$ 是 θ 的无偏估计**,否则称 $\hat{\theta}$ 是 θ 的**有偏估计**。

无偏性不是指用 $\hat{\theta}$ 估计 θ 没有偏差,而是指每次使用 $\hat{\theta}$ 时偏差 $\hat{\theta}-\theta$ 总是有的,但是多次使用后平均偏差为 0,即 $E(\hat{\theta}-\theta)=0$。

2. 有效性 设 $\hat{\theta}_1$、$\hat{\theta}_2$ 都是参数 θ 的无偏估计量,如果对一切 $\theta\in\Theta$,有

$$Var(\hat{\theta}_1)\leqslant Var(\hat{\theta}_2)$$

且至少对一个 $\theta_0\in\Theta$,有严格不等式成立,则称 $\hat{\theta}_1$ 比 $\hat{\theta}_2$ **有效**。

有效性是一个相对的概念,方差愈小有效性愈强。因为方差小,表示 $\hat{\theta}$ 的波动就小,从而风险也就小(见图 1.3.1),人们希望用方差较小的估计量,这就是设立有效性的初衷。

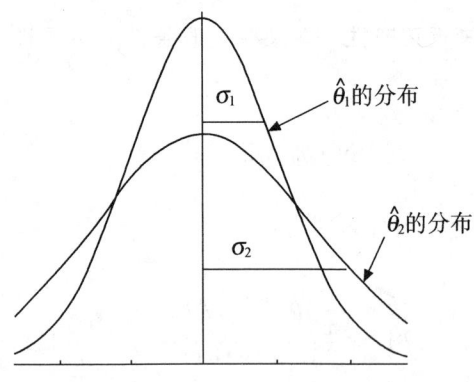

图 1.3.1　$Var(\hat{\theta}_1)<Var(\hat{\theta}_2)$

3. 均方误差准则 设 $\hat{\theta}_1$、$\hat{\theta}_2$ 是参数 θ 的两个估计量,如果对一切 $\theta\in\Theta$,有

$$E(\hat{\theta}_1-\theta)^2\leqslant E(\hat{\theta}_2-\theta)^2, \text{可记为 } MSE(\hat{\theta}_1)\leqslant MSE(\hat{\theta}_2)$$

且至少对一个 $\theta_0\in\Theta$,有严格不等式成立,则称在**均方误差意义下 $\hat{\theta}_1$ 优于 $\hat{\theta}_2$**。

$\hat{\theta}$ 的均方误差 $MSE(\hat{\theta})$ 可分解为如下两项:

$$\mathrm{MSE}(\hat{\theta}) = E(\hat{\theta}-\theta)^2 = \mathrm{Var}(\hat{\theta}) + [E(\hat{\theta})-\theta]^2$$

当 $\hat{\theta}_1$ 与 $\hat{\theta}_2$ 都是 θ 的无偏估计量,且 $\hat{\theta}_1$ 比 $\hat{\theta}_2$ 有效时,则在均方误差下 $\hat{\theta}_1$ 优于 $\hat{\theta}_2$,而当 $\hat{\theta}_1$ 与 $\hat{\theta}_2$ 中至少一个不是无偏估计时,估计量的选择可按均方误差愈小愈好的原则去选择。

4. 相合性 设 $\hat{\theta}_n = \hat{\theta}_n(x_1, x_2, \cdots, x_n)$ 是基于容量为 n 的样本所作的 θ 的一个估计量,如果对任意 $\varepsilon > 0$,当 $n \to \infty$ 时有

$$P(|\hat{\theta}_n - \theta| \geqslant \varepsilon) \to 0$$

则称 $\hat{\theta}_n$ 是 θ 的**相合估计**。

相合性是指在样本量逐渐增大时,发生大偏差"$|\hat{\theta}_n - \theta| > \varepsilon$"的可能性愈来愈小。这是估计量的大样本性质,在大样本场合,样本给人们的信息愈来愈多,一个好的估计量与 θ 的偏差要愈来愈小才是合理的,不满足这个要求的估计量不能认为是一个好的估计量,在小样本场合人们更不敢去使用这种估计量。

下面将给出正态分布中几个参数的无偏估计及其有效性。设 $x_1, x_2, \cdots, x_n$ 是来自正态分布 $N(\mu, \sigma^2)$ 的一个样本,它的三个参数 μ, σ^2 和 σ 的无偏估计已被人们寻得,现分述如下:

(1)正态均值 μ 的无偏估计有两个,一个是样本均值 $\bar{x}$,另一个是样本中位数 m_d,即:

$$\hat{\mu}_1 = \bar{x} = \frac{1}{n}\sum_{i=1}^{n} x_i$$

$$\hat{\mu}_2 = m_d = \begin{cases} x_{(\frac{n+1}{2})}, & n \text{ 为奇数} \\ \frac{1}{2}[x_{(\frac{n}{2})} + x_{(\frac{n}{2}+1)}], & n \text{ 为偶数} \end{cases}$$

当样本量为 1 或 2 时,这两个无偏估计相同,当 $n \geqslant 3$ 时,它们一般不同,但总有

$$\mathrm{Var}(\bar{x}) \leqslant \mathrm{Var}(m_d)$$

这是因为 $\mathrm{Var}(\bar{x}) = \sigma^2/n$;而当 $X \sim N(\mu, \sigma^2)$ 时,有 $U = \dfrac{X-\mu}{\sigma} \sim N(0,1)$,由于 U 的样本中位数的概率密度函数仅与 n 有关,其期望为 0,其方差可以通过数值积分获得,仅与 n 有关,由此得到

$$E(m_d) = \mu, \quad \mathrm{Var}(m_d) = m_3^2 \sigma^2 / n$$

其中 m_3 是与 n 有关的量,它的部分数值见表 1.3.1。

表 1.3.1 部分 m_3 的值

n	2	3	4	5	6	7	8	9	10
m_3	1.000	1.160	1.092	1.198	1.035	1.214	1.160	1.223	1.176

由于当 $n \geqslant 3$ 时,$m_3 > 1$,因此 $\mathrm{Var}(\bar{x}) \leqslant \mathrm{Var}(m_d)$。

这意味着,对正态均值 μ 来说,样本均值 $\bar{x}$ 总比样本中位数 m_d 有效。因此在实际应用中,应优先选用样本均值 $\bar{x}$ 去估计正态均值 μ。有时在现场,为了简便和快捷,选用样本中

位数去估计正态均值 μ 也是有的,如统计过程控制(见第三章)中的中位数图就是如此。

(2)正态方差 σ^2 的无偏估计常用的只有一个,就是样本方差 s^2,即

$$\hat{\sigma}^2 = s^2 = \frac{1}{n-1}\sum_{i=1}^{n}(x_i - \bar{x})^2$$

理论研究表明,在所有无偏估计中它是最有效的。

(3)正态标准差 σ 的无偏估计也有两个:一个是样本标准差 s 进行修偏而得,另一个是对样本极差 $R = x_{\max} - x_{\min}$ 进行修偏而得,具体是:

$$\hat{\sigma}_s = s/c_4, \quad \hat{\sigma}_R = R/d_2$$

其中 c_4 与 d_2 是只与样本量 n 有关的常数。其部分值列于表 1.3.2。

当 $n=2$ 时,上述两个无偏估计相同,当 $n \geqslant 3$ 时,它们不同,但总有

$$\mathrm{Var}(\hat{\sigma}_s) \leqslant \mathrm{Var}(\hat{\sigma}_R)$$

这是因为 $Y = (n-1)s^2/\sigma^2 \sim \chi^2(n-1)$,由此可以通过 χ^2 分布的密度函数,运用积分得到:

$$E(s) = E\left[\frac{\sqrt{Y}}{\sqrt{n-1}}\sigma\right] = \sqrt{\frac{2}{n-1}}\Gamma\left(\frac{n}{2}\right)\sigma \Big/ \Gamma\left(\frac{n-1}{2}\right) = c_4\sigma$$

由此可知

$$E(\hat{\sigma}_s) = E(s)/c_4 = \sigma^2$$

其中 $c_4 = \sqrt{\frac{2}{n-1}}\Gamma\left(\frac{n}{2}\right) \Big/ \Gamma\left(\frac{n-1}{2}\right)$,仅与 n 有关,其部分值见表 1.3.2。

此外由于 $\mathrm{Var}(s) = E(s^2) - (Es)^2 = (1-c_4^2)\sigma^2 \triangleq c_5^2\sigma^2$,从而 $\mathrm{Var}(\hat{\sigma}_s) = \frac{1-c_4^2}{c_4^2}\sigma^2$

对极差来讲,当 $X \sim N(\mu, \sigma^2)$ 时,有 $U = \frac{X-\mu}{\sigma} \sim N(0,1)$,由于 U 的样本极差的概率密度函数仅与 n 有关,通过数值积分可以获得其均值与方差,它们也仅与 n 有关,从而

$$E(R) = d_2\sigma, \quad \mathrm{Var}(R) = d_3^2\sigma^2$$

其中 d_2 与 d_3 的部分值见表 1.3.2。

由此可见 $E(\hat{\sigma}_R) = E(R)/d_2 = \sigma$,$\mathrm{Var}(\hat{\sigma}_R) = \mathrm{Var}(R)/d_2^2 = \frac{d_3^2}{d_2^2}\sigma^2$

表 1.3.2 修偏系数 c_4 与 d_2 的部分值及 d_3 的部分值

n	2	3	4	5	6	7	8	9	10
c_4	0.798	0.886	0.921	0.940	0.952	0.959	0.965	0.969	0.973
d_2	1.128	1.693	2.059	2.326	2.534	2.704	2.847	2.970	3.038
d_3	0.853	0.888	0.880	0.864	0.848	0.833	0.820	0.808	0.747

利用表 1.3.2 中的数值,可知当 $n \geqslant 3$ 时 $\mathrm{Var}(\hat{\sigma}_s) \leqslant \mathrm{Var}(\hat{\sigma}_R)$。这意味着,对正态标准差来讲,$\hat{\sigma}_s$ 总比 $\hat{\sigma}_R$ 更有效。因此在实际应用中,应优先选用 $\hat{\sigma}_s$ 去估计正态标准差 σ。有时在

现场,为了简便和快捷,选用 $\hat{\sigma}_R$ 去估计正态标准差 σ 也是有的,如统计过程控制(见第三章)中的极差图就是如此,用平均极差 $\bar{R}$ 经修偏后用来估计过程的标准差 σ。

例 1.3.2 铆钉直径的测量值 x 服从正态分布。若从一批铆钉中随机抽取 5 个,测其直径,得如下 5 个测量值:

$$13.38 \quad 13.47 \quad 13.32 \quad 13.50 \quad 13.43$$

若用样本均值 $\bar{x}$ 和样本方差 s^2 对三个参数 μ、σ^2 和 σ 作出无偏估计,可得:

$$\hat{\mu}_1 = \bar{x} = \frac{1}{5}(13.38+13.47+13.32+13.50+13.43) = 13.42$$

$$\hat{\sigma}^2 = s^2 = \frac{1}{5-1}[(-0.04)^2+0.05^2+(-0.10)^2+0.08^2+0.01^2] = 0.00515$$

$$\hat{\sigma}_s = \frac{s}{c_4} = \frac{\sqrt{0.00515}}{0.94} = 0.0763$$

若用样本中位数 m_d 和样本极差 R 对参数 μ 与 σ 作出无偏估计,先要将数据排序:

$$13.32 \quad 13.38 \quad 13.43 \quad 13.47 \quad 13.50$$

由此可见

$$\hat{\mu}_2 = m_d = 13.43$$

$$\hat{\sigma}_R = R/d_2 = \frac{13.50-13.32}{2.326} = 0.0774$$

两种方法的估计结果略有差异。

1.3.3 置信区间

1. 置信区间的定义

设总体参数 θ 的参数空间为 Θ,从总体中获得的容量为 n 的样本是 $x_1,x_2,\cdots,x_n$,对给定的 $\alpha(0<\alpha<1)$,确定两个统计量 $\theta_L = \theta_L(x_1,x_2,\cdots,x_n)$ 与 $\theta_U = \theta_U(x_1,x_2,\cdots,x_n)$,若对任意 $\theta \in \Theta$,有

$$P(\theta_L \leqslant \theta \leqslant \theta_U) \geqslant 1-\alpha$$

则称随机区间 $[\theta_L, \theta_U]$ 是 θ 的置信水平为 $1-\alpha$ 的置信区间,或简称为 θ 的 $1-\alpha$ 置信区间。如果对任意 $\theta \in \Theta$,有

$$P(\theta < \theta_L) = P(\theta > \theta_U) = \alpha/2$$

则称 $[\theta_L, \theta_U]$ 为 θ 的 $1-\alpha$ 等尾置信区间。如果对任意 $\theta \in \Theta$,有

$$P(\theta \leqslant \theta_U) \geqslant 1-\alpha$$

则称 θ_U 为 θ 的 $1-\alpha$(单侧)置信上限。如果对任意 $\theta \in \Theta$,有

$$P(\theta \geqslant \theta_L) \geqslant 1-\alpha$$

则称 θ_L 为 θ 的 $1-\alpha$(单侧)置信下限。

这里置信水平 $1-\alpha$ 的含义是：从同一总体获取的容量为 n 的 100 个样本可构造 100 个具体的置信区间，则约有 $100(1-\alpha)$ 个区间含有未知参数 θ。对单侧置信限亦可作类似解释。

在连续总体场合，构造 $1-\alpha$ 置信区间时，常能用足置信水平。但在离散总体场合，由于分布的离散性常会使实际置信水平超过 $1-\alpha$，只能要求超过的部分愈小愈好。在构造单侧置信限时也会遇到同样问题。

构造 $1-\alpha$ 置信区间的方法较多，且技术性很强，这里介绍一种常用的枢轴量法，具体操作如下：

(1) 寻找 θ 的某个点估计 $\hat{\theta}$，常选 θ 的极大似然估计；

(2) 构造 θ 与 $\hat{\theta}$ 的一个函数 $G(\theta,\hat{\theta})$，使 G 的分布（大样本场合，可以是其渐近分布）是已知的，且此分布与 θ 无关，这样的 G 称为枢轴量；

(3) 对给定的 $\alpha (0<\alpha<1)$，选取两个常数 c 与 d，使得

$$P(c \leqslant G(\theta,\hat{\theta}) \leqslant d) \geqslant 1-\alpha$$

(4) 将不等式 $c \leqslant G(\theta,\hat{\theta}) \leqslant d$ 进行等价变形（假如可行的话），得到：

$$P(\theta_L \leqslant \theta \leqslant \theta_U) \geqslant 1-\alpha$$

其中 $[\theta_L, \theta_U]$ 就是 θ 的 $1-\alpha$ 的置信区间。

上述四步中有一步受阻，构造行动将导致失败。这一过程关键是构造枢轴量，对正态总体各参数所选用的枢轴量及 $1-\alpha$ 的置信区间列于表 1.3.3 上。在表中总体分布为 $X \sim N(\mu, \sigma^2)$，从中获得的样本为 $x_1, x_2, \cdots, x_n$，样本均值为 $\bar{x}$，样本方差为 s^2，样本标准差为 s。

表 1.3.3 正态总体参数 μ、σ^2 和 σ 的 $1-\alpha$ 置信区间

参数	条件	枢轴量	$1-\alpha$ 置信区间	所用分位数
μ	σ 已知	$u=\dfrac{\bar{x}-\mu}{\sigma/\sqrt{n}}$	$\bar{x} \pm u_{1-\alpha/2}\dfrac{\sigma}{\sqrt{n}}$	u_p 是标准正态分布的 p 分位数
μ	σ 未知	$t=\dfrac{\bar{x}-\mu}{s/\sqrt{n}}$	$\bar{x} \pm t_{1-\alpha/2}(n-1)\dfrac{s}{\sqrt{n}}$	$t_p(n-1)$ 是自由度为 $n-1$ 的 t 分布的 p 分位数
σ^2	μ 未知	$\chi^2=\dfrac{(n-1)s^2}{\sigma^2}$	$\left[\dfrac{(n-1)s^2}{\chi^2_{1-\alpha/2}(n-1)}, \dfrac{(n-1)s^2}{\chi^2_{\alpha/2}(n-1)}\right]$	$\chi^2_p(n-1)$ 是自由度为 $n-1$ 的 χ^2 分布的 p 分位数
σ	μ 未知	同上	$\left[\dfrac{s\sqrt{n-1}}{\sqrt{\chi^2_{1-\alpha/2}(n-1)}}, \dfrac{s\sqrt{n-1}}{\sqrt{\chi^2_{\alpha/2}(n-1)}}\right]$	同上

例 1.3.3 某光谱仪可测材料中的金属含量（单位：百分含量），为估计该台光谱仪的测量误差，特选出 5 块大小相同但金属含量不同的试块，设每一试块的测量值都服从正态分布，其均值不同，但方差 σ^2 相同。如今对每一试块各重复测量 5 次，分别计算各试块测量值

的样本标准差,它们是:

$$s_1=0.09, \quad s_2=0.11, \quad s_3=0.14, \quad s_4=0.10, \quad s_5=0.11$$

试求该光谱仪测量值的标准差 σ 的 0.95 置信区间。

解:在正态分布假定下,容量为 5 的样本方差有如下抽样分布:

$$\frac{4s_i^2}{\sigma^2} \sim \chi^2(4)$$

再由测量值之间的独立性和 χ^2 分布的可加性,可得:

$$\frac{4}{\sigma^2}\sum_{i=1}^{5} s_i^2 \sim \chi^2(20)$$

对给定的置信水平 $1-\alpha=0.95$,利用等尾置信区间可得:

$$P\left(\chi^2_{0.025}(20) \leqslant \frac{4}{\sigma^2}\sum_{i=1}^{5} s_i^2 \leqslant \chi^2_{0.975}(20)\right) = 0.95$$

利用不等式的等价变形,可得:

$$P\left(\frac{4\sum_{i=1}^{5} s_i^2}{\chi^2_{0.975}(20)} \leqslant \sigma^2 \leqslant \frac{4\sum_{i=1}^{5} s_i^2}{\chi^2_{0.025}(20)}\right) = 0.95$$

两边开方,则得 σ 的 0.95 置信区间为

$$\left[\frac{2\sqrt{\sum_{i=1}^{5} s_i^2}}{\sqrt{\chi^2_{0.975}(20)}}, \frac{2\sqrt{\sum_{i=1}^{5} s_i^2}}{\sqrt{\chi^2_{0.025}(20)}}\right] = [0.085, 0.161]$$

其中 $\chi^2_{0.025}(20)=9.5908$,$\chi^2_{0.975}(20)=34.1696$,$\sum_{i=1}^{5} s_i^2 = 0.0619$。

§ 1.4 假设检验

假设检验是统计推断三个基本形式(另两个是抽样分布与参数估计)之一,在质量管理中常会使用。

1.4.1 假设检验问题

例 1.4.1 某生产线生产的电阻器的阻值 X(单位:欧姆)服从正态分布 $N(\mu,2^2)$。μ 的设计值为 100 欧姆,每天都要对"$\mu=100$"作例行检验,以观察生产运行是否正常。某天从生产线上随机抽取 9 个电阻器,测得电阻值为:

$$x_1, x_2, \cdots, x_9$$

其样本均值 $\bar{x}=101.76$,问该天生产是否正常?

这不是一个参数估计问题。

这里要求你对命题"$\mu=100$"作出回答:是与否。

这样一类问题被称为(统计)假设检验问题。这类问题在质量管理中普遍存在,抽样检验、统计过程控制、方差分析等都是一种特殊的假设检验问题。

1.4.2 假设检验的步骤

假设检验的步骤一般可分为如下五步:

1. 建立假设

这里的假设有两种:原假设(用 H_0 表示)与备择假设(用 H_1 表示)。

原假设 H_0 是我们要评估的命题。在例 1.4.1 中,

$$H_0:\mu=100$$

就是一个原假设,它的含义是:"今天生产正常",即"今天生产的电阻器阻值与设计值一致"。要使当天生产的电阻器的电阻均值与 100 欧姆毫无差别是办不到的,若此种差别是仅由随机误差引起的,就不足以否定 H_0;若此种差别是由其他异常因素引起的,就要拒绝 H_0。可见对原假设 H_0 的态度应该是:除非有令人信服的证据,否则就不会拒绝 H_0。

当我们拒绝原假设 H_0 时,我们应该接受的假设称为备择假设 H_1。在例 1.4.1 中备择假设可以设置为:

$$H_1:\mu\neq 100$$

也可以另外设置,如

$$H_{12}:\mu>100 \text{ 或 } H_{13}:\mu<100$$

这要随实际情况而定。备择假设的不同会影响今后拒绝域的形式。今后称

H_0 对 H_1 的假设检验问题是双侧假设检验问题;

H_0 对 H_{12} 的假设检验问题是单侧(右侧)假设检验问题,因为 H_{12} 在 H_0 的右侧;

H_0 对 H_{13} 的假设检验问题是单侧(左侧)假设检验问题,因为 H_{13} 在 H_0 的左侧。

注:若假设是关于总体参数的某个命题,则称其为参数的假设检验问题,如:

$$H_0:\mu\leq\mu_0, \quad H_1:\mu>\mu_0$$
$$H_0:\mu\geq\mu_0, \quad H_1:\mu<\mu_0$$
$$H_0:\sigma^2\leq\sigma_0^2, \quad H_1:\sigma^2>\sigma_0^2$$
$$H_0:p\leq p_0, \quad H_1:p>p_0$$

都是参数假设检验问题。

2. 选择检验统计量,给出拒绝域的形式

例 1.4.1 的假设检验问题涉及正态均值 μ,因此选用样本均值 $\bar{x}$ 是妥当的。从图 1.4.1 上可看出,$\bar{x}$ 更容易把 μ 与 μ_0 进行区分。

在 σ 已知(记为 σ_0)与原假设 H_0 成立下,有:

$$u=\frac{\bar{x}-\mu_0}{\sigma_0/\sqrt{n}}\sim N(0,1)$$

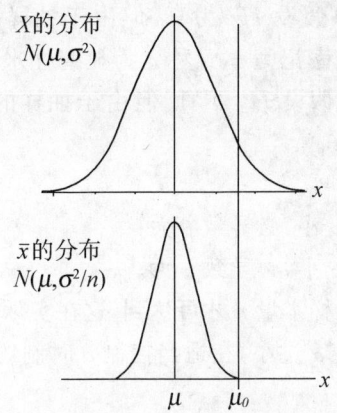

图 1.4.1　X 与 $\bar{x}$ 的分布

这里的 u 就是今后使用的检验统计量,其中 $\mu_0 = 100, \sigma_0 = 2, n = 9$。

考察这个统计量,可以看出:

$|u|$ 愈小,$\bar{x}$ 愈接近 μ_0,应倾向接受 H_0

$|u|$ 愈大,$\bar{x}$ 离 μ_0 愈远,应倾向拒绝 H_0

我们把注意力放在导致拒绝 H_0 的拒绝域(样本空间某个子集)上,设 c 为区分拒绝 H_0 与接受 H_0 的临界值。若用 W 表示拒绝域,则有:

$$W = \{(x_1, x_2, \cdots, x_n) : |u| \geqslant c\} = \{|u| \geqslant c\}$$

这就是本例中拒绝 H_0 的拒绝域,如何确定 c 呢?这是下面要研究的问题。

我们为什么把注意力放在拒绝域上呢?用一个样本(相当一个例子)证实一个命题其理由是不充分的,但用一个样本推翻一个命题,其理由是充分的。因此我们把注意力放在拒绝域方面,建立拒绝域。其实在拒绝域和接受域之间还有一个模糊区域,如今把它并入接受域。合并后的区域称为保留域似乎更妥帖一些,由于习惯的原因,本书仍称为接受域。譬如在监狱里的犯人都是有罪的,但监狱外的人不全是好人,其中绝大部分是好人,但也有极小部分人,由于证据不足还不能判刑,待证据充足后,再作定论是否应该关进监狱。

3. 给出显著性水平 α

在作判断时会犯错误,要允许犯错误,我们的任务是控制犯错误的概率。在假设检验中错误有两类(见图 1.4.2):

		真实情况	
		H_0 成立	H_1 成立
统计判断	接受 H_0	判断正确	第二类错误（发生概率为 β）
	拒绝 H_0	第一类错误（发生概率为 α）	判断正确

图 1.4.2　统计判断所犯的两类错误

第一类错误(拒真错误)：原假设 H_0 为真,但由于抽样的随机性,样本落在拒绝域 W 内,从而导致拒绝 H_0,其发生概率记为 α,又称 α 为显著性水平。

第二类错误(取伪错误)：原假设 H_0 不真,但由于抽样的随机性,样本落在 $\overline{W}$ 内,从而导致接受 H_0,其发生概率记为 β。

理论研究表明：

(1)在固定样本量下,要使 α 小,必导致 β 大；

(2)在固定样本量下,要使 β 小,必导致 α 大；

(3)要使 α、β 皆小,只有增大样本量 n 才可达到,这在实际中有时并不可行。

折中方案是：控制 α,但不使 α 过小,在适当控制 α 时制约 β,常选 $\alpha=0.05$,有时也用 $\alpha=0.10$ 或 0.01。

把犯第一类错误的概率控制在 α 的意思是：在 H_0 为真(即 $X \sim N(\mu_0,\sigma_0^2)$)的情况下,样本点落在拒绝域 W 的概率为 α,即：

$$P(W)=\alpha$$

或

$$P(|u|\geqslant c)=\alpha$$

由此概率等式可确定 c。

4. 确定临界值 c,给出拒绝域 W

由标准正态分布 $N(0,1)$ 的分位数性质知 $u_{\alpha/2}$ 与 $u_{1-\alpha/2}$ 互为相反数,即 $u_{\alpha/2}=-u_{1-\alpha/2}$,从而可得拒绝域(见图 1.4.3)：

$$W=\{u\leqslant u_{\alpha/2} \text{ 或 } u\geqslant u_{1-\alpha/2}\}=\{|u|\geqslant u_{1-\alpha/2}\}$$

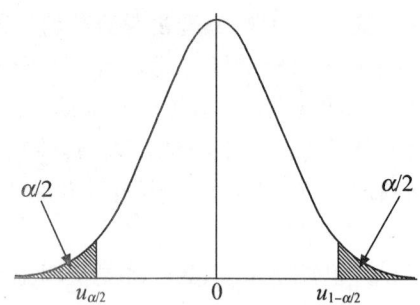

图 1.4.3　临界值确定的示意图

譬如在本例中取 $\alpha=0.05$,则可查得

$$u_{0.975}=1.96$$

故本例的拒绝域为：

$$W=\{|u|\geqslant 1.96\}$$

5. 判断

- 当根据样本计算得到的检验统计量的值落入拒绝域 W 内,则拒绝 H_0,即接受 H_1；

- 当根据样本计算得到的检验统计量的值未落入拒绝域 W 内，则接受 H_0。

如今 $\bar{x}=101.76, \mu_0=100, \sigma_0=2, n=9$，由此可算得

$$u=\frac{\bar{x}-\mu_0}{\sigma_0/\sqrt{n}}=\frac{101.76-100}{2/\sqrt{9}}=2.64$$

由于 $|u|=2.64>1.96=u_{0.975}$，即检验统计量 u 的值落入拒绝域 W 内，故应拒绝 H_0，接受 H_1，即认为：在 $\alpha=0.05$ 时，该天电阻器的平均电阻与 100 欧姆间有显著差异，即该天生产不正常，应寻找异常原因，调节生产设备或工艺参数，使生产过程恢复正常。

注：这个检验法则称为 u 检验，它还可用于检验另外两对单侧假设检验问题。在标准差 σ 已知（记为 σ_0）场合检验正态均值 μ 的常用假设有如下三对：

(a) $H_0: \mu \leq \mu_0$，$H_1: \mu > \mu_0$：右侧假设检验问题

(b) $H_0: \mu \geq \mu_0$，$H_1: \mu < \mu_0$：左侧假设检验问题

(c) $H_0: \mu = \mu_0$，$H_1: \mu \neq \mu_0$：双侧假设检验问题

它们的检验统计量都用 u 统计量，即在 $\mu=\mu_0$ 时，

$$u=\frac{\bar{x}-\mu_0}{\sigma_0/\sqrt{n}}\sim N(0,1)$$

由于我们把注意力放在拒绝域 W 上，一旦拒绝原假设 H_0，就应该接受备择假设，所以 H_0 的拒绝域就是 H_1 的接受域，从而 W 与 H_1 的位置很有关系。当 H_1 在右侧，拒绝域也应该在右侧；当 H_1 在左侧，拒绝域也应该在左侧；当 H_1 在两侧，拒绝域也应该在两侧；具体见图 1.4.4。它们的判断法则同前。

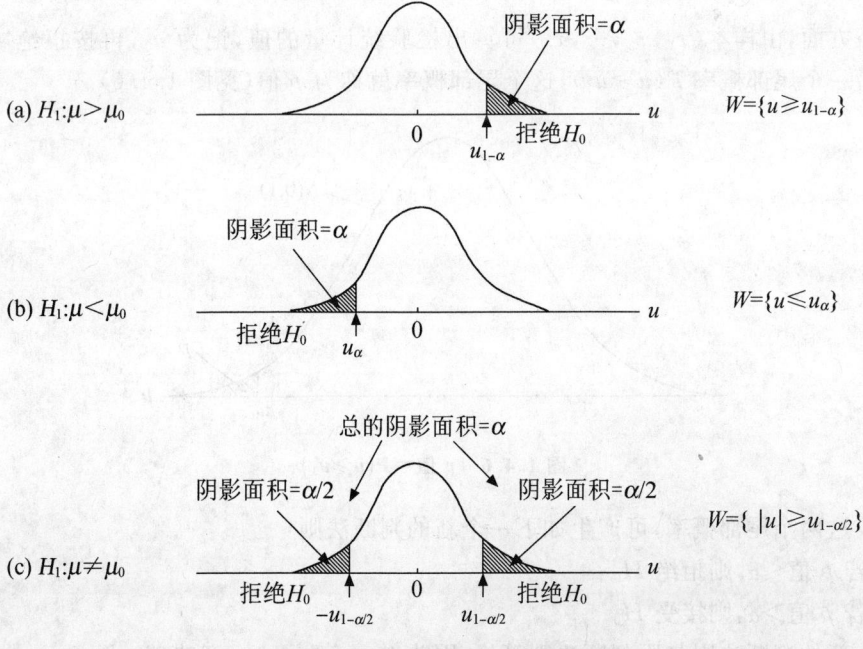

图 1.4.4 u 检验的拒绝域的确定

（图中曲线为 $N(0,1)$ 的密度函数曲线）

1.4.3 p 值——简化了的判断法则

p 值是检验统计量的分布的一个尾部概率。利用 p 值可以构造一个等价的检验法则,使原判断法则得以简化,较为实用,特别是如今统计软件愈来愈多的情况下使用十分方便。下面以 u 检验为例来说明 p 值。

在方差 σ_0^2 已知的场合,对正态均值 μ 作右侧检验的问题

$$H_0: \mu \leqslant \mu_0, \quad H_1: \mu > \mu_0$$

中可选用 $u = \dfrac{\bar{x} - \mu_0}{\sigma_0/\sqrt{n}}$ 作为检验统计量。对给定的显著性水平 $\alpha(0<\alpha<1)$ 寻找标准正态分布 $N(0,1)$ 的分位数 $u_{1-\alpha}$,构造拒绝域 $W = \{u \geqslant u_{1-\alpha}\}$。要注意:给定的显著性水平 α 是一个尾部概率(见图 1.4.5)。

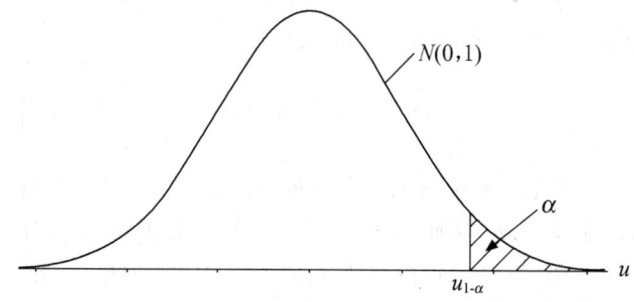

图 1.4.5 显著性水平 α 是一个尾部概率

另一方面,由样本 $(x_1, x_2, \cdots, x_n)$ 可算出检验统计量的值,记为 u_0,再按拒绝域的形式可算得另一个尾部概率 $P(u \geqslant u_0)$,这个尾部概率就称为 p 值(见图 1.4.6)。

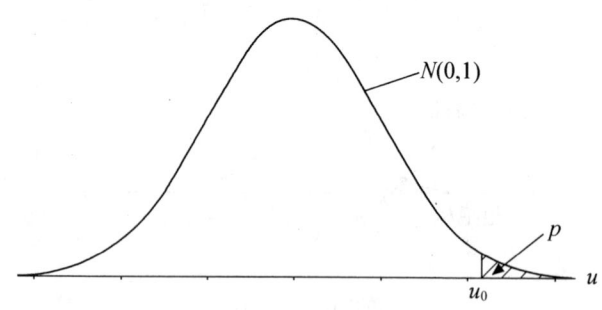

图 1.4.6 p 值 $= P(u \geqslant u_0)$

比较这两个尾部概率,可产生如下一个新的判断法则:
- 若 p 值 $\leqslant \alpha$,则拒绝 H_0
- 若 p 值 $> \alpha$,则接受 H_0

这个新的判断法则与原判断法则等价,因为在 p 值 $\leqslant \alpha$ 时,意味着 $u_0 \geqslant u_{1-\alpha}$,故 u_0 落在拒绝域 W 内,从而拒绝 H_0。事实上,p 值愈小,样本提供的拒绝 H_0 的证据就愈充分。如果 p 值不大于事先给定的显著性水平就要拒绝 H_0,而当 p 值大于 α 时,不得不接受 H_0。

这个新的判断法则的优点在于简单易行,它省略了"寻找分位数"与"构造拒绝域"两个步骤,也便于计算机统一处理。它的缺点在于按检验统计量的分布计算 p 值,在大多数场合人工计算很难实现,但求助于统计软件就可以实现。在各种假设检验问题中,统计软件的输出都包含有 p 值,据此就可以做出判断,较为方便。

上述 p 值对任何一个检验问题都适用。p 值又被称为最小显著性水平。

例 1.4.2 (双侧假设检验问题中 p 值的计算)在例 1.4.1 中,

$$H_0:\mu=\mu_0=100,\quad H_1:\mu\neq\mu_0$$

在标准差 $\sigma_0=2$ 已知场合,使用 u 统计量,给定显著性水平 $\alpha=0.05$ 后,可寻找分位数 $u_{1-\alpha/2}$,构造拒绝域 W(见图 1.4.7)。

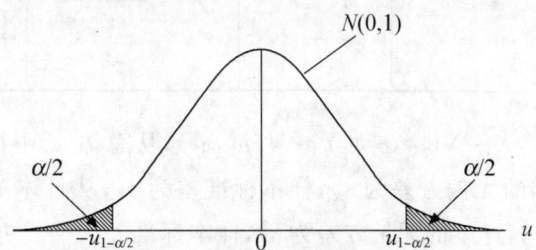

图 1.4.7 双侧检验的拒绝域 $W=\{|u|\geqslant u_{1-\alpha/2}\}$

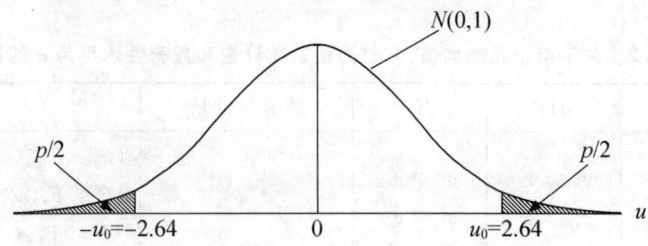

图 1.4.8 双侧检验的 p 值 $=P(|u|\geqslant u_0)=2P(u\geqslant u_0)$

由样本 $(x_1,x_2,\cdots,x_n)$ 可算出检验统计量的值 $u_0=2.64$,按拒绝域的构造,可类似算出 p 值:

p 值 $=P(|u|\geqslant 2.64)=2P(u\geqslant 2.64)=2[1-\Phi(2.64)]=2(1-0.9959)=0.0082$

由于 p 值 $=0.0082<0.05$,故拒绝原假设 H_0,即认为该天生产不正常。

1.4.4 有关正态总体的其他检验

假设检验有多种,常以所使用的检验统计量命名。而在假设检验中最困难的也就是寻找检验统计量,在正态总体场合这一问题得到了较好的解决。下面首先在表 1.4.1 与表 1.4.2 中给出了正态总体参数常用的检验方法,然后举若干例子加以说明。

设总体分布为 $N(\mu,\sigma^2)$,从中随机抽取的样本为 $x_1,x_2,\cdots,x_n$,样本均值与样本无偏方差、样本标准差分别为 $\bar{x}$ 与 s^2、s,那么对总体均值 μ 与方差 σ^2 的检验如表 1.4.1 所示。

表 1.4.1　关于正态均值 μ、方差 σ^2 的检验统计量和显著性水平为 α 的拒绝域

检验法	条件	H_0	H_1	检验统计量	拒绝域 W
u 检验	σ 已知	$\mu \leqslant \mu_0$ $\mu \geqslant \mu_0$ $\mu = \mu_0$	$\mu > \mu_0$ $\mu < \mu_0$ $\mu \neq \mu_0$	$u = \dfrac{\bar{x} - \mu_0}{\sigma/\sqrt{n}}$	$\{u \geqslant u_{1-\alpha}\}$ $\{u \leqslant u_\alpha\}$ $\{|u| \geqslant u_{1-\alpha/2}\}$
t 检验	σ 未知	$\mu \leqslant \mu_0$ $\mu \geqslant \mu_0$ $\mu = \mu_0$	$\mu > \mu_0$ $\mu < \mu_0$ $\mu \neq \mu_0$	$t = \dfrac{\bar{x} - \mu_0}{s/\sqrt{n}}$	$\{t \geqslant t_{1-\alpha}(n-1)\}$ $\{t \leqslant t_\alpha(n-1)\}$ $\{|t| \geqslant t_{1-\alpha/2}(n-1)\}$
χ^2 检验	μ 未知	$\sigma^2 \leqslant \sigma_0^2$ $\sigma^2 \geqslant \sigma_0^2$ $\sigma^2 = \sigma_0^2$	$\sigma^2 > \sigma_0^2$ $\sigma^2 < \sigma_0^2$ $\sigma^2 \neq \sigma_0^2$	$\chi^2 = \dfrac{(n-1)s^2}{\sigma_0^2}$	$\{\chi^2 \geqslant \chi_{1-\alpha}^2(n-1)\}$ $\{\chi^2 \leqslant \chi_\alpha^2(n-1)\}$ $\{\chi^2 \leqslant \chi_{\alpha/2}^2(n-1)$ 或 $\chi^2 \geqslant \chi_{1-\alpha/2}^2(n-1)\}$

设有两个独立总体，$X \sim N(\mu_1, \sigma_1^2)$，$Y \sim N(\mu_2, \sigma_2^2)$，从总体 X 中抽取的样本 $x_1, x_2, \cdots, x_n$，样本均值为 $\bar{x}$，样本的无偏方差为 s_X^2，样本标准差为 s_X，从总体 Y 中抽取的样本为 $y_1, y_2, \cdots, y_m$，样本均值为 $\bar{y}$，样本的无偏方差为 s_Y^2，样本标准差为 s_Y。并假定两样本独立。关于两个总体方差、均值的显著性水平为 α 的检验如表 1.4.2 所列。表中

$$s_w = \sqrt{\dfrac{(n-1)s_X^2 + (m-1)s_Y^2}{n+m-2}}$$

表 1.4.2　关于两个正态均值、方差的检验统计量和显著性水平为 α 的拒绝域

检验法	条件	H_0	H_1	检验统计量	拒绝域
F 检验	μ_1, μ_2 未知	$\sigma_1^2 \leqslant \sigma_2^2$ $\sigma_1^2 \geqslant \sigma_2^2$ $\sigma_1^2 = \sigma_2^2$	$\sigma_1^2 > \sigma_2^2$ $\sigma_1^2 < \sigma_2^2$ $\sigma_1^2 \neq \sigma_2^2$	$F = \dfrac{s_X^2}{s_Y^2}$	$\{F \geqslant F_{1-\alpha}(n-1, m-1)\}$ $\{F \leqslant F_\alpha(n-1, m-1)\}$ $\{F \leqslant F_{\alpha/2}(n-1, m-1)$ 或 $F \geqslant F_{1-\alpha/2}(n-1, m-1)\}$
t 检验	$\sigma_1 = \sigma_2$ 未知	$\mu_1 \leqslant \mu_2$ $\mu_1 \geqslant \mu_2$ $\mu_1 = \mu_2$	$\mu_1 > \mu_2$ $\mu_1 < \mu_2$ $\mu_1 \neq \mu_2$	$t = \dfrac{\bar{x} - \bar{y}}{s_w\sqrt{\dfrac{1}{n} + \dfrac{1}{m}}}$	$\{t \geqslant t_{1-\alpha}(n+m-2)\}$ $\{t \leqslant t_\alpha(n+m-2)\}$ $\{|t| \geqslant t_{1-\alpha/2}(n+m-2)\}$

例 1.4.3　（单样本的 t 检验）某地区环境保护法规定：排放的废水中一种有毒化学物质的平均含量不得超过 3ppm（百万分之 3）。已知废水中该有毒化学物质的含量 X 服从正态分布 $N(\mu, \sigma^2)$。该地区环保组织对沿河的一个工厂进行检查，测定每天排放的废水中该物质的含量，15 天的记录如下（单位：ppm）：

　　　　3.1　3.2　3.3　2.9　3.5　3.4　2.5　4.3
　　　　2.9　3.6　3.2　3.0　2.7　3.5　2.9

试在 $\alpha = 0.05$ 水平上判断该厂排放的废水是否符合环保规定？

解：分几步来讨论这一问题。

1. 设立假设：如果符合环保规定，那么正态均值 μ 应不超过 3ppm，不符合的话，μ 应大

于 3ppm。故可以建立如下一对假设：

$$H_0: \mu \leqslant 3, \quad H_1: \mu > 3。$$

2. 寻找检验统计量：由于在本问题中总体标准差 σ 未知，故不能用前面所述的 u 统计量，将 u 统计量中的 σ 用样本标准差代替，就得到 t 统计量，在 $\mu = \mu_0$ 时它服从自由度为 $n-1$ 的 t 分布，这就是 t 检验。现在 $\mu_0 = 3$。

3—4. 对给定的显著性水平 $\alpha = 0.05$，并由备择假设在右侧知拒绝域为：

$$W = \{t \geqslant t_{1-\alpha}(n-1)\}$$

如今 $\alpha = 0.05, n = 15$，查得 $t_{0.95}(14) = 1.761$，故拒绝域为 $W = \{t \geqslant 1.761\}$。

5. 判断：根据样本观察值，可算得样本均值与样本标准差分别为 $\bar{x} = 3.2, s = 0.436$，代入 t 统计量，可得：

$$t = \frac{3.2 - 3}{0.436/\sqrt{15}} = 1.7766$$

由于它大于 1.761，故 t 值落在拒绝域 W 中，从而在 $\alpha = 0.05$ 水平上拒绝原假设 H_0，认为该厂排放的废水不符合环保规定，应该采取措施来降低废水中该有毒化学物质的含量。

例 1.4.4 （双样本的 t 检验）某厂为提高铸件的耐磨性而试制了一种镍合金铸件以取代一种铜合金铸件，为此，从两种铸件中分别抽取一个容量为 8 与 9 的样本，测其硬度（一种耐磨性指标）分别为：

镍合金铸件 X　　76.43　76.21　73.58　69.69　65.29　70.83　82.75　72.34
铜合金铸件 Y　　73.66　64.27　69.34　71.37　69.77　68.12　67.27　68.07
　　　　　　　　62.61

根据专业知识，硬度服从正态分布，且两种合金的方差相同，试在 $\alpha = 0.05$ 水平上判断镍合金铸件的硬度是否有显著提高？

解：分几步来讨论这一问题。

1. 设立假设：记镍合金铸件的硬度为 X，铜合金铸件的硬度为 Y，则由假定知 $X \sim N(\mu_1, \sigma^2), Y \sim N(\mu_2, \sigma^2)$。要检验的假设是：

$$H_0: \mu_1 = \mu_2, \quad H_1: \mu_1 > \mu_2$$

这一对假设等价于如下一对假设：

$$H_0: \mu_1 - \mu_2 = 0, \quad H_1: \mu_1 - \mu_2 > 0$$

这是单侧假设检验问题，备择假设在右侧。

2. 寻找检验统计量：这里有两个样本，其样本均值之差 $\bar{x} - \bar{y}$ 的分布仍然为正态分布，即

$$\bar{x} - \bar{y} \sim N\left(\mu_1 - \mu_2, \left(\frac{1}{n} + \frac{1}{m}\right)\sigma^2\right)$$

其中 n 与 m 分别为两个样本的容量，在原假设 $H_0: \mu_1 - \mu_2 = 0$ 成立下，可仿照单样本 t 统计量，构造新的 t 统计量：

$$t = \frac{\bar{x} - \bar{y}}{s_w\sqrt{\frac{1}{n} + \frac{1}{m}}} \sim t(n+m-2)$$

这就是双样本 t 检验统计量,其中 s_w 是两样本统一的样本标准差:

$$s_w = \sqrt{\frac{(n-1)s_X^2 + (m-1)s_Y^2}{n+m-2}}$$

这是因为已经假定两种合金硬度方差相同之故。

3-4. 对给定的显著性水平 $\alpha = 0.05$,考虑到备择假设在右侧,可得其拒绝域为:

$$W = \{t \geqslant t_{1-\alpha}(n+m-2)\}$$

在我们的例子中,$n=8, m=9$,查表得 $t_{0.95}(15) = 1.753$,所以拒绝域为 $W = \{t \geqslant 1.753\}$。

5. 判断:在我们的例子中,$\bar{x} = 73.39, \bar{y} = 68.28, s_X^2 = 27.40, s_Y^2 = 11.39$,由此可算得:

$$s_w^2 = \frac{7 \times 27.40 + 8 \times 11.39}{15} = 18.86, \quad s_w = 4.34$$

$$t = \frac{73.39 - 68.28}{4.34 \times \sqrt{\frac{1}{8} + \frac{1}{9}}} = 2.42$$

由于它大于 1.753,故 t 值落入拒绝域,从而拒绝原假设 H_0,认为镍合金铸件的硬度有显著提高。

注:若事先不知两者方差是否相等,那么收集数据后也可进行检验。此时的假设是:

$$H_0: \sigma_1^2 = \sigma_2^2, \quad H_1: \sigma_1^2 \neq \sigma_2^2$$

可以利用样本方差构造统计量,在原假设 $H_0: \sigma_1^2 = \sigma_2^2$ 成立下,有

$$F = \frac{s_X^2}{s_Y^2} \sim F(n-1, m-1)$$

对给定的显著性水平 $\alpha = 0.05$,考虑到备择假设在两侧,可得其拒绝域为:

$$W = \{F \leqslant F_{\alpha/2}(n-1, m-1) \text{ 或 } F \geqslant F_{1-\alpha/2}(n-1, m-1)\}$$

现在 $n=8, m=9$,查表有 $F_{0.025}(7,8) = \frac{1}{4.90} = 0.20, F_{0.975}(7,8) = 4.53$,所以拒绝域为:

$$W = \{F \leqslant 0.20 \text{ 或 } F \geqslant 4.53\}$$

现由样本算得 $s_X^2 = 27.40, s_Y^2 = 11.39$,由此可算得:

$$F = \frac{27.40}{11.39} = 2.41$$

由于样本未落入拒绝域,所以可以接受原假设,认为两者方差相等。

例 1.4.5 (成对数据的 t 检验)某工厂的两个实验室每天下午 2 时从工厂的冷却水中取样,分别测量水中的含氯量各一次,累计 11 天的测量数据如下:

序号 i	x_i(实验室 A)	y_i(实验室 B)	$d_i = x_i - y_i$
1	1.04	1.00	0.04
2	1.86	1.90	−0.04
3	0.76	0.90	−0.14
4	1.82	1.80	0.02
5	1.14	1.20	−0.06
6	1.65	1.70	−0.05
7	1.92	1.95	−0.03
8	1.01	1.02	−0.01
9	1.12	1.23	−0.11
10	0.90	0.97	−0.07
11	1.40	1.52	−0.12
样本均值	$\bar{x} = 1.3291$	$\bar{y} = 1.3809$	$\bar{d} = -0.05182$
样本方差	$s_X^2 = 0.1753$	$s_Y^2 = 0.1621$	$s_d^2 = 0.003216$

试问两个实验室测定的结果(设为正态分布)在 $\alpha = 0.05$ 水平上有无显著的差异？

解：这里涉及两个样本，但其两两成对，因为任一对数据 (x_i, y_i) 都是对同一天下午 2 时的冷却水(同一个体)的两个不同实验室的测量值，故此两个样本可看作 $n(=11)$ 对数据，其中 x_i 与 y_i 有相同的一面(同日同时的冷却水)，又有不同的一面(不同实验室的测量值)。我们的兴趣不在于个体间的差异而在于两个实验室测量值间的差异。为了去除个体间的差异，最好的方法是考察其差

$$d_i = x_i - y_i, \quad i = 1, 2, \cdots, n$$

这些差仍保留了两个实验室间的差异。若各实验室的测量值 X 与 Y 都服从正态分布，则其差 $d = X - Y$ 仍服从正态分布，设此正态分布为 $N(\mu_d, \sigma_d^2)$，则 $d_1, d_2, \cdots, d_{11}$ 就是来自此正态分布的一个样本，要检验两个实验室的测量值之间有无差异就转化为检验如下一对假设：

$$H_0: \mu_d = 0, \quad H_1: \mu_d \neq 0$$

这样一来，成对数据的检验问题可用单样本 t 检验解决，所用的检验统计量为：

$$t = \frac{\bar{d}}{s_d / \sqrt{n}}$$

在原假设成立下，它服从分布 $t(n-1)$。

在本例中 $\bar{d} = -0.05182, s_d = \sqrt{0.003216} = 0.05671, n = 11$，代入可算得：

$$t = \frac{-0.05182}{0.05671 / \sqrt{11}} = -3.03$$

对给定的显著性水平 $\alpha = 0.05$，其拒绝域为：

$$W = \{|t| \geqslant t_{1-\alpha/2}(n-1)\} = \{|t| \geqslant 2.228\}$$

由于$|t|=3.03>2.228$，故样本落入拒绝域，所以在0.05水平上应拒绝原假设，即认为两个实验室对冷却水中的含氯量的测定间有显著差异，应进一步查找原因，改进测量。

讨论：若不把此例中的数据看成成对数据，而看作来自两个正态总体$N(\mu_1,\sigma^2)$与$N(\mu_2,\sigma^2)$的两个样本，要对如下一对假设做出检验：

$$H_0:\mu_1=\mu_2,\quad H_1:\mu_1\neq\mu_2$$

就要采用双样本t检验，即

$$t=\frac{\bar{x}-\bar{y}}{s_w\sqrt{\frac{1}{n}+\frac{1}{m}}}=\frac{1.3291-1.3809}{0.4107\sqrt{\frac{1}{11}+\frac{1}{11}}}=-0.2959$$

其中$s_w^2=\frac{1}{20}[10\times s_X^2+10\times s_Y^2]=0.1687, s_w=0.4107$。

对给定的显著性水平$\alpha=0.05$，其拒绝域是：

$$W=\{|t|\geq t_{0.975}(20)=2.086\}$$

由于样本未落入拒绝域，所以不能拒绝原假设，即认为两个实验室的测定值间无显著差异。

两个不同的检验得到不同的结论，原因何在？在双样本t检验中所用的样本标准差$s_w\sqrt{\frac{1}{n}+\frac{1}{m}}=0.1751$不仅含有测量值间的差异，还含有个体间的差异，故它较大。而成对数据的t检验中所用的样本标准差$s_d/\sqrt{n}=0.01716$仅含测量值间的差异，故它较小。而我们的目的正是比较两个实验室测量值间的差异，所以用成对数据的t检验是正确的，其结论是可信的。在这个例子中使用双样本t检验是不当的。

§ 1.5 过程能力指数

评价一个过程质量水平满足顾客要求的能力指数称为过程能力指数（Process Capability Index, PCI）。这里涉及两个方面：过程和顾客（见图1.5.1），对它们从各个不同的角度提取信息，再进行比较，就形成多种过程能力指数，本节将先后讨论$C_p, C_{pk}, P_p, P_{pk}, C_{pm}$等五个指数，它们各有特点，我们要综合使用。

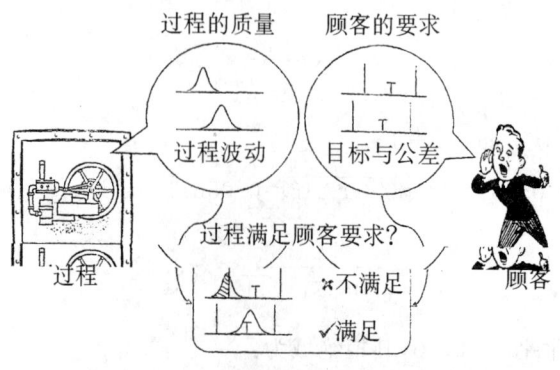

图1.5.1 过程质量水平能满足顾客要求吗？

1.5.1 过程能力指数 C_p

一、基本假设

讨论过程能力指数 C_p 与 C_{pk} 是在下面三个基本假设下进行的：

A1. 过程稳定(受控)，即过程的质量特性 X 的波动仅由正常波动引起，从而过程的输出 X 的分布不随时间而改变，过程将来的状态是可预测的。

A2. 过程的质量特性 X 服从某个正态分布 $N(\mu,\sigma^2)$。

A3. 双边规范限 LSL 和 USL 能准确表达顾客要求。

二、过程能力指数 C_p

它涉及过程与顾客两个方面。

在过程稳定和质量特性 X 服从正态分布 $N(\mu,\sigma^2)$ 时，产品的质量特性值 x 的 99.73% 所散布的区间 $[\mu-3\sigma,\mu+3\sigma]$ 的长度 6σ(见图 1.5.2)称为该过程的过程能力(Process Capability, PC)，记为 $PC=6\sigma$。

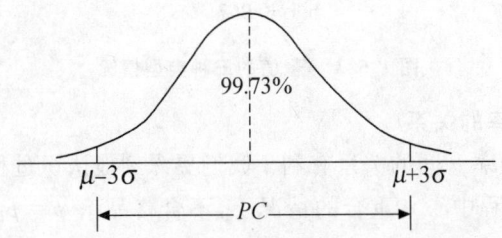

图 1.5.2　过程能力 $PC=6\sigma$

顾客要求体现在规范限(LSL,USL)上，其中点 $M=(\text{LSL}+\text{USL})/2$ 称为规范中心。规范限的宽度 $T=\text{USL}-\text{LSL}$ 常称为公差，它表示了顾客要求的宽与严。

在规范中心 M 与受控过程中心(即正态均值 μ)重合时，过程能力指数定义为：

$$C_p=\frac{\text{顾客要求}}{\text{过程能力}}=\frac{\text{USL}-\text{LSL}}{6\sigma}=\frac{T}{6\sigma}$$

在这个定义中，规范限(LSL,USL)是顾客要求，一般不能轻易改变。所以 C_p 与 σ 成反比，σ 是愈小愈好，因而 C_p 是愈大愈好的指数。

例 1.5.1　在用钢材弯曲成钢夹的产品中，其间隙的上、下规范限分别为(单位：cm)：

$$\text{USL}=0.9,\quad \text{LSL}=0.5$$

假如生产过程中钢夹间隙大小 X 服从正态分布 $N(0.7,0.075^2)$，即该过程中心恰与规范中心重合，$\mu=M=0.7$，而标准差 $\sigma=0.075$，这时的过程能力指数为：

$$C_p=\frac{T}{6\sigma}=\frac{0.9-0.5}{6\times 0.075}=\frac{0.4}{0.45}=0.89$$

其中 $T=0.4$ 是公差，$6\sigma=0.45$ 是过程能力，它表示 99.73% 的钢夹间隙散布在长度为 0.45cm 的区间上。如今 $C_p<1$，即 $T<6\sigma$，这表明受控的过程能力不能满足顾客要求(见图 1.5.3a)，需要改进过程。当把标准差 σ 减少到 0.067 时(见图 1.5.3b)，可算得 $C_p=1$，这时

受控过程恰好能满足顾客要求,但无余地,一般还需要继续改进过程。假如把标准差 σ 再减少到 0.050(见图 1.5.3c),则可算得 $C_p=1.33$。这表明受控过程已能满足顾客要求。这时要力图维持此种生产状态。C_p 愈大,说明过程能力愈充足,产品加工质量愈高,但这时对设备、原材料和操作人员要求也愈高,加工成本也愈大。所以一个过程的 C_p 值定于多少要看需要与可能,一般能使 C_p 在 1.33 左右已是一个很好的过程。实现这个目标要求人们一点一点地把标准差 σ 降下来。

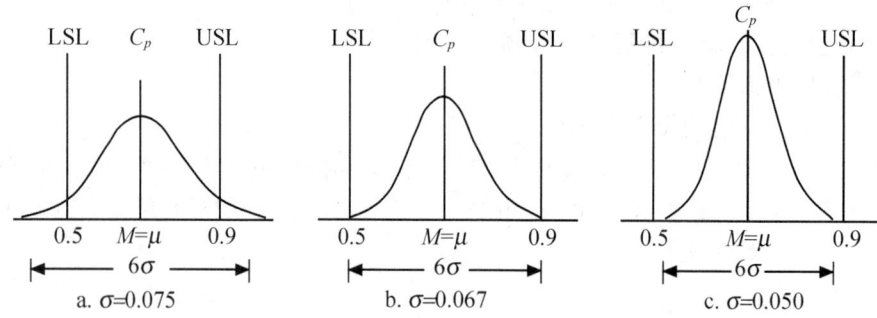

图 1.5.3 C_p 值的三种典型情况

三、C_p 与不合格品率的关系

明确 C_p 与不合格品率 p 间的关系有利于我们更深刻地认识过程能力指数 C_p。

在规范中心 M 与过程中心 μ 重合的情况下,不合格品率 $p=p_L+p_U=2p_L$ 可以从 C_p 值导出。这是因为可由

$$\text{LSL}=\mu-\frac{T}{2},\qquad T=6\sigma\times C_p$$

导出

$$\begin{aligned}p&=2P\,(x<\text{LSL})=2P\,(x<\mu-3\sigma C_p)\\&=2P\left(\frac{x-\mu}{\sigma}<-3C_p\right)=2\Phi\,(-3C_p)\\&=2\,[1-\Phi\,(3C_p)]\end{aligned}$$

对给定的 C_p 值,利用标准正态分布表就可算得相应的不合格品率。譬如,$C_p=0.67$ 时,$\Phi\,(3C_p)=\Phi\,(2)=0.9772$,于是不合格品率:

$$p=2\,[1-\Phi\,(2)]=2\,[1-0.9772]=0.0456$$

类似地可算得各种 C_p 值所对应的不合格品率,所得结果列于表 1.5.1 表中,对各种 C_p 的评价与措施是来自国外一些企业的实践,有参考价值。

四、C_p 的估计

由于 C_p 中仅含一个未知参数 σ,它是受控过程的标准差。从 σ 角度看,选用 σ 的无偏估计是较好的,常用的有:

$$\hat{\sigma}_s=s/c_4,\,s=\left(\frac{1}{n-1}\sum_{i=1}^n\,(x_i-\bar{x})^2\right)^{1/2}$$

表 1.5.1 C_p 与不合格品率 p 间关系及评价与措施

C_p	p	评价	措施
0.2	0.5486	能力过小	不宜生产
0.4	0.2302	能力过小	不宜生产
0.6	0.0718	能力过小	不宜生产
0.67	0.0456	能力不足	减少标准差
0.8	0.0164	能力不足	减少标准差
0.9	0.007	能力不足	减少标准差
1	0.0027 = 2700ppm	能力尚可	加强检验,不断改进
1.1	0.00096	能力尚可	加强检验,不断改进
1.2	0.000320	能力尚可	加强检验,不断改进
1.3	0.0001	能力尚可	加强检验,不断改进
1.33	0.000065 = 65ppm	能力充足	维持或放宽
1.4	0.000027	能力充足	维持或放宽
1.5	0.0000068	能力充足	维持或放宽
1.6	0.0000016	能力充足	维持或放宽
1.67	0.00000062 = 0.62ppm	能力过于充足	放宽或免检
2	2×10^{-9} = 0.002ppm	能力过于充足	放宽或免检

或

$$\hat{\sigma}_R = R/d_2, \quad R = x_{(n)} - x_{(1)}$$

其中 $x_1, x_2, \cdots, x_n$ 是来自受控过程的一个样本,c_4 和 d_2 是修偏系数,由此可得 C_p 的估计:

$$\hat{C}_p = \frac{T}{6\hat{\sigma}_s} \text{ 或 } \hat{C}_p = \frac{T}{6\hat{\sigma}_R}$$

其中第二个估计常在样本量 $n<10$ 时使用,而第一个估计无此限制。

若总体标准差 σ 是用样本标准差 s 作估计的,即 $\hat{\sigma}_s = s/c_4$,则利用 σ 的 $1-\alpha$ 置信区间(见表 1.3.3)可获得 C_p 的 $1-\alpha$ 置信区间:

$$\left[\hat{C}_p\sqrt{\frac{\chi^2_{\alpha/2}(n-1)}{n-1}}, \hat{C}_p\sqrt{\frac{\chi^2_{1-\alpha/2}(n-1)}{n-1}}\right]$$

和 C_p 的 $1-\alpha$ 单侧置信下限:

$$\hat{C}_p\sqrt{\frac{\chi^2_{\alpha}(n-1)}{n-1}}$$

例 1.5.2 加工某金属轴,长度 X 为其质量特性。规范限为:

USL=45.23mm, LSL=45.07mm

现随机从生产线上抽取 10 个成品,测其长度(减去 45mm)为:

$$0.16 \quad 0.14 \quad 0.13 \quad 0.12 \quad 0.17$$
$$0.16 \quad 0.15 \quad 0.15 \quad 0.17 \quad 0.13$$

可算得其样本均值 $\bar{x}$ 与样本标准差 s 为:

$$\bar{x}=45.148, \quad s=0.0175$$

可用 s 先作出 σ 的无偏估计,然后再得 C_p 的估计:

$$\hat{\sigma}_s=\frac{s}{c_4}=\frac{0.0175}{0.973}=0.018$$

$$\hat{C}_p=\frac{\mathrm{USL}-\mathrm{LSL}}{6\hat{\sigma}_s}=\frac{45.23-45.07}{6\times 0.018}=1.48$$

对这个容量为 10 的样本,还可以作出 C_p 的 0.95 置信区间。这里 $\alpha=0.05$,从 χ^2 分布分位数表可查得 $\chi^2_{0.025}(9)=2.70$, $\chi^2_{0.975}(9)=19.02$,于是可算得 C_p 的 0.95 置信区间为:

$$\left[1.48\times\sqrt{\frac{2.70}{9}}, 1.48\times\sqrt{\frac{19.02}{9}}\right]=[0.81, 2.15]$$

而 C_p 的 0.95 单侧置信下限为:

$$\hat{C}_p\sqrt{\frac{\chi^2_{0.05}(9)}{9}}=1.48\times\sqrt{\frac{3.33}{9}}=0.90$$

1.5.2 实际过程能力指数 C_{pk}

一、C_p 的缺点

当过程中心 μ 与规范中心 M 重合($M=\mu$)时,C_p 与不合格品率 p 间有一一对应关系,故 C_p 能真实反映过程满足顾客要求的程度。但当 $M\neq\mu$ 时,C_p 与不合格品率 p 间的对应关系失去了,从而 C_p 就失去真实性。C_p 的这个缺点可从下面例子中看出。

例 1.5.3 在钢夹间隙的例子(例 1.5.1)中,若规范限不变,仍为 USL=0.9,LSL=0.5,规范中心 $M=0.7$。而钢夹间隙的正态分布由原来的 $N(0.7, 0.075^2)$ 向右移动到 $N(0.82, 0.075^2)$(见图 1.5.4),由于这两个过程的标准差未变,故它们有相同的 $C_p=0.89$。但其不合格品率不同,容易算得图 1.5.4 左侧的不合格品率

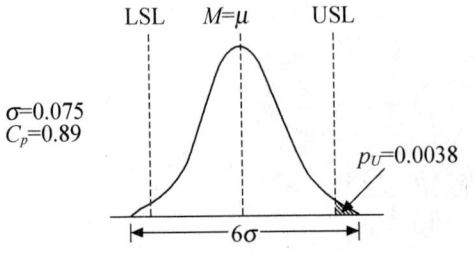
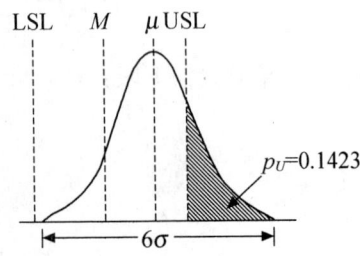

图 1.5.4 两个过程有相同的 C_p 而有不同的不合格品率

$$p_1 = 2p_U = 2 \times 0.0038 = 0.0076$$

而右侧的不合格品率

$$p_2 = p_L + p_U = 0 + 0.1423 = 0.1423$$

两者相差很大。

从上例可见，在 $M \neq \mu$ 时，已失去了 C_p 与不合格品率 p 间的对应关系，这是因为 C_p 的定义与过程中心无关而引起的，但它仍表示着一种潜在能力，当我们设法把过程中心 μ 逐渐地移向规范中心 M 时，这种潜力得到充分挖掘，所以在一般场合下，C_p 可称为潜在过程能力指数。

二、实际过程能力指数 C_{pk}

改进 C_p 使之能符合实际是本节任务。此种改进关键是把过程中心 μ 引到指数中来。

通常，过程中心 μ 在规范限 (LSL, USL) 之中，并把规范限分为两个小区间：(LSL, μ) 和 (μ, USL)。它们与 3σ 的比值能反映过程在左端或右端满足顾客要求的程度（见图 1.5.5）。今后我们称：

$$C_{pL} = \frac{\mu - \text{LSL}}{3\sigma} \quad \text{为单侧下限过程能力指数}$$

$$C_{pU} = \frac{\text{USL} - \mu}{3\sigma} \quad \text{为单侧上限过程能力指数}$$

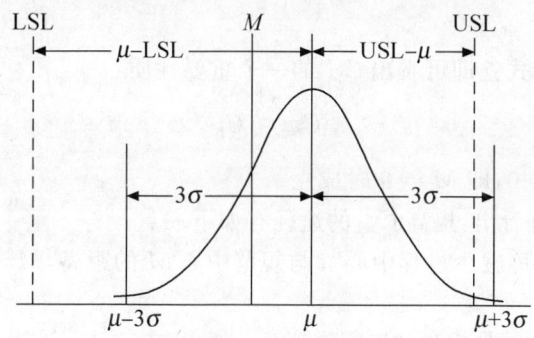

图 1.5.5　两种过程能力指数示意图

上述的 C_{pL} 和 C_{pU} 相当于在 C_p 的分子与分母中各取一半而定义的两个过程能力指数。在 $M \neq \mu$ 时，$C_{pL} \neq C_{pU}$，这是因为：

$$\mu - \text{LSL} \neq \text{USL} - \mu$$

我们的注意力应放在较小的一端，譬如在图 1.5.5 上右端较小，从而相应的不合格品率 p_U 就较大。从改进质量角度去看，我们应把注意力放在 C_{pL} 和 C_{pU} 中较小的一个。今后称：

$$C_{pk} = \min\{C_{pL}, C_{pU}\} \quad \text{为实际过程能力指数}$$

$$C_p = \frac{\text{USL} - \text{LSL}}{6\sigma} = \frac{T}{6\sigma} \quad \text{为潜在过程能力指数}$$

这样我们就完成从 C_p 出发，经过改进，获得 C_{pk} 的工作。在这个过程中我们还得到单侧下限(或上限)过程能力指数。它们分别适用于只有下规范限和上规范限场合。

三、C_{pk} 的三种形式

由 C_{pk} 的定义立即可看出：

$$C_{pk} = \frac{\min\{USL-\mu, \mu-LSL\}}{3\sigma}$$

这是 C_{pk} 的第一种形式。若利用下列恒等式：

$$\min(a,b) = \frac{1}{2}(|a+b| - |a-b|)$$

可把 C_{pk} 的分子改写为：

$$\frac{1}{2}(USL-LSL - |USL+LSL-2\mu|)$$

利用前面的符号，$T=USL-LSL, M=(LSL+USL)/2$，可得 C_{pk} 的第二种形式：

$$C_{pk} = \frac{T}{6\sigma} - \frac{|M-\mu|}{3\sigma}$$

若对上式第二项的分子与分母分别是乘以 $T/2$，可得 C_{pk} 的第三种形式：

$$C_{pk} = (1-k)C_p, \quad k = \frac{|M-\mu|}{T/2} = \frac{2|M-\mu|}{T}$$

其中 $k>0$ 称为偏离度。

由 C_{pk} 的第三种形式立即可看出 C_{pk} 的一个重要性质：

$$C_{pk} \leq C_p$$

其中等号当且仅当 $k=0$，即 $M=\mu$ 时成立。

由上面三种形式可看出：提高 C_{pk} 的途径有如下三点：
(1) 减少偏离度 k，即减少过程中心 μ 与规范中心 M 的距离 $|M-\mu|$；
(2) 减少标准差 σ；
(3) 与顾客商议，能否扩大规范限。

四、C_{pk} 与不合格品率 p 的关系

当受控过程的质量特性 X 服从正态分布 $N(\mu, \sigma^2)$ 时，其不合格品率 p 为：

$$p = p_L + p_U = P(X<LSL) + P(X>USL) = \Phi\left(\frac{LSL-\mu}{\sigma}\right) + \left[1-\Phi\left(\frac{USL-\mu}{\sigma}\right)\right]$$

假如过程中心 μ 位于规范中心 M 与上规范限 USL 之间，即 $M \leq \mu \leq USL$，则由 C_{pk} 的第一种形式可看出：

$$C_{pk} = C_{pU} = \frac{USL-\mu}{3\sigma}$$

另外：

$$\frac{LSL-\mu}{3\sigma} = \frac{(USL-\mu)-(USL-LSL)}{3\sigma} = C_{pk} - 2C_p$$

把以上二式代入不合格品率 p 的表达式,可得:

$$p = \Phi[3(C_{pk}-2C_p)]+1-\Phi(3C_{pk}) = \Phi[-3(2C_p-C_{pk})]+\Phi(-3C_{pk})$$

当 $\text{LSL} \leqslant \mu \leqslant M$ 时,亦可类似推得上式。

由上式可见,仅有 C_{pk} 还不足以确定不合格品率 p,还需 C_p 帮助。但由 C_{pk} 可以确定不合格品率 p 的一个范围:

$$\Phi(-3C_{pk}) \leqslant p \leqslant 2\Phi(-3C_{pk})$$

上式第一个不等式是显然的。第二个不等式可由 $C_{pk} \leqslant C_p$ 导出,因为 $2C_{pk} \leqslant 2C_p$,故 $2C_p - C_{pk} \geqslant C_{pk}$,从而有:

$$-3(2C_p - C_{pk}) \leqslant -3C_{pk}$$
$$\Phi(-3(2C_p - C_{pk})) \leqslant \Phi(-3C_{pk})$$

代回原式即得上述不等式。这里利用了标准正态分布函数 $\Phi(u)$ 是 u 的单调增函数性质。

例 1.5.4 若某过程的 $C_{pk}=1$,则由上述不等式可知其不合格品率 p 介于 $\Phi(-3)$ 和 $2\Phi(-3)$ 之间。由于 $\Phi(-3)=0.00135$,则可得:

$$0.00135 \leqslant p \leqslant 0.0027$$

若还能得知 $C_p = 1.1$,则可精确算得不合格品率:

$$p = \Phi(-3(2 \times 1.1-1))+\Phi(-3) = \Phi(-3.6)+\Phi(-3)$$
$$= 0.00016+0.00135 = 0.00151$$

五、C_{pk} 的估计

C_{pk} 的定义中含有正态均值 μ 与正态标准差 σ,若用 μ 与 σ 的无偏估计(如 $\bar{x}$ 与 $\hat{\sigma}_s$、$\hat{\sigma}_R$)分别代替 C_{pk} 中的 μ 与 σ,即可得到 C_{pk} 的估计,记为:

$$\hat{C}_{pk} = \frac{\min(\text{USL}-\bar{x}, \bar{x}-\text{LSL})}{3\hat{\sigma}} = \frac{T}{6\hat{\sigma}} - \frac{|M-\bar{x}|}{3\hat{\sigma}}$$

由于 $\hat{C}_{pk}$ 涉及样本均值 $\bar{x}$ 与样本标准差 s,所以寻求 $\hat{C}_{pk}$ 的抽样分布较为复杂,故转而寻求 C_{pk} 的近似置信区间,不少统计学家提出多种 C_{pk} 的近似置信区间。这里推荐 Heavlin 在 1988 年提出的 C_{pk} 的 $1-\alpha$ 近似置信区间:

$$\hat{C}_{pk} \pm u_{1-\alpha/2}\left[\frac{n-1}{9n(n-3)}+\hat{C}_{pk}^2 \times \frac{1}{2(n-3)}\left(1+\frac{6}{n-1}\right)\right]^{1/2}$$

其中 $u_{1-\alpha/2}$ 是标准正态分布的 $1-\alpha/2$ 分位数,n 为用于计算样本标准差 s 的样本量。(详见 Kotz and Johnson, Process Capability Indices, Chapman & Hall, 1993)

而 C_{pk} 的 $1-\alpha$ 单侧近似置信下限为:

$$\hat{C}_{pk}+u_\alpha\left[\frac{n-1}{9n(n-3)}+\hat{C}_{pk}^2 \times \frac{1}{2(n-3)}\left(1+\frac{6}{n-1}\right)\right]^{1/2}$$

例 1.5.5 螺纹钢板的切割过程经使用已达到受控状态,如图 1.5.6 所示,从控制图上可获得如下一些统计量:

$$\bar{x} = 212.5, \quad \bar{s} = 0.482, \quad n = 5, \quad k = 25(子组数)$$

而其规格限为 210 ± 3，现要计算 C_{pk} 值。

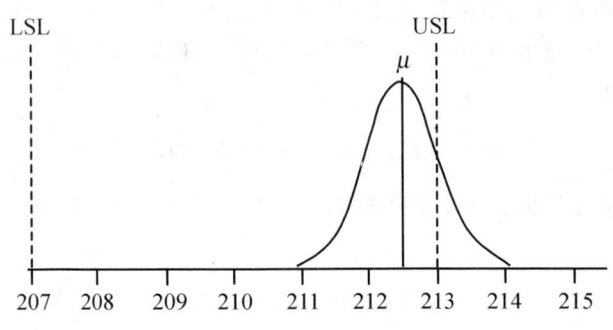

图 1.5.6 切割过程的受控状态

- 首先计算标准差 σ 的估计值，在 $n=5$ 时：

$$\hat{\sigma} = \frac{\bar{s}}{c_4} = \frac{0.482}{0.94} = 0.516$$

再计算：

$$\hat{C}_{pL} = \frac{\bar{x} - \text{LSL}}{3\hat{\sigma}} = \frac{212.5 - 207}{3 \times 0.516} = 3.553$$

$$\hat{C}_{pU} = \frac{\text{USL} - \bar{x}}{3\hat{\sigma}} = \frac{213 - 212.5}{3 \times 0.516} = 0.323$$

$$\hat{C}_{pk} = \min\{\hat{C}_{pL}, \hat{C}_{pU}\} = 0.323$$

这个实际过程能力指数 $C_{pk} = 0.323$ 是很小的，显得严重不足。

- 接着计算该过程的潜在过程能力指数：

$$\hat{C}_p = \frac{T}{6\hat{\sigma}} = \frac{213 - 207}{6 \times 0.516} = 1.938$$

可见该过程的潜在能力是巨大的，挖掘潜力的关键在于把过程中心 μ 从 212.5 尽量调节到规范中心 $M=210$ 附近。

- 经研究，找到了调节因子，很快把过程中心调节到 210.5，且没有改变标准差 σ。这时可先算偏离度：

$$k = \frac{|M - \mu|}{T/2} = \frac{|210 - 210.5|}{6/2} = 0.1667$$

最后利用 C_{pk} 的第三种形式可得：

$$\hat{C}_{pk} = (1-k)\hat{C}_p = (1 - 0.1667) \times 1.938 = 1.615$$

这样一来，实际过程能力指数 C_{pk} 从 0.323 提高到 1.615。这还表明，该过程能力指数已相当充足。

- 最后来计算 C_{pk} 的 $1-\alpha$ 近似置信区间。由于 $\bar{s}$ 是 25 个子组标准差的平均值，每个子组的容量为 5,故所涉及的自由度为 $(5-1)\times 25=100$,我们就以 $n=100$ 来作近似计算。C_{pk} 的 $1-\alpha=0.95$ 的近似置信区间为:

$$\hat{C}_{pk}\pm u_{1-\alpha/2}\left[\frac{n-1}{9n(n-3)}+\hat{C}_{pk}^2\times\frac{1}{2(n-3)}\left(1+\frac{6}{n-1}\right)\right]^{1/2}$$
$$=1.615\pm 1.96\left[\frac{99}{9\times 100\times 97}+1.615^2\times\frac{1}{2\times 97}\left(1+\frac{6}{99}\right)\right]^{1/2}$$
$$=1.615\pm 1.96\times 0.124=1.615\pm 0.243=[1.372,1.858]$$

类似地可以算得 C_{pk} 的 0.95 单侧近似置信下限:

$$1.615-1.645\times 0.124=1.411$$

1.5.3 过程性能指数 P_p,P_{pk}

一、短期数据与长期数据

在质量管理中数据有短期(Short Time)与长期(Long Time)之分。顾名思义,短期数据是指在短期内收集到的数据,长期数据是指长期收集到的数据。这里短期与长期是相对的。若一个月为短期,那么半年到一年为长期;若一周为短期,那么一月到数月为长期;若一小时为短期,那么一天到数天为长期;甚至一个容量为 100 的大样本,按次序均分为 20 个子组,每个子组含 5 个样品,这时子组为短期数据,20 个子组就构成长期数据。

为什么要把数据分为短期与长期呢?因为它们所含的波动源不同。一些波动源在短期观察中可能不会出现或很少出现,而在长期观察中就很可能出现,譬如:

- 机器的移动与机器的老化;
- 操作者的变动或情绪的波动;
- 修理不当或修理工的调换;
- 测量仪表或量具没有按时校正;
- 原材料或配件的供应商的变动;
- 车间温度与湿度的变化或其他环境因素的变化;
- 其他没有想到的突发事件的影响等。

由于在波动源上的差别,致使对总体标准差 σ 的估计上也会产生影响,有时这种影响会较大,而不应忽视。若记 $\hat{\sigma}_{ST}$ 与 $\hat{\sigma}_{LT}$ 分别为用短期与长期数据所作出的 σ 的估计,一般总有 $\hat{\sigma}_{ST}<\hat{\sigma}_{LT}$。若把 σ_{LT} 看作直角三角形的斜边长,σ_{ST} 看作此直角三角形一条直角边长,则另一条直角边长称为漂移标准差,记为 σ_{Shift}。据直角三角形的性质知:

$$\sigma_{LT}^2=\sigma_{ST}^2+\sigma_{Shift}^2$$

或

$$\sigma_{Shift}=\sqrt{\sigma_{LT}^2-\sigma_{ST}^2}$$

这里 σ_{Shift} 是虚拟的,它的大小表示长期波动与短期波动之间差异的大小。假如 σ_{Shift} 较大,就应引起重视,在质量上这是提供可改进的信息,是创新的一个机会。缩小漂移标准差 σ_{Shift} 是质量改进的基本目标之一。

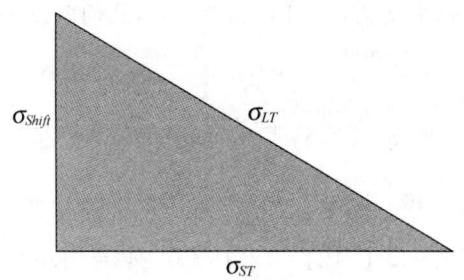

图 1.5.7 变异三角形

例 1.5.6 某印刷机装配线上一位技术员调查装配某个零件所用时间(单位:秒)。他对每个装配工记录了三次装配时间(一个子组),每次相隔一小时,共调查了 20 个人次,获得了 60 个数据(数据略)。他用这 60 个数据分别计算了 $\hat{\sigma}_{LT}$ 与 $\hat{\sigma}_{ST}$:

- 全部 60 个数据的标准差 s 可作为长期标准差 σ_{LT} 的估计:

$$\hat{\sigma}_{LT} = s = 10.01 \text{ 秒}$$

- 按每个子组各计算一个样本标准差 $s_i, i=1,2,\cdots,20$,在过程稳定的假设下,通过其平均值 $\bar{s}$ 可给出短期标准差 σ_{ST} 的估计:

$$\hat{\sigma}_{ST} = \frac{\bar{s}}{c_4} = \frac{5.71}{0.8862} = 6.44 \text{ 秒}$$

- 由此算得漂移标准差为:

$$\hat{\sigma}_{Shift} = \sqrt{10.01^2 - 6.44^2} = 7.66 \text{ 秒}$$

这表明:存在较大的改进空间,若能把较长的装配时间缩短,就可以提高生产效率,从而使 σ_{LT} 接近 σ_{ST}。

二、过程性能指数

长期的过程能力指数称为过程性能指数(Process Performance Index,简称 PPI)。过程性能指数也有多种。它们分别与(短期)过程能力指数对应,差别仅在标准差 σ 上,用短期标准差 σ_{ST} 计算的指数为过程能力指数,如 $C_p, C_{pU}, C_{pL}, C_{pk}$ 等,用长期标准差 σ_{LT} 计算的指数为过程性能指数。它们是:

i) 潜在过程性能指数

$$P_p = \frac{\text{USL} - \text{LSL}}{6\sigma_{LT}}$$

ii) 单侧上限过程性能指数:

$$P_{pU} = \frac{\text{USL} - \mu}{3\sigma_{LT}}$$

(其中 μ 为总体均值)

iii) 单侧下限过程性能指数:

$$P_{pL} = \frac{\mu - \text{LSL}}{3\sigma_{LT}}$$

iv) 实际过程性能指标：

$$P_{pk}=\min\{P_{pU},P_{pL}\}$$

例 1.5.7 加工某金属轴，直径 X 为其质量特性（单位：厘米）。质量检查员对金属轴的直径进行抽查。在四批产品中（每月一批）先后共抽查 390 件。并对各批产品分别计算了样本均值 $\bar{x}_i$ 与样本标准差 s_i，具体如下：

批号 i	样本量 n_i	样本均值 $\bar{x}_i$	样本标准差 s_i
1	80	10.148	0.0186
2	100	10.173	0.0117
3	90	10.156	0.0158
4	120	10.139	0.0163
	$n=390$	$\bar{x}=10.153$	$\bar{s}=0.0156$

若设规范限分别为 USL=10.22, LSL=10.08，要求其过程能力指数与过程性能指数。

解：由于每月检查的样本量较大，对平均样本标准差 $\bar{s}$ 无须修正即可作为短期标准差 σ_{ST} 的估计，即 $\hat{\sigma}_{ST}=\bar{s}$，于是 C_p 与 C_{pk} 的估计值分别为：

$$\hat{C}_p=\frac{\text{USL}-\text{LSL}}{6\bar{s}}=\frac{10.22-10.08}{6\times 0.0156}=1.496$$

$$\hat{C}_{pk}=\frac{\min(\text{USL}-\bar{x},\bar{x}-\text{LSL})}{3\bar{s}}$$

$$=\frac{\min(10.22-10.153,10.153-10.08)}{3\times 0.0156}=1.432$$

为了算得过程性能指数 P_p 与 P_{pk}，需要获得长期标准差 σ_{LT} 的估计，这可用 390 个原始数据算得。如今只留下 4 批数据的样本均值 $\bar{x}_i$、样本标准差 s_i 和样本量 n_i，利用这些中间结果亦可算得。为此先计算 390 个数据的偏差平方和 Q。若记 x_{ij} 为第 i 批中第 j 个测量值，$\bar{x}$ 是 390 个数据的总平均，则

$$\begin{aligned}Q&=\sum_{i=1}^{4}\sum_{j=1}^{n_i}(x_{ij}-\bar{x})^2\\&=\sum_{i=1}^{4}\sum_{j=1}^{n_i}[(x_{ij}-\bar{x}_i)+(\bar{x}_i-\bar{x})]^2\\&=\sum_{i=1}^{4}\sum_{j=1}^{n_i}(x_{ij}-\bar{x}_i)^2+\sum_{i=1}^{4}n_i(\bar{x}_i-\bar{x})^2=Q_{内}+Q_{间}\end{aligned}$$

其中

$$\begin{aligned}Q_{内}&=\sum_{i=1}^{4}\sum_{j=1}^{n_i}(x_{ij}-\bar{x}_i)^2=\sum_{i=1}^{4}(n_i-1)s_i^2\\&=79\times 0.0186^2+99\times 0.0117^2+89\times 0.0158^2+119\times 0.0163^2\\&=0.09472\end{aligned}$$

$$Q_{间} = \sum_{i=1}^{4} n_i (\bar{x}_i - \bar{x})^2$$
$$= 80 \times (0.148 - 0.153)^2 + 100 \times (0.173 - 0.153)^2$$
$$+ 90 \times (0.156 - 0.153)^2 + 120 \times (0.139 - 0.153)^2$$
$$= 0.06633$$

由此可得长期标准差 σ_{LT} 与 P_p、P_{pk} 的估计值：

$$\hat{\sigma}_{LT} = s = \left(\frac{Q_{内} + Q_{间}}{389}\right)^{1/2} = \left(\frac{0.09472 + 0.06633}{389}\right)^{1/2} = 0.02035$$

$$\hat{P}_p = \frac{10.22 - 10.08}{6 \times 0.02035} = 1.147$$

$$\hat{P}_{pk} = \frac{\min(10.22 - 10.153, 10.153 - 10.08)}{3 \times 0.02035} = 1.097$$

可见过程性能指数 $\hat{P}_{pk} = 1.097$ 要比过程能力指数 $\hat{C}_{pk} = 1.432$ 小很多，说明尚有能力可挖掘。

1.5.4 过程能力分析

1. 至此我们共给出了八种指数，它们是：

$$C_p \quad C_{pk} \quad C_{pU} \quad C_{pL}$$
$$P_p \quad P_{pk} \quad P_{pU} \quad P_{pL}$$

这些指数都是愈大愈好，其中 C_p 与 P_p 总为正，而另外六个指数有可能为负。譬如，对受控过程来说，当过程中心 μ 在规范限之外，就会引起 C_{pU} 或 C_{pL} 为负，从而 C_{pk} 亦为负值，具体是：

当 $\mu <$ LSL，则 $C_{pL} < 0$，而 $C_{pU} > 0$，从而 $C_{pk} < 0$
当 $\mu >$ USL，则 $C_{pU} < 0$，而 $C_{pL} > 0$，从而 $C_{pk} < 0$

当 C_{pL} 或 C_{pU} 为负值时，不必惊奇，只说明其过程满足顾客要求能力特别差，要寻找原因，及时纠正。

2. 所有指数都有合理一面，但也都有不足之处，选用不当会产生误导。因为没有一个单独指数可以万能地使用于所有过程，也没有一个过程可以通过一个单独指数完整地描述它。常需对多个指数作综合分析，譬如对 C_p、C_{pk}、P_p、P_{pk} 四个指数可作如下综合分析：

- 若 C_p 与 C_{pk} 接近，这说明过程中心 $\bar{x}$ 已接近规范中心 M。
- 若 C_p 与 C_{pk} 相差较大，这说明过程中心 $\bar{x}$ 与规范中心 M 相距较远，这时要努力设法让 $\bar{x}$ 向 M 靠近。
- 若 C_p 与 C_{pk} 都较小，这说明过程的短期和长期波动都较大，这时要把减少过程标准差作为首要任务去努力。
- 若 C_p 与 P_p 较接近，这说明子组间波动小，无异常波动出现。
- 若 C_{pk} 与 P_{pk} 差异较大，说明子组间波动较大，有异常波动出现。
- 若四个指数彼此很接近，且都较大，这说明过程一直处于受控状态，且过程有能力生产接近零缺陷的产品。

3. 最常用的指数是 C_p 与 C_{pk}。某些客户在订货时还希望知道生产过程的长期指数 P_p 与 P_{pk}。生产方对自己生产过程的 C_p、C_{pk}、P_p 与 P_{pk} 要及时了解，及时更新，以便及时指导生产和满足客户需求。

1.5.5 有目标值的过程能力指数

一、质量损失

在有些实际问题中质量特性 X 是有目标值 m 的，并且 X 偏离目标值愈远，质量损失就愈大，而 X 愈接近目标值 m 时产品质量就愈高。日本田口玄一使用二次损失函数：

$$L = (X-m)^2$$

来度量此种质量损失。由于质量特性 X 是随机变量，从而损失 L 也是随机变量，而随机变量是不便于比较的，故改用其均值 $E(L)$ 来度量其质量损失。若记 X 的均值为 μ，方差为 σ^2，则其平均损失为：

$$E(L) = E(X-m)^2 = E[(X-\mu)+(\mu-m)]^2 = E(X-\mu)^2 + (\mu-m)^2$$
$$= \mathrm{Var}(X) + (\mu-m)^2$$

这表明，平均质量损失 $E(L)$ 由两部分组成：

- 一是 X 的方差 σ^2，它是由质量特性波动引起的；
- 二是均值对目标值偏差的平方 $(\mu-m)^2$，它是由于引进目标值引起的。

在这种场合下，要提高质量就需要既减少方差 σ^2，又要减少均值 μ 对目标值 m 的偏差 $|\mu-m|$。从这个角度看，过程能力再用 6σ 度量就不当了，而应改用有目标值的过程能力，它的度量公式是：

$$PC = 6\sqrt{E(L)} = 6\sqrt{\sigma^2 + (\mu-m)^2}$$

这里用开方是因为 L 是二次函数之故。譬如，某过程中，质量特性 X 的均值与方差分别为：

$$E(X) = 50, \mathrm{Var}(X) = 3^2$$

在不考虑目标值场合，$PC = 6\sigma = 6 \times 3 = 18$，而在有目标值场合，过程能力 PC 就要大一些，譬如目标值的 $m = 54$，这时过程能力为

$$PC = 6\sqrt{3^2 + (50-54)^2} = 30$$

二、有目标值 m 的过程能力指数

当有目标值 m 时，过程能力改变了，因此过程能力指数也随着要改变，在此背景下，加籍华人陈乃九教授等在 1988 年首先据此提出如下两个有目标值的过程能力指数：

$$C_{pm} = \frac{\mathrm{USL} - \mathrm{LSL}}{6\sqrt{\sigma^2 + (\mu-m)^2}}$$

$$C_{pm}^* = \frac{\min\{\mathrm{USL}-m, m-\mathrm{LSL}\}}{3\sqrt{\sigma^2 + (\mu-m)^2}}$$

这两个指数的分母是相同的，皆为有目标值的过程能力，而分子不同，随后 Pearn 等人在 1992 年提出另一种有目标值的过程能力指数：

$$C_{pmk} = \frac{\min\{USL-\mu, \mu-LSL\}}{3\sqrt{\sigma^2+(\mu-m)^2}}$$

它与 C_{pm}^* 的差别在于分子中用 μ 代替 m。为了说明这三者之间的差别,可看下面的例子,实际中可选用其中之一使用。

例 1.5.8 设某质量特性 $X \sim N(54, 3^2)$,它的上、下规范限为 USL=65, LSL=35,从而可算出过程能力指数:

$$C_p = \frac{65-35}{6 \times 3} = \frac{5}{3} = 1.667$$

$$C_{pk} = \frac{\min\{65-54, 54-35\}}{3 \times 3} = \frac{11}{9} = 1.222$$

从这两个指数看,这是一个能力充足的过程。若引入目标值 $m=50$,情况就会改变,这时三种有目标值的过程能力指数分别为:

$$C_{pm} = \frac{65-35}{6 \times 5} = \frac{30}{30} = 1$$

$$C_{pm}^* = \frac{\min\{65-50, 50-35\}}{3 \times 5} = \frac{15}{15} = 1$$

$$C_{pmk} = \frac{\min\{65-54, 54-35\}}{3 \times 5} = \frac{11}{15} = 0.733$$

其分母中 $\sqrt{\sigma^2+(\mu-m)^2} = \sqrt{3^2+(54-50)^2} = 5$,这里分母的扩大导致三种有目标值的过程能力指数都减少,而分母扩大多少由 $|\mu-m|$ 决定,若能把过程中心 μ 向目标值 m 移动,减少 $|\mu-m|$ 就可增加有目标值的过程能力指数。

为了简单起见,保持 C_p 与 C_{pk} 不变,下面我们不改变 μ,而改变 m,在 $m=50, 52, 54, 56$ 等场合分别计算这三种有目标值过程能力指数,计算结果列于表 1.5.2 上。

表 1.5.2 不同目标值下,三种有目标值过程能力指数的计算

	$m=50$	$m=52$	$m=54$	$m=56$
C_{pm}	1	1.387	1.667	1.387
C_{pm}^*	1	1.202	1.222	1.100
C_{pmk}	0.733	1.017	1.222	0.864

从表 1.5.2 可见,只有当 $m=\mu$ 时,C_{pm} 上升到 C_p,C_{pm}^* 和 C_{pmk} 上升到 C_{pk}。而在 $m \neq \mu$ 时,有:

$$C_{pm} \leq C_p$$
$$C_{pm}^* \leq C_{pk}$$
$$C_{pmk} \leq C_{pm}$$

最后,我们指出,当有样本 $x_1, x_2, \cdots, x_n$ 和目标值 m 时,平均质量损失 $E(L)$ 的估计值常取

$$\hat{E}(L) = \frac{1}{n} \sum_{i=1}^{n} (x_i - m)^2$$

取其正平方根 $\sqrt{\hat{E}(L)}$ 作为 $\sqrt{\sigma^2+(\mu-m)^2}$ 的估计,而 μ 用 $\bar{x}$ 作出估计。

§ 习题一

1. 请在下列诸项中选择正确项:

    (1) 设 $X \sim N(2,4)$,则 $P(|X|<5)=$ _____。

        a. $\Phi(1.5)-\Phi(-3.5)$ b. $\Phi(1.5)+\Phi(3.5)$

        c. $\Phi(1.5)+\Phi(3.5)-1$ d. $\Phi(3.5)-\Phi(1.5)$

    (2) 设 u_α 为 $N(0,1)$ 的 α 分位数,则有 _____。

        a. $u_\alpha+u_{1-\alpha}=1$ b. $u_\alpha-u_{1-\alpha}=1$

        c. $u_\alpha+u_{1-\alpha}=0$ d. $u_\alpha-u_{1-\alpha}=0$

    (3) 设随机变量 X 与 Y 相互独立,且 $\text{Var}(X)=16$,$\text{Var}(Y)=9$,则 $Z=X-Y$ 的标准差 $\sigma(Z)=$ _____。

        a. 7   b. $\sqrt{7}$

        c. 25   d. 5

    (4) 一只骰子连掷 720 次,出现 4 点的平均次数是 _____。

        a. 80   b. 120

        c. 180   d. 360

    (5) 一铸件上的缺陷数 X 服从泊松分布,每铸件上的平均缺陷数是 0.5,一铸件上不多于 1 个缺陷的概率是 _____。

        a. 0.910   b. 0.090

        c. 0.942   d. 0.058

    (6) 若一次电话的通话时间 X(单位:分)服从参数为 0.25 的指数分布,则一次通话的平均时间为 _____。

        a. 0.25 分   b. 2.25 分

        c. 2 分   d. 4 分

    (7) 正态变量 X 的概率密度为 $p(x)=\dfrac{1}{\sqrt{\pi}}e^{-(x^2+4x+4)}$,则其中位数为 _____。

        a. 2   b. -2

        c. 1/2   d. 4

    (8) 某药片重量 X(单位:mg)服从正态分布 $N(20,1.5^2)$,则 100 片药的平均重量的分布为 _____。

        a. $N(20,1.5^2)$ b. $N(20,0.15^2)$

        c. $N(200,15^2)$ d. $N(2000,1.5^2)$

    (9) 设连续随机变量 X 的分布函数为:

$$F(x)=\begin{cases}1-e^{-\lambda x}, & x\geqslant 0\\ 0, & x<0\end{cases}$$

在 $\lambda=0.1$ 的情况下,事件"$5<X\leqslant 20$"的概率为_____。

　　a. 0.1353　　　　　　　　　　b. 0.4712
　　c. 0.6065　　　　　　　　　　d. 0.9418

(10) 设 $x_1,x_2,\cdots,x_{25}$ 是相互独立同分布的随机变量,共同分布为标准正态分布 $N(0,1)$,记 $\bar{x}=(x_1+x_2+\cdots+x_{25})/25$,已知 $N(0,1)$ 的 0.95 分位数 $u_{0.95}=1.645$,则 $\bar{x}$ 的分布的 0.95 分位数是_____。

　　a. 0.329　　　　　　　　　　b. 0.411
　　c. 0.548　　　　　　　　　　d. 0.823

(11) 设 10 个数据的均值 $\bar{x}_{10}=9.26$,如今又得第 11 个数据为 9.92,则此 11 个数据的均值 $\bar{x}_{11}=$_____。

　　a. 9.23　　　　　　　　　　　b. 9.32
　　c. 9.74　　　　　　　　　　　d. 9.59

(12) 容量为 2 的样本 x_1,x_2 的方差为_____。

　　a. $\frac{1}{2}\sum_{i=1}^{2}(x_i-\bar{x})^2$　　　　b. $(x_1+x_2)^2/2$
　　c. $(x_1-x_2)^2/2$　　　　　　d. $x_1^2+x_2^2-(x_1+x_2)^2/2$

(13) 对容量为 n 的样本 A 中每个数据均减去一个正数 d,得样本 B,它们的样本均值分别记为 $\bar{x}_A$ 与 $\bar{x}_B$,它们的样本方差分别记为 s_A^2 与 s_B^2,则有_____。

　　a. $\bar{x}_A=\bar{x}_B-d$　　　　　　b. $\bar{x}_A-d=\bar{x}_B$
　　c. $s_A^2=s_B^2$　　　　　　　　　d. $s_A^2>s_B^2$

(14) 用估计量 $\hat{\theta}$ 估计参数 θ 时,其均方误差为:

$$\text{MSE}=[B(\hat{\theta})]^2+\text{Var}(\hat{\theta}),\text{其中 } B(\hat{\theta})=E(\hat{\theta})-\theta$$

一个好的估计的要求是_____。

　　a. $|B(\hat{\theta})|$ 愈小愈好　　　　　b. $|B(\hat{\theta})|$ 愈大愈好
　　c. $\text{Var}(\hat{\theta})$ 愈小愈好　　　　　d. $\text{Var}(\hat{\theta})$ 愈大愈好

(15) 对任何总体来说,下面命题_____是正确的。

　　a. 样本均值是总体均值的无偏估计
　　b. 样本极差是总体标准差的无偏估计
　　c. 样本方差是总体方差的无偏估计
　　d. 样本标准差是总体标准差的无偏估计

(16) 设 $[\theta_L,\theta_U]$ 是 θ 的 0.95 置信区间,下面说法_____是正确的。

　　a. 0.95 置信区间是唯一的
　　b. 100 次使用中约有 95 个区间包含真值 θ
　　c. 置信区间 $[\theta_L,\theta_U]$ 是随机区间
　　d. 100 次使用中约有 5 个区间含有真值 θ

2. 某型号电子元件的寿命 X(单位:小时)具有以下密度函数:

$$p(x)=\begin{cases} \dfrac{1000}{x^2}, & x>1000 \\ 0, & x\leqslant 1000 \end{cases}$$

(1) 求其寿命大于 1500 小时的概率;

(2) 若一个元件已工作到 1500 小时尚未失效,求它还能工作 500 小时的概率。

3. 某设备在长度为 t 的时间内发生故障的次数 $N(t)$ 服从参数为 λ 的泊松分布。求相邻两次故障的时间间隔 T 的概率分布。

4. 某种绝缘材料的使用寿命 T(单位:小时)服从对数正态分布 $LN(\mu,\sigma^2)$,若 $\mu=10,\sigma=2$,求该分布的 0.1 分位数 $x_{0.1}$。

5. 设某电子元件的寿命服从参数 $\lambda=0.0015$ 的指数分布,今从中随机抽取 6 个元件,设其寿命为 $x_1,x_2,\cdots,x_6$,试求下列事件的概率:

(1) 到 800 小时没有一个元件失效;

(2) 到 3000 小时所有元件都失效。

6. 设 $x_1,x_2,\cdots,x_n$ 是取自正态分布 $N(\mu,\sigma^2)$ 的一个样本,试选择适当的 c,使 $s^2 = c\sum_{i=1}^{n-1}(x_{i+1}-x_i)^2$ 为 σ^2 的无偏估计。

7. 设总体 X 的期望为 μ,方差为 σ^2,又设 $x_{11},x_{12},\cdots,x_{1n}$ 与 $x_{21},x_{22},\cdots,x_{2m}$ 是取自该总体的两个独立样本,试证:

$$s^2 = \frac{1}{n+m-2}\left[\sum_{i=1}^{n}(x_{1i}-\bar{x}_1)^2 + \sum_{i=1}^{m}(x_{2i}-\bar{x}_2)^2\right]$$

是 σ^2 的无偏估计,其中 $\bar{x}_1 = \dfrac{1}{n}\sum_{i=1}^{n}x_{1i}, \bar{x}_2 = \dfrac{1}{m}\sum_{i=1}^{m}x_{2i}$。

8. 设 $x_1,x_2,\cdots,x_n$ 是取自下列指数分布的一个样本:

$$p(x) = \frac{1}{\theta}e^{-x/\theta}, \quad x \geqslant 0$$

试求 θ 的极大似然估计,并考察其无偏性。

9. 设 $x_1,x_2,\cdots,x_n$ 是取自下列双参数指数分布的一个样本:

$$p(x) = \frac{1}{\theta}e^{-\frac{x-\mu}{\theta}}, \quad x \geqslant \mu$$

试求 μ 与 θ 的极大似然估计。

10. 设总体 X 服从伽玛分布 $Ga(\alpha,\lambda)$,其密度函数为:

$$p(x) = \frac{\lambda^\alpha}{\Gamma(\alpha)}x^{\alpha-1}e^{-\lambda x}, \quad x>0$$

从中获得样本 $x_1,x_2,\cdots,x_n$,在 α 已知时求 λ 的极大似然估计及其渐近分布。

11. 某糖厂用自动包装机将白糖进行包装,每包标准重量为 50 公斤。据以往经验,每包糖重 X(单位:公斤)服从正态分布 $N(\mu,0.6^2)$,某日开工后,抽检 4 包,测得其平均重量为 50.5 公斤。在显著性水平 $\alpha=0.05$ 下问当日的包装机工作是否正常?

12. 有一批枪弹出厂时的初速(单位:米/秒)服从正态分布 $N(950,\sigma^2)$,经过一段时间储存后,取 9 发进行试射,得初速的观察值为:

    914 920 910 934 953 945 912 924 940

    据经验,枪弹储存后的初速仍服从正态分布,能否认为这批枪弹的初速有显著降低? (取 $\alpha=0.05$)

13. 某公司产品的一个关键参数服从正态分布,为提高该关键参数,一位工程师建议在生产的最后增加一道工序。为检验这道工序是否有用,决定从所生产的产品中随机抽取 7 件,先测其参数值,然后经过新的这道工序加工后再测其参数,结果如下表,试问在 $\alpha=0.05$ 水平下能否认为该道工序对提高参数值有用?

习题 1.13 的数据表

序号	1	2	3	4	5	6	7
老工序	25.6	20.8	19.4	26.2	24.7	18.1	22.9
新工序	18.7	30.6	25.5	24.8	19.5	25.9	27.8

14. 某产品的质量特性 X(单位:厘米)服从正态分布,规范限为 $[90,110]$。
    (1) 若该过程的标准差的估计 $\hat{\sigma}=2.5$,求 C_p;
    (2) 若该过程均值的估计为 $\hat{\mu}=107$,求 C_{pk};
    (3) 该过程的不合格品率 p 为多少?
    (4) 该过程的主要质量问题在哪里?

15. 某产品的上、下规范限为 $USL=2.2$,$LSL=1.8$,该产品经长期生产已积累了如下数据,计算该过程的长期能力指数 P_p 与 P_{pk}。

习题 1.15 的数据表

样本号	样本量	样本均值 $\bar{x}$	样本标准差 s
1	50	2.135	0.016
2	50	2.078	0.012
3	100	2.156	0.063
4	100	1.987	0.045
5	100	2.002	0.075

16. 某厂齿轮的关键质量特性控制图表明过程已受控(见第三章),最近十周的 C_{pk} 为:

    1.48 1.27 1.61 1.53 1.56 1.49 1.41 1.70 1.64 1.39

    质量工程师想知道十周的 C_{pk} 有重要变化吗?有人建议:
    (1) 先对这组数据用正态概率纸作正态性检验;
    (2) 若正态性通过的话,可用 $x-MR$ 图(见第三章)考察 C_{pk} 是否受控;
    (3) 若受控,说明过程无异常波动的迹象,尽管周与周之间的 C_{pk} 值上下波动,但无证据表明 C_{pk} 实际已改变。要知道诸 C_{pk} 只是一种估计,估计就会有程度不同的偏差,不要对每次改变急于采取行动,好像过程发生了重大变化,这种"干涉"会导致浪费。

    该人的建议和说法,你同意吗?

第二章

抽样检验

§2.1 抽样检验的基本概念

在企业中为了保证所生产的产品的质量,需要对产品质量进行检查,以保证将合格的产品提供给用户,同时也向管理者反馈质量信息,以便及时采取措施解决质量问题。此外,为了保证产品质量也需要对购买的原材料按质量指标进行检验,合格的就接收,否则就拒收(或称不接收)。

对产品的检验通常有两种方法,一是全数检验,二是抽样检验。全数检验是对每一件产品进行检验,以判断其是否合格,这种方法只在某些情况下使用,譬如非破坏性的检查,批量小,检查费用少的场合,或稍有一点缺陷就会带来巨大的损失的场合等。但对很多产品来讲是不可能的,也不需要这样做。譬如自动车床生产的螺钉量很大,如果要对每一个螺钉直径与长度都作检验那将花费大量的人力,导致成本的增加,而在一大批螺钉中偶而有几个直径或长度不合格不会造成太大的影响,因此不一定进行全数检验。又譬如要判断显象管的寿命是否符合设计要求,需要进行寿命检验,这是破坏性试验,不可能进行全数检验。因此抽样检验成为一种常用的检验方法,这种检验是从一大批产品中按事先设计好的方案随机抽出若干个,通过检查这些样品的质量来判断整批产品的质量是否合格的一种统计方法。抽样检验的核心就是用统计方法规定样本量与接收准则的一个具体方案。

2.1.1 几个概念

一、单位产品与产品批

1. 单位产品　单位产品是为实施抽样检验的需要而划分的产品的基本单位。有些产品是可按自然单位进行划分的有形实体,譬如一支笔,一件衣服,一台机床等,也可以是一双鞋等;有的难以用自然单位划分,则可以用长度、面积、体积、重量等一定的量作为一个单位产品,譬如可将一公尺导线,一百克农药,一袋水泥,一升水,一公斤小麦等作为一个单位产品。

2. 产品批　在抽样检验中对产品的检验总是按批进行的,所谓一个检验批是为实施抽样检验的需要而汇总起来的若干个单位产品。通常可以按生产或流通过程自然形成,如一个投料批,一个运输批,一个工人一天生产的产品等等。总之,同一批产品应该是由同型号、同等级、同类、同尺寸、同成分,在基本相同的时段和一致的条件下制造的产品组成。

3. 批量 一批产品中所包含的单位产品的个数称为批量,常用大写字母 N 表示。

二、不合格与不合格品

产品任一质量特性不符合规定的要求就称为不合格(有时也称为缺陷),有一个或一个以上不合格的单位产品就是不合格品。

按单位产品质量特性的重要性或质量特性不符合的严重程度可以将不合格分为三类:

A 类不合格:指单位产品的极重要质量特性不符合规定,或单位产品的质量特性极严重不符合规定。

B 类不合格:指单位产品的质量特性不符合规定,或单位产品的质量特性严重不符合规定。

C 类不合格:指单位产品的一般质量特性不符合规定,或单位产品的质量特性轻微不符合规定。

按不合格的类型,不合格品也可以分为三类:

A 类不合格品:有一个或一个以上 A 类不合格的单位产品,也可能其中还有 B 类和/或 C 类不合格。

B 类不合格品:有一个或一个以上 B 类不合格的单位产品,也可能其中还有 C 类不合格,但没有 A 类不合格。

C 类不合格品:有一个或一个以上 C 类不合格的单位产品,但没有 A 类和 B 类不合格。

例 2.1.1 从某生产线上抽取的 1000 件产品进行检验,发现 3 件产品各有 1 个 A 类不合格,4 件产品各有 1 个 B 类不合格,6 件产品各有 1 个 C 类不合格,1 件产品有 1 个 A 类不合格与 1 个 B 类不合格,3 件产品各有 1 个 B 类不合格与 1 个 C 类不合格,那么:

不合格数分别为:A 类不合格数有 4 个,B 类不合格数有 8 个,C 类不合格数有 9 个,共有 21 个不合格;

不合格品数分别为:A 类不合格品有 4 个,B 类不合格品有 7 个,C 类不合格数有 6 个,共有 17 个不合格品。

三、批的质量

对不同的质量特性应该用不同的指标来衡量批的质量。

对计量特性来讲,可以用批中所有单位产品的该特性值的平均值表示,还可以用其标准差、变异系数等表示。

对计数特性来讲,又可分为两类:

- 对计件产品可用不合格品率 $P=D/N$

或不合格品百分数 $100P(\%)=D/N\times100(\%)$

表示其批质量水平,其中 D 是批量为 N 的产品中的不合格品数。

- 对计点产品可以用百单位产品的不合格数 $C/N\times100$

表示其批质量水平,其中 C 是批量为 N 的产品中的不合格数。

例 2.1.2 设批量为 500 的产品批中有 15 件产品上各有 1 个不合格,4 件产品上各有 2 个不合格,1 件产品上有 3 个不合格。则对该批产品来讲,

不合格品率 $P=\dfrac{15+4+1}{500}=0.04=4\%$,这表示每 100 个产品中平均有 4 个不合格品,其批不合格品百分数为 $0.04\times100=4$

批每百单位产品不合格数 $\frac{15\times1+4\times2+1\times3}{500}\times100=5.2$，这表示每百单位产品中平均有 5.2 个不合格数。

四、过程平均

产品当前的质量水平常用"过程平均"表示，它是在规定时段或生产量内的平均质量水平。对计件的质量特性而言，假定已检查的 k 批同类产品的批量分别为 $N_1,N_2,\cdots,N_k$，其中的不合格品数分别为 $D_1,D_2,\cdots,D_k$，则过程平均为：

$$P=100\times\frac{D_1+D_2+\cdots+D_k}{N_1+N_2+\cdots+N_k}(\%)$$

（在计点情况下"不合格品数"用"不合格数"代替，下同。）

在实际中总是用样本数据进行估计，设在这 k 批产品中分别抽取 $n_1,n_2,\cdots,n_k$ 个单位产品，其中的不合格品数分别为 $d_1,d_2,\cdots,d_k$，则过程平均用下式估计：

$$p=100\times\frac{d_1+d_2+\cdots+d_k}{n_1+n_2+\cdots+n_k}(\%)$$

一般情况下 k 不应小于 20。

五、接受质量限(AQL)

在一个连续系列批被提交抽样检验时，可允许的最差过程平均质量水平称为接受质量限，记为 AQL。它反映了使用方对生产过程质量稳定性的要求，即在生产连续稳定基础上的过程不合格品率的最大值。AQL 是为保护生产方利益而设置的。

六、极限质量(LQ)

在一个孤立批抽样检验时所规定的不应接收批质量的最小值。LQ 是为保护使用方利益而设置的。

2.1.2 常用的抽样检验方案

抽样检验方案有多种，有不同的分类方法。譬如：

按产品的特性值分，对计数特性值来讲可以用计数抽样检验方案，对计量特性值来讲可以用计量抽样检验方案。

按抽取样本的次数来分有一次抽样、二次抽样、多次抽样等。

如果生产批是连续的，且验收也是连续进行的，则可依据验收情况随时调整抽样方案的严格度，有时加严，有时放宽，这样就形成了调整型抽样方案，它是由一组严格度不同的抽样方案和一组转移规则组成的一个抽样计划。

按抽样检验的用途分有验收抽样、监督抽样等。

此外还有其他的抽样检验方法，如散装料抽样检验方案，序贯抽样方案等。

作为例子，这里给出计数一次抽样方案和二次抽样方案的描述。

计数一次抽样方案由 N,n,Ac,Re 四个数决定，其中 N 是批量，n 是抽取的样本量，Ac 是合格判定数，Re 是不合格判定数，(Ac,Re) 称为判定数组，一般有 $Re=Ac+1$。计数一次抽样检验方案的实施如下：从批量为 N 的一批产品中随机抽取 n 件产品进行检验，如果其中不合格品数（也可以是不合格数）为 d，那么当 d 不超过 Ac 时，则接收该批产品，当 d 不低

于 Re 时,则拒收该批产品,见图 2.1.1。通常把这样一个检验方案记为 (N,n,Ac,Re),其中 N 是已知的,$Re=Ac+1$,因此只要定下 n 与 Ac,也就决定了计数的一次抽样方案。我们将在下面看到,只要 N 相对于 n 来讲比较大时,批量 N 的影响就不大,所以在这种条件下也常把此方案记为 (n,Ac)。

计数二次抽样检验方案由批量 N,两次抽样量 n_1, n_2,判定数组 (A_1, R_1, A_2, R_2) 组成,且 $R_2 = A_2 + 1$。它的实施见图 2.1.2。要注意的是第二次判断要把两个样本中不合格(品)数累加起来,再与 A_2、R_2 比较后作出判断。

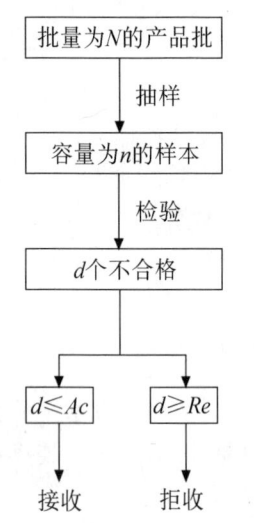

图 2.1.1 一次抽样检验框图

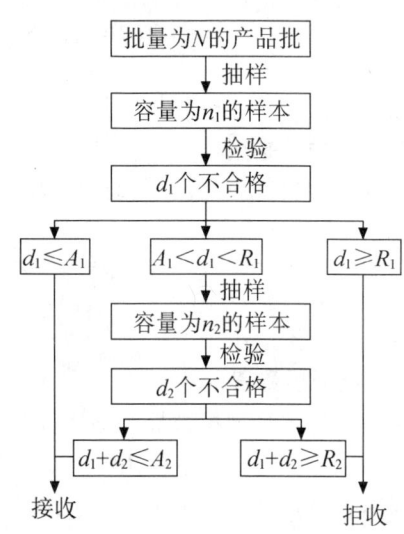

图 2.1.2 二次抽样检验框图

在各种抽样方案中,一次抽样方案是基础,弄清一次抽样方案的原理,其他方案也就容易理解,因此在这一章中我们只讨论一次抽样检验方案,其他情况可以参看有关的参考书。

§ 2.2 计数抽样检验的一般原理

我们主要用计件一次抽样方案为例来叙述计数抽样方案的基本原理。这时批质量用不合格品率来衡量。

2.2.1 接收概率曲线(OC 曲线)

例 2.2.1 设一批产品的批量为 $N=100$,给定的抽样方案为 $n=10, Ac=0$,这表明我们从这批产品中随机抽取 10 件产品进行检验,如果没有不合格品,则接收这批产品,否则就拒收这批产品。

如果这批产品的不合格品率 $p=0$,则这批产品总是接收的。

如果这批产品的不合格品率 $p=0.01$,这表明在这批产品中有一个不合格品,在进行抽样时如果恰好抽到这件产品,那将拒收这批产品,当然这种可能性较小,也就是讲接收这批产品的可能性很大。这种接收一批产品的可能性大小称为接收概率。

如果这批产品的不合格品率 $p=0.1$,这表明在这批产品中有 10 个不合格品,在进行抽样时抽到至少一件不合格品的可能性便增加了,这时拒收这批产品的可能性就增大了,也就是接收概率降低了。

如果这批产品的不合格品率 $p=0.5$,这表明在这批产品中有 50 个不合格品,在进行抽样时抽到至少一件不合格品的可能性就更大了,这时拒收这批产品的可能性将变得更大,也就是接收概率将变得很小。

由此可见,接收概率是一批产品的不合格品率 p 的函数,记为 $L(p)$。如果我们建立一个直角坐标系,横坐标为不合格品率 p,纵坐标为 $L(p)$,那么,$L(p)$ 在这个坐标系中的图象称为接收概率曲线,或称为抽样特性曲线,简称为 OC 曲线(Opereting Characteristic Curve)。这条曲线在 $p=0$ 时的取值为 1,随着 p 的增加其值下降,在 $p=1$ 时其取值为 0。图象的一般情况见图 2.2.1。

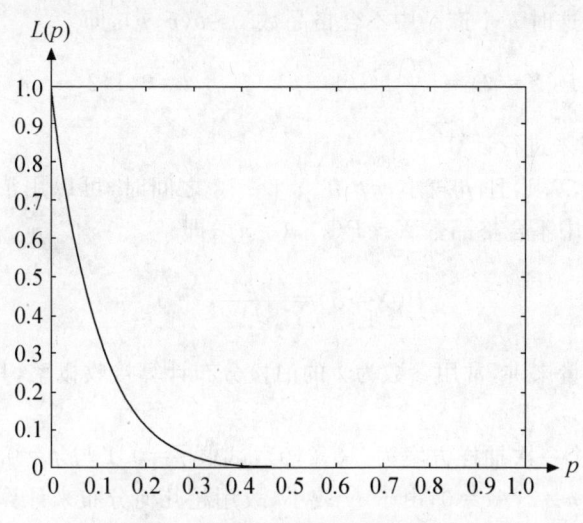

图 2.2.1　OC 曲线

2.2.2　接收概率的计算方法

下面主要对一次计件抽样方案给出接受概率的计算方法,对二次抽样方案的计算只作一简单的介绍。

设产品批的不合格品率为 p,从批量为 N 的一批产品中随机抽取 n 件,又设其中的不合格品数为 X,那么 X 是一个随机变量。对一次抽样来讲,当 $X \leqslant Ac$ 时可以接收这批产品,因此接收概率

$$L(p)=P(X \leqslant Ac)=P(X=0)+P(X=1)+\cdots+P(X=Ac) \tag{2.2.1}$$

关键在于计算 $P(X=d)$ 的值,其计算方法有如下几种:

1. 利用超几何分布进行计算

当批量 N 不大,且样本量与批量之比 $n/N \geqslant 0.1$ 时,可用超几何分布计算概率 $P(X=d)$。这时 N 件产品中有 Np 件不合格品,有 $N(1-p)$ 件合格品,从 N 件中随机抽取 n 件共有 $\binom{N}{n}$ 种可能,而从 Np 件不合格品中随机抽取 d 件产品共有 $\binom{Np}{d}$ 种可能,从 $N(1-p)$ 件

合格品中随机抽取 $n-d$ 件产品共有 $\binom{N(1-p)}{n-d}$ 种可能。因此

$$P(X=d)=\binom{Np}{d}\binom{N(1-p)}{n-d}\bigg/\binom{N}{n} \qquad (2.2.2)$$

其中组合数 $\binom{n}{m}=\dfrac{n!}{m!(n-m)!}$，且规定 $0!=1$。当 Np 不为整数时，用四舍五入取整，然后按上式作近似计算。

2. 利用二项分布计算

当 N 较大，$n/N<0.1$ 时可以用二项分布来简化计算。由于批量 N 较大时，抽取一个产品后对这批产品的不合格品率影响不大，可以认为每次抽取一个产品时，这批产品的不合格品率 p 是不变的。这时 n 个产品中不合格品数 $X\sim b(n,p)$，即

$$P(X=d)=\binom{n}{d}p^d(1-p)^{n-d}, \quad d=0,1,2,\cdots,n \qquad (2.2.3)$$

3. 利用泊松分布来进行计算

当 N 较大，$n/N<0.1$，且 p 较小，np 在 0.1~10 之间时，可以用泊松分布进一步简化计算。这时 n 个产品中不合格品数 $X\sim P(\lambda)$，$\lambda=np$，即

$$P(X=d)=\dfrac{(np)^d}{d!}e^{-np} \qquad (2.2.4)$$

对计点的产品质量来讲，常用参数为 λ 的泊松分布计算接收概率，其中 λ 为批中每单位产品的平均不合格数。

例 2.2.2 设一个一次抽样方案为 $(10,2,0)$，试求 $p=0.1$ 与 $p=0.2$ 时的接收概率。

解：现在 $N=10, n=2, Ac=0$，由于 N 较小，故用超几何分布来计算接收概率。

当 $p=0.1$ 时，这批产品中有 $Np=1$ 个不合格品，有 9 个合格品，因此有

$$L(0.1)=P(X=0)=\dfrac{\binom{9}{2}}{\binom{10}{2}}=\dfrac{9\times 8/2}{10\times 9/2}=0.8$$

当 $p=0.2$ 时，这批产品中有 $Np=2$ 个不合格品，有 8 个合格品，因此有

$$L(0.2)=P(X=0)=\dfrac{\binom{8}{2}}{\binom{10}{2}}=\dfrac{8\times 7/2}{10\times 9/2}=0.62$$

类似地还可以算得 $p=0.3, 0.4, \cdots$ 等处的接收概率如下表，从而可以绘制其 OC 曲线（见图 2.2.2）。

表 2.2.1 一次抽样方案 $(10,2,0)$ 的若干个接收概率

p	0	0.1	0.2	0.3	0.4	0.5	0.6	0.7	0.8	0.9
$L(p)$	1	0.80	0.62	0.47	0.33	0.22	0.13	0.067	0.022	0

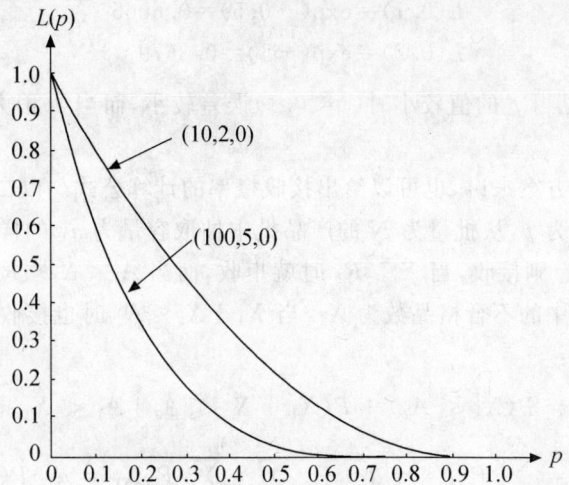

图 2.2.2 抽样方案(10,2,0)与(100,5,0)的 OC 曲线

例 2.2.3 计算一次计数抽样方案(100,5,0)在 $p=0.05,0.1,0.2$ 时的接收概率。

解：现在 $N=100, n=5, n/N=0.05<0.1$，所以可以采用二项分布计算接收概率。在 $Ac=0$ 时，接收概率的计算简化为 $L(p)=P(X=0)=(1-p)^5$，因此有

$$L(0.05)=P(X=0)=(1-0.05)^5=0.7738$$
$$L(0.1)=P(X=0)=(1-0.1)^5=0.5905$$
$$L(0.2)=P(X=0)=(1-0.2)^5=0.3277$$

如果按超几何分布计算其值分别为 0.7696,0.5838,0.3193，两者相差均不到 0.01，所以可以用二项分布来简化计算。

类似也可算得其他 p 值时的接收概率，如下表所列：

表 2.2.2 一次抽样方案(100,5,0)的若干个接收概率

p	0	0.05	0.1	0.2	0.3	0.4	0.5	0.6	0.7	0.8
$L(p)$	1	0.7738	0.5905	0.3277	0.1681	0.0778	0.0312	0.0102	0.0024	0.0003

该抽样方案的 OC 曲线也画在图 2.2.2 上。

从上面两个例子可见：

- 任一抽检方案都有一条 OC 曲线；
- 不同的抽检方案的 OC 曲线也不同；
- 从直观上看，方案(100,5,0)比(10,2,0)严格，故其 OC 曲线也在(10,2,0)的 OC 曲线下方。

例 2.2.4 用泊松分布计算一次计数抽样方案(100,5,0)在 $p=0.05,0.1,0.2$ 时的接收概率。

解：现在 np 分别为 0.25,0.5,1，在 $d=0$ 时，接收概率的计算简化为

$$L(p)=P(X=0)=\exp(-np)$$

因此有

$$L(0.05)=\exp(-0.25)=0.7788$$

$$L(0.1) = \exp(-0.5) = 0.6065$$
$$L(0.2) = \exp(-1) = 0.3679$$

与例 2.2.3 比较,可见当 p 的值较小时($p<0.1$)误差较小,而当 p 稍大时($p>0.1$)误差会增大。

对二次计数抽样方案来讲,也可以给出接收概率的计算公式。以二次计件抽样为例,设产品批的不合格品率为 p,从批量为 N 的产品批中抽取容量为 n_1 的样本,其中的不合格品数为 X_1,如果 $X_1 \leqslant A_1$ 则接收,当 $X_1 \geqslant R_1$ 时就拒收,而当 $A_1 < X_1 < R_1$ 时需要进行第二次抽样。设第二个样本中的不合格品数为 X_2,当 $X_1 + X_2 \leqslant A_2$ 时也接收,否则拒收。因此接收概率为两部分之和:

$$L(p) = P(X_1 \leqslant A_1) + P(X_1 + X_2 \leqslant A_2 \mid A_1 < X_1 < R_1)$$
$$= \sum_{d_1=0}^{A_1} P(X_1 = d_1) + \sum_{d_1=A_1+1}^{R_1-1} \sum_{d_2=0}^{A_2-d_1} P(X_1 = d_1) P(X_2 = d_2)$$

其中所涉及的概率也可视情况采用超几何分布、二项分布或泊松分布进行计算。

类似地,还可给出多次抽样方案的接收概率的计算公式,这里就不再叙述。

2.2.3 OC 曲线的比较

我们可以利用上面给出的接收概率的计算方法画出任意一个一次计数抽样方案对应的 OC 曲线,反过来利用 OC 曲线由接收概率的值可以求出对应的不合格品率 p。

每个一次抽样检验方案都有一条 OC 曲线,不同的一次抽样检验方案有不同的 OC 曲线。OC 曲线刻划了相应的一次抽样检验方案的统计特性,比较不同的一次抽样检验方案的好坏,就是比较不同的 OC 曲线。

例 2.2.5 对某个抽样检验问题,挑选了如下五个一次抽样检验方案(n, Ac),试比较这五个方案的 OC 曲线:

(1)(60,6), (2)(60,2), (3)(60,0), (4)(30,0), (5)(10,0)

根据上面给出的计算方法,可以画出图 2.2.3 中对应的五条 OC 曲线。在表 2.2.3 中,对若干个 p 值给出了这五种方案对应的接收概率 $L(p)$ 的值。

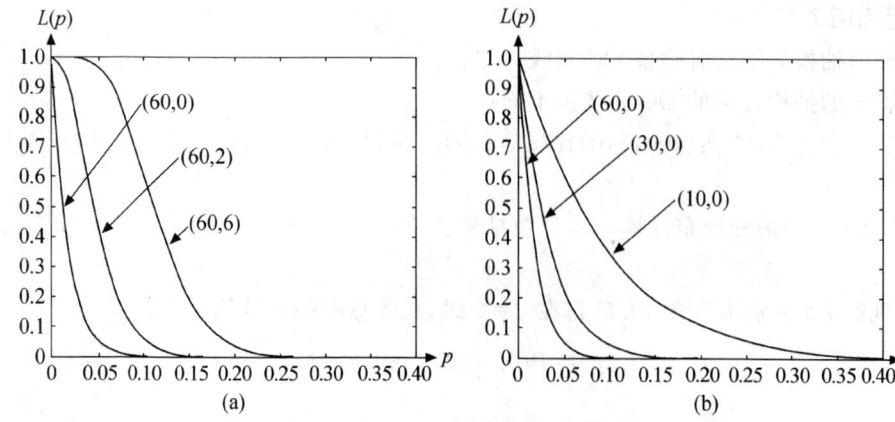

图 2.2.3 五种方案对应的 OC 曲线

表 2.2.3 在五个方案中若干个不合格品率 p 对应的 $L(p)$ 的值

$L(p)$		(n, Ac)				
		(1)	(2)	(3)	(4)	(5)
		(60,6)	(60,2)	(60,0)	(30,0)	(10,0)
p	0.01	1.000	0.978	0.547	0.740	0.904
	0.05	0.970	0.417	0.046	0.215	0.599
	0.10	0.606	0.053	0.002	0.042	0.349
	0.15	0.185	0.004	0.000	0.008	0.197
	0.20	0.031	0.000	0.000	0.001	0.107

从表 2.2.3 的前三列可以看出,当 n 不变,Ac 变小时,则同一个 p 值对应的 $L(p)$ 也在变小。譬如在(1)、(2)、(3)三个方案中 n 均为 60,但是 Ac 的值不同,如一批产品的不合格品率 $p=0.05$,则在方案(1)中 $L(0.05)=0.97$,即按方案(1)这种产品批有 97% 的机会被接收;而在方案(2)中 $L(0.05)=0.417$,即按此方案只有 41.7% 的机会被接收;在方案(3)中 $L(0.05)=0.046$,即按这种方案只有 4.6% 的机会能被接收。同样的质量水平接收概率变小了,这就说明(60,6),(60,2),(60,0)三个方案一个比一个要严格,也就是说,n 不变而 Ac 变小时抽样方案就变得严格了。而从图 2.2.2(a)可以看出,三条曲线中曲线(1)在最上面,比较平坦,曲线(3)在最下面,比较陡。这说明方案严的 OC 曲线比较陡,而方案宽的 OC 曲线比较平坦。因此从 OC 曲线的陡峭程度可以看出方案的宽严。

从表 2.2.3 的后三列可以看出,当 Ac 不变,n 变大时,则同一个 p 值对应的 $L(p)$ 也在变小。譬如在(3)、(4)、(5)三个方案中 Ac 均为 0,但是 n 的值不同,如一批产品的不合格品率 $p=0.05$,在方案(5)中 $L(0.05)=0.599$,即按方案(5)这种产品批被接收的机会为 59.9%;在方案(4)中 $L(0.05)=0.215$,即按方案(4)这种产品批被接收的机会为 21.5%;在方案(3)中 $L(0.05)=0.046$,即按方案(3)这种产品批被接收的机会仅为 4.6%。这说明(10,0),(30,0),(60,0)三个方案也是一个比一个严格,也就是说 Ac 不变而 n 变大时抽样方案就变得严格了。从图 2.2.2(b)可以看出,曲线(5)在最上面,曲线(3)在最下面,方案(3)的 OC 曲线最陡,也就是说,在这三个方案中方案(3)最严格。

因此 OC 曲线是比较一个抽样检验方案宽与严的重要工具。

2.2.4 两种错判

除了 $p=0$ 外接收概率通常不会是 1,同样除了 $p=1$ 外接收概率通常不会是 0。

这表明不管 p 有多小,即不管这批产品质量有多好,它总有可能被拒收,这时生产方就要受到损失。这种把高质量的产品批当作不合格批而拒收的概率称为第一种错判的概率,也称为生产方风险,记为 α。在制定抽样检验方案时希望这一概率尽量小。

同样不管 p 有多大,即不管这批产品质量有多差,总有被接收的可能,这时使用方将受到损失。这种把低质量的产品批当作合格批而接收的概率称为第二种错判的概率,也称为使用方风险,记为 β。在制定抽样检验方案时希望这一概率也能尽量小。

理论研究表明:

- 在抽检样本量 n 固定时,要使 α 小必导致 β 大;

- 在抽检样本量 n 固定时,要使 β 小必导致 α 大;
- 要使 α 与 β 都小,只有加大抽检样本量 n,这在不少场合并不可行。

所以在实际应用时,生产方与使用方在维护自己利益的同时应作一些妥协,协商一个双方都可接受的 α 与 β。

2.2.5 评价抽检方案的其他指标

评价一个抽检方案 (n, Ac) 的统计特性主要看其 OC 曲线是否能满足双方要求。此外还有几个评价抽检方案的指标,它们是平均检验量(ATI)、平均检出质量(AOQ)和平均样本量(ASN),它们各从一个侧面刻画抽检方案的特征。在叙述这几个指标时有以下几个约定:

- 对批量为 N 和不合格品率为 p 的产品批使用 (n, Ac) 方案进行检验;
- 对接收批应把样本中的不合格品全换(或修理)为合格品后交付使用方。

1. 平均检验量(ATI)

这是一个经济指标。假定对拒收批生产方进行全检(实际上只需对余下的 $N-n$ 个产品进行检验),并把全部不合格品换(或修理)为合格品后再提交给使用方(是否需要再检验由双方协商而定)。设 X 为使用抽样方案 (n, Ac) 生产方所需检验的产品量,它是仅可取 n 与 N 的二值随机变量,其分布为:

X	n	N
P	$L(p)$	$1-L(p)$

它的均值就是平均检验量:

$$\text{ATI}(p) = nL(p) + N[1-L(p)] = n + (N-n)[1-L(p)]$$

可见,$\text{ATI}(p)$ 是 p 的增函数,在 $p=0$ 处,$\text{ATI}(p)=n$,一般 $n \leqslant \text{ATI}(p) \leqslant N$。其图形见例 2.2.6 的图 2.2.4。

例 2.2.6 设产品的批量 $N=1000$,采用一次抽样方案 $(10, 0)$。求 $p=1\%$、5% 与 10% 时的平均抽检量,并画出 ATI 曲线。

解:由于 $n/N < 0.1$,在 p 较小时,可采用泊松分布近似计算接收概率,此时

$$L(p) = e^{-10p}$$

当 $p=1\%$、5% 与 10% 时,则:

$$L(0.01) = P(X=0) = e^{-0.1} = 0.9048$$
$$L(0.05) = P(X=0) = e^{-0.5} = 0.6065$$
$$L(0.1) = P(X=0) = e^{-1} = 0.3679$$

此时平均抽检量 ATI 分别为:

$$\text{ATI}(0.01) = n + (N-n)[1-L(p)] = 10 + 990 \times (1-0.9048)$$
$$= 104.248 \approx 105$$
$$\text{ATI}(0.05) = 10 + 990 \times (1-0.6065) = 399.565 \approx 400$$
$$\text{ATI}(0.10) = 10 + 990 \times (1-0.3679) = 635.779 \approx 636$$

类似可求得其他 p 值时的 ATI 值：

$$\text{ATI}(p) = 10 + 990 \times (1 - e^{-10p})$$

表 2.2.4　一次抽样方案(10,0)的若干个接收概率

p	0	0.01	0.05	0.1	0.2	0.3	0.4	0.5	0.6
ATI	10	105	400	636	887	951	982	994	998

其 ATI 的图形如图 2.2.4。

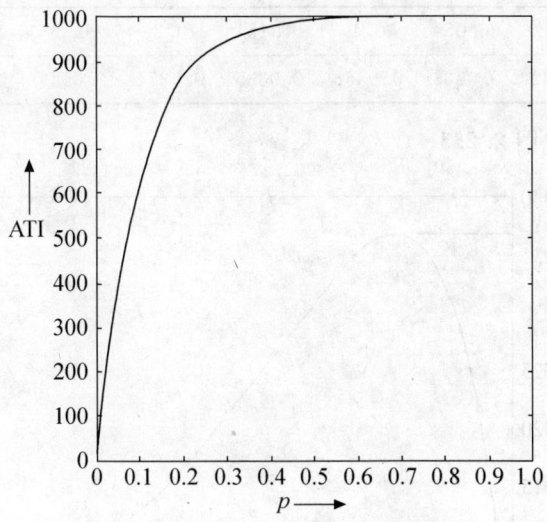

图 2.2.4　例 2.2.6 的 ATI 曲线

从图上可以看出随着 p 的增加，由于 $L(p)$ 的降低，$1-L(p)$ 就增大，故使 ATI 增加很快。在 $p=0.3$ 时就接近全检方案，检验费用将很高，这对生产方没有好处。因此要减少检验费用就必须降低不合格品率。

2. 平均检出质量(AOQ)

这一指标是描述接收批中的平均质量水平，或者说它是不合格品在全部被检产品中所占的比例。在检验的 k 批产品中，被使用方接收的有 $kL(p)$ 批，而每批中尚有 $(N-n)p$ 个不合格品，此时被检产品总数为 kN，因此该抽样方案的平均检出质量为

$$\text{AOQ}(p) = \frac{kL(p) \times (N-n)p}{kN}$$

当 n 相对于 N 很小时，

$$\text{AOQ}(p) \approx pL(p)$$

该指标反映的是检出产品的长期平均质量。其图形可见例 2.2.7 的图 2.2.5，它也是 p 的函数。

例 2.2.7　设产品的批量 $N=1000$，采用一次抽样方案(10,0)。若长期采用这一方案，求平均检出质量。

解：由于 n 相对于 N 较小，所以用近似公式求平均检出质量，平均检出质量也是 p 的函数，在 $p=1\%$、5% 与 10% 时利用例 2.2.6 的结果，AOQ 分别为：

$$\text{AOQ}(0.01) \approx 0.01 \times 0.9048 = 0.0090$$
$$\text{AOQ}(0.05) \approx 0.05 \times 0.6065 = 0.0303$$
$$\text{AOQ}(0.1) \approx 0.1 \times 0.3679 = 0.0368$$

若对不同的 p 来计算 AOQ，有：

$$\text{AOQ}(p) = p \times e^{-10p}$$

p	0	0.01	0.05	0.1	0.15	0.2	0.3	0.4	0.5	0.6
AOQ	0	0.0090	0.0303	0.0368	0.0335	0.0271	0.0149	0.0073	0.0034	0.0015

其 AOQ 的图形见图 2.2.5。

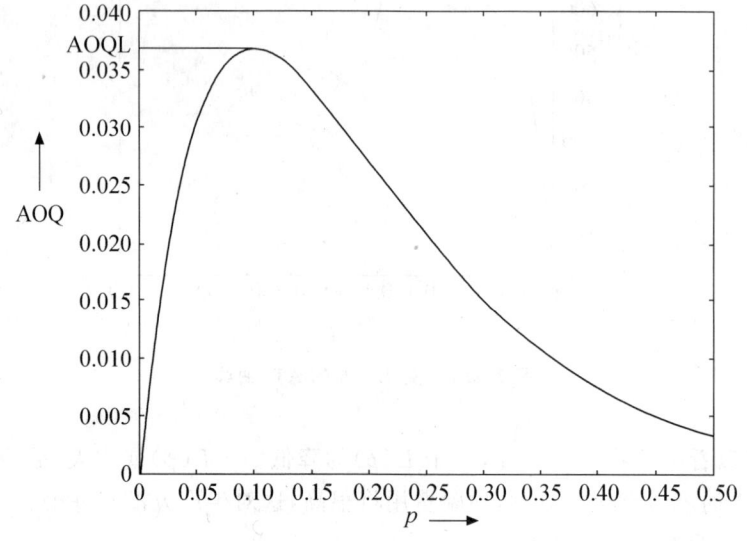

图 2.2.5　例 2.2.7 的 AOQ 曲线

从图上还可以看出 AOQ 曲线有一个峰值，这就是平均检出质量上限，记为 AOQL，它是对一个给定的抽样方案，所有可能提交批的平均检出质量的最大值。

在例 2.2.7 中可见平均检出质量上限 AOQL≈3.7%。这表明用该方案检验产品的接收批中每 1000 个产品中平均来讲最多有 37 个不合格品，使用方对此指标是十分关心的。

3. 平均样本量（ASN）

平均样本量是指作出接收与拒收决定所使用的单位产品数的平均值。

对一次抽样方案 (n, Ac) 来讲，平均样本量是一个常数 n，即 $\text{ASN}(p) = n$。

对二次抽样方案来讲，设抽检量分别为 n_1, n_2，判定数组 (A_1, R_1, A_2, R_2)，那么平均样本量为：

$$\text{ASN}(p) = n_1 + n_2 P(A_1 < X_1 < R_1)$$

在我国国家标准 GB/T2828.1—2003 中还给出了五次抽检方案，其平均样本量也可以类似求得,它们都是 p 的函数,其示意图见图 2.2.6。

从图中可见,过小或过大的不合格品率都可使二次与五次方案的平均样本量大为减少,因为这时只需抽一个样本就能识别该批是接收还是拒收,只有中等的 p 才需要进行多次抽检才能判定接收还是拒收。所以一般来讲二次方案的样本量比一次方案的样本量少,而五次方案的样本量更少。但二次方案与五次方案也有缺点,主要是管理复杂,进程较慢,对管理人员的要求高。

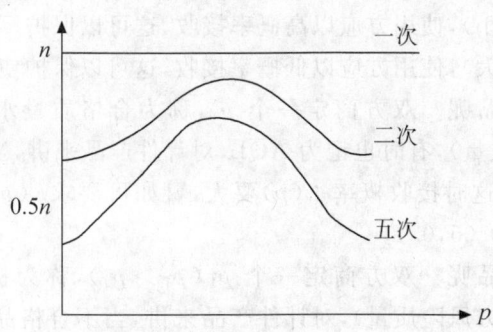

图 2.2.6 平均样本量曲线的示意图

例 2.2.8 下面三个抽检方案有类似的 OC 曲线:

一次计数抽样方案 $(20,1)$;

二次计数抽样方案 $n_1=n_2=13$,判定数组 (A_1,R_1,A_2,R_2) 为 $(0,2,1,2)$;

五次计数抽样方案 $n_1=n_2=n_3=n_4=n_5=5$,其判定数组 $(A_1,R_1,A_2,R_2,\cdots,A_5,R_5)$ 为 $(\sharp,2,0,2,0,2,0,2,1,2)$,这里 "$\sharp$" 表示抽第一个样本不能接收。

试比较其平均样本量。

解:对一次计数抽样方案来讲,平均样本量 $\text{ASN}(p)=n=20$;

对二次计数抽样方案来讲,平均样本量为:
$$\text{ASN}(p)=13+13\times P(X_1=1)=13\times(1+13p(1-p)^{12})$$

这里 X_1 表示第一样本中的不合格品数,下面类似。

对五次抽样可类似获得平均样本量为:

$\text{ASN}(p)=5+5\times[P(X_1=0)+P(X_1=1)]$
$\qquad +5\times[P(X_1=1,X_2=0)+P(X_1=0,X_2=1)]$
$\qquad +5\times[P(X_1=1,X_2=0,X_3=0)+P(X_1=0,X_2=1,X_3=0)]$
$\qquad +5\times[P(X_1=1,X_2=0,X_3=0,X_4=0)+P(X_1=0,X_2=1,X_3=0,X_4=0)]$
$\qquad =5[1+(1-p)^5+5p(1-p)^4+10p(1-p)^9+10p(1-p)^{14}+10p(1-p)^{19}]$

对若干个 p 可得到如下结果:

ASN(p)	p						
	0	0.05	0.10	0.15	0.20	0.25	0.30
二次	13	17.57	17.77	16.61	15.32	14.34	13.70
五次	10	13.62	13.35	12.03	10.61	9.38	8.37

从中可见二次方案的平均样本量比一次方案要少，五次方案更少。

§ 2.3 计数标准型一次抽样检验方案

要同时减小两种错判的概率的唯一方法是增加检验的样本量 n，然而这将增加检验的成本，在通常情况下是不可行的。因此，厂方与使用方都要接受一定的风险，具体是多少需要双方协商决定，在制定抽检方案要注意保护双方的利益，具体是：

高质量产品批（p 较小），使用方应以高概率接收，这可以保护厂方利益。

低质量产品批（p 较大），使用方应以低概率接收，这可以保护使用方利益。

什么是高质量的产品呢？双方商定一个 p_0，称为合格质量水平（Acceptable Quality Level，也称生产方风险质量），有时也记为 AQL，对计件产品来讲，当不合格品率 $p \leqslant p_0$ 时，认为是高质量的产品批，这时接收概率 $L(p)$ 要大，譬如可要求 $L(p) \geqslant 1-\alpha$，其中 α 也要双方商定，一般取为 0.01,0.05,0.1。

什么是低质量的产品呢？双方商定一个 p_1（$p_1 > p_0$），称为极限质量水平（Limiting Quality Level，也称使用方风险质量），对计件产品来讲，当不合格品率 $p \geqslant p_1$ 时，认为是低质量的产品批，这时接收概率 $L(p)$ 要小，譬如可要求 $L(p) \leqslant \beta$，其中 β 也要双方商定，一般取为 0.05,0.10,0.20。

综上即要求

$$\begin{cases} L(p) \geqslant 1-\alpha, & p \leqslant p_0 \\ L(p) \leqslant \beta, & p \geqslant p_1 \end{cases}$$

（见图 2.3.1）由于 $L(p)$ 是 p 的减函数，故只要在 $p=p_0$ 与 $p=p_1$ 两点上达到要求即可（在图 2.3.1 中表示 OC 曲线应该过 A 与 B 两点，这两点分别称为生产方风险点与使用方风险点）：$L(p_0)=1-\alpha, L(p_1)=\beta$。

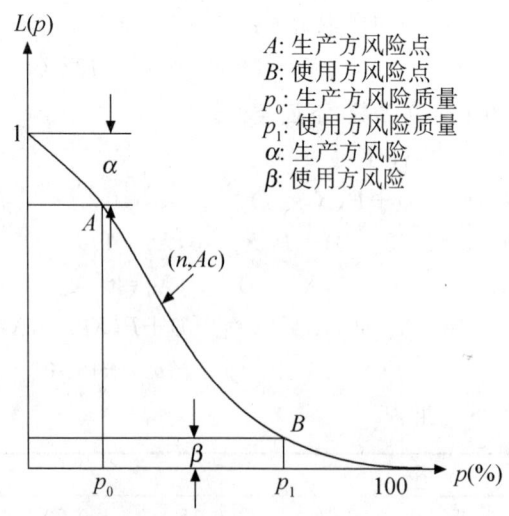

图 2.3.1　计数标准型一次抽样检验方案 OC 曲线的示意图

所以要制定一个计数标准型一次抽样检验方案,应该事先给定四个值:生产方风险 α,使用方风险 β,双方可以接受的合格质量水平 p_0 与极限质量水平 p_1,按接收概率的要求,从下面两个式子中解出 (n, Ac):

$$\begin{cases} L(p_0) = 1-\alpha \\ L(p_1) = \beta \end{cases}$$

在国家标准 GB/T13262—91 中给出了 $\alpha=0.05, \beta=0.10$ 情况下的计数标准型一次抽样方案(见附表 2.1),所以在实用中我们只需要查表便可以得到所要的抽样检验方案了。会使用此表的关键在于熟悉四个参数 p_0, p_1, α, β 的意义。

例 2.3.1 某电子仪器厂与协作的电容器厂商定,当电容器厂提供的产品批的不合格品率不超过 3% 时以高于 95% 的概率接收,而当不合格品率超过 12% 时,将以低于 10% 的概率接收。试制定计数标准型一次抽样检验方案。

解:这里 $p_0 = 3\%, p_1 = 12\%$。从附表 2.1 找出 p_0 为 $(2.81\sim 3.15)\%$ 的行及 p_1 为 $(11.3\sim 12.5)\%$ 的列,其交点所对应的数字为 $(66, 4)$,这便是所要的方案:$n=66, Ac=4$。

在生产方与使用方商定 p_0 与 p_1 时,要注意的是两者之比不能太靠近 1,否则会造成 n 的值太大而增加检验工作量。譬如在例 2.3.1 中,如果 p_0 不变,而规定 $p_1 = 6\%$,那么从附表 2.1 查得的方案将变成 $(415, 18)$,检验工作量将为原来的六倍多。

§ 2.4 计数调整型抽样检验方案

2.4.1 AQL 方案(Acceptance Quality Limit Plans)

计数标准型抽检方案在实际中很少使用,主要原因是要照顾双方利益,考虑因素过多,致使样本量过大,不宜使用。

实际中有这样一类企业,它具有如下两个条件:

(1)它的生产现状是处于连续而稳定的状态;

(2)其产品有满足使用方要求的历史记录。

上述两个条件能使使用方利益得到基本保证,余下来只要考虑生产方利益,使高质量的产品批能以高概率接收即可。这意味着,只要对双方商定的 AQL 值 p_0 和生产方风险 α,由如下不等式:

$$L(p) \geqslant 1-\alpha, \quad 当 p \leqslant p_0$$

产生的抽检方案 (n, Ac) 即可。如此产生的方案称为 AQL 方案。

由一个不等式确定的抽检方案不止一个,可从中选取三个严格度不同的,都能适当照顾到使用方利益的 AQL 方案。这三个方案分别称为正常方案、加严方案和放宽方案。这是应对生产方的产品质量可能出现的变化而设置的,一般情况使用正常方案,一旦产品质量变坏就启用加严方案,保护使用方利益,当产品质量一直处于高质量状态,就可使用放宽方案,以资鼓励,这样可以减少检验费用。当然,正常、加严、放宽等三个方案的相互转换还要设置一些专门的条款,不能乱来。

这样一来在(1)与(2)的条件下,由三个 AQL 方案加一组转移规则就形成计数调整型抽检方案。这一思想是由美国哥伦比亚大学统计研究小组于 1954 年提出,后经多次修改,形成美国军用标准,后又转为国际标准。我国于 1981 年认可这个标准,如今已正式颁布国家标准《按接收质量限(AQL)检索的逐批检验抽样计划》(GB/T2828.1—2003)。这里介绍这一标准。

2.4.2 AQL 的确定

AQL 在计数调整型抽检方案中是一个检索工具,它的确定至关重要,现分述如下:

- AQL 值应由生产方与使用方协商而定。据 AQL 的定义(见§2.1.1)在生产连续稳定场合,AQL 是过程平均的最大值。若生产方有 k 个过程平均 $p_1, p_2, \cdots, p_k$ 的记录,则 AQL 应是

$$\mathrm{AQL} = p_0 \geqslant \max\{p_1, p_2, \cdots, p_k\}$$

其中 k 最好不小于 20。若使用方对此同意,AQL 就定为 p_0,否则双方再进行协商,直到一致为止。

- 国家标准中规定的 AQL 值只有 26 个(又称 26 个等级),它们是以 0.01 为首数,以 $10^{1/5}$ 为公比获得的等比数列,这个数列称为优先数。具体是(%):

0.010	0.015	0.025	0.040	0.065	0.10	0.15
0.25	0.40	0.65	1.0	1.5	2.5	4.0
6.5	10	15	25	40	65	100
150	250	400	650	1000		

AQL 的 26 个等级已足够实际选用。若所确定的 AQL 值不是其中某个值,则不能使用国家标准,而要另行计算新方案。其中前十几个等级用于不合格品率,后十几个等级用于百单位产品不合格数,中间有部分公用。这里的等级高低是指:若 AQL 为 1(%),其高一等级(或称加严一级)为 0.65(%)。

- AQL 不宜小于 $0.01\% = 10^{-4}$,因为要发现 10000 个产品中仅有的一个不合格品,样本量要足够大,这种样本量在检验时花费是很大的,是不合实际的。此时要尽量改用计量抽样检验方案。

- 产品按不合格程度分为 A、B、C 三类,其 AQL 也应有所区别,一般是:

$$\mathrm{AQL}_A \ll \mathrm{AQL}_B < \mathrm{AQL}_C$$

其中符号"≪"表示"大大小于"。

- 要考虑产品的用途,一般用于军用设备比用于民用设备的 AQL 要小一些,产品复杂程度大或只能在整机运行时发现的、对下道工序影响大的、比较贵重的、不合格造成的损失较大的等,AQL 应该小一些。

- 要考虑经济性,在检验费用多、检验时间长、破坏性检验等场合 AQL 值小一些。在批量、检验水平、检验的严格程度和抽样类型不变时,样本量越大越不经济。

AQL 一旦确定就不能随意变动。

2.4.3 调整型抽样检验计划

调整型抽样检验方案是由三个抽样检验方案组成,并用一组转换规则把它们有机地联系起来。

一、三个抽样检验方案

1. 正常抽样方案 这是在产品质量正常情况下采用的检验方案,此时过程平均优于 AQL,可保证以高概率接收。通常在检验开始时总采用正常抽样方案。

2. 加严抽样方案 这是当产品质量变坏或生产不稳定时采用的抽样方案,以减少第二种错判的概率,保护使用方的利益,此时接收准则比正常检验更严。

3. 放宽抽样方案 这是当产品质量比所要求的质量稳定地好时所采用的抽样方案,它的样本量比正常检验时要小,而接收准则与正常检验相差不大。

二、方案类型

在国家标准中规定抽样方案的类型有一次、二次、五次三种抽样类型,供双方协商选用。它们对同一 AQL 值和同一样本字码,有基本一致的 OC 曲线。

三、转移规则

为了采用调整型抽样检验系统,还需要一套转移规则,在 GB/T 2828.1—2003 中具体规定如下(见图 2.4.1),检验从使用正常方案开始。

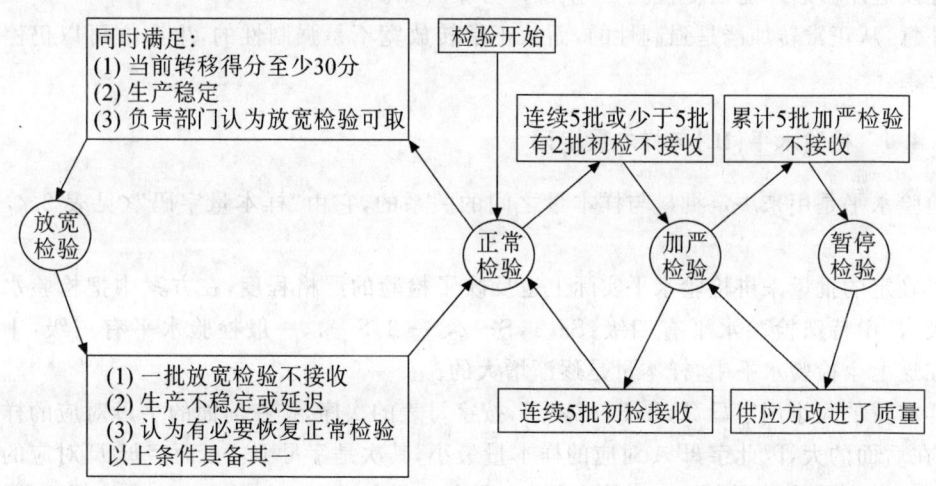

图 2.4.1 GB/T 2828.1—2003 检验的转移规则

(1)从正常到加严 连续五批或不到五批中有两批不接收。

(2)从加严到正常 连续五批接收。

(3)从正常到放宽 需要下列三个条件同时满足:①当前的转移得分至少为 30 分;②生产稳定;③主管质量的部门同意。

这里的转移得分是指在正常检验情况下,用于确定当前检验结果是否足以允许转移到放宽检验的一种指示数,按如下规定进行:

在采用一次抽样方案时:

- 当接收数为 0 或 1 时,该批接收则转移得分加 2 分,否则转移得分重新设为 0;
- 当接收数大于等于 2 时,如果当 AQL 加严一级后该批产品也被接收,则转移得分加 3 分,否则转移得分重新设为 0。

在采用二次抽样方案时,如果该批在检验第一样本后被接收,则转移得分加 3 分,否则转移得分重新设为 0。

在采用五次抽样方案时,如果该批在检验第一或第二样本后被接收,则转移得分加 3 分,否则转移得分重新设为 0。

例 2.4.1 在使用一次正常抽样方案(50,0)对产品进行连续验收时,样本中的不合格数依次为:

$$0,0,1,0,0,0,0,0,0,0,0,0,0,0,0,0,0,0$$

此时转移得分相应为:

$$2,4,0,2,4,6,8,10,12,14,16,18,20,22,24,26,28,30$$

那么只要生产稳定,责任部门同意,下一批产品可以采用放宽检验。

(4)从放宽到正常　下列条件之一发生时:本批未被接收;生产不稳定或延迟;主管质量的部门认为有必要。

(5)从加严到暂停　从加严检验开始后,未被接收批累计达到五批,应停止检验,直到采取措施改进质量后才能恢复检验,并从加严方案开始。

注意:从正常转加严是强制性的,而从正常转放宽不是强制性的,生产方可以仍停留在正常方案。

2.4.4　检验水平(IL)与样本量字码

检验水平是用来决定批量与样本量之间的关系的,它由"样本量字码"(见表 2.4.1)规定。

对确定的批量来讲检验水平实际上也反映了检验的严格程度,在方案中把检验水平分为七级,其中特殊检验水平有四级:S—1,S—2,S—3,S—4,一般检验水平有三级:Ⅰ,Ⅱ,Ⅲ。在这七个检验水平中,样本量是逐渐增大的。

样本量的大小用字母 $A,B,C,\cdots$ 表示,按字母表的次序,排在前面的字母对应的样本量小,排在后面的大,因此字母 A 对应的样本量最小,其次是字母 $B,\cdots$,而字母 R 对应的样本量最大。样本量是按优先数序列给出的,首项为 2,公比为 $q=10^{1/5}=1.585$ 的等比数列:2,3,5,8,13,20,32,50,80,125,200,315,500,800,1250,2000。

特殊检验水平适用于破坏性检验及费时、费力等耗费性大的检验,从经济上考虑往往不得不抽取很少的单位产品进行检验,而冒较大的错判风险。所以特殊检验水平常用于"宁肯冒较大风险也要降低样本量"的场合。一般检验水平是常用的检验水平,它允许抽取较多的单位产品进行检验,适用于非破坏性的检验。除非特别规定,通常采用一般检验水平Ⅱ。

例 2.4.2 (检验水平对 OC 曲线的影响)以一次正常抽样方案为例,当 $N=3000$,AQL$=1\%$ 时,可确定如下抽检方案:

检验水平	对应字码	一次正常方案
S—3	E	(13,0)
Ⅰ	H	(50,1)
Ⅱ	K	(125,3)
Ⅲ	L	(200,5)

可见随着检验水平的严格度的提高，样本量 n 随着增大，鉴别力也增强，这可从 OC 曲线看出(图 2.4.2)：

- 检验水平高(如Ⅲ)，其鉴别优劣产品批的能力强。
- 检验水平低(如Ⅰ)，其鉴别优劣产品批的能力弱。

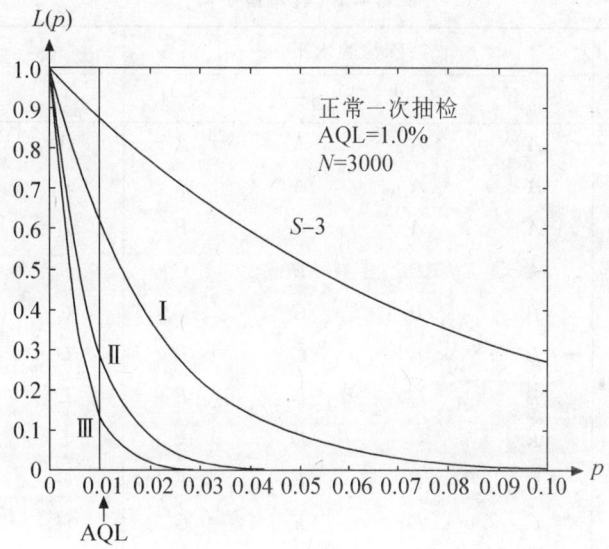

图 2.4.2　检验水平变化时的 OC 曲线

在改变检验方案严格程度时，检验水平是不变的。

此外还要注意在指定特殊检验水平时，应该避免 AQL 与检验水平的不协调。譬如在 S—1 下字码不超过 D，而与 D 相应的正常检验一次抽样方案的样本量为 8，如果规定 AQL 为 0.1(%)，其最小样本量为 125，此时指定 S—1 是无效的。

对给定的 AQL，在 AQL 处的接收概率依赖于样本量，一般讲，大样本的接收概率要高于小样本的接收概率。

2.4.5　检索计数调整型一次抽样方案的步骤

检索计数调整型一次抽样方案的步骤是：
1. 需要事先给出如下参数：
(1)可接受的合格质量水平 AQL
(2)检验水平 IL

(3) 批量 N

(4) 方案类型

2. 根据批量与检验水平查得样本量字码。

3. 根据样本量字码及 AQL，方案类型，对一次抽检方案可从附表 2.2～2.4 查出相应的三个检验方案，对二次与五次方案可查阅国家标准。

例 2.4.3 某单位有一批产品需要提交检验，其批量为 6000，规定 AQL＝1.0(％)，采用一般检验水平Ⅱ，试给出正常、加严、放宽三个一次抽样检验方案。

解：由 $N=6000$ 及检验水平Ⅱ，查表 2.4.1 得样本大小字码为 L，查附表 2.2，从样本大小字码为 L 的这一行，得样本大小为 $n=200$，再从 AQL 为 1.0 这一列，查得其交点对应的数字是(5,6)，其中前一个数字便是 Ac，后一个数字为 Re，在一次抽样方案中 $Re=Ac+1$，这表明正常的一次抽样方案是(200,5)。

表 2.4.1 样本量字码

批量	特殊检验水平				一般检验水平		
	S-1	S-2	S-3	S-4	Ⅰ	Ⅱ	Ⅲ
2-8	A	A	A	A	A	A	B
9-15	A	A	A	A	A	B	C
16-25	A	A	B	B	B	C	D
26-50	A	B	B	C	C	D	E
51-90	B	B	C	C	C	E	F
91-150	B	B	C	D	D	F	G
151-280	B	C	D	E	E	G	H
281-500	B	C	D	E	F	H	J
501-1200	C	C	E	F	G	J	K
1201-3200	C	D	E	G	H	K	L
3201-10000	C	D	F	G	J	L	M
10001-35000	C	D	F	H	K	M	N
35001-150000	D	E	G	J	L	N	P
150001-5000000	D	E	G	J	M	P	Q
>5000000	D	E	H	K	N	Q	R

同样查附表 2.3，可得加严抽样方案为(200,3)。

我们还可以查附表 2.4，得放宽抽样方案(80,3)。

例 2.4.4 如果一批产品的批量为 100，规定 AQL＝0.40(％)，采用一般检验水平Ⅱ，试给出正常、加严、放宽三个一次抽样检验方案。

解：由 $N=100$ 及检验水平Ⅱ，查表 2.4.1 得样本大小字码为 F，查附表 2.2，从样本大小字码为 F 的这一行，得 $n=20$，再从 AQL 为 0.40 这一列，查得其交点对应为"↓"，在这种情况下根据控制犯两类错误概率的要求，标准规定应该采用箭头所指向的方案，在本例中指向字码 G 对应的一行中的(0,1)，因此我们采用字码 G 对应的样本大小，即 $n=32$，此时

$Ac=0$,所以正常抽样方案为$(32,0)$。

同样查附表 2.3,可得加严抽样方案为$(50,0)$,这是字码 H 对应的方案。再查附表 2.4,可得放宽抽样方案为$(13,0)$,这是字码 G 对应的方案。

例 2.4.5 设有一批产品的批量为 2000,以百单位不合格数作为质量指标,规定 AQL $=250(\%)$,采用一般检验水平 Ⅱ,试给出正常、加严、放宽三个一次抽样检验方案。

解:由表 2.4.1 查得样本大小字码为 K,查附表 2.2,从样本大小字码为 K 的这一行,再从 AQL 为 250 这一列,查得其交点对应为"↑",在这种情况下应该采用箭头所指向的方案,在本例中指向字码 E 对应的一行中的$(44,45)$,因此我们采用字码 E 对应的样本大小,即 $n=13$,此时 $Ac=44$,所以正常抽样方案为$(13,44)$。

同样查附表 2.3,可得加严抽样方案为$(13,41)$,这也是字码 E 对应的方案。再查附表 2.4,可得放宽抽样方案为$(5,21)$,这也是字码 E 对应的方案。

检索计数调整型二次、五次抽样方案的步骤是类似的。在国家标准中还给出了其他一些信息:各种检验方案在 AQL 处的生产方风险;在使用方风险为 0.1 时对应的各种方案的使用方风险质量;各种正常与加严一次抽样检验方案的平均检出质量上限(AOQL);一次、二次、五次抽样的平均样本量曲线;各种字码一次抽样方案(正常与加严)的 OC 曲线及对应的数值表(二次、五次方案的 OC 曲线基本与其一致)等。这里不详细叙述,需要时可以查阅国家标准。

2.4.6 复合抽检特性曲线

调整型抽样方案是由转移规则把正常、加严、放宽三个抽检方案有机地结合起来成为一个整体,其接收概率应是三个抽检方案综合作用的结果,所以它的抽检特性曲线与各个(正常、加严、放宽)单独的 OC 曲线不同,是三者特性的复合,称为复合抽检特性曲线,见图 2.4.3。

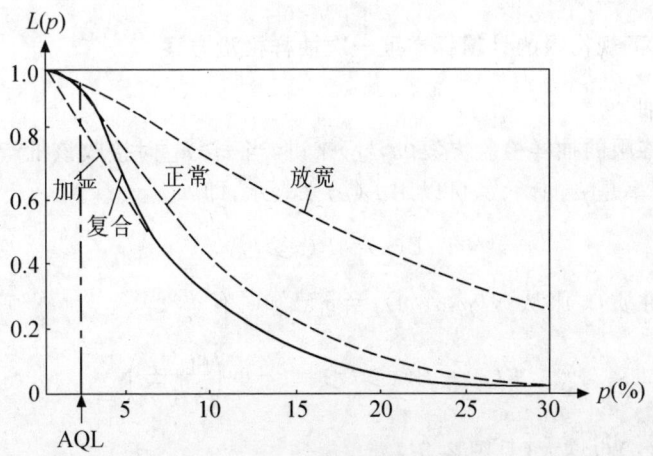

图 2.4.3 复合抽检特性曲线

从图中可以看出,当产品批质量 p 稳定地处于 AQL 附近时,使用正常抽样方案以保护生产方的利益(α 风险较小),所以复合 OC 曲线与正常抽样方案的 OC 曲线相吻合。但是正常抽样方案的鉴别能力较差,不能为使用方提供足够的保护。因此,一旦有证据怀疑产品批的质量时,就由正常检验转为 β 风险小的加严检验,给使用方提供足够的保护,因此复合 OC 曲线的尾部同加严抽样方案的 OC 曲线相吻合。而当产品批的实际质量在一段时间内远小于 AQL 时,为了节省检验费用,更快地获得批质量信息,允许由正常检验转为放宽检验,因而复合 OC 曲线在 $p<$AQL 处同放宽抽样方案的 OC 曲线相吻合。

§ 2.5　计量一次抽样检验方案

当质量特性是计量值时,衡量一批产品的质量有多种方法,其中最常见的是用批中所有单位产品的特性值的均值 μ 表示批质量的情况。根据用户对产品质量的要求,有的要求 μ 越大越好,即质量特性有下规格限,有的要求 μ 越小越好,即质量特性有上规格限,也有的规定了质量特性的双侧规格限。下面分别对各种情况进行讨论。

2.5.1　计量一次抽样检验方案

我们假定质量指标 X 服从正态分布 $N(\mu,\sigma^2)$,由于 μ 通常是未知的,因而需要从该批产品中抽取 n 个产品测定其特性值 $x_1,x_2,\cdots,x_n$,然后用样本均值 $\bar{x}$ 进行估计。

对不同的质量要求有不同的接收判断规则。

1. 对仅有下规格限的情况:由于要求指标值越大越好,因此可以定一个 k_L,当 $\bar{x} \geqslant k_L$ 时接收该批产品,否则就拒收该批产品。这时计量一次抽样检验方案可以用 (n,k_L) 表示。

2. 对仅有上规格限的情况:由于要求指标值越小越好,因此可以定一个 k_U,当 $\bar{x} \leqslant k_U$ 时接收该批产品,否则就拒收该批产品。这时计量一次抽样检验方案可以用 (n,k_U) 表示。

3. 对双侧规格限的情况:由于指标值不能太大也不能太小,要求其接近某规格值 μ_0,因此可以确定 k_L 与 k_U,当 $\bar{x} \leqslant k_L$ 或 $\bar{x} \geqslant k_U$ 时拒收该批产品,否则就接收该批产品。这时计量一次抽样检验方案可以用 (n,k_L,k_U) 表示。

2.5.2　具有下规格限的计量标准型一次抽样检验方案

1. 接收概率曲线

对具有下规格限的抽样检验方案 (n,k_L) 来讲,当 $\bar{x} \geqslant k_L$ 时接收该批产品,否则就拒收该批产品,其接收概率是 μ 的函数,可以用 $L(\mu)$ 来表示,即

$$L(\mu)=P(\bar{x} \geqslant k_L)$$

根据正态分布的性质,$\bar{x}$ 服从 $N(\mu,\sigma^2/n)$,当 σ 已知时有

$$L(\mu)=P(\bar{x} \geqslant k_L)=1-\Phi\left(\frac{k_L-\mu}{\sigma/\sqrt{n}}\right) \tag{2.5.1}$$

随着 μ 的增大,$L(\mu)$ 也增大(见图 2.5.1)。

2. 抽样方案的确定方法

(1) n 与 k_L 的计算公式

为制定计量标准型一次抽样检验方案要求同时控制两种错判的概率。因此为制定方案 (n,k_L),需要生产方与使用方协商两个质量指标的均值 μ_0 与 μ_1,且 $\mu_0 > \mu_1$。从保护生产方

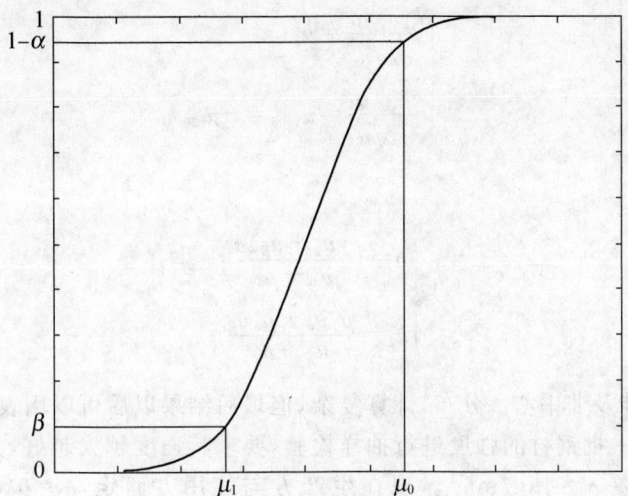

图 2.5.1 具有下规格限的计量一次抽样检验方案的 OC 曲线

利益出发提出一个批质量指标均值 μ_0，当批质量指标均值 $\geqslant \mu_0$ 时，要求以大于等于 $1-\alpha$ 的高概率接收；另外从保护使用方利益出发提出一个批质量指标均值 μ_1，当批质量指标均值 $\leqslant \mu_1$ 时，要求以小于等于 β 的低概率接收（见图 2.5.1），即

$$\begin{cases} L(\mu) \geqslant 1-\alpha, & \mu \geqslant \mu_0 \\ L(\mu) \leqslant \beta, & \mu \leqslant \mu_1 \end{cases}$$

所以要制定一个计量标准型一次抽样检验方案，应该事先给定四个值：生产方风险 α，使用方风险 β，双方可以接受的合格批质量指标均值 μ_0 与极限批质量指标均值 μ_1。按接受概率 $L(\mu)$ 是 μ 的增函数的特点，从下面两个式子中解出 (n, k_L)：

$$\begin{cases} L(\mu_0) = 1-\alpha \\ L(\mu_1) = \beta \end{cases}$$

即

$$\begin{cases} L(\mu_0) = 1 - \Phi\left(\dfrac{k_L - \mu_0}{\sigma/\sqrt{n}}\right) = 1-\alpha \\ L(\mu_1) = 1 - \Phi\left(\dfrac{k_L - \mu_1}{\sigma/\sqrt{n}}\right) = \beta \end{cases}$$

或

$$\begin{cases} \Phi\left(\dfrac{k_L - \mu_0}{\sigma/\sqrt{n}}\right) = \alpha \\ \Phi\left(\dfrac{k_L - \mu_1}{\sigma/\sqrt{n}}\right) = 1-\beta \end{cases}$$

如我们记 u_α 与 $u_{1-\beta}$ 分别为标准正态分布的 α 与 $1-\beta$ 分位数，有

$$\begin{cases} \dfrac{k_L - \mu_0}{\sigma/\sqrt{n}} = u_\alpha \\ \dfrac{k_L - \mu_1}{\sigma/\sqrt{n}} = u_{1-\beta} = -u_\beta \end{cases}$$

则在 σ 已知时,

$$\begin{cases} n = \left(\dfrac{(u_\alpha + u_\beta)\sigma}{\mu_0 - \mu_1}\right)^2 \\ k_L = \dfrac{\mu_1 u_\alpha + \mu_0 u_\beta}{u_\alpha + u_\beta} \end{cases} \tag{2.5.2}$$

当 σ 未知时,由于涉及非中心 t 分布,计算复杂,但最后结果以后可以用表给出。

例 2.5.1 对一批钢材的强度进行抽样检验,要求其强度越大越好,并且已知强度服从正态分布,其标准差 $\sigma = 4\text{kg/mm}^2$。现在生产方与使用方商定,$\alpha = 0.05$,$\beta = 0.10$,$\mu_0 = 46\text{kg/mm}^2$,$\mu_1 = 43\text{ kg/mm}^2$。试制定一个计量标准型一次抽样检验方案。

解:查正态分布表知在 $\alpha = 0.05$ 时,$u_\alpha = -1.645$,在 $\beta = 0.10$ 时,$u_\beta = -1.282$,由 (2.5.2) 式得

$$n = \left(\dfrac{(-1.645 - 1.282) \times 4}{46 - 43}\right)^2 = 15.23 \approx 16$$

$$k_L = \dfrac{43 \times (-1.645) + 46 \times (-1.282)}{-1.645 - 1.282} = 44.31$$

因此所求的 (n, k_L) 方案为 $(16, 44.31)$,即抽 16 块钢材分别测其强度,其平均强度记为 $\bar{x}$,若 $\bar{x} \geq 44.31$,则接收这批钢材,若 $\bar{x} < 44.31$,则拒收这批钢材。

如果我们从一批钢材中抽取 16 块,测得其强度的均值 $\bar{x} = 45.65$,则应接收该批。

(2) 抽样检验表的使用

为了使编制的计量抽样方案表适用于更多的场合,需要把原方案的表达形式进行一些改变:

	统计量	方案	接收准则
原形式	$\bar{x}$	(n, k_L)	$\bar{x} \geq k_L$
新形式(σ 法)	$Q_L = \dfrac{\bar{x} - \mu_0}{\sigma}$	(n, k)	$Q_L \geq k$
新形式(s 法)	$Q_L = \dfrac{\bar{x} - \mu_0}{s}$	(n, k)	$Q_L \geq k$

下面对其等价性作些说明。

• σ 法:上述抽样检验方案是在 σ 已知时给出的,也称为 σ 法。在 $\alpha = 0.05$, $\beta = 0.10$ 时,有 $u_\alpha = -1.645$, $u_\beta = -1.282$,从 (2.5.2) 式可知:

$$\begin{cases} \left(\dfrac{\mu_0 - \mu_1}{\sigma}\right)^2 = \left(\dfrac{u_\alpha + u_\beta}{\sqrt{n}}\right)^2 = \left(\dfrac{2.927}{\sqrt{n}}\right)^2 \\ k_L = \mu_0 - \dfrac{\mu_0 - \mu_1}{u_\alpha + u_\beta} u_\alpha = \mu_0 - \sigma \dfrac{1.645}{\sqrt{n}} \text{ 或 } \dfrac{k_L - \mu_0}{\sigma} = -\dfrac{1.645}{\sqrt{n}} \end{cases} \tag{2.5.3}$$

若记 $A'=\dfrac{\mu_0-\mu_1}{\sigma}, k=-\dfrac{1.645}{\sqrt{n}}$，则

$$n=\left(\dfrac{2.927}{A'}\right)^2$$

接收规则可以改写为：

$$Q_L=\dfrac{\bar{x}-\mu_0}{\sigma}\geqslant\dfrac{k_L-\mu_0}{\sigma}=-\dfrac{1.645}{\sqrt{n}}=k$$

因此，我们把检验统计量由 $\bar{x}$ 改为 Q_L 时，相应的抽检方案由 (n,k_L) 改为 (n,k)。也可以把抽样方案记为 (n,k)，在国标 GB/T 8054 中给出了有关的表，对算得的 A' 可在附表 2.5 中查得 (n,k)。具体步骤如下：

① 计算 $A'=\dfrac{\mu_0-\mu_1}{\sigma}$；

② 由 A' 的值从附表 2.5 查出 (n,k)；

③ 计算 $Q_L=\dfrac{\bar{x}-\mu_0}{\sigma}$；

④ 当 $Q_L\geqslant k$ 时接收，否则拒收。

对例 2.5.1，可以求得 $A'=\dfrac{46-43}{4}=0.75$，查表 2.5 知 A' 在 0.731 至 0.755 之间，则 $(n,k)=(16,-0.411)$。如今 $Q_L=\dfrac{\bar{x}-\mu_0}{\sigma}=\dfrac{45.65-46}{4}=-0.0875>k=-0.411$，故应予接收。

- s 法：当 σ 未知时，先要找一个 σ 的估计 $\hat{\sigma}$，在 GB/T 8054 中称此为 s 法，也给出了有关的表，使用它们可以查得抽样方案。具体步骤如下：

① 计算 $B'=\dfrac{\mu_0-\mu_1}{\hat{\sigma}}$；

② 由 B' 的值从附表 2.6 查出 (n,k)；

③ 计算 $Q_L=\dfrac{\bar{x}-\mu_0}{s}$；

④ 当 $Q_L\geqslant k$ 时接收，否则拒收。

注意：这里 σ 的估计 $\hat{\sigma}$ 可由双方根据以往经验商定，或直接商定出合适的试抽样本量 n_1，从该检验批中抽取样本，将样本标准差 s 作为 σ 的估计 $\hat{\sigma}$。然后根据求得的 n 与 n_1 作比较，当 $n_1>n$ 时需要重新查表获得 (n_1,k)，当 $n_1=n$ 时就用上述的 s 计算 Q_L，否则就再补充抽取 $n-n_1$ 个样品，用此 n 个样品重新计算样本标准差 s，用新的 s 计算 Q_L。

例 2.5.2 一批钢板的洛氏硬度服从正态分布，当其均值不低于 75 时为合格，低于 70 时为不合格。根据经验得到 σ 的估计 $\hat{\sigma}=6.5$，试求一次计量抽样方案 (n,k)。（规定 $\alpha=0.05, \beta=0.10$，以下均作此规定，不再重复）

解：现在 $\mu_0=75, \mu_1=70, \hat{\sigma}=6.5$，则 $B'=\dfrac{75-70}{6.5}=0.769$，查得 $(n,k)=(17,-0.423)$，因此抽取 17 块钢板测量其洛氏硬度，并计算其均值 $\bar{x}$ 与样本标准差 s，当 $Q_L=\dfrac{\bar{x}-75}{s}\geqslant -0.423$ 时接收该批产品，否则拒收。

若在一批钢板中抽取了 17 块,测得其洛氏硬度的均值 $\bar{x}=74.35$,样本标准差 $s=6.4$,则由于

$$Q_L = \frac{\bar{x}-75}{s} = \frac{74.35-75}{6.4} = -0.1016 > -0.423$$

故接受该批。

注:若上述 σ 的估计 $\hat{\sigma}=6.5$ 是根据从该批中抽取的 12 块钢板测得的洛氏硬度的样本标准差,那么应该再补抽 5 块,用 17 块钢板的洛氏硬度计算样本标准差 s 然后再计算 Q_L。

2.5.3 具有上规格限的计量标准型一次抽样检验方案

1. 接收概率曲线

对具有上规格限的抽样检验方案 (n, k_U) 来讲,当 $\bar{x} \leqslant k_U$ 时接收该批产品,否则就拒收该批产品,其接收概率也是 μ 的函数,同样用 $L(\mu)$ 来表示,即

$$L(\mu) = P(\bar{x} \leqslant k_U)$$

根据正态分布的性质,$\bar{x}$ 服从 $N(\mu, \sigma^2/n)$,当 σ 已知时有

$$L(\mu) = P(\bar{x} \leqslant k_U) = \Phi\left(\frac{k_U - \mu}{\sigma/\sqrt{n}}\right) \tag{2.5.4}$$

随着 μ 的增大,$L(\mu)$ 减小(见图 2.5.2)。

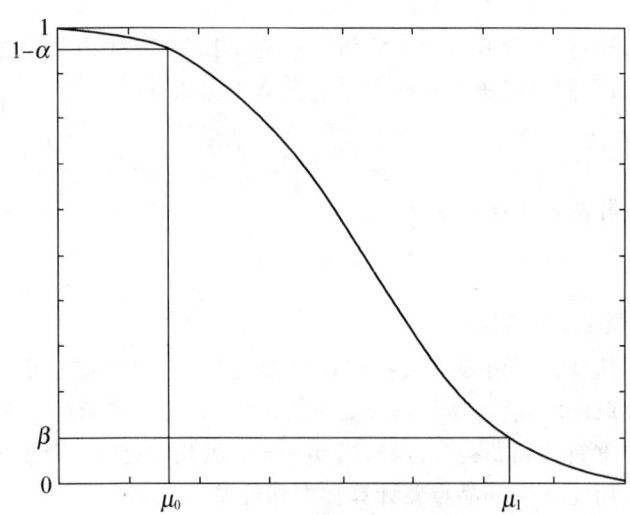

图 2.5.2 具有上规格限的计量一次抽样检验方案的 OC 曲线

2. 抽样检验方案的确定方法

(1) n 与 k_U 的计算公式

与具有下规格限的情况类似,为同时控制两种错判的概率,在制定抽样检验方案 (n, k_U) 时,需要生产方与使用方协商两个质量指标的均值 μ_0 与 μ_1,且 $\mu_0 < \mu_1$。从保护生产方利益出发提出一个批质量指标均值 μ_0,当批质量指标均值 $\leqslant \mu_0$ 时,要求以大于等于 $1-\alpha$ 的高概

率接收；另外从保护使用方利益出发提出一个批质量指标均值 μ_1，当批质量指标均值 $\geqslant \mu_1$ 时，要求以小于等于 β 的低概率接收，即

$$\begin{cases} L(\mu) \geqslant 1-\alpha, & \mu \leqslant \mu_0 \\ L(\mu) \leqslant \beta, & \mu \geqslant \mu_1 \end{cases}$$

在 σ 已知时，类似于下规格限的情况可得

$$n = \left(\frac{(u_\alpha + u_\beta)\sigma}{\mu_1 - \mu_0}\right)^2$$

$$k_U = \frac{\mu_1 u_\alpha + \mu_0 u_\beta}{u_\alpha + u_\beta} \tag{2.5.5}$$

(2) 抽样检验表的使用

同下规格限的情况类似，为了使编制的计量抽样方案表适用于更多的场合，需要把原方案的表达形式进行一些改变：

	统计量	方案	接收准则
原形式	$\bar{x}$	(n, k_U)	$\bar{x} \leqslant k_U$
新形式（σ 法）	$Q_U = \dfrac{\mu_0 - \bar{x}}{\sigma}$	(n, k)	$Q_U \geqslant k$
新形式（s 法）	$Q_U = \dfrac{\mu_0 - \bar{x}}{s}$	(n, k)	$Q_U \geqslant k$

- σ 法：(2.5.5) 式是在 σ 已知时导出的，称为 σ 法。当 $\alpha = 0.05, \beta = 0.10$ 时，有：

$$\begin{cases} \left(\dfrac{\mu_1 - \mu_0}{\sigma}\right)^2 = \left(\dfrac{u_\alpha + u_\beta}{\sqrt{n}}\right)^2 = \left(\dfrac{2.927}{\sqrt{n}}\right)^2 \\ k_U = \mu_0 + \dfrac{\mu_1 - \mu_0}{u_\alpha + u_\beta} u_\alpha = \mu_0 + \sigma \dfrac{1.645}{\sqrt{n}} \text{ 或 } \dfrac{\mu_0 - k_U}{\sigma} = -\dfrac{1.645}{\sqrt{n}} \end{cases} \tag{2.5.6}$$

记 $A = \dfrac{\mu_1 - \mu_0}{\sigma}, Q_U = \dfrac{\mu_0 - \bar{x}}{\sigma}$，则

$$n = \left(\frac{2.927}{A}\right)^2$$

接收规则可以改写为：

$$Q_U = \frac{\mu_0 - \bar{x}}{\sigma} \geqslant \frac{\mu_0 - k_U}{\sigma} = -\frac{1.645}{\sqrt{n}} = k$$

因此，我们同样可以把抽样方案改记为 (n, k)，并且计算公式与给定规格下限的公式一致。所以可以使用相同的 σ 法的表查得抽样方案。具体步骤如下：

① 计算 $A = \dfrac{\mu_1 - \mu_0}{\sigma}$；

② 从附表 2.5 中由 A 的值查出 (n, k)；

③ 计算 $Q_U = (\mu_0 - \bar{x})/\sigma$；

④ 当 $Q_U \geqslant k$ 时接收，否则拒收。

- s 法：当 σ 未知时，σ 的估计同上一小段，也可以使用与下规格限同样的 s 法的表查得抽样方案。步骤如下：

① 先计算 $B = \dfrac{\mu_1 - \mu_0}{\hat{\sigma}}$；

② 从附表 2.6 中由 B 的值查出 (n, k)；

③ 计算 $Q_U = (\mu_0 - \bar{x})/s$；

④ 当 $Q_U \geqslant k$ 时接收，否则拒收。

例 2.5.3 某种原料的化学成分 SO_2 的含量服从正态分布，当其均值不超过 1.5% 为合格，超过 2.5% 为不合格，在下面两种情况下求计量一次抽样方案 (n, k)：(1) 已知 $\sigma = 0.8\%$；(2) σ 未知，若从中抽取 $n_1 = 10$，获得样本标准差为 $s = 0.85\%$，则可将其作为 σ 的估计，即 $\hat{\sigma} = 0.85\%$（规定 $\alpha = 0.05, \beta = 0.10$）。

解：依题意，有 $\mu_0 = 1.5\%$，$\mu_1 = 2.5\%$，

(1) $A = (2.5\% - 1.5\%)/0.8\% = 1.25$，查表得 $(n, k) = (6, -0.672)$，即抽取 6 个样品测得其均值 $\bar{x}$ 后，可求得 $Q_U = \dfrac{\mu_0 - \bar{x}}{\sigma} = \dfrac{1.5 - \bar{x}}{0.8}$ 的值，当 $Q_U \geqslant -0.672$ 时接收该批。

(2) $B = (2.5\% - 1.5\%)/0.85\% = 1.176$，查表得 $(n, k) = (8, -0.670)$，即抽取 8 个样品测得其均值 $\bar{x}$ 与样本标准差 s 后，可求得 $Q_U = \dfrac{\mu_0 - \bar{x}}{s} = \dfrac{1.5 - \bar{x}}{s}$ 的值，当 $Q_U \geqslant -0.67$ 时接收该批。

现在 σ 的估计是根据 $n_1 = 10$ 的样本得到的，而抽样方案只要 $n = 8$，所以上述方案不能使用，需要重新查表，在 $n = 10$ 时 $k = -0.580$，故 $(n, k) = (10, -0.580)$。假定现在抽得的 10 个样品的均值为 $\bar{x} = 1.75\%$，则 $Q_U = \dfrac{1.5 - 1.75}{0.85} = -0.29 > -0.580$，从而接收该批。

2.5.4 具有双侧规格限的计量标准型一次抽样检验方案

1. 接收概率曲线

对具有双侧规格限的抽样检验方案 (n, k_L, k_U) 来讲，当 $\bar{x} \leqslant k_L$ 或 $\bar{x} \geqslant k_U$ 时拒收该批产品，否则就接收该批产品。接收概率还是 μ 的函数，也用 $L(\mu)$ 来表示，同样根据正态分布的性质，$\bar{x}$ 服从 $N(\mu, \sigma^2/n)$，当 σ 已知时有：

$$L(\mu) = P(k_L \leqslant \bar{x} \leqslant k_U) = \Phi\left(\dfrac{k_U - \mu}{\sigma/\sqrt{n}}\right) - \Phi\left(\dfrac{k_L - \mu}{\sigma/\sqrt{n}}\right) \tag{2.5.7}$$

若要求 $\mu_0 = \dfrac{k_U + k_L}{2}$，记 $k_0 = \dfrac{k_U - k_L}{2}$，则 $k_U = \mu_0 + k_0$，$k_L = \mu_0 - k_0$，从而 $\bar{x} \leqslant k_L$ 就等价于 $\bar{x} - \mu_0 \leqslant -k_0$，$\bar{x} \geqslant k_U$ 就等价于 $\bar{x} - \mu_0 \geqslant k_0$，所以判断规则可写成 $|\bar{x} - \mu_0| \leqslant k_0$ 时接收，否则拒收，因此可以把抽样方案记为 (n, k_0)。此时 $L(\mu)$ 可以写成：

$$L(\mu) = \Phi\left(\dfrac{\mu_0 + k_0 - \mu}{\sigma/\sqrt{n}}\right) - \Phi\left(\dfrac{\mu_0 - k_0 - \mu}{\sigma/\sqrt{n}}\right) \tag{2.5.8}$$

在 $\mu = \mu_0, \mu_0 + d, \mu_0 - d$（$d$ 为一正数）时，$L(\mu)$ 的值分别为：

$$L(\mu_0) = 2\Phi\left(\frac{k_0}{\sigma/\sqrt{n}}\right) - 1$$

$$L(\mu_0+d) = \Phi\left(\frac{k_0-d}{\sigma/\sqrt{n}}\right) - \Phi\left(\frac{-k_0-d}{\sigma/\sqrt{n}}\right) = \Phi\left(\frac{k_0-d}{\sigma/\sqrt{n}}\right) + \Phi\left(\frac{k_0+d}{\sigma/\sqrt{n}}\right) - 1$$

$$L(\mu_0-d) = \Phi\left(\frac{k_0+d}{\sigma/\sqrt{n}}\right) - \Phi\left(\frac{-k_0+d}{\sigma/\sqrt{n}}\right) = \Phi\left(\frac{k_0+d}{\sigma/\sqrt{n}}\right) + \Phi\left(\frac{k_0-d}{\sigma/\sqrt{n}}\right) - 1$$

由此可见，$L(\mu)$ 在 $\mu=\mu_0$ 时达到最大，且关于 $\mu=\mu_0$ 对称（见图 2.5.3）。

2. 抽样检验方案的确定方法

(1) (n,k_0) 的近似确定方法

由于抽样方案的 OC 曲线关于 μ_0 对称，且在 μ_0 达到最大，因此为制定抽样方案，可以由双方协商给出 d_0 与 d_1，当 $\mu_0-d_0 \leqslant \mu \leqslant \mu_0+d_0$ 时以高概率（大于 $1-\alpha$）接收，当 $\mu \leqslant \mu_0-d_1$ 或 $\mu \geqslant \mu_0+d_1$ 时以低概率（小于 β）接收，此时必有 $d_0<k_0<d_1$。根据接收概率关于 μ_0 的对称性，我们可以从如下等式中求解 (n,k_0)：

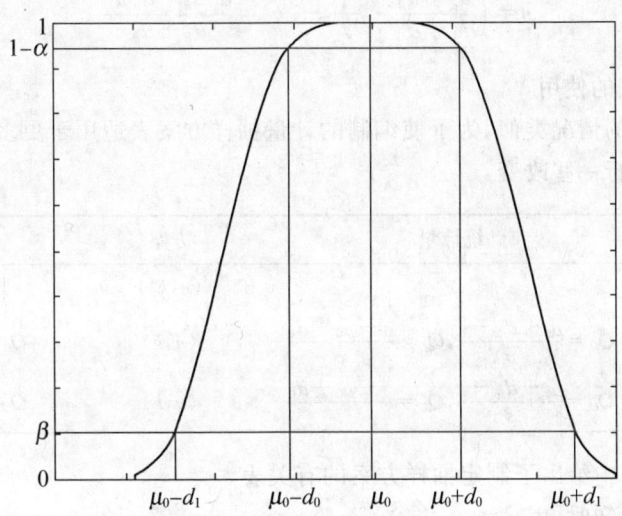

图 2.5.3 具有双侧规格限的计量一次抽样检验方案的 OC 曲线

$$\begin{cases} L(\mu_0+d_0) = 1-\alpha \\ L(\mu_0+d_1) = \beta \end{cases}$$

这也就是要求：

$$\begin{cases} \Phi\left(\dfrac{k_0-d_0}{\sigma/\sqrt{n}}\right) + \Phi\left(\dfrac{k_0+d_0}{\sigma/\sqrt{n}}\right) - 1 = 1-\alpha \\ \Phi\left(\dfrac{k_0-d_1}{\sigma/\sqrt{n}}\right) + \Phi\left(\dfrac{k_0+d_1}{\sigma/\sqrt{n}}\right) - 1 = \beta \end{cases}$$

要从中解出 (n,k_0) 比较困难，下面我们给出一个近似解。

在 σ 已知，且 $\dfrac{2d_0}{\sigma/\sqrt{n}} > 1.7$ 时，有 $\Phi\left(\dfrac{2d_0}{\sigma/\sqrt{n}}\right) > \Phi(1.7) > 0.95$，从而由于

$$\frac{k_0+d_0}{\sigma/\sqrt{n}} > \frac{2d_0}{\sigma/\sqrt{n}} > 1.7, \quad \frac{k_0+d_1}{\sigma/\sqrt{n}} > \frac{2d_0}{\sigma/\sqrt{n}} > 1.7$$

故

$$\Phi\left(\frac{k_0+d_0}{\sigma/\sqrt{n}}\right) > 0.95, \quad \Phi\left(\frac{k_0+d_1}{\sigma/\sqrt{n}}\right) > 0.95$$

上述方程组可以近似表示为：

$$\begin{cases} \Phi\left(\dfrac{k_0-d_0}{\sigma/\sqrt{n}}\right) \approx 1-\alpha \\ \Phi\left(\dfrac{k_0-d_1}{\sigma/\sqrt{n}}\right) \approx \beta \end{cases}, \quad 或 \begin{cases} \dfrac{k_0-d_0}{\sigma/\sqrt{n}} \approx u_{1-\alpha} = -u_\alpha \\ \dfrac{k_0-d_1}{\sigma/\sqrt{n}} \approx u_\beta \end{cases}$$

从中可解得：

$$n = \left(\frac{u_\alpha + u_\beta}{d_1 - d_0} \cdot \sigma\right)^2, \quad k_0 = \frac{d_0 u_\beta + d_1 u_\alpha}{u_\alpha + u_\beta}$$

(2) 抽样检验表的使用

同单侧规格限的情况类似，为了使编制的计量抽样方案表适用于更多的场合，需要把原方案的表达形式进行一些改变：

	统计量	方案	接收准则
原形式	$\bar{x}$	(n, k_0)	$\lvert \bar{x} - \mu_0 \rvert \leqslant k_0$
新形式（σ 法）	$Q_U = \dfrac{\mu_0 + d_0 - \bar{x}}{\sigma}, Q_L = \dfrac{\bar{x} - \mu_0 + d_0}{\sigma}$	(n, k)	$Q_U \geqslant k$，且 $Q_L \geqslant k$
新形式（s 法）	$Q_U = \dfrac{\mu_0 + d_0 - \bar{x}}{s}, Q_L = \dfrac{\bar{x} - \mu_0 + d_0}{s}$	(n, k)	$Q_U \geqslant k$，且 $Q_L \geqslant k$

在 GB/T 8054 中给出了制定抽样方案的有关表。

• σ 法：当 σ 已知时，用 σ 法。

在 $\alpha = 0.05, \beta = 0.10$ 时，有 $u_\alpha = -1.645, u_\beta = -1.282$，若令 $A = (d_1 - d_0)/\sigma$，则：

$$n = \left(\frac{2.927}{A}\right)^2$$

从 $\lvert \bar{x} - \mu_0 \rvert \leqslant k_0$ 接收可知要求 $\bar{x} \leqslant k_0 + \mu_0$ 且 $\bar{x} \geqslant -k_0 + \mu_0$，这就意味着：

$$Q_L = \frac{\bar{x} - \mu_0 + d_0}{\sigma} \geqslant \frac{-k_0 + d_0}{\sigma} = k$$

$$Q_U = \frac{\mu_0 + d_0 - \bar{x}}{\sigma} \geqslant \frac{d_0 - k_0}{\sigma} = k$$

从而 k 除了与 k_0 有关外，还与 d_0/σ 有关。

具体步骤如下：

① 计算 $A = \dfrac{d_1 - d_0}{\sigma}$，从附表 2.7 中查出样本量 n；

②计算 $C=\dfrac{2d_0}{\sigma}$,从表中查出常数 k;

③计算统计量 $Q_U=\dfrac{\mu_0+d_0-\bar{x}}{\sigma}$, $Q_L=\dfrac{\bar{x}-\mu_0+d_0}{\sigma}$

④当 $Q_U\geqslant k$,且 $Q_L\geqslant k$ 时接收,否则拒收。

• s 法:当 σ 未知时,用 s 法。关于 σ 的确定方法同单侧场合,步骤如下:

①计算 $A=\dfrac{d_1-d_0}{\hat{\sigma}}$,从附表 2.8 中查出样本量 n;

②计算 $C=\dfrac{2d_0}{\hat{\sigma}}$,从表中查出常数 k;

③计算统计量 $Q_U=\dfrac{\mu_0+d_0-\bar{x}}{s}$, $Q_L=\dfrac{\bar{x}-\mu_0+d_0}{s}$

④当 $Q_U\geqslant k$,且 $Q_L\geqslant k$ 时接收,否则拒收。

例 2.5.4 设某种产品尺寸服从正态分布,其标准尺寸为 100.0mm,如果批均值在 100±0.2mm 之内,则合格;如果在 100±0.5mm 之外,则不合格。已知批标准差 $\sigma=0.3$mm,试求抽样方案(取 $\alpha=0.05,\beta=0.10$)。

解:依题意,有 $\mu_0=100,d_0=0.2,d_1=0.5,\sigma=0.3$,由于只要 $n\geqslant 2$,就有

$$\frac{2d_0}{\sigma/\sqrt{n}}=\sqrt{n}\times\frac{2\times 0.2}{0.3}=1.33\sqrt{n}>1.7$$

因此可以利用上面的近似方法求 (n,k_0):

$$n=\left(\frac{u_\alpha+u_\beta}{d_1-d_0}\cdot\sigma\right)^2=\left(\frac{1.645+1.282}{0.5-0.2}\times 0.3\right)^2=8.57\approx 9$$

$$k_0=\frac{d_0 u_\beta+d_1 u_\alpha}{u_\alpha+u_\beta}=\frac{0.2\times 1.282+0.5\times 1.645}{1.645+1.282}=0.37$$

这表明需要抽取 9 个样品,其样本均值为 $\bar{x}$,当 $|\bar{x}-100|\leqslant 0.37$ 时接收该批。

如果现在抽取了 9 个样品,求得其样本均值为 100.4,由于 $|100.4-100|=0.4>0.37$,所以拒收该批。

由于 σ 已知,利用查表方法的步骤如下:

首先计算 $A=(d_1-d_0)/\sigma=1$,所在范围为 0.980~1.039,查得 $n=9$;

由于 $C=2d_0/\sigma=1.333$,所在范围为 0.867 以上,接收常数 $k=-0.548$;

这表明当

$$Q_L=\frac{\bar{x}-\mu_0+d_0}{\sigma}=\frac{\bar{x}-99.8}{0.3}\geqslant -0.548 \text{ 且 } Q_U=\frac{\mu_0+d_0-\bar{x}}{\sigma}=\frac{100.2-\bar{x}}{0.3}\geqslant -0.548$$

时,接收该批产品,否则拒收。

如果现在抽取了 9 个样品,求得其样本均值为 100.4,那么

$$Q_L=\frac{100.4-99.8}{0.3}=2>-0.548$$

$$Q_U = \frac{100.2 - 100.4}{0.3} = -0.667 < -0.548$$

故拒收该批。

§2.6 计数序贯抽样检验方案简介

2.6.1 计数序贯抽样检验方案

当检验是破坏性的，或检验的代价很大时，我们希望所采用的检验方案既能满足对两类错判概率的限定，又能使抽检的单位产品尽可能少，为此可采用序贯抽样检验方案。按该方案的规定，每次只抽检一个产品，作一次判断，在接收、拒收、再抽一个三者中确定一个。这里介绍计数序贯抽样检验方案。

如同§2.3所述，在制定抽样方案前，先给定四个值：生产方风险 α，使用方风险 β，双方可接受的合格质量水平 p_0 与极限质量水平 p_1。

我们可以设有一个服从 0—1 分布的随机变量 X，其取值为 1 表示抽到一个不合格品，取值为 0 表示抽到合格品，且假定 $P(X=1)=p$。每次抽取一个产品，则到第 n 次共抽了 n 个产品，每个产品不是合格品便是不合格品，那么可以认为从 X 中获得了一个样本，其观察值记为 $x_1, x_2, \cdots, x_n$，这是一个特定的 0—1 序列，如记 Y 为该序列中 1 的个数，那么当有 d_n 个 1 时，则有：

$$P(X_1=x_1, X_2=x_2, \cdots, X_n=x_n) = P(Y=d_n) = p^{d_n}(1-p)^{n-d_n} \tag{2.6.1}$$

比较在 $p=p_1$ 与 $p=p_0$ 的 (2.6.1) 的值，若 $p_1^{d_n}(1-p_1)^{n-d_n} \ll p_0^{d_n}(1-p_0)^{n-d_n}$，则 $p=p_0$ 的可能性大，从而判断该批产品为合格；若 $p_1^{d_n}(1-p_1)^{n-d_n} \gg p_0^{d_n}(1-p_0)^{n-d_n}$，则 $p=p_1$ 的可能性大，那么判断该批产品为不合格；如果两者相差不大，则难作判断，此时应该继续抽查一个产品后再作判断。这样继续下去，直到可以作出该批产品合格或不合格的判断为止。

比较 $p=p_1$ 与 $p=p_0$ 的 (2.6.1) 值的方法具体如下所述：

(1) 根据给出的 α 与 β，计算两个界限：

$$A = \frac{\beta}{1-\alpha}, B = \frac{1-\beta}{\alpha}$$

(2) 由给定的 p_0 与 p_1 及到第 n 次抽查为止查到的不合格品数 d_n，计算比值：

$$L_n = \frac{p_1^{d_n}(1-p_1)^{n-d_n}}{p_0^{d_n}(1-p_0)^{n-d_n}} \tag{2.6.2}$$

(3) 作判断：当 $L_n \leqslant A$ 时判该批合格，接收该批；当 $L_n \geqslant B$ 时判该批不合格，拒收该批；当 $A < L_n < B$ 时难以判断，继续抽查一个产品。

以上的计算从 $n=1$ 开始进行，直到作出接收或拒收的结论为止。

可以证明此方案的 OC 函数为：

$$L(p) = \frac{B^h - 1}{B^h - A^h} \tag{2.6.3}$$

式中的 h 由下列方程确定：

$$\frac{1-\left(\frac{1-p_1}{1-p_0}\right)^h}{\left(\frac{p_1}{p_0}\right)^h-\left(\frac{1-p_1}{1-p_0}\right)^h}=p \tag{2.6.4}$$

特别有 $L(0)=1, L(p_0)=1-\alpha, L(p_1)=\beta, L(1)=0$。

2.6.2 计数序贯抽样方案的图形表示

为了避免每抽一个产品都要计算一次(2.6.2)式的值，可以采用图示法，即在直角坐标系中，标出接收区、拒收区与继续抽检区，统计每次抽样后得到的累计不合格品数 d_n，将点 (n, d_n) 点在图中，观其落在哪一区域以作出判断。

图中的三个区域可由下列方法获得。

当 $L_n \leqslant A$ 时判该批合格，接收该批，可将该判断规则化为图形上的接收区域。对 $L_n \leqslant A$ 两边取对数后有：

$$d_n \ln \frac{p_1}{p_0} + (n-d_n) \ln \frac{1-p_1}{1-p_0} \leqslant \ln A$$

如果记

$$w = \frac{\ln \frac{1-p_0}{1-p_1}}{\ln \frac{p_1}{p_0} - \ln \frac{1-p_1}{1-p_0}}, \quad u = \frac{\ln A}{\ln \frac{p_1}{p_0} - \ln \frac{1-p_1}{1-p_0}}$$

则当

$$d_n \leqslant wn + u$$

为接收区。

同理，当 $L_n \geqslant B$ 时判该批不合格，拒收该批，也可将其化为图形上的拒收区域，即当

$$d_n \geqslant wn + v$$

为拒收区，其中

$$v = \frac{\ln B}{\ln \frac{p_1}{p_0} - \ln \frac{1-p_1}{1-p_0}}$$

而当 $wn+u < d_n < wn+v$ 时继续抽检。

其示意图见图 2.6.1。

例 2.6.1 设有一批产品需验收，现规定 $p_0=0.02, p_1=0.20, \alpha=0.05, \beta=0.10$，试给出序贯抽检图。

解：按给定的参数，有

$A = 0.10/0.95 = 0.1053$ $\qquad B = 0.90/0.05 = 18$

$\ln A = -2.2513$ $\qquad \ln B = 2.8904$

$\ln \frac{p_1}{p_0} = 2.3026$ $\qquad \ln \frac{1-p_1}{1-p_0} = -0.2029$

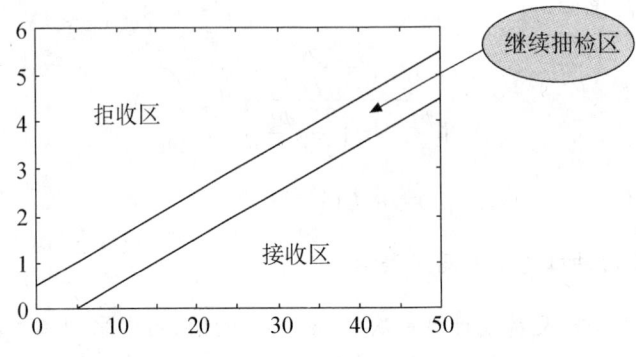

图 2.6.1 序贯抽检示意图

从而

$$w = \frac{0.2029}{2.3026+0.2029} = 0.081$$

$$u = -\frac{2.2513}{2.3026+0.2029} = -0.899$$

$$v = \frac{2.8904}{2.3026+0.2029} = 1.154$$

这表明在抽检了 n 个产品后,如果不合格品的累计个数 $d_n \leqslant 0.081n - 0.899$,则接收;如果 $d_n \geqslant 0.081n + 1.154$,则拒收;如果 $0.081n - 0.899 < d_n < 0.081n + 1.154$,则继续抽检第 $n+1$ 个产品。其图形如图 2.6.2 所示。

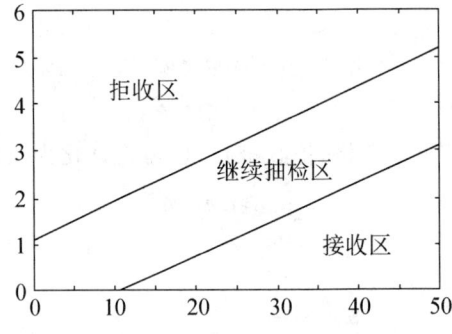

图 2.6.2 例 2.6.1 的序贯抽检图

§ 习题二

1. 某车间从生产线上随机抽取 100 个产品进行检验,发现 3 个产品各有 1 个 A 类不合格,2 个产品各有 1 个 B 类不合格,1 个产品有 1 个 C 类不合格,3 个产品各有 1 个 A 类与 1 个 B 类不合格,2 个产品各有 1 个 B 类与 1 个 C 类不合格,试问各类不合格数分别为多少,各类不合格品数分别为多少?
2. 设批量 $N=100$,试求一次计数抽样方案 $(10,0)$ 在 $p=0, 0.01, 0.05, 0.10$ 处的接收概率。
3. 设批量 $N=1000$,试求一次计数抽样方案 $(20,1)$ 在 $p=0, 0.01, 0.05, 0.10$ 处的接收概率。

4. 设产品的批量 $N=5000$，采用一次抽样方案 $(20,1)$。
   (1) 求 $p=1\%$、5% 与 10% 时的平均抽检量；
   (2) 若长期采用这一方案，求平均检出质量。
5. 设产品的批量 $N=1000$，二次抽样方案 $n_1=n_2=13$，$(A_1,R_1,A_2,R_2)=(2,5,6,7)$，求 $p=0.10$ 时的平均样本量。
6. 在供需双方商定 $\alpha=0.05$，$\beta=0.10$，$p_0=2\%$，$p_1=8\%$ 的条件下，试求计数标准型一次抽样方案。
7. 对某产品的一系列批进行计件抽样检验。设批量 $N=1000$，规定 $AQL=0.65(\%)$，采用一般检验水平Ⅱ，试给出正常、加严、放宽三个一次计数调整型方案。
8. 设一批产品的批量为 2500，以百单位不合格数作为质量指标，规定 $AQL=150(\%)$，采用一般检验水平Ⅱ，试给出正常、加严、放宽三个一次计数调整型方案。
9. 当使用一次正常抽样方案 $(80,1)$ 对产品批进行连续抽样验收时，样本中的不合格品数分别为：

   $$0, 2, 1, 0, 1, 1, 1, 0, 0, 1, 1, 1, 0, 0, 1, 0, 1, 1$$

   试给出转移得分序列。
10. 当使用一次正常抽样方案 $(125,3)$（此时对应的 AQL 加严一级后的一次正常抽样方案为 $(125,2)$）对产品批进行连续抽样验收时，样本中的不合格品数分别为：

    $$1, 0, 3, 1, 0, 1, 3, 1, 0, 2, 1, 0, 0, 0, 1$$

    试给出转移得分序列。
11. 某厂生产的一种产品中要求氧化铁的含量要低，批均值不超过 $0.004(\%)$ 以高于 0.95 的概率接收，批均值不低于 $0.005(\%)$ 时只能以低于 0.10 的概率接收，已知该含量服从正态分布，且 $\sigma=0.0006(\%)$，试给出计量标准型一次抽样方案。
12. 设一批化学原料中某元素的含量服从正态分布，且要求其含量为高，现规定 $\alpha=0.05$，$\beta=0.10$，$\mu_0=42(\%)$，$\mu_1=41(\%)$，又标准差 σ 未知，双方商定抽取 4 个样品将其样本标准差作为 σ 的估计，即取 $\hat{\sigma}=0.45(\%)$，试给出计量标准型一次抽样方案。
13. 设某金属板的厚度服从正态分布，并规定平均厚度在 5 ± 0.15mm 以内的批应以高概率接收，在 5 ± 0.4mm 以外的批应以低概率接收，又规定 $\alpha=0.05$，$\beta=0.10$，已知 $\sigma=0.2$mm，试给出计量标准型一次抽样方案。
14. 现有一批产品需验收，规定 $p_0=0.018$，$p_1=0.18$，$\alpha=0.05$，$\beta=0.10$，试给出符合此规定的计数序贯抽检方案及其图形。

第三章
控 制 图

§ 3.1 概述

一个产品总是经过设计、制造与检验,才能将合格的产品提供给顾客。上一章所讲的抽样检验是判断一批产品质量是否合格的方法,它通过对不合格产品的分析,发现设计与制造中的问题,反馈给有关部门以便进行改进,然而这时不合格品已经产生,并造成了一定的损失。为了避免这种损失,一个自然的想法是进行预防。如果暂不考虑设计中的问题,大部分质量问题可以在制造过程中加以纠正,问题在于要及时发现问题。假定在制造过程的每一道工序都建立了一个简单易行的控制系统,当质量问题一出现就能及时发现,及时纠正,不使不合格的半成品流入下一道工序,这样就可以避免出现大量的不合格品,达到预防的目的。本章要介绍的统计过程控制图(简称控制图)就是一个简单易行的控制系统,在一些场合又称其为统计过程控制(Statistical Process Control,SPC)。这里先介绍一下有关波动的原因与减小波动的对策。

3.1.1 波动及其原因

大家知道没有两个产品会完全相同,产品间的差异通常是通过其质量特性(记为 x)的差异反映出来。造成这种差异的原因是由于在生产过程中存在许多波动源,譬如加工一根轴,轴的直径是一个重要的质量特性,在加工过程中,机器的老化,刀具的磨损,毛坯的差异,电压的波动,操作者情绪的波动,操作场所的湿度、光线的差异等都会导致轴的直径的差异。

在一般场合中,一个过程的波动源有许多,但是它们的发生是随机的,时隐时现,时大时小,时正时负,往往以不可预测的方式在影响过程的输出特性。

通常波动有两大类,一是正常波动,一是异常波动。

所谓正常波动,其特点是过程中存在许多波动源,每个波动源对质量特性 x 的影响都是很微小的。理论与实践都证明很多微小波动之和是服从正态分布的,且其分布不随时间的变化而改变(见图 3.1.1),因此过程质量特性的分布是可以预测的。这时我们称过程处于统计控制状态,也称为受控状态。

所谓异常波动(也称特殊波动),其特点是过程中存在许多波动源,但有一个或几个对质量特性的影响较大,而其他的影响均很小。由于这些强的波动源的出现,就使 x 的分布会随时间的变化而发生改变,有时是改变了分布的位置,有时是改变了分布的标准差,有时又

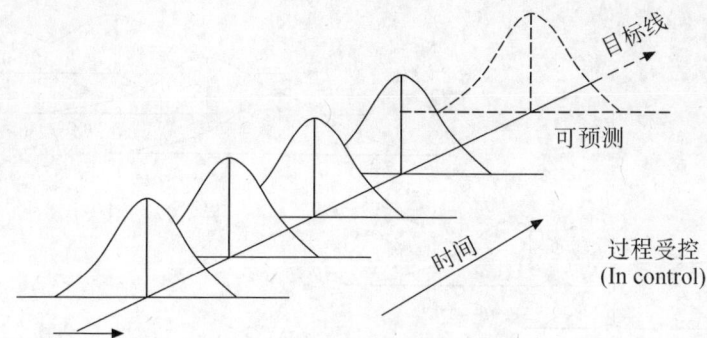

图 3.1.1 受控状态下 x 的分布

会使分布的形状发生变化。这时过程不处于统计控制状态,也称为失控状态(见图 3.1.2)。

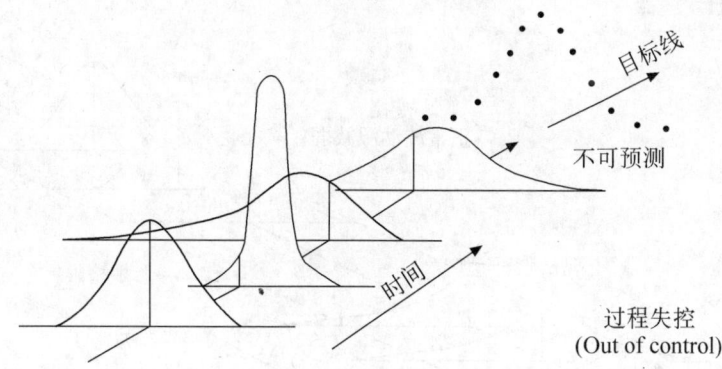

图 3.1.2 失控状态下 x 的分布

因此,我们可以根据质量特性的分布去区分波动的类型,如果随时间变化,质量特性的分布保持不变的正态分布,这为正常波动。如果随时间的变化,质量特性的分布发生了变化,这是异常波动,需要找出原因,并设法剔除。

3.1.2 减小波动的对策

要消除波动是不可能的,而要减小波动是可能的。针对波动性质的不同采取的对策也有所不同。

如果存在异常波动的话,这时要设法找出它,用技术的手段去排除,从而使过程恢复到正常的受控状态(见图 3.1.3)。譬如在轴的加工中发现轴的直径逐渐变大,就需要检查一下刀具是否磨损严重,如果是的话,只要及时调换刀具就可以恢复正常。

如果过程处于统计控制状态,也并不一定满足产品的质量要求,通常一个产品的特性值总有一个目标值和一定的公差范围,如果波动在公差范围内这是允许的,这时不需要去减小波动,如果波动超过公差允许的范围,那么就要设法减小标准差(见图 3.1.4)。这时往往不是靠简单的技术手段所能解决的,有时需要对整个生产系统作改造,譬如更换设备等。

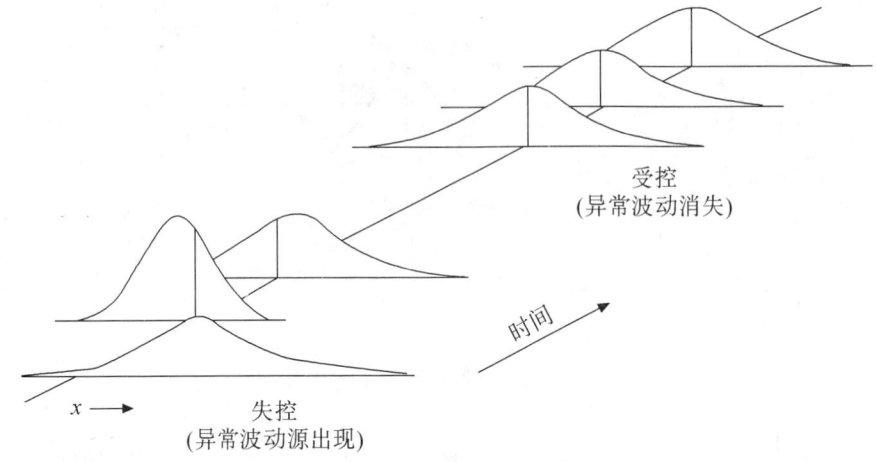

图 3.1.3　消除异常波动

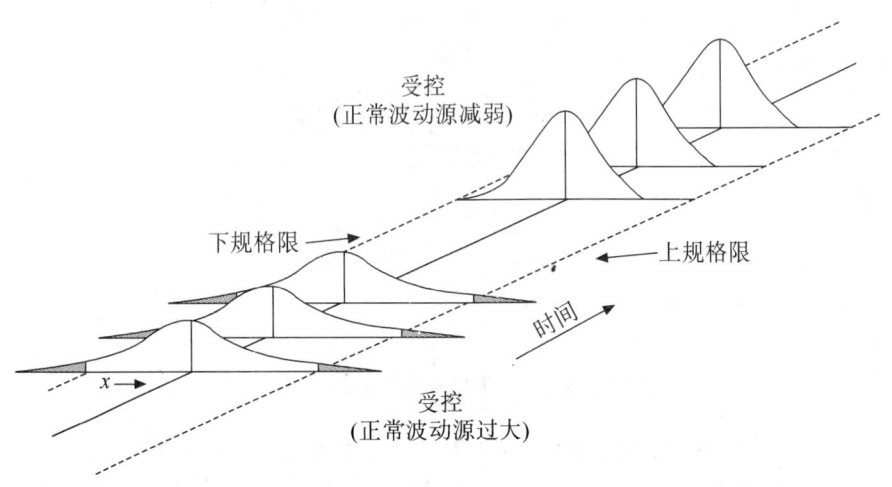

图 3.1.4　减小正常波动的标准差

3.1.3　控制图概述

控制图是一个简单的过程控制系统,其作用是利用控制图所提供的信息,把一个过程维持在受控状态,一旦发现异常波动,就分析对质量不利的原因,采取措施加以消除或减弱,使质量不断提高,并把一个过程从失控状态变为受控状态,以保持质量稳定。

一、控制图的种类

控制图有多种。由于质量特性值通常有两大类,一类是计量的,如温度、长度、电阻等,一类是计数的,它又分为计件的(如不合格品数等)与计点的(如缺陷数等),因此常规控制图也有两大类:

(1)计量控制图

均值－标准差控制图($\bar{x}-s$ 图)

均值－极差控制图($\bar{x}-R$ 图)

中位数－极差控制图($Me-R$ 图)

单值-移动极差控制图($x-MR$ 图)

(2)计数控制图

①计件控制图有：

不合格品率控制图(p 图)

不合格品数控制图(np 图)

②计点控制图有：

单位缺陷数控制图(u 图)

缺陷数控制图(c 图)

二、控制图的原理与构造

尽管有多种控制图，但其基本原理是一样的，以下以计量控制图来加以说明。

设过程的质量特性 x 是计量的，在过程处于稳定状态（即统计控制状态）时，x 应服从正态分布，记为 $N(\mu,\sigma^2)$，假如能把此正态分布的两个参数 μ（均值）与 σ（标准差）控制住，那么质量特性也就得到了控制。为了控制 μ 与 σ，常需要两张控制图，一张用于控制 μ，一张用于控制 σ。

在实际中，常用样本均值 $\bar{x}$ 估计 μ，而用样本标准差 s 或样本极差 R 估计 σ。若用 $\bar{x}$ 与 s 分别估计 μ 与 σ 就形成 $\bar{x}-s$ 图，若用 $\bar{x}$ 与 R 分别估计 μ 与 σ 就形成 $\bar{x}-R$ 图。

控制图是根据正态分布的 3σ 原理构造的。假如一个统计量 $T=T(x_1,x_2,\cdots,x_n)$（可以是 $\bar{x}$，s 或 R）服从正态分布或近似正态分布，即：

$$T \sim N(\mu_T,\sigma_T^2)$$

其中 μ_T 是 T 的均值，σ_T 是 T 的标准差，根据 3σ 原理，有

$$P(\mu_T-3\sigma_T<T<\mu_T+3\sigma_T)=0.9973$$

这表明，对统计量 T 作大量重复观察，则其中 99.73% 的 T 值应在区间 $(\mu_T-3\sigma_T, \mu_T+3\sigma_T)$ 之内，仅有 0.27% 在此区间外。若取

$\mu_T+3\sigma_T$ 为控制上限，记为 UCL

$\mu_T-3\sigma_T$ 为控制下限，记为 LCL

μ_T 为控制中心线，记为 CL

将这三条水平线画在一张坐标纸上，其横轴为时间或样本序号，纵轴为 T 的观察值，这就形成了一张控制图。当把 T 的观察值按序点在图上，就可用于过程控制。这些上、下控制界限就被用来判断生产过程有无异常，当图上的点子越出了上控制界限或下控制界限时就认为生产过程出现异常，因为点子越出上、下控制界限是一个小概率事件，通常在一次试验中是不可能发生的，一旦发生，就认为过程出现异常。

综上可知，控制图实际上是生产过程质量的一种记录图形，它提供了判断过程是否处于统计控制状态的一种方法，如图 3.1.5 便是一张 $\bar{x}$ 控制图的示意图。

实际中，μ_T 与 σ_T 是未知的，仍需收集样本作出估计。μ_T 常用 $\bar{T}$ 作估计，又记 σ_T 的估计为 $\hat{\sigma}_T$，则中心线及上、下控制界线分别为：

$$CL=\bar{T}$$
$$UCL=\bar{T}+3\hat{\sigma}_T \quad LCL=\bar{T}-3\hat{\sigma}_T$$

(3.1.1)

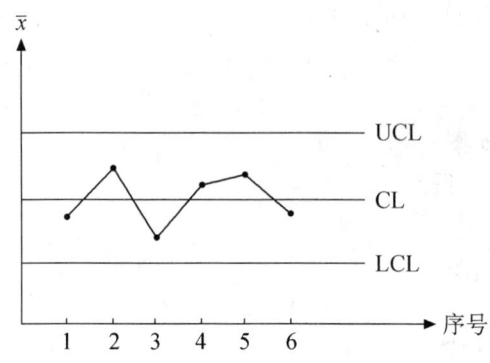

图 3.1.5 $\bar{x}$ 控制图的示意图

具体的估计方法将结合每张控制图的特点再作叙述。

三、两类错误

使用控制图会发生两类错误,因为 $\mu_T \pm 3\sigma_T$ 只是判断正常波动和异常波动所用的两个临界值。确立临界值都有可能使判断发生错误。这种错误可分为两类。

第一类错误:当所涉及的过程处于受控状态时,却有某点由于样本的随机性落在控制限之外,这时按规则判断,过程失控。这个判断是错误的,这种错误称为第一类错误,其发生概率记为 α(见图 3.1.6)。

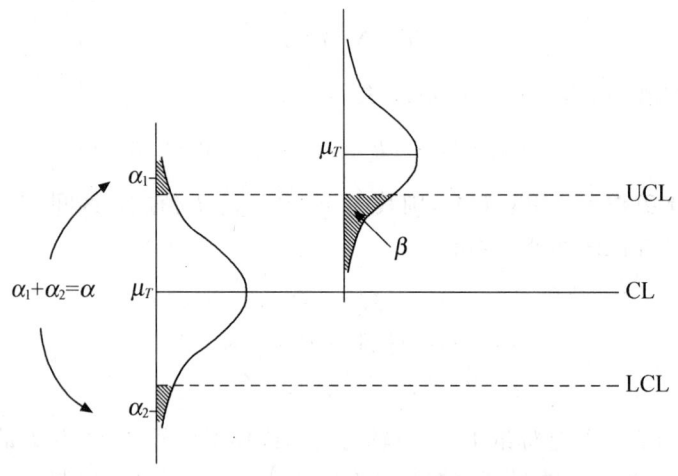

图 3.1.6 两类错误及其发生概率示意图

第二类错误:当所涉及的过程失控时,其产生的点由于样本的随机性会落在控制限内,这时按规则判断,过程受控。这个判断也是错误的,这类错误称为第二类错误,其发生概率记为 β(见图 3.1.6)。

第一类错误又称虚发警报,虚发警报会引起白费功夫去寻找根本不存在的异常波动而造成损失。第二类错误又称漏发警报,这时由于未检测出不合格品而造成损失。

我们当然希望能够减少犯两类错误的概率 α 与 β。但是理论研究表明,在样本量固定时,减少 α 必导致增加 β,减少 β 必导致增加 α。譬如,若扩大控制限到 $\mu \pm 4\sigma$,这时 α 减少,但 β(图 3.1.6 中阴影面积)显然扩大。若缩小控制限到 $\mu \pm 2\sigma$,则 β 明显缩小,可 α 显著增加。

常规控制图仅考虑犯第一类错误的概率 α。在控制限定为 $\mu_T \pm 3\sigma_T$ 和过程受控场合,可以算得 α=0.27%。实际使用经验表明,3σ 界限已是一个不低的要求,在大多数场合使用是适当的、合理的。

为减少犯第二类错误的概率,在常规控制图中增加了一些异常情况的判断准则。此外,还有一些其他控制图对发现过程的微小波动也十分有用,这将在后面作专门介绍。

§ 3.2 计量特性的常规控制图

3.2.1 概述

1. 计量数据是指对产品质量特性进行测量所得的观察值,如以米(m)表示的长度,以欧姆(Ω)表示的电阻,以分贝(dB)表示的噪声等。

2. 计量控制图的背景是正态分布 $N(\mu, \sigma^2)$,它含有二个独立参数:均值 μ 与标准差 σ。因此要控制计量值的波动需要两张控制图:一张用于控制 μ,另一张用于控制 σ。根据样本量的大小和用于估计 μ 与 σ 的统计量的不同,计量控制图有四对:

均值－标准差控制图($\bar{x}-s$ 图)

均值－极差控制图($\bar{x}-R$ 图)

中位数－极差控制图($Me-R$ 图)

单值－移动极差控制图($x-MR$ 图)

3. 应用面广:由于大多数过程输出的质量特性具有可计量的特性;并且一个计量值较计数值包含更多信息,也便于调查异常波动的原因,所以计量控制图应用十分广泛。

虽然获得一个计量数据比获得一个计数数据的费用高一些,但计量控制图所用数据总数要比计数控制图所用数据个数少得多,且更为有效,因此在一些情况下,这有助于减少总检验费用,并缩短零件生产与采取纠正措施之间的时间间隔。

4. 控制界限的计算:计量控制图是在正态性假设下计算控制限的各种参数。质量特性偏离正态性也是会发生的,但由中心极限定理知,平均值总会趋于正态分布,所以对 $\bar{x}$ 图而言,即使样本量仅为 4 或 5,假定其正态性也是合理的。但是对单值控制图来讲正态性要求是需要的。

极差和标准差的分布并不是正态的,但仍在近似正态性假设下计算 R 图与 s 图控制限的各种参数,这种假设在实际使用中还是令人满意的。

各图的控制界限在下面叙述。

5. 合理子组原则:除单值控制图外,为了建立控制界限,需要抽取样本并作出均值、标准差的估计,抽样需要遵循"合理子组原则"。这是休哈特提出构建控制图的重要措施之一,它要求在抽取样本时使:

子组内出现异常波动的机会小;

子组间出现异常波动的机会大。

休哈特称这样得到的样本为"子组"。由于子组内无新的异常波动的干扰,故用子组内数据的波动作标准差估计一般较小。当 σ 较小时,$\pm 3\sigma$ 的控制限的宽度也不大,从而对检出异常波动就较为灵敏。

为了实现"合理子组原则",一个最简单的方法是在短时间内连续地把一个子组全部抽取,或者对连续生产产品进行"块抽样"。由于抽样时间短,就可避免新的异常因素进入子组。具体可见图3.2.1。

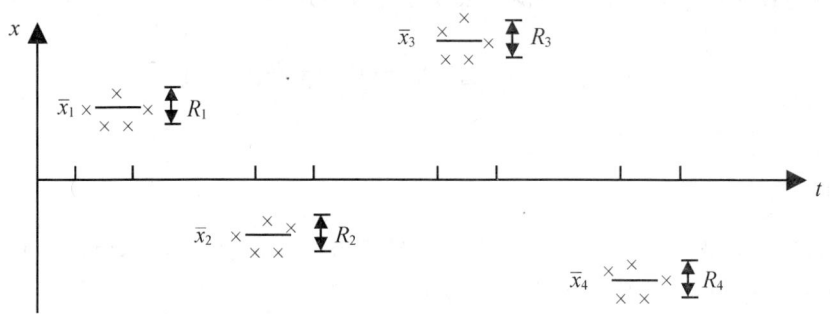

图 3.2.1　按时间实现"合理子组原则"示意图
x_i 与 R_i 分别为第 i 个子组的均值与极差

6. 分析用控制图与控制用控制图:一个过程开始实施控制图时,几乎总不会恰巧处于受控状态,可能会存在异常波动。如果就以这种失控状态下的数据来建立控制图,上、下控制限一定较宽,这会导致判断失误。因此,一开始,总需要将过程失控状态调整到理想的受控状态。这就是分析用控制图的阶段。

分析用控制图阶段主要做两件事:一是使过程受控;二是使过程满足顾客要求,可用过程能力指数 C_p 或 C_{pk} 来表示是否达到顾客要求,譬如要求 $C_{pk} > 1$ 或 $C_{pk} \geqslant 1.33$ 等。

按过程是否达到受控状态和是否满足顾客要求这两个特性,可将过程分为表3.2.1所示的四种状态。

表 3.2.1　过程的四种状态

顾客要求 \ 受控状态	受控	失控
满足	Ⅰ(见图3.1.1)	Ⅱ
不满足	Ⅲ(见图3.1.4)	Ⅳ(见图3.1.2)

状态Ⅰ、Ⅲ、Ⅳ在前面已经提及,这里对状态Ⅱ作一些叙述。状态Ⅱ的特征是:过程失控,但仍然能满足顾客要求,其典型情况如图3.2.2所示。其上显示的过程虽不受控,但过程稳定,呈现稳定的偏态分布,并且其绝大部分都在规范限内,能满足顾客要求。对这种状态要进行分析,若容易采取措施,使其呈正态分布,那就立即行动;若采取措施花费较大,也可让其保留,继续使用,因为它能满足顾客要求,但要注意观察其变化。美国AT&T公司1984年出版的《统计过程控制手册》指出:"在生产过程中,控制的完美状态是从来达不到的,过程控制图的目标不是完美状态,而是使控制达到合理的和经济的状态。"

一旦过程实现了上述二点,就可延长控制限作为控制用控制图,这就进入控制用控制图阶段。它们之间的主要区别如表3.2.2所示。

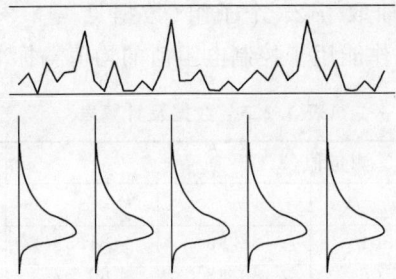

图 3.2.2 过程失控之一,稳定过程不要求正态分布

表 3.2.2 控制用控制图与分析用控制图的主要区别

区别点 \ 图	分析用控制图	控制用控制图
过程以前的状态	未知	已知
作图需要子组数	每次 20 组到 25 组	每次一组
控制图的界限	需计算	延长前控制限
使用目的	了解过程	控制过程
使用人员	工艺、质管	现场操作和管理人员

7. 建立分析用控制图的准备工作:

首先要确定过程,选关键工序、要害部位设置控制点。

其次要选好质量特性,对生产或服务的质量有决定性影响的特性应是首选对象。譬如顾客关注的特性,易出问题的特性或其他要害特性。所选质量特性应便于度量。

再次要建立适合使用控制图的环境。如对有关人员的培训,教育他们"要讲真话,不虚报数据,不怕麻烦";同时亦要提供必要的物质条件,如提供测量工具,控制图用纸等;确定测量工具,并定期校正,培训有关人员正确地使用它,既准确又精确地把质量特性测量出来,以获得高质量的数据。

下面我们对四种计量的常规控制图分别作一叙述。

3.2.2 均值-标准差控制图($\bar{x}-s$ 图)

均值控制图主要用于判断生产过程的均值是否处于或保持在所要求的统计控制状态,标准差控制图主要用于判断生产过程的标准差是否处于或保持在所要求的统计控制状态,这两张图通常一起用,因此称为均值-标准差控制图,记为 $\bar{x}-s$ 图。

下面我们通过一个例子来叙述制作分析用 $\bar{x}-s$ 控制图的一般步骤,并在质量特性服从正态分布的条件下给出制定控制界限的原理。

一、收集预备数据

首先根据选定的特性值,按一定的时间间隔和合理子组的原则,抽取一个容量为 n 的子组,共抽取 k 个子组,对每一个子组内的每个样品测定其特性值,将其填在数据表中(见例 3.2.1 的表 3.2.3),一般要求 $k \geqslant 25$。

例 3.2.1 某车间生产一种电阻,每隔一小时随机抽四个电阻测定其电阻值(单位为

kΩ),这就得到一个子组,共抽取了 25 个子组(数据见表 3.2.3)。标准要求其电阻值在 [77.9, 86.1] 之间为合格。试作能用于控制电阻值的均值-标准差控制图。

表 3.2.3 数据及计算表

序号 i	测量值(kΩ)				均值 $\bar{x}_i$	标准差 s_i
	x_{i1}	x_{i2}	x_{i3}	x_{i4}		
1	81.86	81.61	82.98	81.33	81.9450	0.72316
2	82.09	81.06	80.48	80.07	80.9250	0.87645
3	81.21	82.77	79.95	80.72	81.1625	1.19056
4	81.23	80.61	81.68	82.13	81.4125	0.64902
5	83.20	82.50	82.37	80.54	82.1525	1.13512
6	82.68	82.48	82.96	82.12	82.5600	0.35327
7	80.17	81.83	81.12	81.41	81.1325	0.70476
8	80.40	81.60	85.00	83.80	82.7000	2.08167
9	80.69	80.49	82.16	84.29	81.9075	1.75420
10	82.72	82.12	81.77	81.60	82.0525	0.49487
11	80.98	81.33	81.60	80.70	81.1525	0.39424
12	80.42	82.20	80.13	80.24	80.7475	0.97568
13	82.11	82.13	83.22	82.17	82.4075	0.54224
14	82.40	81.41	82.93	83.13	82.4675	0.76934
15	81.55	80.91	81.31	82.43	81.5500	0.64332
16	81.32	80.12	81.23	80.38	80.7625	0.60235
17	81.39	80.85	80.60	80.93	80.9425	0.32979
18	81.37	83.12	80.39	81.81	81.6725	1.13291
19	82.62	82.06	81.49	80.92	81.7725	0.73200
20	79.76	81.17	81.24	79.54	80.4275	0.90271
21	81.06	82.06	82.76	82.46	82.0850	0.74106
22	82.55	83.53	82.94	81.89	82.7275	0.68849
23	83.33	80.33	80.36	80.67	81.1725	1.44652
24	81.17	81.33	82.57	80.87	81.4850	0.74804
25	81.60	79.88	81.69	81.79	81.2400	0.90998

二、制作分析用控制图

1. 计算每一个子组的均值与标准差:以 x_{ij} 表示第 i 个子组的第 j 个观察值,用 $\bar{x}_i$ 与 s_i 分别表示第 i 个子组的均值与标准差,即

$$\bar{x}_i = \frac{1}{n}\sum_{j=1}^{n} x_{ij}, \quad s_i = \sqrt{\frac{1}{n-1}\sum_{j=1}^{n}(x_{ij}-\bar{x}_i)^2}, \quad i=1,2,\cdots,k$$

本例的每一个子组的均值与标准差一起列在表 3.2.3 的最后两列中。

2. 计算 k 个子组的均值的均值与标准差的均值,分别记为 $\bar{\bar{x}}$ 与 $\bar{s}$,即

$$\bar{\bar{x}} = \frac{1}{k}\sum_{i=1}^{k}\bar{x}_i, \quad \bar{s} = \frac{1}{k}\sum_{i=1}^{k}s_i$$

这便是控制图 $\bar{x}$ 图与 s 图的中心线。对例 3.2.1 来讲,由表 3.2.3 的数据可求得:

$$\bar{\bar{x}}=81.6225, \quad \bar{s}=0.86087$$

3. 计算 $\bar{x}$ 图与 s 图的上、下控制界限：

根据(3.1.1)，$\bar{x}$ 图与 s 图的中心线分别是各子组均值 $\bar{\bar{x}}$ 与平均标准差 $\bar{s}$，为了计算上、下控制界限需要给出子组均值的标准差与子组标准差的标准差。

根据 3σ 原则，$\bar{x}$ 图的上、下控制限为 $\bar{\bar{x}} \pm 3\sigma_{\bar{x}}$，因为

$$\mathrm{Var}(\bar{x}) = \sigma^2/n$$

故 $\sigma_{\bar{x}} = \sigma/\sqrt{n}$，由于 σ 未知，用其无偏估计 $\bar{s}/c_4$ 代替，则有 $\bar{x}$ 图的上、下控制限为：

$$\bar{\bar{x}} \pm 3\bar{s}/(c_4\sqrt{n}) = \bar{\bar{x}} \pm A_3 \bar{s}$$

其中 $A_3 = \dfrac{3}{c_4\sqrt{n}}$，$c_4 = \sqrt{\dfrac{2}{n-1}}\, \Gamma\!\left(\dfrac{n}{2}\right)\Big/\Gamma\!\left(\dfrac{n-1}{2}\right)$，$\Gamma(\cdot)$ 是伽玛函数。

$$\mathrm{Var}(s) = \sigma^2(1-c_4^2) = c_5^2 \sigma^2$$

其中 $c_5 = \sqrt{1-c_4^2}$，故 $\sigma_s = \sigma\sqrt{1-c_4^2} = c_5\sigma$，同样 σ 用其无偏估计 $\bar{s}/c_4$ 代替，则有：

$$\bar{s} \pm 3\bar{s}\sqrt{1-c_4^2}/c_4 = \left(1 \pm \dfrac{3\sqrt{1-c_4^2}}{c_4}\right)\bar{s}$$

记 $B_3 = 1 - \dfrac{3\sqrt{1-c_4^2}}{c_4}$，$B_4 = 1 + \dfrac{3\sqrt{1-c_4^2}}{c_4}$，则 s 图的上控制限为 $B_4\bar{s}$，下控制限为 $B_3\bar{s}$。若 $B_3 < 0$ 则用 0 代替。

综上可得：

	$\bar{x}$ 图	s 图
中心线 CL	$\bar{\bar{x}}$	$\bar{s}$
上控制界限 UCL	$\bar{\bar{x}} + A_3 \bar{s}$	$B_4 \bar{s}$
下控制界限 LCL	$\bar{\bar{x}} - A_3 \bar{s}$	$B_3 \bar{s}$

以上 A_3, B_3, B_4 都是与样本容量 n 有关的常数，其部分数值见表3.2.4，当 $B_3 \leqslant 0$ 时不予考虑，以"—"表示，此时 LCL 用 0 代替。

表 3.2.4 $\bar{x}-s$ 图的系数表

样本大小	A_3	c_4	B_3	B_4
2	2.659	0.7979	—	3.267
3	1.954	0.8862	—	2.568
4	1.628	0.9213	—	2.266
5	1.427	0.9400	—	2.089
6	1.287	0.9515	0.030	1.970
7	1.182	0.9594	0.118	1.882
8	1.099	0.9650	0.185	1.815
9	1.032	0.9693	0.239	1.761
10	0.975	0.9727	0.284	1.716
11	0.927	0.9754	0.321	1.679

续表

样本大小	A_3	c_4	B_3	B_4
12	0.886	0.9776	0.354	1.646
13	0.850	0.9794	0.382	1.618
14	0.817	0.9810	0.406	1.594
15	0.789	0.9823	0.428	1.572

对例 3.2.1 来讲，$n=4$，由表 3.2.4 可查得 $A_3=1.628$，$B_4=2.266$，表中 B_3 为"—"，则 LCL 用 0 代替。由此可得：

	$\bar{x}$ 图	s 图
中心线 CL	81.6225	0.86087
上控制界限 UCL	$81.6225+1.628\times0.86087$ $=83.024$	2.266×0.86087 $=1.951$
下控制界限 LCL	$81.6225-1.628\times0.86087$ $=80.221$	0

4. 作分析用控制图：

在坐标纸上分别作 $\bar{x}$ 图与 s 图，$\bar{x}$ 图在上，s 图在下，纵坐标分别为 $\bar{x}$ 与 s，横坐标为样本序号（见图 3.2.3）。然后把各个样本的 $\bar{x}_i$ 与 s_i 的值分别依次点在 $\bar{x}$ 图与 s 图上，再用直线段将相邻的两点连接成折线。

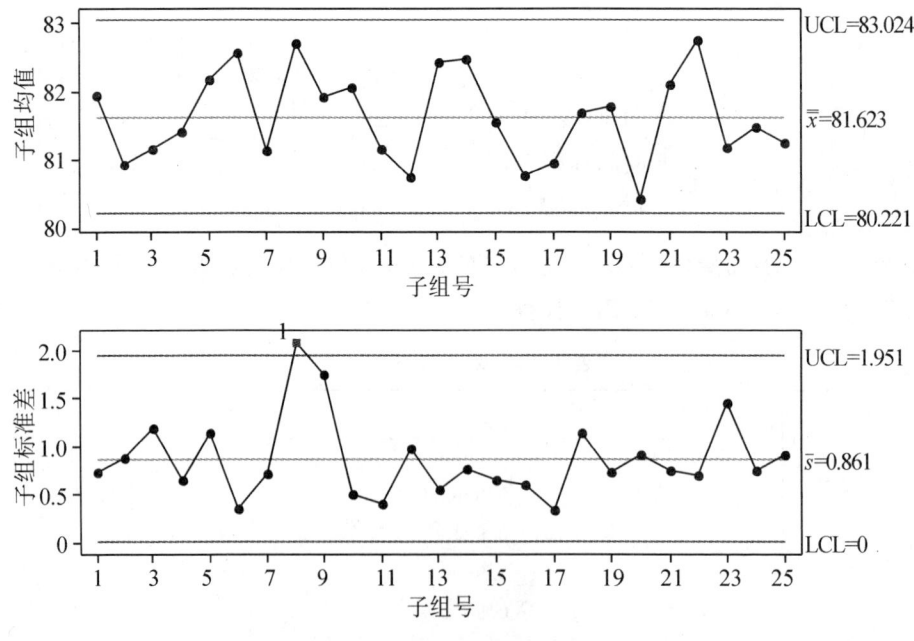

图 3.2.3　例 3.2.1 的 $\bar{x}-s$ 图

5. 判断生产过程是否处于统计控制状态

上面画出的 $\bar{x}$ 图与 s 图是供分析使用，用来考察过程是否受控，若过程失控对图尚需修改。

控制图上的点的分布状态是生产过程运行的缩影。各种波动（正常波动或异常波动）都通过点的分布状态表现出来。应从图上搜索异常波动,并逐个分析,寻找原因,及时纠正,以免再现。

$\bar{x}$ 图显示子组间的波动,并表明过程的稳定性。

s 图显示子组内的波动,也是所考察过程的波动大小的指示器。s 图的失控将会影响到 $\bar{x}$ 图,因为 $\bar{x}$ 图的上、下限依赖于 $\bar{s}$。所以应先分析 s 图,后分析 $\bar{x}$ 图。

(1) 对 s 图的分析可如下进行:

①在 s 图上检查诸点有无超出控制限,有无异常模式,如链、趋势、分层等。若有超出控制限的点,或有若干点连续上升或下降都是值得查明原因的波动。通常表明存在下列情况中的一种或多种:控制限计算或描点出错;分布的标准差在逐渐缩小或增大;测量系统已经发生变化,此时要认真分析,找出有用信息。

②查明原因后,可剔去该子组,重新计算 s 图的控制限。再一次检查有否异常现象,若有,可重复"识别—纠正—重新计算"程序。

③从 s 图中剔去的任一子组,也应将该子组从 $\bar{x}$ 图中剔去。并重新计算 $\bar{x}$ 图的中心线和上、下控制限。

当确认 s 图受控后,就可转入 $\bar{x}$ 图的分析。

(2) 对 $\bar{x}$ 图的分析可如下进行:

①在 $\bar{x}$ 图上检查诸均值点有无超出控制限,有无异常模式或趋势。对 $\bar{x}$ 图(包括今后介绍的单值 x 图)来说,有八种异常波动的模式,详见图 3.2.4。图中 A,B,C,C,B,A 等 6 个区域的宽度都为 1σ,两个 C 区关于中心线对称。

这里的 8 种异常波动模式分别是:

(ⅰ) 1 点超出控制界限

(ⅱ) 连续 9 点在中心线的同侧

(ⅲ) 连续 6 点呈上升或下降趋势

(ⅳ) 连续 14 点交替上升下降

(ⅴ) 连续 3 点中有 2 点处于上(或下)部 A 区

(ⅵ) 连续 5 点中有 4 点在 C 区之外同侧

(ⅶ) 连续 15 点在中心线附近的 C 区内

(ⅷ) 连续 8 点在中心线两侧而无 1 点在 C 区

除模式(ⅰ)外,其他情况下点都在上、下控制限之内,图 3.2.4 给出了其图形表示。

由于 1 点超出控制界限的概率为 0.0027,因此其他 7 个异常模式也就根据过程处于统计控制状态时,每一种发生的概率在 0.0027 左右制定。当过程处于统计控制状态时,根据正态分布表可知:

1 个点落在控制限内的概率为 0.9973

点在控制限之内而落在中心线一侧的概率为 0.9973/2=0.49865

落在上(或下)部 A 区的概率为 0.99865-0.9772=0.02145

落在上(或下)部 B 区的概率为 0.9772-0.8413=0.1359

落在 C 区内的概率为 2(0.8413-0.5)=0.6826

落在控制限内而不在 C 区的概率为 0.9973-0.6826=0.3147

从而有:

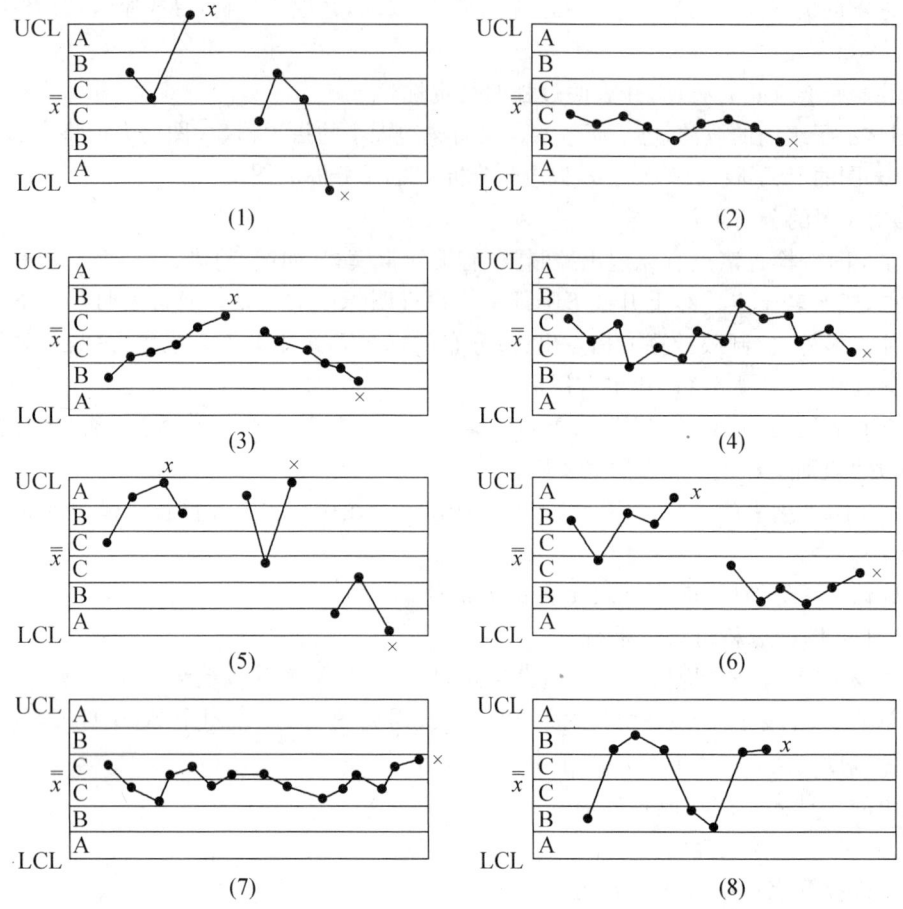

图 3.2.4 x 图(或单值图)上异常波动模式

(ⅱ)9 点在中心线的同侧的概率为：

$$2 \times 0.49865^9 = 0.0038$$

(ⅲ)6 点呈上升或下降趋势的概率为：

$$\frac{2}{6!} \times 0.9973^6 = 0.0027$$

(ⅴ)3 点中有两点处于上(或下)部 A 区的概率为：

$$\binom{3}{2} \times 0.02145^2 \times (0.9973 - 0.02145) \times 2 = 0.0027$$

(ⅵ)5 点中有 4 点在 C 区之外同侧：

$$\binom{5}{4} \times (0.3147/2)^4 \times (0.9973 - 0.3147/2) \times 2 = 0.0051$$

(ⅶ)15 点在中心线附近的 C 区内：

$$0.6826^{15} = 0.00325$$

(ⅷ)连续 8 点在中心线两侧而无一点在 C 区:

$$(0.9973 - 0.6826)^8 = 0.0001$$

对模式(ⅳ)通过随机模拟可知,其概率在 0.004 左右。

所以上述 8 种异常模式的发生都是小概率事件。

②发现异常波动存在后,要查找原因,及时纠正,并同时剔去该子组。

③重新计算 s 图与 $\bar{x}$ 图控制限。再一次检查有否异常现象。若有,可重复"识别—纠正—重新计算"程序。

在对 s 图和 $\bar{x}$ 图分析中寻找异常波动,并查明原因,采取纠正措施是使用控制图最重要、最有意义的一步,也是最困难、最花时间的工作,这需要耐心和洞察力。在查找原因时,还要先自身,后他人;先内部,后外部。

下面对例 3.2.1 的图进行分析。

首先考察 s 图,从图 3.2.3 可见,例 3.2.1 中的第 8 个子组的标准差落在上控制界限外(s_8 大于 s 图的 UCL),所以认为生产不处于统计控制状态。这时需要分析原因,找到原因后可以去掉该组样本,重新计算控制限。

对产生第 8 个子组数据的生产情况进行了检查,发现是设备发生了故障,所以去掉第 8 个子组数据,用余下的 24 个子组数据重新计算得

$$\bar{\bar{x}} = 81.5776, \quad \bar{s} = 0.8100$$

由此求得 $\bar{x} - s$ 图的中心线和上下控制界限分别为:

	$\bar{x}$ 图	s 图
中心线 CL	81.5776	0.810
上控制界限 UCL	82.8963	1.835
下控制界限 LCL	80.2589	0

去掉第 8 点后,例 3.2.1 的分析用控制图见图 3.2.5,此时再考察 s 控制图上点的分布,发现生产过程处于统计控制状态了。

在 s 图受控情况下,再考察 $\bar{x}$ 图,此时也没有点在控制界限外,并且也没有其他异常模式出现。故可以认为该生产过程受控。

6. 当生产过程处于统计控制状态时,可以进一步判断生产过程是否满足顾客(包括使用者、下一道工序的加工者等)的质量要求

可以根据产品的质量要求计算过程能力指数。

在例 3.2.1 中,质量特性为电阻值,给出了双边规范,LSL=77.9,USL=86.1,从而 $M=82$,由于 $\bar{\bar{x}} = 81.4900 \neq M$,$\sigma$ 未知,用其无偏估计 $\bar{s}/c_4$ 代替,现在

$$n = 4, T = \text{USL} - \text{LSL} = 8.2, \varepsilon = |M - \mu| = 0.51, \bar{s} = 0.810, c_4 = 0.9213$$

因而过程能力指数为

$$C_{pk} = \frac{T - 2\varepsilon}{6\,\bar{s}/c_4} = \frac{8.2 - 2 \times 0.51}{6 \times 0.81/0.9213} = 1.361$$

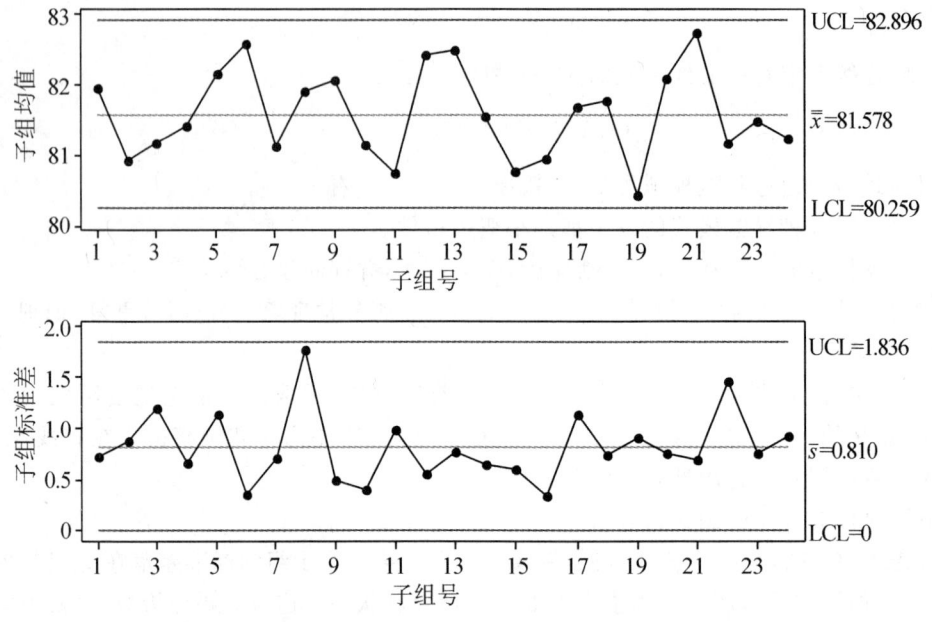

图 3.2.5　去掉第 8 个子组后的 $\bar{x}-s$ 图

由此可见,该生产过程满足质量要求,因此所制定的控制图的中心线与控制界限可用于日常生产控制。

三、作控制用控制图

当生产过程受控并满足顾客的质量要求时,我们便可以用上面获得的控制中心线与上下控制界限画出控制图,放在生产现场用来对质量指标进行控制,该图便是控制用控制图。

按规定抽取新的子组,测定其特性值,计算子组的均值 $\bar{x}$ 与标准差 s,并将它们分别描在 $\bar{x}$ 图与 s 图上,然后进行判断:

- 当生产过程无异常时可以继续进行生产;
- 如果发生异常,需要及时消除使质量下降的原因,使之不再发生,而对提高质量的有利的措施也应及时总结,使之推广。

如此循环使用,直到过程能发生显著改变(如原料、工艺、设备、人员等)为止。

四、当控制图使用了一段时间后,应根据实际的质量水平,对控制图的中心线和上、下控制限进行修正,使控制水平能够不断提高。

3.2.3　均值—极差控制图($\bar{x}-R$ 图)

将均值—标准差控制图($\bar{x}-s$ 图)中的 s 图用极差控制图(R 图)代替,即得 $\bar{x}-R$ 图,这里用极差控制图来判断生产过程的波动是否处于或保持在所要求的统计控制状态,把 $\bar{x}$ 与 R 图一起用,就称为均值—极差控制图。使用时要求子组容量 $n<10$,由于其计算比 s 图方便,因此其使用也较多。

对 $\bar{x}-R$ 图,其制作和使用控制图的步骤同均值—标准差控制图,因此下面只对与 $\bar{x}-s$ 图的不同之处加以说明,凡是相同的只列出标题。

一、收集预备数据

同 $\bar{x}-s$ 图。

二、制作分析用控制图

1. 计算每一个样本的均值与极差

以 x_{ij} 表示第 i 个子组的第 j 个观察值,用 $\bar{x}_i$ 与 R_i 分别表示第 i 个子组的均值与极差。

2. 计算 k 个子组均值的均值与平均极差,分别记为 $\bar{\bar{x}}$ 与 $\bar{R}$,即

$$\bar{\bar{x}} = \sum_{i=1}^{k} \bar{x}_i / k, \quad \bar{R} = \sum_{i=1}^{k} R_i / k$$

这便是 $\bar{x}$ 图与 R 图的中心线。

3. 计算 $\bar{x}$ 图与 R 图的上、下控制界限

同样根据(3.1.1),为了计算上、下控制界限需要给出样本均值的标准差与极差的标准差,这里:

$$\text{Var}(\bar{x}) = \sigma^2/n, \quad \text{Var}(R) = \sigma^2 d_3^2$$

由于 σ 通常未知,用其无偏估计 $\bar{R}/d_2$ 代替,这里 d_2 与 d_3 都是通过数值积分求出的与 n 有关的常数,则有:

$$\hat{\sigma}_{\bar{x}} = \frac{\bar{R}}{d_2 \sqrt{n}}, \quad \hat{\sigma}_R = \frac{\bar{R} d_3}{d_2}$$

根据 3σ 原则,有:

$$\bar{\bar{x}} \pm 3\hat{\sigma}_{\bar{x}} = \bar{\bar{x}} \pm 3 \frac{\bar{R}}{d_2 \sqrt{n}} = \bar{\bar{x}} \pm A_2 \bar{R},$$

$$\bar{R} \pm 3\hat{\sigma}_R = \bar{R} \pm 3 \frac{\bar{R} d_3}{d_2} = (1 \pm 3 \frac{d_3}{d_2}) \bar{R}$$

综上可得:

	$\bar{x}$ 图	R 图
中心线 CL	$\bar{\bar{x}}$	$\bar{R}$
上控制界限 UCL	$\bar{\bar{x}} + A_2 \bar{R}$	$D_4 \bar{R}$
下控制界限 LCL	$\bar{\bar{x}} - A_2 \bar{R}$	$D_3 \bar{R}$

其中,

$$A_2 = \frac{3}{d_2 \sqrt{n}}, \quad D_3 = 1 - \frac{3d_3}{d_2}, \quad D_4 = 1 + \frac{3d_3}{d_2}$$

它们都是与样本容量 n 有关的常数,部分数值见表 3.2.5。同样当 $D_3 \leqslant 0$ 时不予考虑,表 3.2.5 中以"—"表示,此时 LCL 用 0 代替。

4. 作分析用控制图

在坐标纸上分别作 $\bar{x}$ 图与 R 图,$\bar{x}$ 图在上,R 图在下,纵坐标分别为 $\bar{x}$ 与 R,横坐标为样本序号,然后把各个样本的 $\bar{x}_i$ 与 R_i 的值分别依次点在 $\bar{x}$ 图与 R 图上,再用直线段将相邻

表 3.2.5 $\bar{x}-R$ 图的系数表

样本大小	A_2	d_2	D_3	D_4
2	1.880	1.128	—	3.267
3	1.023	1.693	—	2.575
4	0.729	2.059	—	2.282
5	0.579	2.326	—	2.114
6	0.483	2.534	—	2.004
7	0.419	2.704	0.076	1.924
8	0.373	2.847	0.136	1.864
9	0.337	2.970	0.184	1.816
10	0.308	3.078	0.223	1.777

的两点连接成折线。

5. 判断生产过程是否处于统计控制状态

同 $\bar{x}-s$ 图,先分析 R 图,再分析 $\bar{x}$ 图。

6. 当生产过程处于统计控制状态时,再计算过程能力指数,判断生产过程是否能满足顾客要求。

例 3.2.2 某金属零件的长度是一个重要的质量特性。现要对其进行控制,在生产现场每隔一小时测量 $n=5$ 件产品的长度,数据为零件真正的长度与一特定尺寸之差,将其填在表 3.2.6 中(单位:丝)。试作 $\bar{x}-R$ 图。

表 3.2.6 数据及计算表

序号 i	测量值					$\bar{x}_i$	R_i
	x_{i1}	x_{i2}	x_{i3}	x_{i4}	x_{i5}		
1	12	8	5	12	3	8.0	9
2	11	13	8	11	4	9.4	9
3	10	3	6	2	7	5.6	8
4	12	12	6	12	4	9.2	8
5	6	9	6	5	5	6.2	4
6	8	11	8	9	2	7.6	9
7	10	9	6	3	7	7.0	7
8	7	12	9	1	3	6.4	11
9	5	9	11	6	7	7.6	6
10	7	7	6	11	11	8.4	5
11	10	13	9	12	15	11.8	6
12	4	7	6	8	13	7.6	9
13	8	4	13	7	11	8.6	9
14	8	4	7	7	4	6.0	4
15	10	6	9	10	14	9.8	8
16	14	7	8	6	5	8.0	9
17	1	11	2	8	8	6.0	10
18	5	6	3	10	6	6.0	7

续表

序号 i	测量值					$\bar{x}_i$	R_i
	x_{i1}	x_{i2}	x_{i3}	x_{i4}	x_{i5}		
19	6	7	4	7	10	6.8	6
20	12	7	9	9	13	10.0	6
21	3	11	6	12	6	7.6	9
22	4	2	5	9	8	5.6	7
23	7	12	7	11	10	9.4	5
24	4	5	8	9	7	6.6	5
25	5	9	6	12	5	7.4	7

对每一子组计算 $\bar{x}_i$ 与 R_i,结果同时列在表 3.2.6 中。

由表 3.2.6 中 25 个 $\bar{x}_i$ 与 R_i,可求得

$$\bar{\bar{x}} = 7.704, \quad \bar{R} = 7.32$$

又由表 3.2.5 查得,在 $n=5$ 时,$A_2=0.579$,$D_3=$ "—",$D_4=2.114$,因而中心线与上下控制界限分别为:

	$\bar{x}$ 图	R 图
中心线 CL	7.704	7.32
上控制界限 UCL	$7.70+0.579\times 7.32$ $=11.942$	7.32×2.114 $=15.48$
下控制界限 LCL	$7.70-0.579\times 7.32$ $=3.466$	0

所作的 $\bar{x}-R$ 图见图 3.2.6。

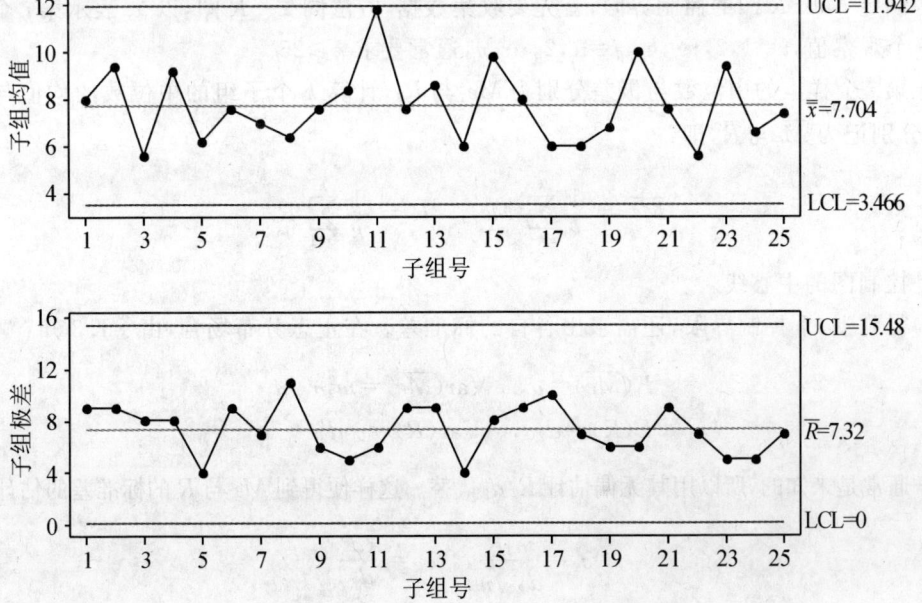

图 3.2.6 例 3.2.2 的 $\bar{x}-R$ 图

先分析 R 图,再分析 $\bar{x}$ 图,没有发现出界的点,也没有发现异常模式,故认为生产过程处于统计控制状态。

为计算过程能力指数,关键还是估计标准差。在 $\bar{x}-R$ 图中标准差的估计可用下式:

$$\hat{\sigma}=\bar{R}/d_2$$

其中 d_2 也与子组的容量有关,可从表 3.2.5 查出。

在例 3.2.2 中,若给出质量特性的双边规范限为 $(0,20)$,规范中心 $M=(0+20)/2=10.0$,过程中心 $\bar{x}=7.70$,由于 $M\neq\bar{x}$,则 $\varepsilon=|M-\mu|=2.30$,$T=T_U-T_L=20-0=20$,在 $n=5$ 时,查表 3.2.5 得 $d_2=2.326$,又 $\bar{R}=7.32$,故

$$C_{pk}=(20-2\times2.30)/(6\times7.32/2.326)=0.816$$

由此看来,过程能力指数小于 1,为过程能力不足。如果能将中心从 7.7 移到 10.0,那么潜在过程能力指数为:

$$C_p=20/(6\times7.32/2.326)=1.059$$

此时过程能力尚可,若需要进一步提高过程能力指数,还应设法降低波动,即减小标准差。

三、作控制用控制图

同 $\bar{x}-s$ 图,只是将其中的 s 图改用 R 图。

四、当控制图使用了一段时间后,应根据实际的质量水平,对控制图的中心线和上、下控制限进行修正。

3.2.4 中位数—极差控制图($Me-R$ 图)

将 $\bar{x}-R$ 图中的 $\bar{x}$ 图用中位数 Me 图代替,将 Me 图与 R 图一起使用,便是 $Me-R$ 图,这里计算中位数 Me 比计算平均值 $\bar{x}$ 要方便,使用时也要求子组容量 $n<10$。

为制定 $Me-R$ 图的控制界限,首先要收集数据,方法同 $\bar{x}-R$ 图,以 x_{ij} 表示第 i 个子组的第 j 个观察值,$i=1,2,\cdots,k$,$j=1,2,\cdots,n$,通常要求 $k\geq 25$。

记第 i 个样本的中位数与极差分别为 Me_i 与 R_i,计算 k 个子组的中位数的均值与平均极差,分别记为 $\overline{Me}$ 与 $\bar{R}$,即:

$$\overline{Me}=\frac{1}{k}\sum_{i=1}^{k}Me_i,\quad \bar{R}=\frac{1}{k}\sum_{i=1}^{k}R_i$$

这便是控制图的中心线。

为得到上、下控制界限,还需求出各自的标准差。在正态分布场合,由 §1.3 知:

$$E(\overline{Me})=\mu,\quad \text{Var}(\overline{Me})=m_3^2\sigma^2/n$$
$$E(R)=d_2\sigma,\quad \text{Var}(R)=\sigma^2 d_3^2$$

由于 σ 通常是未知的,所以用其无偏估计 $\bar{R}/d_2$ 代替。这样便得到 Me 与 R 的标准差的估计为:

$$\hat{\sigma}_{\bar{x}}=\frac{m_3\bar{R}}{d_2\sqrt{n}},\quad \hat{\sigma}_R=\frac{\bar{R}d_3}{d_2}$$

根据(3.1.1)式有:

$$\overline{Me} \pm 3\hat{\sigma}_{\bar{x}} = \overline{Me} \pm 3\frac{m_3 \overline{R}}{d_2 \sqrt{n}} = \overline{Me} \pm A_4 \overline{R},$$

$$\overline{R} \pm 3\hat{\sigma}_R = \overline{R} \pm 3\frac{\overline{R} d_3}{d_2} = (1 \pm \frac{3d_3}{d_2})\overline{R}$$

综上所述可得:

	Me 图	R 图
中心线 CL	$\overline{Me}$	$\overline{R}$
上控制界限 UCL	$\overline{Me} + A_4 \overline{R}$	$D_4 \overline{R}$
下控制界限 LCL	$\overline{Me} - A_4 \overline{R}$	$D_3 \overline{R}$

其中

$$A_4 = \frac{3m_3}{d_2 \sqrt{n}} = m_3 A_2$$

D_3, D_4 的含义同 3.2.3 小节,它们都是与 n 有关的常数,部分数值见表 3.2.7。

表 3.2.7 $Me-R$ 图的系数表

样本大小	A_4	d_2	D_3	D_4
2	1.880	1.128	—	3.267
3	1.187	1.693	—	2.575
4	0.796	2.059	—	2.282
5	0.691	2.326	—	2.114
6	0.549	2.534	—	2.004
7	0.509	2.704	0.076	1.924
8	0.432	2.847	0.136	1.864
9	0.412	2.970	0.184	1.816
10	0.363	3.078	0.223	1.777

其他步骤同 3.2.3 小节。

3.2.5 单值-移动极差控制图($x-MR$ 图)

在某些实际场合,不易得到一个子组,仅能得到一个数据,譬如:
- 生产效率、消耗定额、单位成本等要在一天或数天内才能得到一个数据。
- 液体浓度、化学溶液的 pH 值等,由于生产过程质量均匀,不需多抽样品。
- 取得测量值的成本高或需时间长,如复杂的化学分析,破坏性检查等。

在这些场合可以运用单值-移动极差图对生产过程进行控制,这里"单值"是指每次所得的一个测量值,可用来估计正态均值 μ,控制过程位置。这里的"移动极差"是指相邻两个测量值的差的绝对值,可用来估计正态标准差 σ,控制过程的波动。

一、数据的收集与处理

设在 k 个时间段内各收集一个测量值,共有 k 个测量值,记为 $x_1, x_2, \cdots, x_k$。那么用于作控制图的点是：

单值点： x_1 x_2 x_3 x_4 $\cdots$ x_{k-1} x_k

移动极差 MR： R_2 R_3 R_4 $\cdots$ R_{k-1} R_k

其中 $R_2 = |x_2 - x_1|$，$R_3 = |x_3 - x_2|$ 等。可以看出，若单值有 25 个，则移动极差只有 24 个，要比单值点少一个。

二、计算控制限

计算 k 个样本的均值与移动极差的均值：

$$\bar{x} = \frac{1}{k}\sum_{i=1}^{k} x_i, \quad \bar{R} = \frac{1}{k-1}\sum_{i=2}^{k} R_i$$

由于现在求极差相当于样本容量为 2 的情况，所以 $E(R) = d_2\sigma$ 中的 $d_2 = 1.128$，$\mathrm{Var}(R) = d_3^2\sigma^2$ 中的 $d_3 = 0.853$，故有：

$$E(R) = 1.128\sigma, \quad \mathrm{Var}(x) = \sigma^2, \quad \mathrm{Var}(R) = 0.853^2 \times \sigma^2$$

所以 σ 可以用下式估计：

$$\hat{\sigma} = \bar{R}/1.128 = 0.8865\bar{R}$$

则有：

$$\hat{\sigma}_x = \hat{\sigma} = 0.8865\bar{R}, \quad \hat{\sigma}_R = 0.853\hat{\sigma} = 0.853 \times 0.8865\bar{R} \approx 0.756\bar{R}$$

由(3.1.1)可得：

$$x \pm 3\hat{\sigma} = x \pm 3 \times 0.8865\bar{R} = x \pm 2.6595\bar{R} \approx x \pm 2.66\bar{R},$$
$$\bar{R} \pm 3\hat{\sigma}_R = \bar{R} \pm 3 \times 0.756\bar{R} \approx (1 \pm 2.267)\bar{R}$$

综上 $x - MR$ 图的控制限分别为：

	x 图	MR 图
中心线 CL	$\bar{x}$	$\bar{R}$
上控制界限 UCL	$\bar{x} + 2.66\bar{R}$	$3.267\bar{R}$
下控制界限 UCL	$\bar{x} - 2.66\bar{R}$	0

其他步骤同上述各控制图，不再详述，具体见下面的例子。

例 3.2.3 某酸洗车间的产品质量与酸洗浓度关系密切，因此控制酸洗浓度不低于 8% 是关键，但浓度过高也会增加成本。由于浓度在短时间内不会改变，决定每隔 2 小时测量一次酸洗浓度，共测 24 次，数据如表 3.2.8 所示。试作单值－移动极差控制图，并计算过程能力指数。

下面来计算过程平均 $\bar{x}$ 与平均移动极差 $\bar{R}$：

$$\bar{x} = \frac{1}{24}\sum_{j=1}^{24} x_j = 10.57, \quad \bar{R} = \frac{1}{23}\sum_{j=2}^{24} R_j = 1.31$$

各控制限为：

表 3.2.8 例 3.2.3 的数据

序号	x	MR	序号	x	MR
1	8.0	—	13	16.2	5.9
2	8.5	0.5	14	11.6	4.6
3	7.4	1.1	15	11.5	0.1
4	10.5	3.1	16	11.0	0.5
5	9.3	1.2	17	12.0	1.0
6	11.1	1.8	18	11.0	1.0
7	10.4	0.7	19	10.2	0.8
8	10.4	0.0	20	10.1	0.1
9	9.0	1.4	21	10.5	0.4
10	10.0	1.0	22	10.3	0.2
11	11.7	1.7	23	11.5	1.2
12	10.3	1.4	24	11.1	0.4

$$\text{UCL}_x = \bar{x} + 2.66\bar{R} = 10.57 + 2.66 \times 1.31 = 14.05$$
$$\text{LCL}_x = \bar{x} - 2.66\bar{R} = 10.57 - 2.66 \times 1.31 = 7.09$$
$$\text{UCL}_{MR} = D_4\bar{R} = 3.267 \times 1.31 = 4.28$$
$$\text{LCL}_{MR} = D_3\bar{R} = 0$$

其控制图如图 3.2.7 所示。

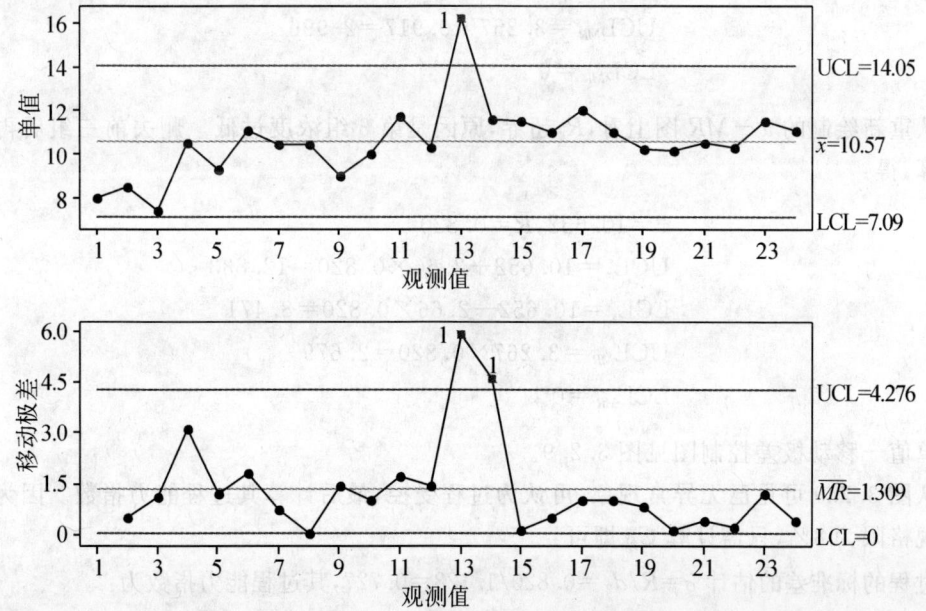

图 3.2.7 例 3.2.3 的 $x-MR$ 图

从 x 图看出,第 13 个单值超出上控制限,致使 R 图上第 13、14 二点超过上控制限,检查原因,是记录有错,把 10.2 记为 16.2,改正后,重新计算,重新绘图(见图 3.2.8)。

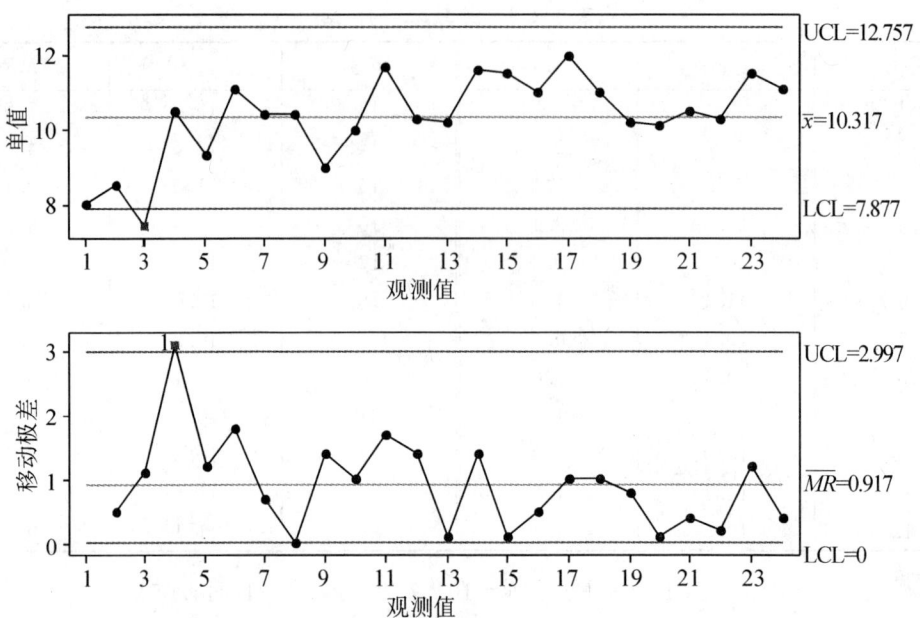

图 3.2.8　例 3.2.3 数据校正后的 $x-MR$ 图

$$\bar{x}=10.32, \bar{R}=0.917$$
$$UCL_x=10.32+2.66\times0.917=12.76$$
$$LCL_x=10.32-2.66\times0.917=7.88$$
$$UCL_{MR}=3.267\times0.917=2.996$$
$$LCL_{MR}=0$$

从重新绘制的 $x-MR$ 图上看,R_4 超界,原因是第 3 组浓度过低。删去前三组后再次重新计算,得：

$$\bar{x}=10.652, \bar{R}=0.820$$
$$UCL_x=10.652+2.66\times0.820=12.833$$
$$LCL_x=10.652-2.66\times0.820=8.471$$
$$UCL_{MR}=3.267\times0.820=2.679$$
$$LCL_{MR}=0$$

所得单值-移动极差控制图见图 3.2.9。

从图 3.2.9 可见已无异常现象,可认为过程受控,最后计算其过程能力指数。因为此过程下规格限为 8%,只需计算 C_{pL} 即可：

过程的标准差的估计 $\hat{\sigma}=\bar{R}/d_2=0.820/1.128=0.727$,其过程能力指数为：

$$C_{pL}=\frac{10.32-8}{3\times0.727}=1.06$$

该过程能力尚可。

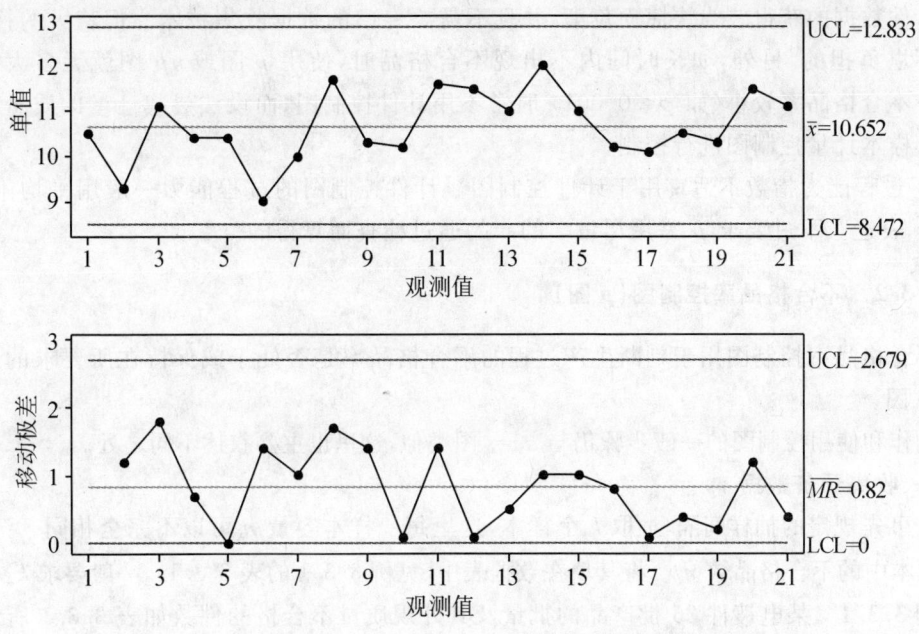

图 3.2.9 例 3.2.3 删去前三组数据后的 $x-MR$ 图

§ 3.3 计件特性的常规控制图

3.3.1 概述

1. 计件数据是以"件"为单位统计不合格品数的数据。这里最关键的是要对具体产品明确"不合格品"的含义,任何模糊之处都会引起争论。如"表面没有缺陷"就是合格品,这项规定不够具体,它没有明确"什么是缺陷?""不光滑"是不是缺陷?不光滑到什么程度才算缺陷?这些问题不规定清楚,检验人员无法作出正确判断。

2. 计件控制图使用范围比较广,有的产品仅能以合格品与不合格品来表示其质量特性,譬如灯泡的亮与不亮、车漏油与不漏油、发货单准确与不准确等;有的产品用"通过"与"不通过"量规或自动挑选机分为合格品与不合格品,譬如罐头食品分为漏气与不漏气等;有的大量生产的产品按合格品与不合格品分类,譬如电容的容量合格与不合格等;有的全检产品仅统计不合格品率;它也可用于流通合格率等场合。

3. 计件控制图的背景是二项分布。记抽取的 n 个产品中有 x 个不合格品,那么 x 服从二项分布 $b(n,p)$。二项分布的参数除了抽取的样本容量 n 外,反映产品质量的参数就是一个 p。所以在这种情况下只需要一张控制图就可以来判断过程是否稳定。

4. 计件特性的常规控制图有两种:不合格品率控制图(p 图)与不合格品数控制图(np 图)。后者(np 图)仅在诸样本量相等时才可使用,因为只有在诸样本量相等的前提下,不合格品数才具有可比性。而 p 图无此要求。在样本量相等的条件下,p 图与 np 图等效。

5. 使用计件控制图要用大样本,不合格品率 p 愈小,要求样本量 n 愈大。一般要求:

$$\frac{1}{p}<n<\frac{5}{p}$$

通常计件数据的获得较为快捷而价廉,并且不需要专门的数据收集技术。但特大的样本量也是不堪负担的,另外,如长时间内不出现不合格品时,使用 p 图或 np 图就无多大意义。所以在不合格品率较小(如 $p<0.001$)时常不用计件控制图,而设法寻找计量的质量特性,改用小样本计量控制图进行控制。

6. 过程能力指数不适宜用于计件控制图。计件控制图的过程能力一般用平均不合格品率 $\bar{p}$ 表达。不过要求 $\bar{p}$ 是用尽量多的产品通过检查而算得的。

3.3.2 不合格品率控制图(p 图)

不合格品率控制图用于判断生产过程的不合格品率是否处于或保持在所要求的水平,记为 p 图。

制作和使用控制图的一般步骤仍与 $\bar{x}-s$ 图类似,这里也主要叙述不同之处。

一、收集预备数据

按事先规定的抽样间隔,抽取 k 个样本,这里每一样本容量 n_i 可以不完全相同。记录每一个样本中的不合格品数 np_i,将其填在数据表中(见例 3.3.1 的表 3.3.1),一般要求 $k \geqslant 25$。

例 3.3.1 某电镀件 25 批产品的批量及其外观质量不合格的件数如表 3.3.1 所示,试作 p 图,并作分析判断。

表 3.3.1 例 3.3.1 的数据与计算表

序号 i	样本容量 n_i	不合格品数 np_i	不合格品率 $p_i(\%)$
1	724	48	6.63
2	763	83	10.88
3	748	70	9.36
4	748	85	11.36
5	724	45	6.22
6	727	56	7.70
7	726	48	6.61
8	719	67	9.32
9	759	37	4.87
10	745	52	6.98
11	736	47	6.39
12	739	50	6.77
13	723	47	6.50
14	748	57	7.62
15	770	51	6.62
16	756	71	9.39
17	719	53	7.37
18	757	33	4.36
19	760	29	3.82
20	737	49	6.65
21	750	61	8.13
22	752	39	5.19
23	726	50	6.89
24	730	58	7.95
25	747	61	8.17

二、制作分析用控制图

1. 计算每一个样本的不合格品率

以 n_i 表示第 i 个样本的容量,以 np_i 表示其中的不合格品数,由此计算第 i 个样本的不合格品率

$$p_i = np_i/n_i, \quad i=1,2,\cdots,k$$

例 3.3.1 的每一个样本的不合格品率记在表 3.3.1 的最后一列中。

2. 计算 k 个样本的总不合格品率 $\bar{p}$

$$\bar{p} = \begin{cases} \dfrac{\sum\limits_{i=1}^{k} np_i}{\sum\limits_{i=1}^{k} n_i}, & \text{样本容量不同时} \\[2mm] \dfrac{1}{k}\sum\limits_{i=1}^{k} p_i, & \text{样本容量相同时} \end{cases}$$

这便是 p 图的中心线。

在例 3.3.1 中,样本容量不同,$\sum\limits_{i=1}^{k} np_i = 1347$,$\sum\limits_{i=1}^{k} n_i = 18533$,从而得 25 个样本的总的不合格品率 $\bar{p}$ 为:

$$\bar{p} = 1347/18533 = 7.27\%$$

3. 计算 p 图的上、下控制界限

如果将一个产品中的不合格品数 Y 看成随机变量,那么 Y 服从二点分布,即

$$P(Y=1) = p, \quad P(Y=0) = 1-p$$

则根据中心极限定理可知,容量为 n_i 的样本不合格品率近似服从正态分布 $N(p, p(1-p)/n_i)$。

这时 p 图的中心线 CL 用 $\bar{p}$,而其上、下控制限分几种情况给出。

• 当各样本量 n_i 不等时,控制限要对每个样本分别给出:

上控制界限 UCL $\quad \bar{p} + 3\sqrt{\bar{p}(1-\bar{p})/n_i}$

下控制界限 LCL $\quad \bar{p} - 3\sqrt{\bar{p}(1-\bar{p})/n_i}$

这时上、下控制限呈高低不平状(见图 3.3.1a)。

• 当各样本量 n_i 相等,均为 n 时,可改用 np 图。

• 当各样本量 n_i 不等,但同时满足下列两个不等式时:$n_{\min} \geq \bar{n}/2$,$n_{\max} \leq 2 \times \bar{n}$,可用平均样本量 $\bar{n} = \dfrac{1}{k}\sum\limits_{i=1}^{k} n_i$ 近似代替各样本量,得近似控制限:

上控制界限 UCL $\quad \bar{p} + 3\sqrt{\bar{p}(1-\bar{p})/\bar{n}}$

下控制界限 LCL $\quad \bar{p} - 3\sqrt{\bar{p}(1-\bar{p})/\bar{n}}$

这时上、下控制限均为水平直线。

注意：上述诸下控制限 LCL<0 时均改为 0。

在例 3.3.1 中，也可以采用近似公式，因为此时有

$$\bar{n}=741.32,\ n_{\min}=719>741.32/2,\ n_{\max}=763<2\times741.32$$

故改用 $\bar{n}$ 代替各 n_i 作出统一的上、下控制限，具体是：

中心线 CL $0.0727=7.27\%$

上控制界限 UCL $0.0727+3\sqrt{0.0727\times(1-0.0727)/741.32}$
$=0.1013=10.13\%$

下控制界限 LCL $0.0727-3\sqrt{0.0727\times(1-0.0727)/741.32}$
$=0.0441=4.41\%$

4. 作分析用控制图

只要作一个 p 图即可，这时纵坐标为 p，横坐标为样本序号。然后把各个样本的 p_i 的值依次点在 p 图上，再用直线段将相邻的两点连接成折线。

在例 3.3.1 中，各样本量 n_i 不等，此时直接作的 p 图如图 3.3.1(a)，如采用近似控制限，其 p 图见图 3.3.1(b)。

5. 判断生产过程是否处于统计控制状态

判断规则同前。

在例 3.3.1 中，从图 3.3.1(a)可见(从图 3.3.1(b)上亦可见)，第 2 与第 4 个样本的 p_i 值超过上控制界限，第 18 与第 19 个样本的 p_i 值低于下控制界限，说明生产过程未处于统计控制状态。

较低的不合格品率对质量是有利的，因此第 18 与第 19 两个样本予以保留，第 2 与第 4 两个样本具有较高的不合格品率，应寻找原因，若已找出原因，然后剔去第 2 与第 4 两个样本，重新计算控制图的中心线和上、下控制界限，具体是：

$$k=23,\ \sum_{i=1}^{k}(np)_i=1179,\ \sum_{i=1}^{k}n_i=17022,\ \bar{p}=6.93\%,\ \bar{n}=740.09$$

中心线 CL 6.93%

上控制界限 UCL $0.0693+3\sqrt{0.0693\times(1-0.0693)/740.09}$
$=0.0973=9.73\%$

下控制界限 LCL $0.0693-3\sqrt{0.0693\times(1-0.0693)/740.09}$
$=0.0413=4.13\%$

其 p 图见图 3.3.1(c)，再次检查生产过程发现已处于统计控制状态。

6. 在过程稳定情况下计算得到平均不合格品率为 6.93%。如果要求不合格品率不能大于 5%，那么现在的生产过程的平均不合格品率已经超过质量要求的上限，不能满足顾客的质量要求，应该采取措施改进生产过程。

这个例子说明，生产过程虽已处于统计控制状态，但不等于产品质量符合要求。不过，我们总是首先要使生产过程受控，然后再调节某些因素，使质量指标符合要求，这可借助于

参数设计方法。当生产过程通过调整后再重新收集数据制定控制界限,只有当生产过程受控,并满足顾客的质量要求时所制定的控制界限才能用于生产控制。

作控制用控制图,及控制图的修正方法同前。

3.3.3 不合格品数控制图(np 图)

在 p 图中如果每次所用样本容量相等,则可用不合格品数控制图去代替 p 图。

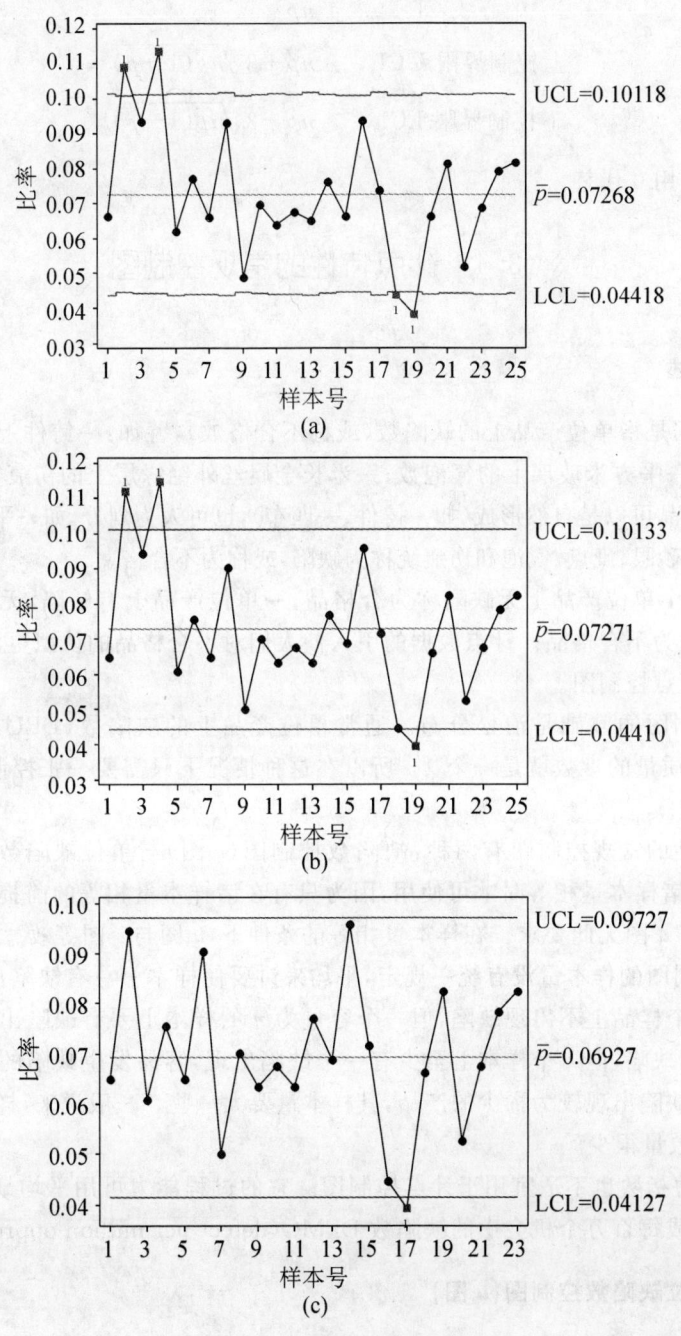

图 3.3.1　例 3.3.1 的 p 图

如同 p 图那样收集数据,但每一样本容量相等,均为 n,从而不合格品率的估计为:

$$\bar{p} = \frac{1}{kn}\sum_{i=1}^{k}np_i$$

根据中心极限定理可知,容量为 n 的样本中的不合格品数近似服从正态分布 $N(np,np(1-p))$。同样,p 一般用 $\bar{p}$ 估计,从而 np 图的中心线与控制限为:

中心线 CL $\qquad n\bar{p}$

上控制界限 UCL $\qquad n\bar{p}+3\sqrt{n\bar{p}(1-\bar{p})}$

下控制界限 LCL $\qquad n\bar{p}-3\sqrt{n\bar{p}(1-\bar{p})}$

当 LCL<0 时改用 0 代替。

§ 3.4 计点特性的常规控制图

3.4.1 概述

1. 计点数据是指单位产品上的缺陷数(或称不合格数),譬如:一铸件上的砂眼数;一匹布上的疵点数;一平方米玻璃上的气泡数;一米长金属丝外绝缘层上的伤痕数等。

这里单位产品可以是自然形成(如一铸件、一匹布),也可人为划分,如一平方米玻璃,一米长金属线。其中砂眼、疵点、气泡和伤痕统称为缺陷,或称为不合格。

2. 通常,一个单位产品上无缺陷称为合格品,一单位产品上有缺陷,无论一个、二个或更多个缺陷都称为不合格品。计点数据的引入使人们对不合格品的认识更深入了。对缺陷数的控制形成计点控制图。

3. 计点控制图的基础是泊松分布。通常单位产品上的缺陷数(DPU)服从泊松分布 $P(\lambda)$,反映产品质量的参数就是一个 λ。所以在这种情况下只需要一张控制图就可以来判断过程是否稳定。

4. 计点特性的常规控制图有两种:缺陷数控制图(c 图)与单位缺陷数控制图(u 图)。前者(c 图)仅在诸样本量相等时才可使用,因为只有在诸样本量相等的前提下,不合格数才具有可比性。而 u 图无此要求。在样本量相等的条件下,u 图与 c 图等效。

5. 计点控制图的样本量没有统一规定,平均来讲要使样本上总有缺陷出现。这句话的含义是:允许一个样品上不出现缺陷,但一个容量为 n 的样本上要有缺陷出现,或者允许一个样本上不出现缺陷,但 k 个样本上至少有一个缺陷出现,容易发生缺陷的产品,其样本量可以小一些;对缺陷出现较为稀少的产品,其样本量要大一些。一般说来,样本量要较大,使得 $c=0$ 的样本数量很少。

6. 过程能力指数也不适宜用于计点控制图。它的过程能力可用平均缺陷数 $\bar{u}$(defect per unit,DPU)或每百万个机会中的缺陷数 DPMO(defect per million opprotunities)表示。

3.4.2 单位缺陷数控制图(u 图)

单位缺陷数控制图用于判断生产过程的单位产品缺陷数是否处于或保持在所要求的水

平,记为 u 图。

制作和使用控制图的一般步骤与 p 图类似,这里也主要叙述不同之处。

一、收集预备数据

按事先规定的抽样间隔,抽取 k 个样本,这里与 p 图一样,每一样本的容量可以不相同,要求平均来讲每个样本至少有一个缺陷。记录其中每一个样本中的缺陷数,将其填在数据表中(见例 3.4.1 的表 3.4.1),一般要求 $k \geqslant 25$。

例 3.4.1 表 3.4.1 给出的是对某织物观察的面积(单位:平方米)及其上的缺陷数,试作 u 图。

二、制作分析用控制图

1. 计算每一个样本的单位缺陷数

以 n_i 表示第 i 个样本的容量,以 c_i 表示其中的缺陷数,由此计算第 i 个样本的单位缺陷数(即平均缺陷数):

$$u_i = c_i/n_i, \quad i = 1, 2, \cdots, k$$

例 3.4.1 的每一个样本的单位缺陷数也记在表 3.4.1 中。

表 3.4.1　例 3.4.1 的数据及计算表

序号 i	面积 n_i	缺陷数 c_i	单位缺陷数 u_i
1	1.0	4	4.0
2	1.0	5	5.0
3	1.0	3	3.0
4	1.0	3	3.0
5	1.0	4	4.0
6	1.0	5	5.0
7	1.0	3	3.0
8	1.3	2	1.5
9	1.3	5	3.8
10	1.3	3	2.3
11	1.3	2	1.5
12	1.3	4	3.1
13	1.3	1	0.8
14	1.3	5	3.8
15	1.3	2	1.5
16	1.3	4	3.1
17	1.3	2	1.5
18	1.2	6	5.0
19	1.2	4	3.3
20	1.2	3	2.5
21	1.2	0	0.0
22	1.7	8	4.7
23	1.7	3	1.8
24	1.7	8	4.7
25	1.7	5	2.9

2. 计算 k 个样本的总的单位缺陷数(即总平均缺陷数) $\bar{u}$

$$\bar{u} = \begin{cases} \sum_{i=1}^{k} c_i \Big/ \sum_{i=1}^{k} n_i, & \text{各 } n_i \text{ 不全等} \\ \dfrac{1}{k}\sum_{i=1}^{k} u_i, & \text{各 } n_i \text{ 相同} \end{cases}$$

这便是 u 图的中心线。

在例 3.4.1 中，$\sum_{i=1}^{k} c_i = 94$，$\sum_{i=1}^{k} n_i = 31.6$，从而得 25 个样本的总单位缺陷数 $\bar{u}$ 为：

$$\bar{u} = 94/31.6 = 2.97$$

3. 计算 u 图的上、下控制界限

通常一个产品上的缺陷数服从泊松分布 $P(\lambda)$，其期望与方差都是 λ，从而 u_i 的期望仍为 λ，其方差为 λ/n_i，在 λ 未知时常用 $\bar{u}$ 作估计，这时 u 图的中心线 CL 用 $\bar{u}$，而其上、下控制限分几种情况给出。

• 当各样本量 n_i 不等时，控制限要对每个样本分别给出：

上控制界限 UCL　　$\bar{u} + 3\sqrt{\bar{u}/n_i}$

下控制界限 LCL　　$\bar{u} - 3\sqrt{\bar{u}/n_i}$

这时上、下控制限呈高低不平状(见图 3.4.1a)。

• 当各样本量 n_i 相等，均为 n 时，可改用 c 图。

• 当各样本量 n_i 不等，但同时满足下列两个不等式时：$n_{\min} \geqslant \bar{n}/2$，$n_{\max} \leqslant 2\times\bar{n}$，可用平均样本量 $\bar{n} = \dfrac{1}{k}\sum_{i=1}^{k} n_i$ 近似代替各样本量，得近似控制限：

上控制界限 UCL　　$\bar{u} + 3\sqrt{\bar{u}/\bar{n}}$

下控制界限 LCL　　$\bar{u} - 3\sqrt{\bar{u}/\bar{n}}$

这时上、下控制限均为水平直线。

注意：上述诸下控制限 LCL<0 时均改为 0。

在例 3.4.1 中 u 图的中心线和上、下控制界限可以采用近似计算公式，因为此时有

$$\bar{n} = 1.264,\ n_{\min} = 1.0 > 1.264/2,\ n_{\max} = 1.7 < 2\times 1.264$$

则得：

中心线 CL　　　　　2.975

上控制界限 UCL　　$2.975 + 3\sqrt{2.975/1.264} = 7.577$

下控制界限 LCL　　由于 $2.975 - 3\sqrt{2.975/1.264} < 0$，故取为 0

4. 作分析用控制图只要作一个 u 图即可，这时纵坐标为 u，横坐标为样本序号。然后把各个样本的 u_i 的值依次点在 u 图上，再用直线段将相邻的两点连接成折线。

在例 3.4.1 中，各样本量 n_i 不等，此时直接作的 u 图如图 3.4.1(a)，如采用近似控制

限,其 u 图见图 3.4.1(b)。

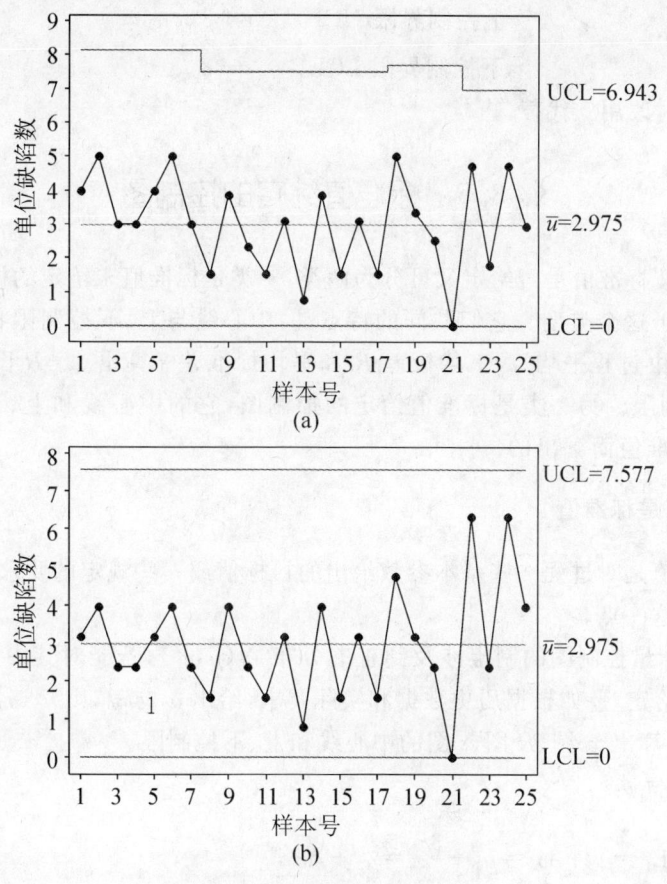

图 3.4.1 例 3.4.1 的 u 图

5. 判断生产过程是否处于统计控制状态

判断规则同前。

在例 3.4.1 的控制图上可见生产过程处于统计控制状态。

6. 当生产过程处于统计控制状态时,判断生产过程是否满足质量要求

在特性为缺陷数时,可通过 $\bar{u}$ 来判断生产过程是否满足质量要求。

如果在本例中若要求单位缺陷数不超过 8,由于现在 $\bar{u}=2.97$,所以生产过程满足质量要求。

作控制用控制图与控制图的修正方法与前类似。

3.4.3 缺陷数控制图(c 图)

当诸样本量相等时,诸样本中的缺陷数 c_i 具有可比性,这时可用缺陷数控制图(c 图),其中心线可用平均缺陷数 $\bar{c}$:

$$\bar{c} = \frac{1}{k}\sum_{i=1}^{k} c_i$$

那么 c 图的控制限为:

中心线 CL　　　　$\bar{c}$

上控制界限 UCL　　$\bar{c}+3\sqrt{\bar{c}}$

下控制界限 LCL　　$\bar{c}-3\sqrt{\bar{c}}$

当 LCL<0 时改用 0 代替。

§ 3.5　标准值给定的控制图

常规控制图按标准值是否给定又可分为两类：一类是标准值未给定的控制图，前面讲的八种控制图都属于这个类型。它们共同的特点是：中心线与上、下控制限都是根据现场数据算出的。譬如由过程平均 $\bar{\bar{x}}$，平均极差 $\bar{R}$ 和平均标准差 $\bar{s}$ 算出 $\bar{x}-R$ 图和 $\bar{x}-s$ 图的中心线和上、下控制限。另一类是标准值给定的控制图，它的中心线和上、下控制限通过给定过程参数的标准值而算出的。

3.5.1　什么是标准值

这里的标准值是对过程一些基本参数给出的目标值或一些规定的要求。下面几个例子可帮助我们理解这一点。

例 3.5.1　计量控制图的制定涉及到正态分布 $N(\mu,\sigma^2)$，若能对其中正态均值 μ 和正态标准差 σ 设法给定，譬如根据历史数据和实际要求，给出 μ_0 与 σ_0，则 μ_0、σ_0 就是标准值。由此用 3σ 原则就可算出 $\bar{x}$ 图、R 图、s 图的中心线和上、下控制限。

- $\bar{x}$ 图：$CL_{\bar{x}}=\mu_0$

$$UCL_{\bar{x}}=\mu_0+3\sigma_{\bar{x}}=\mu_0+\frac{3\sigma_0}{\sqrt{n}}=\mu_0+A\sigma_0$$

$$LCL_{\bar{x}}=\mu_0-A\sigma_0$$

这里用到关系式 $\sigma_{\bar{x}}=\sigma_0/\sqrt{n}$，其中 $A=3/\sqrt{n}$。

- R 图：$CL_R=d_2\sigma_0$

$$UCL_R=\bar{R}+3\sigma_R=d_2\sigma_0+3d_3\sigma_0=D_2\sigma_0,\text{其中 } D_2=(d_2+3d_3)$$

$$LCL_R=\bar{R}-3\sigma_R=d_2\sigma_0-3d_3\sigma_0=D_1\sigma_0,\text{其中 } D_1=(d_2-3d_3)$$

这里用到关系式 $\sigma_0=\bar{R}/d_2$ 和 $\sigma_0=\sigma_R/d_3$。其中 d_2, d_3 的部分数据可在表 3.5.1 中查得。

- s 图：$CL_s=c_4\sigma_0$

$$UCL_s=\bar{s}+3\sigma_s=c_4\sigma_0+3c_5\sigma_0=B_6\sigma_0,\text{其中 } B_6=c_4+3c_5$$

$$LCL_s=\bar{s}-3\sigma_s=c_4\sigma_0-3c_5\sigma_0=B_5\sigma_0,\text{其中 } B_5=c_4-3c_5$$

这里用到关系式 $\sigma_0=\bar{s}/c_4$ 和 $\sigma_0=\sigma_s/c_5$，其中 c_4、c_5 可在表 3.5.1 中查得。

从这个例子中可以看出，所谓"标准值给定的控制图"就是总体分布已知为 $N(\mu_0,\sigma_0^2)$ 时的控制图，所以它又可称"总体给定的控制图"。也可以看成是"附加条件的控制图"，其附加条件就是已知正态均值为 μ_0 和标准差为 σ_0。这些附加条件意味着人们对该过程已掌握较多信息和深入了解。所以对新的过程来说,开始不宜采用"标准值给定的控制图",而应采用"标准值未给定的控制图",待使用一段时间后,积累了经验和数据,足以定出 μ_0 与 σ_0,这时才可改用"标准值"给定的控制图。

表 3.5.1 有关正态分布的一些参数值表

	d_2	d_3	c_4	c_5
2	1.128	0.853	0.798	0.603
3	1.693	0.888	0.886	0.463
4	2.059	0.880	0.921	0.389
5	2.326	0.864	0.940	0.341
6	2.534	0.848	0.952	0.308
7	2.704	0.833	0.959	0.282
8	2.847	0.820	0.965	0.262
9	2.970	0.808	0.969	0.246
10	3.078	0.797	0.973	0.232
11	3.173	0.778	0.975	0.221
12	3.258	0.770	0.978	0.211
13	3.336	0.763	0.979	0.202
14	3.407	0.756	0.981	0.194
15	3.472	0.750	0.982	0.187
16	3.532	0.744	0.984	0.181
17	3.588	0.739	0.985	0.175
18	3.640	0.736	0.985	0.170
19	3.689	0.733	0.986	0.166
20	3.735	0.729	0.987	0.161

例 3.5.2 计量控制图的制定中,有时在样本量固定为 n_0 下,人们更容易给定样本极差 R_0 或样本标准差 s_0。这时 R_0 与 s_0 也称为标准值。

此时可以直接用 R_0 或 s_0 构造中心线与控制限。具体如下:

R 图:$CL_R = R_0$,$UCL_R = D_4 R_0$,$LCL_R = D_3 R_0$

s 图:$CL_s = s_0$,$UCL_s = B_4 s_0$,$LCL_s = B_3 s_0$

例 3.5.3 单值—移动极差控制图($x - MR$ 图)也可使用标准值。正态均值 μ 可用单值 x_0 或均值 μ_0 给定,σ 可用 σ_0 或极差 R_0 给定。其中 R_0 只对 $n = 2$ 适用。这时 x_0、μ_0、σ_0、R_0 都称为标准值。相应的中心线和控制限可如下方式获得。

x 图:$CL_x = x_0$ 或 μ_0

$UCL_x = x_0 + 3\sigma_0$

$LCL_x = x_0 - 3\sigma_0$

MR 图:$CL_R = d_2 \sigma_0$ 或 R_0

$$UCL_R = D_2\sigma_0 \text{ 或 } D_4 R_0$$
$$LCL_R = D_1\sigma_0 \text{ 或 } D_3 R_0$$

3.5.2 标准值给定的控制图

前面三个例子把标准值给定的计量特性控制图说清楚了。在计数特性控制图场合,若给定 p_0、np_0、c_0 和 u_0 可分别得到另外四张标准值给定的计数控制图。我们把这些图都罗列在表 3.5.2 上。其中 p_0、np_0、c_0、u_0 为给定的标准值,它们的含义如下:

表 3.5.2 标准值给定的常规控制图

符号	CL	3σ 控制限	标准值	备注
$\bar{x}$	μ_0	$\mu_0 \pm A\sigma_0$	μ_0, σ_0	样本量相等下使用
R	R_0 $d_2\sigma_0$	$D_4 R_0, D_3 R_0$ $D_2\sigma_0, D_1\sigma_0$	R_0 σ_0	样本量相等下使用
s	s_0 $c_4\sigma_0$	$B_4 s_0, B_3 s_0$ $B_6\sigma_0, B_5\sigma_0$	s_0 σ_0	样本量相等下使用
x	x_0 或 μ_0	$x_0 \pm 3\sigma_0$ 或 $\mu_0 \pm 3\sigma_0$	x_0 或 μ_0, σ_0	样本量 $n=1$ 下使用
MR	R_0 $d_2\sigma_0$	$D_4 R_0, D_3 R_0$ $D_2\sigma_0, D_1\sigma_0$	R_0 σ_0	样本量 $n=1$ 下使用
p	p_0	$p_0 \pm 3\sqrt{p_0(1-p_0)/n}$	p_0	
np	np_0	$np_0 \pm 3\sqrt{np_0(1-p_0)/n}$	np_0	样本量相等下使用
c	c_0	$c_0 \pm 3\sqrt{c_0}$	c_0	样本量相等下使用
u	u_0	$\mu_0 \pm 3\sqrt{\mu_0/n}$	u_0	

p_0——不合格品率;
np_0——对应样本量 n 的不合格品数;
c_0——每个样本的平均缺陷数(样本量 n 固定);
u_0——单位产品的平均缺陷数。

3.5.3 如何给定标准值

有以下几种方式可以给定标准值:
(1)通过未给定标准值的控制图的使用,用获得的实际数据给出标准值。
(2)用历史数据和经验确定标准值。
(3)通过生产的费用和服务的需要而建立的经济值来确定标准值。
(4)由产品的规范值产生标准值。
在实际使用中还可创造新的方式给定标准值。

例 3.5.4 茶叶进口商要对茶叶进行分装。生产经理希望通过控制分装过程使每包茶叶的平均重量为 100.6g,根据类似的分装过程,确定该过程的标准差为 1.4g。这时给定的标准值为：
$$\mu_0 = 100.6, \quad \sigma_0 = 1.4$$

利用表 3.5.2 给出的 $\bar{x}-R$ 图的公式，从附表 3 中 $n=5$ 可查得对应系数 A, d_2, D_2, D_1：
$$A = 1.342, \quad d_2 = 2.326, \quad D_1 = 0, \quad D_2 = 4.918$$

从而立即算出 $\bar{x}-R$ 图的中心线与控制限：

$\bar{x}$ 图：$CL_{\bar{x}} = \mu_0 = 100.6$

$\quad UCL_{\bar{x}} = \mu_0 + A\sigma_0 = 100.6 + 1.342 \times 1.4 = 102.5$

$\quad LCL_{\bar{x}} = \mu_0 - A\sigma_0 = 100.6 - 1.342 \times 1.4 = 98.7$

R 图：$CL_R = d_2\sigma_0 = 2.326 \times 1.4 = 3.3$

$\quad UCL_R = D_2\sigma_0 = 4.918 \times 1.4 = 6.9$

$\quad LCL_R = D_1\sigma_0 = 0 \times 1.4 = 0$

现选定样本量 $n=5$ 的 25 个子组，计算各子组的均值和极差，列于表 3.5.3 上，并绘制以上各图的中心线与控制限（见图 3.5.1）。

表 3.5.3 茶叶分装过程

子组号	子组平均值 $\bar{x}$	子组极差 R	子组号	子组平均值 $\bar{x}$	子组极差 R
1	100.6	3.4	14	99.4	5.1
2	101.3	4.0	15	99.4	4.5
3	99.6	2.2	16	99.6	4.1
4	100.5	4.5	17	99.3	4.7
5	99.9	4.8	18	99.9	5.0
6	99.9	3.8	19	100.5	3.9
7	100.4	4.1	20	99.5	4.7
8	100.5	1.7	21	100.1	4.6
9	101.1	2.2	22	100.4	4.4
10	100.3	4.6	23	101.1	4.9
11	100.1	5.0	24	99.9	4.7
12	99.6	6.1	25	99.7	3.4
13	99.2	3.5			

图 3.5.1 表明：该分装过程有失控现象（异常波动），因为在 R 图上出现连续 16 个点高于中心线；在 $\bar{x}$ 图上出现连续 13 个点低于中心线。对于引起这种长序列的均值偏低和极差偏高的原因应加以调查，并设法消除。

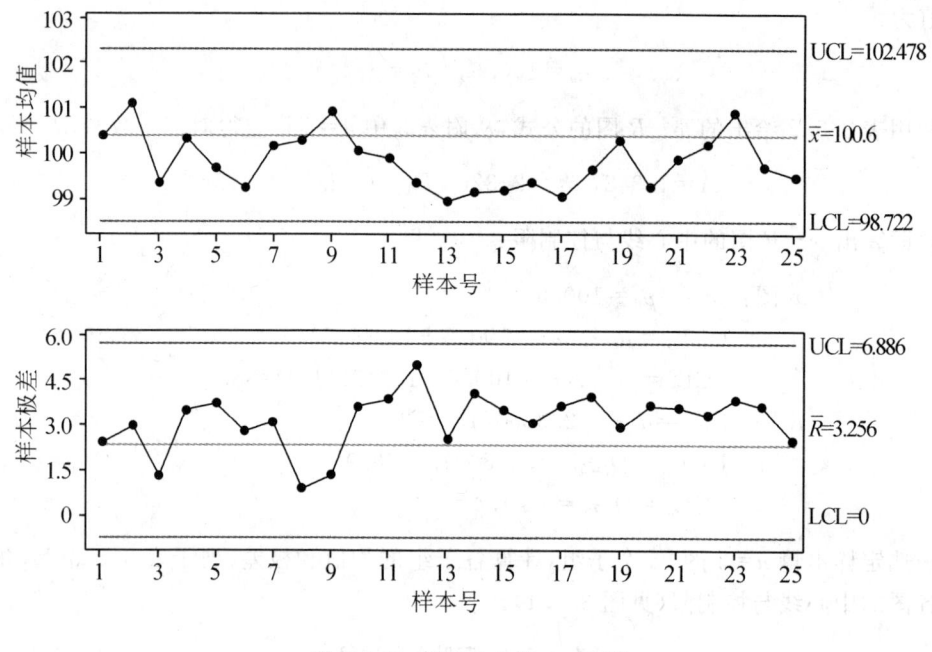

图 3.5.1 例 3.5.1 的 $x-R$ 图

§ 3.6 检测微小变化的控制图介绍

3.6.1 计数型累积和控制图

在生产中要发现产品质量的微小变化是很难的事。但若微小变化持续向一个方向（如正向）变化，并把这些"微小变化"累积起来，就会引起人们的注意了。当累积到一定程度就可发警报"质量变坏了"，这就是累积和控制图的基本思想。

一、累积和与累积和控制图

累积和是累积和控制图中使用的一个关键统计量。下面以样本中的不合格品数为例来说明累积和的概念。

累积和实际是偏差累积和，这里偏差是样本中不合格品数 x_i 对某一目标值 T 之差，此种偏差可正可负，其累积和有多种情况：

- 累积和在 0 附近，这说明累积和中正偏差与负偏差差不多，纯属随机。
- 累积和较大，说明正偏差多于负偏差，说明诸样本中，不合格品数在增加。
- 累积和为负，说明不合格品数在减少，是好事。

例 3.6.1 对某零件加工过程，每半小时抽取 $n=53$ 个零件进行检查，连续检查了 8 批，第 i 批中的不合格品数 x_i 如表 3.6.1 所示。如果目标值为 $T=1.6$，则前 m 批的累积和定义为：

$$C_{mT} = \sum_{i=1}^{m}(x_i - T), \quad m = 1, 2, \cdots, 8$$

其计算列在表 3.6.1 中。

表 3.6.1　各批不合格品数及其累积和

序号 i	不合格品数 x_i	$x_i - T$	C_{mT}
1	1	−0.6	−0.6
2	3	1.4	0.8
3	1	−0.6	0.2
4	2	0.4	0.6
5	4	2.4	3.0
6	3	1.4	4.4
7	5	3.4	7.8
8	4	2.4	10.2

这里不断地计算累积和是为了及时跟踪产品质量波动。

从这 8 个累积和可以看出，累积和从第 4 个开始增加，虽然每个偏差都不大，但当正偏差个数愈多，其累积和就会愈大，这里第 8 个累积和增加到 10.2，已是不小了，应引起重视。

为了能直观地显示偏差累积和增加的趋势，可用图 3.6.1 表示出来，其横坐标为样本序号 m，纵坐标为前 m 个样本偏差的累积和 C_{mT}。把上述 8 个点点在图上，并用折线连接（见图 3.6.1）。

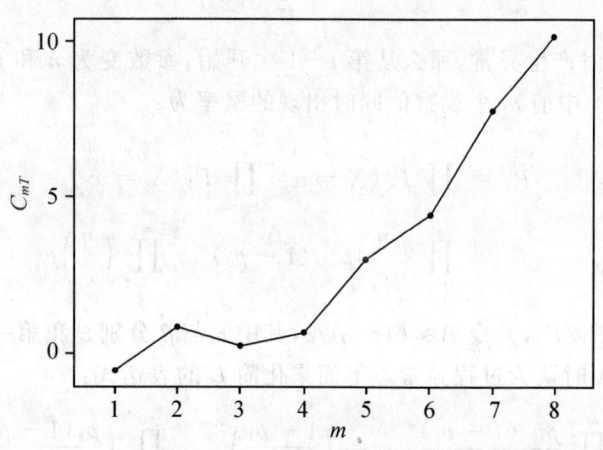

图 3.6.1　对目标值 T 的累积和图

在图上 C_{mT} 的运行轨迹是人们关心的问题：
- 当 C_{mT} 运行呈水平趋势或平缓向上趋势，这表明产品质量较为稳定。
- 当 C_{mT} 运行有向上趋势，这表明产品质量有变坏的倾向。

若再规定一个临界值 h，当 $C_{mT} \geqslant h$ 时就要报警，认为生产过程发生异常。这个临界值 h 依赖于目标值 T。若 T 定得大一些，那么累积和 C_{mT} 也会大一些，从而 h 也会定得大一些，这样不会影响累积和控制图的效果。故在实际应用中常另选一个参考值 $k > T$，用数对 (k, h) 决定一个累积和控制图方案。若有样本 $x_1, x_2, x_3, \cdots$，计算前 m 个偏差累积和：

$$C_m = \sum_{j=1}^{m}(x_j - k)$$

当 $C_m \geq h$ 时就报警。

定下如此框架后,余下来的问题就是如何合理地确定 h 与 k 的问题。

二、h 与 k 的确定

参数 h 与 k 的决定可类似于序贯检验方法得到。先引入几个符号。

在质量指标为样本中的不合格品数时,用 p 表示实际过程的不合格品率,用 p_0 表示过程控制的目标不合格品率(在抽样检验中,称 p_0 为合格质量水平),用 p_1 表示过程控制的极限不合格品率,$p_0 < p_1$。p_0 通常用以往若干个合格批获得的不合格品率的平均值给出,p_1 的确定应保证产品质量不超过检验规范的要求,且 p_1 与 p_0 的比值一般不宜太小,通常在 1.5~5 之间,否则将会加大每一样本的容量 n。

如果质量指标为样本中的缺陷数时,用 λ 表示实际过程的平均缺陷数,用 λ_0 表示过程控制的目标平均缺陷数,用 λ_1 表示过程控制的极限平均缺陷数。它们的确定方法与不合格品率的确定类似。

x_i 表示第 i 个样本中的不合格品数或缺陷数。

下面以不合格品率为例介绍参数 k 与 h 的决定方法。

当过程正常时,那么可以认为每一个 x_i 来自参数为 n 和 p_0 的二项分布总体,那么样本 $(x_1, x_2, \cdots, x_n)$ 中前 m 个观察值同时出现的概率为:

$$P_0 = \prod_{j=1}^{m} P_0(X = x_j) = \prod_{j=1}^{m} \binom{n}{x_j} p_0^{x_j}(1-p_0)^{n-x_j}$$

如果过程在第 $i+1$ 时产生异常,那么从第 $i+1$ 次开始,参数变为 n 和 p_1 的二项总体,此时样本 $(x_1, x_2, \cdots, x_n)$ 中前 m 个观察值同时出现的概率为:

$$P_1 = \prod_{j=1}^{i} P_0(X = x_j) \prod_{j=i+1}^{m} P_1(X = x_j)$$
$$= \prod_{j=1}^{i} \binom{n}{x_j} p_0^{x_j}(1-p_0)^{n-x_j} \prod_{j=i+1}^{m} \binom{n}{x_j} p_1^{x_j}(1-p_1)^{n-x_j}$$

可以作似然比,$L = P_1/P_0$,并令 $A \approx (1-\beta)/\alpha$,其中 α 与 β 分别是犯第一类错误与第二类错误的概率。当 $L \geq A$ 时认为过程异常。下面来化简 L 的表达式:

$$L = \prod_{j=i+1}^{m} \frac{p_1^{x_j}(1-p_1)^{n-x_j}}{p_0^{x_j}(1-p_0)^{n-x_j}} = \left(\frac{1-p_1}{1-p_0}\right)^{n(m-i)} \prod_{j=i+1}^{m} \left(\frac{p_1(1-p_0)}{p_0(1-p_1)}\right)^{x_j}$$

在 $L \geq A$ 两边取对数,得 $\ln L \geq \ln A$,通过计算有:

$$n(m-i)\ln\left(\frac{1-p_1}{1-p_0}\right) + \sum_{j=i+1}^{m} x_j \ln\left(\frac{p_1(1-p_0)}{p_0(1-p_1)}\right) \geq \ln A$$

移项后可得:

$$\sum_{j=i+1}^{m} \left\{ x_j - \frac{n\ln\left(\frac{1-p_0}{1-p_1}\right)}{\ln\left(\frac{p_1(1-p_0)}{p_0(1-p_1)}\right)} \right\} \geq \frac{\ln A}{\ln\left(\frac{p_1(1-p_0)}{p_0(1-p_1)}\right)}$$

若取

$$h=\frac{\ln A}{\ln\left(\frac{p_1(1-p_0)}{p_0(1-p_1)}\right)}, \quad k=n\cdot\frac{\ln\left(\frac{1-p_0}{1-p_1}\right)}{\ln\left(\frac{p_1(1-p_0)}{p_0(1-p_1)}\right)}$$

可得

$$\sum_{j=i+1}^{m}(x_j-k)\geqslant h$$

这就是失控信号。注意：这里下标 j 从 $i+1$ 开始，即不合格品率从 p_0 变到 p_1 开始。

三、平均链长

在具体实施过程中可以通过查表来获得 (h,k) 的值，不过要涉及平均链长的概念，下面介绍这一概念。

平均链长是指对给定的质量水平 p，累积和控制图从开始到发出警报为止所抽取的平均样本数。

当过程处于目标质量水平 p_0 时表示过程处于受控状态，这时如发报警则属于误报，用 L_0 表示受控过程的平均链长，即在受控状态下，平均经过 L_0 次抽样才误发一次警报，这相当于犯第一类错误，在制作累积和控制图时，总希望这类误报要少，即要求 L_0 大，$1/L_0$ 就相当于犯第一类错误的概率 α。

当过程处于极限质量水平 p_1 时表示过程已到达失控状态，应该发出警报，用 L_1 表示失控过程的平均链长，即平均抽取 L_1 个样本就发一次警报，这时若不发警报就要犯第二类错误。为及时发现失控，在制作累积和控制图时总希望 L_1 小。

在国家标准 4887—1985 中，给出了两种常用的 L_0 与 L_1 的值，分别称为 C_1 方案与 C_2 方案，它们是：

- C_1 方案：$L_0\approx 1000, L_1\approx 10$。
- C_2 方案：$L_0\approx 200, L_1\approx 5$。

由于 L_0、L_1 与 α、β 有关，因而可由 L_0 与 L_1 制定 (h,k)，C_1 方案与 C_2 方案的累积和参数 (h,k) 见表 3.6.2，表中 $T_0=np_0$ 或 λ_0。

四、制定累积和控制图的步骤

制定累积和控制图的步骤主要有以下几点：

1. 给出 L_0 或 L_1，以确定用 C_1 或 C_2 方案。
2. 根据产品的规范给出 p_0 与 p_1。在给出这两个参数时要注意 p_1/p_0 的值不能太大。
3. 当用 C_1 方案时，根据 p_1/p_0 的值，从 $\lambda_{10}/\lambda_{1000}$ 中找出最接近的比值，从该行对应的 T_0 值可确定样本容量 n，即 $n=T_0/p_0$，而该行对应的 h 与 k 即为所求的参数。当用 C_2 方案时，则从 λ_5/λ_{200} 中找出最接近的比值，然后确定 n,h,k。这样查表的原因是由于当 n 较大时，二项分布可用泊松分布近似，而 $\lambda\approx np$，所以标准中给出了比值 $\lambda_{10}/\lambda_{1000}$（$C_1$ 方案）或 λ_5/λ_{200}（C_2 方案），以示导引。

例 3.6.2 在钻头校直工序的质量控制中，每半小时抽检一个样本，按检验规范的要求，产品的不合格品率不应超过 7%，并希望对异常的生产过程能在半天中（4 小时）检测出来。按此要求制定一个累积和控制方案。

解：按上面所述的步骤来制定累积和控制方案。

表 3.6.2　累积和控制图的参数

目标值 T_0	C_1 方案 参数值		C_1 方案 特性值	C_2 方案 参数值		C_2 方案 特性值
	h	k	$\lambda_{10}/\lambda_{1000}$	h	k	λ_5/λ_{200}
0.1	1.5	0.75	6.5	2	0.25	7.3
0.125	2.5	0.5	4.9	2.5	0.25	6.3
0.16	3.0	0.5	4.3	2	0.5	5.4
0.2	3.5	0.5	3.8	2.5	0.5	4.8
0.25	4.0	0.5	3.6	3	0.5	4.1
0.32	3.0	1.0	3.5	4	0.5	4.1
0.4	2.5	1.5	3.6	3	1	3.4
0.5	3	1.5	3.0	2	1.5	3.3
0.64	3.5 或 4	1.5	2.7 或 2.6	2	2.0	3.2
0.8	5	1.5	2.3	3.5	1.5	2.7
1.0	5	2	2.2	5	1.5	2.5
1.25	4	3	2.2	5	2	2.3
1.6	5	3	2.0	4	3	2.15
2.0	7 或 8	3	1.8 或 1.79	5	3	2.10
2.5	7	4	1.73	5	4	1.92
3.2	7	5	1.68	5	5	1.83
4.0	8	6	1.59	6	6	1.70
5.0	9	7	1.51	7	7	1.63
6.4	9	9	1.48	9	8	1.54
8.0	9	11	1.42	9	10	1.49
10.0	11	13	1.37	11	12	1.45
15	16	18	1.28	11	18	1.35
20	20	23	1.24	14	23	1.30
25	24	28	1.21	17	28	1.27

1. 由于该工序半小时检测一次,又根据要求希望在 4 小时内能检测出异常,则要求 $L_1 \leqslant 8$,所以采用方案 C_2。

2. 由于规范要求不合格品率不能超过 7%,故令 $p_1=6\%$,确定 p_0 时,应使 p_1/p_0 的值不致于过小,根据过去的生产所能达到的较好水平,取 $p_0=2.5\%$。

3. 从 C_2 方案中找出与 $p_1/p_0=2.4$ 最接近的值为 2.3 或 2.5,取其中稍大的 2.5,则 $T_0=1.0, h=5, k=1.5$。从而

$$n = T_0/p_0 = 40$$

即每半小时抽检 40 个产品,记录其中的不合格品数(见表 3.6.3),并求其对参考值 k 的偏

差的累积和 C_m。
- 当 $C_m < 0$ 时,表示过程正常,用 * 表示,从下一个样本开始重新计算累积和;
- 当 $C_m > h$ 时,判断过程异常,发出报警信号,用 ** 表示,这时需要查找原因,加以校正。

本例的累积和图形如图 3.6.2 所示。

在本例中,从第 11 号到第 15 号样本的局部累积和超过了判定距 h,故判生产过程异常,需要找原因。从第 11 号到第 15 号样本为止,这段时间生产过程的平均不合格品率为:

$$\frac{2+4+2+2+3}{40\times 5}=0.065=6.5\%$$

表 3.6.3 检查结果及累积和方案的计算 ($k=1.5, h=5$)

序号 m	不合格品数 x_m	对参考值的偏差 $x_m - k$	偏差的累积和 C_m
1	1	−0.5	−0.5*
2	2	0.5	0.5
3	2	0.5	1.0
4	0	−1.5	−0.5*
5	1	−0.5	−0.5*
6	0	−1.5	−1.5*
7	0	−1.5	−1.5*
8	2	0.5	0.5
9	0	−1.5	−1.0*
10	1	−0.5	−0.5*
11	2	0.5	0.5
12	4	2.5	3.0
13	2	0.5	3.5
14	2	0.5	4.0
15	3	1.5	5.5**

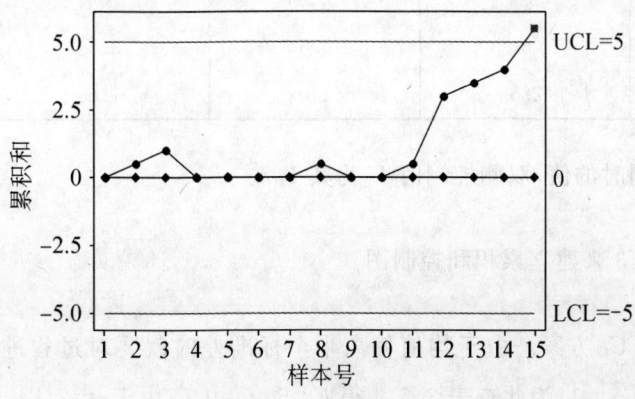

图 3.6.2 例 3.6.2 的累积和控制图

3.6.2 均值的累积和控制图

当质量特性(或某一统计量)为正态分布时,要求及时发现过程均值 μ 与目标值 μ_0 的小的偏离,这种偏离用标准差的倍数 δ 来衡量。

判定规则可类似于计数型累积和控制图获得,这里仅通过例子简单介绍如何用查表方法制定一个过程均值累积和的控制图方案。

例 3.6.3 下面给出的是普通建筑用砖的水吸收的百分比,每一个数据 x_i 为 4 个样品的均值,并且给出了标准差的估计为 2。其均值的目标值为 $T=10$,当均值偏离半个标准差时就要对过程进行修正。以此构造累积和控制图。20 个均值数据依次如下:

15.1　12.3　7.4　8.7　8.8　11.7　10.2　11.5　11.2　10.2
7.6　6.2　8.2　7.8　6.8　6.1　4.3　8.5　7.7　9.7

对这一问题,过程均值偏大或偏小都是不利的,所以我们对两者都要监控。为此可以如下进行:

1. 首先设定目标值 T 与偏离 F(以 σ 的倍数来衡量),$F=f\sigma$,从而得两个参考值 K_1 与 K_2,其中 $K_1=T+F$,$K_2=T-F$。再给出决策区间 H(以 σ 的倍数来衡量),$H=h\sigma$:

当 $\sum_{i=1}^{m}(x_i-K_1)\geqslant H$ 时判定过程均值偏大,当 $\sum_{i=1}^{m}(x_i-K_2)\leqslant -H$ 时判定过程均值偏小。

因此,一组参数 (h,f) 决定了一个过程的检验方案。

2. h 与 f 的决定

我们可以根据链长 L_0 来确定 h 与 f,下面的表 3.6.4 给出了有关数值(注意这里只给出了 L_0,L_1 基本是相同的,譬如在偏离一个标准差时,$L_1=10$):

表 3.6.4　均值累积和参数

偏移量 $\delta\sqrt{n}$	$C_1(L_0=700\sim1000)$		$C_2(L_0=140\sim200)$	
	h	f	h	f
(a) <0.75	8	0.25	5	0.25
(b) 0.75~1.5	5	0.5	3.5	0.5
(c) >1.5	2.5	1.0	1.8	1.0

其中 L_0 是单侧控制时的值,双侧控制时 L_0 为其 1/2。

3. 具体步骤

我们对例 3.6.3 来建立累积和控制图。

(1) 确定参数

根据需要采用 C_1 方案。由于均值偏离半个标准差时就要对过程进行修正,故取 $\delta=0.5$,$n=4$,所以 $\delta\sqrt{n}=1$,为此查表 3.6.4 得 $h=5$,$f=0.5$,由于 $\sigma=2$,则:

$$F=f\sigma=1,\quad H=h\sigma=10$$

由目标值 $T=10$,可得 $K_1=T+F=11, K_2=T-F=9$。

(2)计算累积和:

表 3.6.5 计算表

序号	x	$x-11$	累积和	注	$x-9$	累积和	注
1	15.1	4.1	4.1		6.1	>0	
2	12.3	1.3	5.4		3.3	>0	
3	7.4	−3.6	1.8		−1.6	−1.6	
4	8.7	−2.3	<0		−0.3	−1.9	
5	8.8	−2.2	<0		−0.2	−2.1	
6	11.7	0.7	0.7		2.7	>0	
7	10.2	−0.8	<0		1.2	>0	
8	11.5	0.5	0.5		2.5	>0	
9	11.2	0.2	0.7		2.2	>0	
10	10.2	−0.8	<0		1.2	>0	
11	7.6	−3.4	<0		−1.4	−1.4	
12	6.2	−4.8	<0		−2.8	−4.2	
13	8.2	−2.8	<0		−0.8	−5.0	
14	7.8	−3.2	<0		−1.2	−6.2	
15	6.8	−4.2	<0		−2.2	−8.4	
16	6.1	−4.9	<0		−2.9	−11.3	低于下限
17	4.3	−6.7	<0		−4.7	−16.0	
18	8.5	−2.5	<0		−0.5	−16.5	
19	7.7	−3.3	<0		−1.3	−17.8	
20	9.7	−1.3	<0		0.7	−17.1	

当 $\sum_{i=1}^{m}(x_i-K_1)<0$ 时累积和重新开始计算,当 $\sum_{i=1}^{m}(x_i-K_2)>0$ 时累积和重新开始计算。

其图形如下:

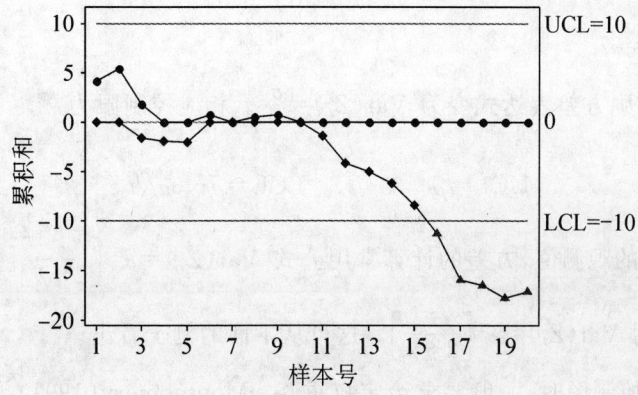

图 3.6.3 例 3.6.3 的累积和图

(3) 从图(或计算表)中可以看出从第 11 组开始均值就偏小,到第 16 组就低于下限了。所以在第 16 组时就应该寻找原因,及时对生产过程进行调整。

3.6.3 指数加权滑动平均控制图

在休哈特常规控制图中,我们总是假定过程均值恒定不变,同时,随机误差独立同分布,服从均值为 0、方差为 σ^2 的正态分布。但在实际应用中,这些假定往往不一定成立。而指数加权滑动平均(EWMA)控制图就没有这些限制。

EWMA 控制图上的点包含了所有前面子组的信息,它能探测过程的微小漂移。EWMA 控制图同样适用于单个观测值的情况。

在 EWMA 控制图中,绘制的统计量为当前值与历史数据的加权平均,即

$$Z_t = \lambda x_t + (1-\lambda) Z_{t-1}$$

其中 $Z_0 = \mu$
$Z_t =$ 当前时刻的指数加权平均
$Z_{t-1} =$ 上一时刻的指数加权平均
$x_t =$ 当前时刻的观测值
$\lambda =$ 当前观测值权重因子

在 $\{x_t\}$ 独立时,$\{Z_t\}$ 存在自相关。但 Wortham 与 Ringer(1971)曾证明下列结论:

对于比较大的 t,当 $\{x_t\}$ 独立同分布,服从均值为 μ、方差为 σ^2 的正态分布时,样本统计量 Z_t 近似服从正态分布,且

$$E(Z_t) = \mu, \quad \text{Var}(Z_t) = \sigma^2 \left[\frac{\lambda}{2-\lambda}\right] [1-(1-\lambda)^{2t}]$$

随着 t 的增大,$[1-(1-\lambda)^{2t}]$ 趋近于 1。因此

$$\text{Var}(Z_t) \approx \sigma^2 \left[\frac{\lambda}{2-\lambda}\right]$$

控制限定为:

$$\text{UCL} = \hat{\mu} + 3\hat{\sigma}\sqrt{\lambda/(2-\lambda)}, \quad \text{LCL} = \hat{\mu} - 3\hat{\sigma}\sqrt{\lambda/(2-\lambda)}$$

其中 $\hat{\sigma} = \bar{R}/d_2$ 或 $\hat{\sigma} = \bar{s}/c_4$。

若取 $\lambda = \dfrac{2}{t+1}$,则方差表达式变为 $\text{Var}(Z_t) = \dfrac{\sigma^2}{t}$。相应控制限为:

$$\text{UCL} = \hat{\mu} + 3\hat{\sigma}/\sqrt{t}, \quad \text{LCL} = \hat{\mu} - 3\hat{\sigma}/\sqrt{t}$$

对于刚开始时的观测值,方差的计算常用公式 $\text{Var}(Z_t) = \sigma^2 \left[\dfrac{\lambda}{2-\lambda}\right][1-(1-\lambda)^{2t}]$。但随着 t 的增大,可用 $\text{Var}(Z_t) \approx \sigma^2 \left[\dfrac{\lambda}{2-\lambda}\right]$。这可从下面的例子看出。

绘制 EWMA 控制图时,一般要求给定权重 λ。Montgomery(1991)推荐使用 $0.05 \leqslant \lambda \leqslant 0.25$。一般 λ 常取 0.08,0.10,0.15。

例 3.6.4 表 3.6.6 给出了不同时间测得的 50 个凸轮轴的轴承直径。

表 3.6.6 凸轮轴的轴承直径数据表

序号	1	2	3	4	5	6	7	8	9	10
直径	50	51	50.5	49	50	43	42	45	47	49
Z_t	50	50.2	50.26	50.01	50.01	48.61	47.28	46.83	46.86	47.29
序号	11	12	13	14	15	16	17	18	19	20
直径	46	50	52	52.5	51	52	50	49	54	51
Z_t	47.03	47.63	48.5	49.3	49.64	50.11	50.09	49.87	50.7	50.76
序号	21	22	23	24	25	26	27	28	29	30
直径	52	46	42	43	45	46	42	44	43	46
Z_t	51.01	50.01	48.40	47.32	46.86	46.69	45.75	45.40	44.92	45.14
序号	31	32	33	34	35	36	37	38	39	40
直径	42	43	42	45	49	50	51	52	54	51
Z_t	44.51	44.21	43.77	44.01	45.01	46.01	47.01	48.01	49.20	49.56
序号	41	42	43	44	45	46	47	48	49	50
直径	49	50	49.5	51	50	52	50	48	49.5	49
Z_t	49.45	49.56	49.55	49.84	49.87	50.30	50.24	49.79	49.73	49.59

将目标值 50 作为 μ 的估计，λ 取 0.2，对上述数据做 EWMA 控制图（图 3.6.4 是利用统计软件作出的）。从该图看到控制限在第 11 个样本开始稳定。从 EWMA 控制图上可看出，样本点对目标值的漂移。

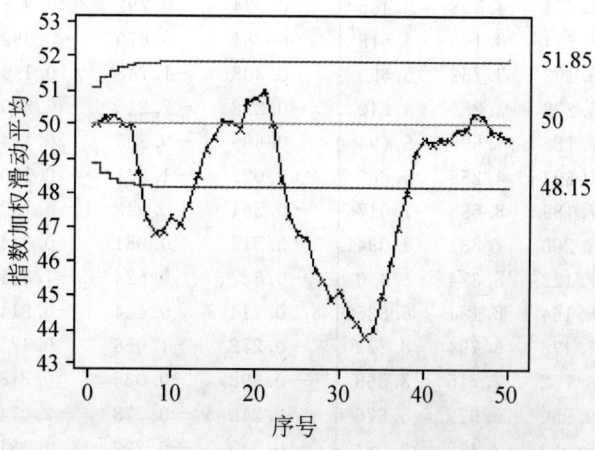

图 3.6.4 凸轮轴的轴承直径的 EWMA 图

§ 3.7 其他控制图介绍

3.7.1 偏差控制图

现实生产中存在一些小批量、多规格的产品,如果根据常规控制图的思想,则必须根据不同规格分别绘制控制图,且要求对每种规格的产品均收集约 25 组样本,这几乎是不可能的。在这种情况下,可以使用偏差控制图(Difference Charts)。偏差控制图可以在同一张图上控制同类但不同规格的产品,它的基础是对观测值减去目标值后的偏差数据进行处理。

绘制偏差控制图,一般要求:

(1)子组大小一致;

(2)控制限的计算要求至少 20 个子组;

(3)同种类型的测量。

如果不同规格的产品的波动相差较大,这时应使用下面介绍的标准化控制图。

例 3.7.1 某台机器生产三种规格的零件,分别记为"a"、"b"、"c"。现一次抽三个零件分别测量其长度。表 3.7.1 给出了 20 组数据及相应计算,其中 M 为零件的目标值;x_1、x_2、x_3 为抽得的零件的长度;$\bar{x}$、R 分别为偏差 x_1-M、x_2-M、x_3-M 的均值与极差。

表 3.7.1 偏差控制图数据及其计算

序号	零件	M	x_1	x_2	x_3	x_1-M	x_2-M	x_3-M	$\bar{x}$	R
1	a	3.25	4.790	2.044	2.232	1.540	−1.206	−1.018	−0.228	2.746
2	a	3.25	0.942	3.733	2.367	−2.308	0.483	−0.883	−0.903	2.791
3	a	3.25	4.281	2.568	4.223	1.031	−0.682	0.973	0.441	1.714
4	a	3.25	2.911	3.982	4.170	−0.339	0.732	0.920	0.438	1.260
5	b	5.5	5.256	6.025	3.420	−0.244	0.525	−2.080	−0.600	2.605
6	b	5.5	6.192	4.894	4.948	0.692	−0.606	−0.552	−0.156	1.298
7	b	5.5	6.474	4.708	6.455	0.974	−0.792	0.955	0.379	1.766
8	b	5.5	6.284	6.179	4.618	0.784	0.679	−0.882	0.194	1.666
9	b	5.5	5.192	3.752	5.690	−0.308	−1.748	0.190	−0.622	1.937
10	b	5.5	5.272	3.285	4.610	−0.228	−2.215	−0.890	−1.111	1.987
11	b	5.5	6.188	4.605	5.694	0.688	−0.895	0.194	−0.004	1.583
12	b	5.5	6.592	4.259	5.680	1.092	−1.241	0.180	0.011	2.333
13	c	7.75	7.189	8.698	7.017	−0.561	0.948	−0.733	−0.115	1.681
14	c	7.75	8.266	7.831	8.094	0.516	0.081	0.344	0.313	0.435
15	c	7.75	7.123	8.374	6.430	−0.627	0.624	−1.321	−0.441	1.945
16	c	7.75	8.164	8.184	6.836	0.414	0.434	−0.914	−0.022	1.348
17	c	7.75	7.478	6.694	8.223	−0.272	−1.056	0.473	−0.285	1.529
18	c	7.75	6.752	7.715	8.568	−0.998	−0.035	0.818	−0.072	1.816
19	c	7.75	9.960	6.977	5.676	2.210	−0.773	−2.074	−0.212	4.284
20	c	7.75	8.093	7.458	9.081	0.343	−0.292	1.331	0.461	1.624

偏差控制图实际上是将所有来自不同规格的产品的数据减去目标值后,绘制相应的常规控制图。这里,由于 $n=3$,可选 $\bar{x}-R$ 控制图。

由于 $\bar{x} = -0.1267$，$\bar{R} = 1.918$，可得 R 图与 $\bar{x}$ 控制线为：

$$\text{UCL}_R = D_4 \bar{R} = 2.574 \times 1.918 = 4.937$$
$$\text{CL}_R = \bar{R} = 1.918$$
$$\text{LCL}_R = D_3 \bar{R} = 0$$

与

$$\text{UCL}_{\bar{x}} = \bar{x} + A_2 \bar{R} = -0.1267 + 1.023 \times 1.918 = 1.835$$
$$\text{CL}_{\bar{x}} = \bar{x} = -0.1267$$
$$\text{LCL}_{\bar{x}} = \bar{x} - A_2 \bar{R} = -0.1267 - 1.023 \times 1.918 = -2.089$$

图 3.7.1 所示的偏差控制图表明过程处于受控状态。

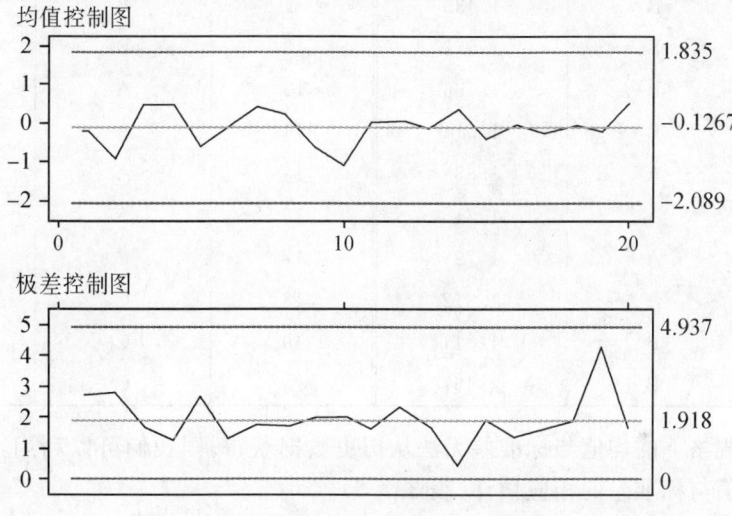

图 3.7.1　偏离目标值的 $\bar{x} - R$ 控制图

3.7.2　标准化控制图

如果不同规格的产品变化很大，则上述的偏差控制图不再适用，此时应使用标准化控制图（Z Chart）。标准化控制图可以在同一张图上控制小批量、多规格下波动大小不一的产品，它的基础是将所有观测值标准化后再进行处理。使用标准化控制图的另一个好处在于上、下控制限固定于 ±3，而不需要每次重新调整。

标准化控制图适用于计数或计量数据。这里，仅用例子介绍 $x - MR$ 图。

如果每种规格下均值与标准差能够通过历史数据获得，则过程的标准化数据只要将样本值减去均值，再除以标准差即可。

在需要通过样本数据获得均值与标准差的估计时，我们常有四种计算方法：

（1）对不同规格的产品分别计算样本平均，作为均值的估计；对所有规格的产品计算样本标准差，作为标准差的估计（当所有不同规格的产品具有相同标准差时）；

（2）对不同规格的产品分别计算样本平均，作为均值的估计；对相同规格的产品的所有批次计算样本标准差，作为该规格下标准差的估计（当相同规格的产品不同批次具有相同标

准差时);

(3)对不同规格的产品分别计算样本平均,作为均值的估计;对相同规格的产品的每一批次分别计算样本标准差,作为该批次下标准差的估计(当不能断定同一规格的产品的不同批次是否具有相同标准差时);

(4)将所有数据以 e 为底进行对数变换,对变换后的数据分规格计算样本平均与样本标准差(当波动随产品的规格增大而增大时)。

例 3.7.2 某造纸厂生产的纸张有 A、B、C 三个等级。表 3.7.2 给出了不同等级纸张的厚度。可以看出生产线属于小批量、多规格。

表 3.7.2 标准化控制图数据及其计算

序号	等级	厚度	序号	等级	厚度
1	B	1.435	11	B	1.548
2	B	1.572	12	B	1.493
3	B	1.486	13	A	1.768
4	B	1.514	14	A	1.711
5	A	1.883	15	A	1.832
6	A	1.715	16	A	1.814
7	A	1.799	17	C	1.427
8	A	1.812	18	C	1.344
9	B	1.511	19	C	1.404
10	B	1.457	20	C	1.388

如果每种规格下的均值与标准差无法从历史数据获得,则我们可以利用上述给出的四种方法得到均值与标准差的相应估计(表 3.7.3)。

如果使用方法 1 估计产品的均值与标准差,则可得到标准化后的厚度。做标准化数据的 $x-MR$ 控制图(图 3.7.2):

标准化数据的控制限为:

$$UCL_x = 3, \quad CL_x = 0, \quad LCL_x = -3$$

表 3.7.3 均值与标准差的估计

方法 1			方法 2			方法 3			方法 4(取对数)		
等级	均值	标准差	等级	均值	标准差	批次	均值	标准差	等级	均值	标准差
A	1.786	0.172	A	1.786	0.049	1	1.502	0.057	A	0.580	0.028
B	1.502	0.172	B	1.502	0.045	2	1.786	0.052	B	0.406	0.030
C	1.391	0.172	C	1.391	0.035	3	1.502	0.038	C	0.330	0.025
						4	1.786	0.054			
						5	1.391	0.035			

由于 $\overline{MR} = 3/2.66 = 1.128$,所以移动极差的控制限为:

$$UCL_{MR} = 3.267 \times 1.128 = 3.686, \quad LCL_{MR} = 0$$

图 3.7.2 给出的标准化控制图的标准差的估计采用将所有规格的产品混合来获得的(即方法 1)。从该控制图可看出,过程处于受控状态。

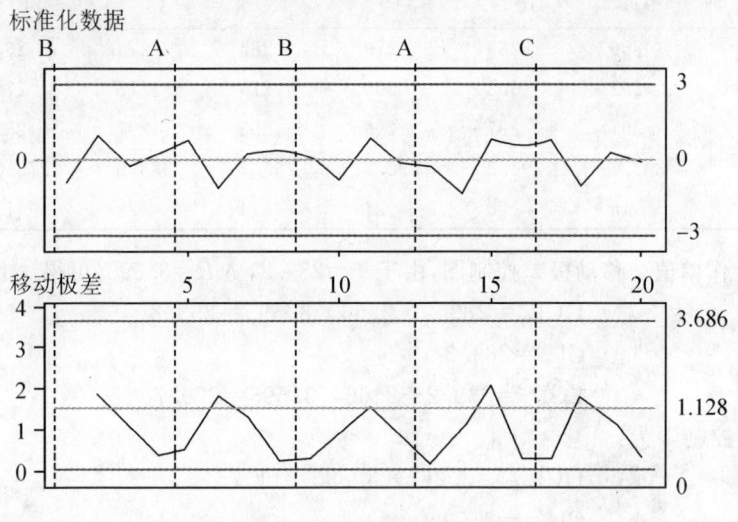

图 3.7.2 标准化控制图

3.7.3 三相控制图

我们在收集数据时,有时除随机误差外,还有其他原因引起数据间的较大波动,如在测量不均匀的零件时,不同位置会得到不同的测量结果。这时,过程的波动必须区分为两类:零件内的波动与零件间的波动。如果将过程变差仅仅考虑为随机误差,则会直接导致控制界限太宽,使大量点集中于中心线附近,而不能探测出过程的异常。三相(Three-Way)控制图能很好解决这个问题,它采用三个图来评价过程的波动。

三相控制图的前两张图为一般意义上的子组均值的 $x-MR$ 图。这两张图联合跟踪过程的位置与过程的波动。第三张图为原始数据的 R 图,该图用于跟踪样本内的波动。

三张图的联合使用提供了一种评价过程位置、样本间波动、样本内波动的方法。

例 7.3.3 将塑料膜粘附于纸上。每张纸分别取三个位置测其重量(边缘、中心、边缘与中心之间)。表 3.7.4 给出了三次测得的重量结果。

表 3.7.4 塑料膜重量的三相控制图数据表

位置	序号							
	1	2	3	4	5	6	7	8
中心	269	274	268	280	288	278	306	303
边缘与中心之间	306	275	291	277	288	288	284	292
边缘	279	302	308	306	298	313	308	307
$\bar{x}$	284.7	283.7	289.0	287.7	291.3	293.0	299.3	300.7
R	37	28	40	29	10	35	24	15

续表

位置	序号						
	9	10	11	12	13	14	15
中心	306	283	279	285	274	265	269
边缘与中心之间	292	303	300	279	278	278	276
边缘	307	297	299	293	297	282	286
$\bar{x}$	301.7	294.3	292.7	285.7	283.0	275.0	277.0
R	15	20	21	14	23	17	17

首先对 $\bar{x}$ 作单值-移动极差控制图,由于 $\bar{\bar{x}}=289.2$,$\overline{MR}=3.595$,可得 $\bar{x}$ 图的控制限为:

$$UCL_{\bar{x}}=289.2+2.66\times 3.595=298.8$$
$$CL_{\bar{x}}=289.2$$
$$LCL_{\bar{x}}=289.2-2.66\times 3.595=279.7$$

MR 图的控制限为:

$$UCL_{MR}=3.267\times 3.595=11.75$$
$$CL_{MR}=3.595$$
$$LCL_{MR}=0$$

再对每一子组作极差控制图,由于 $\bar{R}=23$,所以 R 图的控制限为:

$$UCL_R=D_4\bar{R}=2.574\times 23=59.21$$
$$CL_R=23$$
$$LCL_R=D_3\bar{R}=0$$

图 3.7.3 给出了塑料膜重量的三相控制图,从图中可以看出:

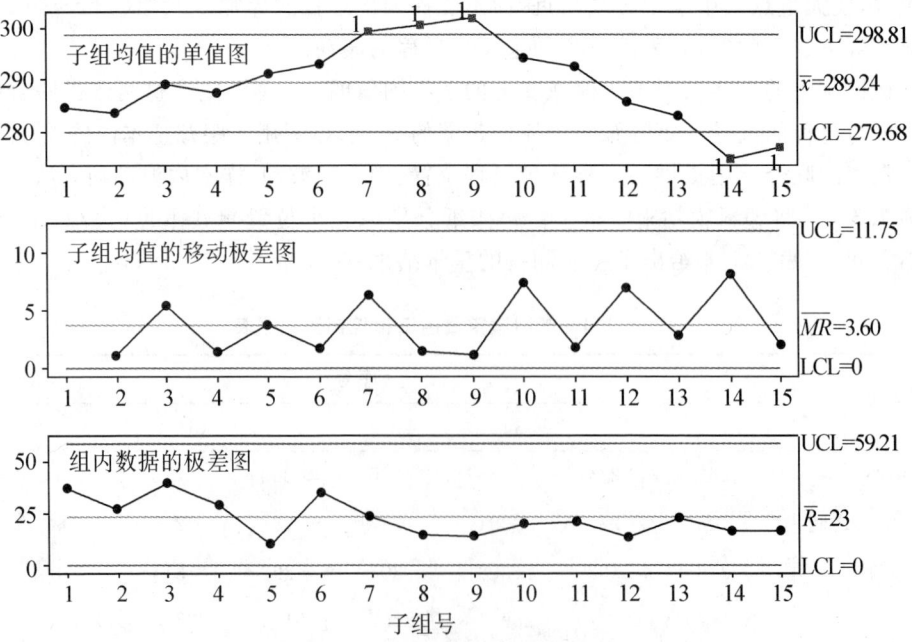

图 3.7.3 塑料膜重量的三相控制图

- 子组均值的单值图表明过程中塑料膜重量失控,过程内出现异常使膜厚度变化过大。
- 子组均值的移动极差图呈现锯齿样暗示出膜厚度每隔一段时间出现一个大的变化。
- 组内数据的极差图没有失控现象,但过大的样本内方差说明存在改进的机会。

§ 习题三

1. 某厂生产基板,每隔两小时随机抽五块测其长度,得 25 个样本,数据如下表。

习题 3.1 的数据表

样本序号 i	观察值				
	x_{i1}	x_{i2}	x_{i3}	x_{i4}	x_{i5}
1	49.47	49.46	49.52	49.51	49.47
2	49.48	49.53	49.55	49.49	49.48
3	49.50	49.53	49.47	49.52	49.48
4	49.47	49.53	49.50	49.51	49.47
5	49.47	49.55	49.45	49.53	49.56
6	49.45	49.49	49.49	49.53	49.57
7	49.50	49.45	49.49	49.53	49.55
8	49.50	49.50	49.53	49.51	49.47
9	49.50	49.45	49.51	49.57	49.50
10	49.50	49.48	49.57	49.55	49.53
11	49.47	49.44	49.54	49.55	49.50
12	49.49	49.50	49.50	49.52	49.55
13	49.46	49.48	49.53	49.50	49.50
14	49.53	49.57	49.55	49.51	49.47
15	49.45	49.47	49.49	49.52	49.54
16	49.48	49.53	49.49	49.51	49.50
17	49.50	49.48	49.52	49.55	49.50
18	49.50	49.51	49.47	49.53	49.52
19	49.50	49.49	49.52	49.50	49.54
20	49.50	49.52	49.52	49.45	49.51
21	49.52	49.47	49.57	49.50	49.52
22	49.50	49.52	49.49	49.53	49.47
23	49.50	49.47	49.48	49.56	49.50
24	49.48	49.50	49.49	49.53	49.50
25	49.50	49.55	49.57	49.54	49.46

(1) 试求 $\bar{x} - s$ 图的中心线与上、下控制界限,并判断生产过程是否受控;

(2) 试求 $\bar{x} - R$ 图的中心线与上、下控制界限,并判断生产过程是否受控;

(3) 在生产过程受控条件下,若规格规定长度在 49.40～49.60mm 间为合格,就上述两图分别计算过程能力指数。

2. 某机器生产电子盘片,规定厚度为 0.007～0.016cm,每隔半小时抽取容量为 5 的子组,记录其中心厚度如表所示。拟建立中位数－极差控制图。请给出控制图的中心线与上、下控制界限,并判断过程是否受控。若受控条件请计算过程能力指数。

习题 3.2 的数据表

子组号	厚度（单位：0.001cm）				
	x_1	x_2	x_3	x_4	x_5
1	14	8	12	12	8
2	11	10	13	8	10
3	11	12	16	14	9
4	16	12	17	15	13
5	15	12	14	10	7
6	13	8	15	15	8
7	14	12	13	10	16
8	11	10	8	16	10
9	14	10	12	9	7
10	12	10	12	14	10
11	10	12	8	10	12
12	10	10	8	8	10
13	8	12	10	8	10
14	13	8	11	14	12
15	7	8	14	13	11

3. 脱脂奶粉生产过程要求将产品的水分含量控制在 4% 以下,现从每一批号中抽取一个样品进行测定,结果为:2.9 3.2 3.6 4.3 3.8 3.5 3.0 3.1 3.6 3.5
请给出单值－移动极差控制图,并判断过程是否受控。

4. 某车间对零件进行喷漆,每天抽取 100 个零件检查喷漆质量,记录其不合格品数,共查了 26 天,每天的不合格品数依次如下:

2 1 0 0 1 0 0 0 0 6 8 5 8
7 8 2 6 8 7 5 8 3 3 7 6 2

(1) 试求 np 图的中心线与上、下控制界限;
(2) 判断生产过程是否受控。

5. 某铸造厂每天检查 10 个同类铸件,记录其上的缺陷数,共查 25 天,查得缺陷数依次如下:
41 62 47 73 25 46 40 51 32 59 23 45 74 50 50 32 42 54 32
62 51 43 40 44 30

(1) 试求 c 图的中心线与上、下控制界限;
(2) 判断生产过程是否受控。

6. 在某工序的质量控制中,每半小时抽检一个样本,按检验规范的要求,产品的不合格品率不应超过 1%,并希望对异常的生产过程能在一天中检测出来。按此要求制定一个累积和控制方案。

7. 下面给出了45个不同时刻测得的厚度数据,如果目标值120作为μ的估计,λ取0.2,请作 EWMA 控制图,你有什么看法?

```
124  121  121  124  117  117  103  135  129  103  118  117
116  135  132   80   96  111  108  117  120   87  119  129
100  124  106  115  109  104  130  115  116  126  139  140
130  139  135  107  110  120  130  131  118
```

8. 三种宽度的产品在一台机床上轮流生产,现有如下数据,请作标准化控制图。并说明过程是否受控?

习题 3.8 的数据表

序号	规格	宽度	序号	规格	宽度
1	B	1.44	9	B	1.55
2	B	1.57	10	C	1.77
3	B	1.49	11	C	1.71
4	C	1.88	12	C	1.83
5	C	1.72	13	A	1.43
6	C	1.80	14	A	1.34
7	B	1.51	15	A	1.40
8	B	1.46			

第四章 方差分析

§4.1 基本概念与假定

有时我们会遇到需要比较多个总体均值的问题,下面便是一个例子。

例 4.1.1 取一批由同种原料织成的布,用不同的染整工艺进行缩水率试验,以考察不同的染整工艺对布的缩水率有无显著影响,进而可以寻找出缩水率较小的染整工艺。现有 $A_1 \sim A_5$ 五种不同的工艺,在每一工艺下重复处理四块布,测得其缩水率数据如表 4.1.1 所示,试问五种不同的染整工艺的平均缩水率有无显著差异?

表 4.1.1 五种不同的染整工艺的缩水率数据

染整工艺	缩水率			
A_1	4.3	6.8	5.2	6.5
A_2	6.1	6.3	4.2	4.1
A_3	6.5	8.3	8.6	8.2
A_4	9.3	8.7	7.2	10.1
A_5	9.5	8.8	11.4	8.9

用图形首先考察一下表 4.1.1 上所示的数据是一个好主意。图 4.1.1 是缩水率数据的点图(dotplot)。每个染整工艺下的四个数据实际上是来自同一总体的一个样本。这里涉及来自五个总体的五个样本,它们的极差相差不多(从 2.1 到 2.9),而它们的均值相差较大,其中前两种染整工艺(A_1 与 A_2)的缩水率偏小一些,而后三种染整工艺(A_3、A_4 与 A_5)的缩水率偏大一些。这些直观的印象是重要的。需要进一步研究的问题是:这五种染整工艺

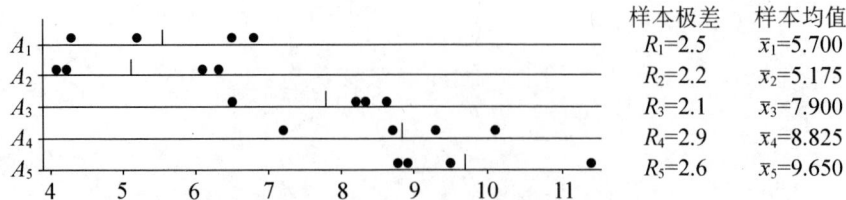

图 4.1.1 缩水率数据的点图("·"表示数据,"|"表示样本均值)

的平均缩水率间的差异是随机误差引起的还是由于五个染整工艺间存在差异引起的？我们将在一定的假定下用方差分析来研究这个问题。先介绍几个名词术语。

4.1.1 几个名词术语

为了方便起见，我们先给出几个名词术语，它们在以后的试验设计中也将用到。

1. 指标：衡量试验条件好坏的变量称为指标，用 y 表示，它是一个随机变量。

在例 4.1.1 中缩水率就是试验指标。

2. 因子：在试验中影响指标 y 的因素为因子，它们常用大写字母 A、B、C 等表示。

在例 4.1.1 中染整工艺对指标——缩水率有影响，因此染整工艺便是因子，记为 A。

3. 水平：在试验中因子所处的状态称为因子的水平，用表示因子的字母加下标来表示，譬如因子 A 的水平用 A_1，A_2，… 等表示。

例 4.1.1 中有五种染整工艺，这便是染整工艺这一因子的五个水平，分别记为 A_1、A_2、A_3、A_4、A_5。

4. 试验条件（也称处理）：在单因子试验中，每个水平就是一个处理，在多因子试验中，每个因子取一个特定的水平，这些特定水平的组合称其为一个试验条件，又称为一个处理。

在试验中仅考察一个因子称为单因子试验（如例 4.1.1），如果一个试验中同时考察两个因子，那就是两因子试验，如果一个试验中同时考察多个因子，那就是多因子试验。

4.1.2 方差分析的基本假定

我们从最简单的单因子试验问题着手，介绍在方差分析中所作的假定。

假定因子 A 有 r 个水平，记为 A_1，A_2，…，A_r，在 A_i 水平下指标值的全体便构成一个总体，共有 r 个总体。我们有如下假定：

- 假定第 i 个总体服从正态分布，其均值为 μ_i，$i=1,2,…,r$；
- 每一总体的方差相等，记为 σ^2；
- 从第 i 个总体获得一个容量为 m 的样本为 y_{i1}，y_{i2}，…，y_{im}，$i=1,2,…,r$，且这 r 个样本相互独立。

在上述三个假定下，比较各个总体的均值是否相同的问题，即要检验如下假设：

$$H_0: \mu_1 = \mu_2 = \cdots = \mu_r, \quad H_1: \mu_1, \mu_2, \cdots, \mu_r \text{ 不全相等}$$

检验这一对假设的统计方法便是方差分析。

当拒绝 H_0 时，表示不同水平下的指标的均值有显著差异，此时称因子 A 是显著的，否则称因子 A 不显著。

§4.2 单因子方差分析

设在一个试验中只考察一个因子 A，它有 r 个水平 A_1，A_2，…，A_r，在每一水平下进行 m 次重复试验，其结果用 y_{i1}，y_{i2}，…，y_{im} 表示，$i=1,2,…,r$。常常把数据列成如表 4.2.1 的形式：

表 4.2.1　单因子试验数据表

水平	试验数据	和 T_i	均值 $\bar{y}_i$
A_1	$y_{11}, y_{12}, \cdots, y_{1m}$	T_1	$\bar{y}_1$
A_2	$y_{21}, y_{22}, \cdots, y_{2m}$	T_2	$\bar{y}_2$
...	...	...	...
A_r	$y_{r1}, y_{r2}, \cdots, y_{rm}$	T_r	$\bar{y}_r$

记第 i 水平下的数据和为 T_i，均值为 $\bar{y}_i$，总的均值为 $\bar{y}$。此时共有 $n=rm$ 个数据。

4.2.1　统计模型

根据方差分析的基本假定,我们可以给出方差分析的统计模型。按假定有 $y_{ij} \sim N(\mu_i, \sigma^2)$，因此可以认为观察值 y_{ij} 与其均值 μ_i 的差是随机误差 ε_{ij}，从而 y_{ij} 有如下数据结构式：

$$y_{ij} = \mu_i + \varepsilon_{ij}, \quad i=1,2,\cdots,r, \quad j=1,2,\cdots,m$$

由 $y_{ij} \sim N(\mu_i, \sigma^2)$ 及各 y_{ij} 相互独立,可知各 ε_{ij} 相互独立,且都服从 $N(0, \sigma^2)$。因此可以给出如下的单因子方差分析的统计模型：

$$\begin{cases} y_{ij} = \mu_i + \varepsilon_{ij}, \quad i=1,2,\cdots,r, \quad j=1,2,\cdots,m \\ 各 \varepsilon_{ij} 相互独立同分布 \sim N(0, \sigma^2) \end{cases} \quad (4.2.1)$$

在该模型下检验的假设是：

$$H_0: \mu_1 = \mu_2 = \cdots = \mu_r, \quad H_1: \mu_1, \mu_2, \cdots, \mu_r \text{ 不全相等}$$

为了推广到两因子及多因子方差分析方便起见,引入一般平均与效应的概念。若记各均值 μ_i 的平均为：

$$\mu = \frac{1}{r} \sum_{i=1}^{r} \mu_i \quad (4.2.2)$$

称 μ 为一般平均,或称为总均值。又记

$$a_i = \mu_i - \mu, \quad i=1,2,\cdots,r \quad (4.2.3)$$

它表示从水平 A_i 的均值中除去总均值后特有的贡献,称 a_i 为水平 A_i 的效应,它可正可负,容易看出,诸 a_i 受到约束：

$$\sum_{i=1}^{r} a_i = 0 \quad (4.2.4)$$

这样一来,统计模型(4.2.1)可改写为：

$$\begin{cases} y_{ij} = \mu + a_i + \varepsilon_{ij}, \quad i=1,2,\cdots,r, j=1,2,\cdots,m \\ \sum_{i=1}^{r} a_i = 0 \\ 各 \varepsilon_{ij} 相互独立同分布 \sim N(0, \sigma^2) \end{cases} \quad (4.2.5)$$

在模型(4.2.5)下检验的假设可以改写为：

$$H_0: a_1 = a_2 = \cdots = a_r = 0, \quad H_1: a_1, a_2, \cdots, a_r \text{不全为} 0$$

4.2.2 方差分析的基本思想

一、方差分析的统计思想

从字面上看，方差分析是一种比较和检验两个方差大小的一种统计技术，如今要检验"多个均值是否完全相同"也可转化为两种方差的比较问题。为说明这点，我们来考察图 4.2.1 上所示的信号与噪声间的比较。

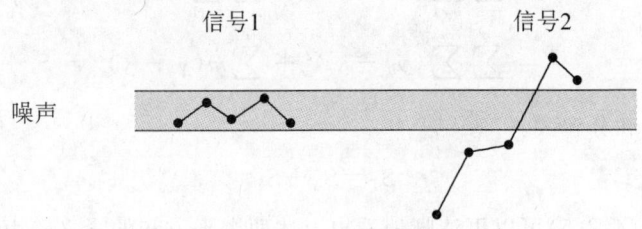

图 4.2.1 信号与噪声

从图 4.2.1 上可见：
- 当信号的强度与噪声大小相当时，人们就检测不出信号，如信号 1。
- 当信号的强度明显超过噪声时，人们就容易识别信号，如信号 2。

假如我们把试验误差的方差当作噪声大小的度量，而把诸水平效应 $a_1, a_2, \cdots, a_r$ 间的差异设法用另一种方差表示，然后比较这两种方差，从中看出当水平效应间的差异明显超过试验误差的方差时，我们就应该拒绝原假设"H_0：诸水平效应相等"，这就是方差分析的统计思想。为了实现这一思想，我们需要各种平方和，下面就来讨论这一问题。

二、平方和分解

大家知道，$n = rm$ 个数据的差异程度（即波动大小）可用它们的总偏差平方和（简称总平方和）S_T 去度量（见 §1.2.3）：

$$S_T = \sum_{i=1}^{r} \sum_{j=1}^{m} (y_{ij} - \bar{y})^2, \quad f_T = n - 1$$

其中 f_T 为其自由度。另一方面，引起数据波动的原因不外有如下两个：

一是由于因子 A 的水平不同引起的，当原假设 H_0 不真时，各个水平下指标的均值（简称水平均值）不同，诸样本均值 $\bar{y}_1, \bar{y}_2, \cdots, \bar{y}_r$ 间的差异程度可用如下的偏差平方和 S_A 去度量：

$$S_A = \sum_{i=1}^{r} m(\bar{y}_i - \bar{y})^2, \quad f_A = r - 1$$

这里乘以 m 是因为每一水平下进行了 m 次试验。这个平方和称为组间偏差平方和，又称为因子 A 的偏差平方和，简称因子 A 的平方和。

二是由于试验存在随机误差，即使在同一水平下获得的数据间也有差异，这是除了因子 A 的水平外的一切原因引起的，我们将它们归结为随机误差，可以用组内偏差平方和（也称为误差平方和)S_e 表示：

$$S_e = \sum_{i=1}^{r} \sum_{j=1}^{m} (y_{ij} - \bar{y}_i)^2, \quad f_e = r(m-1)$$

由于

$$S_T = \sum_{i=1}^{r} \sum_{j=1}^{m} (y_{ij} - \bar{y})^2 = \sum_{i=1}^{r} \sum_{j=1}^{m} [(y_{ij} - \bar{y}_i) + (\bar{y}_i - \bar{y})]^2$$

考虑到交叉乘积项之和为0，故有：

$$S_T = \sum_{i=1}^{r} \sum_{j=1}^{m} (y_{ij} - \bar{y}_i)^2 + \sum_{i=1}^{r} \sum_{j=1}^{m} (\bar{y}_i - \bar{y})^2$$

$$= \sum_{i=1}^{r} \sum_{j=1}^{m} (y_{ij} - \bar{y}_i)^2 + \sum_{i=1}^{r} m(\bar{y}_i - \bar{y})^2 = S_e + S_A$$

所以有如下总平方和分解式：

$$S_T = S_A + S_e$$

利用统计模型(4.2.5)可以更清晰地看出上述两个平方和的含义。由(4.2.5)的数据结构式 $y_{ij} = \mu + a_i + \varepsilon_{ij}$ 及关于效应的约束条件 $\sum_{i=1}^{r} a_i = 0$ 知 $\bar{y}_i, \bar{y}$ 的结构式为：

$$\bar{y}_i = \mu + a_i + \bar{\varepsilon}_i, \quad i = 1, 2, \cdots, r \tag{4.2.6}$$

$$\bar{y} = \mu + \bar{\varepsilon} \tag{4.2.7}$$

其中 $\bar{\varepsilon}_i = \frac{1}{m} \sum_{j=1}^{m} \varepsilon_{ij}, \bar{\varepsilon} = \frac{1}{n} \sum_{i=1}^{r} \sum_{j=1}^{m} \varepsilon_{ij} = \frac{1}{r} \sum_{i=1}^{r} \bar{\varepsilon}_i$，从而

$$S_A = \sum_{i=1}^{r} m(\bar{y}_i - \bar{y})^2 = \sum_{i=1}^{r} m(a_i + \bar{\varepsilon}_i - \bar{\varepsilon})^2 \tag{4.2.8}$$

可见在 S_A 中除了误差外，还含有因子 A 的效应，只有当 H_0 为真时，即诸 a_i 均为 0 时，S_A 仅反映试验误差。而

$$S_e = \sum_{i=1}^{r} \sum_{j=1}^{m} (y_{ij} - \bar{y}_i)^2 = \sum_{i=1}^{r} \sum_{j=1}^{m} (\varepsilon_{ij} - \bar{\varepsilon}_i)^2 \tag{4.2.9}$$

仅反映试验误差，不论 H_0 是否为真。

三、均方(平均偏差平方和)与 F 比

从(4.2.8)与(4.2.9)式可以看出：误差平方和 S_e 以及在原假设 H_0 为真时因子 A 的平方和 S_A 中都只包含误差。但是在量上还是不可比较的，因为这两个平方和的自由度不同。关于这一点通过计算两者的数学期望可以更进一步看清。

由于各 ε_{ij} 相互独立，都服从 $N(0,\sigma^2)$，所以各 $\bar{\varepsilon}_i$ 也相互独立，都服从 $N(0,\sigma^2/m)$，故

$$\frac{m}{\sigma^2} \sum_{i=1}^{r} (\bar{\varepsilon}_i - \bar{\varepsilon})^2 \sim \chi^2(r-1)$$

$$\frac{1}{\sigma^2} \sum_{j=1}^{m} (\varepsilon_{ij} - \bar{\varepsilon}_i)^2 \sim \chi^2(m-1), \quad \frac{1}{\sigma^2} \sum_{i=1}^{r} \sum_{j=1}^{m} (\varepsilon_{ij} - \bar{\varepsilon}_i)^2 \sim \chi^2(r(m-1))$$

这也意味着 $S_e/\sigma^2 \sim \chi^2(r(m-1)) = \chi^2(n-r)$，在 H_0 为真时，$S_A/\sigma^2 \sim \chi^2(r-1)$，则

$$E(S_e/\sigma^2) = r(m-1) = n-r$$

$$E(S_A/\sigma^2) = \sum_{i=1}^{r} E[m(a_i + \bar{\varepsilon}_i - \bar{\varepsilon})^2/\sigma^2] = m\sum_{i=1}^{r} a_i^2/\sigma^2 + (r-1)$$

在 H_0 为真时，有 $E(S_A/\sigma^2) = r-1$。

这表明：

$$E(S_e) = r(m-1)\sigma^2 = f_e\sigma^2$$

在 H_0 为真时，有 $E(S_A) = (r-1)\sigma^2 = f_A\sigma^2$。

我们将因子或误差的平方和与各自的自由度之比称为因子或误差的均方，并分别记为：

$$MS_A = S_A/f_A, \quad MS_e = S_e/f_e$$

则在 H_0 为真时，$E(MS_A) = E(S_A/f_A) = \sigma^2$，否则 $E(MS_A) > \sigma^2$，而

$$E(MS_e) = E(S_e/f_e) = \sigma^2 \tag{4.2.10}$$

此时两个均方在 H_0 为真的条件下是可比的，并且应该相差不大。若 MS_A 远大于 MS_e，则说明在 MS_A 中除了有试验误差外还含有水平效应间的差异，这就说明"H_0 为真"不当，故应该拒绝 H_0。

所以我们可以通过比较 MS_A 与 MS_e 来下结论：当 MS_A 与 MS_e 相差不大时，认为因子 A 不显著，而当 MS_A 相对于 MS_e 大得多时，认为 A 是显著的。这一比较可以用两者的比表示，记为：

$$F = MS_A/MS_e$$

并且 F 值愈大，愈倾向于拒绝 H_0，故拒绝域形式为：

$$W = \{F \geqslant c\}$$

在 H_0 为真时，可以证明 $F \sim F(f_A, f_e)$，当给定显著性水平 α 时，可由 $P(F \geqslant c) = \alpha$ 定出 $c = F_{1-\alpha}(f_A, f_e)$，于是当 $F \geqslant F_{1-\alpha}(f_A, f_e)$ 时认为因子 A 是显著的，其中 $F_{1-\alpha}(f_A, f_e)$ 是自由度为 f_A, f_e 的 F 分布的 $1-\alpha$ 分位数。

四、方差分析表

以上求 F 的值的过程往往列成如表 4.2.2 所示的方差分析表。先把诸平方和及其自由度移入方差分析表，然后继续计算均方与 F 比，最后由分位数 $F_{1-\alpha}(f_A, f_e)$ 的大小作出判断。

表 4.2.2 单因子方差分析表

来源	平方和	自由度	均方	F 比
因子 A	S_A	$f_A = r-1$	$MS_A = S_A/f_A$	$F = MS_A/MS_e$
误差 e	S_e	$f_e = n-r$	$MS_e = S_e/f_e$	
总计 T	S_T	$f_T = n-1$		

在以上计算中,关键是计算各个偏差平方和,通过代数运算有:

$$S_T = \sum_{i=1}^{r}\sum_{j=1}^{m}(y_{ij}-\bar{y})^2 = \sum_{i=1}^{r}\sum_{j=1}^{m}y_{ij}^2 - \frac{T^2}{n}$$

$$S_A = \sum_{i=1}^{r}m(\bar{y}_i-\bar{y})^2 = \sum_{i=1}^{r}\frac{T_i^2}{m} - \frac{T^2}{n}$$

$$S_e = S_T - S_A$$

其中 T_i 是第 i 个水平数据的和,T 表示 $n=rm$ 个数据的总和。

五、具体步骤

综上,进行方差分析的步骤如下:

(1) 计算因子 A 的每一水平下数据的和 $T_1, T_2, \cdots, T_r$ 及总和 T;

(2) 计算各类数据的平方和 $\sum\sum y_{ij}^2, \sum T_i^2, T^2$;

(3) 依次计算 S_T, S_A, S_e 及其自由度;

(4) 把各类偏差平方和及自由度移到方差分析表上,继续计算各均方和 F 比;

(5) 对于给定的显著性水平 α,将求得的 F 值与 F 分布表中的临界值 $F_{1-\alpha}(f_A, f_e)$ 比较,当 $F \geqslant F_{1-\alpha}(f_A, f_e)$ 时认为因子 A 是显著的,否则认为因子 A 是不显著的。

例 4.2.1 假定各染整工艺下缩水率服从等方差正态分布,对例 4.1.1 的数据进行方差分析。

解:(1) 计算各类和:

每一水平下的数据和为:$T_1=22.8, T_2=20.7, T_3=31.6, T_4=35.3, T_5=38.6$

数据的总和为:$T=149.0$

(2) 计算各类平方和:

原始数据的平方和为:$\sum\sum y_{ij}^2 = 1190.60$

每一水平下数据和的平方和为 $\sum T_i^2 = 4682.94$

(3) 计算各偏差平方和:

$$S_T = 1190.60 - 149.0^2/20 = 80.55, \quad f_T = 5\times 4 - 1 = 19$$
$$S_A = 4682.94/4 - 149.0^2/20 = 60.685, \quad f_A = 5 - 1 = 4$$
$$S_e = 80.55 - 60.685 = 19.865, \quad f_e = 19 - 4 = 15$$

(4) 列出方差分析表(见表 4.2.3):

表 4.2.3 方差分析表

来源	平方和	自由度	均方	F 比
因子 A	$S_A=60.685$	$f_A=4$	$MS_A=15.171$	$F=11.46$
误差 e	$S_e=19.865$	$f_e=15$	$MS_e=1.324$	
总计 T	$S_T=80.55$	$f_T=19$		

(5) 如果给定 $\alpha=0.05$,从 F 分布表查得 $F_{0.95}(4,15)=3.29$,由于 $F>3.29$,所以在 $\alpha=0.05$ 水平上因子 A 是显著的,这就表明不同的染整工艺的平均缩水率有明显的差异。

4.2.3 各水平均值 μ_i 与误差方差 σ^2 的估计

一、各水平均值 μ_i 的无偏估计,$i=1,2,\cdots,r$

当因子 A 是显著时,我们还可以给出每一水平均值 μ_i 与水平效应 a_i 的估计,以便找出最好的水平。从(4.2.6)与(4.2.7)式可知:

$$\hat{\mu}=\bar{y}, \quad \hat{a}_i=\bar{y}_i-\bar{y}, \quad i=1,2,\cdots,r$$

它们都是相应参数的无偏估计,从而第 i 个水平均值的无偏估计为:

$$\hat{\mu}_i=\hat{\mu}+\hat{a}_i=\bar{y}_i, \quad i=1,2,\cdots,r$$

例 4.2.2 求例 4.2.1 中五种染整工艺的平均缩水率的估计。

解:由例 4.2.1 求得的各水平下数据和,可得:

$$\hat{\mu}_1=5.700, \hat{\mu}_2=5.175, \hat{\mu}_3=7.900, \hat{\mu}_4=8.825, \hat{\mu}_5=9.650$$

各水平均值可以用图形表示(见图 4.2.2):

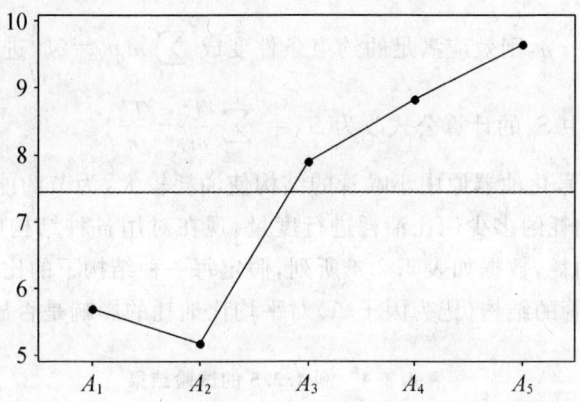

图 4.2.2 各水平的均值图

由此可见,染整工艺 A_2 的平均缩水率最小。

二、误差方差 σ^2 的无偏估计

从(4.2.10)式可知方差 σ^2 的无偏估计是 $\hat{\sigma}^2=MS_e$,可取 σ 的估计为 $\hat{\sigma}=\sqrt{MS_e}$。

例 4.2.3 求例 4.2.1 中 σ 的估计。

解:从例 4.2.1 可知:$\hat{\sigma}^2=MS_e=1.324$,故 σ 的估计是 $\sqrt{1.324}=1.151$。

三、各水平均值 μ_i 的区间估计,$i=1,2,\cdots,r$

由于 $\hat{\mu}_i=\bar{y}_i\sim N(\mu_i,\sigma^2/m)$,此外 $S_e/\sigma^2\sim\chi^2(f_e)$,还可以证明两者独立,从而可以用枢轴量方法构造 μ_i 的置信水平为 $1-\alpha$ 的置信区间。枢轴量可按如下方法构造:

$$\frac{\dfrac{\bar{y}_i-\mu_i}{\sigma/\sqrt{m}}}{\sqrt{\dfrac{S_e/\sigma^2}{f_e}}}=\frac{\bar{y}_i-\mu_i}{\hat{\sigma}/\sqrt{m}}\sim t(f_e)$$

则 μ_i 的置信水平为 $1-\alpha$ 的置信区间为 $\bar{y}_i \pm t_{1-\alpha/2}(f_e)\hat{\sigma}/\sqrt{m}$。

例 4.2.4 求例 4.2.1 中染整工艺 A_1 与 A_2 的平均缩水率的 0.95 的置信区间。

解：在例 4.2.1 中知 $f_e=15$，从例 4.2.3 知 $\hat{\sigma}=1.151$，在 $1-\alpha=0.95$ 时，$t_{0.975}(15)=2.1315$，则

$$t_{1-\alpha/2}(f_e)\hat{\sigma}/\sqrt{m} = 2.1315 \times 1.151/\sqrt{4} = 1.227$$

从例 4.2.2 的结果可得染整工艺 A_1 与 A_2 的平均缩水率 μ_1 与 μ_2 的 0.95 置信区间分别为：

$$\mu_1: 5.700 \pm 1.227 = [4.473, 6.927]$$
$$\mu_2: 5.175 \pm 1.227 = [3.948, 6.402]$$

4.2.4 重复数不等的方差分析

假定在 A_i 水平下进行了 m_i 次试验，$i=1,2,\cdots,r$，且各 m_i 不全相等，即在每一水平下重复试验次数不等，此时总试验次数为 $n = \sum_{i=1}^{r} m_i$，一般均值 μ 定义为：$\mu = \frac{1}{n}\sum_{i=1}^{r} m_i\mu_i$，效应 a_i 仍然定义为 $a_i = \mu_i - \mu$，则效应满足的约束条件变成 $\sum_{i=1}^{r} m_i a_i = 0$。进行方差分析的步骤仍然同上，只是在计算中 S_A 的计算公式改为 $S_A = \sum_{i=1}^{r} \frac{T_i^2}{m_i} - \frac{T^2}{n}$。

例 4.2.5 某型号化油器原中小喉管的结构使油耗较大，为节约能源，设想了两种改进方案以降低油耗。油耗的多少用比油耗进行度量，现在对用各种结构的中小喉管制造的化油器分别测定其比油耗，数据如表 4.2.4 所列，假定每一种结构下的比油耗服从等方差的正态分布，试问中小喉管的结构（记为因子 A）对平均比油耗的影响是否显著。

表 4.2.4 例 4.2.5 的试验结果

水平	试验结果（比油耗-220）							
A_1：原结构	11.0	12.8	7.6	8.3	4.7	5.5	9.3	10.3
A_2：改进方案1	2.8	4.5	-1.5	0.2				
A_3：改进方案2	4.3	6.1	1.4	3.6				

现在对这批数据作方差分析（这里一切数据均减去 220 不影响 F 比的计算，因此也不会影响因子的显著性）。

(1) 各水平下的试验次数及数据和分别为：

$$A_1: m_1=8, T_1=69.5$$
$$A_2: m_2=4, T_2=6.0$$
$$A_3: m_3=4, T_3=15.4$$

总的试验次数 $n=16$，数据的总和为 $T=90.9$

(2) 计算各类平方和:
$$\sum\sum y_{ij}^2 = 757.41, \quad \sum T_i^2/m_i = 672.07, \quad T^2/n = 516.43$$

(3) 计算各偏差平方和:
$$S_T = \sum_{i=1}^{3}\sum_{j=1}^{m_i} y_{ij}^2 - \frac{T^2}{16} = 757.41 - 516.43 = 240.98, \quad f_T = 16 - 1 = 15$$
$$S_A = \frac{T_1^2}{m_1} + \frac{T_2^2}{m_2} + \frac{T_3^2}{m_3} - \frac{T^2}{16} = 672.07 - 516.43 = 155.64, \quad f_A = 3 - 1 = 2$$
$$S_e = S_T - S_A = 240.98 - 155.64 = 85.34, \quad f_e = 15 - 2 = 13$$

(4) 列方差分析表(见表 4.2.5):

表 4.2.5　例 4.2.5 的方差分析表

来源	平方和	自由度	均方	F 比
因子 A	$S_A = 155.64$	$f_A = 2$	$MS_A = 77.82$	$F = 11.86$
误差 e	$S_e = 85.34$	$f_e = 13$	$MS_e = 6.56$	
总计 T	$S_T = 240.98$	$f_T = 15$		

(5) 设 $\alpha = 0.05$, 从 F 分布表查得 $F_{0.95}(2,13) = 3.81$, 由于求得的 $F > 3.81$, 所以在 $\alpha = 0.05$ 水平上因子 A 是显著的。

结论:(1) 由于因子 A 显著, 这就表明不同的中小喉管结构生产的化油器的平均比油耗有明显的差异。

(2) 我们还可以给出不同结构生产的化油器的平均比油耗的估计:
$$\hat{\mu}_1 = 8.69 + 220 = 228.69$$
$$\hat{\mu}_2 = 1.50 + 220 = 221.50$$
$$\hat{\mu}_3 = 3.85 + 220 = 223.85$$

这里加上 220 是因为在原数据中减去了 220 的缘故。由此可见, 从比油耗的角度看, 两种改进结构都比原来的好, 特别是改进结构 1 更好。

(3) 在本例中误差方差的估计为 $\hat{\sigma}^2 = 6.56$, 标准差的估计为 $\hat{\sigma} = 2.56$。

(4) 还可以给出不同结构生产的化油器的平均比油耗的置信水平为 0.95 的置信区间。这里 $f_e = 13, \hat{\sigma} = 2.56$, 在 $1 - \alpha = 0.95$ 时, $t_{0.975}(13) = 2.1604$, 则:
$$\mu_1: 228.69 \pm 2.1604 \times 2.56/\sqrt{8} = 228.69 \pm 1.96 = [226.73, 230.65]$$
$$\mu_2: 221.50 \pm 2.1604 \times 2.56/\sqrt{4} = 221.50 \pm 2.77 = [218.73, 224.27]$$
$$\mu_3: 223.85 \pm 2.1604 \times 2.56/\sqrt{4} = 223.85 \pm 2.77 = [221.08, 226.62]$$

4.2.5 多重比较

在单因子方差分析中, 若经 F 检验拒绝原假设 $H_0: \mu_1 = \mu_2 = \cdots = \mu_r$, 这表明, 因子 A 的

r 个水平均值 $\mu_1, \mu_2, \cdots, \mu_r$ 不全相等,但不一定两两之间都有差异。故还需要进一步去确认哪些水平均值间确有显著差异,哪些水平均值间无显著差异。这要进行多重比较。

同时比较任意两个水平均值间有无显著差异的问题称为多重比较问题。

这里的关键是"同时"两字。若有 $r(r>2)$ 个水平均值 $\mu_1, \mu_2, \cdots, \mu_r$,则同时检验以下 $\binom{r}{2}$ 个假设的检验问题就是多重比较问题:

$$H_0^{ij}: \mu_i = \mu_j, \quad i<j, \ i,j=1,2,\cdots,r$$

譬如在 $r=3$ 时,多重比较就是要同时检验如下三个假设:

$$H_0^{12}: \mu_1 = \mu_2, \quad H_0^{13}: \mu_1 = \mu_3, \quad H_0^{23}: \mu_2 = \mu_3$$

直观考虑,当 H_0^{ij} 为真时,$|\bar{y}_i - \bar{y}_j|$ 不应过大,过大就应拒绝 H_0^{ij}。因此在同时考虑 $\binom{r}{2}$ 个假设 H_0^{ij} 时,"诸 H_0^{ij} 中至少有一个不成立"就构成多重比较的拒绝域 W,它应有如下形式:

$$W = \bigcup_{i<j} \{|\bar{y}_i - \bar{y}_j| \geq c_{ij}\}$$

这里 $\bar{y}_i$ 表示水平 A_i 下数据的平均值,$i=1,2,\cdots,r$。对于给定的显著性水平 α,就要确定这样的临界值 c_{ij},使得上述 $\binom{r}{2}$ 个假设 H_0^{ij} 都成立时有 $P(W)=\alpha$。

下面就重复数相等与重复数不等两种情况分别讨论多重比较临界值的确定问题。

一、重复数相等情况的 T 法

这是 Tukey 在 1953 年提出的多重比较方法,简称 T 法,适用于重复数相等的情况,这里设重复数皆为 m。此时临界值 c_{ij} 全相等,记为 c。Tukey 给出

$$c = q_{1-\alpha}(r, f_e)\sqrt{MS_e/m}$$

其中 $q_{1-\alpha}(r, f_e)$ 是特定统计量(称为 t 化极差统计量)$q(r, f_e)$ 的 $1-\alpha$ 分位数,可在附表 4 中查得。从而显著性水平为 α 的拒绝域为:

$$\{|\bar{y}_i - \bar{y}_j| \geq q_{1-\alpha}(r, f_e)\sqrt{MS_e/m}, \quad i<j, \ i,j=1,2,\cdots,r\}$$

例 4.2.6 在显著性水平 $\alpha=0.05$ 下对例 4.2.1 做多重比较。

解:在例 4.2.1 中,$r=5, m=4, MS_e=1.324, f_e=15$,在 $\alpha=0.05$ 时,从附表 4 中查得 $q_{0.95}(5,15)=4.27$,可得临界值

$$c = 4.37 \times \sqrt{1.324/4} = 2.514$$

从而当 $i<j$ 时,若 $|\bar{y}_i - \bar{y}_j| \geq 2.514$,则拒绝 $H_0^{ij}: \mu_i = \mu_j$,否则就保留该假设,现从例 4.2.1 中得:

$$\bar{y}_1 = 5.700, \ \bar{y}_2 = 5.175, \ \bar{y}_3 = 7.900, \ \bar{y}_4 = 8.825, \ \bar{y}_5 = 9.650$$

可求得任意两个均值的差的绝对值:

表 4.2.6 任意两个均值的差的绝对值

$|\bar{y}_i-\bar{y}_j|$ $(i<j)$	$i=1$	$i=2$	$i=3$	$i=4$	$i=5$
$j=1$	—				
$j=2$	0.525	—			
$j=3$	2.200	2.725*			
$j=4$	3.125*	3.650*	0.925	—	
$j=5$	3.950*	4.475*	1.750	0.825	—

（右上角打"*"表示 $|\bar{y}_i-\bar{y}_j|\geqslant 2.514$）

这表明染整工艺 A_1 与 A_4、A_5，A_2 与 A_3、A_4、A_5 间平均缩水率有显著差异，其他水平间无显著差异。

综上所述，由于染整工艺 A_1 与 A_2 的平均缩水率较小，且无显著差异，因此可在 A_1 与 A_2 中选一个成本较低的染整工艺使用。

二、重复数不等情况的 S 法

这是 Scheffe 在 1953 年提出的多重比较法，简称 S 法，适用于重复数不等的情况。因子 A 的 r 个水平的重复数分别记为 $m_1, m_2, \cdots, m_r$。

若给定显著性水平 α，要使 $P(W)=\alpha$，则：

$$c_{ij}=\sqrt{(r-1)F_{1-\alpha}(r-1,f_e)\left(\frac{1}{m_i}+\frac{1}{m_j}\right)MS_e}$$

故当

$$|\bar{y}_i-\bar{y}_j|\geqslant c_{ij}, \quad i<j, \ i,j=1,2,\cdots,r$$

拒绝 H_0^{ij}，否则保留 H_0^{ij}。

例 4.2.7 在显著性水平 $\alpha=0.05$ 下对例 4.2.5 做多重比较。

解：在例 4.2.5 中：

$$r=3, \ m_1=8, \ m_2=4, \ m_3=4, \ MS_e=6.56, \ f_e=13$$

在 $\alpha=0.05$ 时，从附表查得 $F_{0.95}(2,13)=3.81$，从而可得：

$$(3-1)\times 3.81=7.62$$

又可求得：

$$c_{12}=c_{13}=\sqrt{7.62\times\left(\frac{1}{8}+\frac{1}{4}\right)\times 6.56}=4.33$$

$$c_{23}=\sqrt{7.62\times\left(\frac{1}{4}+\frac{1}{4}\right)\times 6.56}=5.00$$

另外，从例 4.2.5 获得诸水平下数据的均值：

$$\bar{y}_1=8.69, \ \bar{y}_2=1.50, \ \bar{y}_3=3.82$$

可求得任意两个均值之差的绝对值：

$|\bar{y}_1 - \bar{y}_2| = 7.19 > c_{12}$,拒绝 H_0^{12},可认为 $\mu_1 \neq \mu_2$

$|\bar{y}_1 - \bar{y}_3| = 4.87 > c_{13}$,拒绝 H_0^{13},可认为 $\mu_1 \neq \mu_3$

$|\bar{y}_2 - \bar{y}_3| = 2.32 < c_{23}$,保留 H_0^{23},可认为 $\mu_2 = \mu_3$

综上可知,在显著性水平 $\alpha = 0.05$ 下,两种改进方案间无显著差异,而它们与原结构间都有显著差异。

4.2.6 方差齐性检验

以上分析都是基于方差分析中对数据的三项假定(正态性、方差齐性与数据间独立性)成立下进行的。那么这些假定是否满足?只要试验是按随机次序进行的,那么独立性一般不成问题。下面讨论方差齐性的检验问题。

设第 i 个总体的分布为 $N(\mu_i, \sigma_i^2)$,从中获得的样本是 $y_{i1}, y_{i2}, \cdots, y_{im_i}$,记样本方差为 s_i^2,$i = 1, 2, \cdots, r$,则方差齐性所要检验的假设可以表示为:

$$H_0: \sigma_1^2 = \sigma_2^2 = \cdots = \sigma_r^2, \quad H_1: \sigma_1^2, \sigma_2^2, \cdots, \sigma_r^2 \text{ 不全相等}$$

对此通常采用 Bartlett 检验,检验统计量为:

$$\chi^2 = \frac{1}{c} \left[f_e \ln \frac{S_e}{f_e} - \sum_{i=1}^{r} (m_i - 1) \ln s_i^2 \right]$$

其中 $c = \frac{1}{3(r-1)} \left(\sum_{i=1}^{r} \frac{1}{m_i - 1} - \frac{1}{f_e} \right) + 1$,对给定的显著性水平 α,拒绝域为:

$$\left\{ \chi^2 \geq \chi_{1-\alpha}^2 (r-1) \right\}$$

该检验不管重复数是否相等均可使用。

例 4.2.8 检验例 4.2.1 所涉及的五个总体的方差是否相等。(取 $\alpha = 0.05$)

解:例 4.2.1 涉及的五个总体对应的样本方差分别为:

$$s_1^2 = 1.353, s_2^2 = 1.409, s_3^2 = 0.900, s_4^2 = 1.503, s_5^2 = 1.457$$

现在 $r = 5$,在每一水平下重复试验次数均为 $m = 4$,且由例 4.2.1 知 $MS_e = 1.324$,$f_e = 15$,在 0.05 水平上拒绝域为 $\left\{ \chi^2 \geq \chi_{0.95}^2 (4) = 9.488 \right\}$。现在

$$c = \frac{1}{3(r-1)} \left(\sum_{i=1}^{r} \frac{1}{m_i - 1} - \frac{1}{f_e} \right) + 1$$

$$= \frac{1}{3 \times 4} \left[\frac{1}{3} \times 5 - \frac{1}{15} \right] + 1 = 1.1333$$

$$\chi^2 = \frac{1}{c} \left[f_e \ln MS_e - \sum_{i=1}^{r} (m_i - 1) \ln s_i^2 \right]$$

$$= \frac{1}{1.1333} [15 \times \ln 1.324 - 3(\ln 1.353 + \ln 1.409$$

$$+ \ln 0.900 + \ln 1.503 + \ln 1.457)]$$

$$= 2.5467$$

样本未落在拒绝域中,所以在 0.05 水平上可以认为所涉及的五个总体的方差相等。

例 4.2.9 检验例 4.2.5 所涉及的三个总体的方差是否相等。（取 $\alpha=0.05$）

解:例 4.2.5 涉及的三个总体对应的样本方差分别为:

$$s_1^2=7.518, s_2^2=7.130, s_3^2=3.777$$
$$m_1=8, \quad m_2=4, \quad m_3=4$$

由例 4.2.5 知:$MS_e=6.56, f_e=13$,在 0.05 水平上拒绝域为 $\{\chi^2 \geqslant \chi_{0.95}^2(2)=5.991\}$。

现在

$$c=\frac{1}{3(r-1)}\left(\sum_{i=1}^{r}\frac{1}{m_i-1}-\frac{1}{f_e}\right)+1=\frac{1}{3\times 2}\left[\frac{1}{7}+\frac{1}{3}+\frac{1}{3}-\frac{1}{13}\right]+1=1.122$$

则

$$\chi^2=\frac{1}{c}\left[f_e\ln\frac{S_e}{f_e}-\sum_{i=1}^{r}(m_i-1)\ln s_i^2\right]$$
$$=\frac{1}{1.122}[13\times\ln 6.56-7\times\ln 7.518-3\times\ln 7.130-3\times\ln 3.777]=0.403$$

样本未落在拒绝域中,所以在 0.05 水平上可以认为所涉及的三个总体的方差相等。

4.2.7 正态性检验与诊断

关于数据来自正态分布的检验可分两种情况处理。

1. 若各水平下重复试验次数不少于 8,可对每水平下的数据分别用正态概率纸作检验。

注:若把各水平下的数据画在同一张正态概率纸上,且每一水平下的点各自呈现在一直线附近,此时若 r 条直线近似平行,还可看出它们的方差近似相等。

2. 若各水平下重复试验次数少于 8,那么可以计算每一数据 y_{ij} 的残差

$$e_{ij}=y_{ij}-\bar{y}_i, \quad i=1,2,\cdots,r, j=1,2,\cdots,m_i$$

这时共有 $n=m_1+m_2+\cdots+m_r$ 个残差,它们可近似看作来自同一正态总体,用此 n 个残差作正态概率图,若 n 个点呈直线状即可认为正态性假定成立。

注:所谓残差是指观察值与拟合值之差,在单因子方差分析中第 i 水平的第 j 个观察值为 y_{ij},其拟合值(即 μ_i 的估计)是 $\bar{y}_i$,因此残差 $e_{ij}=y_{ij}-\bar{y}_i$。利用残差进行判断的方法称为诊断。

例 4.2.10 在例 4.1.1 中有五个水平,在每一水平下各重复进行了 4 次试验,共有 20 个数据,由此可算出 20 个残差,具体见表 4.2.7。

表 4.2.7 残差计算

水平	数据 y_{ij}				水平均值 $\bar{y}_i$	残差 $e_{ij}=y_{ij}-\bar{y}_i$			
A_1	4.3	6.8	5.2	6.5	5.700	−1.400	1.100	−0.500	0.800
A_2	6.1	6.3	4.2	4.1	5.175	0.925	1.125	−0.975	−1.075
A_3	6.5	8.3	8.6	8.2	7.900	−1.400	0.400	0.700	0.300
A_4	9.3	8.7	7.2	10.1	8.825	0.475	−0.125	−1.625	1.275
A_5	9.5	9.8	11.4	8.9	9.650	−0.150	−0.850	1.750	−0.750

表 4.2.7 上的 20 个残差的正态概率图如图 4.2.3 所示,从图上看点基本分布在一直线附近,可以认为正态性没有严重违背。若对残差进行正态性检验,其 p 值大于 0.05,所以可以接受正态性假定。

注:用残差图还可以对方差齐性和数据的独立性作出诊断,具体如下:

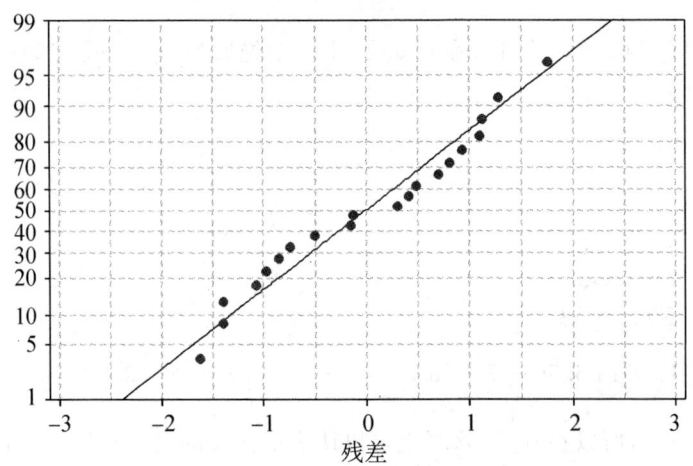

图 4.2.3　例 4.1.1 的残差的正态概率图

- 对方差齐性的诊断

利用残差对拟合值作点图,如果图上的点没有喇叭形的分布(如图 4.2.4),可以认为方差齐性。

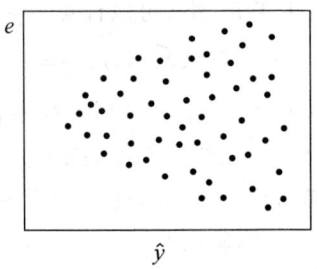

图 4.2.4　点呈现喇叭形的分布,方差非齐性

- 对数据的独立性诊断

利用残差按数据获得的次序画点图,如果图上的点没有呈现规律性的模式,可以认为数据间相互独立。具体见下面的例子。

下面的例子将说明随机性的重要性及用残差图进行诊断的作用。

例 4.2.11　一种连接器可由三个供应商 A、B、C 提供。由于该连接器经常使用,因此要求连接器的插头接触面上一涂层的厚度为 $25 \pm 5 \mu m$。现从每个供应商处抽取了五个产品,分别编为 1~5 号,一位工程师亲自用无伤探测方法测定其涂层的厚度。

(1)第一次按括号中的次序进行测定,并记下厚度数据(见表 4.2.8)。

表 4.2.8 测定的次序与结果

供应商	编号					平均
	1	2	3	4	5	
A	(1)9.4	(2)12.0	(3)14.5	(4)16.6	(5)17.1	13.92
B	(6)20.2	(7)19.0	(8)22.1	(9)19.7	(10)21.3	20.46
C	(11)22.8	(12)20.7	(13)18.1	(14)25.7	(15)20.7	21.60

对数据进行方差分析可以得到如下方差分析表(见表 4.2.9):

表 4.2.9 表 4.2.8 中数据的方差分析表

来源	平方和	自由度	均方	F 比
因子	171.76	2	85.88	12.88
误差	80.04	12	6.67	
总计 T	251.80	14		

由于 $F_{0.95}(2,12)=3.89$,所以在显著性水平 0.05 上,三个供应商之间有显著差异,从三者的均值来看供应商 A 是最差的。

(2)按随机次序测试:考虑到该结果是否受测定次序的影响?因此对测定次序进行随机化,重新进行一次测定。测定次序(仍然记在括号内)与厚度数据见表 4.2.10。

表 4.2.10 按随机化次序测定的结果

供应商	编号					平均
	1	2	3	4	5	
A	(10)20.5	(1)9.6	(9)20.9	(4)16.6	(11)21.1	17.74
B	(14)24.5	(3)14.1	(7)21.3	(8)19.1	(5)17.4	19.28
C	(13)23.4	(2)11.6	(15)18.4	(6)21.1	(12)20.0	18.90

对数据进行方差分析可以得到如下方差分析表(见表 4.2.11):

表 4.2.11 表 4.2.10 中数据的方差分析表

来源	平方和	自由度	均方	F 比
因子	6.4	2	3.2	0.16
误差	238.0	12	19.8	
总计 T	244.5	14		

由于 $F_{0.95}(2,12)=3.89$,所以在显著性水平 0.05 上,三个供应商之间无显著差异。

这两个结论截然相反,说明随机化是十分重要的。

次序随机化后残差的正态概率图与残差对拟合值的图如图 4.2.5 与 4.2.6 所示。

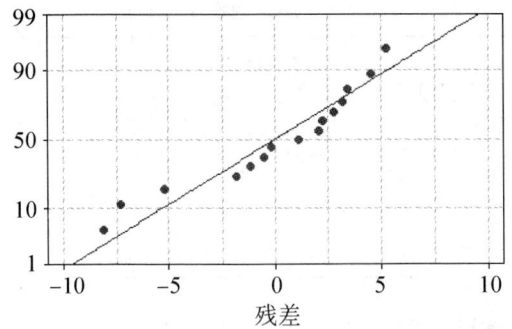

图 4.2.5　表 4.2.10 中数据残差的正态概率图

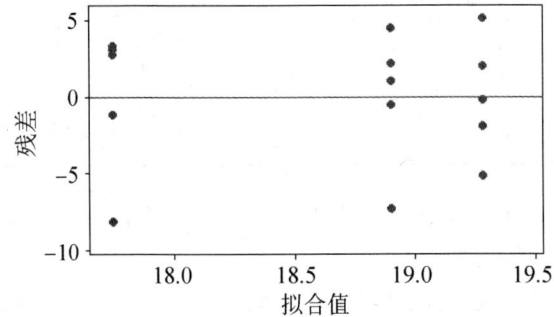

图 4.2.6　表 4.2.10 中数据残差对拟合值的图

从图中可发现正态性不是太好。下面图 4.2.7 是残差对测定序号的残差图,从图上发现,残差随测定序号的增加而呈现上升趋势。

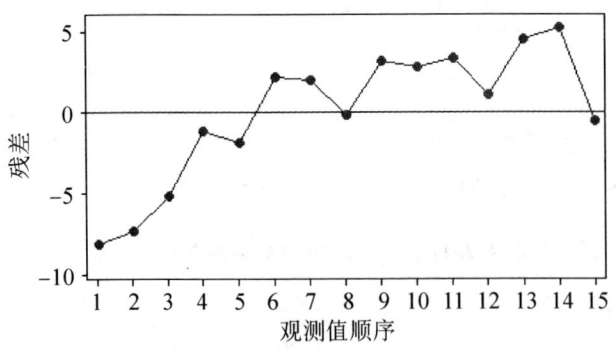

图 4.2.7　表 4.2.10 中数据残差对测定次序的图

分析原因,该工程师不熟悉仪器的使用条件,测试室的专职人员告诉他使用该仪器对厚度进行测定时需要一定的预热时间,而上述测定时忽视了这一点。

(3)预热后再按随机次序重新对厚度进行测定:测定次序与结果见表 4.2.12。

表 4.2.12　仪器预热后按随机化的测定次序与结果

供应商	编号					平均	标准差
	1	2	3	4	5		
A	(7)23.5	(2)22.9	(4)24.1	(5)23.6	(14)22.6	23.34	0.594
B	(13)25.5	(6)22.7	(12)26.1	(8)22.7	(9)24.2	24.24	1.565
C	(10)24.8	(15)22.2	(3)19.6	(1)26.8	(11)21.5	22.98	2.834

对数据进行方差分析可以得到如下方差分析表(见表 4.2.13)：

表 4.2.13　表 4.2.12 中数据的方差分析表

来源	平方和	自由度	均方	F 比
因子	4.21	2	2.11	0.58
误差	43.33	12	3.61	
总计 T	47.54	14		

由于 $F_{0.95}(2,12)=3.89$，所以在显著性水平 0.05 上，三个供应商之间无显著差异。

残差的正态概率图与残差对拟合值的图如图 4.2.8 与 4.2.9 所示。

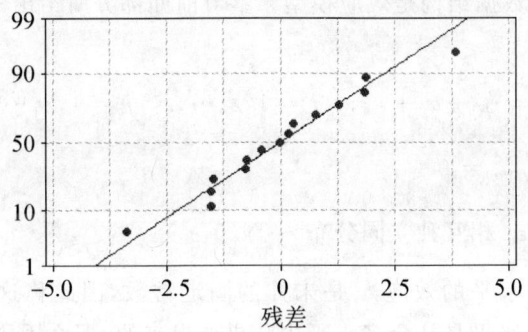

图 4.2.8　表 4.2.12 中数据残差的正态概率图

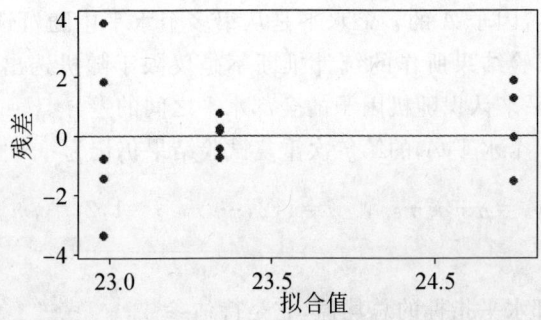

图 4.2.9　表 4.2.12 中数据残差对拟合值的图

从图中可发现正态性比前面的好。两张残差图都没有出现某些模式。下面图 4.2.10 是残差对测定序号的残差图,从图上发现,残差随测定序号是随机波动的。因此上述分析结果可信。

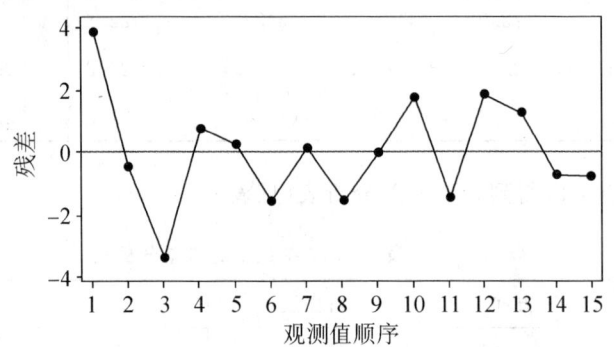

图 4.2.10　表 4.2.12 中数据残差对测定次序的图

方差分析结果表明三个供应商在涂层厚度上没有显著差异,三者波动相对来讲供应商 A 的小一些。

4.2.8　随机效应模型

描述单因子试验的数据结构是效应模型。本节前面部分所给出的单因子试验的统计模型为:

$$\begin{cases} y_{ij} = \mu + a_i + \varepsilon_{ij}, & i = 1, 2, \cdots, r, \ j = 1, 2, \cdots, m \\ \sum_{i=1}^{r} a_i = 0 \\ \text{各 } \varepsilon_{ij} \text{ 相互独立同分布} \sim N(0, \sigma^2) \end{cases}$$

这里假定因子 A 的第 i 水平的效应 a_i 是未知的固定常数,因此称这种模型为固定效应模型。如果因子 A 的 r 个水平是从众多水平中随机选出来的,那么因子 A 的第 i 水平的效应 a_i 就变成随机变量了,此时单因子试验数据就要用随机效应模型来描述。

一、单因子随机效应模型

在单因子试验中,若因子 A 的 r 个水平是从很多个水平中随机选取的,则称 A 为随机因子。对随机因子的试验结果所作的统计推断不是仅限于随机选出的 r 个水平之间的差异,而是通过这 r 个水平来认识随机因子的全部水平之间的差异。

随机因子 A 的第 i 个水平 A_i 的第 j 次重复试验结果仍记为 y_{ij},它有如下的数据结构:

$$y_{ij} = \mu + a_i + \varepsilon_{ij}, \quad i = 1, 2, \cdots, r, \ j = 1, 2, \cdots, m_i \tag{4.2.11}$$

其中,

μ 是因子 A 的全部水平指标的总均值,它是待估参数;

a_i 是第 i 个水平的随机效应。一般假定 $a_1, a_2, \cdots, a_r$ 是来自某正态分布 $N(0, \sigma_a^2)$ 的一个随机样本,其中 σ_a^2 是待估参数;

ε_{ij} 是试验误差,一般假定诸 ε_{ij} 是来自正态分布 $N(0,\sigma^2)$ 的一个随机样本,其中 σ^2 是待估参数;

此外还假定诸 a_i 与诸 ε_{ij} 是相互独立的随机变量。

由数据结构式(4.2.11)及上述诸项假定构成了单因子试验的随机效应模型。任一试验结果 y_{ij} 的方差为:

$$\text{Var}(y_{ij})=\sigma_a^2+\sigma^2 \tag{4.2.12}$$

其中 σ_a^2 和 σ^2 称为 y_{ij} 的两个方差分量。这一现象在固定效应模型中未出现过,这是随机效应模型所特有的特征,故随机效应模型又称为方差分量模型。

二、方差分析

固定效应模型与随机效应模型在方差分析上并无多大差别,差别主要表现在效应是固定的还是随机的上,从而在假设的设置和参数估计上显现出来。多重比较在固定效应模型场合是有意义的,而在随机效应场合就无必要了。

在固定效应模型中首要的问题是检验 r 个均值是否有显著差异,即检验假设 $H_0:\mu_1=\mu_2=\cdots=\mu_r$ 是否成立。但是在随机效应模型中再这样做就显得不够了,它需要检验因子 A 的一切可能的效应是否相等,这等价于检验效应方差 σ_a^2 是否为 0。因为方差为 0 的随机变量必几乎处处为常数。这样一来,在随机效应模型中需要对如下一对假设作判断:

$$H_0:\sigma_a^2=0, \quad H_1:\sigma_a^2>0 \tag{4.2.13}$$

若拒绝 H_0,则接受 H_1。而方差 $\sigma_a^2>0$ 意味着因子 A 的效应存在差异,σ_a^2 愈大,此种差异就愈大。

对上述一对假设作出判断仍然可用总平方和的分解公式:

$$S_T=S_A+S_e, \quad f_T=f_A+f_e$$

因为总平方和分解公式是代数恒等式,在随机效应模型中仍然有效,不过其成分发生了变化,可以证明 S_A 和 S_e 的数学期望分别为:

$$E(S_e)=(n-r)\sigma^2$$

$$E(S_A)=(r-1)\sigma^2+\left(n-\sum_{i=1}^r\frac{m_i^2}{n}\right)\sigma_a^2$$

在等重复情况下 $m_1=m_2=\cdots=m_r\triangleq m, n=mr$,则

$$E(S_A)=(r-1)\sigma^2+m(r-1)\sigma_a^2$$

又在 $\sigma_a^2=0$ 的假设下,仍然有:

$$F=\frac{MS_A}{MS_e}\sim F(r-1,n-r)$$

与固定效应模型相同,在给定显著性水平 α 后,拒绝原假设 $H_0:\sigma_a^2=0$ 的拒绝域为:

$$\{F\geqslant F_{1-\alpha}(r-1,n-r)\} \tag{4.2.14}$$

其中 $F_{1-\alpha}(r-1,n-r)$ 为相应 F 分布的 $1-\alpha$ 分位数。

综上可见,随机效应模型与固定效应模型在方差分析上,直至计算上都是一样的,差别仅表现在假设的设置上。

三、参数估计

在随机效应模型中需要估计的参数是总均值 μ 和两个方差分量 σ_a^2 与 σ^2。μ 的无偏估计仍可用全部数据的均值,即

$$\hat{\mu}=\bar{y}=\frac{1}{n}\sum_{i=1}^{r}\sum_{j=1}^{m_i}y_{ij} \tag{4.2.15}$$

而 σ^2 和 σ_a^2 的无偏估计分别为:

$$\hat{\sigma}^2=MS_e=S_e/(n-r) \tag{4.2.16}$$

$$\hat{\sigma}_a^2=\frac{MS_A-MS_e}{n_0} \tag{4.2.17}$$

其中 $n=m_1+m_2+\cdots+m_r$,

$$n_0=\begin{cases}\frac{1}{r-1}\left(n-\sum_{i=1}^{r}\frac{m_i^2}{n}\right), & \text{当重复数不等时}\\ m, & \text{当重复数相等,且为 }m\text{ 时}\end{cases} \tag{4.2.18}$$

注意:在采用(4.2.17)式时,有时会出现 $\hat{\sigma}_a^2<0$,这是值得注意的现象,从 $\hat{\sigma}_a^2<0$ 可知 $MS_A<MS_e$,从而 $F=\frac{MS_A}{MS_e}<1$,这时总是接受原假设 $H_0:\sigma_a^2=0$,故可把 $\hat{\sigma}_a^2$ 改为:

$$\tilde{\sigma}_a^2=\max(\hat{\sigma}_a^2,0)$$

当然还要考察出现 $MS_A<MS_e$ 的原因,可能试验误差过大,或模型不合适等原因引起。找到原因后再对模型进行改进。

例 4.2.12 在一个车间里随机选出五台机器,在一段时间内观察这五台机器生产的产品的粘接强度。记录粘接强度,但各台机器记录次数不等,具体数据见表 4.2.14。

表 4.2.14 粘接强度的数据

机器 A	粘接强度(kg/cm²)									m_i
A_1	40	47	48	46	45	43				6
A_2	43	45	40	40	43	45	47	44		8
A_3	42	39	45	31	38	40	38	33	36	35	10
A_4	42	32	38	35	35	35	36	36		8
A_5	31	35	34	31	37	34				6

(1)在 $\alpha=0.05$ 水平上各台机器粘接强度有无显著差异?
(2)对两个方差分量 σ^2 和 σ_a^2 给出估计值。

解:(1)由于五台机器是从车间中许多机器中随机取出的,所以这是随机效应模型。首先计算各水平数据的和、平方和等:

表 4.2.15 计算表

机器 A	重复数 m_i	和 T_i	T_i^2/m_i	$\sum_{j=1}^{m_i} y_{ij}^2$
A_1	6	269	12060.167	12103
A_2	8	347	15051.125	15093
A_3	10	377	14212.900	14369
A_4	8	289	10440.125	10499
A_5	6	202	6800.667	6828
和	$n=38$	$T=1484$	58564.984	58892

由此可得

$$S_T = 58892 - 1484^2/38 = 937.895, \quad f_T = 38-1 = 37$$
$$S_A = 58564.984 - 1484^2/38 = 610.879, \quad f_A = 5-1 = 4$$
$$S_e = 937.895 - 610.879 = 327.016, \quad f_e = 37-4 = 33$$

方差分析表如表 4.2.16 所示。

表 4.2.16 方差分析表

来源	平方和	自由度	均方	F 比
机器 A	610.879	4	152.72	15.41
误差 e	327.016	33	9.91	
总和 T	937.895	37		

在给定的显著性水平 $\alpha = 0.05$ 下，查得 $F_{0.95}(4,33) = 2.67$，由于 $F > 2.67$，所以在 $\alpha = 0.05$ 水平上拒绝原假设 $H_0: \sigma_a^2 = 0$。这表明该车间各台机器粘接强度有显著差异。

(2) 下面来估计各方差分量：

$$\hat{\sigma}^2 = MS_e = 9.91$$

为估计另一方差分量，首先求

$$n_0 = \frac{1}{r-1}\left(n - \sum_{i=1}^{r} \frac{m_i^2}{n}\right) = \frac{1}{4}\left(38 - \frac{1}{38}(6^2 + 8^2 + 10^2 + 8^2 + 6^2)\right)$$
$$= 7.526$$

则

$$\hat{\sigma}_a^2 = \frac{152.72 - 9.91}{7.526} = 18.98$$

因此任一粘接强度数据的方差的估计值为 $\hat{\sigma}^2 + \hat{\sigma}_a^2 = 9.91 + 18.98 = 28.89$，其中大部分来自机器间的差异，小部分来自试验误差。这一结果表明：粘结强度的波动主要来自机器，要提高粘结强度，就要研究机器间差异形成的原因，可能是有些机器装配不合格、或保养不好、或管理不好、或操作工技术不够、或原料不合格等。找到原因后加以改进就可减少机器间的差

异 σ_a^2，从而提高粘结强度。这一切都是由于把两个方差分量分开的结果，方差分量是一个很有用的概念。

§4.3 两因子方差分析

如果在一个试验中需要同时考察两个因子 A 与 B，并设因子 A 有 r 个水平，因子 B 有 s 个水平，这时共有 $n=rs$ 个不同的试验条件，也就是说有 n 个总体。现在作如下假定：

每一个总体的分布是正态分布，其均值为 μ_{ij}，它与因子 A 及 B 的水平有关；其方差相同，都是 σ^2。

现在我们不仅需要分析因子 A 的不同水平对指标的均值有无显著影响，还需要分析因子 B 的不同水平对指标的均值有无显著影响，有时还需要回答两个因子不同水平的搭配对指标的均值有无特殊影响，这种特殊影响如果存在就称为因子 A 与 B 间有交互作用，记为 $A \times B$ 或 AB。

4.3.1 交互作用

交互作用是指两个或两个以上因子结合在一起时对指标产生的一种综合效应。此种效应不同于单个因子对指标所产生的效应，它有时能提高指标值，有时却会压低指标值。为了讲清交互效应的概念，先看下面的例子。

例 4.3.1 研究氮肥 N 和磷肥 P 对两种农作物单位面积产量的影响。现选定四块面积、土地情况类似的地，对如下 N 与 P 的各两个水平的四种组合分别进行试验：

表 4.3.1　农作物试验的因子水平表（单位面积施肥量）　　　　　　　　单位：公斤

因子	一水平	二水平
N	N_1：0	N_2：5
P	P_1：0	P_2：3

两种作物的试验结果如下：

表 4.3.2　作物一的亩产量　　　　　　　　单位：公斤

	P_1	P_2
N_1	300	360
N_2	340	450

从表 4.3.2 中可以看出：只加 5 公斤氮肥平均每亩增加 40 公斤，这就是因子 N 的效果；只加 3 公斤磷肥平均每亩增加 60 公斤，这就是因子 P 的效果；两种肥料都加，平均每亩增加 150 公斤，假如扣除了 N 和 P 的单独效果后，有：

$$(450-300)-(360-300)-(340-300)=50$$

这就是两个因子结合在一起所产生的综合效果，它有助于产量的提高，这种效果就是正向的交互作用。

表 4.3.3　作物二的亩产量　　　　　　　　　　　　单位：公斤

	P_1	P_2
N_1	300	360
N_2	340	320

从表 4.3.3 中可以看出：只加 5 公斤氮肥平均每亩增加 40 公斤，这就是因子 N 的效果；只加 3 公斤磷肥平均每亩增加 60 公斤，这就是因子 P 的效果；两种肥料都加，平均每亩仅增加 20 公斤，假如扣除了 N 和 P 的单独效果后，有：

$$(320-300)-(360-300)-(340-300)=-80$$

这也是两个因子结合在一起所产生的综合效果，它对产量起了抑制作用，这种效果就是反向的交互作用。

一般情况下因子 A 与 B 的交互作用可以用图形直观地表示。假定因子 A 与因子 B 都是二水平因子，如图 4.3.1(a) 表示因子 A 与 B 不存在交互作用，这时不管因子 B 取什么水平，因子 A 的二水平的均值总比一水平的均值高 h。在图 4.3.1(b) 中，当因子 B 取不同水平时，虽然因子 A 的二水平的均值总比一水平的高，但高的程度有所不同。在图 4.3.1(c) 中，当因子 B 取一水平时，因子 A 的二水平的均值比一水平的高，但是当因子 B 取二水平时，因子 A 的二水平的均值却比一水平的低。

如图 4.3.1(b) 与 (c) 所显示的，一个因子的水平好坏或好坏的程度受另一因子水平制约的情况，称因子 A 与 B 间存在交互作用。又称 (b) 是正向的交互作用，(c) 是反向的交互作用。

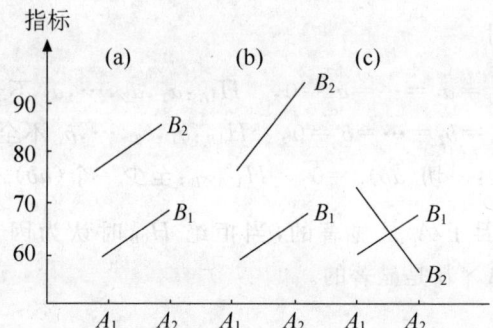

图 4.3.1　因子 A 与 B 间存在的交互作用的示意图

在 A 与 B 不存在交互作用的场合，可以假定

$$\mu_{ij}=\mu+a_i+b_j,\quad i=1,2,\cdots,r,\ j=1,2,\cdots,s$$

其中 μ 称为一般平均；a_i 称为因子 A 的第 i 水平的效应，满足 $\sum_{i=1}^{r}a_i=0$；b_j 称为因子 B 的第 j 水平的效应，满足 $\sum_{j=1}^{s}b_j=0$。μ 与诸 a_i、诸 b_j 都是待估参数。也称此为效应可加模型。

在 A 与 B 存在交互作用的场合

$$\mu_{ij}=\mu+a_i+b_j+(ab)_{ij},\quad i=1,2,\cdots,r,\ j=1,2,\cdots,s$$

其中 μ 称为一般平均；a_i 称为因子 A 的第 i 水平的效应，满足 $\sum_{i=1}^{r} a_i = 0$；b_j 称为因子 B 的第 j 水平的效应，满足 $\sum_{j=1}^{s} b_j = 0$；$(ab)_{ij}$ 为 A 的第 i 水平与 B 的第 j 水平的交互效应，满足如下约束条件：$\sum_{j=1}^{s}(ab)_{ij} = 0, i=1,2,\cdots,r, \sum_{i=1}^{r}(ab)_{ij} = 0, j=1,2,\cdots,s$。它们都是待估参数。

4.3.2 有重复试验场合的方差分析

设因子 A 有 r 个水平，因子 B 有 s 个水平，如果我们在 A 与 B 的每一种搭配下进行 m 次试验，那么不仅可以分析因子 A 的不同水平对指标的均值有无显著影响，因子 B 的不同水平对指标的均值有无显著影响，而且还可以分析 A 与 B 的交互作用对指标均值有无显著影响。

一、统计模型

设在 A_i 与 B_j 条件下的 m 个试验结果用 $y_{ij1}, y_{ij2}, \cdots, y_{ijm}$ 表示，它们相互独立，其统计模型可以表示为：

$$\begin{cases} y_{ijk} = \mu + a_i + b_j + (ab)_{ij} + \varepsilon_{ijk}, \quad i=1,2,\cdots,r, j=1,2,\cdots,s, k=1,2,\cdots,m \\ \sum_{i=1}^{r} a_i = 0, \sum_{j=1}^{s} b_j = 0 \\ \sum_{j=1}^{s}(ab)_{ij} = 0, i=1,2,\cdots,r, \quad \sum_{i=1}^{r}(ab)_{ij} = 0, j=1,2,\cdots,s \\ \text{各 } \varepsilon_{ijk} \text{ 相互独立，均服从 } N(0,\sigma^2) \end{cases}$$

要检验的假设有如下三对：

$$H_{0A}: a_1 = a_2 = \cdots = a_r = 0, \quad H_{1A}: a_1, a_2, \cdots, a_r \text{ 不全为 } 0$$
$$H_{0B}: b_1 = b_2 = \cdots = b_s = 0, \quad H_{1B}: b_1, b_2, \cdots, b_s \text{ 不全为 } 0$$
$$H_{0,A \times B}: \text{一切}(ab)_{ij} = 0, \quad H_{1,A \times B}: \text{至少一个}(ab)_{ij} \neq 0$$

当拒绝 H_{0A} 时认为因子 A 是显著的，当拒绝 H_{0B} 时认为因子 B 是显著的，当拒绝 $H_{0,A \times B}$ 时认为交互作用 $A \times B$ 是显著的。

二、方差分析

设在 A_i 与 B_j 条件下的 m 个试验结果为 $y_{ij1}, y_{ij2}, \cdots, y_{ijm}$，$A_i B_j$ 条件下的 m 个数据均值用 $\bar{y}_{ij\cdot}$ 表示，A_i 水平下的 sm 个数据均值用 $\bar{y}_{i\cdot\cdot}$ 表示，B_j 水平下的 rm 个数据均值用 $\bar{y}_{\cdot j\cdot}$ 表示，总的数据均值用 $\bar{y}$ 表示。这些均值的数据结构式分别为：

$$\bar{y}_{ij\cdot} = \mu + a_i + b_j + (ab)_{ij} + \bar{\varepsilon}_{ij\cdot}, \quad i=1,2,\cdots,r, j=1,2,\cdots,s$$
$$\bar{y}_{i\cdot\cdot} = \mu + a_i + \bar{\varepsilon}_{i\cdot\cdot}, \quad i=1,2,\cdots,r$$
$$\bar{y}_{\cdot j\cdot} = \mu + b_j + \bar{\varepsilon}_{\cdot j\cdot}, \quad j=1,2,\cdots,s$$
$$\bar{y} = \mu + \bar{\varepsilon}$$

其中 $\bar{\varepsilon}_{ij\cdot} = \frac{1}{m}\sum_{k=1}^{m}\varepsilon_{ijk}, \bar{\varepsilon}_{i\cdot\cdot} = \frac{1}{sm}\sum_{j=1}^{s}\sum_{k=1}^{m}\varepsilon_{ijk}, \bar{\varepsilon}_{\cdot j\cdot} = \frac{1}{rm}\sum_{i=1}^{r}\sum_{k=1}^{m}\varepsilon_{ijk}, \bar{\varepsilon} = \frac{1}{rsm}\sum_{i=1}^{r}\sum_{j=1}^{s}\sum_{k=1}^{m}\varepsilon_{ijk}$。

我们可以如同单因子方差分析那样进行平方和分解，引起数据波动的原因可能有四项：因子 A 的水平不同、因子 B 的水平不同、两因子间的交互作用、随机误差。因此数据的总偏差平方和 S_T 可以分解成四项：

$$S_T = S_A + S_B + S_{A \times B} + S_e$$

其中 S_A、S_B、$S_{A\times B}$ 及 S_e 分别称为因子 A、因子 B、交互作用 $A\times B$ 及误差的偏差平方和，它们的表达式、含义及其自由度如下：

$$S_T = \sum_{i=1}^{r} \sum_{j=1}^{s} \sum_{k=1}^{m} (y_{ijk} - \bar{y})^2, \quad f_T = rsm - 1$$

$$S_A = \sum_{i=1}^{r} sm(\bar{y}_{i..} - \bar{y})^2 = \sum_{i=1}^{r} sm(a_i + \bar{\varepsilon}_{i..} - \bar{\varepsilon})^2, \quad f_A = r-1$$

$$S_B = \sum_{j=1}^{s} rm(\bar{y}_{.j.} - \bar{y})^2 = \sum_{j=1}^{s} rm(b_j + \bar{\varepsilon}_{.j.} - \bar{\varepsilon})^2, \quad f_B = s-1$$

$$S_{A\times B} = \sum_{i=1}^{r} \sum_{j=1}^{s} m(\bar{y}_{ij.} - \bar{y}_{i..} - \bar{y}_{.j.} + \bar{y})^2$$

$$= \sum_{i=1}^{r} \sum_{j=1}^{s} m((ab)_{ij} + \bar{\varepsilon}_{ij.} - \bar{\varepsilon}_{i..} - \bar{\varepsilon}_{.j.} + \bar{\varepsilon})^2,$$

$$f_{A\times B} = f_A \times f_B = (r-1)(s-1)$$

$$S_e = \sum_{i=1}^{r} \sum_{j=1}^{s} \sum_{k=1}^{m} (y_{ijk} - \bar{y}_{ij.})^2 = \sum_{i=1}^{r} \sum_{j=1}^{s} \sum_{k=1}^{m} (\varepsilon_{ijk} - \bar{\varepsilon}_{ij.})^2,$$

$$f_e = rs(m-1)$$

每一平方和中的后一等式是利用数据结构式得到的，从中可知 S_A 中除了误差外主要反映了 H_{0A} 不真时因子 A 的效应，S_B 中除了误差外主要反映了 H_{0B} 不真时因子 B 的效应，$S_{A\times B}$ 中除了误差外主要反映了 $H_{0,A\times B}$ 不真时交互作用的效应，S_e 仅反映随机误差。

由于各 ε_{ijk} 相互独立，均服从 $N(0,\sigma^2)$，因此

诸 $\bar{\varepsilon}_{i..}$ 相互独立，均服从 $N(0,\sigma^2/ms)$；

诸 $\bar{\varepsilon}_{.j.}$ 相互独立，均服从 $N(0,\sigma^2/mr)$；

诸 $\bar{\varepsilon}_{ij.}$ 相互独立，均服从 $N(0,\sigma^2/m)$。

因而

$$S_e/\sigma^2 \sim \chi^2(f_e)$$

在 H_{0A} 为真时，$S_A/\sigma^2 \sim \chi^2(f_A)$

在 H_{0B} 为真时，$S_B/\sigma^2 \sim \chi^2(f_B)$

在 $H_{0,A\times B}$ 为真时，$S_{A\times B}/\sigma^2 \sim \chi^2(f_{A\times B})$

且可以证明各平方和相互独立。

如同单因子方差分析那样，各平方和的计算公式如下：

$$S_T = \sum_{i=1}^{r} \sum_{j=1}^{s} \sum_{k=1}^{m} (y_{ijk} - \bar{y})^2 = \sum_{i=1}^{r} \sum_{j=1}^{s} \sum_{k=1}^{m} y_{ijk}^2 - \frac{T^2}{n}$$

$$S_A = \sum_{i=1}^{r} sm(\bar{y}_{i..} - \bar{y})^2 = \sum_{i=1}^{r} \frac{T_{i..}^2}{sm} - \frac{T^2}{n}$$

$$S_B = \sum_{j=1}^{s} rm(\bar{y}_{.j.} - \bar{y})^2 = \sum_{j=1}^{s} \frac{T_{.j.}^2}{rm} - \frac{T^2}{n}$$

$$S_{A \times B} = \sum_{i=1}^{r} \sum_{j=1}^{s} m(\bar{y}_{ij.} - \bar{y}_{i..} - \bar{y}_{.j.} + \bar{y})^2 = \sum_{i=1}^{r} \sum_{j=1}^{s} \frac{T_{ij}^2}{m} - \frac{T^2}{n} - S_A - S_B$$

$$S_e = \sum_{i=1}^{r} \sum_{j=1}^{s} \sum_{k=1}^{m} (y_{ijk} - \bar{y}_{ij.})^2 = S_T - S_A - S_B - S_{A \times B}$$

式子中的 T_{ij} 表示 A_iB_j 条件下的 m 个数据和,$T_{i..}$ 表示 A_i 水平下的 sm 个数据和,$T_{.j.}$ 表示 B_j 水平下 rm 个的数据和,T 表示 rsm 个数据总和,$n=rsm$ 表示试验的总次数。

方差分析表类似于单因子方差分析,具体见例 4.3.2。

例 4.3.2 考察机床加工中,进刀速度 A(单位:毫米/分)与切割深度 B(单位:毫米)对某种金属零件表面光洁度的影响,选用三种进刀速度与四种切割深度,在每一水平组合下各进行三次重复试验,结果如表 4.3.4 所示。假定不同水平组合下试验结果服从同方差的正态分布,那么在显著性水平 0.05 上,进刀速度、切割深度及其交互作用对光洁度(这里的指标为望小特性)有无显著影响?

表 4.3.4 例 4.3.2 的试验结果

		\multicolumn{12}{c}{B}
		4.0			4.6			5.0			6.4		
A	5.0	74	64	60	79	68	73	82	88	92	99	104	96
	6.4	92	86	88	98	104	88	99	108	95	104	110	99
	7.6	99	98	102	104	99	95	108	110	99	114	111	107

解:在本例中 $r=3, s=4, m=3, n=3\times4\times3=36$,对数据进行方差分析的步骤如下:

(1)各类数据和及均值,数据的总和及总均值如表 4.3.5 所示。

表 4.3.5 各类和与均值的计算表

$T_{A_iB_j}/\bar{T}_{A_iB_j}$		B				行和 T_{A_i}	均值 $\bar{T}_{A_i}$
		4.0	4.6	5.0	6.4		
A	5.0	198/66.00	220/73.33	262/87.33	299/99.67	979	81.58
	6.4	266/88.67	290/96.67	302/100.67	313/104.33	1171	97.58
	7.6	299/99.67	298/99.33	317/105.67	332/110.67	1246	103.83
列和 T_{B_j}		763	808	881	944	$T=3396$	
均值 $\bar{T}_{B_j}$		84.78	89.78	97.89	104.89		$\bar{y}=94.33$

上述数据斜线前为和,斜线后为均值。

(2)计算各类平方和:

$$\sum\sum\sum y_{ijk}^2 = 326888, \quad \sum\sum T_{A_iB_j}^2 = 978596$$

$$\sum T_{A_i}^2 = 3882198, \quad \sum T_{B_j}^2 = 2902330, \quad T^2/n = 320356$$

(3) 计算各偏差平方和：

$$S_T = \sum_{i=1}^{36} y_i^2 - \frac{T^2}{36} = 6532, \quad f_T = 35$$

$$S_A = \frac{1}{12} \sum_{i=1}^{3} T_{A_i}^2 - \frac{T^2}{36} = 3160.50, \quad f_A = 2$$

$$S_B = \frac{1}{9} \sum_{j=1}^{3} T_{B_j}^2 - \frac{T^2}{36} = 2125.11, \quad f_B = 3$$

$$S_{A \times B} = \frac{1}{3} \sum_{i=1}^{3} \sum_{j=1}^{3} T_{A_i B_j}^2 - \frac{T^2}{36} - S_A - S_B = 557.06, \quad f_{A \times B} = 6$$

$$S_e = S_T - S_A - S_B - S_{A \times B} = 689.33, \quad f_e = 24$$

(4) 列方差分析表（见表 4.3.6）：

表 4.3.6　例 4.3.2 的方差分析表

来源	平方和	自由度	均方	F 比
A	3160.51	2	1580.25	55.02
B	2125.11	3	708.37	24.66
$A \times B$	557.06	6	92.84	3.23
e	689.33	24	28.72	
T	6532.00	35		

(5) 在显著性水平 0.05 上，查表有

$$F_{0.95}(2,24) = 3.40, \quad F_{0.95}(3,24) = 3.01, \quad F_{0.95}(6,24) = 2.51$$

因此因子 A、B 及交互作用 $A \times B$ 都是显著的，即在显著性水平 0.05 上三者对光洁度都有显著影响，即进刀速度与切割深度及其交互作用对光洁度都有显著影响。

三、参数估计

如同单因子方差分析中所述，由数据结构式可以知道：

$$\hat{\mu} = \bar{y};$$

因子 A 显著时 $\hat{a}_i = \bar{y}_{i..} - \bar{y}$，否则 $\hat{a}_i = 0$

因子 B 显著时 $\hat{b}_j = \bar{y}_{.j.} - \bar{y}$，否则 $\hat{b}_j = 0$

交互作用显著时 $(\widehat{ab})_{ij} = \bar{y}_{ij.} - \hat{a}_i - \hat{b}_j - \bar{y} = \bar{y}_{ij.} - \bar{y}_{i..} - \bar{y}_{.j.} + \bar{y}$，否则 $(\widehat{ab})_{ij} = 0$

它们都是相应参数的无偏估计。

可以通过所得数据寻找最佳条件并估计该条件下的均值。

当交互作用显著时，有 $\mu_{ij} = \mu + a_i + b_j + (ab)_{ij}$，其估计为：

$$\hat{\mu}_{ij} = \hat{\mu} + \hat{a}_i - \hat{b}_j + (\widehat{ab})_{ij} = \bar{y}_{ij.}$$

此时不管因子 A、B 本身是否显著，我们只要从 $A_i B_j$ 各种组合的均值中找出最好的组合即可。

此时,也如同单因子方差分析中所述,我们还可以给出 μ_{ij} 的置信水平为 $1-\alpha$ 的置信区间:

$$\bar{y}_{ij\cdot} \pm t_{1-\alpha/2}(f_e)\hat{\sigma}/\sqrt{m}$$

其中 $\hat{\sigma}$ 是误差标准差 σ 的估计,$\hat{\sigma}=\sqrt{MS_e}$,而 $\hat{\sigma}^2=MS_e$ 是误差方差 σ^2 的无偏估计。

当交互作用不显著时,$S_{A\times B}$ 可以并入误差平方和 S_e,相应地将自由度也并入 f_e。此时参数估计可以如同下面 4.3.3 小节那样进行讨论。

例 4.3.3 对例 4.3.2 的数据,寻找使指标达到最小的条件,并给出相应均值的估计。

解:在例 4.3.2 中因为交互作用显著,因此 $\hat{\mu}_{ij}=\bar{y}_{ij\cdot}$,从数据可见,在进刀速度为 $A_1=5.0$,切割深度为 $B_1=4.0$ 时,指标达到最小,其均值的估计为 66.00。

还可以给出 μ_{11} 的置信水平为 0.95 的置信区间,为此先给出 σ 的估计。由例 4.3.2 知,误差方差 σ^2 与 σ 的估计分别为 $\hat{\sigma}^2=MS_e=28.72,\hat{\sigma}=\sqrt{MS_e}=5.36$。若 $1-\alpha=0.95$,则 $t_{0.975}(24)=2.0639$,从而 μ_{11} 的置信水平为 0.95 的置信区间为:

$$66.00\pm2.0639\times5.36/\sqrt{3}=66.00\pm6.39=[59.61,72.39]$$

我们还可以直观地给出各个水平组合下数据的均值图形(见图 4.3.2):

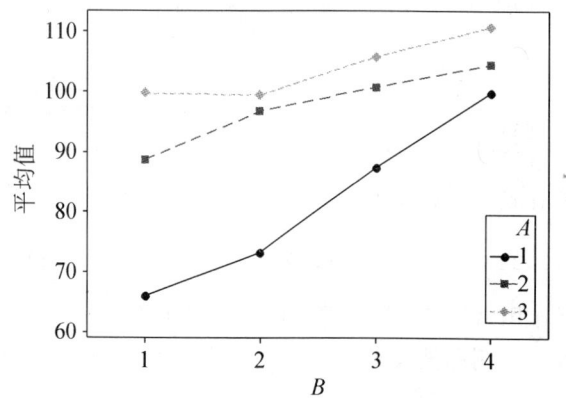

图 4.3.2　各水平组合下数据的均值

从图中可以直观地看到 A_1B_1 条件下指标达到最小。

四、残差分析

在进行方差分析时仍然需要一些假定。在两因子的方差分析中,共有 rs 个总体,在每一总体中仅进行了 m 次试验,一般来讲 m 都不太大,通常无法对单个总体的正态性、等方差性进行检验。所以我们只能利用残差进行诊断。在因子 A 与 B 存在交互作用的场合,A_iB_j 条件下的试验结果为 $y_{ij1},y_{ij2},\cdots,y_{ijm}$,拟合值为 $\hat{\mu}_{ij}=\bar{y}_{ij\cdot}$,残差便是

$$e_{ijk}=y_{ijk}-\bar{y}_{ij\cdot},\quad k=1,2,\cdots,m$$

利用残差进行诊断的工具仍然是残差图,主要用两种残差图:

一是残差的正态概率图,若 rsm 个残差点位于正态概率纸上一直线附近,那么可以认为正态性假定成立。

二是残差对拟合值的图,即以拟合值为横坐标,以残差作纵坐标画的散点图,若图中点

的散布没有呈现规律性,特别是没有喇叭形的散布,那么可以认为没有不等方差的迹象。

若上述两张图没有显示假定被违背的迹象,那么方差分析的结论可以采用,否则就需要对数据进行变换,使其满足方差分析的假定后再进行分析。

例 4.3.1 残差的正态概率图如图 4.3.3,从图上可以看出点基本在一直线附近,所以不能否认正态性假定。残差对拟合值的散布图如图 4.3.4 所示,从图上也不能否认方差齐性假定。

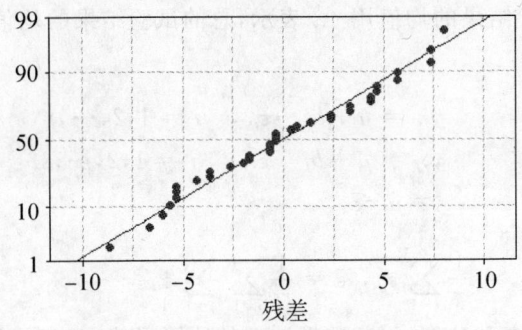

图 4.3.3　例 4.3.2 残差的正态概率图

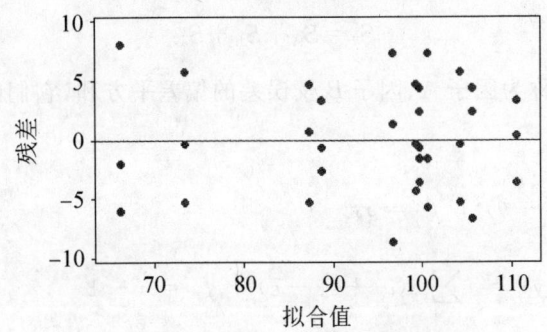

图 4.3.4　例 4.3.2 残差对拟合值的散点图

综上可以认为进行方差分析的假定满足,从而方差分析结果可以参考。

4.3.3　没有重复试验的方差分析

设因子 A 有 r 个水平,因子 B 有 s 个水平,当凭经验和专业知识知道因子 A 与 B 不存在交互作用时,此时 $S_{A\times B}$ 可以当作 S_e 使用,因此我们在 A 与 B 的每一种搭配下只需进行一次试验,即可分析因子 A 的不同水平对指标的均值有无显著影响,因子 B 的不同水平对指标的均值有无显著影响,分析方法基本同单因子方差分析。

一、统计模型

设在 A_i 与 B_j 条件下的试验结果用 y_{ij} 表示,它们相互独立,其统计模型可以表示为:

$$\begin{cases} y_{ijk} = \mu + a_i + b_j + \varepsilon_{ijk}, \quad i=1,2,\cdots,r,\ j=1,2,\cdots,s,\ k=1,2,\cdots,m \\ \sum_{i=1}^{r} a_i = 0, \sum_{j=1}^{s} b_j = 0 \\ \text{各 } \varepsilon_{ijk} \text{ 相互独立,均服从 } N(0,\sigma^2) \end{cases}$$

要检验的假设有如下两对：

$$H_{0A}: a_1 = a_2 = \cdots = a_r = 0, \quad H_{1A}: a_1, a_2, \cdots, a_r \text{ 不全为 } 0$$
$$H_{0B}: b_1 = b_2 = \cdots = b_s = 0, \quad H_{1B}: b_1, b_2, \cdots, b_s \text{ 不全为 } 0$$

当拒绝 H_{0A} 时认为因子 A 是显著的，当拒绝 H_{0B} 时认为因子 B 是显著的。

二、方差分析

设在 A_i 与 B_j 条件下的试验结果用 y_{ij} 表示，A_i 水平下的 s 个试验结果的均值用 $\bar{y}_{i\cdot}$ 表示，B_j 水平下的 r 个试验结果的均值用 $\bar{y}_{\cdot j}$ 表示，总的试验结果的均值用 $\bar{y}$ 表示。这些均值的数据结构式分别为：

$$\bar{y}_{i\cdot} = \mu + a_i + \bar{\varepsilon}_{i\cdot}, \quad i = 1, 2, \cdots, r$$
$$\bar{y}_{\cdot j} = \mu + b_j + \bar{\varepsilon}_{\cdot j}, \quad j = 1, 2, \cdots, s$$
$$\bar{y} = \mu + \bar{\varepsilon}$$

其中 $\bar{\varepsilon}_{i\cdot} = \frac{1}{s}\sum_{j=1}^{s}\varepsilon_{ij}$，$\bar{\varepsilon}_{\cdot j} = \frac{1}{r}\sum_{i=1}^{r}\varepsilon_{ij}$，$\bar{\varepsilon} = \frac{1}{rs}\sum_{i=1}^{r}\sum_{j=1}^{s}\varepsilon_{ij}$。

我们也可以进行平方和分解，引起数据波动的原因可能有三项：因子 A 的水平不同、因子 B 的水平不同、随机误差。因此数据的总偏差平方和 S_T 可以分解成三项：

$$S_T = S_A + S_B + S_e$$

其中 S_A、S_B 及 S_e 分别称为因子 A、因子 B 及误差的偏差平方和，它们的表达式、含义及其自由度如下：

$$S_T = \sum_{i=1}^{r}\sum_{j=1}^{s}(y_{ij} - \bar{y})^2, \quad f_T = rs - 1$$

$$S_A = \sum_{i=1}^{r}s(\bar{y}_{i\cdot} - \bar{y})^2 = \sum_{i=1}^{r}s(a_i + \bar{\varepsilon}_{i\cdot} - \bar{\varepsilon})^2, \quad f_A = r - 1$$

$$S_B = \sum_{j=1}^{s}r(\bar{y}_{\cdot j} - \bar{y})^2 = \sum_{j=1}^{s}r(b_j + \bar{\varepsilon}_{\cdot j} - \bar{\varepsilon})^2, \quad f_B = s - 1$$

$$S_e = \sum_{i=1}^{r}\sum_{j=1}^{s}(y_{ij} - \bar{y}_{i\cdot} - \bar{y}_{\cdot j} + \bar{y})^2 = \sum_{i=1}^{r}\sum_{j=1}^{s}(\varepsilon_{ij} - \bar{\varepsilon}_{i\cdot} - \bar{\varepsilon}_{\cdot j} + \bar{\varepsilon})^2,$$
$$f_e = (r-1)(s-1)$$

后一等式也是利用数据结构式得到的，从中可知 S_A 中除了误差外主要反映了 H_{0A} 不真时因子 A 的效应，S_B 中除了误差外主要反映了 H_{0B} 不真时因子 B 的效应，S_e 仅反映随机误差。

由于各 ε_{ij} 相互独立，均服从 $N(0, \sigma^2)$，因此：

诸 $\bar{\varepsilon}_{i\cdot}$ 相互独立，均服从 $N(0, \sigma^2/s)$

诸 $\bar{\varepsilon}_{\cdot j}$ 相互独立，均服从 $N(0, \sigma^2/r)$

因而：

$$S_e/\sigma^2 \sim \chi^2(f_e)$$
$$\text{在 } H_{0A} \text{ 为真时}, S_A/\sigma^2 \sim \chi^2(f_A)$$
$$\text{在 } H_{0B} \text{ 为真时}, S_B/\sigma^2 \sim \chi^2(f_B)$$

且可以证明各平方和相互独立。

各平方和的计算公式如下:

$$S_T = \sum_{i=1}^{r}\sum_{j=1}^{s}(y_{ij}-\bar{y})^2 = \sum_{i=1}^{r}\sum_{j=1}^{s}y_{ij}^2 - \frac{T^2}{n}$$

$$S_A = \sum_{i=1}^{r}s(\bar{y}_{i\cdot}-\bar{y})^2 = \sum_{i=1}^{r}\frac{T_{i\cdot}^2}{s} - \frac{T^2}{n}$$

$$S_B = \sum_{j=1}^{s}r(\bar{y}_{\cdot j}-\bar{y})^2 = \sum_{i=1}^{s}\frac{T_{\cdot j}^2}{r} - \frac{T^2}{n}$$

$$S_e = \sum_{i=1}^{r}\sum_{j=1}^{s}(y_{ij}-\bar{y}_{i\cdot}-\bar{y}_{\cdot j}+\bar{y})^2 = S_T - S_A - S_B$$

式子中的 $T_{i\cdot}$ 表示 A_i 水平下的 r 个数据和、$T_{\cdot j}$ 表示 B_j 水平下的 s 个数据和、T 表示 rs 个数据总和。此时试验总次数 $n=rs$。方差分析表类似于单因子方差分析表,具体见例 4.3.4。

从上述表达式还可以看到,误差偏差平方和就是有重复试验情况下的交互作用的平方和,因为现在不存在交互作用,所以就可以将它看作误差,从而即使没有重复试验仍然可以进行方差分析。

由此可见,在交互作用不存在的场合,就可以在无重复试验下进行方差分析,因为这时可用交互作用平方和作为误差平方和。这一做法成为可能的关键在于正确判断交互作用是否存在,这是在两因子场合。若在三因子或更多因子场合,交互作用就更多,如 AB,AC,BC,ABC 等,若能正确判断其不存在或很微小,那么在大量减少试验的情况下仍然可以进行方差分析。这是试验设计要进一步研究的问题。

例 4.3.4 为了减少某种钢材淬火后的弯曲变形,对四种不同的材质($A_1 \sim A_4$)分别用五种不同的淬火温度($B_1 \sim B_5$)进行试验,测得其淬火后试件的延伸率数据如表 4.3.7,在假定不同条件下延伸率分别服从同方差的正态分布时,分别分析不同材质及不同淬火温度对延伸率(望大特性)有无显著影响。

表 4.3.7 例 4.3.4 的试验结果

	A_1	A_2	A_3	A_4
B_1:800	4.4	5.2	4.3	4.9
B_2:820	5.3	5.0	5.1	4.7
B_3:840	5.8	5.5	4.8	4.9
B_4:860	6.6	6.9	6.6	7.3
B_5:880	8.4	8.3	8.5	7.9

在本例中 $r=4, s=5, n=4\times 5=20$,对数据进行方差分析的步骤如下:

(1) 计算各水平下的数据和及均值,数据的总和及总均值,计算结果都列在表 4.3.8 中。

(2) 计算各类平方和:

$$\sum\sum y_{ij}^2 = 7763.16, \quad \sum T_{i\cdot}^2 = 3625.64,$$

$$\sum T_{\cdot j}^2 = 3044.82 \quad T^2/n = 724.808$$

表 4.3.8　例 4.3.4 的计算表

	A_1	A_2	A_3	A_4	和 $T_{\cdot j}$	平均 $\bar{y}_{\cdot j}$
$B_1:800$	4.4	5.2	4.3	4.9	18.8	4.700
$B_2:820$	5.3	5.0	5.1	4.7	20.1	5.025
$B_3:840$	5.8	5.5	4.8	4.9	21.0	5.250
$B_4:860$	6.6	6.9	6.6	7.3	27.4	6.850
$B_5:880$	8.4	8.3	8.5	7.9	33.1	8.275
和 $T_{i\cdot}$	30.5	30.9	29.3	29.7	$T=120.4$	
平均 $\bar{y}_{i\cdot}$	6.10	6.18	5.86	5.94		$\bar{y}=6.020$

（3）计算各偏差平方和：

$$S_T=7763.16-724.808=38.352,\ f_T=20-1=19$$
$$S_A=3625.64/5-724.808=0.320,\ f_A=4-1=3$$
$$S_B=3044.82/4-724.808=36.397,\ f_B=5-1=4$$
$$S_e=38.352-0.320-36.397=1.635,\ f_e=19-3-4=12$$

（4）列方差分析表（见表 4.3.9）：

表 4.3.9　例 4.3.4 的方差分析表

来源	平方和	自由度	均方	F 比
因子 A	0.320	3	0.1067	0.78
因子 B	36.397	4	9.0992	66.76
误差 e	1.635	12	0.1363	
总计 T	38.352	19		

（5）若取 $\alpha=0.05$，从 F 分布表查得 $F_{0.95}(3,12)=3.49$，由于求得的 $F_A<3.49$，所以在 $\alpha=0.05$ 水平上因子 A（材质）对延伸率没有显著影响，又从 F 分布表查得 $F_{0.95}(4,12)=3.26$，由于求得的 $F_B>3.26$，所以在 $\alpha=0.05$ 水平上因子 B（淬火温度）对延伸率有显著影响。

三、参数估计

由数据结构式可以知道：

$$\hat{\mu}=\bar{y};$$

因子 A 显著时 $\hat{a}_i=\bar{y}_{i\cdot}-\bar{y}$，否则 $\hat{a}_i=0$

因子 B 显著时 $\hat{b}_j=\bar{y}_{\cdot j}-\bar{y}$，否则 $\hat{b}_j=0$

它们都是相应参数的无偏估计。从而 $\mu_{ij}=\mu+a_i+b_j$ 的估计是：

$$\hat{\mu}_{ij}=\hat{\mu}+\hat{a}_i+\hat{b}_j$$

寻找最好条件可以这样进行：对显著因子，可以从该因子各水平的平均值去寻找最好的水平，对不显著的因子，取任一水平均可。将上述找到的各自的最好水平组合起来，便是最好的条件。

关于最佳条件下均值的置信区间可以用如下方法求得：由于 $\hat{\mu}_{ij}$ 是诸相互独立的正态随机变量的线性组合 $\hat{\mu}_{ij} = \sum_{i=1}^{r}\sum_{j=1}^{s} c_{ij} y_{ij}$，因此 $\text{Var}(\hat{\mu}_{ij}) = \sum_{i=1}^{r}\sum_{j=1}^{s} c_{ij}^2 \sigma^2 \triangleq \sigma^2/n_e$，这里 $\frac{1}{n_e} = \sum_{i=1}^{r}\sum_{j=1}^{s} c_{ij}^2$。那么 μ_{ij} 的置信水平为 $1-\alpha$ 的置信区间：

$$\hat{\mu}_{ij} \pm t_{1-\alpha/2}(f_e)\hat{\sigma}/\sqrt{n_e}$$

其中 $\hat{\sigma}$ 是误差标准差 σ 的估计，$\hat{\sigma}=\sqrt{MS_e}$，而 $\hat{\sigma}^2=MS_e$ 是误差方差 σ^2 的无偏估计。

例 4.3.5 在例 4.3.4 中，什么条件能使延伸率达到最大？求该条件下平均延伸率的估计。

解：在例 4.3.4 中，因为 A 不显著，B 显著，所以

$$\hat{\mu}_{ij} = \hat{\mu}+\hat{a}_i+\hat{b}_j = \bar{y}+0+(\bar{y}_{\cdot j}-\bar{y}) = \bar{y}_{\cdot j}, \quad j=1,2,\cdots,s$$

所以只要找出 B 的最好水平便是最好的条件。从所给出的数据可见，在温度为 880℃ 时，平均延伸率达到最大，此时均值的估计是 8.275。

为求 $\mu_{\cdot 5}$ 的 0.95 的置信区间，一是要给出标准差 σ 的估计，从例 4.3.4 知 $\hat{\sigma}^2 = MS_e = 0.1363$，故 σ 的估计是 $\hat{\sigma}=\sqrt{MS_e}=0.37$。二是要求出 n_e，由于 $\hat{\mu}_{\cdot 5} = \bar{y}_{\cdot 5}$，所以 $\text{Var}(\hat{\mu}_{\cdot 5}) = \sigma^2/r = \sigma^2/4$，即 $n_e=4$。在 $1-\alpha=0.95$ 时，$t_{0.975}(12)=2.1788$，从而在温度为 880℃ 时，平均延伸率的 0.95 的置信区间是：

$$8.275 \pm 2.1788 \times 0.37/\sqrt{4} = 8.275 \pm 0.403 = [7.872, 8.678]$$

四、残差分析

在作结论前我们仍然需要对方差分析的假定是否满足进行诊断，特别在两因子无重复试验的场合，共有 rs 个总体，在每一总体中仅进行了一次试验，获得容量为 1 的一个样本，根本无法对总体的正态性、等方差性进行检验，所以我们只能利用残差进行诊断。设在 $A_i B_j$ 条件下的试验结果为 y_{ij}，拟合值为 $\hat{\mu}_{ij}$，残差便是 $e_{ij}=y_{ij}-\hat{\mu}_{ij}$。

在本例中共有 $4\times 5=20$ 个残差，其正态概率图见图 4.3.5，图上这 20 个点基本在一直线附近，若对残差作正态性检验，其 p 值大于 0.05，所以可以认为数据来自各自的正态分布。残差对拟合值的图见图 4.3.6，图上点的散布没有呈现规律性形态，不能否认诸方差相等。从而上述结论可信。

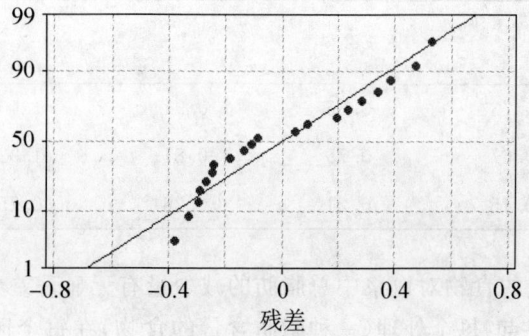

图 4.3.5　例 4.3.4 的残差的正态概率图

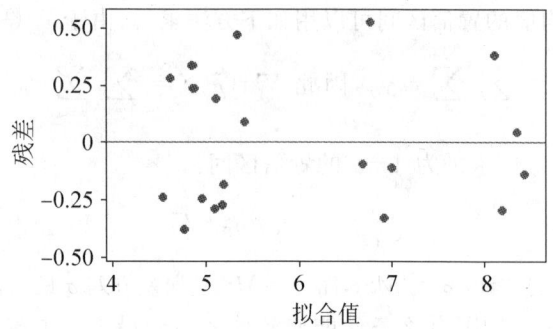

图 4.3.6 例 4.3.4 的残差对拟合值的散点图

§ 4.4 随机化完全区组设计

4.4.1 区组与随机化完全区组设计

在单因子试验中要比较某个因子 A 的 r 个水平时,总希望在试验中的其他条件尽可能保持几乎不变,使得比较 r 个水平的统计推断在无干扰,或干扰很小下进行,致使推断结论更为可信。有时"其他条件尽可能保持几乎不变"不大可能实现,这时可按某个已知的特征把全部试验单元分为若干个组,使得每个组内的各试验条件尽可能保持几乎不变。这样的组被称为区组,通常用 b 表示区组数。如何建立区组被称为区组设计。在区组设计中因子的水平被称为处理,r 个水平就是 r 个处理。

例 4.4.1 一位研究者研究三种不同脂肪含量(1. 极低,2. 相当低,3. 适当低)的食物对冠心病人血浆中总脂肪量的影响,有 15 位冠心病人同意参加试验。为了排除年龄对研究的影响,这位研究者将病人按年龄大小分为 5 个区组(1.15~24 岁,2.25~34 岁,3.35~44 岁,4.45~55 岁,5.55~64 岁),每个区组内的 3 位病人年龄较为接近(见表 4.4.1)。他们按随机方式被安排服用三种食物中的一种,并在一段时间内服用食物不再改变。在这一段时间后测量每位病人血浆中的总脂肪的减少量 y_{ij},其中 $i=1,2,3$ 为处理号,$j=1,2,3,4,5$ 为区组号,具体数据如下:

表 4.4.1 总脂肪减少量的数据

处理 i \ 区组 j	1	2	3	4	5
1	0.73	0.86	0.94	1.40	1.62
2	0.67	0.75	0.81	1.32	1.41
3	0.15	0.21	0.26	0.75	0.78

试问三种不同脂肪含量的食物对血浆中总脂肪的减少量有无显著差异?

此种设计有如下特点:每个处理(一种脂肪含量的食物)在每个区组(一个年龄段)内仅出现一次;每个区组内各种处理也仅出现一次,且其试验次序是随机的。这样的设计称为**随**

机化完全区组设计。

4.4.2 统计分析

一、随机化完全区组设计的数据

在随机化完全区组设计中一般假定有 r 个处理和 b 个区组,共需进行 $n=r\times b$ 次试验,其中在一个区组内的 r 个处理的次序是随机的。这种对随机性的限制是由区组带来的。以下用 y_{ij} 表示第 i 个处理在第 j 个区组内进行试验所得到的观察值。表 4.4.2 列出随机化完全区组设计的数据。

表 4.4.2 随机化完全区组设计的数据

处理 \ 区组	1	2	⋯	b	和	平均
1	y_{11}	y_{12}	⋯	y_{1b}	T_1	$\bar{T}_1$
2	y_{21}	y_{22}	⋯	y_{2b}	T_2	$\bar{T}_2$
⋮	⋮	⋮	⋱	⋮	⋮	⋮
r	y_{r1}	y_{r2}	⋯	y_{rb}	T_r	$\bar{T}_r$
和	B_1	B_2	⋯	B_b	$T=\sum\limits_{i=1}^{r}\sum\limits_{j=1}^{b}y_{ij}$	
平均	$\bar{B}_1$	$\bar{B}_2$	⋯	$\bar{B}_b$		$\bar{y}=T/rb$

其中,

$$T_i = \sum_{j=1}^{b} y_{ij}, \quad \bar{T}_i = T_i/b, \quad i=1,2,\cdots,r$$

$$B_j = \sum_{i=1}^{r} y_{ij}, \quad \bar{B}_j = B_j/r, \quad j=1,2,\cdots,b$$

表 4.4.2 的右侧还列出各处理下所有观察值之和 T_i(行和)及其均值 $\bar{T}_i$,该表下侧还列出各区组内所有观察值之和 B_j(列和)及其均值 $\bar{B}_j$,该表的右下角还列出了 rb 个数据的总和 T 及总均值 $\bar{y}$。

二、统计模型

y_{ij} 表示第 i 个处理在第 j 个区组内的试验结果,随机化完全区组设计的统计模型是:

$$y_{ij}=\mu+a_i+b_j+\varepsilon_{ij}, \quad i=1,2,\cdots,r, \quad j=1,2,\cdots,b \tag{4.4.1}$$

其中 μ 为总均值,a_i 为第 i 个处理的效应,且满足 $a_1+a_2+\cdots+a_r=0$,b_j 为第 j 个区组的效应,且满足 $b_1+b_2+\cdots+b_b=0$,它们都是待估参数。ε_{ij} 为试验误差,诸 ε_{ij} 是相互独立同分布的随机变量,它们的共同分布为 $N(0,\sigma^2)$,其中 σ^2 为误差方差,也是待估参数。

利用数据结构式容易获得各种效应的估计,它们是:

$$\begin{cases} \hat{\mu}=\bar{y} \\ \hat{a}_i=\bar{T}_i-\bar{y}, & i=1,2,\cdots,r \\ \hat{b}_j=\bar{B}_j-\bar{y}, & j=1,2,\cdots,b \end{cases} \tag{4.4.2}$$

由此可得各拟合值与残差：

$$\hat{y}_{ij} = \hat{\mu} + \hat{a}_i + \hat{b}_j = \overline{T}_i + \overline{B}_j - \overline{y} \tag{4.4.3}$$

$$e_{ij} = y_{ij} - \hat{y}_{ij} = y_{ij} - \overline{T}_i - \overline{B}_j + \overline{y} \tag{4.4.4}$$

由模型(4.4.1)可知，第 i 个处理在第 j 个区组内的观察值 y_{ij} 服从正态分布 $N(\mu + a_i + b_j, \sigma^2)$，它们涉及 rb 个正态总体，这些总体的方差都相同，而它们的期望 $E(y_{ij}) = \mu + a_i + b_j$ 依赖于处理效应和区组效应。区组效应的设立是为了把它从随机误差中分离出来，以便更准确地估计误差方差 σ^2，从而使以后的方差分析结果更为可信。

在随机化完全区组设计中我们关心的重点是 r 个处理效应是否彼此相等，即需要检验的一对假设是：

$$\begin{array}{l} H_0: a_1 = a_2 = \cdots = a_r = 0 \\ H_1: 诸\ a_i\ 不全为零 \end{array} \tag{4.4.5}$$

我们仍然采用方差分析来检验这一对假设。

注：这里不需要对区组效应进行检验，因为区组是由于试验单元间有差别而临时设置的，目的是减少试验单元间的差异，将这种差异从误差中分离出来，以免对统计推断的结论产生重大影响。

三、方差分析

当我们把区组暂时看成一个因子的话，可以采用无重复试验的两因子方差分析方法。只是我们关注的是处理效应是否相等。

仍然可以作平方和分解：

$$S_T = S_A + S_B + S_e$$
$$f_T = f_A + f_B + f_e$$

其中，

总平方和为 $S_T = \sum\limits_{i=1}^{r}\sum\limits_{j=1}^{b}(y_{ij} - \overline{y})^2$，$f_T = rb - 1$

处理平方和为 $S_A = b\sum\limits_{i=1}^{r}(\overline{T}_i - \overline{y})^2$，$f_A = r - 1$

区组平方和为 $S_B = r\sum\limits_{j=1}^{b}(\overline{B}_j - \overline{y})^2$，$f_B = b - 1$

误差平方和为 $S_e = S_T - S_A - S_B$，$f_e = f_T - f_A - f_B = (r-1)(b-1)$

同样可以用检验统计量

$$F = \frac{MS_A}{MS_e} = \frac{S_A / f_A}{S_e / f_e}$$

去检验假设(4.4.5)，当原假设为真时，它服从 F 分布 $F(f_A, f_e)$。对给定的显著性水平 α，其拒绝域为：

$$W = \{F \geqslant F_{1-\alpha}(f_A, f_e)\}$$

以上这些都可以概括在如表 4.4.3 的一张方差分析表上。

表 4.4.3 随机化完全区组设计的方差分析表

来源	平方和	自由度	均方	F 比
处理	$S_A = \dfrac{1}{b}\sum_{i=1}^{r} T_i^2 - \dfrac{T^2}{rb}$	$f_A = r-1$	$MS_A = S_A/f_A$	$F = \dfrac{MS_A}{MS_e}$
区组	$S_B = \dfrac{1}{r}\sum_{j=1}^{b} B_j^2 - \dfrac{T^2}{rb}$	$f_B = b-1$	$MS_B = S_B/f_B$	——
误差	$S_e = S_T - S_A - S_B$	$f_e = (r-1)(b-1)$	$MS_e = S_e/f_e$	
总和	$S_T = \sum_{i=1}^{r}\sum_{j=1}^{b} y_{ij}^2 - \dfrac{T^2}{rb}$	$f_T = rb-1$		

此外,还可以得到试验误差方差 σ^2 的估计 $\hat{\sigma}^2 = MS_e = S_e/f_e$。

这里未对区组效应作检验,因为从严格意义上讲,区组不是一个因子,它们的水平是临时设置的,并没有多大的实际意义,区组内的试验单元也不是完全相同的。设立区组只是为了从误差平方和中将区组平方和分离出来,从而使检验更加有效。既然区组不是严格意义下的因子,故区组与因子 A 间的交互作用也无需考察。

例 4.4.2 对例 4.4.1 的试验结果在 0.05 的显著性水平上检验不同脂肪含量的食物对血浆中总脂肪的减少量有无显著差异。

解:首先计算各处理与各区组数据的和、平均,见表 4.4.4。

表 4.4.4 例 4.4.2 的计算表

区组 i 处理 j	1	2	3	4	5	T_i	$\overline{T_i}$
1	0.73	0.86	0.94	1.40	1.62	5.55	1.110
2	0.67	0.75	0.81	1.32	1.41	4.96	0.992
3	0.15	0.21	0.26	0.75	0.78	2.15	0.430
B_j	1.55	1.82	2.01	3.47	3.81	$T=12.66$	
$\overline{B_j}$	0.517	0.607	0.670	1.157	1.270	$\bar{y}=0.844$	

由表 4.4.4 上的数据计算可得各平方和:

$$S_T = \sum_{i=1}^{3}\sum_{j=1}^{5} y_{ij}^2 - \frac{T^2}{15} = 13.4436 - 12.66^2/15 = 2.7586, \quad f_T = 15-1 = 14$$

$$S_A = \frac{1}{5}\sum_{i=1}^{3} T_i^2 - \frac{T^2}{15} = 12.0053 - 12.66^2/15 = 1.3203, \quad f_A = 3-1 = 2$$

$$S_B = \frac{1}{3}\sum_{j=1}^{5} B_j^2 - \frac{T^2}{15} = 12.1040 - 12.66^2/15 = 1.4190, \quad f_B = 5-1 = 4$$

$$S_e = 2.7586 - 1.3203 - 1.4190 = 0.0193, \quad f_e = 14-2-4 = 8$$

方差分析表见表 4.4.5:

表 4.4.5 例 4.4.2 的方差分析表

来源	平方和	自由度	均方	F 比
处理	1.3203	2	0.6602	273.64
区组	1.4190	4	0.3548	——
误差	0.0193	8	0.0024	
总和	2.7586	14		

若取显著性水平 $\alpha=0.05$，则其临界值 $F_{0.95}(2,8)=4.46$，由于 $F>4.46$，从而拒绝 H_0，故不同脂肪含量的食物对血浆中总脂肪的减少量有显著影响。

另外，还可得到这个试验的误差方差 σ^2 的估计为 $\hat{\sigma}^2=0.0024$，其标准差的估计为 $\hat{\sigma}=0.049$。

在因子 A 显著场合下，可以对因子 A 各水平间进行多重比较，当各水平下重复数相等时用 T 法，重复数不等时用 S 法，具体参见 §4.2。

§ 习题四

1. 在一个单因子试验中，因子 A 有三个水平，每个水平下各重复 5 次，具体数据及其均值、组内平方和如表所列。试计算误差平方和 S_e、因子 A 的偏差平方和 S_A、总的偏差平方和 S_T，并指出它们各自的自由度。

习题 4.1 的数据表

水平	数据	和	均值	组内平方和
一水平	4,8,5,7,6	30	6	10
二水平	2,0,2,2,4	10	2	8
三水平	3,4,6,2,5	20	4	10

2. 在一个单因子试验中，因子 A 有 4 个水平，每个水平下重复次数分别为 5,7,6,8。那么误差平方和、A 的平方和及总平方和的自由度各是多少？

3. 在单因子试验中，因子 A 有 4 个水平，每个水平下各重复 3 次试验，现已求得每个水平下试验结果的样本标准差分别为 1.5, 2.0, 1.6, 1.2，则其误差平方和为多少？误差的方差 σ^2 的估计值是多少？

4. 在单因子方差分析中，因子 A 有三个水平，每个水平各做 4 次重复试验，请完成下列方差分析表，并在显著性水平 $\alpha=0.05$ 下对因子 A 是否显著作出检验。

习题 4.4 的方差分析表

来源	平方和	自由度	均方和	F 比
因子 A	4.2			
误差 e	2.7			
和 T	6.9			

5. 某商店经理给出了评价职工的业绩指标,按此将商店职工的业绩分为优、良、中等三类,为增加客观性,经理又设计了若干项测验。现从优、良、中等三类职工中各随机抽取 5 人,下表给出了他们各项测验的总分。

习题 4.5 的数据表

	优	良	中等
1	104	68	41
2	87	69	37
3	86	71	44
4	83	65	47
5	86	66	33

(1) 假定各类人员的成绩分别服从等方差正态分布,试问三类人员的测验平均分有无显著差异($\alpha=0.05$)? 若有差异请作多重比较;
(2) 在上述假定下,给出优等职工测验平均分的置信水平为 0.95 的置信区间;
(3) 请对方差齐性进行检验;
(4) 请对正态性进行诊断。

6. 某粮食加工厂试验三种贮藏方法对粮食含水率有无显著影响。现取一批粮食分成若干份,分别用三种方法贮藏,过一段时间后测得的含水率如下表所列。

习题 4.6 的数据表

贮藏方法	含水率数据				
A_1	7.3	8.3	7.6	8.4	8.3
A_2	5.4	7.4	7.1		
A_3	7.9	9.5	10.0		

(1) 假定各种方法贮藏的粮食的含水率分别服从等方差正态分布,试在 $\alpha=0.05$ 水平上检验这三种方法的平均含水率有无显著差异。若有差异请作多重比较;
(2) 对每种方法的平均含水率给出置信水平为 0.95 的置信区间;
(3) 请对方差齐性进行检验;
(4) 请对正态性进行诊断。

7. 为测定一大型化工厂对周围环境的污染,选了四个观察点 A_1, A_2, A_3, A_4,在每一观察点上各测定四次空气中 SO_2 的含量。现得各观察点上的平均含量 $\bar{y}_i$ 及样本标准差 s_i 如下:

习题 4.7 的数据表

观察点	A_1	A_2	A_3	A_4
$\bar{y}_i$	0.031	0.100	0.079	0.058
s_i	0.009	0.014	0.010	0.011

假定每一观察点上 SO_2 的含量服从等方差正态分布,试问在 $\alpha=0.05$ 水平上各观察点 SO_2 的平均含量有无显著差异?

8. 某乳制品公司新研制一种酸乳酪,为测定其脂肪含量,随机在全国选出四个实验室,对每个实验室各送去 8 个样品,各实验室的测定结果如下表。

习题 4.8 的数据表

实验室	脂肪含量 y_{ij}(%)							
A_1	3.11	3.36	3.24	2.96	3.15	3.18	3.30	3.06
A_2	2.94	3.04	3.13	2.86	3.27	3.19	3.10	2.99
A_3	3.18	3.26	3.48	3.35	3.30	3.06	3.24	3.41
A_4	2.84	2.95	2.73	3.18	3.04	2.90	3.08	2.98

(1)在正态分布假定下,试在显著性水平 0.05 下比较诸实验室的测定值的均值有无显著差异;

(2)对两个方差分量 σ^2 和 σ_a^2 给出估计值。

9. 某制造商发现其生产的紧固螺母的扭矩有很大差异,为找出原因进行试验,他们认为主要有两个因子可能影响扭矩,一是电镀的类型(因子 A),它有三种不同类型 A1,A2,A3;二是测试介质(因子 B),有两种不同介质 B1,B2。在每一条件下进行了 10 次试验,数据如下表所示。

习题 4.9 的数据

	A1	A2	A3
B1	20,16,17,18,15 16,19,14,15,24	26,40,28,38,38 30,26,38,45,38	25,40,30,17,16 45,49,33,30,20
B2	24,18,17,17,15 23,14,18,12,11	32,22,30,35,32 28,27,28,30,30	10,13,17,16,15 14,11,14,15,16

(1)在假定各条件扭矩服从等方差的正态分布,试作方差分析,在显著性水平 0.05 下,有什么结论?

(2)什么条件能使扭矩达到最大?求该条件下平均扭矩的估计。

10. 为了考察高温合金中碳含量(记为因子 A,单位为%)及锑与铝的含量之和(记为因子 B,单位为%)对合金强度的影响,对因子 A 取 3 个水平:0.03,0.04,0.05,因子 B 取了 4 个水平:3.3,3.4,3.5,3.6,在每一水平组合下各进行一次试验,试验结果如表所列。

习题 4.10 的数据表

		B			
		3.3	3.4	3.5	3.6
A	0.03	63.1	63.9	65.6	66.8
	0.04	65.1	66.4	67.8	69.0
	0.05	67.2	71.0	71.9	73.5

(1)在假定各条件合金强度服从等方差的正态分布,试作方差分析,在显著性水平 0.05 下,有什么结论?

(2) 什么条件能使合金平均强度达到最大？求该条件下平均强度的估计。

11. 硬度计把杆尖压入金属试件后显示的读数就是该金属硬度的测量值。如今要考察 4 种不同的杆尖在同一台硬度计上是否得出不同的读数。为了减少金属试件间的差异对硬度读数的影响，取 4 块金属试件，让每个杆尖在每块试件上各压入一次。这样安排是含有 4 个处理（杆尖）和 4 个区组（金属试件）的随机化完全区组设计。实测数据如下表。

习题 4.11 的数据表

处理 i \ 区组 j	1	2	3	4
1	9.3	9.4	9.6	10.0
2	9.4	9.3	9.8	9.9
3	9.2	9.4	9.5	9.7
4	9.7	9.6	10.0	10.2

(1) 写出此设计的统计模型；
(2) 作出各处理效应和区组效应的估计；
(3) 计算各类平方和，列出方差分析表，若取显著性水平 $\alpha=0.05$，你从中能得到什么结果？
(4) 若 4 种处理方法间有显著差异，作多重比较，从中你能得出什么结果？

第五章

正交试验设计

提高产品产量,改进产品质量,优化工艺参数,开发新产品等都需要进行试验,试验常常涉及多个因子,因此做试验前需要精心构思,总体安排,使得在改变输入因子水平时能考察和识别输出指标 y 变化的原因,这就是试验设计。

图 5.0.1　试验的黑箱模型

多因素试验遇到的最大困难是试验次数太多,让人无法忍受。如果有十个因子对产品质量有影响,每个因子取两个不同状态进行比较,那么就有 $2^{10}=1024$ 个不同的试验条件需要比较,假定每个因子取三个不同状态比较的话,那么就有 $3^{10}=59049$ 个不同的试验条件,这在实际中是办不大到的。因此在多因子试验中常常不可能对一切条件进行试验,而只能从中选择部分条件进行试验,再通过数据分析来寻找好的条件,因此选择哪些试验条件进行试验就十分重要,这便是试验设计要解决的最重要的问题。一个好的试验设计,可以通过少量试验获得较多的信息,达到试验的目的。

试验设计的方法有许多,本章介绍的正交试验设计便是其中的一种常用方法。它是利用正交表来选择试验点,获得最佳的或满意的试验条件,即利用正交表的特点,既使试验点均匀分散,又使数据综合可比,最后达到试验目的。

§ 5.1　正交表

一、正交表及其代号

正交表通常用代号 $L_n(q^p)$ 来表示,表 5.1.1 就是一张典型的正交表 $L_9(3^4)$,其中 $n=9,q=3,p=4$。这里"L"是正交表的代号,"9"表示表的行数,在试验中表示用这张表安排试验的话,要做 9 个不同条件的试验,"4"表示表的列数,在试验中表示用这张表安排试验的话,最多可以安排 4 个因子,"3"表示表的主体只有 3 个不同的数字:1,2,3,在试验中它代表因子水平的编号,即用这张表安排试验时每个因子应取 3 个不同水平。

表 5.1.1　$L_9(3^4)$

试验号 \ 列号	1	2	3	4
1	1	1	1	1
2	1	2	2	2
3	1	3	3	3
4	2	1	2	3
5	2	2	3	1
6	2	3	1	2
7	3	1	3	2
8	3	2	1	3
9	3	3	2	1

由于 $L_9(3^4)$ 中 $q=3$，因此也称其为三水平的正交表。正交表可以按其水平数进行分类。常见的有二水平正交表（如 $L_4(2^3)$、$L_8(2^7)$、$L_{16}(2^{15})$ 等）、三水平正交表（如 $L_9(3^4)$、$L_{27}(3^{13})$ 等）、四水平正交表（如 $L_{16}(4^5)$ 等）、五水平正交表（如 $L_{25}(5^6)$ 等），还有混合水平正交表（如 $L_{18}(2\times3^7)$——表示有一列是二水平列，七列为三水平列等）。

二、正交表的特点——正交性

正交表具有共性，即正交性，这是指它有如下两个特点：

(1) 每列中不同的数字重复次数相同。

譬如，在表 $L_9(3^4)$ 中，每列有 3 个不同数字：1，2，3，每一个出现 3 次。

(2) 将任意两列的同行数字看成一个数对，那么一切可能数对重复次数相同。

譬如，在表 $L_9(3^4)$ 中，任意两列有 9 种可能的数对：(1,1)，(1,2)，(1,3)，(2,1)，(2,2)，(2,3)，(3,1)，(3,2)，(3,3)，每一对出现一次。

如果将试验条件看成试验空间（一切可能试验条件组成的集合）中的一个点，那么正交表的这两个特点使所选择的试验点在试验空间中的分布是均匀分散的，并将看到试验结果还具有综合可比性，这为以后的统计分析带来了便利。

三、正交表的另一种分类方法

正交表 $L_n(q^p)$ 的行、列、水平间的关系有两大类：

一类正交表的行数 n，列数 p，水平数 q 间有如下关系

$$n=q^k,\ k=2,3,4,\cdots,\quad p=\frac{n-1}{q-1} \tag{5.1.1}$$

如二水平正交表 $L_4(2^3)$，$L_8(2^7)$，$L_{16}(2^{15})$，$L_{32}(2^{31})$ 等，三水平正交表 $L_9(3^4)$，$L_{27}(3^{13})$ 等，四水平正交表 $L_{16}(4^5)$ 等，五水平正交表 $L_{25}(5^6)$ 等，这一类正交表不仅可考察各因子对试验指标的影响，还可考察因子间的交互作用的影响。

另一类正交表的行数，列数，水平数之间上述两个关系至少有一个不能满足，此时往往只能考察各因子对指标的影响，而不能用这些正交表来考察因子间的交互作用。如二水平正交表 $L_{12}(2^{11})$，$L_{20}(2^{19})$ 等，三水平正交表 $L_{18}(3^7)$，$L_{36}(3^{13})$ 等，混合水平正交表 $L_{18}(2\times3^7)$，$L_{36}(2^3\times3^{13})$ 等。

附表 5.1 中给出了常用的正交表。

§ 5.2 无交互作用的正交试验设计与数据分析

下面通过一个例子来叙述利用正交表安排试验与进行数据分析的步骤。

例 5.2.1 磁鼓电机是彩色录像机磁鼓组件的关键部件之一,按质量要求其输出力矩应大于 210g·cm。某生产厂过去这项指标的合格率较低,从而希望通过试验找出好的条件,以提高磁鼓电机的输出力矩。

5.2.1 试验的设计

在安排试验时,一般应考虑如下几步:

一、明确试验目的 在本例中试验的目的是提高磁鼓电机的输出力矩。

二、明确试验指标 试验指标用来判断试验条件的好坏,在本例中直接用输出力矩作为考察指标,该指标越大表明试验条件越好。

三、确定因子与水平 在试验前首先要分析影响指标的因子是什么,每个因子在试验中取哪些水平。在本例中,经分析影响输出力矩的可能因子有三个,它们是:

$$A:充磁量 \quad B:定位角度 \quad C:定子线圈匝数$$

并根据各因子的可能取值范围,经专业人员分析研究,决定在本试验中采用如下水平,见表 5.2.1。

表 5.2.1 因子水平表

因子	水平一	水平二	水平三
A:充磁量(10^{-4}T)	900	1100	1300
B:定位角度(($\pi/180$)rad)	10	11	12
C:定子线圈匝数(匝)	70	80	90

四、选用合适的正交表,进行表头设计,列出试验计划

1. 选表:首先根据在试验中所考察的因子水平数选择具有该水平数的一类正交表,再根据因子的个数具体选定一张表。在本例中所考察的因子是三水平的,因此选用三水平正交表,又由于现在只考察三个因子,所以选用 $L_9(3^4)$ 即可。

2. 进行表头设计:选定了正交表后把因子放到正交表的列上去,称为表头设计。在不考虑交互作用的场合,可以把因子放在任意的列上,一个因子占一列。譬如在本例中将三个因子分别置于前三列,将它写成如下的表头设计形式:

表头设计	A	B	C	
列号	1	2	3	4

3. 列出试验计划:有了表头设计便可写出试验计划,只要将置因子的列中的数字换成因子的相应水平即可,不放因子的列就不予考虑。本例的试验计划可以这样得到:将第一列

的 1,2,3 分别换成充磁量的三个水平 900,1100,1300,将第二列的 1,2,3 分别换成定位角度的三个水平 10,11,12,将第三列的 1,2,3 分别换成定子线圈匝数的三个水平 70,80,90,则得试验计划(见表 5.2.2)。表中第一号试验的条件是充磁量取 900×10^{-4}T,定位角度取 $10\times(\pi/180)$rad,定子线圈取 70 匝。其他各号试验条件可类似得到。

表 5.2.2 试验计划与试验结果

因子 试验号	充磁量 10^{-4}T		定位角度 $(\pi/180)$rad		定子线圈匝数 匝		试验结果 y 输出力矩(g·cm)
1	(1)	900	(1)	10	(1)	70	$y_1=160$
2	(1)	900	(2)	11	(2)	80	$y_2=215$
3	(1)	900	(3)	12	(3)	90	$y_3=180$
4	(2)	1100	(1)	10	(2)	80	$y_4=168$
5	(2)	1100	(2)	11	(3)	90	$y_5=236$
6	(2)	1100	(3)	12	(1)	70	$y_6=190$
7	(3)	1300	(1)	10	(3)	90	$y_7=157$
8	(3)	1300	(2)	11	(1)	70	$y_8=205$
9	(3)	1300	(3)	12	(2)	80	$y_9=140$

由此可见,用正交表 $L_9(3^4)$ 安排试验共有 9 个不同的试验条件,它们是一起设计好的,而不是等一个试验结束后再决定下一个试验条件,因此称这样的设计为"整体设计"。

这里 9 个试验点在三维空间中的分布见图 5.2.1,从图中可见:从三个方向的任一方向作三个等距的垂直于坐标轴的平面,则每一平面上有 3 个点,再将每一平面分成等间隔的三行三列,则在每一行上有 1 个点,每一列上也有 1 个点。因此这 9 个点在三维空间的分布是均匀分散的。

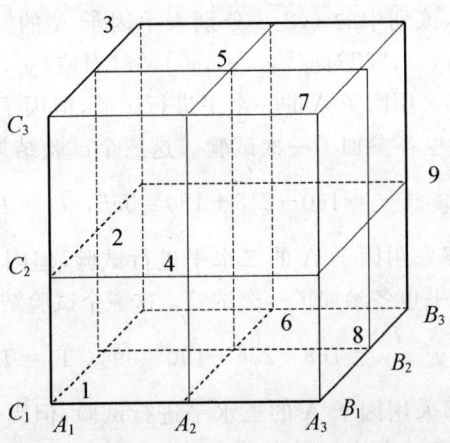

图 5.2.1 9 个试验点的分布

5.2.2 进行试验和记录试验结果

有了试验计划后就可以按其进行试验,并将试验结果记录在对应的试验条件后面。例

5.2.1的试验结果见表5.2.2。在进行试验时要遵循试验设计的三原则：

(1)随机化：为了避免事先某些考虑不周而产生系统误差,因此试验的次序要随机化,这可以用抽签的方式决定,譬如用9张同样的纸,分别写上1～9,然后混乱后随机依次取出,如果依次摸到：3,5,2,9,1,6,4,7,8,那么就先做第3号试验,再做第5号试验,…,最后做第8号试验。

(2)区组：在试验中还应尽量避免因操作人员的不同,仪器设备的不同等引起的系统误差,尽可能使试验中除所考察的因子外的其他因素固定,在不能避免的场合可以增加一个"区组因子"。譬如试验由三个人进行,则可以把"人"也看成一个因子,三个人便是三个水平,将其放在正交表的空白列上,那么该列的1,2,3对应的试验分别由第一、第二、第三个人去做,在方差分析中将能把此列平方和从总平方和中分解出来,这样就避免了因人员变动所造成的系统误差。

(3)重复：在正交试验设计中,尽管在一个试验条件下进行一次试验也可以进行数据分析,但是如果在可能的条件下,在同一试验点下进行二次或更多次重复试验,这样可以观察试验结果的稳定性,还可以对误差的方差进行较好的估计。

5.2.3 数据分析

在例5.2.1中考虑了三个三水平因子,其所有不同的试验条件共有27个,现在仅做了其中的9个。试验的目的是想找出哪些因子对指标是有明显影响的,各个因子的什么样的水平组合可以使指标达到最大。这可以利用正交表的特点进行数据分析来实现。下面仍结合例5.2.1进行叙述。

为方便起见,把试验结果写在正交表的右边一列上(见表5.2.3),并分别用$y_1,y_2,\cdots,y_9$表示,所有计算可以在表上进行。

一、数据的直观分析

1. 寻找最好的试验条件

首先我们来看第一列,该列中的1,2,3分别表示因子A的三个水平,按水平号将数据分为三组："1"对应$\{y_1,y_2,y_3\}$,"2"对应$\{y_4,y_5,y_6\}$,"3"对应$\{y_7,y_8,y_9\}$。

"1"对应的三个试验都采用因子A的一水平进行试验,但因子B的三个水平各参加了一次试验,因子C的三个水平也各参加了一次试验。这三个试验结果的和与平均值分别为：

$$T_1 = y_1 + y_2 + y_3 = 160 + 215 + 180 = 555, \quad \overline{T}_1 = T_1/3 = 185$$

"2"对应的三个试验都采用因子A的二水平进行试验,但因子B的三个水平各参加了一次试验,因子C的三个水平也各参加了一次试验。这三个试验结果的和与平均值分别为：

$$T_2 = y_4 + y_5 + y_6 = 168 + 236 + 190 = 594, \quad \overline{T}_2 = T_2/3 = 198$$

"3"对应的三个试验都采用因子A的三水平进行试验,但因子B的三个水平各参加了一次试验,因子C的三个水平也各参加了一次试验。这三个试验结果的和与平均值分别为：

$$T_3 = y_7 + y_8 + y_9 = 157 + 205 + 140 = 502, \quad \overline{T}_3 = T_3/3 = 167.3$$

由以上可知,$\overline{T}_1$、$\overline{T}_2$、$\overline{T}_3$之间的差异只反映了因子A的三个水平间的差异,因为这三组试验条件除了因子A的水平有差异外,因子B与C的条件是相同的,所以可以通过比较这三个平均值的大小看出因子 A 的水平的好坏。从这三个数据可知因子 A 的二水平最好，因为其指标均值最大。这种比较方法称为"综合比较"。以上计算都列在表 5.2.3 的下方。

同理可看第二列与第三列，按其中的 1,2,3 分别将数据分为三组，计算各自的数据和与平均值，它们也都列在表 5.2.3 的下方。由此可知，因子 B 取二水平好，因子 C 取三水平好。

综上可知使指标达到最大的条件是 $A_2B_2C_3$，即充磁量取 $1100\times10^{-4}\,T$，定位角度取 $11(\pi/180)\mathrm{rad}$，定子线圈取 90 匝可以使输出力矩达到最大。这就是最好的试验条件，现在它正是试验中的第 5 号条件，其输出力矩达到 236。但是要注意，上述综合比较得到的最好条件也可能不在我们所做的 9 个试验中。

2. 各因子对指标影响程度大小的分析

可从各个因子的"极差"来看因子对指标影响程度的大小，这里指的因子的极差是该因子不同水平对应的试验结果均值的最大值与最小值的差，因为该值大的话，则改变这一因子的水平会对指标造成较大的变化，所以该因子对指标的影响大，反之，影响就小。

在本例中因子 A 的极差为

$$R_A = 198 - 167.3 = 30.7$$

对因子 B、C 可同样计算，它们被置于表 5.2.3 的最下面一行。从三个因子的极差可知因子 B 的影响最大，其次是因子 A，而因子 C 的影响最小。

表 5.2.3　例 5.2.1 直观分析计算表

表头设计 列号 试验号	A 1	B 2	C 3	4	y
1	1	1	1	1	$y_1 = 160$
2	1	2	2	2	$y_2 = 215$
3	1	3	3	3	$y_3 = 180$
4	2	1	2	3	$y_4 = 168$
5	2	2	3	1	$y_5 = 236$
6	2	3	1	2	$y_6 = 190$
7	3	1	3	2	$y_7 = 157$
8	3	2	1	3	$y_8 = 205$
9	3	3	2	1	$y_9 = 140$
T_1	555	485	555		
T_2	594	656	523		
T_3	502	510	573		
$\bar{T}_1$	185	161.7	185		
$\bar{T}_2$	198	218.7	174.3		
$\bar{T}_3$	167.3	170	191		
R	30.7	57	16.7		

3. 各因子不同水平的指标均值图

为直观起见,可以将每个因子不同水平下试验结果的均值画成一张图,例 5.2.1 的图见图 5.2.2,从图上可以明显看出每一因子的最好水平 A_2, B_2, C_3,也可以看出各个因子对指标影响的大小,$R_B > R_A > R_C$。

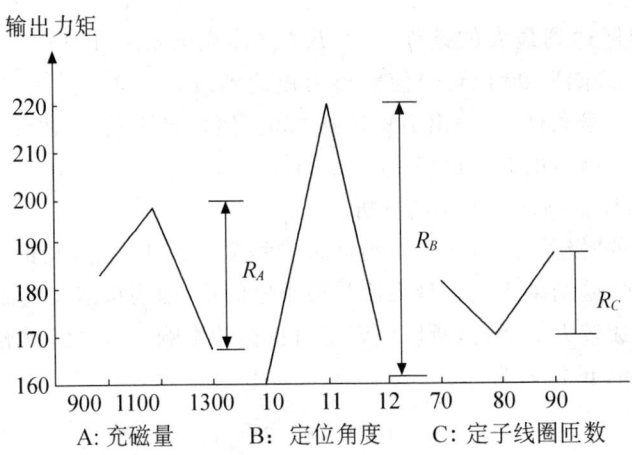

图 5.2.2　因子各水平输出力矩的均值图

二、数据的方差分析

在数据的直观分析中是通过极差的大小来评价各个因子对指标影响的大小,那么极差要小到什么程度可以认为该因子对指标值已经没有显著影响了呢?为回答这一问题,需要对数据进行方差分析。

1. 统计模型

在对数据进行方差分析时如同第四章所述,需要作如下假定:若记 $A_i B_j C_k$ 水平下的试验结果为 y_{ijk},则有

$$y_{ijk} = \mu_{ijk} + \varepsilon_{ijk}, \quad i,j,k=1,2,3$$

其中 μ_{ijk} 与该条件中各因子的水平有关,现假定为效应可加模型,即假定

$$\mu_{ijk} = \mu + a_i + b_j + c_k$$

其中 μ 是一般平均,a_i、b_j、c_k 分别为因子 A 的第 i 水平的效应、因子 B 的第 j 水平的效应、因子 C 的第 k 水平的效应,它们分别满足如下的约束条件:

$$a_1 + a_2 + a_3 = 0, \quad b_1 + b_2 + b_3 = 0, \quad c_1 + c_2 + c_3 = 0$$

而各个 ε_{ijk} 被假定是相互独立同分布的正态随机变量,它们服从 $N(0, \sigma^2)$。

综上,可以得到统计模型为:

$$\begin{cases} y_{ijk} = \mu + a_i + b_j + c_k + \varepsilon_{ijk}, \quad i,j,k=1,2,3 \\ a_1 + a_2 + a_3 = 0, \quad b_1 + b_2 + b_3 = 0, \quad c_1 + c_2 + c_3 = 0 \\ \text{各 } \varepsilon_{ijk} \text{ 相互独立,均服从 } N(0, \sigma^2) \end{cases} \quad (5.2.1)$$

在例 5.2.1 中由于

$$y_1 = y_{111}, y_2 = y_{122}, y_3 = y_{133}, y_4 = y_{212}, y_5 = y_{223},$$
$$y_6 = y_{231}, y_7 = y_{313}, y_8 = y_{321}, y_9 = y_{332} \tag{5.2.2}$$

因此可以具体写出每一个 y_i 的结构式,譬如

$$y_1 = y_{111} = \mu + a_1 + b_1 + c_1 + \varepsilon_1$$

在例 5.2.1 中我们要检验的假设有三对:

$$H_{0A}: a_1 = a_2 = a_3 = 0, \quad H_{1A}: a_1, a_2, a_3 \text{ 不全为 } 0$$
$$H_{0B}: b_1 = b_2 = b_3 = 0, \quad H_{1B}: b_1, b_2, b_3 \text{ 不全为 } 0$$
$$H_{0C}: c_1 = c_2 = c_3 = 0, \quad H_{1C}: c_1, c_2, c_3 \text{ 不全为 } 0$$

2. 总平方和分解

进行方差分析的关键在于总平方和分解。由于因子水平的不同与试验中存在误差,因此各试验结果不同,我们可以用总偏差平方和 S_T 去描述数据的总波动:

$$S_T = \sum_{i=1}^{n} (y_i - \bar{y})^2, \quad f_T = n - 1 \tag{5.2.3}$$

其中 n 是试验次数,$\bar{y}$ 是试验结果的总平均,若记 $T = \sum_{i=1}^{n} y_i$,则 $\bar{y} = T/n$。

利用正交表 $L_9(3^4)$ 的正交性,可以证明如下两点:

(1)总平方和 S_T 可以分解为各列(偏差)平方和之和,即:

$$S_T = S_1 + S_2 + S_3 + S_4 \tag{5.2.4}$$

其中第 j 列平方和 S_j 可仿照第四章中的公式给出:

$$S_j = \sum_{i=1}^{3} 3(\bar{T}_{ij} - \bar{y})^2 = \frac{T_{1j}^2 + T_{2j}^2 + T_{3j}^2}{3} - \frac{T^2}{9}, \quad f_j = 2$$

式中 $T = \sum_{i=1}^{9} y_i = T_{1j} + T_{2j} + T_{3j}$,$\bar{y} = T/9$,而 T_{1j}, T_{2j}, T_{3j} 与 $\bar{T}_{1j}, \bar{T}_{2j}, \bar{T}_{3j}$ 分别是第 j 列各水平数据之和与平均。

(2)各列平方和 S_1, S_2, S_3, S_4 相互独立。

根据表头设计与相应的统计模型,各因子的平方和就是该因子所在列的平方和,空白列的平方和就是误差平方和,即

$$S_A = S_1, \quad S_B = S_2, \quad S_C = S_3, \quad S_e = S_4$$

譬如因子 A 置于第 1 列,此时

$$S_1 = \sum_{j=1}^{3} 3(a_i + \bar{\varepsilon}_{1j} - \bar{\varepsilon})^2$$

其中

$$\bar{\varepsilon}_{11} = \frac{1}{3}(\varepsilon_1 + \varepsilon_2 + \varepsilon_3), \quad \bar{\varepsilon}_{12} = \frac{1}{3}(\varepsilon_4 + \varepsilon_5 + \varepsilon_6),$$

$$\bar{\varepsilon}_{13} = \frac{1}{3}(\varepsilon_7 + \varepsilon_8 + \varepsilon_9), \quad \bar{\varepsilon} = \frac{1}{9}(\varepsilon_1 + \varepsilon_2 + \cdots + \varepsilon_9)$$

这表明 S_1 中除了误差外还含有因子 A 的效应,故 $S_A=S_1$。而第 4 列为空白列,此时

$$S_4 = \sum_{j=1}^{3} 3(\bar{\varepsilon}_{4j}-\bar{\varepsilon})^2$$

这里的 $\bar{\varepsilon}_{41}=\frac{1}{3}(\varepsilon_1+\varepsilon_5+\varepsilon_9)$,$\bar{\varepsilon}_{42}=\frac{1}{3}(\varepsilon_2+\varepsilon_6+\varepsilon_7)$,$\bar{\varepsilon}_{43}=\frac{1}{3}(\varepsilon_3+\varepsilon_4+\varepsilon_8)$。这表明 S_4 仅反映误差,故 $S_e=S_4$。

依据诸平方和 S_j 的相互独立性,可知如下统计量:

$$F_j = \frac{S_j/f_j}{S_e/f_e}$$

在该列上因子不显著时,有 $F_j \sim F(f_j, f_e)$,$j=1,2,3$。对给定的显著性水平 α 和 F 分布的 $1-\alpha$ 分位数 $F_{1-\alpha}(f_j, f_e)$,可以检出显著因子。

这一切都可以在方差分析表上完成。例 5.2.1 中各平方和的计算在表 5.2.4 上进行,方差分析表见表 5.2.5。

表 5.2.4 例 5.2.1 方差分析计算表

表头设计	A	B	C		y
列号 试验号	1	2	3	4	
1	1	1	1	1	160
2	1	2	2	2	215
3	1	3	3	3	180
4	2	1	2	3	168
5	2	2	3	1	236
6	2	3	1	2	190
7	3	1	3	2	157
8	3	2	1	3	205
9	3	3	2	1	140
T_1	555	485	555	536	$T=1651$
T_2	594	656	523	562	$\sum y_i^2 = 310519$
T_3	502	510	573	553	$S_T = 7652.2$
S	1421.6	5686.9	427.6	116.2	

表 5.2.5 例 5.2.1 的方差分析表

来源	平方和	自由度	均方	F 比
因子 A	1421.6	2	710.8	12.23
因子 B	5686.9	2	2843.4	48.94
因子 C	427.6	2	213.8	3.68
误差 e	116.2	2	58.1	
T	7652.2	8	$F_{0.90}(2,2)=9.0$,	$F_{0.95}(2,2)=19.0$

由于 $F_A > F_{0.90}(2,2) = 9.0, F_B > F_{0.95}(2,2) = 19.0$，因此因子 A 与 B 分别在显著性水平 0.10 与 0.05 上是显著的，因子 C 不显著。

三、最佳条件的选择与对应条件下指标均值的估计

对显著因子应该选择其最好的水平，因为其水平变化会造成指标的显著不同，而对不显著因子可以任意选择水平，实际中常可根据降低成本、操作方便等来考虑其水平的选择。

在例 5.2.1 中因子 A 与 B 是显著的，所以要选择其最好的水平，按前所述，应取 A_2B_2，对因子 C 可以选任意水平，譬如为了节约材料可选 C_1。

因为因子 C 的水平对指标均值无明显影响，因此记最佳条件为 A_2B_2，此时其指标均值的估计可以如下进行。

记 A_2B_2 条件下指标均值为 $\mu_{22\cdot}$，则按效应可加模型有：

$$\mu_{22\cdot} = \mu + a_2 + b_2$$

由数据结构式可知 μ 与 a_2 的无偏估计可分别取为：

$$\hat{\mu} = \bar{y} \tag{5.2.5}$$

$$\hat{a}_2 = \bar{T}(A_2) - \bar{y}$$

这里 $\bar{T}(A_2)$ 表示因子 A 的二水平对应数据的均值，以后符号的意义类似。同理有：

$$\hat{b}_2 = \bar{T}(B_2) - \bar{y}$$

从而最佳条件下指标均值 $\mu_{22\cdot}$ 的点估计可以取为：

$$\hat{\mu}_{22\cdot} = \hat{\mu} + \hat{a}_2 + \hat{b}_2 = \bar{T}(A_2) + \bar{T}(B_2) - \bar{y} \tag{5.2.6}$$

它是 $\mu_{22\cdot}$ 的无偏估计。

从 (5.2.6) 式可以看出 $\hat{\mu}_{22\cdot}$ 是 $y_1, y_2, \cdots, y_9$ 的线性组合，它服从 $N(\mu_{22\cdot}, \sigma^2/n_e)$，在本节讨论的无交互作用的情况中，通过代数运算可知：

$$n_e = \frac{n}{1 + \text{显著因子自由度之和}} \tag{5.2.7}$$

σ^2 的无偏估计可取为 MS_e，即 $\hat{\sigma}^2 = MS_e$，且与 $\hat{\mu}_{22\cdot}$ 相互独立，因此 $\mu_{22\cdot}$ 的 $1-\alpha$ 置信区间为：

$$(\hat{\mu}_{22\cdot} - \delta, \hat{\mu}_{22\cdot} + \delta) \tag{5.2.8}$$

其中

$$\delta = t_{1-\alpha/2}(f_e)\hat{\sigma}/\sqrt{n_e} \tag{5.2.9}$$

这里 $t_{1-\alpha/2}(f_e)$ 是自由度为 f_e 的 t 分布的 $1-\alpha/2$ 分位数（见附表 1.3）。

在本例中 $\bar{T}(A_2) = 198, \bar{T}(B_2) = 218.7, \bar{y} = 183.4$，因此

$$\hat{\mu}_{22\cdot} = 198.0 + 218.7 - 183.4 = 233.3$$

又 $S_e = 116.2, f_e = 2$，故 $\hat{\sigma}^2 = 116.2/2 = 58.1$，从而 $\hat{\sigma} = 7.62$，现在 $n_e = 9/(1+2+2) = 1.8$，如

果取 $\alpha=0.05$,则从 t 分布表可查得 $t_{0.975}(2)=4.3027$,那么

$$\delta=4.3027\times 7.62/\sqrt{1.8}=24.1$$

则得 $\overline{\mu_{22.}}$ 的 0.95 置信区间为:

$$(233.3-24.1,233.3+24.1)=(209.2,257.4)。$$

5.2.4 验证试验

在例 5.2.1 中找到的最佳条件是 A_2B_2,即试验中的第 5 号试验,其试验结果确为 9 次试验中指标最高的。但在实际问题中分析所得的最佳条件不一定在试验中出现,为此通常需要进行验证试验,譬如选择条件 $A_2B_2C_1$,该条件就不在所进行的 9 次试验中,它是否真的符合要求?所以在实际中验证试验是不可少的,即使分析所得的最佳条件在试验中出现,也需要通过验证试验看其是否稳定。

譬如在例 5.2.1 中对条件 $A_2B_2C_1$ 进行了三次试验,结果分别为:234,240,220,其平均值为 231.3,看来该条件是令人满意的。

§ 5.3 有交互作用的正交试验设计与数据分析

在多因子试验中,试验结果除了受单个因子的影响外,还可能受交互作用的影响。下面通过一个例子来叙述因子间存在交互作用场合的正交设计与数据分析。

例 5.3.1 为提高某种农药的收率,需要寻找好的工艺条件,为此需进行试验。

5.3.1 试验的设计

试验设计的步骤基本同上节所述,但在某些步骤上有点差异,现叙述如下:

一、明确试验目的　在本例中试验目的是提高农药的收率。

二、明确试验指标　在本例中用收率来表示,收率越高表示该条件越好。

三、确定试验中所考察的因子与水平,并确定可能存在并要考察的交互作用

经分析,影响农药收率的因子有四个,它们是反应温度 A、反应时间 B、两种原料配比 C 与真空度 D,根据经验反应温度与反应时间的交互作用对收率也有较大的影响,因此在本试验中还需考察交互作用 A×B。试验中所考察的因子水平见表 5.3.1。

表 5.3.1　因子水平表

因子	一水平	二水平
A:反应温度(℃)	60	80
B:反应时间(小时)	2.5	3.5
C:两种原料配比	1.1/1	1.2/1
D:真空度(kPa)	50	60

四、选用合适的正交表，进行表头设计，列出试验计划

1. 选正交表

首先根据所考察的因子的水平数选择一类正交表。在本例中，所考察的因子都是二水平的，所以可以从二水平正交表 $L_4(2^3), L_8(2^7), L_{16}(2^{15}), \cdots$ 中去选一张。在有交互作用的场合，在选择正交表时要为交互作用留有位置，以便于今后的数据分析。在二水平的场合，一个交互作用可以看成一个二水平因子，由于现在要考察四个二水平因子及一个交互作用，因此可以看成有五个二水平因子（理由在后面叙述），故选用 $L_8(2^7)$ 是合适的。

2. 表头设计

在进行表头设计时要利用交互作用表，$L_8(2^7)$ 的交互作用表见表 5.3.2。它表示任意两列的交互作用所位于的列号，例如第一列与第二列的交互作用位于第三列。

表 5.3.2　$L_8(2^7)$ 的交互作用表

列号	1	2	3	4	5	6	7
	(1)	3	2	5	4	7	6
		(2)	1	6	7	4	5
			(3)	7	6	5	4
				(4)	1	2	3
					(5)	3	2
						(6)	1

在进行表头设计时，应先把存在交互作用的两个因子放到表头上去，这时可以放在任意两列上，譬如现在将因子 A 与 B 分别放在第一与第二列上，然后从交互作用表上查出这两列的交互作用列，现查得第一、二列的交互列为第三列，则在第三列上标以 A×B，再将余下的因子分别放在其他的空白列上，譬如把因子 C 与 D 放在第四、七列上，这便给出了表头设计：

表头设计	A	B	A×B	C			D
列号	1	2	3	4	5	6	7

3. 列出试验计划

有了表头设计后便可写出试验计划了，它同上节所述，只要将放置因子的列中的 1，2 改为该因子的真实水平即可。本例的试验计划见表 5.3.3。

有了试验计划后便可以按试验计划进行试验，并记录试验结果，这同上节所述，不再重复。本例的试验结果见表 5.3.3 最后一列。

5.3.2　数据分析

一、统计模型

对本例来讲，若记在 $A_iB_jC_kD_l$ 条件下的试验结果为 y_{ijkl}，则可以建立如下的统计模型：

表 5.3.3 试验计划

试验号	反应温度(℃)	反应时间(小时)	两种原料配比	真空度(kPa)	收率 y
1	(1)60	(1)2.5	(1)1.1/1	(1)50	86
2	(1)60	(1)2.5	(2)1.2/1	(2)60	95
3	(1)60	(2)3.5	(1)1.1/1	(2)60	91
4	(1)60	(2)3.5	(2)1.2/1	(1)50	94
5	(2)80	(1)2.5	(1)1.1/1	(2)60	91
6	(2)80	(1)2.5	(2)1.2/1	(1)50	96
7	(2)80	(2)3.5	(1)1.1/1	(1)50	83
8	(2)80	(2)3.5	(2)1.2/1	(2)60	88

$$\begin{cases} y_{ijkl}=\mu+a_i+b_j+c_k+d_l+(ab)_{ij}+\varepsilon_{ijkl},\quad i,j,k,l=1,2 \\ a_1+a_2=0,\ b_1+b_2=0,\ c_1+c_2=0,\ d_1+d_2=0 \\ (ab)_{11}+(ab)_{12}=(ab)_{21}+(ab)_{22}=(ab)_{11}+(ab)_{21}=(ab)_{12}+(ab)_{22}=0 \\ \text{各 } \varepsilon_{ijkl} \text{ 相互独立,均服从 } N(0,\sigma^2) \end{cases} \quad (5.3.1)$$

若用 $y_1,y_2,\cdots,y_8$ 表示 8 次试验结果,则

$$y_1=y_{1111},\quad y_2=y_{1122},\quad y_3=y_{1212},\quad y_4=y_{1221},$$
$$y_5=y_{2112},\quad y_6=y_{2121},\quad y_7=y_{2211},\quad y_8=y_{2222}$$

我们可以具体写出每一个试验结果的数据结构式,譬如:

$$y_1=y_{1111}=\mu+a_1+b_1+(ab)_{11}+c_1+d_1+\varepsilon_1$$

在例 5.3.1 中我们要检验的假设有五对:

$$H_{0A}:a_1=a_2=0,\quad H_{1A}:a_1,a_2 \text{ 不全为 } 0$$
$$H_{0B}:b_1=b_2=0,\quad H_{1B}:b_1,b_2 \text{ 不全为 } 0$$
$$H_{0C}:c_1=c_2=0,\quad H_{1C}:c_1,c_2 \text{ 不全为 } 0$$
$$H_{0D}:d_1=d_2=0,\quad H_{1D}:d_1,d_2 \text{ 不全为 } 0$$
$$H_{0,A\times B}:\text{一切}(ab)_{ij}=0,\quad H_{1,A\times B}:\text{至少一个}(ab)_{ij}\neq 0$$

二、总平方和分解

为进行方差分析,仍然先进行总平方和分解。

根据正交性,可得总平方和

$$S_T=\sum_{i=1}^8 (y_i-\bar{y})^2,\quad f_T=n-1=7$$

有如下分解式:

$$S_T=S_1+S_2+\cdots+S_7$$

其中每一列的(偏差)平方和可以用下式计算:

$$S_j=\frac{T_{1j}^2+T_{2j}^2}{4}-\frac{T^2}{8}=\frac{(T_{1j}-T_{2j})^2}{8},\quad j=1,2,\cdots,7$$

这里各符号的意义同上节,最后一等式仅在二水平正交表中成立。

由于因子 A、B、C、D 分别置于第一、二、四、七列,故有

$$S_A=S_1, \quad S_B=S_2, \quad S_C=S_4, \quad S_D=S_7$$

这里每一因子的自由度均为1。

由于第五、六列为空白列,故误差的偏差平方和可以用这两列的偏差平方和之和来表示,即:

$$S_e=S_5+S_6$$

其自由度为两列自由度的和,即 $f_e=2$。

下面来看一下第三列的偏差平方和的含义。利用统计模型,第三列中 T_{13} 与 T_{23} 的结构式分别为:

$$T_{13}=y_1+y_2+y_7+y_8=4\mu+2(ab)_{11}+2(ab)_{22}+\varepsilon_1+\varepsilon_2+\varepsilon_7+\varepsilon_8$$
$$T_{23}=y_3+y_4+y_5+y_6=4\mu+2(ab)_{12}+2(ab)_{21}+\varepsilon_3+\varepsilon_4+\varepsilon_5+\varepsilon_6$$

故从(5.3.1)可知,第三列除了误差外,只反映了交互效应不同所引起的数据波动,故称为交互作用的偏差平方和,记为 $S_{A\times B}$。由表头设计可知,第三列的表头为 $A\times B$,所以交互作用的偏差平方和也为其所在列的偏差平方和:

$$S_{A\times B}=S_3$$

这里 $S_{A\times B}$ 的自由度也是1。

各列偏差平方和的计算可以用(5.3.1)后面一式进行,它们被列在表 5.3.4 中。

表 5.3.4　例 5.3.1 的计算表

表头设计	A	B	A×B		C		D	y
列号 试验号	1	2	3	4	5	6	7	
1	1	1	1	1	1	1	1	86
2	1	1	1	2	2	2	2	95
3	1	2	2	1	1	2	2	91
4	1	2	2	2	2	1	1	94
5	2	1	2	1	2	1	2	91
6	2	1	2	2	1	2	1	96
7	2	2	1	1	2	2	1	83
8	2	2	1	2	1	1	2	88
T_1	366	368	352	351	361	359	359	$T=724$
T_2	358	356	372	373	363	365	365	$\sum y_i^2=65668$
S	8	18	50	60.5	0.5	4.5	4.5	$S_T=146$

三、方差分析表

有了各个因子、交互作用及误差的偏差平方和与其相应的自由度,便可如上节那样写出方差分析表,具体见表 5.3.5。

表 5.3.5　例 5.3.1 的方差分析表

来源	平方和	自由度	均方	F 比
A	8.0	1	8.0	3.2
B	18.0	1	18.0	7.2
C	60.5	1	60.5	24.2
D	4.5	1	4.5	1.8
A×B	50.0	1	50.0	20.0
e	5.0	2	2.5	
T	146.0	7	$F_{0.95}(1,2)=18.5$	

从方差分析表可知,在显著性水平 0.05 上因子 C 与交互作用 A×B 对指标有显著影响。

四、最佳条件的选择

对显著的交互作用,不管因子本身是否显著,先计算两个因子水平的不同搭配下数据的均值,再通过比较得出哪种水平组合为好。下面先计算 A×B 的四种搭配下的数据均值。从表头设计可知,因子 A 与 B 分别放在第一列与第二列,故其水平搭配效果可从这两列的水平对应的数据上去看,如组合 A_1B_1 进行的试验号是 1 与 2,则将这两个试验结果求平均便得到这一搭配下的数据均值,其他类似可得,计算结果见表 5.3.6。

表 5.3.6　A×B 的搭配表

	A_1	A_2
B_1	(86+95)/2=90.5	(91+96)/2=93.5
B_2	(91+94)/2=92.5	(83+88)/2=85.5

由于该例的指标是望大特性,故从该表可知,因子 A 与 B 的搭配以 A_2B_1 为好。

对不存在交互作用的显著因子,可通过比较两个水平均值或数据和得到其最佳水平,从表 5.3.4 可知,因子 C 取二水平为好。

因子 D 不显著,其水平可任取。

综上可知最佳条件是 $A_2B_1C_2$,即反应温度为 80℃,反应时间为 2.5 小时,两种原料的配比为 1.2/1。

五、最佳条件下指标均值的估计

设 $A_iB_jC_kD_l$ 条件下的指标均值为 μ_{ijkl},则根据存在交互作用 A×B 的情况,可将其表示为

$$\mu_{ijkl}=\mu+a_i+b_j+c_k+d_l+(ab)_{ij} \tag{5.3.2}$$

由于根据方差分析表知因子 A、B、D 不显著,因此有 $a_1=a_2=0, b_1=b_2=0, d_1=d_2=0$,则 (5.3.2)式可以简化为

$$\mu_{ijkl}=\mu+c_k+(ab)_{ij} \qquad (5.3.3)$$

这时一般平均与因子效应的估计同上节,即

$$\hat{\mu}=\bar{y}, \quad \hat{a}_i=\bar{T}(A_i)-\bar{y}, \quad \hat{b}_j=\bar{T}(B_j)-\bar{y}, \quad \hat{c}_k=\bar{T}(C_k)-\bar{y}$$

而交互效应的估计类似第四章可知

$$(\widehat{ab})_{ij}=\bar{T}(A_iB_j)-\hat{\mu}-\hat{a}_i-\hat{b}_j=\bar{T}(A_iB_j)-\bar{T}(A_i)-\bar{T}(B_j)+\bar{y} \qquad (5.3.4)$$

当 $a_1=a_2=0, b_1=b_2=0$ 时,(5.3.4)式也可简化为:

$$(\widehat{ab})_{ij}=\bar{T}(A_iB_j)-\hat{\mu}=\bar{T}(A_iB_j)-\bar{y} \qquad (5.3.5)$$

它是 $(ab)_{ij}$ 的无偏估计。其中 $\bar{T}(A_iB_j)$ 表示在 A_iB_j 组合下数据的均值。

在本例中最佳条件是 $A_2B_1C_2$,从表 5.3.4 与 5.3.6 知 $\bar{T}(A_2B_1)=93.5$,$\bar{T}(C_2)=373/4=93.25$,$\bar{y}=724/8=90.5$,按(5.3.5)式可知该条件下指标均值 $\mu_{212.}$ 的点估计为:

$$\hat{\mu}_{212.}=\bar{y}+(\bar{T}(A_2B_1)-\bar{y})+(\bar{T}(C_2)-\bar{y})$$
$$=\bar{T}(A_2B_1)+\bar{T}(C_2)-\bar{y}=93.5+93.25-90.5=96.25$$

为了求该指标均值的 $1-\alpha$ 置信区间,先将 $\hat{\mu}_{212.}$ 写成 $y_1, y_2, \cdots, y_8$ 的线性组合,且 $\hat{\mu}_{212.} \sim N(\mu_{212.}, \sigma^2/n_e)$,为了求得 n_e,我们需要计算 $\hat{\mu}_{212.}$ 的方差,现有:

$$\hat{\mu}_{212.}=\bar{T}(A_2B_1)+\bar{T}(C_2)-\bar{y}$$
$$=\frac{1}{2}(y_5+y_6)+\frac{1}{4}(y_2+y_4+y_6+y_8)-\frac{1}{8}(y_1+y_2+\cdots+y_8)$$
$$=-\frac{1}{8}y_1+\frac{1}{8}y_2-\frac{1}{8}y_3+\frac{1}{8}y_4+\frac{3}{8}y_5+\frac{5}{8}y_6-\frac{1}{8}y_7+\frac{1}{8}y_8$$

$$\text{Var}(\hat{\mu}_{212.})=[6\times(1/8)^2+(3/8)^2+(5/8)^2]\sigma^2=\frac{40}{64}\sigma^2=\frac{5}{8}\sigma^2$$

所以 $1/n_e=5/8$,即 $n_e=8/5=1.6$。在存在不显著项的情况下,σ^2 的估计可以用如下较为精确的方法得到:

$$\hat{\sigma}^2=\frac{S_e+\text{不显著项的 } S \text{ 之和}}{f_e+\text{不显著项的 } f \text{ 之和}}$$

记 $S'_e=S_e+$ 不显著项的 S 之和,$f'_e=f_e+$ 不显著项的 f 之和,则在本例中有:

$$S'_e=5.0+8+18+4.5=35.5$$
$$f'_e=2+1+1+1=5$$

则 $\hat{\sigma}^2=35.5/5=7.1$,从而 $\hat{\sigma}=2.665$,如果取 $1-\alpha=0.95$,则用 f'_e 代替 f_e,查 t 分布表,有 $t_{0.975}(5)=2.5706$,按公式(5.2.9)有:

$$\delta = 2.5706 \times 2.66/\sqrt{1.6} = 5.4$$

再按(5.2.8)，μ_{212} 的置信水平为 0.95 的置信区间的下限是 $96.25-5.4=90.85$，其上限为 $96.25+5.4>100$，由于收率不会大于 100，故取上限为 100，从而得最佳条件下指标均值 μ_{212} 的 0.95 置信区间为：

$$(90.85, 100)$$

§5.4 有关交互作用与表头设计的几个问题

5.4.1 自由度

自由度是(偏差)平方和的属性。在表头设计中经常会涉及到因子的自由度和列的自由度，它们都是指相应的平方和的自由度，即

因子 A 的自由度 f_A ＝因子 A 的平方和的自由度＝A 的水平数－1

列的自由度＝列的平方和的自由度＝列的水平数－1

正交表的自由度＝正交表的行数－1

另外，在统计学上已经证明：

交互作用 A×B 的自由度 $f_{A \times B} = f_A \times f_B$。

此外还有三个因子间的三级交互作用 A×B×C 等，并类似有 $f_{A \times B \times C} = f_A \times f_B \times f_C$ 等。

在正交表上作有交互作用的表头设计时应遵守一条规则：因子自由度应与所在列的自由度相等，交互作用自由度应与所占列的自由度的和相等。

譬如在有多个二水平因子场合，如因子 A 与交互作用 A×B、三级交互作用 A×B×C 的自由度为

$$f_A = f_{A \times B} = f_{A \times B \times C} = 1$$

即二水平因子与各级交互作用的自由度均为 1，它们在二水平正交表上都只需占用 1 列，至于是哪一列放交互作用可由其交互作用表决定。

又如在有多个三水平因子场合，如因子 A 与交互作用 A×B 的自由度分别为

$$f_A = 2, \quad f_{A \times B} = 2 \times 2 = 4$$

这意味着因子在三水平正交表上要占一列，而交互作用 A×B 在三水平正交表上要占到二列，特别在 $L_9(3^4)$ 上，若不考察交互作用，可放 4 个三水平因子，若要考察交互作用，只能放两个三水平因子，至于这两个因子放在 $L_9(3^4)$ 哪两列上可以随便，但一经放定，另外两列就是这两个因子的交互作用列。

又如正交表 $L_{16}(4^5)$ 上，若不考察交互作用，可放 5 个四水平因子。若要考察交互作用，那只能放两个四水平因子，余下三列是这两个因子的交互作用列，因为 $f_{A \times B} = f_A \times f_B = 3 \times 3 = 9$。对正交表 $L_{25}(5^6)$ 也可作出类似地说明。

5.4.2 部分实施法

在正交试验设计中，若要考察交互作用，就要占用正交表的列，从而少排因子。要考察

的交互作用愈多,占用正交表的列数也愈多,从而可安排的因子就更少。

例 5.4.1 要考察 3 个二水平因子 A,B,C,还要考察所有交互作用 A×B,A×C,B×C,A×B×C。这时用 $L_8(2^7)$ 就够了。具体表头设计如下:

表头设计	A	B	A×B	C	A×C	B×C	A×B×C
$L_8(2^7)$	1	2	3	4	5	6	7

3 个二水平因子共有 $2^3=8$ 个试验,这里 8 个试验全做了,常称为全因子试验。假如三级交互作用很微小,或不存在,那么第 7 列就空出来,可放第四个二水平因子 D。表头设计改为

表头设计	A	B	AB	C	AC	BC	D
$L_8(2^7)$	1	2	3	4	5	6	7

这里有 4 个二水平因子,其全因子试验含有 $2^4=16$ 个试验。如今只做 8 次(一半)这种试验设计常称为全因子试验的 1/2 实施,简称 1/2 实施。若交互作用 B×C 也很微小,那也可忽略,这时再增加一个二水平因子,这个设计称为 1/4 实施。

1/2 实施、1/4 实施等统称为部分实施法。部分实施法可以少做试验,很受使用者欢迎。部分实施法成为可能在于省略部分交互作用之故。而省略交互作用的潜力是很大的,特别在多因子场合。

例 5.4.2 设要考察 A,B,C,D 四个因子,它们之间的各种交互作用有 11 个。
二级交互作用:A×B,A×C,A×D,B×C,B×D,C×D
三级交互作用:A×B×C,A×B×D,A×C×D,B×C×D
四级交互作用:A×B×C×D

可见各级交互作用个数超过主因子个数,经验表明:实际中只有少数交互作用存在,多数交互作用不存在或很微小。在这种场合下,人们经常采用的策略如下:一是三级和三级以上交互作用不加考察,二是根据专业理论和实际经验确定少数二级交互作用,其他二级交互作用均不加考察。

所以在多因子场合,要尽量省略交互作用,施行部分实施法。

5.4.3 避免混杂现象——表头设计的一个原则

在进行表头设计时,若一列上出现两个因子,或两个交互作用,或一个因子与一个交互作用时,称为混杂现象,简称"混杂"。当混杂现象所在列显著时,很难识别是哪个因子(或交互作用)是显著的。所以在表头设计时要尽量避免混杂现象的出现,这是表头设计的一个重要原则。只要选择较大的正交表,混杂现象是可以避免的。

由于在用正交表安排试验时,因子应与所在列的自由度相同,而交互作用所占列的自由度之和应与交互作用的自由度相同。因此根据表头设计避免混杂的原则,选择正交表时必须满足下面一个条件:"所考察的因子与交互作用自由度之和 $\leqslant n-1$",其中 n 是正交表的行数。不过在存在交互作用的场合,这一条件满足时还不一定能用来安排试验,因为还可发生混杂现象,所以这是一个必要条件。

例 5.4.3 给出下列试验的表头设计：

(1) A,B,C,D 为二水平因子,且要考察交互作用 A×B,A×C；

(2) A,B,C,D 为二水平因子,且要考察交互作用 A×B,C×D；

(3) A,B,C,D,E 为三水平因子,且要考察交互作用 A×B。

解：(1) 由于因子均为二水平的,故选用二水平正交表,又因子与交互作用的自由度之和为：

$$f_A + f_B + f_C + f_D + f_{A\times B} + f_{A\times C} = 1+1+1+1+1+1 = 6$$

故所选正交表的行数应满足：$n \geq 6+1=7$,所以选 $L_8(2^7)$,表头设计如下：

表头设计	A	B	A×B	C	A×C		D
列号	1	2	3	4	5	6	7

(2) 由于因子均为二水平的,故仍选用二水平正交表,又因子与交互作用的自由度之和为 6,故所选正交表的行数应满足：$n \geq 6+1=7$,但 $L_8(2^7)$ 无法安排这四个因子与两个交互作用,因为不管四个因子放在哪四列上,两个交互作用或一个因子与一个交互作用总会共用一列,从而产生混杂,譬如如下两个表头设计：

表头设计一：

表头设计	A	B	A×B C×D	C			D
列号	1	2	3	4	5	6	7

表头设计二：

表头设计	A	C	C×D B	A×B			D
列号	1	2	3	4	5	6	7

比较这两个表头设计,还是第一个表头设计为好,因为其主因子没有混杂,混杂只在二级交互作用中发生。

为避免一切混杂,不得不选用更大的正交表,如用 $L_{16}(2^{15})$,其表头设计就不会发生混杂,具体如下：

表头设计	A	B	A×B	C				D				C×D			
列号	1	2	3	4	5	6	7	8	9	10	11	12	13	14	15

(3) 由于因子均为三水平的,故选用三水平正交表,又因子与交互作用的自由度之和为：

$$f_A + f_B + f_C + f_D + f_E + f_{A\times B} = 2+2+2+2+2+4 = 14$$

故所选正交表的行数应满足：$n \geq 14+1=15$,所以选 $L_{27}(3^{13})$,表头设计如下：

表头设计	A	B	A×B		C	D			E			
列号	1	2	3	4	5	6	7	8	9	10	11	12	13

5.4.4 二水平正交设计的分辨度

分辨度(resolution)是 G. Box 提出的概念，它是在用二水平正交表施行部分实施法时要关注的一个概念，使设计少走弯路。

大家知道，在进行全因子设计时不会出现混杂现象，如在二水平场合，三因子用 $L_8(2^7)$，四因子用 $L_{16}(2^{15})$，五因子用 $L_{32}(2^{31})$ 等不会出现任何混杂现象。但是在四因子用 $L_8(2^7)$，五因子、六因子用 $L_{16}(2^{15})$ 就不可避免会出现混杂现象。混杂现象有程度不同之差别，分辨度就是把主因子与交互作用混杂，交互作用之间混杂等混杂程度进行分级，具体如下：

分辨度为Ⅲ的设计：各主因子间无混杂，但某些主因子与交互作用间有混杂。

分辨度为Ⅳ的设计：各主因子间无混杂，主因子与各二级交互作用间也没有混杂，但主因子与某些三级交互作用间有混杂，某些二级交互作用间有混杂。

分辨度为Ⅴ的设计：各主因子间无混杂，各主因子与二级、三级交互作用间也没有混杂，但主因子与某些四级交互作用间有混杂，二级交互作用间无混杂，但二级与三级交互作用间有混杂。

类似可定义分辨度为Ⅵ、Ⅶ等设计。但是在实际中常用到分辨度为Ⅴ的设计，更高的分辨度很少用到。在三级和三级以上交互作用可忽略的场合，分辨度为Ⅲ、Ⅳ、Ⅴ等场合可用表 5.4.1 作简要说明。

表 5.4.1 分辨度为Ⅲ、Ⅳ、Ⅴ的设计

分辨度	主因子间有无混杂？	主因子与二级交互作用间有无混杂？	二级交互作用间有无混杂？
Ⅲ	无	有	有
Ⅳ	无	无	有
Ⅴ	无	无	无

从表 5.4.1 可以看到，分辨度级别愈高，混杂程度愈轻。大家都希望用分辨度为Ⅴ的设计，但在因子较多的场合，就要做更多的试验。在无可奈何的情况下，人们也不得不使用分辨度为Ⅳ的设计，在某些二级交互作用不存在或很微小，且这些可忽略的交互作用与主效应混杂的场合，分辨度为Ⅲ的设计也是一种可供使用的设计。

在实际使用中，分辨度与主因子个数、正交表的大小有关，也就是说，固定一张正交表若因子个数不同，则有不同的分辨度。同样个数的因子在不同正交表上有不同的分辨度。为了说清这个问题，需把二水平正交表略作改变，把水平 1 与 2 改为 1 与 −1。譬如 $L_8(2^7)$ 中水平 2 改为 −1，即得 $L_8(2^7)$ 另一种形式，详见表 5.4.2。

表 5.4.2　$L_8(2^7)$ 的另一种形式

行号＼列号	A 1	B 2	AB 3	C 4	AC 5	BC 6	ABC 7
1	1	1	1	1	1	1	1
2	1	1	1	−1	−1	−1	−1
3	1	−1	−1	1	1	−1	−1
4	1	−1	−1	−1	−1	1	1
5	−1	1	−1	1	−1	1	−1
6	−1	1	−1	−1	1	−1	1
7	−1	−1	1	1	−1	−1	1
8	−1	−1	1	−1	1	1	−1

对表 5.4.2 作如下讨论：

(1)第 1,2,4 列称为基本列，其他各列可由同行数字(二个或三个)相乘而得，如第 7 列上的数字就是第 1,2,4 列上同行三个数字相乘的结果。这样一来，若把三个因子 A,B,C 放在基本列上，其交互作用列就随之而定，交互作用表也随之产生。

(2)表 5.4.2 上的表头设计是用 $L_8(2^7)$ 安排三个因子的全因子试验。

(3)若要考察第四个因子 D，因三级交互作用 ABC 不存在，故把 D 放在第 7 列上是最好的选择，这样就得到一个基本关系式及其等价形式：

$$ABC=D \text{ 或 } ABCD=1$$

因为 $D^2=D×D=1$，即第 7 列上每个元素自己乘自己都为 1，故对第一式两端乘以 D 就得第二式。

(4)利用 $A^2=B^2=C^2=1$，可得 D 与 A、B、C 的交互作用列：

$$AD=A×ABC=A^2BC=BC=\text{第 6 列}$$
$$BD=B×ABC=AB^2C=AC=\text{第 5 列}$$
$$CD=C×ABC=ABC^2=AB=\text{第 3 列}$$

这样就得到一张四因子的表头设计：

表头设计	A	B	CD AB	C	BD AC	AD BC	D
$L_8(2^7)$ 列号	1	2	3	4	5	6	7

这是一张分辨度为 Ⅳ 的设计，其实分辨度的级数就是关系式 ABCD=1 中最少字母个数。

(5)若还要考察第五个因子 E，最好选择是不与主因子混杂，让其与二级交互作用混杂。譬如把 E 放在第 6 列，这样又得到一个基本关系式

$$AD=BC=E \text{ 或 } ADE=1, BCE=1$$

其交互作用列分别为：

$$AE = ABC = 第\ 7\ 列$$
$$BE = BBC = C = 第\ 4\ 列(与\ C\ 混杂)$$
$$CE = CBC = B = 第\ 2\ 列(与\ B\ 混杂)$$
$$DE = DBC = ABC \times BC = A = 第\ 1\ 列(与\ A\ 混杂)$$

这样又得一张五因子的表头设计：

表头设计	DE A	CE B	CD AB	BE C	BD AC	E AD BC	AE D
$L_8(2^7)$ 列号	1	2	3	4	5	6	7

这是一张分辨度为Ⅲ的设计，它是由 ABCD=1、BCE=1 和 ADE=1 决定，其中最少字母数为 3，所以分辨度是由基本关系式中最少字母数确定。

现在我们转入研究 $L_{16}(2^{15})$。其另一种形式如表 5.4.3 所示。

表 5.4.3 $L_{16}(2^{15})$ 的另一种形式

	A	B	AB	C	AC	BC	ABC	D	AD	BD	ABD	CD	ACD	BCD	ABCD
	1	2	3	4	5	6	7	8	9	10	11	12	13	14	15
1	1	1	1	1	1	1	1	1	1	1	1	1	1	1	1
2	1	1	1	1	1	1	1	−1	−1	−1	−1	−1	−1	−1	−1
3	1	1	1	−1	−1	−1	−1	1	1	1	1	−1	−1	−1	−1
4	1	1	1	−1	−1	−1	−1	−1	−1	−1	−1	1	1	1	1
5	1	−1	−1	1	1	−1	−1	1	1	−1	−1	1	1	−1	−1
6	1	−1	−1	1	1	−1	−1	−1	−1	1	1	−1	−1	1	1
7	1	−1	−1	−1	−1	1	1	1	1	−1	−1	−1	−1	1	1
8	1	−1	−1	−1	−1	1	1	−1	−1	1	1	1	1	−1	−1
9	−1	1	−1	1	−1	1	−1	1	−1	1	−1	1	−1	1	−1
10	−1	1	−1	1	−1	1	−1	−1	1	−1	1	−1	1	−1	1
11	−1	1	−1	−1	1	−1	1	1	−1	1	−1	−1	1	−1	1
12	−1	1	−1	−1	1	−1	1	−1	1	−1	1	1	−1	1	−1
13	−1	−1	1	1	−1	−1	1	1	−1	−1	1	1	−1	−1	1
14	−1	−1	1	1	−1	−1	1	−1	1	1	−1	−1	1	1	−1
15	−1	−1	1	−1	1	1	−1	1	−1	−1	1	−1	1	1	−1
16	−1	−1	1	−1	1	1	−1	−1	1	1	−1	1	−1	−1	1

对表 5.4.3 作如下讨论：

(1)第 1,2,4,8 列是基本列，其他各列都可由此四列派生出来，交互作用列表由此产生。表 5.4.3 上的表头设计就是用 $L_{16}(2^{15})$ 安排四个因子的全因子试验。

(2)若要考察第五个因子 E，把它放在第 15 列上，就得到基本关系式

$$ABCD = E\ 或\ ABCDE = 1$$

可见这是分辨度为Ⅴ的设计。E 与诸 A、B、C、D 的交互作用列也可算出：

$$AE = A^2BCD = BCD = 第14列$$
$$BE = AB^2CD = ACD = 第13列$$
$$CE = ABC^2D = ABD = 第11列$$
$$DE = ABCD^2 = ABC = 第7列$$

这样就可得一张五因子的表头设计

表头设计	A	B	AB	C	AC	BC	DE ABC	D	AD	BD	CE ABD	CD	BE ACD	AE BCD	E ABCD
$L_{16}(2^{15})$	1	2	3	4	5	6	7	8	9	10	11	12	13	14	15

这是一张满足分辨度为Ⅴ的设计,若无三级交互作用,其主因子与二级交互作用均无混杂,这是一个很完美的设计方案。

（3）若还要考察第六个因子 F,为了不使 F 与其他主因子混杂,可任选其他列,譬如把 F 放在第 14 列上,可得基本关系式

$$AE = BCD = F \quad 或 \quad AEF = 1, BCDF = 1$$

在这些关系中最小字母数为 3,故由此可产生分辨度为Ⅲ的设计,其表头设计如下：

表头设计	EF A	B	AB	C	AC	DF BC	DE ABC	D	AD	CF BD	CE ABD	BF CD	BE ACD	F AE BCD	AF E ABCD
$L_{16}(2^{15})$	1	2	3	4	5	6	7	8	9	10	11	12	13	14	15

若忽略三级及三级以上交互作用,则其主因子 A,E,F 还与二级交互作用混杂,只有当交互作用 AE,AF 和 EF 都不存在时,才可得六个主因子间不混杂,且与二级交互作用不混杂的设计,否则这个分辨度为Ⅲ的设计是不够理想的。

（4）我们改变想法,在四因子的全因子试验（表头设计见表 5.4.3）的基础上,把 E 放在第 7 列上,把 F 放在第 14 列上,这可得两个基本关系式：

$$ABC = E \quad 和 \quad BCD = F$$
$$(ABCE = 1) \quad (BCDF = 1)$$

这两个关系式都只含 4 个字母,故可产生分辨度为Ⅳ的设计,这个设计可使六个主因子间不混杂,且与二级交互作用也不混杂,但会与三级交互作用混杂,在三级交互作用可忽略的场合,这个分辨度为Ⅳ的设计是使人满意的设计。

由基本关系式 ABC=E 和 BCD=F,可得各二级交互作用所在列：

$$AE = BC \qquad\qquad AF = ABCD = 第15列$$
$$BE = AC \qquad\qquad BF = CD$$
$$CE = AB \qquad\qquad CF = BD$$
$$DE = ABCD = 第15列 \qquad EF = ABC \times BCD = AD$$

综合上述可得如下表头设计：

表头设计	A	B	CE AB	C	DF AE BC	E ABC	D	EF AD	CF BD	ABD	BF CD	ACD	F BCD	AF DE ABCD
$L_{16}(2^{15})$	1	2	3	4	5	6	7	8	9	10	11	12	13	14	15

这是一张分辨度为Ⅳ的设计。

从上面的讨论可见，用二水平正交表对多因子进行试验设计时，其分辨度是一个有用的概念，可帮助我们寻找分辨度较高的设计。

如何才能根据主因子个数和某张二水平正交表来确定其分辨度呢？可惜，至今尚无一个简单公式可用，只能具体问题具体分析，但前人已对因子个数不超过 15 给出了一张分辨度表，可供使用时参考，详见表 5.4.4。

表 5.4.4 多因子部分实施法的分辨度表

试验次数	因子数													
	2	3	4	5	6	7	8	9	10	11	12	13	14	15
4	Full	Ⅲ												
8		Full	Ⅳ	Ⅲ	Ⅲ	Ⅲ								
16			Full	Ⅴ	Ⅳ	Ⅳ	Ⅳ	Ⅲ	Ⅲ	Ⅲ	Ⅲ	Ⅲ	Ⅲ	Ⅲ
32				Full	Ⅵ	Ⅳ	Ⅳ	Ⅳ	Ⅳ	Ⅳ	Ⅳ	Ⅳ	Ⅳ	Ⅳ
64					Full	Ⅶ	Ⅴ	Ⅳ	Ⅳ	Ⅳ	Ⅳ	Ⅳ	Ⅳ	Ⅳ
128						Full	Ⅷ	Ⅵ	Ⅴ	Ⅳ	Ⅳ	Ⅳ	Ⅳ	Ⅳ

表中第一行是主因子个数，第一列是二水平正交表的试验次数，表中 Full 表示全因子试验，使用时会遇到以下三种情况：

(1) 给定主因子数(譬如为 6)，又给定最高试验次数(譬如为 16)，则从表中查得有分辨度为Ⅳ的设计，具体表头设计方案还要具体去寻找。

(2) 只给定因子个数，譬如为 7，表中列出有五个分辨度，全因子试验要做 128 次试验，分辨度为Ⅶ的设计要做 64 次试验，分辨度为Ⅵ和Ⅴ的设计不存在，而分辨度Ⅳ的设计只需要做 16 次，因为试验次数较少，主因子间又不混杂，故其二级交互作用混杂一定较严重，只有在少数交互作用存在的场合才可使用此设计。

(3) 只给定最大试验次数，如 32 次，其分辨度有多种可能，若有 6 个因子，可得分辨度为Ⅵ的设计，若有 7 到 15 个因子，只有分辨度为Ⅳ的设计，且因子个数愈多，二级交互作用混杂愈严重。只有在大量二级交互作用不存在的场合，才能获得一个满意的设计。

从上述讨论中可以看出，少考察交互作用(若可行的话)就可减少试验次数，提高分辨度。

§ 5.5 有重复试验的数据分析

重复性是科学试验必备的条件,很多重要的试验都要重复多次,以考察其真实性。在多因子试验场合进行重复试验还可用来考察统计模型的真实性,这里所指的重复试验是指在同一条件下进行若干次试验。在这种情况下,试验设计并没有变化,仍按无重复试验时进行,但数据分析有一些变化。下面通过一个例子来叙述这种情况下的数据分析。

例 5.5.1 某厂为提高零件内孔研磨工序质量进行工艺参数的选优试验,考察孔的锥度值,希望其越小越好。在试验中考察的因子水平如下:

表 5.5.1 因子水平表

因子	水平一	水平二
A:研孔工艺设备	通用夹具	专用夹具
B:生铁研圈材质	特殊铸铁	一般灰铸铁
C:留研量(mm)	0.01	0.015

采用正交表 $L_8(2^7)$ 安排试验,表头设计如下:

表头设计	A	B		C		
列号	1	2	3	4	5	6

在每一条件下加工了四个零件,测量其锥度,试验结果见表 5.5.2。

5.5.1 统计模型

为了说明有重复试验情况中的数据分析,先看一下其模型的特点,仍然以例 5.5.1 为例。

设在 $A_iB_jC_k$ 条件下进行了 m 次重复试验,其第 u 个重复试验结果为 y_{ijku},其均值为 μ_{ijk},误差为 ε_{ijku},则有:

$$y_{ijku} = \mu_{ijk} + \varepsilon_{ijku}, \quad u=1,2,\cdots,m$$

再记 y_{ijk} 为 $A_iB_jC_k$ 条件下的试验结果的和,$\bar{y}_{ijk}$ 为其均值,误差的平均为 $\bar{\varepsilon}_{ijk}$,则

$$\bar{y}_{ijk} = \mu_{ijk} + \bar{\varepsilon}_{ijk}$$

那么有:

$$y_{ijku} - \bar{y}_{ijk} = \varepsilon_{ijku} - \bar{\varepsilon}_{ijk} \tag{5.5.1}$$

它仅反映了试验的误差,因而同一条件下的数据的偏差平方和(又称组内平方和)仅反映了试验中误差所引起的波动。

如果假定本例的数据为效应可加模型,即假定:

$$\mu_{ijk} = \mu + a_i + b_j + c_k$$

那么,假定数据结构式为:

$$y_{ijku} = \mu + a_i + b_j + c_k + \varepsilon_{ijku}$$

这时 ε_{ijku} 还包含了可能因模型的假定不当所造成的误差,譬如,某个重要因子或交互作用被忽略而引起误差波动增大,所以利用正交表空白列所求得的误差的偏差平方和其实可能是真正的试验误差与模型误差两者的综合。有了重复试验,就为我们区分它们创造了条件。

下面详细写出本例的模型,这里先假定为效应可加模型:

$$\begin{cases} y_{ijku} = \mu + a_i + b_j + c_k + \varepsilon_{ijku}, & i,j,k=1,2, \ u=1,2,3,4 \\ a_1 + a_2 = 0, \ b_1 + b_2 = 0, \ c_1 + c_2 = 0 \\ \text{各 } \varepsilon_{ijku} \text{ 相互独立,均服从 } N(0,\sigma^2) \end{cases} \quad (5.5.2)$$

首先可以检验模型是否正确的假设,即检验均值是否为效应可加模型:

$$H_0: \mu_{ijk} = \mu + a_i + b_j + c_k, \quad i,j,k=1,2$$
$$H_1: \mu_{ijk} \neq \mu + a_i + b_j + c_k, \quad i,j,k=1,2$$

若 H_0 为真,可以进一步检验各因子是否显著,即要检验的假设有如下三对:

$$H_{0A}: a_1 = a_2 = 0, \quad H_{1A}: a_1, a_2 \neq 0$$
$$H_{0B}: b_1 = b_2 = 0, \quad H_{1B}: b_1, b_2 \neq 0$$
$$H_{0C}: c_1 = c_2 = 0, \quad H_{1C}: c_1, c_2 \neq 0$$

若 H_0 不真,则要考虑是否存在交互作用,将显著的交互作用从误差中分离出来后再检验各因子的显著性。

以上各种检验将在下面逐步展开。

5.5.2 方差分析

一、总平方和分解

为了进行方差分析,首先要作总平方和分解,将总(偏差)平方和分解为各个因子及误差的偏差平方和。

如果设正交表有 n 行,在每一条件下进行了 m 次重复试验,那么此时总偏差平方和可用下式表示:

$$S_T = \sum_{i=1}^{n} \sum_{j=1}^{m} (y_{ij} - \bar{y})^2 = \sum_{i=1}^{n} \sum_{j=1}^{m} y_{ij}^2 - \frac{T^2}{mn}, \quad f_T = nm - 1$$

总平方和 S_T 的分解可分两步进行:

(1) 由于进行了重复试验,故首先将 S_T 分解为组内平方和 $S_内$ 与组间平方和 $S_间$,即

$$S_内 = \sum_{i=1}^{n} \sum_{j=1}^{m} (y_{ij} - \bar{y}_i)^2, \quad f_内 = n(m-1)$$

$$S_间 = \sum_{i=1}^{n} m(\bar{y}_i - \bar{y})^2, \quad f_间 = n-1$$

这里 $\bar{y}_i$ 是第 i 个试验条件下的 m 次重复试验结果的均值,$S_内$ 是纯误差平方和,又称为第二类误差平方和,记为 S_{e2}。而 $S_间$ 是各条件间的差异引起的平方和,也记为 S_{T1}。

(2) $S_{间}$ 又可按正交表分解为各列平方和，即

$$S_{间}=S_1+S_2+\cdots+S_7$$

其中

$$S_j=\frac{(T_{1j}-T_{2j})^2}{mn}, \quad f_j=1, \quad j=1,2,\cdots,7$$

这里 T_{1j} 与 T_{2j} 分别是第 j 列一水平与二水平对应的全部数据之和。

综上所述，总平方和有如下分解式：

$$S_T=S_{间}+S_{内}=S_{T1}+S_{e2}=S_1+S_2+\cdots+S_7+S_{e2}$$

由本例的表头设计知：

$$S_A=S_1, \quad S_B=S_2, \quad S_C=S_4$$

诸空白列的偏差平方和的和称为第一类误差偏差平方和，记为 S_{e1}，则有

$$S_{e1}=S_3+S_5+S_6+S_7$$

这时平方和分解式可写成：

$$S_T=S_A+S_B+S_C+S_{e1}+S_{e2}$$

下面结合例 5.5.1 来计算各平方和。

在例 5.5.1 中，不同的水平组合共有 $n=8$ 个，每个水平组合下进行的重复试验次数为 $m=4$，故共有 $nm=8\times4=32$ 个数据，这 32 个数据的总和为 $T=58.3$，此时

$$S_T=\sum_{i=1}^{8}\sum_{j=1}^{4}y_{ij}^2-\frac{T^2}{32}=116.49-\frac{58.3^2}{32}=10.275, \quad f_T=31$$

$$S_{T1}=\sum_{i=1}^{8}4(\bar{y}_i-\bar{y})^2=\sum_{i=1}^{8}\frac{y_i^2}{4}-\frac{T^2}{32}=\frac{450.81}{4}-\frac{58.3^2}{32}=6.487, \quad f_{T1}=7$$

这里 y_i 是第 i 个试验条件下 4 个试验结果的和，$\bar{y}_i$ 是其平均值。

$$S_{e2}=S_T-S_{T1}=10.275-6.487=3.788, \quad f_{e2}=f_T-f_{T1}=24$$

然后按公式 $S_j=\frac{(T_{1j}-T_{2j})^2}{32}$ 计算各列平方和，它们都列在表 5.5.2 中。

表 5.5.2　例 5.5.1 的计算表

表头设计	A	B		C				试验结果 y_{ij}				和 y_i
列号 试验号	1	2	3	4	5	6	7					
1	1	1	1	1	1	1	1	1.5	1.7	1.3	1.5	6.0
2	1	1	1	2	2	2	2	1.0	1.2	1.0	1.0	4.2
3	1	2	2	1	1	2	2	2.5	2.2	3.2	2.0	9.9
4	1	2	2	2	2	1	1	2.5	2.5	1.5	2.8	9.3

续表

5	2	1	2	1	2	1	2	1.5	1.8	1.7	1.5	6.5
6	2	1	2	2	1	2	1	1.0	2.5	1.3	1.5	6.3
7	2	2	1	1	2	2	1	1.8	1.5	1.8	2.2	7.3
8	2	2	1	2	1	1	2	1.9	2.6	2.3	2.0	8.8
T_{1j}	29.4	28.0	26.3	29.7	31.0	30.6	28.9	$\sum\sum y_{ij}^2=116.49$, $T=58.3$				
T_{2j}	28.9	35.3	32.0	28.6	27.3	27.7	29.4	$\sum y_i^2=450.81$, $S_T=10.275$				
S_j	0.008	4.728	1.015	0.038	0.428	0.263	0.008	$S_{T1}=6.487$, $S_{e2}=3.788$				

二、F 检验

在有重复试验场合，可以利用纯误差平方和，对模型和因子多次使用 F 检验。在诸 ε_{ijku} 相互独立，且都服从 $N(0,\sigma^2)$ 的条件下可以证明 $S_{e2}/\sigma^2 \sim \chi^2(n(m-1))$，在第 j 列因子不显著时，$S_j/\sigma^2 \sim \chi^2(1)$，且 $S_{e2}, S_1, \cdots, S_7$ 相互独立。

1. 失拟性检验

在例 5.5.1 的表头设计中只考察因子 A、B、C，它们之间是否存在交互作用呢？为回答这个问题，可用纯误差平方和 S_{e2} 对空白列平方和之和 S_{e1} 进行检验，这个检验又称为失拟性检验，所用的检验统计量是：

$$F=\frac{MS_{e1}}{MS_{e2}}=\frac{S_{e1}/f_{e1}}{S_{e2}/f_{e2}}$$

对给定的显著性水平 α：

- 当 $F<F_{1-\alpha}(f_{e1},f_{e2})$ 时认为模型合适，因子 A、B、C 间不存在交互作用，这时可以将两类误差的平方和合并作为误差平方和，相应的自由度也相加，即

$$S_e=S_{e1}+S_{e2}, \quad f_e=f_{e1}+f_{e2}$$

以后的方差分析如同前面一样进行；

- 当 $F \geq F_{1-\alpha}(f_{e1},f_{e2})$，则认为模型的效应可加性假定不成立，这时可以对正交表每一空白列进行检验，判断是否存在交互作用，以便修改模型。

下面我们针对本例来作分析。从表 5.5.2 可知，在本例中有

$$S_{e1}=S_3+S_5+S_6+S_7=1.015+0.428+0.263+0.008=1.714,$$
$$f_{e1}=4, \quad MS_{e1}=0.4285$$
$$S_{e2}=3.788, \quad f_{e2}=24, \quad MS_{e2}=0.1578$$
$$F=MS_{e1}/MS_{e2}=0.4285/0.1578=2.715>F_{0.90}(4,24)=2.19$$

由此可见，在显著性水平 0.10 上，效应可加模型不合适。

2. 根据检验结果对空白列进行检验以修改模型

为考察存在哪些交互作用，可以用纯误差对每一空白列进行检验，检验结果见表 5.5.3。

由于在显著性水平 0.05 时，$F_{0.95}(1,24)=4.26$，仅 $F_3>4.26$，所以第 3 列不能作为误

差,经过专业人员的分析,A 与 B 可能存在交互作用。所以将模型改写为:

表 5.5.3 对空白列每一列的检验

列号	平方和	自由度	均方	F 比
3	$S_3=1.015$	$f_3=1$	$MS_3=1.015$	$F_3=6.43$
5	$S_5=0.428$	$f_5=1$	$MS_5=0.428$	$F_5=2.71$
6	$S_6=0.263$	$f_6=1$	$MS_6=0.263$	$F_6=1.67$
7	$S_7=0.008$	$f_7=1$	$MS_7=0.008$	$F_7=0.05$
纯误差	$S_{e2}=3.788$	$f_{e2}=24$	$MS_{e2}=0.1578$	

$$\begin{cases} y_{ijku}=\mu+a_i+b_j+c_k+(ab)_{ij}+\varepsilon_{ijku}, \quad i,j,k=1,2, \ u=1,2,3,4 \\ a_1+a_2=0, \ b_1+b_2=0, \ c_1+c_2=0, \\ (ab)_{i1}+(ab)_{i2}=0, \ i=1,2, \quad (ab)_{1j}+(ab)_{2j}=0, \ j=1,2 \\ \text{各 } \varepsilon_{ijku} \text{相互独立,均服从 } N(0,\sigma^2) \end{cases} \quad (5.5.3)$$

3. 对因子与交互作用进行检验

下面对模型(5.5.3)中因子 A、B、C 及交互作用 A×B 作检验。此时可把 S_5, S_6, S_7 并入误差平方和

$$S_e=S_{e2}+S_5+S_6+S_7=3.788+0.428+0.263+0.008=4.487$$
$$f_e=f_{e2}+3=27$$

把上述诸平方和及其自由度移入方差分析表中,对各个因子与交互作用进行检验,结果列于表 5.5.4。

表 5.5.4 方差分析表

来源	平方和	自由度	均方	F 比
A	0.008	1	0.008	0.066
B	4.728	1	4.728	38.978
C	0.038	1	0.038	0.313
A×B	1.015	1	1.015	8.368
e	4.487	27	0.1213	
T	10.275	31		

在显著性水平 0.05 时,$F_{0.95}(1,27)=4.21$,所以从方差分析表可知,因子 B 与交互作用 A×B 对锥度值有显著影响。

三、选出最佳水平搭配

由于交互作用 A×B 显著,所以从表 5.5.2 得如下的搭配表:

表 5.5.5 A×B 的搭配表

	A_1	A_2
B_1	1.275	1.600
B_2	2.400	2.0125

因为 A×B 的搭配表中已包含显著因子 B 的影响，再由锥度是望小特性，故 A_1B_1 为最佳条件，即采用通用夹具与特殊铸铁做的生铁研圈为好。

5.5.3 几点补述

1. 如果在安排试验时，正交表中无空白列，那么就不能对模型的失拟性作检验，但可以把 S_{e2} 作为 S_e 对因子或交互作用进行显著性检验，此时可以通过验证试验来考察模型的合适性。

例 5.5.2 在设计一个模拟电路的信号隔离转换器中要求在 40 kHz 时，相位延迟不大于 5°，为此需要进行试验。试验中需要考察三个二水平因子，它们是：

因子 A 为芯线的类型，其两个水平分别是型号 A1 与 A2
因子 B 为芯线的尺寸，其两个水平分别是 30 与 34
因子 C 为转换比，其两个水平分别是 40 与 60

开始采用 $L_4(2^3)$ 安排试验，在每一条件下进行 4 次试验，结果如表 5.5.6 所示，方差分析表如表 5.5.7 所示。

表 5.5.6 例 5.5.2 用 $L_4(2^3)$ 安排试验的结果与计算

表头	A	B	C	试验结果				和
列号	1	2	3					
1	1	1	1	3.8	3.7	4.2	3.3	15.0
2	1	2	2	3.8	3.6	4.6	3.8	15.8
3	2	1	2	2.8	2.5	3.7	3.0	12.0
4	2	2	1	8.7	9.8	9.0	8.5	36.0
T_1	30.8	27.0	51.0					
T_2	48.0	51.8	27.8	$S_T=93.33$				$T=78.8$
S	18.49	38.44	33.64	$S_{e2}=2.76$				

表 5.5.7 方差分析表

来源	平方和	自由度	均方	F 比
A	18.49	1	18.49	80.39
B	38.44	1	38.44	167.13
C	33.60	1	33.60	146.26
e	2.76	12	0.23	
T	93.33	15		

由于 $F_{0.95}(1,12)=4.75$，所以在 0.05 水平上三个因子都是显著的。为使相位延迟小，以 $A_1B_1C_2$ 为好，在该条件下平均相位延迟的估计为：

$$\hat{\mu}_{112}=\bar{y}+(\overline{T}(A_1)-\bar{y})+(\overline{T}(B_1)-\bar{y})+(\overline{T}(C_2)-\bar{y})$$
$$=\frac{30.8}{8}+\frac{27.0}{8}+\frac{27.8}{8}-2\times\frac{78.8}{16}=0.85$$

在该条件下进行了两次验证试验，发现其相位延迟分别为 4.9 与 5.2，与其均值的估计相差甚大。这可能是因为模型不正确，没有考虑交互作用引起的。

重新设计试验，采用 $L_8(2^7)$ 安排试验，在每一条件下进行 2 次试验。结果见表 5.5.8，方差分析见表 5.5.9。

表 5.5.8　例 5.5.2 用 $L_8(2^7)$ 安排试验的结果与计算

表头	A	B	A×B	C	A×C	B×C		试验结果		和
列号	1	2	3	4	5	6	7			
1	1	1	1	1	1	1	1	3.2	3.8	7.0
2	1	1	1	2	2	2	2	5.0	4.9	9.9
3	1	2	2	1	1	2	2	3.0	2.5	5.5
4	1	2	2	2	2	1	1	4.8	4.3	9.1
5	2	1	2	1	2	1	2	9.7	9.5	19.2
6	2	1	2	2	1	2	1	3.1	3.8	6.9
7	2	2	1	1	2	2	1	9.0	9.3	18.3
8	2	2	1	2	1	1	2	2.6	3.2	5.8
T_1	31.5	43.0	41.0	50.0	25.2	41.1	41.3	$S_T=106.169$		$T=81.7$
T_2	50.2	38.7	40.7	31.7	56.5	40.6	40.4	$S_{e2}=0.925$		
S	21.856	1.156	0.006	20.931	61.231	0.016	0.051			

表 5.5.9　方差分析表

来源	平方和	自由度	均方	F 比
A	21.856	1	21.856	201.61
B	1.156	1	1.156	10.66
C	20.931	1	20.931	193.08
A×B	0.006	1	0.006	0.05
A×C	61.231	1	61.231	564.84
B×C	0.016	1	0.016	0.14
$e1$	0.051	1	0.051	——
$e2$	0.925	8	0.116	
e	0.976	9	0.23	
T	106.169	15		

由于 $F_{0.95}(1,9)=5.12$,所以在 0.05 水平上三个因子及交互作用 A×C 都是显著的。A×C 的四种搭配的均值如表 5.5.10 所示。

表 5.5.10 A×C 的搭配表

	A_1	A_2
C_1	3.125	9.375
C_2	4.750	3.175

由于相位延迟是望小特性,故应选 A_1C_1,而因子 B 应选 B_2(见表 5.5.8),所以相位延迟最小的条件是 $A_1B_2C_1$。该条件下平均相位延迟的估计为:

$$\hat{\mu}_{112}=\overline{T}(A_1C_1)+(\overline{T}(B_2)-\bar{y})=3.125+\frac{38.7}{8}-\frac{81.7}{16}=2.856$$

在该条件下进行了两次验证试验,结果分别为 2.8 与 3.0,所以模型与实际较为一致(这一条件也就是表 5.5.9 中第 3 号试验条件,与其结果比较也差不多)。

2. 如果在方差分析表中发现某些因子或交互作用的均方比误差的均方还要小,那么它们肯定不显著,因此可以把它们的偏差平方和并入误差平方和中,以提高误差估计的精度。譬如在例 5.5.1 中有:

$$MS_A<MS_e, \quad MS_C<MS_e$$

那么可以把 S_A 与 S_C 并入 S_e,从而误差的平方和及其相应的自由度为(为避免符号的混淆,故记为 S'_e, f'_e):

$$S'_e=S_e+S_A+S_C=4.487+0.008+0.038=4.533$$
$$f'_e=f_e+f_A+f_C=27+1+1=29$$

可用此作检验,结果同上,这里不再重新列表了。这时误差方差 σ^2 的估计为 $\hat{\sigma}^2=4.533/29=0.1563$,$\hat{\sigma}=0.395$。

综合上述过程可见,显著的空白列的偏差平方和可以从第一类误差平方和 S_{e1} 中分离出来,余下的并入 S_{e2},不显著的因子及交互作用列的平方和也可并入 S_{e2},这样做可以提高误差估计的精度,从而也提高 F 检验的精度。

§ 5.6 水平数不等的试验设计与数据分析

在实际问题中,一个试验中所考察的各个因子的水平数不一定都相同,这一节介绍几种常用的试验设计方法,重点放在如何安排试验,并对数据分析中与前面不同之处作出叙述。

5.6.1 直接选用混合水平正交表

例 5.6.1 在某种化油器设计中希望寻找一种结构,使在不同天气条件下均具有较小的比油耗。试验中考察的因子与水平如表 5.6.1 所示。

表 5.6.1 因子水平表

因子	一水平	二水平	三水平
A:大喉管直径(ϕ)	32	34	36
B:中喉管直径(ϕ)	22	21	20
C:环形小喉管直径(ϕ)	10	9	8
D:空气量孔直径(ϕ)	1.2	1.0	0.8
E:天气	高气压	低气压	

一、试验设计

在所考察的因子中,一个是二水平因子,四个是三水平因子,为此,选用混合水平正交表 $L_{18}(2\times 3^7)$,其中第一列为二水平,其余七列均为三水平,表头设计如下:

表头设计	E		A	B	C			D
列号	1	2	3	4	5	6	7	8

试验结果(比油耗)列在表 5.6.2 中。

表 5.6.2 例 5.6.1 的计算表

表头设计	E		A	B	C			D	试验结果 y
列号 试验号	1	2	3	4	5	6	7	8	
1	1	1	1	1	1	1	1	1	240.7
2	1	1	2	2	2	2	2	2	230.1
3	1	1	3	3	3	3	3	3	236.5
4	1	2	1	1	2	2	3	3	217.1
5	1	2	2	2	3	3	1	1	210.5
6	1	2	3	3	1	1	2	2	306.8
7	1	3	1	2	1	3	2	3	247.1
8	1	3	2	3	2	1	3	1	228.3
9	1	3	3	1	3	2	1	2	237.7
10	2	1	1	3	3	2	2	1	208.4
11	2	1	2	1	1	3	3	2	253.3
12	2	1	3	2	2	1	1	3	232.0
13	2	2	1	2	3	1	3	2	209.2
14	2	2	2	3	1	2	1	3	245.1
15	2	2	3	1	2	3	2	1	234.1
16	2	3	1	3	2	3	1	2	217.7
17	2	3	2	1	3	1	2	3	209.7
18	2	3	3	2	1	2	3	1	339.8
T_1	2154.8		1340.2	1392.6	1632.8			1426.7	$T=4304.1$
T_2	2149.3		1377.0	1468.7	1359.2			1478.2	$\sum y_i^2 =$
T_3			1586.9	1442.8	1312.0			1399.2	1048952.57
S	1.7		5904.1	499.0	9997.3			536.1	$S_T=19770.5$

二、数据分析

1. 方差分析

在进行方差分析时,总偏差平方和的计算同前:

$$S_T = \sum_{i=1}^{18}(y_i - \bar{y})^2, \quad f_T = 17$$

在计算各列的偏差平方和时,由于各列水平数不同,因此各列的计算公式也不同。在本例中,第一列是二水平列,故其偏差平方和用下式计算:

$$S_1 = (T_{11} - T_{12})^2/18$$

其他各列均为三水平列,故它们的偏差平方和的计算用下式:

$$S_j = \frac{T_{j1}^2 + T_{j2}^2 + T_{j3}^2}{6} - \frac{T^2}{18}, \quad f_j = 1, \quad j = 2, 3, \cdots, 8$$

按表头设计有:

$$S_A = S_3, \quad S_B = S_4, \quad S_C = S_5, \quad S_D = S_6, \quad S_E = S_1$$

由于在这张正交表中,$S_T = \sum_{i=1}^{18}(y_i - \bar{y})^2 > \sum_{j=1}^{8} S_j$,各列自由度之和不等于 $n-1=17$,因此,在这种情况中,空白列的偏差平方和没有计算必要。误差的偏差平方和用下式来求:

$$S_e = S_T - (S_A + S_B + S_C + S_D + S_E), \quad f_e = 17 - (1 + 2 \times 4) = 8$$

本例的计算与方差分析分别见表 5.6.2 与表 5.6.3。在方差分析表中,由于 MS_B,MS_D,MS_E 均小于 MS_e,故将它们都并入 S_e,并记作 S'_e,即它由表 5.6.3 中带"△"的项的 S 合并而成。

表 5.6.3 例 5.6.1 的方差分析表

来源	平方和	自由度	均方	F 比
A	5904.1	2	2952.0	9.92
B△	499.0	2	249.5	—
C	9997.3	2	4998.7	16.79
D△	536.1	2	268.0	—
E△	1.7	1	1.7	—
e△	2832.3	8	354.0	
e'	3869.1	13	297.6	
T	19770.5	17		

若取 $\alpha = 0.05$,则 $F_{0.95}(2, 13) = 3.81$,从表 5.6.3 知,因子 A 与 C 是显著的。

2. 最佳条件的选取与相应均值的估计

从表 5.6.2 知最佳条件为 $A_1 C_3$,相应条件下指标均值的估计同 §5.3 所述,平均比油耗 $\mu_{1 \cdot 3 \cdot \cdot}$ 的点估计为:

$$\hat{\mu}_{1\cdot3\cdot\cdot} = \hat{\mu} + \hat{a}_1 + \hat{c}_3 = \overline{T}(A_1) + \overline{T}(C_3) - \overline{y}$$
$$= 1340.2/6 + 1312.0/6 - 4304.1/18 = 202.9$$

同样可以给出其 95% 置信区间:由于 $f'_e = 13$,$t_{0.975}(13) = 2.1604$,由方差分析表可知 $\hat{\sigma} = \sqrt{297.6} = 17.25$,通过数据结构式可以得到 $n_e = 18/5$,故 A_1C_3 下平均比油耗的 95% 的置信区间是:

$$\hat{\mu}_{1\cdot3\cdot\cdot} \pm t_{0.975}(13)\hat{\sigma}/\sqrt{n_e} = 202.9 \pm 19.6 = (183.3, 222.5)$$

5.6.2 并列法

当在一个试验中所考察的因子同时有 q 水平、q^2 水平等的情况下,可采用 q 水平正交表,利用"并列法"来安排试验。下面通过一个例子来进行叙述。

例 5.6.2 在聚氨酯合成橡胶的试验中,要考察四个因子 A、B、C、D 对抗张强度的影响,其中因子 A 取四水平,因子 B、C、D 取二水平,同时根据专业知识还需考察交互作用 A×B 与 A×C。

一、试验设计

这是一个既有二水平因子又有四水平因子的试验设计问题,由于 $4 = 2^2$,故用二水平正交表来安排试验。步骤如下:

1. 选用正交表 由于在这一问题中考察的因子与交互作用的自由度之和为:

$$f_A + f_B + f_C + f_D + f_{A\times B} + f_{A\times C} = 3 + 1 + 1 + 1 + 3 + 3 = 12$$

据 §5.4 所述,所选正交表的行数 $n \geq 12 + 1 = 13$,因此至少应选 $n = 16$ 的二水平正交表。

2. 将二水平的列改造成四水平列的方法 由于四水平因子的自由度是 3,因此在二水平正交表中应该占三列,这三列的选法是:任取两列再加上其交互列,由这三列组成一个四水平列。四个水平的对应法则如下:将任取的两列的四个数对对应四个水平,即:

$$(1,1)\to 1, \ (1,2)\to 2, \ (2,1)\to 3, \ (2,2)\to 4 \tag{5.6.1}$$

例如取第一、二两列加上其交互列第三列组成一个四水平列,经过上述改造,$L_{16}(2^{15})$ 变成了 $L_{16}(4\times 2^{12})$,这还是一张正交表(见表 5.6.4)。

3. 表头设计 先选三列改造成四水平列,譬如将 1、2、3 这三列改造成四水平列,置因子 A;因为因子 B 与 A 有交互作用,故再将因子 B 置于余下的列上,譬如置于第 4 列;因子 A 与 B 的交互作用的自由度为 3,也应占三列,这三列即为 A 所占的三列与 B 所在列的交互作用列,由交互作用表查得为第 5、6、7 列,那么这三列为交互作用 A×B 所占据;再考虑因子 C,因为它与 A 也有交互作用,现在可将 C 置于余下的八列中的任一列,譬如置于第 8 列,同理,A×C 位于第 9、10、11 列上;最后可将因子 D 置于留下列的任一列上,譬如置于第 12 列。综上表头设计如下:

表头设计	A			B	A×B			C	A×C			D			
列号	1	2	3	4	5	6	7	8	9	10	11	12	13	14	15

二、数据分析

1. 方差分析

由于并列法所得的设计仍然是正交设计,因此其数据分析方法(包括方差分析,最佳条件的选择,最佳条件下指标均值的估计)都同前面的叙述相同。

本例的试验结果(为了计算简化一些,这里的试验结果用实际数据－100,这不会影响方差分析的结果及最佳条件的选择)与计算都列在表 5.6.4 中。

关于因子 A 的偏差平方和,有两种计算方法,一是按四水平列计算,则有

$$S_A = \frac{T^2(A_1)+T^2(A_2)+T^2(A_3)+T^2(A_4)}{4} - \frac{T^2}{16}$$

二是按二水平列计算 $S_j = \frac{(T_{1j}-T_{2j})^2}{16}$,那么有

$$S_A = S_1 + S_2 + S_3$$

通过简单的代数运算可以证明两种计算结果相同,在表 5.6.4 中按第一种方法计算。

表 5.6.4 例 5.6.2 的计算表

表头设计	A	B	A×B		C		A×C		D				y
列号 试验号	1,2,3	4	5	6	7	8	9	10	11	12	13	14	15	
1	1	1	1	1	1	1	1	1	1	1	1	1	1	75
2	1	1	1	1	1	2	2	2	2	2	2	2	2	131
3	1	2	2	2	2	1	1	1	1	2	2	2	2	−3
4	1	2	2	2	2	2	2	2	2	1	1	1	1	36
5	2	1	1	2	2	1	1	2	2	1	1	2	2	69
6	2	1	1	2	2	2	2	1	1	2	2	1	1	98
7	2	2	2	1	1	1	1	2	2	2	2	1	1	62
8	2	2	2	1	1	2	2	1	1	1	1	2	2	42
9	3	1	2	1	2	1	2	1	2	1	2	1	2	50
10	3	1	2	1	2	2	1	2	1	2	1	2	1	125
11	3	2	1	2	1	1	2	2	1	1	2	2	1	70
12	3	2	1	2	1	2	1	1	2	2	1	1	2	140
13	4	1	2	2	1	1	2	1	2	2	1	2	1	91
14	4	1	2	2	1	2	1	2	1	1	2	1	2	89
15	4	2	1	1	2	1	2	2	1	2	1	1	2	104
16	4	2	1	1	2	2	1	1	2	1	2	2	1	90
T_1	239	728	777	679	700	518	647	511	672	593	610	654	647	$T=1269$
T_2	271	541	492	590	569	751	622	758	597	676	659	615	622	$\sum y_i^2 =$
T_3	385													1610361
T_4	374													$S_T=21159$
S	4019	2186	5077	495	1073	3393	39	3813	352	431	150	95	39	

关于其他二水平因子的偏差平方和由所在列的 S 表示,交互作用的偏差平方和可由其所在列的 S 相加而得,本例无重复试验,其误差的偏差平方和只能由空白列的 S 相加而得。

本例的方差分析表见表 5.6.5。

表 5.6.5　例 5.6.2 的方差分析表

来源	平方和	自由度	均方	F 比
A	4019	3	1340	14.11
B	2186	1	2186	23.01
C	3393	1	3393	35.72
D	431	1	431	4.54
A×B	6645	3	2215	23.32
A×C	4204	3	1401	14.75
e	284	3	95	
T	21159	15		

若取 $\alpha=0.05$，$F_{0.95}(1,3)=10.13$，$F_{0.95}(3,3)=9.28$，从方差分析表可知，因子 A、B、C 及交互作用 A×B 与 A×C 都是显著的，只有因子 D 不显著。

2. 最佳条件的选择

由于交互作用是显著的，所以为了选择最佳条件，先计算两张搭配表：

表 5.6.6　A×B 的搭配表

	A_1	A_2	A_3	A_4
B_1	103.0	83.5	87.5	90.0
B_2	16.5	52.0	105.0	97.0

表 5.6.7　A×C 的搭配表

	A_1	A_2	A_3	A_4
C_1	36.0	65.5	60.0	97.5
C_2	83.5	70.0	132.5	89.5

由于抗张强度是望大特性，从表 5.6.6 知应选 A_3B_2，从表 5.6.7 知应选 A_3C_2，综上可知，$A_3B_2C_2$ 为最佳条件。

3. 最佳条件下均值的估计

按方差分析的结论可知，在 $A_iB_jC_k$ 条件下指标均值 μ_{ijk} 可表示为：

$$\mu_{ijk}=100+\mu+a_i+b_j+c_k+(ab)_{ij}+(ac)_{ik}$$

这里加上 100 是因为计算时数据减去 100 的缘故。各主效应与交互效应的估计同 §5.2 与 §5.3，有：

$$\begin{aligned}\hat{\mu}_{ijk}=&100+\bar{y}+(\overline{T}(A_i)-\bar{y})+(\overline{T}(B_j)-\bar{y})+(\overline{T}(C_k)-\bar{y})\\&+(\overline{T}(A_iB_j)-\overline{T}(A_i)-\overline{T}(B_j)+\bar{y})+(\overline{T}(A_iC_k)-\overline{T}(A_i)-\overline{T}(C_k)+\bar{y})\\=&100+\overline{T}(A_iB_j)+\overline{T}(A_iC_k)-\overline{T}(A_i)\end{aligned}$$

从而得 $A_3B_2C_2$ 条件下指标均值的估计为：

$$\hat{\mu}_{322} = 100 + \overline{T}(A_3B_2) + \overline{T}(A_3C_2) - \overline{T}(A_3)$$

其中 $\overline{T}(A_3B_2) = 105.0$，$\overline{T}(A_3C_2) = 132.5$，$\overline{T}(A_3) = 385/4 = 96.25$，代入上式得 $\hat{\mu}_{322} = 241.25$。

再求 $A_3B_2C_2$ 水平组合下均值的 95% 置信区间。由于因子 D 不显著，所以 $S'_e = 431 + 284 = 715$，$f'_e = 1 + 3 = 4$，则 $\hat{\sigma} = 13.37$；查表得 $t_{0.975}(4) = 2.7764$，再从数据结构式可以得到 $n_e = 4/3$，所以 95% 置信区间是：

$$\hat{\mu}_{322} \pm t_{0.975}(4)\hat{\sigma}/\sqrt{n_e} = 241.25 \pm 32.15 = (209.10, 273.40)$$

三、关于在二水平正交表中安排若干个四水平因子的方法

在 $L_{16}(2^{15})$ 中除了可以将第 1、2、3 列改造成一个四水平列以便安置一个四水平因子外，还可以再用三列改造成一个四水平列，只要所选的两列及其交互列不是第 1、2、3 列即可，譬如任选第 4 与第 8 列，其交互列为第 12 列，按前面所述方法也可以改造成四水平列，用来安置另一个四水平因子，这意味着第 4、8、12 三列也可组成四水平列。同样想法还可将第 5、10、15 三列也改造成四水平列，将第 7、9、14 三列改造成四水平列，当然剩下的三列也可组成一个四水平列。所以当有若干个二水平因子与若干个四水平因子时，只要所考察的因子与交互作用的自由度之和不超过 15，便可用 $L_{16}(2^{15})$ 来安排试验，在进行表头设计时，一般先安置四水平因子，再安置有交互作用的二水平因子，最后再安排余下的因子。

上述并列法实施过程可用如下路线图示明：

$$L_{16}(2^{15}) \xrightarrow{(1,2,3)} L_{16}(4 \times 2^{12}) \xrightarrow{(4,8,12)} L_{16}(4^2 \times 2^9) \xrightarrow{(5,10,15)}$$

$$L_{16}(4^3 \times 2^6) \xrightarrow{(7,9,14)} L_{16}(4^4 \times 2^3) \xrightarrow{(6,11,13)} L_{16}(4^5)$$

类似地可把三水平正交表改造成含有九水平的列，特别对 $L_{18}(2 \times 3^7)$ 可把第 1、2 列用并列法改造为六水平列，从而 $L_{18}(2 \times 3^7) \xrightarrow{(1,2)} L_{18}(6 \times 3^6)$（注意：这两列的交互作用列不在正交表中）。

并列法很有用，但也要注意并不是所有的正交表都可以施行的。

5.6.3 拟水平法

当用 q 水平正交表安排试验时，如果存在水平数小于 q 的因子时可以采用拟水平法进行试验设计。常用的是在三水平正交表中安排二水平因子。

例 5.6.3 在一个三甲酯合成试验中，需要考察一个二水平因子 A 及两个三水平因子 B、C 对三甲酯转化率的影响。

一、试验设计

在这一问题中三水平因子为多，因此采用三水平正交表来安排试验。步骤如下：

1. 选正交表 现在所考察的因子的自由度之和为 $f_A + f_B + f_C = 1 + 2 + 2 = 5$，因此选用 $n = 9$ 的正交表 $L_9(3^4)$。

2. 在三水平的列上安排二水平因子的方法是虚拟一个水平，即其第三个水平为原有的两个水平中的某一个，譬如三个水平分别是 1, 2, 2，对二水平因子的两个水平进行的试验次数不等，从而新的设计缺乏正交性，这在后面的数据分析中要加以注意。

3. 表头设计 在 $L_9(3^4)$ 的第一列上把三水平改为二水平,然后将因子 A 放在第一列上,因子 B、C 分别放在第二、三列上,这就完成表头设计。此时的试验计划如表 5.6.8 所列。

表 5.6.8 例 5.6.3 的表头设计与试验计划

表头设计	A	B	C		试验结果
$L_9(3^4)$	1	2	3	4	
1	1	1	1	1	y_1
2	1	2	2	2	y_2
3	1	3	3	3	y_3
4	2	1	2	3	y_4
5	2	2	3	1	y_5
6	2	3	1	2	y_6
7	2	1	3	2	y_7
8	2	2	1	3	y_8
9	2	3	2	1	y_9

二、数据分析

1. 统计模型

为了说明数据分析与前面所述的某些区别,先给出其统计模型,它与 §5.2 中给出的模型的区别在于关于效应的约束有差异。设在 $A_iB_jC_k$ 下的试验结果为 y_{ijk},则本例的模型为:

$$\begin{cases} y_{ijk} = \mu + a_i + b_j + c_k + \varepsilon_{ijk}, \quad i=1,2, \; j,k=1,2,3 \\ a_1 + 2a_2 = 0, \; b_1+b_2+b_3 = 0, \; c_1+c_2+c_3 = 0 \\ \text{各 } \varepsilon_{ijk} \text{ 相互独立,均服从 } N(0,\sigma^2) \end{cases} \quad (5.6.2)$$

2. 方差分析

将 9 次试验的结果从上到下分别记为 $y_1, y_2, \cdots, y_9$,具体数值见表 5.6.9,对其进行统计分析可分如下几步进行:

(1) 按原 $L_9(3^4)$ (改造之前)计算各列平方和 S_1, S_2, S_3, S_4,按表头设计有:

$$S_B = S_2, \quad S_C = S_3$$

(2) 对第一列的平方和作两种计算,若设

$$T_1 = y_1+y_2+y_3, \quad T_2 = y_4+y_5+y_6, \quad T_3 = y_7+y_8+y_9,$$

$$T = \sum_{i=1}^{9} y_i = T_1+T_2+T_3$$

首先按三水平列计算有:

$$S_1 = \frac{T_1^2+T_2^2+T_3^2}{3} - \frac{T^2}{9}, \quad f_1 = 2$$

再按拟水平计算

$$S_A = \frac{T_1^2}{3} + \frac{(T_2+T_3)^2}{6} - \frac{T^2}{9}, \quad f_A = 1$$

可以证明 $S_1 - S_A \geq 0$。事实上：

$$S_1 - S_A = \frac{T_2^2 + T_3^2}{3} - \frac{(T_2+T_3)^2}{6} = \frac{(T_2-T_3)^2}{6} \geq 0$$

利用统计模型(5.6.2)同样可知,这个差值仅由误差引起,应将它与空白列提供的误差平方和归为一类,这样一来,误差平方和为：

$$S_e = S_4 + (S_1 - S_A), \quad f_e = 2 + 1 = 3$$

上述各种平方和的计算见表 5.6.9。

表 5.6.9　例 5.6.3 计算表

表头设计	A		B	C		试验结果
试验号＼列号	1′	1	2	3	4	y
1	1	1	1	1	1	80.5
2	1	1	2	2	2	87.5
3	1	1	3	3	3	89.0
4	2	2	1	2	3	79.6
5	2	2	2	3	1	82.8
6	2	2	3	1	2	88.2
7	2	3	1	3	2	78.2
8	2	3	2	1	3	83.3
9	2	3	3	2	1	83.4
T_1	257.0	257.0	238.3	252.0	251.7	$T = 757.5$
T_2	500.5	250.6	253.6	255.5	253.9	
T_3		249.9	265.6	250.0	251.9	
S	10.12	10.21	124.82	5.17	0.99	$S_T = 141.18$

注：$S_1 - S_A = 10.21 - 10.12 = 0.09$

(3) 把各平方和及其自由度移至方差分析表(表 5.6.10)中,并完成方差分析。

表 5.6.10　例 5.6.3 的方差分析表

来源	平方和	自由度	均方	F 比
A	10.12	1	10.12	28.11
B	124.82	2	62.41	173.36
C	5.17	2	2.59	7.19
e	1.08	3	0.36	
T	141.18	8		

在 $\alpha=0.05$ 时,$F_{0.95}(1,3)=10.1$,$F_{0.95}(2,3)=9.55$,所以因子 A 与 B 是显著的。

3. 最佳条件的选择及相应均值的估计

从表 5.6.9 可知 A 的两个水平下的均值分别为 $257.0/3=85.67$ 与 $500.5/6=83.42$,为使转化率高取一水平为好;而从表 5.6.9 直接可知因子 B 取三水平为好。综上最佳条件为 A_1B_3。

在水平组合 A_1B_3 下均值 $\mu_{13.}$ 的估计同 §5.2 与 §5.3 所述。$\mu_{13.}$ 的点估计为:

$$\hat{\mu}_{13.}=\hat{\mu}+\hat{a}_1+\hat{b}_3=\overline{T}(A_1)+\overline{T}(B_3)-\overline{y}=90.03$$

下求 A_1B_3 下均值的置信区间。现在因子 C 不显著,可以把 $S_C=S_3$ 并入误差平方和,故得 $S'_e=6.25$,$f'_e=5$,则 $\hat{\sigma}=1.12$;查表得 $t_{0.975}(5)=2.5706$,再从数据结构式可以得到 $n_e=9/5=1.8$,所以 $\mu_{13.}$ 的 95% 置信区间是:

$$\hat{\mu}_{13.}\pm t_{0.975}(5)\hat{\sigma}/\sqrt{n_e}=90.03\pm2.15=(87.88,92.18)$$

5.6.4 组合法

如果在一个试验中采用 q 水平正交表安排试验,而考察的因子除有 q 水平的因子外,还有两个因子的水平数小于 q,且这两个因子间无交互作用,它们的自由度之和又恰好是 $q-1$,那么可以采用组合法来安排试验。常用的是在三水平正交表的一列上安排两个没有交互作用的二水平因子。

例 5.6.4 探索塑料聚丙烯的改性配方,以提高其韧性。现考察四个因子 A、B、C、D 对其韧性的影响,其中 A、B 为二水平因子,C、D 为三水平因子,各因子间无交互作用。

一、试验设计

1. 选正交表 由于有三水平因子又有二水平因子,因此考虑用三水平正交表来安排。现在各因子自由度之和为:$f_A+f_B+f_C+f_D=1+1+2+2=6$,则所选正交表的行数应满足 $n\geqslant 6+1=7$,故选 $n=9$ 的正交表 $L_9(3^4)$。

2. 在三水平正交表的一列上安排两个二水平因子的方法——称为组合法

由于二水平因子的自由度为 1,两个二水平因子的自由度之和为 2,三水平一列的自由度也是 2,所以可以把两个二水平因子"组合"成一个三水平因子置于一列上。其组合方法如下:两个二水平因子的所有组合有四对,从中选择三对,把这三对看成为一个组合因子的三个水平。譬如在本例中,令第一列的 1、2、3 分别对应于组合因子 <u>AB</u> 的如下三个水平:

$$1\rightarrow A_1B_1,\quad 2\rightarrow A_1B_2,\quad 3\rightarrow A_2B_1 \tag{5.6.3}$$

要注意的是经过这样的改造,试验不再具有正交性,因为二水平因子的两个水平进行的试验次数不等。

3. 表头设计 把组合因子 <u>AB</u> 置于第一列,把另外两个三水平因子 B、C 分别置于第二、三列,在本例中采用的表头设计与试验计划如表 5.6.11 所列。

表 5.6.11 例 5.6.4 的表头设计与试验计划

表头设计	AB		C	D
	A	B		
$L_9(3)^4$	1′	1″	2	3	4
1	1	1	1	1	1
2	1	1	2	2	2
3	1	1	3	3	3
4	1	2	1	2	3
5	1	2	2	3	1
6	1	2	2	1	2
7	2	1	1	3	2
8	2	1	2	1	3
9	2	1	3	2	1

二、数据分析

1. 统计模型

为了说明数据分析与前面所述的差别之处,先给出其模型,这里效应的约束条件与 §5.2 所述有差别。

设在 $A_iB_jC_kD_l$ 下的试验结果为 y_{ijkl},则本例的模型为:

$$\begin{cases} y_{ijkl} = \mu + a_i + b_j + c_k + d_l + \varepsilon_{ijkl}, \quad i,j=1,2, \quad k,l=1,2,3 \\ 2a_1 + a_2 = 0, \quad 2b_1 + b_2 = 0, \quad c_1 + c_2 + c_3 = 0, \quad d_1 + d_2 + d_3 = 0 \\ \text{各 } \varepsilon_{ijkl} \text{ 相互独立,均服从 } N(0,\sigma^2) \end{cases} \quad (5.6.4)$$

2. 方差分析

将 9 次试验的结果从上到下分别记为 $y_1, y_2, \cdots, y_9$,具体数值见表 5.6.12,对其进行统计分析可分如下几步进行:

表 5.6.12 例 5.6.4 的计算表

表头设计 试验号 列号	A	B		C		D	试验结果 y
	1′	1″	1	2	3	4	
1	1	1	1	1	1	1	5
2	1	1	1	2	2	2	8
3	1	1	1	3	3	3	15
4	1	2	2	1	2	3	10
5	1	2	2	2	3	1	7
6	1	2	2	3	1	2	17
7	2	1	3	1	3	2	8
8	2	1	3	2	1	3	5
9	2	1	3	3	2	1	14

续表

表头设计 列号 试验号	A 1′	B 1″	 1	C 2	 3	D 4	试验结果 y
T_1	28	28	28	23	27	26	$T=89$
T_2		34	34	20	32	33	
T_3	27		27	46	30	30	
S	0.17	6.00	9.56	134.89	4.22	8.22	$S_T=156.89$

(1) 按三水平正交表计算各列的平方和 S_1, S_2, S_3, S_4,则按表头设计有:

$$S_C = S_2, \quad S_D = S_4$$

(2) 下面来分析因子 A 与 B 的平方和的计算。

若设

$$T_1 = y_1 + y_2 + y_3, \quad T_2 = y_4 + y_5 + y_6, \quad T_3 = y_7 + y_8 + y_9,$$

$$T = \sum_{i=1}^{9} y_i = T_1 + T_2 + T_3$$

按三水平列计算所得的 S_1 只能说明 A_1B_1, A_1B_2, A_2B_1 之间的差异,不能说明因子 A 两个水平间的差异,也不能说明因子 B 的两个水平间的差异。

为了说明因子 A 两个水平间的差异,可比较 T_1 与 T_3,他们反映的是 A_1B_1 与 A_2B_1 之间的差异,由于它们中都含有 B_1 的影响,故其差反映了因子 A 的两个水平间的差异,从而可以将

$$S_A = \frac{(T_1 - T_3)^2}{6}, \quad f_A = 1$$

看作因子 A 的平方和。

类似地

$$S_B = \frac{(T_1 - T_2)^2}{6}, \quad f_B = 1$$

仅反映了因子 B 的两个水平间的差异,故它为因子 B 的平方和。

(3) 误差的偏差平方和仍用空白列的 S 表示,即 $S_e = S_3$。

本例的试验结果及计算见表 5.6.12。

(4) 列方差分析表

注意现在 $S_A + S_B \neq S_1$。所以平方和分解式不成立,但是利用正态变量二次型分布仍然可以证明在因子 A 不显著时,$S_A/\sigma^2 \sim \chi^2(1)$,在因子 B 不显著时,$S_B/\sigma^2 \sim \chi^2(1)$,并且 S_A,S_B, S_2, S_3, S_4 相互间独立,所以还是可以进行方差分析。将上述平方和及其自由度移入方差分析表,并完成有关计算,见表 5.6.13。

表 5.6.13　例 5.6.4 的方差分析表

来源	平方和	自由度	均方	F 比
A	0.17	1	0.17	
B	6.00	1	6.00	
C	184.89	2	67.45	
D	8.22	2	4.11	
e	4.22	2	2.11	
T	156.89	8		

从上表可知，$MS_A < MS_e$，故因子 A 必然不显著，所以第一列可以认为用拟水平法仅安置了因子 B，从而可按拟水平法重新计算因子 B 的偏差平方和，这时有：

$$S_B = \frac{(28+27)^2}{6} + \frac{34^2}{3} - \frac{89^2}{9} = 9.39$$

而把 $S_1 - S_B = 0.17$ 并入误差的偏差平方和中，则得如下的方差分析表（表 5.6.14）。

表 5.6.14　例 5.6.4 的方差分析表

来源	平方和	自由度	均方	F 比
B	9.39	1	9.39	6.43
C	134.89	2	67.45	46.20
D	8.22	2	4.11	2.89
e'	4.39	3	1.46	
T	156.89	8		

在 $\alpha = 0.05$ 时，$F_{0.95}(1,3) = 10.1$，$F_{0.95}(2,3) = 9.55$，在 $\alpha = 0.10$ 时，$F_{0.90}(1,3) = 5.54$，所以在 $\alpha = 0.05$ 时因子 C 是显著的，在 $\alpha = 0.10$ 时因子 B 也有一定的显著性。

注：对组合因子的检验有如下三种可能：

(1) 两个因子都不显著，那么可以把该列的平方和 S_1 并入误差平方和，按一般正交表那样进行方差分析。

(2) 若仅有其中一个因子显著，那么可以仿照例子那样，改用拟水平法进行方差分析。

(3) 若两个因子都显著，那么需要对每一因子选择最佳水平，为此需要按下面给出的 (5.6.5) 式估计每一因子各水平的效应，从中选择最佳水平。

3. 最佳条件的选择

在例 5.6.4 中，可按拟水平法选取因子 B 的最佳水平，由于两个水平下的均值分别为 9.17 与 11.33，因此取二水平为好；从表 5.6.12 知因子 C 取三水平为好。综上最佳条件可取为 B_2C_3。

在水平组合 B_2C_3 下均值 $\mu_{.23.}$ 的点估计为：

$$\hat{\mu}_{.23.} = \hat{\mu} + \hat{b}_2 + \hat{c}_3 = \overline{T}(B_2) + \overline{T}(C_3) - \bar{y} = 16.77$$

下求 B_2C_3 下均值的置信区间。现在因子 D 不显著，可以将 $S_D = S_4$ 并入误差平方和，所

以 $S'_e=12.61$, $f'_e=5$, 则 $\hat{\sigma}=1.59$; 查表得 $t_{0.975}(5)=2.5706$, 再从数据结构式可以得到 $n_e=9/5=1.8$, 所以 $\mu_{.23.}$ 的 95% 置信区间是:

$$\hat{\mu}_{.23.} \pm t_{0.975}(5)\hat{\sigma}/\sqrt{n_e} = 16.77 \pm 3.05 = (13.72, 19.82)$$

4. 组合因子中两因子效应的估计

如果组合因子 AB 中的两个因子都显著, 那么其效应的估计可以用如下方法获得: (借用本例它们置于第一列, 且三个水平取为 A_1B_1, A_1B_2, A_2B_1)

$$\hat{a}_1 + \hat{b}_1 = \overline{T}(A_1B_1) - \overline{y},$$
$$\hat{a}_1 + \hat{b}_2 = \overline{T}(A_1B_2) - \overline{y},$$
$$\hat{a}_2 + \hat{b}_1 = \overline{T}(A_2B_1) - \overline{y},$$

从中可解得:

$$\hat{a}_1 = \frac{1}{9}(T(A_1B_1) - T(A_2B_1)), \quad \hat{a}_2 = -\frac{2}{9}(T(A_1B_1) - T(A_2B_1))$$
$$\hat{b}_1 = \frac{1}{9}(T(A_1B_1) - T(A_1B_2)), \quad \hat{b}_2 = -\frac{2}{9}(T(A_1B_1) - T(A_1B_2))$$
(5.6.5)

用此估计式, 我们还可以从效应估计值的大小去选择最佳水平。

5.6.5 赋闲列法

赋闲列法是在一张 q 水平正交表上安排若干个水平数不等的因子的一种方法, 这里仅介绍在二水平正交表中同时安排若干个二水平与三水平因子的方法。

例 6.5.5 在一个提高某种农药收率的试验中考虑如下因子水平(见表 5.6.15):

表 5.6.15 因子水平表

因子	一水平	二水平	三水平
A:保温温度(℃)	2	1.5	1
B:某成分含量(%)	12.5	7.5	
C:保温时间(小时)	65	75	

一、试验设计

对这一问题, 可以用三水平正交表, 采用拟水平法或组合法安排试验, 但是在这里, 我们介绍另一种试验设计方法, 它是采用二水平正交表, 用赋闲列法安排试验。

1. 正交表的选择　由于三个因子的自由度之和为:

$$f_A + f_B + f_C = 2 + 1 + 1 = 4$$
(5.6.6)

所以正交表的行数 n 应该大于 4, 现取 $n=8$, 即取正交表 $L_8(2^7)$。

2. 在二水平正交表中安排三水平因子的方法　由于三水平因子的自由度为 2, 故在二水平正交表中应占两列, 为此可任取两列安排三水平因子 A, 但这两列的交互作用列不能安排新的因子或交互作用(理由见下面数据分析), 称该列为赋闲列, 譬如将第 2、3 两列取来安

排因子 A,则其交互列——第 1 列为赋闲列;第 2、3 两列有四个数对,类似于拟水平法对应三个数对,譬如:

$$(1,1)\to 1 \quad (1,2)\to 2 \quad (2,1)\to 3 \quad (2,2)\to 2 \tag{5.6.7}$$

按赋闲列法安排的试验也不再具有正交性,因为因子 A 的三个水平在试验中的重复次数不同。假如把赋闲列的"1"对应的四行称为上半表,"2"对应的四行称为下半表,则上半表与下半表分别满足正交性,这一点在下面选择最佳水平及估计三水平因子的效应时需加以考虑。

3. 表头设计 在进行表头设计时,先取两列安排三水平因子,并将其交互作用列赋闲,然后安排其他二水平因子。本例的表头设计如下:

表头设计	赋闲	A		B	C		
列号	1	2	3	4	5	6	7

第二、三列的数对按(5.6.7)设置的对应关系安排因子 A 的两个水平。试验计划如表 5.6.16。

表 5.6.16 例 6.5.5 的试验计划

表头与列号 试验号	A 2,3	B 4	C 5
1	1	1	1
2	1	2	2
3	2	1	1
4	2	2	2
5	2	1	2
6	2	2	1
7	3	1	2
8	3	2	1

注意如果有几个三水平因子时,为了节约试验次数,可以将赋闲列都置于同一列,譬如有两个三水平因子,则可取 2、3 两列安排一个三水平因子,再取 4、5 两列安排另一个三水平因子,因为这两列的交互列也是第一列。

二、数据分析

1. 统计模型

根据表头设计可写出本例的统计模型,这里关于因子 A 的效应的约束条件也与前面有所不同。

设在 $A_iB_jC_k$ 下的试验结果为 y_{ijk},则本例的模型为:

$$\begin{cases} y_{ijk}=\mu+a_i+b_j+c_k+\varepsilon_{ijk}, \quad i=1,2,3, \; j,k=1,2 \\ a_1+2a_2+a_3=0, \; b_1+b_2=0, \; c_1+c_2=0 \\ \text{各 } \varepsilon_{ijk} \text{ 相互独立,均服从 } N(0,\sigma^2) \end{cases} \tag{5.6.8}$$

若将 8 次试验结果依次记为 $y_1, y_2, \cdots, y_8$,即

$$y_1 = y_{111}, \quad y_2 = y_{122}, \quad y_3 = y_{211}, \quad y_4 = y_{222},$$
$$y_5 = y_{212}, \quad y_6 = y_{221}, \quad y_7 = y_{312}, \quad y_8 = y_{321}$$

2. 方差分析

首先按二水平正交表计算每一列的偏差平方和,根据表头设计,有:

$$S_A = S_2 + S_3, \quad S_B = S_4, \quad S_C = S_5$$

根据数据的统计模型(5.6.8),可知 S_1 中除了误差外,还含有因子 A 的部分效应:

$$S_1 = \frac{(T_{11} - T_{12})^2}{8} = \frac{(2a_1 - 2a_3 + \varepsilon_1 + \varepsilon_2 + \varepsilon_3 + \varepsilon_4 - \varepsilon_5 - \varepsilon_6 - \varepsilon_7 - \varepsilon_8)^2}{8}$$

因此该列既不能用来估计误差也不能安排新的因子或交互作用,故让其空着,称为赋闲。误差的偏差平方和由空白列的 S 相加而得,即

$$S_e = S_6 + S_7$$

本例的试验结果(为了计算简单,用实际收率－90 作为试验结果)与计算见表 5.6.17,方差分析见表 5.6.18。

在 $\alpha = 0.05$ 时,$F_{0.95}(2,2) = 19.0$,$F_{0.95}(1,2) = 18.5$,在 $\alpha = 0.10$ 时,$F_{0.90}(2,2) = 9.00$,所以在 $\alpha = 0.05$ 时,因子 B 是显著的,在 $\alpha = 0.10$ 时,因子 A 是显著的。

3. 最佳条件的选择

对二水平因子 B 来讲,从表 5.6.17 可知取一水平为好。

表 5.6.17 例 5.6.5 的计算表

表头设计	赋闲	A		B		C		y
列号 试验号	1	2	3	4	5	6	7	
1	1	1	1	1	1	1	1	5.0
2	1	1	1	2	2	2	2	3.1
3	1	2	2	1	1	2	2	6.1
4	1	2	2	2	2	1	1	5.5
5	2	1	2	1	2	1	2	4.5
6	2	1	2	2	1	2	1	1.7
7	2	2	1	1	2	2	1	1.8
8	2	2	1	2	1	1	2	－2.9
T_1	19.7	14.3	7.0	17.4	9.9	12.1	14.0	$T = 24.8$
T_2	5.1	10.5	17.8	7.4	14.9	12.7	10.8	
S	26.645	1.085	14.580	12.500	3.125	0.045	1.280	$S_T = 59.98$

表 5.6.18 例 5.6.5 的方差分析表

来源	平方和	自由度	均方	F 比
A	16.385	2	8.1925	12.37
B	12.500	1	12.5000	18.87
C	3.125	1	3.1250	4.72
e	1.325	2	0.6625	
T	59.98	8		

对三水平因子 A 来讲，需用下面的方法。由于前面提到上半表与下半表分别是正交的，根据正交表的综合可比性知，在上半表中，因子 A 的一、二水平可以比较好坏，在下半表中因子 A 的二、三水平可以比较好坏，从而可以通过上、下半表都有的二水平对一、三水平作一"校正"再进行比较。方法如下：以 $\overline{T}(A_{11})$、$\overline{T}(A_{22})$ 分别表示上半表中因子 A 的一、二水平的均值，$\overline{T}(A_{12})$、$\overline{T}(A_{21})$ 分别表示下半表中因子 A 的二、三水平的均值，再以 $\overline{T}(A_1)$、$\overline{T}(A_2)$、$\overline{T}(A_3)$ 分别表示三个水平各自的均值，则有：

$$\overline{T}(A_2) = \frac{\overline{T}(A_{22}) + \overline{T}(A_{12})}{2} = \overline{T}(A_{22}) + \frac{\overline{T}(A_{12}) - \overline{T}(A_{22})}{2}$$
$$= \overline{T}(A_{12}) - \frac{\overline{T}(A_{12}) - \overline{T}(A_{22})}{2} \tag{5.6.9}$$

记 $W_A = \dfrac{\overline{T}(A_{12}) - \overline{T}(A_{22})}{2}$，称此为校正项，从（5.6.9）式可知，二水平的均值应将其上半表的均值加上 W_A，而应将其下半表的均值减去 W_A，因此为了能对一、三个水平的均值作比较，应对上、下半表的均值作校正，则有：

$$\overline{T}(A_1) = \overline{T}(A_{11}) + W_A, \quad \overline{T}(A_3) = \overline{T}(A_{21}) - W_A \tag{5.6.10}$$

其示意图见图 5.6.1。

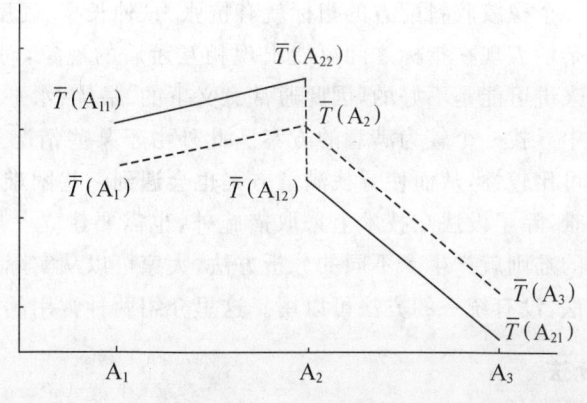

图 5.6.1 校正示意图

在本例中有

$\overline{T}(A_{11}) = 4.05, \quad \overline{T}(A_{22}) = 5.80, \quad \overline{T}(A_{12}) = 3.10, \quad \overline{T}(A_{21}) = -0.55$

从而有

$$W_A = \frac{\overline{T}(A_{12}) - \overline{T}(A_{22})}{2} = \frac{3.10 - 5.80}{2} = -1.35$$

则：

$$\overline{T}(A_1) = 4.05 + (-1.35) = 2.70$$

$$\overline{T}(A_2) = \frac{5.80 + 3.10}{2} = 4.45$$

$$\overline{T}(A_3) = -0.55 - (-1.35) = 0.80$$

由此可见因子 A 取二水平为好。

综上，最佳条件为 A_2B_1。由于因子 C（保温时间）不显著，因此可以任取，为节约能源可取 C＝65 小时。

在水平组合 A_2B_1 下，均值 $\mu_{21.}$ 的估计值为：

$$\hat{\mu}_{21.} = 90 + \hat{\mu} + \hat{a}_2 + \hat{b}_1 = 90 + \overline{T}(A_2) + \overline{T}(B_1) - \bar{y}$$
$$= 90 + 4.45 + 17.4/4 - 24.8/8 = 95.7$$

这里加上 90 是因为在计算中数据减去 90 的缘故。为求置信水平为 0.95 的置信区间，首先需要把 $\hat{\mu}_{21.}$ 写成诸 y_i 的线性组合，由其系数可得 $n_e = 8/3$，又 $t_{0.975}(2) = 4.3027$，$\hat{\sigma} = \sqrt{0.6625} = 0.814$，所以 $\mu_{21.}$ 的 0.95 置信区间是：

$$\hat{\mu}_{21.} \pm t_{0.975}(2)\hat{\sigma}/\sqrt{n_e} = 95.7 \pm 2.14 = (93.56, 97.84)$$

§ 5.7 多指标的数据分析

在不少试验设计问题中，衡量一个水平组合好坏的指标可能不止一个，这就是多指标的试验问题。譬如衡量一个橡胶胶料配方的指标就有抗张力、伸长率、硬度等 8 个性能。

多指标问题的复杂性表现在指标之间可能出现相互矛盾的现象，对一个指标好的某水平组合对另一个指标来讲可能是不好的，因此通常意义下的"最优"水平组合可能就不存在，从而我们只能在平衡中寻找一个较为满意的方案。此外由于某些情况下指标间的矛盾性，又带来了方案间的不可比较性，从而使寻找满意方案也会遇到一些困难。

为了解决这些困难，除了设法在技术上采取措施外，也需要建立一些综合评价的准则，从不同角度提出不同的准则就产生了不同的分析方法，大家可以从实际问题出发，去寻找一些适合实际问题的方法，没有统一的方法可以用。这里介绍两种常用的方法。

5.7.1 综合平衡法

这是一种先对每一指标分别进行统计分析，找出若干个较满意的水平组合，再由实际工作者使用专业知识进行综合，给出一个或几个较为满意的水平组合的方法。这里重要的是结合实际问题来处理。

例 5.7.1 在荧光屏涂料试验中考察 11 个二水平因子 A、B、C、D、E、F、G、H、I、J、K，用

$L_{16}(2^{15})$ 安排试验,表头设计如下:

因子	A	B	C	D	E	F		G	H	I	J		K		
列号	1	2	3	4	5	6	7	8	9	10	11	12	13	14	15

考察的指标有三个:外观(指标值要求小),清晰度(指标值要求大),表面缺陷数(指标值要求小)。16 次试验结果如表 5.7.1 所示。

表 5.7.1 试验结果

试验号	外观	清晰度	缺陷数
1	8	16	3
2	2	12	28
3	4	17	22
4	−10	15	14
5	2	12	22
6	4	20	18
7	−2	7	12
8	0	5	10
9	15	4	22
10	−5	4	3
11	15	−3	24
12	−5	7	25
13	−11	−2	17
14	17	−10	23
15	−3	5	8
16	9	19	5

首先对每一指标作分析,找出各自的最好水平组合。方差分析结果见表 5.7.2。

表 5.7.2 方差分析的 F 值

因子	外观	清晰度	缺陷数
A		38.46*	
B		1.54	4.33
C	5.14	1.54	1.64
D	5.14	13.85*	
E		1.54	25.10*
F		24.62*	5.03
G	96.57*		
H	28.00*	1.54	12.41*
I		3.46	2.56
J	5.14	9.62*	11.31*
K	5.14	3.46	23.26*

注:没有 F 值的空格表示该因子的均方小于误差的均方,因此将该因子的平方和并入了误差的平方和后再作方差分析的。在 F 值的右上角打上 * 的表示该因子在 0.05 水平上是显著的。

显著因子各水平下指标的平均值见表 5.7.3。

表 5.7.3 显著因子各水平的均值

因子	外观		清晰度		缺陷数	
	一水平	二水平	一水平	二水平	一水平	二水平
A			13.0	3.0		
D			11.0	5.0		
E					11.37	20.63
F			4.0	12.0		
G	9	−4				
H	−1	6			13.25	18.75
J			5.5	10.5	13.38	18.63
K					12.00	20.00
总平均	2.50		8.0		16.00	

结果表明：在显著性水平 0.05 上，对外观来讲，因子 G 与 H 是显著的，以 G_2H_1 为好；对清晰度来讲，因子 A、D、F、J 是显著的，以 $A_1D_1F_2J_2$ 为好，对缺陷数来讲，因子 E、H、J、K 是显著的，以 $E_1H_1J_1K_1$ 为好。

将上述各自的好水平组合列成表 5.7.4 看起来方便些：

表 5.7.4 各指标的好水平组合

指标	显著因子	最好水平组合
外观	G、H	G_2H_1
清晰度	A、D、F、J	A_1D_1　F_2　J_2
缺陷数	E、H、J、K	E_1　$H_1J_1K_1$

对各单项指标进行综合，将没有矛盾的因子水平首先固定下来，现在对因子 A、D、E、F、G、H、K 可以固定，取 $A_1D_1E_1F_2G_2H_1K_1$，但是因子 J 在清晰度与缺陷数上有矛盾，此时就有两种选择：$A_1D_1E_1F_2G_2H_1J_1K_1$ 与 $A_1D_1E_1F_2G_2H_1J_2K_1$。那么选哪一个为好呢？一是可以由专业人员进行定夺，二是先估计两种条件的各指标的均值，进行选择。然后可以通过验证试验加以确定。

下面我们在两个水平组合 $A_1D_1E_1F_2G_2H_1J_1K_1$ 与 $A_1D_1E_1F_2G_2H_1J_2K_1$ 下，采用效应可加模型对各指标分别计算其均值的估计，结果如表 5.7.5 所列。

表 5.7.5 两个水平组合下指标均值

	水平组合 $A_1D_1E_1F_2G_2H_1J_1K_1$	水平组合 $A_1D_1E_1F_2G_2H_1J_2K_1$
清晰度	17.5	22.5
缺陷数	2.0	7.25

由于在水平组合 $A_1D_1E_1F_2G_2H_1J_1K_1$ 下清晰度比较好，缺陷数不算太多，所以就选定此水平组合。对于不显著因子 B、C、I，其水平可以任意选定。

5.7.2 综合评分法

将一个水平组合下的多个指标综合成为一个指标,称该指标为综合指标。综合指标通常为各指标的加权和,而每一指标的权重要根据实际问题来确定,没有统一的方法。下面给出一个例子。

例 5.7.2 在以往白地霉核酸生产中得率偏低,成本高,希望通过试验寻找好的工艺条件以提高含量。在该试验中考察四个三水平因子(见表 5.7.6)。

表 5.7.6 因子水平表

因子	A 时间(小时)	B 含量(%)	C pH 值	D 加水量
一水平	24	7.4	4.8	1:4
二水平	4	8.7	6.0	1:3
三水平	14	6.2	9.0	1:2

用 $L_9(3^4)$ 安排试验,四个因子依次放在四列上。考察指标有两个:y_1 是纯度,y_2 是回收率。综合评分 y 采用下面的公式:$y = 2.5 \times$ 纯度 $+ 0.5 \times$ 回收率,得分高的水平组合为好。试验结果及综合评分见表 5.7.7,对综合评分 y 的分析也见表 5.7.7。

表 5.7.7 试验结果与数据分析

因子	A	B	C	D	试验结果		综合评分
列号	1	2	3	4	y_1	y_2	y
1	1	1	1	1	17.8	29.8	59.4
2	1	2	2	2	12.2	41.3	51.2
3	1	3	3	3	6.2	59.9	45.5
4	2	1	2	3	8.0	24.3	32.2
5	2	2	3	1	4.5	50.6	36.6
6	2	3	1	2	4.1	58.2	39.4
7	3	1	3	2	8.5	30.9	36.7
8	3	2	1	3	7.3	20.4	28.5
9	3	3	2	1	4.4	73.4	47.7
$\bar{T}_1$	52.0	42.8	42.4	47.9			
$\bar{T}_2$	36.1	38.8	43.7	42.4			
$\bar{T}_3$	37.6	44.2	39.6	35.4			
R	15.9	5.4	4.1	12.5			

由于没有空白列,所以采用直观分析方法。因子从主要到次要的顺序为:A、D、B、C,使得分达到最高的水平组合是 $A_1 B_3 C_2 D_1$。

这一方法的分析比较简单,与单指标的分析一样。问题是评分公式中各指标的权要适当,否则分析结果不一定符合实际。

§ 5.8 饱和设计

在有的试验中,可能会提出许多影响试验指标的因子及交互作用,而实际中真正有影响的因子不很多,这一现象被称为稀疏效应。在这种情况下,为了找出真正有影响的因子,往往要对更多因子安排试验。当因子个数(或因子与交互作用个数之和)等于试验次数减 1 时,称这类试验为饱和设计。饱和设计常用在众多因子的筛选试验中。

为减少试验次数,饱和设计常利用二水平正交表安排试验,也不进行重复试验,因此饱和设计有不当的一面。但为了减少试验次数,尽快筛选出主要因子,人们不得不先采用饱和设计,然后对少数主要因子再安排多水平试验。这里二水平正交表的试验次数通常是 4 的倍数,譬如 $L_8(2^7)$, $L_{12}(2^{11})$, $L_{16}(2^{15})$, $L_{20}(2^{19})$ 等。

下面我们主要介绍饱和设计的数据分析方法。

例 5.8.1 在一个减少损耗的试验中,有七个因子可能对其有影响。为此对每一因子取两个水平,用二水平正交表安排试验。因为只有七个因子,故用 $n=8$ 的二水平正交表,表头设计如下:

表头设计	A	B	C	D	E	F	G
列号	1	2	3	4	5	6	7

在每一条件下进行一次试验,试验结果见表 5.8.1。

这就是一个饱和设计。由于在正交表中不存在空白列,又没有重复试验,因此不能采用方差分析方法进行数据分析。下面给出几种分析方法。

5.8.1 极差分法析

按上述饱和设计安排试验时,所得试验结果列于表 5.8.1 的最后一列,可以计算每一列的 1、2 水平对应的数据的和、均值与极差,结果也列在表 5.8.1 中。

表 5.8.1 试验结果及计算表

表头设计 列号 试验号	A 1	B 2	C 3	D 4	E 5	F 6	G 7	y
1	1	1	1	1	1	1	1	136
2	1	1	1	2	2	2	2	142
3	1	2	2	1	1	2	2	168
4	1	2	2	2	2	1	1	166
5	2	1	2	1	2	1	2	142
6	2	1	2	2	1	2	1	34
7	2	2	1	1	2	2	1	78
8	2	2	1	2	1	1	2	74

续表

表头设计 列号 试验号	A 1	B 2	C 3	D 4	E 5	F 6	G 7	y
T_1	612	454	430	524	412	518	414	$T=940$
T_2	328	486	510	416	528	422	526	
$\bar{T}_1$	153	113.5	107.5	131	103	129.5	103.5	
$\bar{T}_2$	82	121.5	127.5	104	132	105.5	131.5	
R	71	8	20	27	29	24	28	

从表中的极差可知,各个因子对指标的影响程度从大到小为:

$$A \ E \ G \ D \ F \ C \ B$$

选哪几个作为主要因子呢？依据"稀疏效应",可选前一半为主要因子,譬如认为 A、E、G、D 为主要因子,其中因子 A 最为重要。这些看法还要和专业知识结合作最后认定。

5.8.2 半正态概率纸判断法

一、半正态分布

设随机变量 Y 服从正态分布 $N(0,\tau^2)$,则称随机变量 $X=|Y|$ 的分布为半正态分布,它仅含一个参数 τ^2,由此可得 X 的分布函数为:

$$F(x)=P(X\leqslant x)=P(|Y|\leqslant x)=2\Phi(x/\tau)-1=2\Phi(u)-1 \tag{5.8.1}$$

其中 $u=x/\tau$。其概率密度函数为:

$$p(x)=\begin{cases} \dfrac{1}{\tau}\sqrt{\dfrac{2}{\pi}}e^{-x^2/2\tau^2}, & x\geqslant 0 \\ 0, & x<0 \end{cases}$$

这个仅含一个参数 τ^2 的分布称半正态分布,记为 $HN(\tau^2)$。在 $\tau=0.5,1,2$ 时的概率密度函数 $p(x)$ 如图 5.8.1 所示,其中 $\tau=1$ 时的半正态分布 $HN(1)$ 称为标准半正态分布。

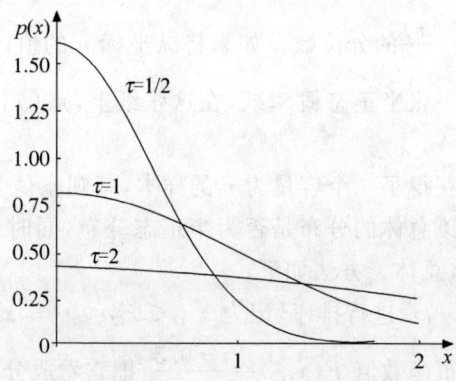

图 5.8.1 半正态分布 $HN(\tau^2)$ 的概率密度曲线

下面我们将用到半正态分布 $HN(\tau^2)$ 的 α 分位数，利用半正态分布 $HN(\tau^2)$ 与正态分布 $N(0,1)$ 之间的关系，可以获得如下几个性质：

(1) 标准半正态分布 $HN(1)$ 的 α 分位数 q_α 为：

$$q_\alpha = u_{(1+\alpha)/2}$$

其中 u_α 为标准正态分布 $N(0,1)$ 的 α 分位数。这是因为当 $Z \sim HN(1)$ 时有

$$P(Z < q_\alpha) = P(|U| < q_\alpha) = \alpha$$

其中 U 服从 $N(0,1)$，故 $q_\alpha = u_{(1+\alpha)/2}$。

(2) 一般半正态分布 $HN(\tau^2)$ 的 α 分位数 x_α 为：

$$x_\alpha = \tau \cdot q_\alpha \text{ 或 } q_\alpha = \frac{1}{\tau} x_\alpha$$

即 x_α 与 q_α 成正比例关系。这是因为当 $X \sim HN(\tau^2)$，就意味着 $Z = X/\tau \sim HN(1)$，那么记 X 的 α 分位数为 x_α，有

$$P(X < x_\alpha) = P(X/\tau < x_\alpha/\tau) = P(Z < q_\alpha)$$

故有 $q_\alpha = \frac{1}{\tau} x_\alpha$，即 $x_\alpha = \tau \cdot q_\alpha$。

(3) 若取 $\alpha = 0.5$，则有

$$\tau = \frac{x_{0.5}}{q_{0.5}} = \frac{x_{0.5}}{u_{0.75}} = \frac{x_{0.5}}{0.67} = 1.5 x_{0.5}$$

即参数 τ 约为半正态分布 $HN(\tau^2)$ 的中位数的 1.5 倍。

二、半正态概率纸的构造及其应用

当 X 服从参数为 τ^2 的半正态分布时，$u = x/\tau$ 是 x 的线性函数，在直角坐标系 $x-u$ 中应在一条过原点的直线上；然后由于 u 中含未知参数 τ，因此无法从 x 得到 u 的值，但是 u 的函数 $2\Phi(u) - 1 = F(x)$ 是可以设法估计出来的，从而可以从反函数求得 u，即

$$u = \Phi^{-1}\left(\frac{1+F(x)}{2}\right) \tag{5.8.2}$$

可见 u 是 $N(0,1)$ 的 $\frac{1+F(x)}{2}$ 的分位数。如果将纵坐标 u 的值改标成 $F(x) = 2\Phi(u) - 1$，那么这张坐标纸就变成了一张半正态概率纸，在这张纸上，点 $(x, F(x))$ 是在通过原点的一条直线上。

设我们从一个总体中获得了一个容量为 n 的样本，其观察值为 $x_1, x_2, \cdots, x_n$，那么可以利用半正态概率纸来判断该总体的分布是否为半正态分布，同时也可以发现是否有某些观察值为异常，即不是来自该总体。方法如下：

(1) 将观察值 $x_1, x_2, \cdots, x_n$ 进行排序，记为 $x_{(1)} \leqslant x_{(2)} \leqslant \cdots \leqslant x_{(n)}$。

(2) $x_{(i)}$ 对应的经验分布函数值 $\hat{F}(x_{(i)}) = \frac{i-0.5}{n}$，把它看成分布函数 $F(x_{(i)})$ 的估计。

(3) 由于我们手上一般没有半正态概率纸，则可利用普通的坐标纸，将点 $(x_{(i)}, u_i)$ 点在

坐标纸上,利用(5.8.2)可知:

$$u_i = \Phi^{-1}\left(\frac{1}{2}\left(\frac{i-0.5}{n}+1\right)\right), \quad i=1,2,\cdots,n \tag{5.8.3}$$

(4)观察这些点的分布情况,如果它们在某直线附近,则认为其总体的分布是半正态分布;如果有某些点与该直线的偏离较大,则认为这些偏离大的点可能不是来自该总体。

三、用半正态概率纸判断可能显著的因子

在饱和设计中,我们假定数据的统计模型为效应可加模型,譬如在例 5.8.1 中对应的数据有如下结构式与模型:

$$\begin{cases} y_1 = \mu + a_1 + b_1 + c_1 + d_1 + e_1 + f_1 + g_1 + \varepsilon_1 \\ y_2 = \mu + a_1 + b_1 + c_1 + d_2 + e_2 + f_2 + g_2 + \varepsilon_2 \\ y_3 = \mu + a_1 + b_2 + c_2 + d_1 + e_1 + f_2 + g_2 + \varepsilon_3 \\ y_4 = \mu + a_1 + b_2 + c_2 + d_2 + e_2 + f_1 + g_1 + \varepsilon_4 \\ y_5 = \mu + a_2 + b_1 + c_2 + d_1 + e_2 + f_1 + g_2 + \varepsilon_5 \\ y_6 = \mu + a_2 + b_1 + c_2 + d_2 + e_1 + f_2 + g_1 + \varepsilon_6 \\ y_7 = \mu + a_2 + b_2 + c_1 + d_1 + e_2 + f_2 + g_1 + \varepsilon_7 \\ y_8 = \mu + a_2 + b_2 + c_1 + d_2 + e_1 + f_1 + g_2 + \varepsilon_8 \\ a_1 + a_2 = b_1 + b_2 = c_1 + c_2 = d_1 + d_2 = e_1 + e_2 = f_1 + f_2 = g_1 + g_2 = 0 \\ \text{各 } \varepsilon_i \text{ 独立同分布,服从 } N(0,\sigma^2) \end{cases} \tag{5.8.4}$$

由此模型可知,在第一列中两个水平的均值的分布分别为:

$$\overline{T}_{11} \sim N(\mu+a_1, \sigma^2/4), \quad \overline{T}_{12} \sim N(\mu+a_2, \sigma^2/4)$$

从而 $\overline{T}_{11} - \overline{T}_{12} \sim N(a_1-a_2, \sigma^2/2)$,当因子 A 不显著时,即 $a_1 = a_2 = 0$,第一列的极差(记为 R_1)服从参数为 $\sigma^2/2$ 的半正态分布。

如果记第 i 列的极差为 R_i,那么同理可证,当所有因子均不显著时,它们都服从参数为 $\sigma^2/2$ 的半正态分布,并且各列极差相互独立,这可以从 $\overline{T}_{i1} - \overline{T}_{i2}$ 与 $\overline{T}_{j1} - \overline{T}_{j2}$ ($i \neq j$)的协方差为 0 得到,譬如:

$$\begin{aligned}
&\text{Cov}(\overline{T}_{11} - \overline{T}_{12}, \overline{T}_{21} - \overline{T}_{22}) \\
&= \text{Cov}\left(\frac{y_1+y_2+y_3+y_4-y_5-y_6-y_7-y_8}{4}, \frac{y_1+y_2-y_3-y_4+y_5+y_6-y_7-y_8}{4}\right) \\
&= \frac{1}{16}(\text{Var}(y_1) + \text{Var}(y_2) - \text{Var}(y_3) - \text{Var}(y_4) - \text{Var}(y_5) - \text{Var}(y_6) + \text{Var}(y_7) + \text{Var}(y_8)) \\
&= 0
\end{aligned}$$

又 $\overline{T}_{i1} - \overline{T}_{i2}$ 与 $\overline{T}_{j1} - \overline{T}_{j2}$ 都是正态分布,所以协方差为 0 就意味着两者独立,从而极差也独立。因此在这种情况下可以把 p 个因子的极差看成是来自同一半正态分布的样本,容量为 p。如果将这 p 个极差进行排序,并求出相应的 u 值,把它们点在坐标纸上,这些点中大部分在某一条直线附近,而可能有某些点与该直线偏离较大,那么这些观察值就与其他的观察值不是来自同一总体,这些点对应的因子就可能是显著的。

下面就例 5.8.1 来作分析,先将七个因子的极差 R 排序,并列表计算相应的 u 值(见表

5.8.2),在将点(R_i, u_i)点在坐标纸上,$i=1,2,\cdots,7$,见图 5.8.2。

表 5.8.2 u 值的计算

i	1	2	3	4	5	6	7
因子	B	C	F	D	G	E	A
R_i	8	20	24	27	28	29	71
$\frac{1}{2}\left(\frac{i-0.5}{7}+1\right)$	0.5317	0.6072	0.6789	0.7500	0.8215	0.8929	0.9643
u_i	0.09	0.27	0.46	0.67	0.92	1.24	1.80

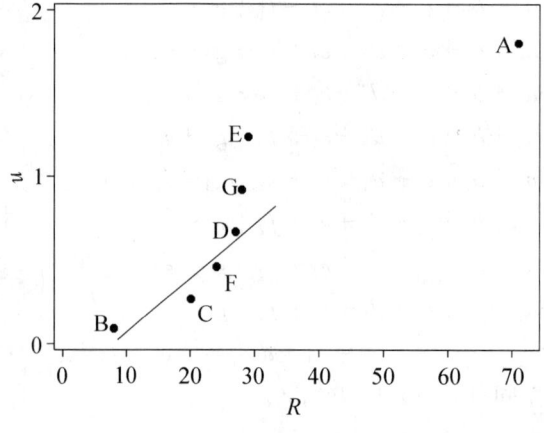

图 5.8.2 $R-u$ 图

从图 5.8.2 可见,因子 A、E、G 较远离直线,因此这三个因子对指标的影响较大。在以后的试验中需要对这三个因子再进行深入的考察。

5.8.3 Lenth 方法

上面已经提到 $\overline{T}_1 - \overline{T}_2 \sim N(a_1-a_2, \sigma^2/2)$,当因子 A 不显著时,即 $a_1 = a_2 = 0$,第一列的极差(记为 R_1)服从参数为 $\sigma^2/2$ 的半正态分布。如果每一因子都不显著,那么所有极差都服从参数为 $\sigma^2/2$ 的半正态分布,记 $\sigma^2/2$ 为 σ_R^2,如果能够给出 σ_R^2 的估计,那么就可以对因子是否显著进行检验。Lenth 给出了一种估计 σ_R 的方法。

若记第 j 列的 $\overline{T}_{j1} - \overline{T}_{j2} = C_j$,则在第 j 列的效应不显著时,$C_j \sim N(0, \sigma_R^2)$,也就是讲,当一切效应不显著时,$C_1, C_2, \cdots, C_p$ 是来自 $N(0, \sigma_R^2)$ 的一个容量为 p 的样本,那么参数为 σ_R^2 的半正态分布 C 的中位数 c 满足:

$$P(|C| \leqslant c) = 2\Phi(c/\sigma_R) - 1 = 0.5$$

所以 $c = 0.675\sigma_R$,从而 $1.5c = 1.01\sigma_R$。若记 S_0 为 $C_1, C_2, \cdots, C_p$ 的绝对值的中位数的 1.5 倍,即

$$S_0 = 1.5 \times \mathrm{median}\{|C_j|\}$$

那么 S_0 可以认为是 σ_R 的一种近似估计。

由于并不是所有因子都不显著,某些极差大的因子可能是显著的,所以再对它作一个修

正。因为
$$P(|C|\geq 2.5\times 1.01\sigma_R)\approx 0.01$$

所以取
$$PSE=1.5\times \underset{|C_j|\leqslant 2.5S_0}{\operatorname{median}}|C_j|$$

作为 σ_R 的估计,称为伪标准误。

受 t 检验的启发,Lenth 提出对给定的显著水平 α ($0<\alpha<1$),当

$$T_i=\frac{|C_i|}{PSE}\geqslant C_{\alpha;p}, \text{ 或 } |C_i|\geqslant C_{\alpha;p}\times PSE$$

时,就认为对应的因子的效应是显著的,其中临界值 $C_{\alpha;p}$ 可在附表 5.2 中查得,它是用随机模拟法获得的。

例 5.8.2 在一个试验中人们考察九个二水平因子 T(厚度),W(方法),C(电流),O(空隙),R(测杆),A(角度),H(预热),P(周期),M(材料),及六个两因子间的交互作用 T×W,W×C,W×O,W×R,W×A,C×R 对张力的影响,采用二水平正交表 $L_{16}(2^{15})$,表头设计如下:

表头设计	R	C	C×R	W	W×R	W×C	P	T	A	O	H	T×W	W×A	W×O	M
列号	1	2	3	4	5	6	7	8	9	10	11	12	13	14	15

16 次试验结果分别为:

43.7 40.2 42.4 44.7 42.4 45.9 42.2 40.6
42.4 45.5 43.6 40.6 44.0 40.2 42.5 46.5

各列的极差见表 5.8.3。

表 5.8.3 各列极差

列号	表头设计	$R=|\bar{T}_1-\bar{T}_2|$	列号	表头设计	$R=|\bar{T}_1-\bar{T}_2|$
1	R	0.40	9	A	0.05
2	C	0.15	10	O	0.40
3	C×R	0.12	11	H	0.37
4	W	0.15	12	T×W	0.30
5	W×R	0.42	13	W×A	0.13
6	W×C	0.02	14	W×O	0.37
7	P	2.15	15	M	3.10
8	T	0.12			

在本例中 $\bar{T}_{j1}-\bar{T}_{j2}=C_j$,$|C_j|=R_j$,$p=15$,则

$$\operatorname{median}\{|\bar{T}_{j1}-\bar{T}_{j2}|\}=\operatorname{median}\{R_j\}=0.3$$

故
$$S_0=1.5\times \operatorname{median}\{|\bar{T}_{j1}-\bar{T}_{j2}|\}=1.5\times 0.3=0.45$$

由于 $2.5S_0=1.125$,则由于本例中有两个极差大于 1.125,所以

$$\underset{R_j\leqslant 2.5S_0}{\text{median}}\{R_j\}=0.15$$

$$PSE=1.5\underset{R_j\leqslant 2.5S_0}{\text{median}}\{R_j\}=1.5\times 0.15=0.225$$

若取 $\alpha=0.05$,查表得 $C_{\alpha;p}=4.24$,从而当 $|\overline{T}_1-\overline{T}_2|>4.24\times 0.225=0.954$ 时,认为对应的因子是显著的。那么现在仅有因子 P 与 M 为显著的。今后可以进一步对这两个因子进行考察。

注意:在显著因子个数超过一半时,Lenth 法常无法检出任何显著因子。

§ 习题五

1. 某化工厂生产的一种产品的收率较低,为此希望通过试验提高收率。在试验中考察如下三个三水平因子。

习题 5.1 的因子水平表

因子	一水平	二水平	三水平
A:温度(℃)	80	85	90
B:加碱量(公斤)	35	48	55
C:催化剂种类	甲	乙	丙

用 $L_9(3^4)$ 安排试验,表头设计如下:

表头设计	A	B	C	
列号	1	2	3	4

九次试验的结果——收率(%)依次为:

51 71 58 82 69 59 77 85 84

(1) 对数据作直观分析,画出各因子不同水平对收率影响的图形;
(2) 对数据作方差分析;(注:本章习题凡是涉及数据的方差分析,求置信区间等情况均假定数据服从同方差正态分布,不再一一说明)
(3) 找出使收率达到最高的条件,并求该条件下平均收率 95% 的置信区间。

2. 为提高在梳棉机上纺出的粘棉混纺纱的质量,考察三个二水平因子。

习题 5.2 的因子水平表

因子	一水平	二水平
A:金属针布的产地	甲地	乙地
B:产量水平(公斤)	6	10
C:速度(转/分)	238	320

试验指标为棉粒结数,该值越小越好。用 $L_8(2^7)$ 安排试验,三个因子分别置于 1,2,4 列,同时需考察三个交互作用:A×B,A×C,B×C。试验结果依次为 0.30,0.35,0.20,0.30,0.15,0.50,0.15,0.40。

(1) 指出交互作用所在列;
(2) 对数据作方差分析;
(3) 找出最佳条件,并求该条件下的平均棉粒结数的 0.90 的置信区间。

3. 选用试验次数最少的正交表给出下列问题的表头设计:
   (1) 考察五个二水平因子 A、B、C、D、E,并考察交互作用 D×E;
   (2) 考察七个二水平因子 A、B、C、D、E、F、G,并考察交互作用 A×B、A×C、A×D、B×C、B×D、C×D;
   (3) 考察六个三水平因子 A、B、C、D、E、F,并考察交互作用 B×D、B×C、C×D。

4. 对某种套管收缩有影响的有 A、B、C、D、E、F、G 七个因子,现均取两个水平,用 $L_8(2^7)$ 安排试验,上述七个因子依次置于 1~7 列,在每一条件下进行四次重复试验,所得结果如下表。

习题 5.4 的试验结果表

试验号	1	2	3	4	5	6	7	8
试	0.49	0.07	0.13	0.24	0.07	0.54	0.28	0.58
验	0.54	0.09	0.22	0.22	0.04	0.53	0.026	0.62
结	0.46	0.11	0.20	0.19	0.19	0.53	0.26	0.59
果	0.45	0.08	0.23	0.25	0.18	0.54	0.30	0.54

试对数据进行方差分析,并找出最佳条件(该指标值以小为好)。

5. 在一个试验问题中需考察两个四水平因子 A、B 及四个二水平因子 C、D、E、F。
   (1) 请用并列法给出表头设计,并写出各试验条件中因子 A 与 B 对应的水平号;
   (2) 写出各列偏差平方和的计算公式及 S_A、S_B、S_e 的表达式。

6. 在一个试验问题中需考察两个四水平因子 A、B 及一个三水平因子 C。
   (1) 若选用 $L_{16}(4^5)$,请采用拟水平法给出表头设计,并写出各试验条件中因子 C 对应的水平号;
   (2) 写出各列偏差平方和的计算公式及 S_C 与 S_e 的表达式。

7. 在一个试验问题中需考察两个四水平因子 A、B,一个三水平因子 C 及一个二水平因子 D。
   (1) 若选用 $L_{16}(4^5)$,请采用组合法给出表头设计,并写出各试验条件中因子 C 与 D 对应的水平号;
   (2) 写出各列偏差平方和的计算公式及 S_C、S_D、S_e 的表达式。

8. 在一个试验问题中需考察两个三水平因子 A、B,四个二水平因子 C、D、E、F。
   (1) 若选用 $L_{16}(2^{15})$,请采用赋闲列法给出表头设计,并写出各试验条件中因子 A 与 B 对应的水平号;
   (2) 写出各列偏差平方和的计算公式及 S_A、S_B、S_e 的表达式。

9. 某钢厂生产一种合金,为降低合金的硬度需要进行退火热处理,希望通过试验寻找合理的退火工艺参数,以降低硬度。现考察如下因子与水平:

习题 5.9 的因子水平表

因子	一水平	二水平	三水平	四水平
A:退火温度(℃)	730	760	790	820
B:保温时间(小时)	1	2		
C:冷却介质	空气	水		

用 $L_8(2^7)$ 的第 1、2、3 列改造成一个四水平列,构成一张混合水平正交表 $L_8(4\times2^4)$,表头设计:

表头设计	A	B	C		
$L_8(4\times2^4)$ 的列号	1	2	3	4	5
$L_8(2^7)$ 的列号	$\widehat{1,2,3}$	4	5	6	7

考核指标为洛氏硬度(HR_c),8 次试验结果分别为:

31.6 31.0 31.6 30.5 31.2 31.0 33.0 30.3

(1)在数据满足等方差的正态分布的前提下对数据进行方差分析;
(2)找出使洛氏硬度达到最小的水平组合,并求该水平组合下平均硬度的估计值及置信水平为 0.95 的置信区间。

10. 钢片在镀锌前需要用酸洗方法除锈,为提高除锈效率,缩短酸洗时间,需要寻找好的工艺参数。现在试验中考察如下因子与水平:

习题 5.10 的因子水平表

因子	一水平	二水平	三水平
A:硫酸(g/l)	300	200	250
B:洗涤剂种类	OP 牌	海鸥牌	
C:温度(℃)	60	70	80

用 $L_9(3^4)$ 安排试验,三个因子分别放在第 3、1、4 列上,并且将第 1 列的三个水平按 $B_1、B_2、B_2$ 进行设置,试验指标是酸洗时间(单位:分),结果如下:

36 32 20 22 34 21 16 19 37

(1)在数据满足等方差的正态分布的前提下对数据进行方差分析;
(2)找出使酸洗时间最短的水平组合,并求该水平组合下平均时间的估计值及置信水平为 0.95 的置信区间。

11. 在一个软化水降低盐耗率的试验中,考察如下因子水平:

习题 5.11 的因子水平表

因子	一水平	二水平	三水平
A:开一号阀门的流量	0.4	0.6	0.8
B:开二号阀门的维持时间(分)	20	30	35
C:关二号阀门调一号阀门流量	1.4	1.1	
D:关二号阀门的维持时间(分)	30	40	

现在将因子 C 与 D 组合成一个三水平因子,规定置组合因子列的 1、2、3 分别对应 C_1D_1、C_1D_2、C_2D_1,用 $L_9(3^4)$ 安排试验,表头设计如下:

表头设计	A		B	CD
列号	1	2	3	4

9 次试验的结果分别为:

$$160.0 \quad 152.0 \quad 145.5 \quad 159.0 \quad 152.0 \quad 138.0 \quad 134.5 \quad 143.1 \quad 152.0$$

(1)在数据满足等方差正态分布的前提下对数据进行方差分析;

(2)找出使盐耗率达到最低的水平组合,并求该水平组合下盐耗率均值的估计值及置信水平为 0.95 的置信区间。

12. 在研究某种合金成分对一种性能的影响时,考察四个三水平因子 V、T_i、C、S_i,一个二水平因子 M_n 对性能的影响,现在用 $L_{16}(2^{15})$ 按赋闲列法安排试验,表头设计如下:

表头设计	赋闲	T_i		V		M_n		C						S_i	
列号	1	2	3	4	5	6	7	8	9	10	11	12	13	14	15

在二水平列中安排三水平因子的对应法则均按(5.6.7)式的规定。16 次试验结果依次为:

$$51.5 \quad 63.5 \quad 65.5 \quad 73.5 \quad 59.5 \quad 67.0 \quad 59.5 \quad 65.0$$
$$66.5 \quad 74.5 \quad 75.5 \quad 71.5 \quad 70.0 \quad 67.0 \quad 74.5 \quad 78.0$$

(1)在数据满足等方差正态分布的前提下对数据进行方差分析;

(2)找出使性能达到最小的水平组合,并求该水平组合下性能均值的估计值及置信水平为 0.95 的置信区间。

13. 某厂生产液体葡萄糖,要进行试验以找出最好的工艺条件,考察的因子与水平如下表。

习题 5.13 的因子水平表

因子	一水平	二水平	三水平
A:分浆浓度(%)	16	18	20
B:分浆酸度	1.5	2.0	2.5
C:稳压时间(分)	0	5	10
D:工作压力(105Pa)	2.2	2.7	3.2

试验用 $L_9(3^4)$ 安排,四个因子依次放在四列上。考察的指标有两个:一是产量(公斤),要求越高越好,二是总还原糖(%),在 32%～40% 之间为好。9 次试验的结果分别如下表所列。

习题 5.13 的试验结果表

试验号	产量	总还原糖	试验号	产量	总还原糖
1	498	41.6	6	540	30.2
2	568	36.4	7	501	42.4
3	568	31.0	8	550	40.4
4	577	42.4	9	510	30.0
5	512	37.2			

试用综合平衡法寻找较好的水平组合。

14. 一个化工生产中,要考察两个指标,一是核酸纯度,二是回收率,两个指标都要求越大越好。在试验中用 $L_9(3^4)$ 依次安排如下四个三水平因子。

习题 5.14 的因子水平表

因子	一水平	二水平	三水平
A:时间(小时)	25	5	1
B:含量(%)	7.5	9.0	6.0
C:pH 值	5	6	9
D:加水量	1:6	1:4	1:2

试验结果如下表。

习题 5.14 的试验结果

试验号	核酸纯度	回收率(%)	试验号	核酸纯度	回收率(%)
1	17.5	30.0	6	4.0	58.4
2	12.0	41.2	7	8.5	31.0
3	6.0	60.0	8	7.0	20.5
4	8.0	24.2	9	4.5	73.5
5	4.5	51.0			

采用如下综合评分法获得综合分数:
综合分数 = 4×核酸纯度 + 1×回收率
试对数据进行分析找出最好的水平组合。

15. 某厂生产一种嵌板,用作商用飞机的内侧壁。嵌板是压制成形的,如今的生产工艺使每块嵌板上的平均疵点数过高,为了寻找减少平均疵点数的工艺条件,特设计了一个试验,该试验含有四个二水平的因子,其因子与水平如下表。

习题 5.15 的因子水平表

因子	一水平	二水平
A：温度(F)	295	325
B：卡紧时间(分)	7	9
C：树脂流量	10	20
D：闭压时间(秒)	15	30

用正交表 $L_{16}(2^{15})$ 安排试验，要考察所有的二级、三级和四级交互作用。全部 16 次试验在生产线上进行，其表头设计与试验结果 y_i 见如下正交表 $L_{16}(2^{15})$。该表下方对各列水平和 T_{i1} 与 T_{i2} 进行了计算，最后一行计算了各列的 $R_i = |T_{i1} - T_{i2}|$。

(1) 试用半正态图法对数据进行分析；
(2) 试用 Lenth 方法对数据进行分析，显著性水平 α 取 0.10。

习题 5.15 的 $L_{16}(2^{15})$ 计算表

表头设计	A	B	AB	C	AC	BC	ABC	D	AD	BD	ABD	CD	ACD	BCD	ABCD	y_i
i \\ j	1	2	3	4	5	6	7	8	9	10	11	12	13	14	15	
1	1	1	1	1	1	1	1	1	1	1	1	1	1	1	1	5.0
2	1	1	1	1	1	1	1	2	2	2	2	2	2	2	2	6.0
3	1	1	1	2	2	2	2	1	1	1	1	2	2	2	2	0.5
4	1	1	1	2	2	2	2	2	2	2	2	1	1	1	1	1.0
5	1	2	2	1	1	2	2	1	1	2	2	1	1	2	2	3.5
6	1	2	2	1	1	2	2	2	2	1	1	2	2	1	1	8.0
7	1	2	2	2	2	1	1	1	1	2	2	2	2	1	1	1.5
8	1	2	2	2	2	1	1	2	2	1	1	1	1	2	2	5.0
9	2	1	2	1	2	1	2	1	2	1	2	1	2	1	2	11.0
10	2	1	2	1	2	1	2	2	1	2	1	2	1	2	1	12.5
11	2	1	2	2	1	2	1	1	2	1	2	2	1	2	1	8.0
12	2	1	2	2	1	2	1	2	1	2	1	1	2	1	2	6.0
13	2	2	1	1	2	2	1	1	2	2	1	1	2	2	1	9.0
14	2	2	1	1	2	2	1	2	1	1	2	2	1	1	2	15.5
15	2	2	1	2	1	1	2	1	2	2	1	2	1	1	2	9.5
16	2	2	1	2	1	1	2	2	1	1	2	1	2	2	1	5.5
T_{i1}	30.5	50	51.5	70.5	51	55.5	56	48	49.5	58	55.5	45.5	60	57.5	50	
T_{i2}	76.5	57	55.5	36.5	56	51.5	51	59	57.5	49	51.5	61.5	47	49.5	57	
R_i	46	7	4	34	5	4	5	11	8	9	4	16	13	8	7	

第六章 参数设计

§ 6.1 参数设计的基本思想

6.1.1 产品开发的三个阶段

开发具有某种性能的产品以满足顾客需要,一般要经历如下三个阶段:系统设计阶段、参数设计阶段和容差设计阶段(见图 6.1.1)。

顾客要求→ 系统设计 → 参数设计 → 容差设计 →稳定性好的产品

图 6.1.1　产品开发的三个阶段示意图

1. 系统设计　它是由专业技术人员利用专业知识和工程学原理对具有某种功能的产品给出基本结构。譬如市场需要能准确测量电阻器阻值的设备,工程师利用电路知识,确定设备应具有惠斯顿电桥(见图 6.1.2)那样的基本结构。

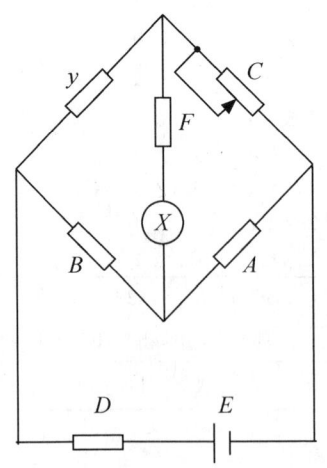

(其中电阻 A、B、D、F 可给定,C 是可调电阻,E 为电源电动势;调节 C,使电流计 X 为 0,即可得知电阻 y 的值)

图 6.1.2　惠斯顿电桥

2. **参数设计** 在给定基本结构后,系统中各参数如何确定,使得产品性能指标既能达到目标值,又使它在各种环境下波动小,稳定性好。譬如在惠斯顿电桥中如何选择 A、B、D、F 的电阻值和电动势 E,使得电阻 y 能准确测量出来,并且在各种使用环境下测量值的波动小,稳定性好。

3. **容差设计** 它是用来确定参数的最佳公差。譬如在惠斯顿电桥中容差设计是揭示出设计中哪些组件很敏感,哪些组件不敏感。对敏感的组件公差要设定得窄一些,对不敏感的组件公差可设定宽一些。

上述产品开发的三个阶段又称为三阶段设计。这是日本田口玄一博士在 1980 年提出的。田口的三阶段设计思想是普遍适用的,既可同时使用这三种设计,也可单独使用其中某一种设计,不过参数设计是最重要的,也是最常用的。本章将着重讲述参数设计的思想和方法。

6.1.2 从损失函数看质量

1. 田口认为"**产品的质量就是该产品给社会带来的损失**"。此种损失愈小,质量愈高,从而购买者愈多,厂家的利润也会愈丰厚。相反,若产品给用户带来许多麻烦和抱怨,它的损失就大,质量也低劣,从而购买者愈少,厂家在社会上声誉低下,甚至会在市场竞争中败下阵来。这种损失与利润统一的观点在激烈的市场竞争中已被愈来愈多的人所接受。例如购买一辆汽车,若每次使用(无论炎热的夏天还是寒冷的冬天)都有完美的性能表现,而且空气污染小,那么这种车的质量就高,相反,若一辆车经常抛锚,使开车人延迟到达目的地,有时还会引起车祸,这种车就给顾客带来莫大损失,其质量就低。

2. **损失可用损失函数来度量**。一般说来,要量化损失并非易事,因为同样的产品可以被不同的人、在不同的环境下以不同的方式使用,很难对损失给出准确的评估,若把评估限于产品设计和制造给顾客带来的损失,那就简单得多了。

设 $L(y)$ 表示产品质量特性为 y 时的损失函数,m 是其目标值,则应有

$$L(m)=0, \quad L'(m)=0$$

因为在 $y=m$ 时不仅损失为零,而且损失最小。若把 $L(y)$ 在 m 点展开成幂级数,并只取到二次项,可得如下近似表达式:

$$L(y) \approx L(m)+L'(m)(y-m)+L''(m)(y-m)^2/2! \ = k(y-m)^2 \tag{6.1.1}$$

其中 $k=L''(m)/2!$ 是一常数。这个近似表达式常被称为**平方损失函数**,它的图形如图 6.1.3 所示,它在大多数场合能近似地描述质量损失。因为 m 是 y 的最佳值,而在 m 附近 $L(y)$ 慢慢增加,一旦偏离 m 很远,损失则快速增大。这正是我们所希望的损失函数应具有的性质,而平方损失函数(6.1.1)是具有这种性质的最简单的函数。

6.1.3 减少平均损失的两步法

大家知道,产品质量特性 y 是随机变量,事先不能确切知道其取什么值,由此导出损失函数 $L(y)$ 也是随机的。对随机变量评定的最好方式是用其平均值(即数学期望)。损失函数 $L(y)$ 的均值 $E(L)=E[L(y)]$ 称为平均损失。平均损失愈小,产品质量愈高。在平方损失函数(6.1.1)中,若忽略常数因子 k,其平均损失为

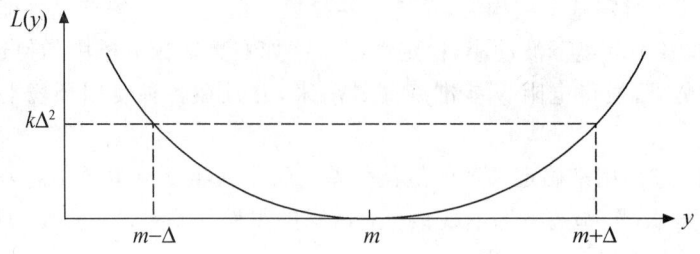

图 6.1.3 平方损失函数

$$E(L) = E(y-m)^2 = E[(y-Ey)+(Ey-m)]^2$$
$$= E(y-Ey)^2 + (Ey-m)^2 = \sigma^2 + \delta^2 \qquad (6.1.2)$$

可见,平均损失有两部分:

(1) $\sigma^2 = E(y-Ey)^2$,它是 y 与自己均值的偏差的平方,即 y 的方差。

(2) $\delta^2 = (Ey-m)^2$,它是 y 的均值对目标值的偏差的平方。

要减少平均损失,就要努力减少方差 σ^2(或标准差 σ)和**绝对偏差** $\delta = |Ey-m|$。

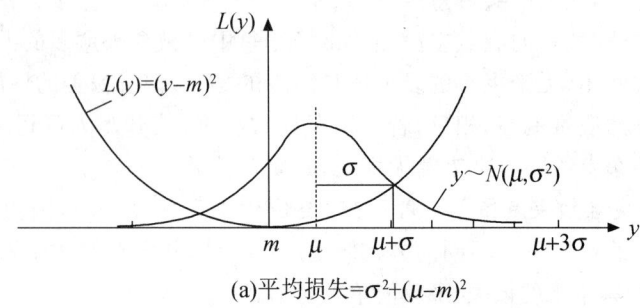

(a) 平均损失 $=\sigma^2+(\mu-m)^2$

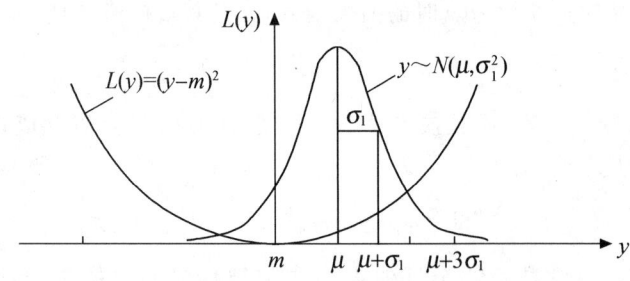

(b) 稳健设计:致力于减少波动($\sigma_1 < \sigma$)

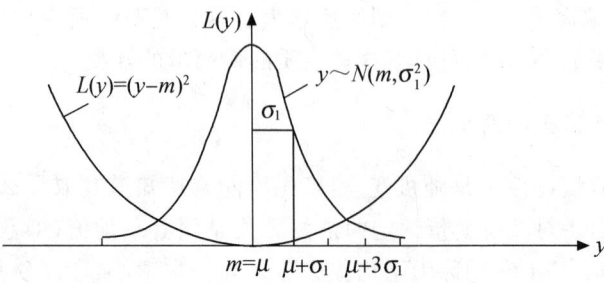

(c) 灵敏度设计:致力于减少偏差 $\delta=|\mu-m|$

图 6.1.4 减少平均损失的两步法

传统的试验设计是在方差 σ^2 相等的条件下致力于减少绝对偏差 δ,这是提高产品质量的重要方面。田口指出,减少方差 σ^2 也是提高质量,而且是提高产品质量更重要的方面,是在更深层次上提高质量,当然也是更难的一件工作。田口参数设计的关键部分就是致力于减少方差,或者说减少产品质量特性的波动。

田口把减少平均损失一事分成两步来实现:

第一步是稳健设计,它致力于减少波动,把 y 的标准差 σ 减下来,使产品质量较为稳定。这一步常称为稳健设计。若设质量特性 y 服从正态分布 $N(\mu,\sigma^2)$(见图6.1.4a),其中心 μ 与目标值 m 尚有一定距离,其标准差 σ 也较大。稳健设计目的在于减少 σ,把 σ 减少到 σ_1(见图6.1.4b),这样就可减少较大损失出现的机会。

第二步是灵敏度设计,它致力于减少偏差 δ,使 y 的均值 $E(y)$ 向目标值 m 靠拢。这一步称为灵敏度设计。假如能使 $E(y)=\mu$ 与目标值 m 重合(见图6.1.4c),则可进一步减少较大损失出现的机会。灵敏度设计的目的是把分布中心 μ 移向目标值 m,这一步的关键在于寻找所谓的"调节因子",它的水平变化只影响分布中心,而不影响或基本不影响分布的标准差,找到调节因子后很快就可以完成灵敏度设计。

§ 6.2 稳健设计

参数设计的第一步稳健设计的要点如下:
1. 明确参数设计问题
2. 区分可控因子与噪声因子
3. 内外表设计
4. 通过试验获得数据
5. 信噪比问题
6. 统计分析
7. 验证试验

以下分小节逐个加以叙述。

6.2.1 明确参数设计问题

对系统设计部分要有全面的了解,特别对其功能和质量特性要有清楚的认识,要选好质量特性 y,找出影响质量特性 y 的因子,要了解 y 与这些因子的函数关系能否确定。若能确定,则写出函数关系;若不能确定,那看能否确定因子水平的变化对 y 的影响趋势,哪怕是部分因子也好。最后还要明确 y 的测量系统,使其能准确和精确地测量 y 的值。

6.2.2 区分可控因子与噪声因子

(1) **可控因子**:在生产中水平可由试验者选择或控制的因子称为可控因子。通常一个生产过程有许多可控因子。过程愈复杂,可控因子也愈多。一般,一个稳健设计以选3到8个可控因子为宜,每个因子设定两到三个水平为好,其中一个是通常的起始水平,所设定的水平要尽量拉开距离,使所设定的水平能覆盖较广的区域。经验告诉人们,应尽量选用三水平,这样便于考察起始水平两侧对 y 的影响,也可识别非线性效应。

(2) **噪声因子**:在生产中水平不宜被试验者控制、或很难控制、或要花昂贵的代价才能控制的因子称为噪声因子。噪声因子是引起质量特性 y 波动的源泉。一般,它有三种:

(a) **外部噪声**:使用产品时的环境以及其他承受的负荷是引起产品功能波动的两大外因,它们都是噪声因子。属于环境的噪声因子有周围的温度、湿度、灰尘、电源电压、电磁干扰、振动等,与负荷有关的噪声因子有连续运转的时间、负荷变化等。

(b) **零件间噪声**:零件制造过程不可避免的波动致使零件间有差异。如元器件的实际值与标称值的差异,标明 100 欧姆的电阻,可能是 101 欧姆,也可能是 98 欧姆。

(c) **内部噪声**:由于使用和储存时间过长,零件老化或产品机能衰退而引起产品质量特性的波动。

稳健设计的基本宗旨是改变某些可控因子的水平,使噪声因子对产品质量特性 y 的影响减到最小,因此确定可控因子、识别噪声因子是件非常重要的事,切勿遗留重要的可控因子和噪声因子。

6.2.3 内外表设计

把诸可控因子放在一张正交表(或其他设计表)上,此表称为**内表**。把诸噪声因子放在另一张正交表(或其他设计表)上,此表称为**外表**。内表中每一个试验点(可控因子水平组合)各对应一张外表。表 6.2.1 是一张典型的**内外表设计图**。其中内表用 $L_9(3^4)$,可安排 4 个三水平的可控因子 A、B、C、D,外表用 $L_4(2^3)$,可安排 3 个二水平的噪声因子 M、N、P。在外表相同的情况下,可以把表 6.2.1 的内外表设计图排列成一张直积表(见表 6.2.2),使用起来更为方便。表 6.2.1 和表 6.2.2 中诸 y_{ij} 是内表第 i 个(可控因子)水平组合与对应外表中第 j 个(噪声因子)水平组合结合的试验结果。η_i 是由第 i 张外表上试验结果 $y_{i1},\cdots,y_{i4}$ 算得的波动指标。

表 6.2.1 内外表设计图

$L_9(3^4)$	A 1	B 2	C 3	D 4	η	$L_4(3^3)$	M 1	N 2	P 3	
1	1	1	1	1	η_1	1	1	1	1	y_{11}
2	1	2	2	2	η_2	2	1	2	2	y_{12}
3	1	3	3	3	η_3	3	2	1	2	y_{13}
4	2	1	2	3	η_4	4	2	2	1	y_{14}
5	2	2	3	1	η_5	$L_4(3^3)$	M 1	N 2	P 3	
6	2	3	1	2	η_6					
7	3	1	3	2	η_7	1	1	1	1	y_{91}
8	3	2	1	3	η_8	2	1	2	2	y_{92}
9	3	3	2	1	η_9	3	2	1	2	y_{93}
						4	2	2	1	y_{94}

6.2.4 进行试验,获得每个试验结果 y_{ij}

若内表有 m 个水平组合,每个外表都有 n 个水平组合,则内外表设计共需进行 mn 个试验,试验按随机化次序进行,然后测得 mn 个质量特性值 y_{ij}。完成这些试验需要耐心和细致,任何大意都会导致误差增大,就会增加以后数据分析的困难,甚至会得到错误的结论。

表 6.2.2　内外表组成的直积表

	A	B	C	D	P N M	1 1 1	2 2 1	2 1 2	1 2 2	η
	1	2	3	4						
1	1	1	1	1		y_{11}	y_{12}	y_{13}	y_{14}	η_1
2	1	2	2	2		y_{21}	y_{22}	y_{23}	y_{24}	η_2
3	1	3	3	3		y_{31}	y_{32}	y_{33}	y_{34}	η_3
4	2	1	2	3		y_{41}	y_{42}	y_{43}	y_{44}	η_4
5	2	2	3	1		y_{51}	y_{52}	y_{53}	y_{54}	η_5
6	2	3	1	2		y_{61}	y_{62}	y_{63}	y_{64}	η_6
7	3	1	3	2		y_{71}	y_{72}	y_{73}	y_{74}	η_7
8	3	2	1	3		y_{81}	y_{82}	y_{83}	y_{84}	η_8
9	3	3	2	1		y_{91}	y_{92}	y_{93}	y_{94}	η_9

假如是可计算特性的项目，质量特性 y 是诸可控因子和诸噪声因子的已知函数，$y=f(C_1,C_2,\cdots,C_p,N_1,N_2,\cdots,N_q)$，那就不用进行试验，而可通过计算获得 mn 个质量特性值 y_{ij}。其中 C_i 表示第 i 个可控因子，p 是可控因子的个数，N_j 表示第 j 个噪声因子，q 是噪声因子的个数。

6.2.5　信噪比

用每张外表上的数据要算出一个表示 y 的波动指标 η 作为内表指标。如在第 i 张外表上有 n 个数据 $y_{i1},y_{i2},\cdots,y_{in}$，则可算得样本方差 $s_i^2 = \dfrac{1}{n-1} \times \sum\limits_{i=1}^{n}(y_{ij}-\bar{y}_i)^2$，它就可作为 η_i，然后按内表的统计分析方法寻找使样本方差 s^2 最小的可控因子的参数组合。但田口认为用**信噪比**作为质量特性 y 的波动指标更为适合，并对不同的质量特性给出了不同的信噪比。这里介绍最常用的三种质量特性及其信噪比。

(1) 望目特性

若产品的质量特性 y 是连续量，且不为负，它可取 0 到 ∞ 上的任意值，其目标值 m 是非零的有限值，这样的 y 称为望目特性。在望目特性场合，田口建议的信噪比是来源于信号传输中的信噪比。在信号传输中信噪比是定义为信号的功率与噪声的功率之比。在望目特性问题中把指标均值的平方 $(Ey)^2 = \mu^2$ 看作信号的功率，噪声的功率就是 y 的方差 σ^2，于是望目特性的信噪比的定义为：

$$\text{SN 比} = \frac{\text{信号的功率}}{\text{噪声的功率}} = \frac{\mu^2}{\sigma^2} \tag{6.2.1}$$

从统计角度看，此种信噪比是变异系数 (σ/μ) 平方的倒数，而变异系数是一种既可消除量纲影响又可度量波动大小的指标，变异系数是愈小愈好。而信噪比是变异系数的严格减函数，当然也可用来度量波动的大小，只是信噪比愈大波动愈小。为了获得信噪比的估计，用分子 μ^2 和分母 σ^2 的无偏估计分别去代替其分子与分母，从而得到 SN 比的估计。若记 $y_1, y_2, \cdots, y_n$ 是质量特性 y 的 n 个观察值，又记

$$\bar{y} = \frac{1}{n}\sum_{i=1}^{n} y_i, \quad s^2 = \frac{1}{n-1}\sum_{i=1}^{n}(y_i - \bar{y})^2 \tag{6.2.2}$$

可以验证：$\bar{y}^2 - s^2/n$ 是 μ^2 的无偏估计，s^2 是 σ^2 的无偏估计，那么 y 的信噪比的估计为：

$$\eta^* = \frac{\bar{y}^2 - s^2/n}{s^2} \tag{6.2.3}$$

田口还仿照信号传输中信噪比的单位，对上述 η^* 取常用对数，再乘以 10 后仍称为信噪比，并以"分贝(db)"作为单位，即

$$\eta = 10\lg \eta^* \quad (\text{db}) \tag{6.2.4}$$

注：我们仅在指标 y 服从正态分布和对数正态分布场合下，产生大量随机数，在相同情况下计算出很多 SN 比观察值，然后经正态性检验，它们都近似服从正态分布，这对以后使用方差分析带来方便。这可能就是田口使用信噪比的原因吧！而方差无偏估计 s^2 不大会近似正态分布，特别是在小样本场合。

(2) **望小特性**

产品的质量特性 y 是连续量且不为负，它可取 0 到 ∞ 上的任意值，且是愈接近 0 愈好，0 是它的理想值，这样的 y 称为望小特性。如零件的磨损量、金属的腐蚀量、化学制品的杂质含量、微波炉的辐射量等都是望小特性。由于在望小特性场合没有目标值，故望小特性的参数设计只有稳健设计，没有灵敏度设计。

在望小特性场合，使用 $m=0$ 时的平方损失函数（见图 6.2.1），即

$$L(y) = ky^2, \quad y > 0 \tag{6.2.5}$$

其平均损失为（$k=1$ 时）：

$$E(L) = Ey^2 = \sigma^2 + \mu^2 \tag{6.2.6}$$

在望小特性场合总希望 σ^2 与 μ^2 都愈小愈好，这与平均损失(6.2.6)愈小愈好是一致的。若 $y_1, y_2, \cdots, y_n$ 是 y 的 n 个观察值，则 $\frac{1}{n}\sum_{i=1}^{n} y_i^2$ 是平均损失 Ey^2 的无偏估计，故只要使 $\frac{1}{n}\sum_{i=1}^{n} y_i^2$ 愈小即可。田口为统一使用信噪比这个名称，改用

$$\eta = -10\lg\left(\frac{1}{n}\sum_{i=1}^{n} y_i^2\right) \quad (\text{db}) \tag{6.2.7}$$

并称 η 为望小特性的信噪比，用分贝作单位。其实信噪比 η 愈大愈好等价于平均损失愈小愈好。

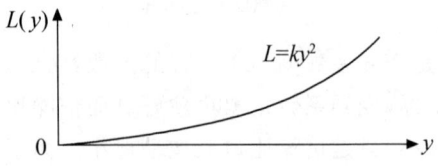

图 6.2.1 望小特性的损失函数

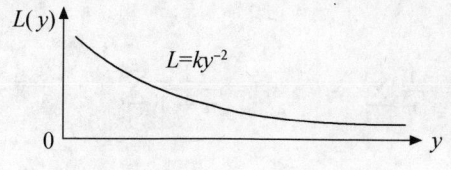

图 6.2.2　望大特性的损失函数

(3) **望大特性**

产品的质量特性 y 是连续量且不为负,我们希望它愈大愈好,这样的 y 称为望大特性。如材料的强度、弹簧的寿命、电线的机械强度、载重一定的汽车一加仑汽油行驶的里程数等都是望大特性。由于在望大特性场合也没有目标值,故也不用灵敏度设计,只需进行稳健设计即可。

若 y 为望大特性,则 $1/y$ 为望小特性,故以 $1/y$ 代替(6.2.5)式中的 y,即得望大特性的损失函数(见图 6.2.2):

$$L(y) = k/y^2, \quad y > 0 \tag{6.2.8}$$

若 $y_1, y_2, \cdots, y_n$ 是 y 的 n 个观察值,则可用 $\frac{1}{n}\sum_{i=1}^{n} y_i^{-2}$ 估计平均损失。田口仿照望小特性下信噪比的定义类似给出望大特性下信噪比的估计公式如下:

$$\eta = -10\lg\left(\frac{1}{n}\sum_{i=1}^{n} y_i^{-2}\right) \text{(db)} \tag{6.2.9}$$

上述望小特性和望大特性的信噪比并不是遵循信噪比的原始定义导出的,而是从各自的平均损失引出的,只是借用信噪比的名称罢了。信噪比在实际应用和理论分析上都是有争议的。使用信噪比有成功的例子,也有失败的例子。当使用信噪比不满意时,可以改用其他波动指标试一下,备用的波动指标有:

(1) 最大绝对偏差(在望目特性下)

$$\Delta = \max_{1 \leqslant i \leqslant n} |y_i - m|$$

(2) 方差的无偏估计

$$s^2 = \frac{1}{n-1}\sum_{i=1}^{n} (y_i - \bar{y})^2$$

(3) 对数标准差 $\lg s$

至今尚无一种比信噪比更适用又简单的波动指标,只能在实际中边使用边创造。

6.2.6　统计分析

分以下几步进行:

1. 由每张外表上的数据算出一个信噪比 η。譬如内表第 i 号水平组合对应的外表上的试验结果为 $y_{i1}, y_{i2}, \cdots, y_{in}$,则对望目特性来讲

$$\eta_i = 10\lg\frac{\bar{y}_i^2 - s_i^2/n}{s_i^2}$$

其中

$$\bar{y}_i = \frac{1}{n}\sum_{j=1}^{n} y_{ij}, \quad s_i^2 = \frac{1}{n-1}\sum_{j=1}^{n}(y_{ij}-\bar{y}_i)^2$$

对望小特性来讲

$$\eta_i = -10\lg\left(\frac{1}{n}\sum_{j=1}^{n} y_{ij}^2\right)$$

对望大特性来讲

$$\eta_i = -10\lg\left(\frac{1}{n}\sum_{j=1}^{n}\frac{1}{y_{ij}^2}\right)$$

2. 算得的诸信噪比 η_i 对号放入内表，按正交设计法进行统计分析：直观分析或方差分析，从中获得一些结论。这些结论主要是：

(1) 确定哪些可控因子对信噪比的增加有显著影响。

(2) 可控因子的什么水平组合对降低波动是最佳的或是满意的。

(3) 是否还需要进行第二轮试验？这是在波动尚未减少到满意的水平时要采取的措施。若要进行第二轮试验，就需从前一轮试验中提出各因子水平趋向的信息。

(4) 对望目特性来说，还要观察其均值是否接近目标值。若已接近，达到预期要求，可以不进行灵敏度设计，否则还要进行灵敏度设计与分析。

6.2.7 验证试验

从统计分析所获得的一些结论需要通过试验验证其准确性与可重复性。若验证试验的结果与预期相符，则可采用统计分析的结果。若与预期不符，则需要寻找原因，采取补救措施。失败的可能原因有：

1. 质量特性选择不当。
2. 少数可控因子间的交互作用不应忽略，致使可加模型失效。
3. 信噪比失灵，要寻求更适宜的波动指标。
4. 诸 y_{ij} 的测量有误。
5. 统计分析中的计算有误等。

综上所述，稳健设计的工作步骤可按下列框图进行（见图 6.2.3）。

例 6.2.1 电感电路的参数设计

由电路知识知道，电感电路由电阻 R（单位：Ω），电感 L（单位：H）和一个电源组成（见图 6.2.4）。

当输入交流电压 V（单位：V）和电流频率 f（单位：Hz）时输出电流强度 y（单位：A）可由下列公式算得：

$$y = \frac{V}{\sqrt{R^2 + (2\pi f L)^2}} \quad (6.2.10)$$

如今在输入电压 $V=100\pm10$V 和频率 $f=55\pm5$Hz 的条件下，要求输出电流强度的目

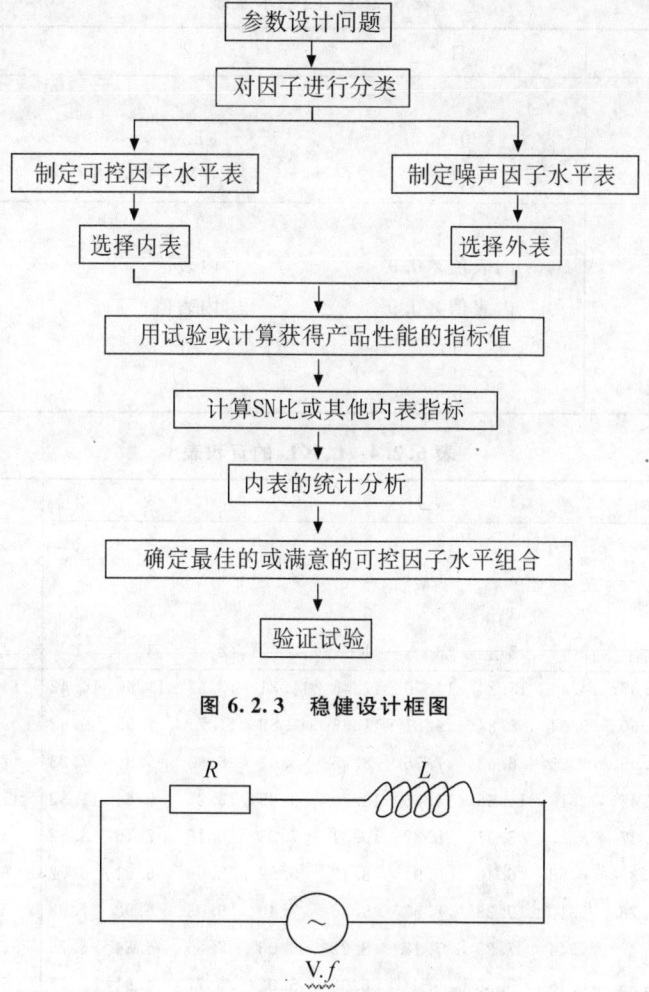

图 6.2.3　稳健设计框图

图 6.2.4　电感电路

标值为 $m=10A$ 时,如何确定元件 R 与 L 的参数值?这是一个望目特性的参数设计,又是一个可计算特性的参数设计。因为此电路的指标(电流强度)可通过公式(6.2.10)获得,从而可用计算代替试验,下面分几步来完成这个参数设计。

(1)因子及因子分类

在这个电路设计问题中共有四个因子:R, L, V 和 f,其中 R 和 L 是可控因子,而噪声因子有四个,R' 和 L' 是零件间的噪声,V 和 f 是外部噪声,这些都是人们不能控制的。

(2)确定因子水平

根据专业知识所确定的可控因子 R 和 L 的三个水平如表 6.2.3 所示。四个噪声因子亦各选三个水平,其中 R' 和 L' 水平按三级品的波动量为 $\pm 10\%$ 给出,V 按 $\pm 10V$ 给出,f 按 $\pm 5Hz$ 给出,具体亦见表 6.2.3 的下部。

(3)内外表设计

把可控因子 R 和 L 放在正交表 $L_9(3^4)$ 的第 1,2 列上,把噪声因子 R', L', V, f 顺次放在另一张正交表 $L_9(3^4)$ 的第 1,2,3,4 列上,由此内外表组成的直积表如表 6.2.4 所示。

表 6.2.3 因子水平表

	1	2	3
可控因子			
$R(\Omega)$	0.5	5.0	9.5
$L(H)$	0.02	0.03	0.04
噪声因子			
$R'(\Omega)$	内表值×0.9	内表值	内表值×1.1
$L'(H)$	内表值×0.9	内表值	内表值×1.1
$V(V)$	90	100	110
$f(Hz)$	50	55	60

表 6.2.4 $L_9 \times L_9$ 的直积表

				1	2	3	4	5	6	7	8	9	$\bar{y}_i$	s_i^2	η_i
		R'	1	1	1	1	2	2	2	3	3	3			
		L'	2	1	2	3	1	2	3	1	2	3			
R	L	V	3	1	2	3	2	3	1	3	1	2			
1	2	f	4	1	2	3	3	1	2	2	3	1			
1	1	1		15.87	14.44	13.24	14.70	17.45	11.81	17.62	11.90	14.42	14.61	4.47	16.78
2	1	2		10.60	9.64	8.84	9.81	11.65	7.88	11.77	7.95	9.63	9.75	2.00	16.76
3	1	3		7.95	7.23	6.63	7.36	8.75	5.92	8.83	5.96	7.23	7.32	1.13	16.75
4	2	1		12.45	12.13	11.66	11.86	13.70	9.89	13.25	9.64	11.32	11.77	1.85	18.74
5	2	2		9.37	8.85	8.31	8.82	10.31	7.23	10.16	7.16	8.52	8.75	1.24	17.90
6	2	3		7.39	6.88	6.40	6.91	8.13	5.62	8.09	5.61	6.72	6.86	0.84	17.46
7	3	1		8.78	9.10	9.23	8.57	9.66	7.40	9.05	6.98	7.98	8.53	0.80	19.59
8	3	2		7.47	7.44	7.29	7.18	8.22	6.06	7.85	5.84	6.79	7.13	0.61	19.22
9	3	3		6.35	6.15	5.89	6.04	6.98	5.02	6.77	4.91	5.77	5.99	0.49	18.63

(4) 计算指标值

用公式(6.2.10)计算电流强度值 y,以内表第 1 号试验($i=1$)为例来说明其计算过程。在内表第 1 号试验中可控因子 R 与 L 均取 1 水平,即 $R_1=0.5\Omega, L_1=0.02H$,于是根据表 6.2.3 立即可算得噪声因子 R' 和 L' 的三个水平如下:

$$R'_1 = 0.5 \times 0.9 = 0.45, L'_1 = 0.02 \times 0.9 = 0.018,$$
$$R'_2 = 0.5, L'_2 = 0.02,$$
$$R'_3 = 0.5 \times 1.1 = 0.55, L'_3 = 0.02 \times 1.1 = 0.022,$$

结合表 6.2.3 列出的另外两个噪声因子 V 和 f 的三个水平就可按外表设计算出 y_{11}, y_{12}, $\cdots, y_{19}$,如

$$y_{11} = \frac{V_1}{\sqrt{R_1'^2 + (2\pi f_1 L_1')^2}} = \frac{90}{\sqrt{0.45^2 + (2\pi \times 50 \times 0.018)^2}} = 15.87$$

$$y_{12} = \frac{V_2}{\sqrt{R_1'^2 + (2\pi f_2 L_2')^2}} = \frac{100}{\sqrt{0.45^2 + (2\pi \times 55 \times 0.02)^2}} = 14.44$$

所得结果列于表 6.2.4 的中部第一行,类似计算可对另外 8 张外表进行,全部结果见表 6.2.4 的中下部。

(5) 计算信噪比

用表 6.2.4 上每一行上 9 个数据 $y_{i1}, y_{i2}, \cdots, y_{i9}$ 分别计算均值 $\bar{y}_i$,方差估计 s_i^2,和 SN 比 η_i,譬如在 $i=1$ 时,

$$\bar{y}_1 = \frac{1}{9}(15.87 + 14.44 + \cdots + 14.42) = 14.61$$

$$s_1^2 = \frac{1}{8}(15.87^2 + 14.44^2 + \cdots + 14.42^2 - 9\bar{y}_1^2) = 4.47$$

$$\eta_1 = 10\lg \frac{\bar{y}_1^2 - s_1^2/9}{s_1^2} = 16.78$$

类似可算出内表第 2 至第 9 号试验的 SN 比,全部结果列在表 6.2.4 的右侧。

(6) 内表的统计分析

按正交设计法进行统计分析。首先在内表(见表 6.2.5)上计算各列各水平 SN 比之和,然后计算各列的偏差平方和 S_1, S_2, S_3, S_4 和总的偏差平方和 S_T。譬如 S_1 和 S_T 的计算如下:

$$S_1 = \frac{1}{3}(50.29^2 + 54.10^2 + 57.44^2) - CT = 8.53$$

$$S_T = (16.78^2 + 16.76^2 + \cdots + 18.63^2) - CT = 9.85$$

其中修正项 $CT = T^2/9 = 2909.88$,这里 T 是内表的 9 个 SN 比之和。由于 $S_T = S_1 + S_2 + S_3 + S_4$,这说明上述计算无误。

表 6.2.5 正交表的统计分析

i	R 1	L 2	3	4	η (db)
1	1	1	1	1	16.78
2	1	2	2	2	16.76
3	1	3	3	3	16.75
4	2	1	2	3	18.74
5	2	2	3	1	17.90
6	2	3	1	2	17.46
7	3	1	3	2	19.59
8	3	2	1	3	19.22
9	3	3	2	1	18.63
T_1	50.29	55.11	53.46	53.31	$T=161.83$
T_2	54.10	53.88	54.13	53.81	$T^2/9=2909.88$
T_3	57.44	52.84	54.24	54.47	
S	8.53	0.86	0.12	0.34	$S_T=9.85$

把表 6.2.5 上各列偏差平方和移入方差分析表(见表 6.2.6),空白列(第 3, 4 列)的偏差平方和最小,可认为可控因子 R 与 L 之间无交互作用。经方差分析表明,可控因子 R 高度显著,而 L 不显著。

表 6.2.6　SN 比的方差分析表

来源	平方和	自由度	均方	F 比	显著性
R	8.53	2	4.27	37.13	**
L	0.86	2	0.43	3.74	
e	0.46	4	0.115		
T	9.85	8	$F_{0.99}(2,4)=18.0, F_{0.95}(2,4)=6.96$		

(7) 确定最佳参数设计方案

根据方差分析结果，高度显著的因子 R 应选其使 SN 比最大的水平 $R_3=9.5\Omega$。而不显著因子 L 的水平可以任意选择，宜取 SN 比较大的水平 $L_1=0.02H$ 为好。这样一来，最佳水平组合应是 R_3L_1，它是内表的第 7 号试验，该号试验的 SN 比在 9 个试验中是最大的。

第 7 号试验的可控因子水平组合 R_3L_1 确使波动减少，其方差只有 $s_7^2=0.80$，但其均值 $\bar{y}_7=8.53A$ 与目标值 $m=10A$ 尚有一定距离，进一步的工作是设法减少偏差 δ，这是下一步灵敏度分析要解决的问题。

§ 6.3　灵敏度设计

6.3.1　什么是灵敏度设计

在望目特性下，田口原想把方差与均值集中于一个内表指标——SN 比之内，用极大化 SN 比来达到目的，可在实践中不是每次都能如愿以偿。假如可控因子的水平选得好，那用 SN 比作为内表指标，可使波动与偏差同时减少。假如可控因子的水平不在最佳区域内，那用 SN 比只能减少波动，减少偏差总有一定限度，如前述的电感电路设计的例子就是这样。而在实际操作中，可控因子水平的最佳区域很难一眼看得十分清楚，因此灵敏度设计在望目特性下常常是需要进行的。

灵敏度设计的基本宗旨是在基本不增加波动的场合下设法把均值调节到目标值。如何才能实现这一想法呢？下面的例子会给我们启发。

例 6.3.1　大规模集成电路（在 1 平方公分的晶粒面积上有超过 25 万个电晶体）的制造大约有 150 道工序，复晶矽的沉积工序大约在制造过程的一半地方，所以当晶片进入这道工序时已有相当的附加价值了。这道工序是用一个降压反应器把复晶矽沉积在晶片上，要求沉积在晶片上的复晶矽不仅要均匀，而且厚度要达到目标值 $3600Å(1Å=10^{-10}米)$。通过试验，找到沉积温度（其他可控因子固定在某水平上）对厚度均匀性的影响，具体见表 6.3.1。

表 6.3.1　沉积温度对厚度均匀性的影响

实验号	沉积温度(℃)	平均厚度(Å)	标准差(Å)
1	T_0	1800	32
2	T_0+25	3400	200

从表 6.3.1 可见,在温度 T_0℃下,虽然厚度平均值是 1800 Å,距目标值甚远,但标准差小。而在温度 (T_0+25)℃下,平均厚度 3400 Å 很接近目标值,但标准差较大。在这里我们看到一个很典型的情况,即改变一个因子的水平,会同时改变均值与标准差,在这种情况下,究竟选用哪一个温度呢? 有人可能会选用 (T_0+25)℃,然后再把温度提高 1～2℃,使平均厚度达到 3600 Å,但这样做就使标准差居高不下,可能会超过 200 Å。我们可以换一条思路考虑,因为降低标准差是一件很不容易的事,如今在 T_0℃ 处已使标准差降至 32 Å,那么能否保持这个温度,而在可控因子中再选出一个因子,它的水平改变对标准差无影响或影响小,而对均值(平均厚度)有较大影响,这样的因子我们称为调节因子。在这个问题中恰好有"沉积时间"这个可控因子,复晶矽的厚度与沉积时间成正比例,而标准差也会同倍增加。在表 6.3.1 中的两个试验的沉积时间都固定在 36 分钟,这时若固定沉积温度在 T_0℃上,而让沉积时间为原来的 3600/1800=2 倍,这时,相对的标准差也增加 2 倍,即为 32×2=64 Å,远小于第 2 号试验的标准差 200 Å。因此,把温度固定在 T_0℃上,另选一个调节因子是一个很好的思路。

从上面的例子可以看出,对于波动小的试验要给予特别重视,进一步减少偏差的关键在于寻找调节因子,此因子水平的变化对偏差增大或减少是很敏感的,但对波动的影响甚微或很小。如何寻找调节因子呢? 这是灵敏度设计与分析要解决的问题。

6.3.2 灵敏度设计与分析的要点

1. 确定灵敏度

为内表确定第二个指标——灵敏度,田口建议用指标均值($Ey=\mu$)的平方 μ^2 的无偏估计(即 SN 比的分子部分)作为灵敏度,即内表第 i 号试验的灵敏度为:

$$\hat{\mu}_i^2 = \bar{y}_i^2 - s_i^2/n$$

或

$$S_i = 10\lg(\bar{y}_i^2 - s_i^2/n) \text{ (db)}$$

其中 $\bar{y}_i$ 和 s_i^2 分别为第 i 号试验的均值和方差的无偏估计。有人批评这个定义把问题复杂化了,若用样本均值 $\bar{y}_i$ 作为灵敏度,不仅直观、计算简便,而且其正态性也更好一些,从而对 $\bar{y}_i$ 作方差分析时,其结论更为可信,故本章将用 $\bar{y}_i$ 作为灵敏度。

2. 对灵敏度作统计分析

在内表上用灵敏度 $\bar{y}_i$ 去代替 SN 比 η_i,然后仿照正交设计的统计分析方法,先计算内表上每列各水平的灵敏度之和,接着计算各列的偏差平方和及总的偏差平方和,最后进行方差分析,确定显著因子。

3. 可控因子分类

对可控因子进行分类,选出调节因子。根据可控因子在两个内表指标 SN 比 η 和灵敏度 $\bar{y}$ 下的显著性,把可控因子分为四类,详见表 6.3.2,其中"*"表示显著性,从表 6.3.2 可见第Ⅲ类因子就是我们要寻找的调节因子。

有人建议把可控因子分为五类,即把上述重要因子(Ⅰ类因子)再分为两类,现以例子形式加以叙述。

表 6.3.2 可控因子分类表

类别	稳定性分析	灵敏度分析	因子名称
Ⅰ	*	*	重要因子
Ⅱ	*		稳健因子
Ⅲ		*	调节因子
Ⅳ			次要因子

例 6.3.2 设有一个参数设计问题,其中有五个可控因子 A、B、C、D、E。它们各有三个水平,经稳健设计后,分别计算其 SN 比 η_i 和灵敏度 $\bar{y}_i$。对这五个因子分别进行 SN 比的统计分析和灵敏度的统计分析后就可作出其因子效应图。假如其因子效应图如图 6.3.1 所示,图中两条横线分别是 SN 比的总平均和灵敏度的总平均。从图中可以明显看出,因子 A 与 B 是第 Ⅰ 类因子,它们对 SN 比和灵敏度都有显著影响;因子 C 是第 Ⅱ 类因子,可用来增大 SN 比而对灵敏度影响不大;因子 D 是第 Ⅲ 类因子,可用来调节灵敏度而对 SN 比影响不大;因子 E 是第 Ⅳ 类因子,它对 SN 比和灵敏度影响都不大。对第 Ⅳ 类次要因子可以从其他方面考虑来选取一个最合适的水平,如加工的难易程度或成本大小等。

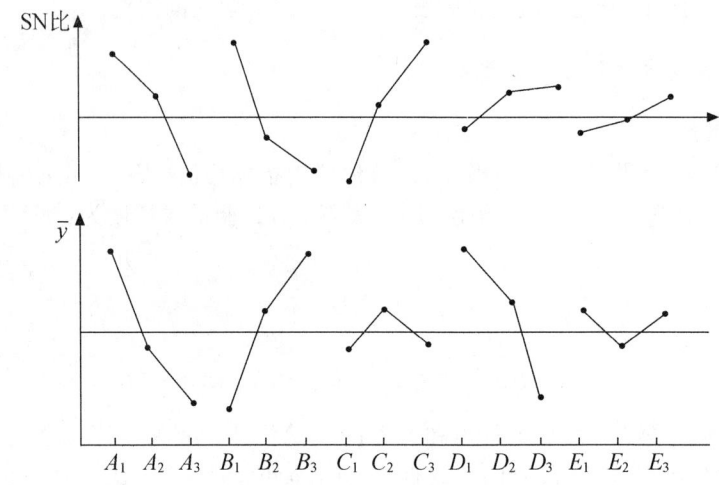

图 6.3.1 因子效应图

对第 Ⅰ 类因子又可分为互补因子和互斥因子两种情况。譬如调节某个 Ⅰ 类因子的水平,SN 比增加不少,而均值又更靠近目标值 m,这就是互补因子;若 SN 比增加,而均值反而远离目标值 m,那就是互斥因子。假如要使灵敏度 $\bar{y}$ 提高,那么因子 A 是互补因子,而因子 B 是互斥因子;假如要使灵敏度 $\bar{y}$ 降低,那么 A 是互斥因子,B 是互补因子。

4. 调节因子的使用

改变调节因子的水平,使其均值 $\bar{y}$ 接近目标值 m。由于调节因子只对灵敏度有影响,而对 SN 比影响不大,故在改变调节因子水平时不会使 SN 比有很大的变化,但一点影响没有也不可能。若有一点影响,那也得容忍一下,因换来的是 $\bar{y}$ 接近目标值。若此种影响很大,那可再用第 Ⅱ 类因子(稳健因子)再把 SN 比提高。这样调节几次后,可使波动与偏差都减到可容忍的范围之内。假如几次调节还达不到目的,就需要改变可控因子的水平区域,进行第二轮试验,在新的水平区域内重复以上过程,直至达到目标为止。而新的水平范围的确定可以利用Ⅰ,Ⅱ,Ⅲ类因子提供的信息。

在望小特性和望大特性的参数设计问题中,常不使用灵敏度分析,因为它们没有目标值。若其均值 $\bar{y}$ 尚不能使人满意时,也可寻找调节因子进行调节,若仍不能达到目的,还可以改变可控因子的水平范围,进行下一轮试验。

下面的例子告诉我们如何进行灵敏度分析。

例 6.3.3 仍考察电感电路的设计问题,其因子与水平同前,在那里对 SN 比已进行了稳健性分析,认为 R 是显著因子,这里继续下去,对 $\bar{y}$ 继续灵敏度分析,为此从表 6.2.4 中摘出诸 $\bar{y}_i$ 列于表 6.3.3 中。

表 6.3.3 $\bar{y}$ 的统计分析

	R	L			
i	1	2	3	4	$\bar{y}_i$
1	1	1	1	1	14.61
2	1	2	2	2	9.75
3	1	3	3	3	7.32
4	2	1	2	3	11.77
5	2	2	3	1	8.75
6	2	3	1	2	6.86
7	3	1	3	2	8.53
8	3	2	1	3	7.13
9	3	3	2	1	5.99
T_1	31.68	34.91	28.60	29.35	$T=80.71$
T_2	27.38	25.63	27.51	25.14	$T^2/9=723.79$
T_3	21.65	20.17	24.60	26.22	
S	16.88	37.02	2.85	3.19	$S_T=59.94$

在表 6.3.3 中对 $\bar{y}$ 进行统计分析,计算各列的偏差平方和,然后移入方差分析表(见表 6.3.4)。方差分析表明,因子 L 对灵敏度 $\bar{y}$ 是显著的。根据 SN 比和灵敏度 $\bar{y}$ 的两张方差分析表的结果,可对可控因子进行分类(见表 6.3.5),结果是电阻 R 是稳健因子,电感 L 是调节因子,于是可用电感 L 这个调节因子使 $\bar{y}$ 接近目标值 $m=10\mathrm{A}$。从因子效应图(见下页图 6.3.2)上亦可以看出。

表 6.3.4 $\bar{y}$ 的方差分析表

来源	平方和	自由度	均方	F 比	显著性
R	16.88	2	8.44	5.59	
L	37.02	2	18.51	12.26	*
e	6.04	4	1.51		
T	59.94	8	$F_{0.95}(2,4)=6.94, F_{0.99}(2,4)=18.0$		

表 6.3.5　可控因子分类表

类别	稳定性分析	灵敏度分析	因子
I			无
II	**		R（稳健因子）
III		*	L（调节因子）
IV			无

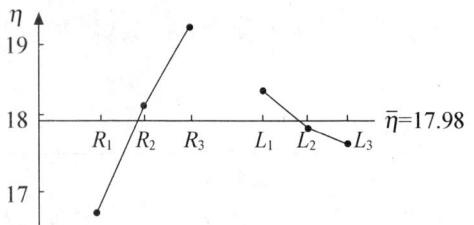

	η	
水平	R	L
1	16.73	18.33
2	18.03	17.96
3	19.15	17.61

数据来自表 6.2.5

	$\bar{y}$	
水平	R	L
1	10.56	11.64
2	9.13	8.54
3	7.22	6.72

数据来自表 6.3.3

图 6.3.2　R 与 L 的因子效应图

从图 6.3.2 的三个水平的 $\bar{y}$ 之平均可以看出，L 减小有使 $\bar{y}$ 增大的趋势，于是可把电感 L 的最小水平 $L_1=0.02H$ 再减少到 $L_0=0.01H$，有望使 $\bar{y}$ 增加，而 R 保持在 $R_3=9.5\Omega$ 的最佳水平上，结合噪声因子的水平表，在 $R=9.5\Omega$，$L=0.01H$ 处安排一张外表，可算得 9 个此外表的 y 值：（单位：A）

$$9.99\quad 10.84\quad 11.58\quad 9.91\quad 10.99\quad 8.80\quad 10.09\quad 8.10\quad 9.09$$

其均值 $\bar{y}=9.93$，$s^2=1.26$，$\eta=18.95$，可见其 $\bar{y}$ 已很接近目标值，而 SN 比略有减少（从 19.59 减少到 18.95db），这一点减少在实际中是可以容忍的，故 $R=9.5\Omega$ 和 $L=0.01H$ 是令人满意的可控因子水平组合。

§6.4　综合噪声因子

从上两节叙述的参数设计方法中可以看出，参数设计的最大缺点是用内表与外表的直积法安排试验致使试验次数猛增。假如内表与外表都用正交表 $L_9(3^4)$，那么用直积法安排试验就需要进行 81 次试验，假如因子个数增多，试验次数将成倍增加。这在可计算特性的问题中尚可容忍，但在直接试验项目中常常由于经费和时间承受不了而不得不放弃参数设计的使用，试验次数较多是使参数设计不易推广的重要原因，因此减少试验次数成为迫切需要解决的问题。

为了减少试验次数，可采取两项措施：

一是不考虑可控因子间的任何交互作用,以缩小内表,此时尽量选用不含交互作用列的正交表 $L_{12}(2^{11}), L_{18}(2 \times 3^7), L_{36}(2^{11} \times 3^{12})$。因为在这些正交表中列与列间的交互作用分散在其他列上,从而减少了对统计分析的干扰。

二是在一定条件下**把诸噪声因子综合成一个二水平的"综合噪声因子"**,这就把外表减到最低限度,每张外表只需进行两次试验。

这两项措施确能大幅度地减少试验次数,如内表用 L_{18},外表用综合噪声因子,那么,总试验次数只有 36 次,这样工厂还是能够承受的。

综合噪声因子是由若干个噪声因子综合而成的,不管噪声因子有多少个,也不管每个噪声因子取多少个水平,其综合噪声因子常取两个水平,这两个水平是:

N_1:负侧最坏水平,它是使产品性能指标 y 取最小值的各个噪声因子水平的组合。

N_2:正侧最坏水平,它是使产品性能指标 y 取最大值的各个噪声因子水平的组合。

有时综合噪声因子还取第三个水平,它是介于 N_1 与 N_2 之间的中间水平,记为 N_0。

如有 k 个 p 水平的噪声因子,则共有 $n=p^k$ 个噪声因子水平组合。若都进行试验,则可得 n 个试验结果。如今把这 k 个噪声因子看作一个具有 n 个水平的因子。设想相应的 n 个试验结果从小到大排序: $y_{(1)} \leqslant y_{(2)} \leqslant \cdots \leqslant y_{(n)}$,那么,综合噪声因子所取的两个水平 N_1 与 N_2 分别对应着这 n 个试验结果的最小值 $y_{(1)}$ 和最大值 $y_{(n)}$,显然,其和 $y_{(1)}+y_{(n)}$ 含有总体均值 Ey 的信息。其差 $y_{(n)}-y_{(1)}$ 称为样本极差,含有方差 σ^2(或标准差 σ)的信息。田口建议用下式估计 Ey 和 σ^2,即

$$\hat{E}(y) = (y_{(1)} + y_{(n)})/2 \tag{6.4.1}$$

$$\hat{\sigma}^2 = (y_{(n)} - y_{(1)})^2/2 \tag{6.4.2}$$

用

$$\eta^* = \frac{(\hat{E}y)^2 - \hat{\sigma}^2/2}{\hat{\sigma}^2} = \frac{2y_{(1)}y_{(n)}}{(y_{(n)} - y_{(1)})^2} \tag{6.4.3}$$

估计望目特性下的 SN 比,而其 10 倍的常用对数为:

$$\eta = 10\lg \frac{2y_{(1)}y_{(n)}}{(y_{(n)} - y_{(1)})^2}(\mathrm{db}) \tag{6.4.4}$$

最后,要指出的是使用综合噪声因子有以下几个注意事项:

(1)必备条件

要使综合噪声因子在参数设计中发挥最大的功效,被综合的几个噪声因子必须具备以下条件:

①每个噪声因子都是主要的噪声因子;

②每个噪声因子对产品性能指标 y 的影响方向是已知的,即 y 是每个噪声因子的单调函数(增函数或减函数);

③上述影响方向与每个可控因子的水平无关。

这些条件在许多实际问题中凭着工程知识和实践经验是可以判断的。假如这些条件得到满足,那么,综合噪声因子的两个水平 N_1 和 N_2 立即可以给出;假如部分噪声因子满足上述条件,那么,就把这些噪声因子进行综合,再与其他噪声因子重新设计一张外表;假如没有

一个噪声因子满足上述条件,那么,就不能使用综合噪声因子,从而也就不能缩小外表。

(2)望大和望小特性场合使用综合噪声因子

在望小特性和望大特性场合也可以使用综合噪声因子。若设 y_{i1}，y_{i2} 分别是综合噪声因子两个水平的计算值(或试验值),则望小特性场合下的 SN 比计算公式为:

$$\eta_i = -10\lg\left(\frac{1}{2}(y_{i1}^2 + y_{i2}^2)\right)(\text{db}), \quad i=1,2,\cdots,k \tag{6.4.5}$$

望大特性场合下的 SN 比的计算公式为:

$$\eta_i = -10\lg\left(\frac{1}{2}(\frac{1}{y_{i1}^2} + \frac{1}{y_{i2}^2})\right)(\text{db}), \quad i=1,2,\cdots,k \tag{6.4.6}$$

例 6.4.1 抛撒器的参数设计

抛撒器是一种先进设备,各国都在研究试制。其工作过程是:当运载抛撒器抵达规定区域的一瞬间,电子时间控制器适时地启用,引燃开舱机构中的爆炸物,爆炸物产生的火焰和气体压力一方面打开抛撒门,另一方面,火焰顺着导管点燃抛撒药,抛撒药产生的气体压力作用于推板上,使推板加速运动抛撒出子体,从而完成抛撒任务。其中开舱和抛撒是关键的两个动作,某厂设计的抛撒器,在一次重复试验中,就有 1/5 的机构在开舱后没有出现抛撒过程,这说明抛撒器机构的某些参数的搭配不尽合适。该厂工程师们想用参数设计方法寻找抛撒器各部件的参数的最佳搭配。以下分几步来叙述这个课题的参数设计全过程。

1. 可控因子、水平及内表

经研究确定,影响抛撒器的开舱和抛撒两个动作完成的可控因子有四个:工作容积 V,点火药量 W,导管内径 d 和作用面积 S。根据计算并结合结构需要确定四个可控因子都为三水平,具体见表 6.4.1。从而内表选用正交表 $L_9(3^4)$ 是合适的,如今要找出四个可控因子 V, W, d, S 的最佳组合,使得抛撒器既能保证开舱,又能保证抛撒出子体。

表 6.4.1 抛撒器的因子水平表

因子　　　　水平	1	2	3
可控因子:			
工作容积 $V(\text{cm}^3)$	97.3	71.1	45.8
点火药量 $W(\text{g})$	18	6	14
导管内径 $d(\text{mm})$	12	7.5	6
作用面积 $S(\text{cm}^2)$	20	25	30
噪声因子:			
工作容积 $V'(\text{cm}^3)$	$0.9V$	V	$1.1V$
点火药量 $W'(\text{g})$	$0.9W$	W	$1.1W$
导管内径 $d'(\text{mm})$	$0.9d$	d	$1.1d$
作用面积 $S'(\text{cm}^2)$	$0.9S$	S	$1.1S$

2. 噪声因子、水平及外表

主要考虑产品间噪声,即各部件加工质量和加工精度所引起的噪声,若按最低加工精度等级加工,那么,零件尺寸的波动范围不超过 $\pm10\%$,点火药量 W 的波动并不大,但若把高低温对火药力的影响看成是点火药量波动所引起的,并且点火药量的波动也按±10%来考虑,这样亦有四个噪声因子 V', W', d', S',各取三个水平,详见表 6.4.1 下半部分,这时选用正交表 $L_9(3^4)$ 作为外表也是合适的,但这样安排共需做 $9 \times 9 = 81$ 次试验。为了减少试验次数,节约试验经费,决定使用综合噪声因子。由于开舱和抛撒是一对矛盾,开舱的有利条件正是抛撒的不利条件,反之亦然,故取两个极端情况作综合噪声因子的两个水平:

开舱最佳条件(抛撒最坏条件): $N_1 = V_{max} W_{max} d_{min} S_{max}$

开舱最坏条件(抛撒最好条件): $N_2 = V_{min} W_{min} d_{max} S_{min}$

这样一来,试验只要做 18 次就可以了,大大节约了费用。

3. 确定指标值

指标值应能反映开舱与抛撒两个动作完成的好坏,指标 y 虽是四个可控因子 V, W, d, S 的函数,但不可计算,又难以测量,故用评分的办法给出 y 值。所制定的评分标准中最高为 16 分,若以得分多少作为指标值,那么与望大特性还有差别,若取失分 $y = 16 -$(得分)作为指标值,由于指标不取负值,可看作连续取值的望小特性。对 18 个试验样品的评分结果列于表 6.4.2 上部。

表 6.4.2 抛撒器内表的统计分析

	V	W	d	S	N_1	N_2	
	1	2	3	4	y_{i1}	y_{i2}	η_i
1	1	1	1	1	11	9	−20.04
2	1	2	2	2	9	8	−18.60
3	1	3	3	3	11	12	−21.22
4	2	1	2	3	6	4	−14.15
5	2	2	3	1	8	7	−17.52
6	2	3	1	2	0	2	−3.01
7	3	1	3	2	13	12	−20.95
8	3	2	1	3	12	11	−21.22
9	3	3	2	1	9	12	−20.51
T_1	−59.86	−55.14	−44.27	−58.07	$T =$	−157.22	
T_2	−34.68	−57.34	−53.26	−42.56	$T^2/9 =$	2746.46	
T_3	−62.68	−44.74	−59.69	−56.59			
S	158.44	30.20	39.99	48.84	$S_T =$	277.47	

4. 计算信噪比

按望小特性信噪比的计算公式:

$$\eta_i = -10 \lg \left(\frac{1}{2} (y_{i1}^2 + y_{i2}^2) \right) (\text{db}), \quad i = 1, 2, \cdots, 9$$

可分别算得 9 个 SN 比,结果列于表 6.4.2 的最后一列上。

5. 内表的统计分析和最佳水平组合的确定

在表 6.4.2 上计算各列各水平的 SN 比之和,然后再计算各列的偏差平方和。由于缺少误差偏差平方和与 SN 比的概率分布知识，无法进行方差分析。在这种场合，我们只能从各列偏差平方和的大小上来看，工作容积 V 是最重要的可控因子，其他三个可控因子的作用都相差不大。另外从各水平的 SN 比之和的大小上选出最佳水平组合为 $V_2W_3d_1S_2$，这就是内表上 SN 比最大的第 6 号试验，这样确定的最佳水平组合的统计依据是不足的，尚需实践验证。为此又对第 6 号试验重复做了 3 次验证试验，对应失分为 1,0,1，这说明所找到的最佳水平不仅满足设计需要，而且稳定性很好。

§ 6.5 动态特性的参数设计

田口把前面讨论的望目特性的参数设计称为"**静态特性的参数设计**"，其中"静态"是指"目标值固定不变"。田口把目标值可按人们的意志改变的参数设计称为"**动态特性的参数设计**"。显然，动态特性的参数设计更为一般，应用更为广泛。有了静态特性参数设计的基础，我们就可转入讨论动态特性的参数设计了。

6.5.1 动态特性

在望目特性的参数设计问题中，目标值是固定不变的。但实际中很多产品不仅有目标值，而且目标值可随着人们的各种需要而改变。简言之，一个产品有多个目标值，以适应人们的各种需要，此种产品的质量特性称为动态特性。

例 6.5.1 动态特性的例子

(1)空气调节器(空调器)的温度就是该产品的动态特性，有人希望把房间温度调节到 20℃，也有人希望把房间温度调节到 25℃，不管人们需要什么房间温度，空调器都能使房间温度稳定在人们需要的温度上，这样的空调器会受到人们的欢迎，假如空调器只能调节到某一个温度，如 20℃，不能调节到其他温度，这种空调器不会受到市场的欢迎。

(2)汽车的速度有时需要快一些，如 80 公里/小时，有时又需要慢一些，如 20 公里/小时，甚至更慢一些，所以速度是汽车的一个动态特性。司机用加速器来控制汽车的速度，司机给加速器一个信号，譬如 50 公里/小时的信号，那么汽车行驶速度就稳定在 50 公里/小时上。汽车的动态特性不止一个，转弯半径是汽车的另一个动态特性。汽车有时需向左转 90 度，有时需向右转 120 度，只要司机转动方向盘就可实现人们要汽车转弯的愿望。

(3)测量仪器(如电压表、温度计、磅秤等)的测量值也是动态特性，以磅秤为例，它能称 1 公斤重的物体，也能称 5 公斤重的物体，总之它能在一定的量程(如 0.05 公斤到 20 公斤)内准确计量，不同重量的物体使用它，都能准确地称出其重量。

各行各业都有一些产品具有动态特性，如染料的染色性能、轧钢机轧制钢板的厚度、车床对零件的切削深度等都是产品中的动态特性。因为这些产品的性能指标都不是某一个固定不变的目标值，而是允许在一定范围内变化，以适应人们的不同需要。应该说，动态特性更为常见，因此很多工程师和统计学家都更为重视动态特性的参数设计。

从上面几个例子可以看出，当人们按照自己的意志(或目标)对产品发出一个信号，产品便产生性能指标的一个相应值，以适应人们的需要，此种性能指标就称为动态特性。假如把产品看作一个系统，那么，信号就是该系统的输入特性，动态特性就是该系统的输出特性，这可从图 6.5.1 上直观地看出。

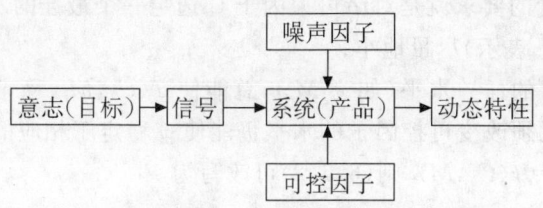

图 6.5.1 动态特性示意图

6.5.2 信号因子

从图 6.5.1 可以看出,动态特性与静态特性的差别在于其系统中多了一个信号。由于信号是按人们意志而改变的,所以把这种信号看作一个变量是妥当的,并把它称为**信号因子**。凡是动态特性都有信号因子相伴。静态特性(望目特性、望小特性、望大特性等)就不需要信号因子。

信号因子的例子是常见的。钢板的厚度可通过轧钢机的压力来实现,轧钢机的压力就是信号因子,压力的大小就是信号因子的水平;汽车的速度可用改变加速器的位级来实现,加速器就是信号因子,其位级就是信号因子的水平;在稳压电源电路设计中,调整输出电压的目标值是通过改变电阻来实现的,其电阻就是信号因子,阻值就是信号因子的水平。

当信号因子的水平可以让人们自由选择(当然在一定范围内)时,此种信号因子为**主动型信号因子**,相应的动态特性也称为**主动型动态特性**,轧钢机的压力、汽车的加速器等都是主动型信号因子。当信号因子的水平人们不能自由选择时,这种信号因子称为**被动型信号因子**,相应的动态特性也称为**被动型动态特性**,一切测量仪器的测量值都是被动型动态特性,其信号因子是被测物品,它的测量值是人们不能选择的,所以其信号因子是被动型的。主动型信号因子可用来调节输出特性,而被动型信号因子人们只能校正输出特性,譬如用标准砝码去校正磅秤就是一个例子。

6.5.3 动态特性参数设计的要求

从图 6.5.1 可以看出,动态特性 y 应是诸可控因子 C、诸噪声因子 N 和信号因子 M 的函数,即

$$y = f(C, N, M) \tag{6.5.1}$$

其中 y 的波动是由于诸噪声因子 N 的变化引起的,其波动大小 ε 由噪声因子确定,故记为 $\varepsilon = \varepsilon(N)$。在可加性假定下,(6.5.1)可改写为:

$$y = f(C, M) + \varepsilon \tag{6.5.2}$$

其中 ε 常被假定为均值为 0,方差为 σ^2 的随机变量,即

$$E(\varepsilon) = 0, \quad \text{Var}(\varepsilon) = \sigma^2 \tag{6.5.3}$$

应该看到信号因子 M 的水平是目标值 m 的体现,M 的不同水平对应着不同的目标值。当 M 是主动型信号因子时,M 的水平就是使用者所需要的目标值的体现;当 M 是被动型信号因子时,M 的水平常常就是目标值。

动态特性参数设计的要求就是对诸可控因子 C 选定一个最佳的水平组合 C_0，使得

(1) y 的波动（用 σ^2 表示）尽量地小；

(2) 对信号因子 M 的任一水平（如为 M_i），总能使 $f(C_0, M_i)$ 稳定于对应的目标值 m_i。当 M 的水平变化时，无须改变可控因子的水平仍能使 y 稳定于相应的目标值。

这时，若记 $f(M) = f(C_0, M)$，则 (6.5.2) 可改写为

$$y = f(M) + \varepsilon \tag{6.5.4}$$

也就是说，一个好的动态特性的参数设计，所选定的水平 C_0 适用于一切可能的目标值，或是说，选定 C_0 后，动态特性 y 只是信号因子的函数，即 y 听从信号因子 M 的指挥。

从 (6.5.1) 到 (6.5.4) 已使动态特性参数设计的要求明确了许多，但要在实际中便于运用，对 (6.5.4) 还有三点要求：

(1) 函数 $f(C_0, M)$ 要尽量简单，使得动态特性 y 便于用信号因子作调整（对主动型信号因子）或校正（对被动型信号因子）。若函数 f 较为复杂（二次函数、三次函数或其他复杂函数），会给调整或校正带来困难，使用也不方便。在实际中，最简单的函数是线性函数，即

$$y = \alpha + \beta M + \varepsilon \text{（线性式）} \tag{6.5.5}$$

$$y = \beta M + \varepsilon \text{（零点比例式）} \tag{6.5.6}$$

其中 α 和 β 是依赖于 C_0 的未知函数，待定。显然，不是所有的 f 都自然具有上述线性关系。假如在信号因子 M 的水平范围内，y 不是 M 的线性函数，那可把 (6.5.5) 改写为

$$y = \alpha + \beta M + [f(M) - \alpha - \beta M] + \varepsilon \tag{6.5.7}$$

并把方括号内的量并入误差项，然后在减少波动时（即在选 C_0 时）也一并考虑减少方括号内的量。由于这个原因，我们将来把信号因子与噪声因子一起放在外表上。当然，把信号因子放在外表上还有一个原因，那就是在实际中，一个动态系统的信号因子不是掌握在设计者手中，而是掌握在使用者手中（对主动型信号因子）或掌握在"上帝"手中（对被动型信号因子）。

(2) 希望信号因子 M 有较高的灵敏度，即对 M 的水平作微小的改变，就能达到调整（或校正）y 的目的。这只要在 (6.5.7) 中使斜率 β 尽可能地大即可。

(3) 若记 $\varepsilon' = [f(M) - \alpha - \beta M] + \varepsilon$，$\varepsilon'$ 的方差仍记为 σ^2，那么动态特性参数设计就是要选这样的可控因子的水平组合 C_0，使得 y 是信号因子 M 的线性函数，而使其波动（用方差 σ^2 表示）尽量地小。

田口把上述几项要求综合起来，提出一个稳健设计的指标——动态特性的信噪比：

$$\eta = 10\lg \frac{\beta^2}{\sigma^2} \text{(db)} \tag{6.5.8}$$

它仍是愈大愈好的指标，因为 η 愈大必导致 β^2 愈大，而 σ^2 愈小，这正是我们需要的。

动态特性信噪比 (6.5.8) 是用于减少 y 波动的指标，若 y 与人们要求的目标值尚有一定距离时，还要进行灵敏度设计，即寻找调节因子（对 σ^2 无大的影响，而对 β 有显著影响的可控因子），通过改变调节因子的水平，使 $y = \alpha + \beta M$ 接近目标值。对此，田口又给出如下的灵敏度设计指标：

$$\gamma = 10\lg \beta^2 = 20\lg \beta \text{ (db)} \tag{6.5.9}$$

它也是愈大愈好的指标。把 γ 放入内表右侧进行统计分析,然后在可控因子分类中寻找调节因子。

在(6.5.8)和(6.5.9)中的 β^2 和 σ^2 的估计问题将在后面给出。

6.5.4 动态特性参数设计的试验安排

在动态特性参数设计问题中会出现下列四类因子:
(1)可控因子;
(2)标示因子,这只在主动型动态特性问题中才会出现;
(3)信号因子;
(4)噪声因子。

其中信号因子在前面已叙述,可控因子和噪声因子在静态特性参数设计中也已叙述,这里对标示因子作些说明。**标示因子**是指产品所处环境和使用条件之类的因子,它的水平虽然在技术上可以指定,但不能自由选择。譬如棉花的品种(产地)对纺织机械是一个标示因子,一台纺织机械可以指定使用哪几种棉花;但哪一种棉花来到,纺织工程师无法选择,他只能调节可控因子的水平组合以适应标示因子的水平。所以引入标示因子的目的不是选择其最佳水平,而是让它与可控因子放在一起进行试验,从而在各标示因子水平下分别寻找各可控因子的最适宜条件。

在弄清上述四类因子后,动态特性参数设计的具体安排如下:

1. 确定各可控因子和标示因子(假如有的话)的水平,然后把它们放在适当的正交表上,此表称为内表。

2. 确定信号因子与各噪声因子的水平,然后把它们放在适当的正交表上,此表称为外表。假如得知诸噪声因子对输出特性 y 的影响方向,那可启用综合噪声因子,但绝不可以把信号因子也综合进去。一般是用信号因子和综合噪声因子的完全试验作为外表。

3. 按内外表设计进行试验。若信号因子有 m 个水平,综合噪声因子有 n 个水平,那么,外表有 mn 行,若内表有 k 行,则内外表设计共有 kmn 个试验,可获得 kmn 个数据:

$$y_{jl}^{(i)}, \quad i=1,\cdots,k, \ j=1,\cdots,m, \ l=1,\cdots,n$$

其中 i 表示内表的试验号,j 表示信号因子的水平号,l 表示综合噪声因子的水平号。

4. 对内表的第 i 个水平组合下的 mn 个数据

$$\begin{array}{cccc} y_{11}^{(i)} & y_{12}^{(i)} & \cdots & y_{1n}^{(i)} \\ y_{21}^{(i)} & y_{22}^{(i)} & \cdots & y_{2n}^{(i)} \\ \vdots & \vdots & \ddots & \vdots \\ y_{m1}^{(i)} & y_{m2}^{(i)} & \cdots & y_{mn}^{(i)} \end{array}$$

分别计算动态特性信噪比 η_i 和灵敏度 γ_i,其计算公式将在下一段中分几种情况给出。

5. 以下计算和分析与望目特性参数设计类似,主要是
- 对内表每个水平组合计算平均信噪比和灵敏度,计算公式见下一节。
- 对 η 作方差分析,确定显著因子,确定最佳水平。
- 对 γ 作方差分析,确定显著因子。

- 从可控因子分类中确定调节因子(假如需要的话)。
- 利用调节因子使质量特性 y 稳定于要求的目标值。
- 必要时可以作各可控因子的水平效应图,帮助选水平和调节因子。

6.5.5 信噪比与灵敏度的计算公式

不同情况下,SN 比和灵敏度的公式是不同的。这里仅限于动态特性 y 和信号因子 M 都是连续变量场合,这种场合的 SN 比是用得最多的。

内表第 i 号试验的 SN 比 η_i 和灵敏度 γ_i 的估计只需由表 6.5.1 所列的 mn 个数据获得。为了书写简便,表 6.5.1 中的数据都省略了上标 i。

表 6.5.1　内表第 i 号试验条件下的试验数据

	N_1	N_2	$\cdots$	N_n	行和
M_1	y_{11}	y_{12}	$\cdots$	y_{1n}	$y_1.$
M_2	y_{21}	y_{22}	$\cdots$	y_{2n}	$y_2.$
$\vdots$	$\vdots$	$\vdots$	$\ddots$	$\vdots$	$\vdots$
M_m	y_{m1}	y_{m2}	$\cdots$	y_{mn}	$y_m.$

以下分几种情况分别给出 SN 比和灵敏度的估计公式:

1. 零点比例式: $y = \beta M + \varepsilon$

在此假定下,表 6.5.1 中的数据 y_{jl} 有如下一元回归模型:

$$y_{jl} = \beta M_j + \varepsilon_{jl}, \quad j = 1, \cdots, m, \ l = 1, \cdots, n$$

因此斜率 β 的最小二乘估计(LSE) $\hat{\beta}$ 应满足下列等式:

$$\frac{\mathrm{d}}{\mathrm{d}\beta}\left(\sum_{j=1}^{m}\sum_{l=1}^{n}(y_{jl} - \beta M_j)^2\right) = 0$$

解之得:

$$\hat{\beta} = \frac{\sum_{j=1}^{m}\sum_{l=1}^{n} y_{jl} M_j}{\sum_{j=1}^{m}\sum_{l=1}^{n} M_j^2} = \frac{\sum_{j=1}^{m} y_j. M_j}{R} \tag{6.5.10}$$

其中 $R = n\sum_{j=1}^{m} M_j^2$ 称为有效除数,它完全由信号因子的水平确定,而 $y_j. = \sum_{l=1}^{n} y_{jl}$,由此不难算得灵敏度的估计(仍用 $\hat{\gamma}$ 表示):

$$\hat{\gamma} = 20\lg \hat{\beta} \tag{6.5.11}$$

据回归分析理论,总偏差平方和 S_T 可分解为回归平方和 S_β 与误差平方和 S_e 之和,它们分别是:

$$S_T = \sum_{j=1}^{m}\sum_{l=1}^{n} y_{jl}^2, \qquad f_T = mn \tag{6.5.12}$$

$$S_\beta = \frac{1}{R}\left(\sum_{j=1}^{m} y_j. M_j\right)^2 = R \cdot \hat{\beta}^2, \qquad f_\beta = 1 \tag{6.5.13}$$

$$S_e = \sum_{j=1}^{m}\sum_{l=1}^{n}(y_{jl}-\hat{\beta}\cdot M_j)^2 = S_T - R\cdot\hat{\beta}^2, \quad f_e = mn-1 \tag{6.5.14}$$

于是可得内表第 i 号试验下的方差 σ_i^2 的无偏估计(省略下标 i):

$$\hat{\sigma}^2 = \frac{1}{mn-1}(S_T - R\hat{\beta}^2) \tag{6.5.15}$$

另外,从(6.5.13)可得 β^2 的估计 $\hat{\beta}^2 = S_\beta/R$,但它不是 β^2 的无偏估计。若再减去 $\hat{\sigma}^2/R$,就可得 β^2 的无偏估计。这样一来,SN 比的估计可由下式给出(仍用 η 表示):

$$\eta = 10\lg\frac{\frac{1}{R}(S_\beta - \hat{\sigma}^2)}{\hat{\sigma}^2}(\text{db}) \tag{6.5.16}$$

其中 S_β 如(6.5.13)所示,$\hat{\sigma}^2$ 如(6.5.15)所示。假如把上述估计加上上标 i,再让 $i=1,\cdots,k$,就可得到内表 k 个试验的 SN 比和灵敏度的估计值。

2. **基准点比例式**: $y - \bar{y}_s = \beta(M - M_s) + \varepsilon$

在一个计测系统中,有时只有整个计测范围的一小部分被经常使用,而这一部分又距零点较远,这时在经常计测范围内选一个基准点 M_s(信号因子的某个水平)比用零点比例式方便,且校正误差会变小。这时若记 $\bar{y}_s$ 为在基准点多次测得的输出特性的平均值,那么用表6.5.1 上的数据有如下一元回归模型:

$$y_{jl} - \bar{y}_s = \beta(M_j - M_s) + \varepsilon_{jl}, \quad j=1,\cdots,m, \quad l=1,\cdots,n$$

若令 $y'_{jl} = y_{jl} - \bar{y}_s$, $M'_j = M_j - M_s$,那就把上式化为零点比例式,SN 比和灵敏度的估计亦可按(6.5.16)和(6.5.11)类似算得。

3. **线性式**: $y = \alpha + \beta M + \varepsilon$

在此假定下,表 6.5.1 的数据有如下一元回归模型:

$$y_{jl} = \alpha + \beta M_j + \varepsilon_{jl}, \quad j=1,\cdots,m, \quad l=1,\cdots,n$$

因此斜率 β 和截距 α 的最小二乘估计应满足下式:

$$\frac{\partial}{\partial\beta}\Big(\sum_{j=1}^{m}\sum_{l=1}^{n}(y_{jl} - \alpha - \beta M_j)^2\Big) = 0$$

$$\frac{\partial}{\partial\alpha}\Big(\sum_{j=1}^{m}\sum_{l=1}^{n}(y_{jl} - \alpha - \beta M_j)^2\Big) = 0$$

解得:

$$\hat{\beta} = \frac{1}{R}\sum_{j=1}^{m}(M_j - \overline{M})y_j, \quad \hat{\alpha} = \bar{y} - \hat{\beta}\overline{M} \tag{6.5.17}$$

其中 $\bar{y} = \frac{1}{mn}\sum_{j=1}^{m}\sum_{l=1}^{n}y_{jl}$,有效除数 $R = n\sum_{j=1}^{m}(M_j - \overline{M})^2$。由此不难算得灵敏度:

$$\hat{\gamma} = 20\lg\hat{\beta} \tag{6.5.18}$$

其中 $\hat{\beta}$ 如(6.5.17)所示。此灵敏度是用来调整斜率 β,使动态特性 y 具有高的灵敏度,而截

距 α 只影响起点。若输出特性 y 普遍偏低或普遍偏高,就需启用 $\hat{\alpha}$,作出 $\hat{\alpha}$ 的灵敏度:

$$\hat{\gamma}_0 = 20\lg\hat{\alpha} \tag{6.5.19}$$

其中 $\hat{\alpha}$ 如(6.5.17)所示。然后寻找影响 γ_0 而不影响 SN 比的可控因子来调整 α 值,这种情况使用较少。

根据回归分析理论,总偏差平方和 S_T 可分解为回归平方和 S_β 与误差平方和 S_e 之和,它们分别是:

$$S_T = \sum_{j=1}^{m}\sum_{l=1}^{n}(y_{jl}-\bar{y})^2 = \sum_{j=1}^{m}\sum_{l=1}^{n}y_{jl}^2 - CT, \quad f_T = mn-1 \tag{6.5.20}$$

$$S_\beta = \frac{1}{R}\Big(\sum_{j=1}^{m}(M_j-\bar{M})y_{j\cdot}\Big)^2 = R\hat{\beta}^2, \qquad f_\beta = 1 \tag{6.5.21}$$

$$S_e = S_T - S_\beta, \qquad f_e = mn-2 \tag{6.5.22}$$

其中 $CT = \dfrac{1}{mn}\Big(\sum_{j=1}^{m}\sum_{l=1}^{n}y_{jl}\Big)^2$,由此可得第 i 号内表的方差 σ^2 和 β^2 的无偏估计:

$$\hat{\sigma}^2 = \frac{1}{mn-2}(S_T - S_\beta) \tag{6.5.23}$$

$$\hat{\beta}^2 = (S_\beta - \hat{\sigma}^2)/R \tag{6.5.24}$$

这样一来,SN 比的估计仍具有(6.5.16)的形式,只是其中 S_β 如(6.5.21)所示,$\hat{\sigma}^2$ 如(6.5.23)所示。

例 6.5.1 为了改善一台切割机的加工性能,比较两种切割速度

$$A_1 = 70(\text{m/min}), \quad A_2 = 90(\text{m/min})$$

下的加工性能,特取切割深度 M 作为信号因子,其三个水平为

$$M_1 = 0.1(\text{mm}), M_2 = 0.3(\text{mm}), M_3 = 0.5(\text{mm})$$

对每种切割速度和切割深度做试验,并在 6 个位置(用 $N_1, N_2, \cdots, N_6$ 表示)上测量切割量(实际切割深度)y,全部数据列在表 6.5.2 上。

表 6.5.2 切割量的试验数据

		N_1	N_2	N_3	N_4	N_5	N_6	行和
A_1	M_1	0.097	0.093	0.096	0.095	0.099	0.093	0.573
	M_2	0.295	0.296	0.297	0.288	0.294	0.288	1.758
	M_3	0.489	0.494	0.490	0.496	0.494	0.493	2.956
A_2	M_1	0.094	0.099	0.092	0.097	0.091	0.091	0.564
	M_2	0.297	0.286	0.298	0.297	0.299	0.289	1.766
	M_3	0.494	0.486	0.495	0.490	0.497	0.491	2.953

这个切割机加工性能是主动型动态特性,切割速度 A 是可控因子,切割深度 M 是信号因子,测量位置 N 是噪声因子,其水平数分别为 $k=2, m=3, n=6$。假如切割量 y 与切割深度

M 之间呈零点比例式关系,要求比较 A_1 和 A_2 条件下的 SN 比,先算 A_1 条件下的 SN 比,这要用到表 6.5.2 上半部分的 18 个数据,具体计算可如下进行:

(1) 总偏差平方和:按(6.5.12)计算

$$S_T = 0.097^2 + 0.093^2 + \cdots + 0.493^2 = 2.026281$$

(2) 有效除数

$$R = 6 \times (0.1^2 + 0.3^2 + 0.5^2) = 2.1$$

(3) β 的估计按(6.5.10)计算

$$\hat{\beta}_1 = (0.573 \times 0.1 + 1.758 \times 0.3 + 2.956 \times 0.5)/2.1 = 0.982238$$

(4) 灵敏度的估计为

$$\hat{\gamma}_1 = 20\lg 0.982238 = -0.1557 \text{ (db)}$$

(5) 回归平方和 S_β 按(6.5.13)计算

$$S_\beta = (0.573 \times 0.1 + 1.758 \times 0.3 + 2.956 \times 0.5)^2/2.1 = 2.026063$$

(6) 误差平方和 S_e 按(6.5.14)计算

$$S_e = 2.026281 - 2.026063 = 0.000218, \quad f_e = 18 - 1 = 17$$

(7) 方差的估计为

$$\hat{\sigma}^2 = 0.000218/17 = 0.000013$$

(8) A_1 下的 SN 比按(6.5.16)算得

$$\hat{\eta}_1 = 10\lg \frac{\frac{1}{2.1}(2.026062 - 0.000013)}{0.000013} = 48.70 \text{(db)}$$

类似地,用表 6.5.2 下半部分的 18 个数据可算得

$$\hat{\beta}_2 = 0.982238, \quad \hat{\gamma}_2 = -0.1557 \text{(db)}, \quad \hat{\eta}_2 = 46.17 \text{(db)}$$

可见,在 A_1 与 A_2 下的灵敏度相同,但 SN 比不等,$\hat{\eta}_1 > \hat{\eta}_2$,故在 A_1 条件下的加工性能要比 A_2 条件下的加工性能更稳定一些。

6.5.6 动态特性参数设计的实例

与静态特性参数设计相比,动态特性参数设计中增加了信号因子,由于信号因子 M 水平的变化引起动态系统输出特性 y 的变化,不仅要求 y 按一定的线性形式依赖于信号因子 M,而且在 M 的水平取定时,y 的波动要尽量地小,这一切都使得动态特性参数设计要比静态特性参数设计复杂一些。这里以温控电路参数设计为例来叙述动态特性参数设计的方法和步骤(此例取自 M. S. Phadke 著的《Quality Engineering Using Robust Design》一书)。

例 6.5.2 温控电路的参数设计

温控器的功能是维持一个房间、一个浴缸或一个物体的温度在人们指定的目标值上。

家用空调(冷、暖气)系统是温控器的常见例子,温控器(图 6.5.2)由三部分组成:

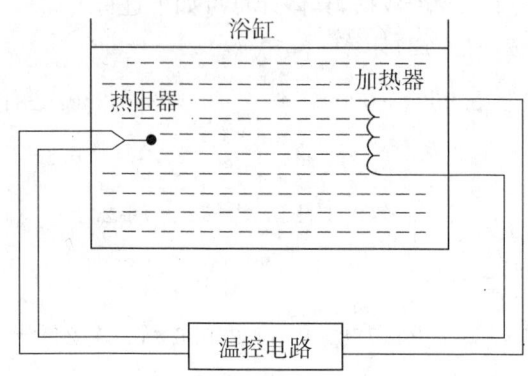

图 6.5.2　温控系统的示意图

(1)热阻器,它能精确度量温度,并把这个信息传给监控电路。

(2)温控电路(图 6.5.3),它有一个热敏电阻器 R_T,R_T 会随浴缸温度上升而降低。若降到某临界值以下,则放大器端点1,2之间的压差会变得非常大且为负值,这会启动继电器而关闭(OFF)加热器。反之,当温度降到某温度之下,端点1,2之间的压差变得非常大且为正值,这会启动继电器打开(ON)加热器。从上述动作可以看出,温控电路是提供一个设定目标温度的机构,并能与所测温度进行比较,最后作出决策,是打开加热器还是关闭加热器。

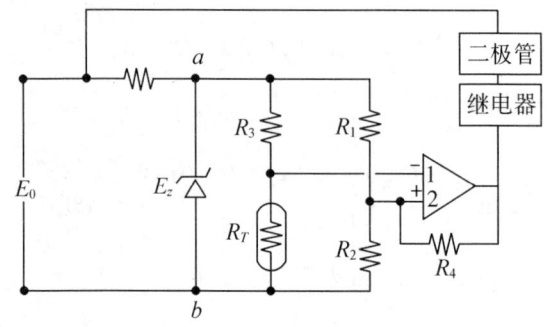

图 6.5.3　温控电路

(3)加热器,主要是加热,它是否工作由温控电路控制。

这里主要讨论温控电路的设计问题,以下分几点叙述:

1. 确定输出特性

当人们给出一个目标温度 T 时,温控电路就用其特定机构(惠斯顿电桥)把它转化为热敏电阻器的目标值 m_T,当浴缸的温度下降时,热敏电阻 R_T 上升,当 R_T 超过 m_T 时,就会打开加热器,据电路分析技术,此时,R_T 与电路中其他参数的关系如下:

$$R_{T\text{-ON}} = \frac{R_2 R_3 (E_z R_4 + E_0 R_1)}{R_1 (E_z R_2 + E_z R_4 - E_0 R_2)} \tag{6.5.25}$$

反之,当浴缸温度上升时,热敏电阻 R_T 下降,当 R_T 低于 m_T 时,就会关闭加热器,此时,R_T 与电路中有关参数的关系如下:

$$R_{T-\mathrm{OFF}} = \frac{R_2 R_3 R_4}{R_1(R_2 + R_4)} \tag{6.5.26}$$

上述两式中 R_1, R_2, R_3, R_4 是电阻的标称值，E_0 是电源电压，E_z 是齐纳二极管的端点电压，这里 $R_{T-\mathrm{ON}}$ 和 $R_{T-\mathrm{OFF}}$ 是连续变量，且直接与开关加热器有关，所以选用 $R_{T-\mathrm{ON}}$ 和 $R_{T-\mathrm{OFF}}$ 两个输出特性，由于在人们设定温度 T 改变时，m_T 和这两个输出特性也随之改变，故它们还是动态特性。

2. 确定信号因子

在温控电路图6.5.3中，有四个电阻 R_1, R_2, R_3, R_T 形成一个惠斯顿电桥，所以可用 R_1，R_2, R_3 中任意一个来调整 R_T，而 R_T 是电桥平衡的地方。我们决定用 R_3，这样一来，R_3 就是用来决定温度设定值的信号因子，对这个信号因子，已选定三个水平，具体见表6.5.4。

3. 确定可控因子及其水平

这要由设计工程师来确定电路中哪些参数是可控因子，哪些不是。这里 E_0 是电源电压，其变化是不可控制的，其他参数 R_1, R_2, R_4 和 E_z 是四个可控因子，其水平已确定，详见表6.5.3。

表 6.5.3 温控电路可控因子及其水平

水平	一	二	三	注
$A: R_1 (\mathrm{k}\Omega)$	2.667	4.0	6.0	水平三是水平二的1.5倍，水平一是水平二的0.667倍
$B: R_2 (\mathrm{k}\Omega)$	5.333	8.0	12.0	水平三是水平二的1.5倍，水平一是水平二的0.667倍
$C: R_4 (\mathrm{k}\Omega)$	26.67	40.0	60.0	水平三是水平二的1.5倍，水平一是水平二的0.667倍
$D: E_z (\mathrm{V})$	4.8	6.0	7.2	水平三是水平二的1.2倍，水平一是水平二的0.8倍

注：划线者为起始水平。

4. 确定噪声因子及其水平

在温控电路中有五个噪声因子，其中 R_1', R_2', R_4' 和 E_z' 是由于产品间的差异引起的，电源电压 E_0 是外部噪声，它们的水平列于表6.5.4中。

表 6.5.4 温控电路的噪声因子和信号因子及其水平

因子		水平	（前四个乘以可控因子的水平值）		
			一	二	三
噪声因子	A	R_1'	0.9796	1.0	1.0204
	B	R_2'	0.9796	1.0	1.0204
	C	R_4'	0.9796	1.0	1.0204
	D	E_z'	0.9796	1.0	1.0204
	F	$E_0 (\mathrm{V})$	9.796	10.0	10.204
信号因子	M	$R_3 (\mathrm{k}\Omega)$	0.5	1.0	1.5

5. 试验设计

四个可控因子恰好放在正交表 $L_9(3^4)$ 上，可为了获得更多的有关可控因子的信息，分散一些交互作用的影响，最终选用了正交表 $L_{18}(2\times 3^7)$，其表头设计见表6.5.6。五个噪声因子也可放在另一张正交表 $L_{18}(2\times 3^7)$ 上，但为了减少计算工作量，还是使用综合噪声因子，不过取三个水平。从(6.5.25)式可以看出，$R_{T-\mathrm{ON}}$ 是 R_1, R_4 和 E_z 的减函数，又是 R_2 和 E_0 的增函数，所以对 $R_{T-\mathrm{ON}}$ 的综合噪声因子 N 的三个水平可取：

$$N_1:(R'_1)_3,(R'_2)_1,(R'_4)_3,(E_0)_1,(E'_z)_3$$
$$N_2:(R'_1)_2,(R'_2)_2,(R'_4)_2,(E_0)_2,(E'_z)_2$$
$$N_3:(R'_1)_1,(R'_2)_3,(R'_4)_1,(E_0)_3,(E'_z)_1$$

这样一来,安排在外表上只有两个因子,信号因子 R_3 和综合噪声因子 N,它们都取三水平,可以作全面试验,这相当于把 R_3 和 N 放在 $L_9(3^4)$ 的第 1,2 列上。

在这个电路设计中有两个动态特性,除 R_{T-ON} 外,还有 R_{T-OFF}。从 (6.5.26) 式可以看出,R_{T-OFF} 只与 R_1,R_2,R_3,R_4 有关,而与 E_0 和 E_z 无关,所以可控因子是 R_1,R_2,R_4,信号因子是 R_3,噪声因子是 R'_1,R'_2,R'_4。由于 R_{T-OFF} 是 R_1,R_2,R_4 的减函数,故对 R_{T-OFF} 的综合噪声因子 N 的三个水平应取为:

$$N_1:(R'_1)_3,(R'_2)_3,(R'_4)_3$$
$$N_2:(R'_1)_2,(R'_2)_2,(R'_4)_2$$
$$N_3:(R'_1)_1,(R'_2)_1,(R'_4)_1$$

它们的安排仍与前面一样,内表用 L_{18},外表用信号因子和综合噪声因子的全面试验。

6. SN 比与灵敏度的计算

对内表中每一号试验要计算两个信噪比 η 和 η',两个灵敏度 $20\lg\beta$ 和 $20\lg\beta'$,其中 η 和 $20\lg\beta$ 是用 R_{T-ON} 的数据计算的,η' 和 $20\lg\beta'$ 是用 R_{T-OFF} 的数据计算的。由 (6.5.25) 和 (6.2.26) 可知用零点比例式是适当的。由于两者是类似的,这里仅对 R_{T-ON} 的计算给出说明。

以 R_{T-ON} 的内表(表 6.5.6)的第 2 号试验为例来说明其 SN 比和灵敏度的具体计算。这号试验全是由四个可控因子的二水平组成,即

$$R_1=4.0(\text{k}\Omega),\ R_2=8.0(\text{k}\Omega),\ R_4=40.0(\text{k}\Omega),\ E_z=6.0(\text{V})$$

此时综合噪声因子 N 的三个水平是:

	R'_1	R'_2	R'_4	E_0	E'_z
N_1:	4.0816	7.8368	40.816	9.796	6.1224
N_2:	4.0	8.0	40.0	10.0	6.0
N_3:	3.9184	8.1632	39.184	10.204	5.8776

把上述各噪声因子水平和信号因子水平的值分别代入 (6.5.25) 式,可得内表第 2 号试验的 9 个 R_{T-ON} 值,见表 6.5.5。

表 6.5.5 内表第 2 号试验的 R_{T-ON} 值

R_3 \ N	1	2	3	行和
1	1.2586	1.3462	1.4440	4.0488
2	2.5171	2.6923	2.8880	8.0974
3	3.7757	4.0385	4.3319	12.1461

由表 6.5.5 中的 9 个数据可以算得内表第 2 号试验的 SN 比与灵敏度,为此先计算其总的偏差平方和 S_T 和有效除数 R:

$$S_T = 1.2586^2 + \cdots + 4.3319^2 = 76.7370$$
$$R = 3(0.5^2 + 1.0^2 + 1.5^2) = 10.5$$

由(6.5.10)式可得 β 的估计：

$$\hat{\beta} = (4.0488 \times 0.5 + 8.0974 \times 1 + 12.1461 \times 1.5)/10.5 = 2.6991$$

从而可得 $\hat{\beta}^2$ 和灵敏度 γ：

$$\hat{\beta}^2 = 7.2851, \quad \gamma = 20\lg \hat{\beta} = 8.6244$$

再由(6.5.13)和(6.5.15)算得回归平方和 S_β 和 σ^2 的无偏估计：

$$S_\beta = 10.5 \times 2.6991^2 = 76.4961$$
$$\hat{\sigma}^2 = (76.7370 - 76.4961)/(9-1) = 0.03011$$

最后算得其 SN 比为：

$$\eta = 10\lg \frac{(76.4961 - 0.03011)/10.5}{0.03011} = 23.8357 \text{(db)}$$

其他的 SN 比和灵敏度亦可类似计算，计算结果列于表 6.5.6 中。

表 6.5.6 $R_{T-\mathrm{ON}}$ 的内表及其数据

i			R_1	R_2		R_4		E_z	η (db)	γ (db)
	1	2	3	4	5	6	7	8		
1	1	1	1	1	1	1	1	1	22.41	9.82
2	1	1	2	2	2	2	2	2	23.84	8.62
3	1	1	3	3	3	3	3	3	24.79	7.87
4	1	2	1	1	2	2	3	3	25.85	7.27
5	1	2	2	2	3	3	1	1	24.19	8.52
6	1	2	3	3	1	1	2	2	19.47	11.95
7	1	3	1	2	1	3	2	3	22.25	12.85
8	1	3	2	3	2	1	3	1	23.61	11.77
9	1	3	3	1	3	2	1	2	24.93	1.52
10	2	1	1	3	3	2	2	1	24.23	14.94
11	2	1	2	1	1	3	3	2	24.50	4.87
12	2	1	3	2	2	1	1	3	22.13	7.02
13	2	2	1	2	3	1	3	2	26.02	10.53
14	2	2	2	3	1	2	1	3	16.19	17.85
15	2	2	3	1	2	3	2	1	24.60	1.74
16	2	3	1	3	2	3	1	2	20.26	17.66
17	2	3	2	1	3	1	2	3	25.95	3.96
18	2	3	3	2	1	2	3	1	23.05	5.97

7. SN 比 η 和灵敏度 γ 的统计分析

在表 6.5.6 上分别对 SN 比 η 和灵敏度 γ 计算每列上诸水平的平均，然后作方差分析。表 6.5.7 和表 6.5.8 分别列出了有关的计算结果。从它们的 F 比看，对指标 $R_{T-\mathrm{ON}}$ 来讲，除 A(即电阻 R_1)对 η 不显著外，其他因子在不同程度上对 η 和 γ 都显著。

表 6.5.7　R_{T-ON} 的 SN 比的方差分析表

因子	η 水平之平均			自由度	平方和	均方	F 比
	1	2	3				
$A:R_1$	23.50	23.40	23.16	2	0.7	0.4	—
$B:R_2$	24.70	23.58	21.42	2	33.33	16.67	22
$C:R_4$	21.31	23.38	25.02	2	41.40	20.70	27
$D:E_z$	21.68	23.39	24.64	2	26.37	13.19	17
误差				9	6.87	0.76	
总和				17	108.67		

表 6.5.8　R_{T-ON} 的灵敏度的方差分析表

因子	γ 水平之平均			自由度	平方和	均方	F 比
	1	2	3				
$A:R_1$	12.18	9.27	6.01	2	114.2	57.1	94
$B:R_2$	4.80	8.92	13.68	2	233.5	116.8	191
$C:R_4$	10.55	9.01	7.89	2	21.4	10.7	18
$D:E_z$	10.40	9.01	8.05	2	16.8	8.4	14
误差				9	5.5	0.61	
总和				17	391.4		

8. 选出诸可控因子的最佳水平组合

为了直观起见,在图 6.5.4 上画出了可控因子对 SN 比 η 和灵敏度 γ 的水平效应图,图上 ON 表示根据质量特性 R_{T-ON} 的计算结果画出的,而 OFF 表示根据质量特性 R_{T-OFF} 的计算结果画出的,后者的计算过程省略了。

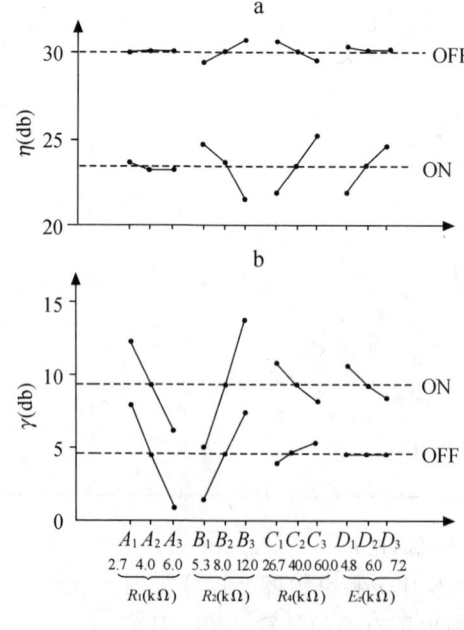

图 6.5.4　可控因子对 η 和 γ 的水平效应图

从图 6.5.4a 上可以看出：

- R_1 对 η 和 η' 的效应均可忽略，其中 η' 表示 R_{T-OFF} 的 SN 比，以下表示相同。
- 降低 R_2 会大幅度提高 η，但也会使 η' 稍有降低。
- 升高 R_4 会大幅度提高 η，但也会使 η' 稍有降低。
- 升高 E_z 会大幅度提高 η，但对 η' 没有副作用。

综上分析，对 η 的最佳水平组合是 $A_2B_1C_3D_3$，即

$$R_1=4.0\text{k}\Omega,\ R_2=5.336\text{k}\Omega,\ R_4=60.0\text{k}\Omega,\ E_z=7.2\text{V}$$

这个水平组合在内表中没有出现，对它进行了验证试验，算得这个水平组合的 SN 比 $\eta=26.43(\text{db})$，而原来的起始水平组合（内表的第 2 号试验）的 $\eta=23.84(\text{db})$，信噪比提高了 2.59(db)。

类似地，在这个水平组合下，$\eta'=29.10(\text{db})$，而起始水平组合的 $\eta'=29.94(\text{db})$，相比之下，信噪比降低了 0.84(db)。

由于在各可控因子水平范围内，所有信噪比在 R_{T-OFF} 下都比 R_{T-ON} 要高，所以，用稍降 η' 换来提高 η 还是可以容忍的。

从图 6.5.4b 上还可以看出，R_1 和 R_2 都对 γ 和 γ' 有较大影响，而 R_4 和 E_z 对 γ 和 γ' 的影响较小，这里 γ' 表示 R_{T-OFF} 的灵敏度。又因为 R_1 对 η 和 η' 没有什么影响，故 R_1 是调整 γ 和 γ' 的理想选择，即 R_1 是调节因子。当改变信号因子 R_3 的水平尚不能达到要求的温度时，调节 R_1 的水平可达到想要的温度范围。

这个温控电路设计问题在实际中还经过两轮参数设计，这里不再重复全过程，只把主要做法和结果简要叙述一下。从图 6.5.4 可以清楚看出，提高 η 仍有潜力，但也面临降低 η' 的风险。只有在实际中做了以后，通过比较才能确认是否值得做下去。

第二轮参数设计中各可控因子的中间水平就是上一轮的最佳水平，而 1 水平和 2 水平比例、3 水平和 2 水平的比例与上一轮相同，但在以后几轮里保持 E_z 的值不超过 7.2V，使 E_z 和 E_0 之间有适当的距离。以后两轮的结果列在表 6.5.9 上。当然，再进一步的改善仍有可能，但第三轮后，改善的速度已明显趋慢，故不再继续下去了。

表 6.5.9　三轮参数设计的结果

轮　次	η(db)	η'(db)	$\eta+\eta'$(db)
起始条件	23.84	29.94	53.78
第一轮	26.43	29.10	55.53
第二轮	27.30	28.70	56.00
第三轮	27.77	28.51	56.28

§ 习题六

1. 将质量 $m=0.2$kg 的物体用力 F(N) 和仰角 α 抛射，假设水平到达距离 y(m) 可用下式给出：

$$y = \frac{1}{g}\left(\frac{F}{m}\right)^2 \sin(2\alpha)$$

其中 $g=9.800\text{m/s}^2$ 是重力加速度。现在要求目标距离为150m,这个问题的可控因子与噪声因子的水平见下表。

习题6.1的因子水平表

水平	一	二	三
可控因子			
F(力)	1	7	13
α(角度)	10	22.5	35
噪声因子			
m(质量)	0.19	0.20	0.21
F(力)	$0.9F$	F	$1.1F$
α(角度)	$\alpha-5$	α	$\alpha+5$

(1)用望目特性参数设计方法寻求稳定条件;
(2)寻找调节因子,把抛射距离调整到目标值。

2. 某气动换向装置(见图)的设计中,关键是要使换向末速度 V 达到 $V_0=960\text{mm/s}$。据力学原理,换向末速度的运动方程式为:

$$V = \sqrt{\frac{Ag}{E}\left(\frac{\pi}{2}B^2C - 2D\right)}$$

其中 A 为换向行程(待选参数),B 为换向活塞直径(待选参数),C 为气缸内气压(待选参数),D 为换向阻力(不可控,但可测,大约在 $750\text{N}\pm20\text{N}$),E 为系统重量(可在 $90\text{kg}\pm5\text{kg}$ 取值),$g=9800\text{mm/s}^2$ 为重力加速度。

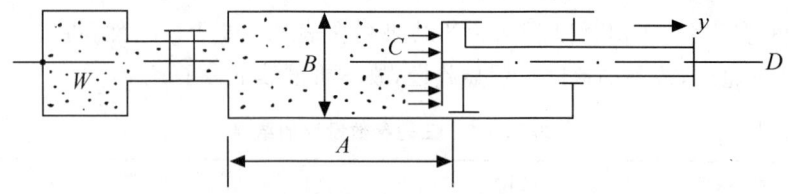

气动换向装置示意图

在这个问题中可控因子、噪声因子及其水平见下表。

习题6.2的因子水平表

水平	一	二	三
可控因子			
A:换向行程(mm)	52	56	60
B:换向活塞直径(mm)	22	24	26
C:气缸内气压(N/mm)	0.22	0.26	0.3

续表

水平	一	二	三
噪声因子			
A'：换向行程(mm)	$A-0.2$	A	$A+0.2$
B'：换向活塞直径(mm)	$B-0.1$	B	$B+0.1$
C'：气缸内气压(N/mm)	$C-0.02$	C	$C+0.02$
D'：换向阻力(N)	73	75	77
E'：系统重量(kg)	85	90	95

请作参数设计，使 V 尽量接近目标值 V_0，而使波动小。(注：若被开方数小于0，则取 $y=0$)

3. 钛合金磨削工艺参数的优化设计。钛合金以其强度高、重量轻、耐用性好和具有良好的抗腐蚀性等优点被人们誉为"未来的钢铁"，但它的磨削性能差，即使采用特制的砂轮磨削钛合金，其表面粗糙度也只能达到 $R_a \geqslant 0.6(\mu m)$。为进一步降低表面粗糙度，特选如下4个三水平可控因子：

习题 6.3 的因子水平表

水平	一	二	三
A：工件转速(转/分)	112	160	80
B：砂轮的走刀量(mm/转)	0.03	0.06	0.09
C：工件纵向走刀量(mm/转)	0.82	3.30	1.65
D：磨削速度(mm)	0.0005	0.0025	0.00125

选用 $L_9(3^4)$ 作为内表，并把 A、B、C、D 四个因子依次放在 L_9 的第1、2、3、4列上。由于本例的质量特性 y(表面粗糙度)不可计算，只能通过试验得到。为减少试验次数，外表采用综合噪声因子的两个水平 N_1 和 N_2，试验结果见下表。

习题 6.3 的试验结果表

	A	B	C	D		
i	1	2	3	4	y_{i1}	y_{i2}
1	1	1	1	1	0.162	0.148
2	1	2	2	2	0.259	0.313
3	1	3	3	3	0.178	0.206
4	2	1	2	3	0.204	0.211
5	2	2	3	1	0.226	0.244
6	2	3	1	2	0.167	0.178
7	3	1	3	2	0.213	0.228
8	3	2	1	3	0.157	0.188
9	3	3	2	1	0.238	0.271

请按望小特性参数设计方法选出最佳参数设计方案。

4. 为找到电缆用的合成橡胶的最佳生产条件，选了如下7个可控因子，并依次放在 $L_8(2^7)$ 的各列上。

习题 6.4 的因子水平表

水　平	一	二
A：老化防止剂用量（pHR）	2	3
B：硫化剂用量（pHR）	2	4
C：石蜡用量（pHR）	5	7
D：硫化时间（分）	20	30
E：催化剂用量（pHR）	0.1	0.2
F：填料用量	30	50
G：老化防止剂种类	甲	乙

现对其牵拉强度（N/cm²）、延伸率（％）和热变化率（％）测得一批数据如下表。

习题 6.4 的试验结果表

i	牵拉强度		延伸率		热变化率	
1	24	21	430	400	22.1	6.4
2	19	22	430	400	6.8	6.3
3	13	19	280	380	13.7	7.5
4	21	21	550	550	12.7	11.7
5	23	19	450	400	6.1	18.2
6	20	19	480	400	9.3	6.2
7	20	23	500	530	16.6	9.1
8	16	15	350	330	5.9	6.1

上述三个指标中，牵拉强度和延伸率是望大特性，而热变化率是望小特性，请寻找这三个指标都要稳定的综合最佳生产条件。

5. 为比较两台磅秤（A_1 与 A_2）的精度，取信号因子 M（被称物体重量）为四水平，误差因子 R（使磅员）为三水平，假定称重 Y 与信号因子 M 之间是线性关系，在已做的试验数据（见下表）下请评出精度高的磅秤。

习题 6.5 的试验结果表

		$M_1=0$	$M_2=300$	$M_3=600$	$M_4=900$
	R_1	−0.92	299.66	600.15	900.59
A_1	R_2	−0.75	299.55	600.13	900.62
	R_3	−0.49	300.06	600.60	900.97
	R_1	−0.96	299.26	600.02	900.52
A_2	R_2	−0.45	299.40	600.04	901.18
	R_3	−0.80	299.69	600.57	900.95

6. 某热膨胀仪主要用于测量金属材料的等温转变曲线、材料的临界点和热膨胀系数等。该仪器的温控系统的精度问题没有解决。为了用动态特性参数设计方法研究此问题,特选定五个可控因子,六个噪声因子和一个信号因子(详见下表)。为了减少试验次数,启用三水平的综合噪声因子:

习题 6.6 的因子水平表

水平	一	二	三
可控因子			
V:冷却速度	大	小	
P:比例带(%)	20	40	60
I:积分时间(s)	100	200	300
D:微分时间(s)	20	100	200
t:采样时间(s)	1	2	4
综合噪声因子	N_1	N_2	N_3
A:热电耦(%)	−0.05	0	0.05
B:环境温度(℃)	15	20	25
C:长度记录仪(%)	−0.5	0	0.5
D:试样位置	偏前	中	偏后
E:电压(V)	200	220	240
F:温控仪(%)	−0.5	0	0.5
信号因子			
M:升温速率(℃/min)	16	12	8

对上述因子,内表采用 $L_{18}(2^1 \times 3^7)$,外表采用 L_9,试验结果 Y 为升温速率的测定值,具体数据见下表。假设升温速率的测定值 Y 与信号因子 M 间为零点比例式关系,请计算内表各号试验的信噪比和灵敏度,然后选取最佳参数搭配。

习题 6.6 的试验方案与结果表

	V	P	I	D	t	e	e	e	M_1			M_2			M_3		
	1	2	3	4	5	6	7	8	N_1	N_2	N_3	N_1	N_2	N_3	N_1	N_2	N_3
1	1	1	1	1	1	1	1	1	16.22	16.30	16.35	11.78	11.85	12.08	7.92	8.08	8.18
2	1	1	2	2	2	2	2	2	15.65	15.90	16.20	11.90	12.20	12.25	7.86	7.88	8.06
3	1	1	3	3	3	3	3	3	15.62	16.10	16.20	11.80	11.85	12.28	8.08	8.10	8.18
4	1	2	1	1	2	2	3	3	15.84	16.12	16.24	12.25	12.28	12.30	7.82	7.92	8.12
5	1	2	2	2	3	3	1	1	16.06	16.28	16.35	11.78	11.82	12.18	7.86	8.14	8.20
6	1	2	3	3	1	1	2	2	15.60	15.82	16.38	11.18	11.84	12.26	7.92	7.94	8.16
7	1	3	1	2	1	3	2	3	16.16	16.24	16.30	12.12	12.28	12.30	7.90	8.08	8.10
8	1	3	2	3	2	1	3	1	15.60	15.74	15.80	11.84	11.90	11.92	7.85	8.10	8.15
9	1	3	3	1	3	2	1	2	15.80	16.27	16.34	11.85	12.20	12.25	7.82	8.08	8.18

续表

	V	P	I	D	t	e	e	e	M₁			M₂			M₃		
	1	2	3	4	5	6	7	8	N₁	N₂	N₃	N₁	N₂	N₃	N₁	N₂	N₃
10	2	1	1	3	3	2	2	1	16.10	16.28	16.38	11.76	11.78	11.80	7.84	7.92	7.94
11	2	1	2	1	1	3	3	2	15.65	15.78	15.85	11.80	12.20	12.30	7.82	8.08	8.20
12	2	1	3	2	2	1	1	3	15.75	16.28	16.38	12.18	12.20	12.28	7.81	7.92	8.06
13	2	2	1	2	3	1	3	2	15.90	16.00	16.48	11.70	11.82	11.85	7.85	7.86	8.07
14	2	2	2	3	1	2	1	3	15.63	15.80	16.20	12.12	12.24	12.28	7.82	8.15	8.16
15	2	2	3	1	2	3	2	1	16.24	16.36	16.40	11.70	11.90	12.30	7.92	7.96	8.10
16	2	3	1	3	2	3	1	2	15.72	15.85	15.90	11.86	11.92	12.24	7.92	8.12	8.18
17	2	3	2	1	3	1	2	3	16.22	16.28	16.30	12.25	12.30	12.31	7.90	8.06	8.16
18	2	3	3	2	1	2	3	1	15.65	15.70	16.10	11.70	11.90	12.29	7.82	8.15	8.20

第七章

回归分析

§7.1 变量间的两类关系与相关系数

7.1.1 变量间的两类关系

在实际工作中,我们经常与许多变量打交道。处在一个共同体中的若干个变量间常见的关系有两类:

(1)确定性关系

譬如正方形的面积 S 与边长 a 之间有关系:$S=a^2$,电路中有欧姆定律 $V=IR$ 等。

这些变量间的关系完全是已知的,可以用函数 $y=f(x)$ 来表示,x(可以是向量)给定后,y 的值就唯一确定了。

(2)相关关系

变量间有关系,但是不能用函数完全表示出来,只能用函数表示其趋势,这类变量间的关系,称为相关关系。相关关系在实际中普遍存在,譬如儿子的身高与父亲的身高有关,一般来说,父亲高儿子也高,父亲矮儿子也矮,但也有一些例外,这种关系不能用函数描述,但其趋势可以用函数说明。又如教育投资与家庭收入;体重与身高;营业税税收与商品零售额等间的关系都是这种相关关系。

7.1.2 研究相关关系的方法

我们通过一个例子来叙述研究相关关系的方法。

例 7.1.1 由专业知识知道,合金的强度 $y(\times 10^7 \text{Pa})$ 与合金中碳的含量 $x(\%)$ 有关。为了生产强度满足用户需要的合金,在冶炼时如何控制碳的含量?解决这类问题就需要研究两个变量间存在什么样的关系。

通常的做法是首先观察两个变量间是否有关,若有关,再确定两个变量间存在什么样的关系。一般步骤是:

1. 收集数据 $(x_i, y_i), i=1,2,\cdots,n$

在例 7.1.1 中收集了 12 组数据,列于表 7.1.1 中。

表 7.1.1　合金钢的强度与钢中的碳含量数据

序号 i	x_i(%)	$y(\times 10^7 \text{Pa})$	序号 i	x_i(%)	$y(\times 10^7 \text{Pa})$
1	0.10	42.0	7	0.16	49.0
2	0.11	43.5	8	0.17	53.0
3	0.12	45.0	9	0.18	50.0
4	0.13	45.5	10	0.20	55.0
5	0.14	45.0	11	0.21	55.0
6	0.15	47.5	12	0.23	60.0

2. 画散点图

为了研究两个量间存在什么关系,可以画一张散点图,即将一对数据看成直角坐标系中的一个点。例 7.1.1 的散点图见图 7.1.1。

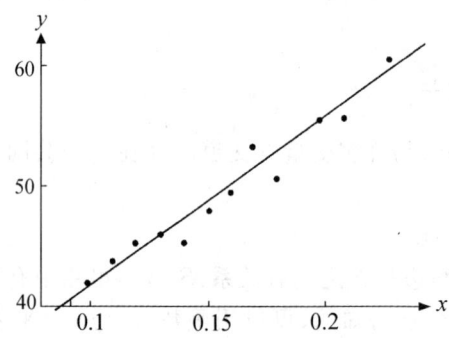

图 7.1.1　例 7.1.1 的散点图

3. 观察散点图中点的分布规律

在图 7.1.1 中 12 个点基本散布在一条直线附近,当碳含量 x 增加时,合金钢的强度 y 也有增加的趋势,但不能唯一确定,它们之间的这种关系称为线性相关关系。

相关分析与回归分析就是研究这类相关关系的统计方法。

7.1.3　样本相关系数

一、样本相关系数的定义

设有 n 个点 (x_i, y_i), $i=1,2,\cdots,n$,它们间的线性相关程度可以用样本相关系数(简称相关系数) r 来度量,它被定义为:

$$r = \frac{\sum_{i=1}^{n}(x_i-\bar{x})(y_i-\bar{y})}{\sqrt{\sum_{i=1}^{n}(x_i-\bar{x})^2 \cdot \sum_{i=1}^{n}(y_i-\bar{y})^2}} = \frac{l_{xy}}{\sqrt{l_{xx}l_{yy}}} \tag{7.1.1}$$

其中 $\bar{x} = \frac{1}{n}\sum_{i=1}^{n}x_i$, $\bar{y} = \frac{1}{n}\sum_{i=1}^{n}y_i$ 分别为变量 x 与 y 的样本平均值;

$l_{xy} = \sum_{i=1}^{n}(x_i-\bar{x})(y_i-\bar{y}) = \sum_{i=1}^{n}x_i y_i - \frac{1}{n}\sum_{i=1}^{n}x_i \sum_{i=1}^{n}y_i$ 是 x 的偏差与 y 的偏差的乘积和;

$$l_{xx} = \sum_{i=1}^{n} (x_i - \bar{x})^2 = \sum_{i=1}^{n} x_i^2 - \frac{1}{n} \left(\sum_{i=1}^{n} x_i \right)^2 \text{ 是 } x \text{ 的偏差平方和;}$$

$$l_{yy} = \sum_{i=1}^{n} (y_i - \bar{y})^2 = \sum_{i=1}^{n} y_i^2 - \frac{1}{n} \left(\sum_{i=1}^{n} y_i \right)^2 \text{ 是 } y \text{ 的偏差平方和。}$$

二、具体计算

(1) 计算和 $\sum x_i, \sum y_i$ 及均值 $\bar{x}, \bar{y}$;(在不会混淆的场合,"$\sum$"表示"$\sum_{i=1}^{n}$",下同)

(2) 计算平方和与乘积和 $\sum x_i^2, \sum x_i y_i, \sum y_i^2$;

(3) 计算诸偏差平方和与偏差乘积和 l_{xx}, l_{xy}, l_{yy};

(4) 计算相关系数 r。

下面对例 7.1.1 进行计算:

$$\sum x_i = 1.90, \sum y_i = 590.5, \bar{x} = 0.1583, \bar{y} = 49.2083$$

$$\sum x_i^2 = 0.3194, \sum x_i y_i = 95.9250, \sum y_i^2 = 29392.75$$

$$l_{xx} = 0.3194 - 1.90^2/12 = 0.018567$$

$$l_{yy} = 29392.75 - 590.5^2/12 = 335.229167$$

$$l_{xy} = 95.9250 - 1.90 \times 590.5/12 = 2.429167$$

$$r = \frac{l_{xy}}{\sqrt{l_{xx} l_{yy}}} = \frac{2.429167}{\sqrt{0.018567 \times 335.229167}} = 0.97388$$

三、相关系数 r 的性质与示意图

对相关系数 r,可以证明有 $-1 \leqslant r \leqslant 1$。

相关系数 r 的绝对值的大小表示了两个变量 x 与 y 之间线性相关的程度,其示意图见图 7.1.2。

当 $r = \pm 1$ 时,n 个点在一条直线上,这时两个变量间完全线性相关。

当 $r = 0$ 时,称两个变量不相关,这时散布图上 n 个点可能毫无规律,也可能两个变量间有某种曲线的趋势等待研究。

当 $r > 0$ 时,称两个变量间具有正相关,这时当 x 的值增加时,y 的值也有增大的趋势。

当 $r < 0$ 时,称两个变量间具有负相关,这时当 x 的值增加时,y 的值有减少的趋势。

仅研究两个变量间线性关系的强弱程度与方向的统计分析称为相关分析,在相关分析中两个变量的地位是平等的,此时 x 与 y 的相关系数和 y 与 x 的相关系数相等。

四、相关系数的检验

我们现在定义的是样本相关系数,它是根据数据计算得到的,即使两个变量间实际上并不存在线性相关关系,但是计算得到的 r 也不一定为 0,那么相关系数 r 的绝对值应该为多大时,才能认为两个变量 x 与 y 间存在一定程度的线性相关呢?如果记两个变量间真实的相关系数为 ρ,那么就是要对如下假设进行检验:

$$H_0: \rho = 0, H_1: \rho \neq 0$$

在假定 x 非随机变量,y 为随机变量,且对不同的 x_i,诸 y_i 相互独立,服从同方差正态分布的假定下,可以证明(见 §7.2),其拒绝域为:

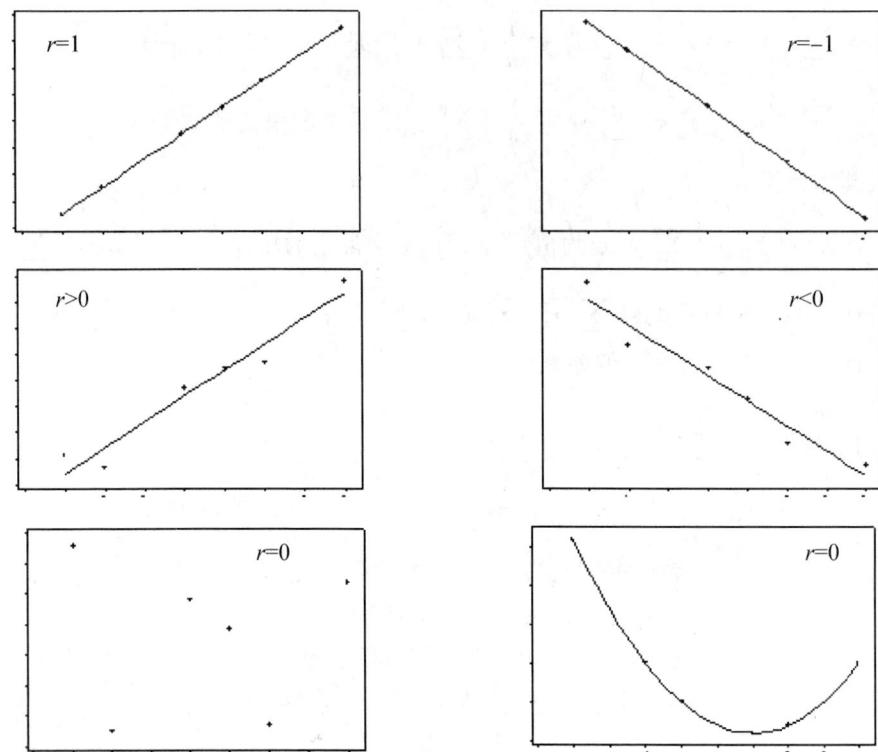

图 7.1.2 相关系数的示意图

$$W = \{|r| \geqslant r_{1-\alpha/2}(n-2)\}$$

其中 n 为样本量，α 是显著性水平，$r_{1-\alpha/2}(n-2)$ 为自由度为 $n-2$ 的 r 分布的 $1-\alpha/2$ 分位数，又称临界值，其数值有表可查（见表 7.1.2）。

表 7.1.2 相关系数检验的临界值表

$n-2$	5%	1%	$n-2$	5%	1%	$n-2$	5%	1%
1	0.997	1.000	16	0.468	0.590	35	0.325	0.418
2	0.950	0.990	17	0.456	0.575	40	0.304	0.393
3	0.878	0.959	18	0.444	0.561	45	0.288	0.372
4	0.811	0.917	19	0.433	0.549	50	0.273	0.354
5	0.754	0.874	20	0.423	0.537	55	0.250	0.325
6	0.707	0.834	21	0.413	0.526	60	0.232	0.302
7	0.666	0.798	22	0.404	0.515	70	0.217	0.283
8	0.632	0.765	23	0.396	0.505	80	0.205	0.267
9	0.602	0.735	24	0.388	0.496	90	0.195	0.254
10	0.576	0.708	25	0.381	0.487	100	0.174	0.228
11	0.553	0.684	26	0.374	0.478	150	0.159	0.208
12	0.532	0.661	27	0.367	0.470	200	0.138	0.181
13	0.514	0.641	28	0.361	0.463	300	0.113	0.148
14	0.497	0.623	29	0.355	0.456	400	0.098	0.128
15	0.482	0.606	30	0.349	0.449	1000	0.062	0.081

譬如在例 7.1.1 中 $n=12$，若取 $\alpha=0.05$，拒绝域为 $\{|r|\geqslant 0.576\}$，如今 $r=0.97388$，因此在显著性水平为 $\alpha=0.05$ 时可认为，合金强度 y 与其碳含量 x 间存在线性相关关系。

§7.2 一元线性回归

7.2.1 模型

假定有两个变量：x 是自变量，其值是可以控制或精确测量的，认为它是非随机变量；y 是因变量，对给定的 x 值，y 的取值事先不能确定，它由测量值（或观察值）确定，故 y 是随机变量。

如果我们独立地收集了 n 组数据 (x_i, y_i)，$i=1,2,\cdots,n$，在 (x,y) 的散点图上显示有线性相关关系，则我们可以认为观测值 y 由两部分迭加而成：一是随 x 的变化而呈线性变化的趋势，用 $\beta_0+\beta_1 x$ 表示；二是其他随机因素影响的总和，用 ε 表示，常假定 $\varepsilon\sim N(0,\sigma^2)$。现在我们独立地收集了 n 组数据，故有如下的数据结构式：

$$y_i = \beta_0 + \beta_1 x_i + \varepsilon_i, \quad i=1,2,\cdots,n$$

称 β_0,β_1 为回归系数。我们可以将一元线性回归的模型表示为：

$$\begin{cases} y_i = \beta_0 + \beta_1 x_i + \varepsilon_i, & i=1,2,\cdots,n \\ \text{诸 } \varepsilon_i \text{ 相互独立服从 } N(0,\sigma^2) \end{cases} \tag{7.2.1}$$

在上述数据结构式中我们其实作了如下的假定：

(1) 各 ε_i 均值为 0，从而各 y_i 的均值是 $Ey_i=\beta_0+\beta_1 x_i$，$i=1,2,\cdots,n$；

(2) 各 ε_i 方差相等均为 σ^2，从而各 y_i 的方差相等均为 σ^2：

$$\mathrm{Var}(y_i) = \sigma^2, \quad i=1,2,\cdots,n;$$

(3) 各 ε_i 相互独立，从而各 y_i 相互独立；

(4) 各 ε_i 都服从同一正态分布，从而各 y_i 服从正态分布：$y_i\sim N(\beta_0+\beta_1 x_i,\sigma^2)$。

7.2.2 回归系数的最小二乘估计及其性质

一、最小二乘估计

为估计回归系数 β_0,β_1，常采用最小二乘法。记

$$Q(\beta_0,\beta_1) = \sum_{i=1}^{n}(y_i - \beta_0 - \beta_1 x_i)^2$$

若 $\hat{\beta}_0$ 与 $\hat{\beta}_1$ 满足如下等式：

$$Q(\hat{\beta}_0,\hat{\beta}_1) = \min_{\beta_0,\beta_1} Q(\beta_0,\beta_1)$$

则称 $\hat{\beta}_0,\hat{\beta}_1$ 为 β_0,β_1 的最小二乘估计。

可以通过求导函数的方法来获得最小二乘估计：

$$\begin{cases} \dfrac{\partial Q}{\partial \beta_0} = -2\sum_{i=1}^{n}(y_i - \beta_0 - \beta_1 x_i) = 0 \\ \dfrac{\partial Q}{\partial \beta_1} = -2\sum_{i=1}^{n}(y_i - \beta_0 - \beta_1 x_i)x_i = 0 \end{cases} \tag{7.2.2}$$

整理后有

$$\begin{cases} n\beta_0 + n\bar{x}\beta_1 = n\bar{y} \\ n\bar{x}\beta_0 + \sum_{i=1}^{n} x_i^2 \beta_1 = \sum_{i=1}^{n} x_i y_i \end{cases} \tag{7.2.3}$$

称上述方程组为正规方程组。从(7.2.3)的第一式可得 $\beta_0 = \bar{y} - \beta_1 \bar{x}$，将它代入(7.2.3)的第二式，则有 $\left[\sum_{i=1}^{n} x_i^2 - n\bar{x}^2\right]\beta_1 = \sum_{i=1}^{n} x_i y_i - n\bar{x}\bar{y}$，即 $l_{xx}\beta_1 = l_{xy}$，解之得

$$\begin{cases} \hat{\beta}_1 = \dfrac{l_{xy}}{l_{xx}} \\ \hat{\beta}_0 = \bar{y} - \hat{\beta}_1 \bar{x} \end{cases} \tag{7.2.4}$$

可以验证：$\hat{\beta}_0, \hat{\beta}_1$ 使 $Q(\beta_0, \beta_1)$ 达到最小，故其为最小二乘估计。

从(7.2.4)可见，只要先算得 $\bar{x}, \bar{y}$ 和 l_{xx}, l_{xy} 就可立即算得 $\hat{\beta}_1$ 与 $\hat{\beta}_0$。具体见下例。

例 7.2.1 对例 7.1.1 上的 12 对数据建立 y 关于 x 的一元线性回归方程。

解：根据 §7.1 的计算结果有

$$\bar{x} = 0.1583, \quad \bar{y} = 49.2083, \quad l_{xx} = 0.018567, \quad l_{xy} = 2.429167$$

则

$$\hat{\beta}_1 = l_{xy}/l_{xx} = 130.8325, \quad \hat{\beta}_0 = \bar{y} - \hat{\beta}_1 \bar{x} = 28.4975$$

从而可以写出回归方程如下：

$$\hat{y} = 28.4975 + 130.8325x$$

注意：回归方程有两种表示方法：

$$\hat{y} = \hat{\beta}_0 + \hat{\beta}_1 x$$

$$\hat{y} = \bar{y} + \hat{\beta}_1 (x - \bar{x})$$

从中可看出回归直线经过 $(0, \hat{\beta}_0)$ 和 $(\bar{x}, \bar{y})$ 两点。

二、最小二乘估计的性质

定理 7.2.1 在模型(7.2.1)的假定下，有

(1) β_0 与 β_1 的最小二乘估计 $\hat{\beta}_0$ 与 $\hat{\beta}_1$ 有如下分布：

$$\hat{\beta}_0 \sim N\left(\beta_0, \left(\dfrac{1}{n} + \dfrac{\bar{x}^2}{l_{xx}}\right)\sigma^2\right), \quad \hat{\beta}_1 \sim N\left(\beta_1, \dfrac{\sigma^2}{l_{xx}}\right),$$

这表明 $\hat{\beta}_0$ 与 $\hat{\beta}_1$ 分别是 β_0 与 β_1 的无偏估计；

(2) $\hat{\beta}_0$ 与 $\hat{\beta}_1$ 的协方差为 $\mathrm{Cov}(\hat{\beta}_0, \hat{\beta}_1) = -\dfrac{\bar{x}}{l_{xx}}\sigma^2$；

(3) 在给定 $x=x_0$ 处,预测值 $\hat{y}_0$ 有如下正态分布:

$$\hat{y}_0 = \hat{\beta}_0 + \hat{\beta}_1 x_0 \sim N\left(\beta_0 + \beta_1 x_0, \left[\frac{1}{n} + \frac{(x_0-\bar{x})^2}{l_{xx}}\right]\sigma^2\right)$$

证:(1)(7.2.4)中的 $\hat{\beta}_0, \hat{\beta}_1$ 实际上都是独立正态变量 $y_1, y_2, \cdots, y_n$ 的线性组合:

$$\hat{\beta}_1 = \frac{l_{xy}}{l_{xx}} = \frac{1}{l_{xx}}\sum(x_i-\bar{x})y_i = \sum\frac{x_i-\bar{x}}{l_{xx}}y_i$$

$$\hat{\beta}_0 = \bar{y} - \hat{\beta}_1\bar{x} = \frac{1}{n}\sum y_i - \sum\frac{(x_i-\bar{x})\bar{x}}{l_{xx}}y_i = \sum\left[\frac{1}{n} - \frac{(x_i-\bar{x})\bar{x}}{l_{xx}}\right]y_i$$

因此在模型(7.2.1)下,$\hat{\beta}_0, \hat{\beta}_1$ 均服从正态分布,且

$$E(\hat{\beta}_1) = \sum\frac{x_i-\bar{x}}{l_{xx}}E(y_i) = \sum\frac{x_i-\bar{x}}{l_{xx}}(\beta_0 + \beta_1 x_i) = \beta_1$$

$$\mathrm{Var}(\hat{\beta}_1) = \sum\left(\frac{x_i-\bar{x}}{l_{xx}}\right)^2\mathrm{Var}(y_i) = \frac{\sigma^2}{l_{xx}}$$

$$E(\hat{\beta}_0) = E(\bar{y}) - E(\hat{\beta}_1)\bar{x} = \beta_0 + \beta_1\bar{x} - \beta_1\bar{x} = \beta_0$$

$$\mathrm{Var}(\hat{\beta}_0) = \sum\left[\frac{1}{n} - \frac{(x_i-\bar{x})\bar{x}}{l_{xx}}\right]^2\mathrm{Var}(y_i) = \left(\frac{1}{n} + \frac{\bar{x}^2}{l_{xx}}\right)\sigma^2$$

所以有:

$$\hat{\beta}_0 \sim N\left(\beta_0, \left(\frac{1}{n} + \frac{\bar{x}^2}{l_{xx}}\right)\sigma^2\right), \quad \hat{\beta}_1 \sim N\left(\beta_1, \frac{\sigma^2}{l_{xx}}\right)$$

(2) $\hat{\beta}_0$ 与 $\hat{\beta}_1$ 的协方差为:

$$\mathrm{Cov}\left(\sum\left[\frac{1}{n} - \frac{(x_i-\bar{x})\bar{x}}{l_{xx}}\right]y_i, \sum\frac{x_i-\bar{x}}{l_{xx}}y_i\right)$$

$$= \sum\left[\frac{1}{n} - \frac{(x_i-\bar{x})\bar{x}}{l_{xx}}\right]\left(\frac{x_i-\bar{x}}{l_{xx}}\right)\mathrm{Var}(y_i)$$

$$= \sum\left[\frac{1}{n} - \frac{(x_i-\bar{x})\bar{x}}{l_{xx}}\right]\left(\frac{x_i-\bar{x}}{l_{xx}}\right)\sigma^2 = -\frac{\bar{x}}{l_{xx}}\sigma^2$$

故

$$\mathrm{Cov}(\hat{\beta}_0, \hat{\beta}_1) = -\frac{\bar{x}}{l_{xx}}\sigma^2$$

(3) 在给定 $x=x_0$ 后,$\hat{y}_0 = \hat{\beta}_0 + \hat{\beta}_1 x_0$ 也是独立正态变量 $y_1, y_2, \cdots, y_n$ 的线性组合,故仍然服从正态分布,又

$$E(\hat{y}_0) = E(\hat{\beta}_0 + \hat{\beta}_1 x_0) = E(\hat{\beta}_0) + E(\hat{\beta}_1)x_0 = \beta_0 + \beta_1 x_0$$

$$\mathrm{Var}(\hat{y}_0) = \mathrm{Var}(\hat{\beta}_0) + x_0^2\mathrm{Var}(\hat{\beta}_1) + 2x_0\mathrm{Cov}(\hat{\beta}_0, \hat{\beta}_1)$$

$$= \left(\frac{1}{n} + \frac{\bar{x}^2}{l_{xx}}\right)\sigma^2 + \frac{x_0^2}{l_{xx}}\sigma^2 - \frac{2x_0\bar{x}}{l_{xx}}\sigma^2 = \left[\frac{1}{n} + \frac{(x_0-\bar{x})^2}{l_{xx}}\right]\sigma^2$$

所以在给定 $x=x_0$ 后,$\hat{y}_0 = \hat{\beta}_0 + \hat{\beta}_1 x_0 \sim N\left(\beta_0 + \beta_1 x_0, \left[\frac{1}{n} + \frac{(x_0-\bar{x})^2}{l_{xx}}\right]\sigma^2\right)$.

7.2.3 回归方程的显著性检验

我们建立回归方程的目的是去表达两个具有线性相关的变量间的变化趋势,因此,只有当两个变量具有线性相关关系时所建立的回归方程才是有意义的。

一个有意义的回归方程,首先 y 与 x 必须处于同一过程中,它们间有一定的联系。建立回归方程的目的是寻找 y 随 x 变化的规律,即 $E(y)=\beta_0+\beta_1 x$。

如果 $\beta_1=0$,那么不管 x 如何变化,$E(y)$ 不随 x 的变化作线性变化,这时求得的回归方程就没有意义。

如果 $\beta_1\neq 0$,那么当 x 变化时,$E(y)$ 随 x 的变化作线性变化,这时求得的回归方程就有意义。

因此对回归方程作显著性检验,就是要检验如下的假设:
$$H_0:\beta_1=0, \quad H_1:\beta_1\neq 0$$

拒绝 H_0 表示回归方程有意义。

在一元线性回归中检验这一对假设有三种等价的方法。

一、方差分析法

这一方法可以方便地推广到多元线性回归分析中去。如同方差分析中一样,从数据出发,研究各 y_i 不同的原因,通过平方和分解来给出。

1. 各 y_i 不同的原因

一是 H_0 不真,从而 $E(y)$ 随 x 的变化而线性变化;

二是其他一切因素,包括随机误差、x 变化时对 $E(y)$ 的非线性影响等。

我们首先将这两个原因引起的数据波动分别用两个量表示。

2. 平方和分解

如果我们已经求得了一元线性回归方程 $\hat{y}=\hat{\beta}_0+\hat{\beta}_1 x$,则称 $\hat{y}_i=\hat{\beta}_0+\hat{\beta}_1 x_i$ 为回归值(也称拟合值),$y_i-\hat{y}_i$ 为残差。

数据总波动用总偏差平方和表示:
$$S_T=\sum(y_i-\bar{y})^2=l_{yy}, \quad f_T=n-1$$

它可以分解为两项:
$$S_T=\sum(y_i-\bar{y})^2=\sum(y_i-\hat{y}_i+\hat{y}_i-\bar{y})^2$$
$$=\sum(y_i-\hat{y}_i)^2+\sum(\hat{y}_i-\bar{y})^2$$

其中乘积项之和
$$\sum(y_i-\hat{y}_i)(\hat{y}_i-\bar{y})=\sum(y_i-\hat{y}_i)[\hat{\beta}_1(x_i-\bar{x})]$$
$$=\hat{\beta}_1\sum(y_i-\hat{y}_i)x_i-\hat{\beta}_1\bar{x}\sum(y_i-\hat{y}_i)$$

另外从 $\hat{\beta}_0,\hat{\beta}_1$ 满足正规方程组(7.2.2)可得:

从 $\sum(y_i-\hat{\beta}_0-\hat{\beta}_1 x_i)=0$ 知 $\sum(y_i-\hat{y}_i)=0$

从 $\sum(y_i-\hat{\beta}_0-\hat{\beta}_1 x_i)x_i=0$ 知 $\sum(y_i-\hat{y}_i)x_i=0$

故上述乘积项之和为 0，这样一来，我们就得到总平方和分解式：
$$S_T = S_E + S_R$$
其中
$$S_E = \sum (y_i - \hat{y}_i)^2 \quad \text{称为残差平方和}$$
$$S_R = \sum (\hat{y}_i - \bar{y})^2 \quad \text{称为回归平方和}$$

3. S_R 与 S_E 的意义

定理 7.2.2 在模型(7.2.1)的假定下，有
$$E(S_E) = (n-2)\sigma^2 \tag{7.2.5}$$
$$E(S_R) = \sigma^2 + \beta_1^2 l_{xx} \tag{7.2.6}$$

在证明此定理前先来解释一下其含义。

(7.2.5)表明：残差平方和仅含误差的波动，其期望是 σ^2 的 $(n-2)$ 倍，今后称此 $(n-2)$ 为残差平方和 S_E 的自由度，并记为 f_E，即 $f_E = n-2$，并称 $MS_E = S_E/f_E$ 为残差均方，它提供了 σ^2 的无偏估计。

(7.2.6)表明：回归平方和 S_R 不仅含有少量误差波动，还含有回归系数 β_1 的成分。在原假设 $H_0: \beta_1 = 0$ 为真时，S_R 也是 σ^2 的无偏估计，此时 S_R 仅含一个 σ^2，故 S_R 的自由度为 1，即 $f_R = 1$。

证：(1) 求 $E(S_E)$

$$S_E = \sum (y_i - \hat{y}_i)^2 = \sum (\beta_0 + \beta_1 x_i + \varepsilon_i - \hat{\beta}_0 - \hat{\beta}_1 x_i)^2$$
$$= \sum (\hat{\beta}_0 - \beta_0)^2 + \sum x_i^2 (\hat{\beta}_1 - \beta_1)^2 + \sum \varepsilon_i^2 - 2\sum (\hat{\beta}_0 - \beta_0)\varepsilon_i$$
$$- 2\sum (\hat{\beta}_1 - \beta_1)x_i \varepsilon_i + 2\sum (\hat{\beta}_0 - \beta_0)(\hat{\beta}_1 - \beta_1)x_i$$

那么
$$E(S_E) = n\text{Var}(\hat{\beta}_0) + \sum x_i^2 \text{Var}(\hat{\beta}_1) + n\sigma^2 - 2\sum E(\hat{\beta}_0 \varepsilon_i)$$
$$- 2\sum x_i E(\hat{\beta}_1 \varepsilon_i) + 2n\bar{x}\text{Cov}(\hat{\beta}_0, \hat{\beta}_1)$$

由于在最小二乘估计的性质(定理 7.2.1)中，已求得了 $\text{Var}(\hat{\beta}_0)$、$\text{Var}(\hat{\beta}_1)$ 与 $\text{Cov}(\hat{\beta}_0, \hat{\beta}_1)$，为此还需要求另两个量：$E(\hat{\beta}_0 \varepsilon_i)$ 与 $E(\hat{\beta}_1 \varepsilon_i)$，仍然利用 $\hat{\beta}_0, \hat{\beta}_1$ 是 $y_1, y_2, \cdots, y_n$ 的线性组合，及 y_j 与 $\varepsilon_i, i \neq j$ 的独立性，有：

$$\sum E(\hat{\beta}_0 \varepsilon_i) = \sigma^2, \quad \sum x_i E(\hat{\beta}_1 \varepsilon_i) = \sigma^2$$

将它们都代入后，便有：

$$E(S_E) = n\left[\frac{1}{n} + \frac{\bar{x}^2}{l_{xx}}\right]\sigma^2 + \sum \frac{x_i^2}{l_{xx}}\sigma^2 + n\sigma^2 - 2\sigma^2 - 2\sigma^2 - \frac{2n\bar{x}^2}{l_{xx}}\sigma^2$$
$$= (1 + n - 4)\sigma^2 + \frac{1}{l_{xx}}\sum (x_i - \bar{x})^2 \sigma^2 = (n-2)\sigma^2$$

(2)求 $E(S_R)$

先给出回归平方和的计算公式：

$$S_R = \sum(\hat{y}_i - \bar{y})^2 = \sum[\bar{y} + \hat{\beta}_1(x_i - \bar{x}) - \bar{y}]^2 = \hat{\beta}_1^2 l_{xx} = \hat{\beta}_1 l_{xy}$$

利用第一个计算式，有

$$E(S_R) = E(\hat{\beta}_1^2) l_{xx} = [\mathrm{Var}(\hat{\beta}_1) + (E\hat{\beta}_1)^2] \cdot l_{xx} = \left(\frac{\sigma^2}{l_{xx}} + \beta_1^2\right) l_{xx} = \sigma^2 + \beta_1^2 l_{xx}$$

此外，由于在 $\beta_1 = 0$ 时，$\hat{\beta}_1 \sim N\left(0, \frac{\sigma^2}{l_{xx}}\right)$，从而 $\frac{S_R}{\sigma^2} = \frac{\hat{\beta}_1^2 l_{xx}}{\sigma^2} \sim \chi^2(1)$。

由定理 7.2.2 知，$E(S_E) = (n-2)\sigma^2$，$E(S_R) = \sigma^2 + \beta_1^2 l_{xx} \geqslant \sigma^2$，在 H_0 为真时，$E(S_R) = \sigma^2$。

4. F 比及其分布：

如同方差分析中一样，我们可以考虑采用 F 比作为统计量：

$$F = \frac{S_R}{S_E/(n-2)}$$

拒绝域的形式取为 $\{F \geqslant k\}$ 是合适的。在正态分布的假定下，还可以证明如下结论：

定理 7.2.3 在模型(7.2.1)下，有

(1) $S_E/\sigma^2 \sim \chi^2(n-2)$；

(2)在 H_0 为真时，$S_R/\sigma^2 \sim \chi^2(1)$；

(3) S_E 与 S_R，$\bar{y}$ 相互独立，也可以说 S_E，$\hat{\beta}_1$，$\bar{y}$ 相互独立；

(4)在 H_0 为真时，$F = \dfrac{S_R}{S_E/(n-2)} \sim F(1, n-2)$。

证：见 §7.4。

由定理 7.2.3 知拒绝域中的临界值 $k = F_{1-\alpha}(1, n-2)$，即对给定的显著性水平 α，拒绝域为 $\{F \geqslant F_{1-\alpha}(f_R, f_E)\}$。

5. 具体计算：

由于 $S_T = l_{yy}$，$S_R = \hat{\beta}_1 l_{xy}$，$S_E = S_T - S_R$，因此计算可以如下进行：

(1)计算和 $\sum x_i$，$\sum y_i$ ；

(2)计算平方和与乘积和 $\sum x_i^2$，$\sum x_i y_i$，$\sum y_i^2$ ；

(3)计算 l_{xx}，l_{xy}，l_{yy} ；

(4)计算 S_T，S_R，S_E ；

(5)列方差分析表：

表 7.2.1 一元线性回归的方差分析表

来源	平方和	自由度	均方	F 比
回归	S_R	1	$MS_R = S_R$	$F = MS_R/MS_E$
残差	S_E	$n-2$	$MS_E = S_E/(n-2)$	
总计	S_T	$n-1$		

(6) 下结论。

二、t 检验

由于 $\hat{\beta}_1 \sim N\left(\beta_1, \dfrac{\sigma^2}{l_{xx}}\right)$，$S_E/\sigma^2 \sim \chi^2(n-2)$，且 S_E 与 $\hat{\beta}_1$ 相互独立，因此

$$\dfrac{\hat{\beta}_1 - \beta_1}{\sigma/\sqrt{l_{xx}}} \bigg/ \sqrt{\dfrac{S_E}{\sigma^2(n-2)}} = \dfrac{\hat{\beta}_1 - \beta_1}{\hat{\sigma}/\sqrt{l_{xx}}} \sim t(n-2)$$

在 H_0 为真时，有：

$$t = \dfrac{\hat{\beta}_1}{\hat{\sigma}/\sqrt{l_{xx}}} \sim t(n-2)$$

给定的显著性水平 α，拒绝域为：

$$\{|t| \geqslant t_{1-\alpha/2}(n-2)\}$$

其中 $\hat{\sigma} = \sqrt{S_E/(n-2)}$。由于 $\sigma_{\hat{\beta}_1} = \sigma/\sqrt{l_{xx}}$，因此称 $\hat{\sigma}_{\hat{\beta}_1} = \hat{\sigma}/\sqrt{l_{xx}}$ 为 $\hat{\beta}_1$ 的标准误，即 $\hat{\beta}_1$ 的标准差的估计。

还可指出，$t^2 = F$，在 H_0 为真时，t^2 服从 $F(1, n-2)$。这是因为：

$$t^2 = \dfrac{\hat{\beta}_1^2}{\hat{\sigma}^2/l_{xx}} = \dfrac{\hat{\beta}_1^2 \cdot l_{xx}}{S_E/(n-2)} = \dfrac{S_R}{S_E/(n-2)} = F$$

可见 t 检验可以转化为 F 检验，反之不然，因为反函数 $t = \pm\sqrt{F}$ 不是单值函数。

三、相关系数检验

这就是在 7.1.3 中所叙述的求两个变量间的相关系数，对于给定的显著性水平 α，当 $|r| \geqslant r_{1-\alpha/2}(n-1)$ 时，便认为两个变量间存在线性相关关系，所求得的回归方程是有意义的。

实际上，r 与 $\hat{\beta}_1$、r 与 F 都有联系：

$$r = \dfrac{l_{xy}}{\sqrt{l_{xx}l_{yy}}} = \sqrt{\dfrac{l_{xx}}{l_{yy}}}\hat{\beta}_1, \qquad r^2 = \dfrac{l_{xy}^2}{l_{xx}l_{yy}} = \dfrac{S_R}{S_T} = \dfrac{F}{F+(n-2)}$$

由于在 $F \geqslant F_{1-\alpha}(1, n-2)$ 时，回归方程是显著的，故相当于

$$r^2 \geqslant \dfrac{F_{1-\alpha/2}(1, n-2)}{F_{1-\alpha/2}(1, n-2) + (n-2)}$$

即 $|r| \geqslant r_{1-\alpha/2}(n-2)$，这里 $r_{1-\alpha/2} = \sqrt{\dfrac{F_{1-\alpha/2}(1, n-2)}{F_{1-\alpha/2}(1, n-2) + (n-2)}}$。

注意：在实际使用时，只要选上述三个检验之一即可。

例 7.2.2 对例 7.2.1 用方差分析的方法作回归方程的显著性检验。

解：(1) 利用前面的结果，计算各类偏差平方和：

$S_T = l_{yy} = 335.229167$, $\qquad\qquad\qquad\qquad\qquad f_T = 11$

$S_R = \hat{\beta}_1 l_{xy} = 130.8325 \times 2.429167 = 317.813992$, $\qquad f_R = 1$

$S_E = S_T - S_R = 335.229167 - 317.813992 = 17.415275$, $\quad f_E = 10$

(2)列方差分析表(见表 7.2.2)

表 7.2.2 方差分析表

来源	平方和	自由度	均方	F 比
回归	$S_R=317.813992$	$f_R=1$	317.813992	182.49
残差	$S_E=17.415275$	$f_E=10$	1.741528	
T	$S_T=335.229167$	$f_T=11$		

在 $\alpha=0.05$ 时,$F_{0.95}(1,10)=4.96$,现在 $F>4.96$,这表明在 $\alpha=0.05$ 水平上方程是有意义的。

7.2.4 利用回归方程作预测

当求得了回归方程 $\hat{y}=\hat{\beta}_0+\hat{\beta}_1 x$,并经检验确认回归方程是显著的,则可以用回归方程进行预测。

所谓预测是指当 $x=x_0$ 时对相应的 y 的取值 y_0 所作的推断。由于 y 是随机变量,其实际取值是难以预测的,人们常对其平均值 $E(y_0)$ 作出点估计与区间估计。如果 $x=x_0$,那么其均值 $E(y_0)=\beta_0+\beta_1 x_0$ 的估计值为(常作为 y_0 的预测值):

$$\hat{y}_0=\hat{\beta}_0+\hat{\beta}_1 x_0$$

由于 $\hat{y}_0 \sim N\left(\beta_0+\beta_1 x_0,\left[\dfrac{1}{n}+\dfrac{(x_0-\bar{x})^2}{l_{xx}}\right]\sigma^2\right)$,所以 $\hat{y}_0$ 是 $E(y_0)$ 的无偏估计。我们还可以给出 $E(y_0)$ 的 $1-\alpha$ 的置信区间 $[\hat{y}_0-\delta_0,\hat{y}_0+\delta_0]$,利用 $\hat{y}_0$ 与 S_E 的独立性,可知其中

$$\delta_0=t_{1-\alpha/2}(n-2)\hat{\sigma}\sqrt{\dfrac{1}{n}+\dfrac{(x_0-\bar{x})^2}{l_{xx}}}$$

这里 $\hat{\sigma}=\sqrt{S_E/(n-2)}$ 是误差标准差的估计,$t_{1-\alpha/2}(n-2)$ 是自由度为 $n-2$ 的 t 分布的 $1-\alpha/2$ 分位数。

另外,我们还可以给出 y_0 的预测区间:在 $x=x_0$ 时,随机变量 y_0 的取值与其预测值 $\hat{y}_0$ 总会有一定的偏离。人们要求这种绝对偏差 $|y_0-\hat{y}_0|$ 不超过某个 δ 的概率为 $1-\alpha$,其中 α 是事先给定的一个比较小的数$(0<\alpha<1)$,即

$$P(|y_0-\hat{y}_0|\leqslant \delta)=1-\alpha$$

或

$$P(\hat{y}_0-\delta\leqslant y_0\leqslant \hat{y}_0+\delta)=1-\alpha$$

$[\hat{y}_0-\delta,\hat{y}_0+\delta]$ 就称为 y_0 的概率为 $1-\alpha$ 的预测区间。由于

$$y_0-\hat{y}_0 \sim N\left(0,\left(1+\dfrac{1}{n}+\dfrac{(x_0-\bar{x})^2}{l_{xx}}\right)\sigma^2\right)$$

且 $y_0-\hat{y}_0$ 与 S_E 独立,故 δ 的表达式为:

$$\delta=\delta(x_0)=t_{1-\alpha/2}(n-2)\hat{\sigma}\sqrt{1+\dfrac{1}{n}+\dfrac{(x_0-\bar{x})^2}{l_{xx}}} \qquad (7.2.7)$$

由 δ 的表达式可以看出预测区间的长度 2δ 与样本量 n、x 的偏差平方和 l_{xx}、x_0 到 $\bar{x}$ 的距离 $|x_0-\bar{x}|$ 有关,x_0 愈远离 $\bar{x}$,预测精度就愈差。当 $x_0 \notin [x_{(1)},x_{(n)}]$ 时,预测精度可能变得很

差,这种情况称为外推,需要特别小心。

图 7.2.1 给出在不同 x 值上预测区间的示意图:在 $x=\bar{x}$ 处预测区间最短,远离 $\bar{x}$ 的预测区间愈来愈长,呈喇叭状。

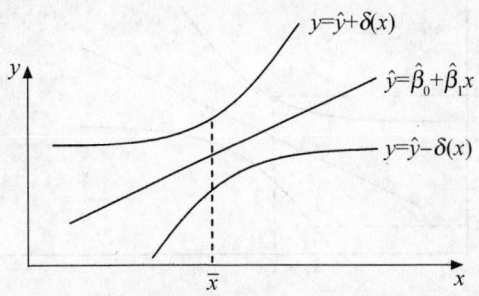

图 7.2.1 预测区间示意图

当 n 较大时(如 $n>30$),t 分布可以用标准正态分布近似,进一步,若 x_0 与 $\bar{x}$ 相差不大时,δ 可以近似取为:

$$\delta \approx \hat{\sigma} \cdot u_{1-\alpha/2} \tag{7.2.8}$$

其中 $u_{1-\alpha/2}$ 是标准正态分布的 $1-\alpha/2$ 分位数。

例 7.2.3 对例 7.2.1,给出 $x_0=0.16$ 时的预测值及概率为 0.95 的预测区间。

1. 如果取 $x_0=0.16$,则得预测值为:

$$\hat{y}_0 = 28.4975 + 130.8325 \times 0.16 = 49.43$$

2. 求概率为 $1-\alpha$ 的预测区间:

(1) 先求 σ 的估计 $\hat{\sigma}=\sqrt{17.415275/(12-2)}=1.32$;

(2) 由给定的 α,查 t 分布表的分位数 $t_{1-\alpha/2}(n-2)$,当取 $\alpha=0.05$ 时,$t_{0.975}(10)=2.228$;

(3) 计算 δ 的值。本例中 $\bar{x}=0.1583$,$l_{xx}=0.018567$,故

$$\delta = 1.32 \times 2.228 \times \sqrt{1+\frac{1}{12}+\frac{(0.16-0.1583)^2}{0.018567}} = 3.06$$

(4) 写出预测区间 $(\hat{y}_0-\delta, \hat{y}_0+\delta)$,本例中为 (46.37, 52.49)。

3. 如果求近似区间,则由于 $u_{0.975}=1.96$,故有

$$\delta \approx 1.96 \times 1.32 = 2.59$$

此时所求区间为 $(49.43-2.59, 49.43+2.59)=(46.84, 52.02)$,此处两个区间相差较大,这是因为 n 较小的原因。

7.2.5 利用回归方程作控制

控制问题是预测的反问题。

若要求观察值 y 在 $[y_1, y_2]$ 内取值,其中 y_1, y_2 是标准或顾客要求给出的,那么应把自变量 x 控制在什么范围内才能以概率 $1-\alpha$ 保证 y 在 $[y_1, y_2]$ 内取值? 就是要寻找这样两个值 x_1 和 x_2,使得:

$$y - \delta(x_1) = y_1$$
$$y + \delta(x_2) = y_2$$

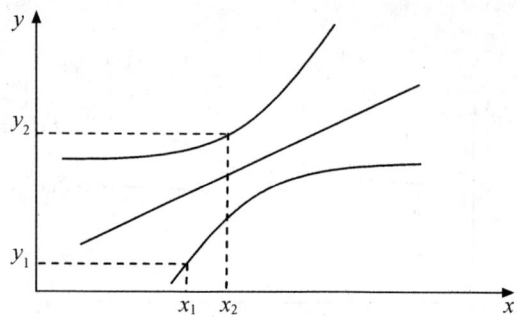

图 7.2.2　寻找控制区间的示意图

由于 $\delta(x)$ 的计算较为复杂,实际中常用近似的预测区间来获得。如果要以概率 $1-\alpha$ 控制 y 在 $y_1 < y < y_2$ 内,可以通过下列不等式组:

$$y_1 \leqslant \hat{\beta}_0 + \hat{\beta}_1 x_1 - u_{1-\alpha/2}\hat{\sigma}$$
$$y_2 \geqslant \hat{\beta}_0 + \hat{\beta}_1 x_2 + u_{1-\alpha/2}\hat{\sigma}$$

分别解出 x_1 和 x_2,从而确定 x 值的控制范围。譬如要求 $1-\alpha$ 为 0.95,还可以近似取 $u_{1-\alpha/2}$ 为 2。

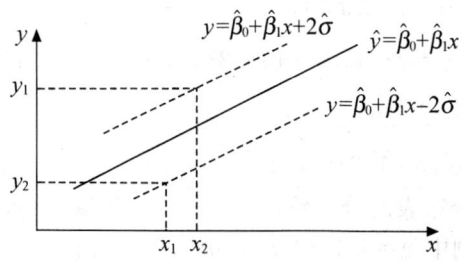

图 7.2.3　近似控制区间的示意图

例 7.2.4　对例 7.2.1,若要求以概率为 95% 保证 y 在 (44,54) 内,那么可列出下列不等式组:

$$28.4985 + 130.8325x - 2 \times 1.32 > 44$$
$$28.4985 + 130.8325x + 2 \times 1.32 < 54$$

解得 x 的范围为 (0.1387, 0.1747)。

7.2.6　失拟性检验

前面,我们是在假定 $E(y) = \beta_0 + \beta_1 x$ 的条件下来讨论参数的最小二乘估计及关于假设 $H_0: \beta_1 = 0$ 的检验问题。如果给出了数据,你能否确信 $E(y) = \beta_0 + \beta_1 x$？在一元线性回归中图形是一种直观的工具,但是散点图毕竟比较粗糙,因此希望给出一种统计检验的方法。检验的假设可以表示为:

$$H_0: E(y) = \beta_0 + \beta_1 x, \quad H_1: E(y) \neq \beta_0 + \beta_1 x$$

若在一个或几个 x 下各有若干个重复试验（或观察）数据的话，这些重复试验数据可以提供纯误差平方和，将它从残差平方和中分解出来，从而可以给出一种失拟性检验方法。

设所收集的观察数据为 $(x_i, y_{ij}), j=1,2,\cdots,m_i, i=1,2,\cdots,n$，其中至少一个 $m_i \geqslant 2$，记 $N = \sum_{i=1}^{n} m_i$。

首先将数据看成 N 组独立观察，可以建立 y 关于 x 的一元线性回归方程 $\hat{y} = \hat{\beta}_0 + \hat{\beta}_1 x$，此时有平方和分解式：$S_T = S_R + S_E$，其中

$$S_T = \sum_{i=1}^{n} \sum_{j=1}^{m_i} (y_{ij} - \bar{y})^2, \quad f_T = N - 1$$

$$S_E = \sum_{i=1}^{n} \sum_{j=1}^{m_i} (y_{ij} - \hat{y}_i)^2, \quad f_E = N - 2$$

在 H_0 为真时，$S_E/\sigma^2 \sim \chi^2(N-2)$。

现在对 S_E 再作分解。由于在 S_E 中除了随机误差外，还可能包含 x 对 y 的非线性影响或其他重要变量的影响。现在在同一 x 下有重复数据，可以将随机误差从中分离出来。纯误差平方和可以用下式表示：

$$S_e = \sum_{i=1}^{n} \sum_{j=1}^{m_i} (y_{ij} - \bar{y}_i)^2, \quad f_e = \sum_{i=1}^{n} (m_i - 1) = N - n$$

且 $S_e/\sigma^2 \sim \chi^2(N-n)$。

由于

$$S_E = \sum_{i=1}^{n} \sum_{j=1}^{m_i} (y_{ij} - \hat{y}_i)^2 = \sum_{i=1}^{n} \sum_{j=1}^{m_i} (y_{ij} - \bar{y}_i + \bar{y}_i - \hat{y}_i)^2$$

$$= \sum_{i=1}^{n} \sum_{j=1}^{m_i} (y_{ij} - \bar{y}_i)^2 + \sum_{i=1}^{n} m_i (\bar{y}_i - \hat{y}_i)^2 = S_e + S_{Lf}$$

其中 $\bar{y}_i = \frac{1}{m_i} \sum_{j=1}^{m_i} y_{ij}$，而

$$S_{Lf} = \sum_{i=1}^{n} m_i (\bar{y}_i - \hat{y}_i)^2 = S_E - S_e, \quad f_{Lf} = f_E - f_e = n - 2$$

称为失拟平方和。这是因为 $\bar{y}_i$ 总可以看成是 $E(y_i)$ 的无偏估计，而当 $H_0: E(y) = \beta_0 + \beta_1 x$ 为真时，$\hat{y}_i$ 也是 $E(y_i)$ 的无偏估计，若两者相差不大，可以认为 $H_0: E(y) = \beta_0 + \beta_1 x$ 为真，否则可能含有 x 对 y 的非线性影响或其他变量的影响，因此称它为失拟平方和。

可以证明在 $H_0: E(y) = \beta_0 + \beta_1 x$ 为真时，$S_{Lf}/\sigma^2 \sim \chi^2(n-2)$，且与 S_e/σ^2 相互独立。那么可用如下的统计量来进行检验：

$$F_{Lf} = \frac{S_{Lf}/f_{Lf}}{S_e/f_e}$$

当 H_0 为真时 $F_{Lf} = \frac{S_{Lf}/f_{Lf}}{S_e/f_e} \sim F(f_{Lf}, f_e)$。对于给定的显著性水平 α，拒绝域为：

$$\{F_{Lf} \geqslant F_{1-\alpha}(f_{Lf}, f_e)\}$$

当不能拒绝 H_0 时，认为一元线性回归模型合适，S_{Lf} 与 S_e 两者都是随机误差引起的，因此两

者可以合并,用来检验 $H_0:\beta_1=0$ 是否为真。

当拒绝 H_0 时,说明 S_{Lf} 不全是随机误差引起的,需要改变模型,关于模型的修改有多种可能,譬如 $y=\beta_0+\beta_1 x+\beta_2 x^2+\varepsilon$,或存在另一个自变量 x_2 对 y 有影响等,这些将要用到二元或多元线性回归作进一步处理。

例 7.2.5 某厂生产一种塑料,发现塑料的硬度 y 与压模时间 x(小时)有关,现记录了每一批的压模时间,并检验一个样品的硬度,数据如表 7.2.3 所列。

表 7.2.3 数据表

x	32	48	72	64	48	16	40	48	48	24	80	56
y	230	262	303	298	285	199	248	279	267	214	359	305

试建立 y 关于 x 的一元线性回归方程,并对模型进行失拟检验。

解:首先可以如同前面那样求出 y 关于 x 的一元线性回归方程:

$$\hat{y}=160.75+2.29x$$

对应的各偏差平方和及自由度分别为:

$$S_T=21652,\quad f_T=11$$
$$S_R=20167,\quad f_R=1$$
$$S_E=1486,\quad f_E=10$$

由于在 $x=48$ 处,有 4 次重复试验结果:262,285,279,267,所以可以求出纯误差平方和:$S_e=337,f_e=3$,则失拟平方和为:

$$S_{Lf}=S_E-S_e=1486-337=1149,\quad f_{Lf}=10-3=7$$

从而 $F_{Lf}=\dfrac{S_{Lf}/f_{Lf}}{S_e/f_e}=1.46<F_{0.95}(3,7)=4.35$,这表明一元线性回归模型合适。

利用残差平方和可以对回归方程进行检验:

$$F=\dfrac{S_R/f_R}{S_E/f_E}=135.75>F_{0.95}(1,10)=4.96$$

所以回归方程是显著的。上述计算与分析可综合在如下的方差分析表(见表 7.2.4)中。

表 7.2.4 方差分析表

来源	平方和	自由度	均方	F 比
回归	20167	1	20167	$F=135.75$
残差	1486	10	148.6	
失拟	1149	7	164.84	$F_{Lf}=1.46$
纯误差	337	3	112.3	
总计	21652	11		

7.2.7 回归诊断

以上对回归方程进行显著性检验,或利用回归方程求预测区间等都是基于回归的四项假定。如果数据是随机收集的,那么独立性问题不大。若在同一 x 下有多个重复试验或重复观察,那么对回归函数是否为线性可以用失拟检验方法进行检验。然而通常在一个 x 下仅有一个观察值,因此无法用统计方法对回归函数是否为线性、方差是否相等、分布是否为正态等假定进行检验。为此我们只能利用残差进行诊断。

记第 i 个观察值为 y_i,根据假定的模型所获得的拟合值为 $\hat{y}_i = \hat{\beta}_0 + \hat{\beta}_1 x_i$,那么残差便是 $e_i = y_i - \hat{y}_i$,利用残差进行诊断的工具是残差图。

对回归函数是否为线性、方差是否相等、分布是否为正态三个假定进行诊断,可以利用两张残差图来进行判断:

一是残差的正态概率图,若 n 个残差点在正态概率图上基本在一直线附近,那么不能否认正态性假定,通常就认为正态假定是合理的,否则可能需要对数据进行变换后重新建立回归方程。

二是利用残差对拟合值的图(见图 7.2.4),其横坐标是拟合值,纵坐标是残差。

- 若 n 个点 $(\hat{y}_i, e_i)$ 在图中的散布是无规则的,那么不能否认回归函数是 x 的线性函数与等方差的假定。
- 若 n 个点呈现某种曲线散布(见图 7.2.4a),那么均值是自变量的线性函数(第一个假定)可能存在问题,因为在拟合值较小和较大处的残差偏大,这是线性函数不恰当造成的,此时需要考虑改变模型,增加自变量的高次项或乘积项,或取自变量的某个函数等。
- 若 n 个点呈现喇叭形散布(见图 7.2.4b),这表明残差在随着拟合值 $\hat{y}$ 增大而增大(或相反),这时等方差性可能不满足,此时需要对数据进行变换,使方差相等。

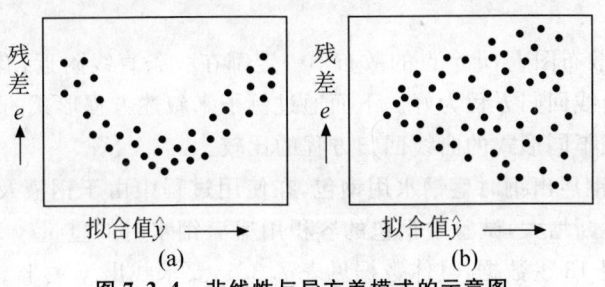

图 7.2.4 非线性与异方差模式的示意图

用例 7.2.1 的数据对三个假定做诊断。其残差的正态概率图如图 7.2.5 所示。

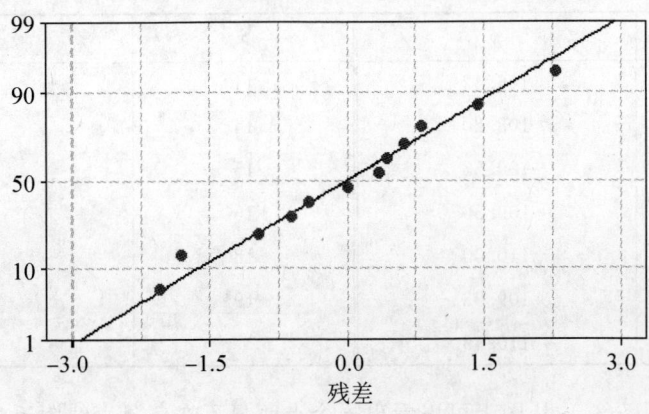

图 7.2.5 例 7.2.1 残差的正态概率图

从上述的正态概率图上可以看到残差基本在一条直线附近,因此不能否认正态性假定。残差对拟合值的图如图 7.2.6 所示。

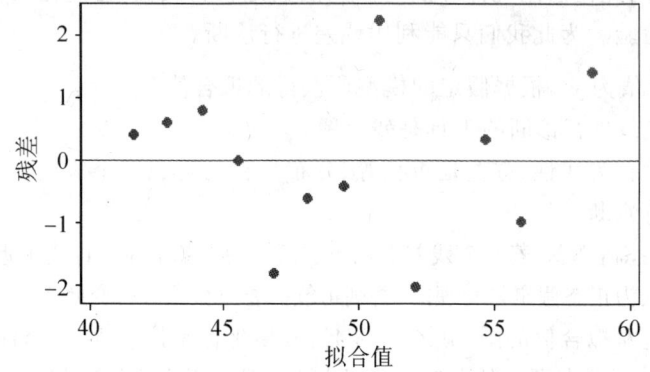

图 7.2.6　例 7.2.1 残差对拟合值的图

在残差对拟合值的图中点的散布没有呈现任何规律,因此不能否认回归函数是 x 的线性函数与等方差的假定。

综上回归的假定基本满足,所以上述结果可以作分析用。

§ 7.3　可以化为一元线性回归的曲线回归

在两个变量的散布图上,n 个点的散布不一定都在一条直线附近,有时可能在某条曲线附近,这时以建立曲线回归方程为好。下面通过例子来叙述方程形式的确定方法,方程中系数的估计方法,以及不同形式的曲线回归方程的比较。

例 7.3.1　炼钢厂出钢时盛钢水用钢包,在使用过程中由于钢液及炉渣对包衬耐火材料的浸蚀,其容积不断增大,试验中钢包的容积用盛满钢水时的重量 y 表示,相应的试验次数用 x 表示,共测得 13 组数据,具体数据见表 7.3.1,要求找出 y 关于 x 的回归方程的表达式。

表 7.3.1　数据表

x	y	x	y
2	106.42	11	110.59
3	108.20	14	110.60
4	109.58	15	110.90
5	109.50	16	110.76
7	110.00	18	111.00
8	109.93	19	111.20
10	110.49		

其散点图见图 7.3.1,从图上可以看出 n 个点明显不在一条直线附近。

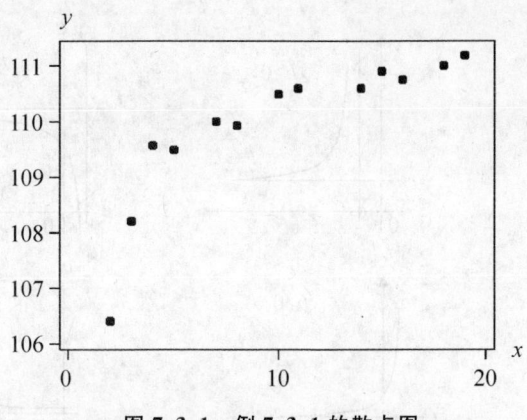

图 7.3.1　例 7.3.1 的散点图

7.3.1　确定曲线回归方程形式

常用的确定曲线回归方程形式的方法有两种,一是根据专业知识,二是根据数据所画的散点图,将它与一些标准的函数图象进行比较后加以选择。图 7.3.2 给出了常见的函数图形。

将本例的散点图与图 7.3.2 比较可选用的回归曲线有多种形式,譬如:

(1) $\dfrac{1}{\hat{y}} = a + b\dfrac{1}{x}\,(a>0, b>0)$;

(2) $\hat{y} = a + b\lg(x)\,(b>0)$;

(3) $\hat{y} = a + b\sqrt{x}\,(b>0)$;

(4) $\hat{y} - 100 = a \times \exp(-b/x)\,(b>0)$。

现在有两个问题要解决,一是所选方程中的参数如何估计,二是各种曲线回归方程如何比较。

7.3.2　曲线回归方程中参数的估计

我们可以采用线性化的方法,即通过变换将它化为一元线性回归方程的形式,用 §7.2 介绍的方法来获得参数的估计。图 7.3.2 给出的常见的函数图形以及本例我们所选的各种曲线回归方程都可以通过这一方法得到。

下面以方程(1)为例进行叙述。

我们做如下变换,令:

$$u = 1/x, \quad v = 1/y$$

那么(1)就化为一元线性回归方程的形式:

$$\hat{v} = a + bu$$

从而可以采用 §7.2 中求最小二乘估计的方法获得 a 与 b,计算过程如下:

1. 对数据进行变换,具体见表 7.3.2,这里 $n=13$。

2. 计算变量 u 与 v 的数据和 $\sum u_i = 2.050883$, $\sum v_i = 0.118267$

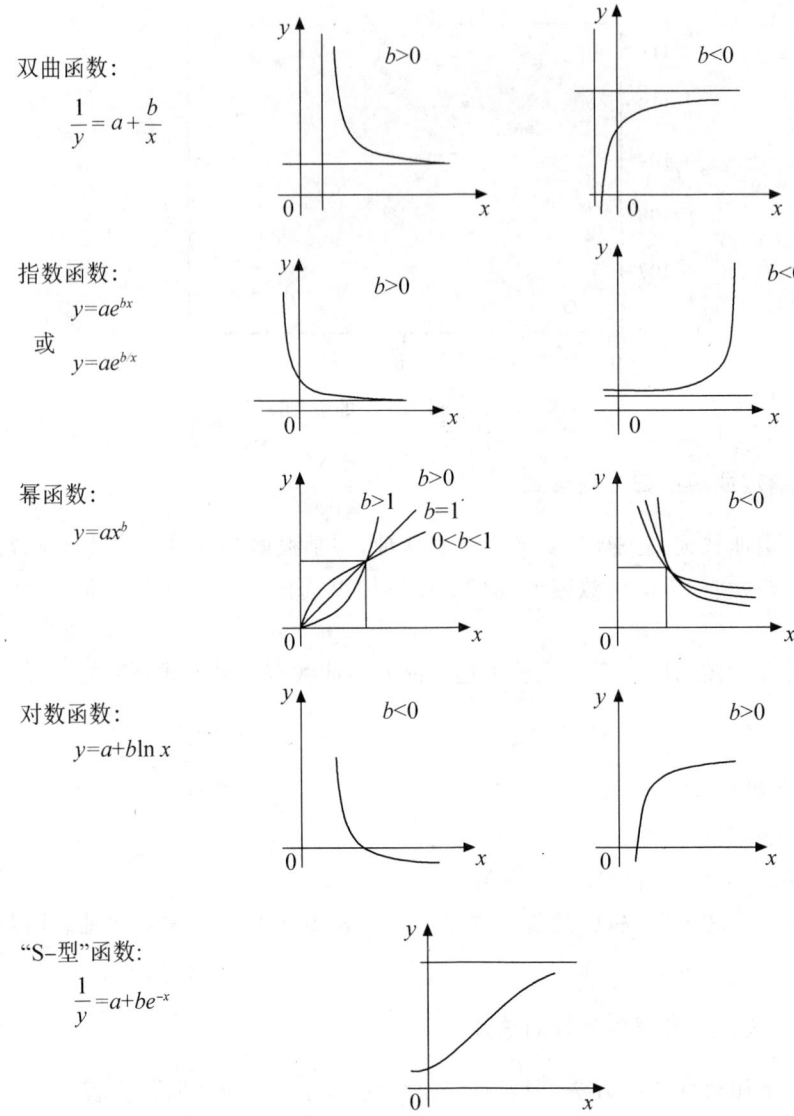

图 7.3.2 可化为线性回归的函数

计算数据平方和、乘积和：$\sum u_i^2 = 0.537218$，$\sum u_i v_i = 0.018835$

再计算：

$$l_{uu} = \sum u_i^2 - \frac{1}{13}\left(\sum u_i\right)^2 = 0.537218 - 2.050883^2/13 = 0.213670$$

$$l_{uv} = \sum u_i v_i - \frac{1}{13}\left(\sum u_i\right)\left(\sum v_i\right)$$
$$= 0.018835 - 2.050883 \times 0.118267/13 = 0.000177$$

3. 求出估计 a 与 b：

$$b = l_{uv}/l_{uu} = 0.000177/0.213670 = 0.000829$$
$$a = \bar{v} - b\bar{u} = 0.118267/13 - 0.000829 \times 2.050883/13 = 0.008967$$

4. 写出所得的回归方程：

$$\hat{v} = 0.008967 + 0.000829u$$

改写成 y 关于 x 的回归方程为：

$$1/\hat{y} = 0.008967 + 0.000829/x$$

即

$$\hat{y} = \frac{x}{0.000829 + 0.008967x}$$

同理可得(2)、(3)、(4)对应的回归方程为：

$$\hat{y} = 106.3147 + 3.9466\lg(x)$$
$$\hat{y} = 106.3013 + 1.1947\sqrt{x}$$
$$\hat{y} = 100 + 11.7506 \times \exp(-1.1256/x)$$

7.3.3 曲线回归方程的比较

在例 7.3.1 中已求出了四个曲线回归方程，如果有兴趣的话，还可以求其他合适形式的回归方程，那么究竟选哪一个方程为好？为此需要给出比较的准则。常用的准则是如下的两个：

表 7.3.2 变换后的数据

x	y	u	v	$\hat{y}$	$\lvert y - \hat{y} \rvert$
2	106.42	0.500000	0.00939673	106.59	0.17
3	108.20	0.333333	0.00924214	108.19	0.01
4	109.58	0.250000	0.00912575	109.00	0.58
5	109.50	0.200000	0.00913242	109.50	0.00
7	110.00	0.142857	0.00909091	110.07	0.07
8	109.93	0.125000	0.00909670	110.25	0.32
10	110.49	0.100000	0.00905059	110.50	0.01
11	110.59	0.090909	0.00904241	110.59	0.00
14	110.60	0.071529	0.00904159	110.79	0.19
15	110.90	0.066667	0.00901713	110.84	0.06
16	110.76	0.062500	0.00902852	110.88	0.12
18	111.00	0.055556	0.00900901	110.95	0.05
19	111.20	0.052632	0.00899281	110.98	0.22

一是要求相关指数 R 大，其平方也称为决定系数，它被定义为：

$$R^2 = 1 - \frac{\sum (y_i - \hat{y}_i)^2}{\sum (y_i - \bar{y})^2}$$

对于不同的曲线回归方程,其残差平方和是不同的,我们要求残差平方和 $\sum(y_i - \hat{y}_i)^2$ 愈小愈好,也就是要求 R^2 愈大愈好。

二是要求剩余标准差 s 小,它被定义为:

$$s = \sqrt{\frac{\sum(y_i - \hat{y}_i)^2}{n-2}}$$

由于要求残差平方和愈小愈好,也就是要求 s 愈小愈好。

实际上这两个标准所选的方程是一致的,但是它们从两个不同的方面给人以启示,相关指数从总体上给出一个拟合好坏程度的度量,而剩余标准差给出观察点与曲线的平均偏离程度的度量。

为计算相关指数 R 与剩余标准差 s,有时需要对每一点计算拟合值。下面仍以上例方程(1)来叙述,首先计算每一点的拟合值 $\hat{y}$,并计算残差的绝对值 $|y - \hat{y}|$,它们已经都列在表 7.3.2 中了。由此可以得到残差平方和 $\sum(y_i - \hat{y}_i)^2 = 0.5778$,此外还可以计算得到 $\sum(y_i - \bar{y})^2 = \sum y_i^2 - T_y^2/n = 21.2105$,从而得

$$R^2 = 1 - \frac{0.5778}{21.2105} = 0.9728$$

$$s = \sqrt{\frac{0.5778}{13-2}} = 0.2292$$

就本例而言,对四个曲线回归方程都可以类似计算上述两个量,结果见表 7.3.3。

表 7.3.3 方程的比较

方程号	(1)	(2)	(3)	(4)
R^2	0.9728	0.8773	0.7851	0.9623
s	0.2292	0.4864	0.6437	0.2696

由此可见,不管按哪个标准,以选方程(1)为好。

在一个实际问题中,只要从 R^2 或 s 看,已经能满足要求了就不需要无限制地去求许多不同的方程。

§ 7.4 多元线性回归

7.4.1 多元线性回归的统计模型

一、统计模型

在实际中影响随机变量 y 取值的自变量可能不止一个,设有 p 个:$x_1, x_2, \cdots, x_p$,为此需要建立 y 与 $x_1, x_2, \cdots, x_p$ 间的相关关系表达式($p \geq 2$)。譬如:化工产品的得率 y 与温度 x_1、压力 x_2、配比 $x_3 \cdots$ 有关。

在研究 y 与 $x_1, x_2, \cdots, x_p$ 间的相关关系时就不像一元那么直观,无法借用图象的帮助。

此时,常常由经验或直接假定 y 与 $x_1, x_2, \cdots, x_p$ 间为线性相关的关系,然后在求得了回归方程后再进行检验。具体步骤如下:

(1) 收集数据 $(x_{i1}, x_{i2}, \cdots, x_{ip}, y_i), i=1,2,\cdots,n$;

(2) 假定 $Ey = \beta_0 + \beta_1 x_1 + \cdots + \beta_p x_p$,这是 $p+1$ 维空间中的一个超平面。

这种假定是合理的。实际上 $Ey = f(x_1, x_2, \cdots, x_p)$ 可能是一个曲面,一般是光滑的,在某点的一个小领域中可以用多项式去逼近,通过变换,就成为线性的,因此这一假定具有普遍性。

综上,多元线性回归模型可以表示为:

$$\begin{cases} y_i = \beta_0 + \beta_1 x_{i1} + \cdots + \beta_p x_{ip} + \varepsilon_i, & i=1,2,\cdots,n \\ \text{各 } \varepsilon_i \text{ 相互独立且同服从 } N(0, \sigma^2) \end{cases} \tag{7.4.1}$$

这里假定:$x_1, x_2, \cdots, x_p$ 为一般变量;$\beta_0, \beta_1, \cdots, \beta_p$ 是回归系数,它们是未知参数;ε 为不可观察的随机变量。模型(7.4.1)中第一个式子是观察值的结构式,第二个式子是关于误差的假定:相互独立,均值为 0,方差相等,正态分布。$Ey = \beta_0 + \beta_1 x_1 + \cdots + \beta_p x_p$ 是诸自变量的线性函数,称为回归函数。

二、矩阵表示

上述多元线性回归模型可以用矩阵表示,这样不仅书写方便,性质的证明也将会十分简洁。记:

$$\text{随机变量的观察向量为 } Y = \begin{bmatrix} y_1 \\ y_2 \\ \vdots \\ y_n \end{bmatrix}, \text{未知参数向量为 } \beta = \begin{bmatrix} \beta_0 \\ \beta_1 \\ \vdots \\ \beta_p \end{bmatrix}$$

$$\text{不可观察的随机误差向量为 } \varepsilon = \begin{bmatrix} \varepsilon_1 \\ \varepsilon_2 \\ \vdots \\ \varepsilon_n \end{bmatrix}, \text{结构矩阵 } X = \begin{bmatrix} 1 & x_{11} & \cdots & x_{1p} \\ 1 & x_{21} & \cdots & x_{2p} \\ \vdots & \vdots & \ddots & \vdots \\ 1 & x_{n1} & \cdots & x_{np} \end{bmatrix}$$

注意 X 的行数=Y 的行数(观察数),X 的列数=β 的行数(未知参数个数),X 各列的元素分别是结构式中 $\beta_0, \beta_1, \cdots, \beta_p$ 的系数。该矩阵反映了 Ey 与 β 的联系方式,因此称为结构矩阵。

用矩阵表示,结构式可以写成 $Y = X\beta + \varepsilon$,关于 ε 的假定可以表示为 $\varepsilon \sim N_n(0, \sigma^2 I_n)$,其中 0 是 $n \times 1$ 的元素全是 0 的向量。从而模型可以表示为:

$$\begin{cases} Y = X\beta + \varepsilon \\ \varepsilon \sim N_n(0, \sigma^2 I_n) \end{cases} \tag{7.4.2}$$

或记为

$$Y \sim N_n(X\beta, \sigma^2 I_n) \tag{7.4.3}$$

当不涉及分布时,可以将对 ε 的假定简化为 $E(\varepsilon) = 0, \text{Var}(\varepsilon) = \sigma^2 I_n$,或将对 Y 的假定简化为 $E(Y) = X\beta, \text{Var}(Y) = \sigma^2 I_n$。

例 7.4.1 某化工厂在甲醛生产流程中,为了降低甲醛溶液的温度,装置了溴化锂制冷机,为了找出溴化锂制冷机的制冷量 y 与冷媒水的温度 x_1、蒸气压力 x_2 之间的关系,进行了 9 次试验,数据见表 7.4.1,试给出 y 关于 x_1、x_2 的二元线性回归模型,并写出随机变量的观察向量 Y、未知参数向量 β 与结构矩阵 X。

表 7.4.1 例 7.4.1 的数据表

序号	x_1	x_2	y	序号	x_1	x_2	y
1	6.5	0.38	10.80	6	17.0	0.80	21.60
2	6.5	0.60	12.90	7	19.0	0.38	23.00
3	6.7	0.80	14.40	8	19.0	0.60	25.20
4	16.0	0.40	15.84	9	20.0	0.90	28.80
5	16.0	0.60	17.75				

解:y 关于 x_1、x_2 的二元线性回归模型为:

$$\begin{cases} y_i = \beta_0 + \beta_1 x_{i1} + \beta_2 x_{i2} + \varepsilon_i, & i = 1, 2, \cdots, 9 \\ \text{各 } \varepsilon_i \text{ 相互独立且同服从 } N(0, \sigma^2) \end{cases}$$

此时随机变量的观察向量 Y、未知参数向量 β 与结构矩阵 X 分别如下:

$$Y = \begin{pmatrix} 10.80 \\ 12.90 \\ 14.40 \\ 15.84 \\ 17.75 \\ 21.60 \\ 23.00 \\ 25.20 \\ 28.80 \end{pmatrix}, \beta = \begin{pmatrix} \beta_0 \\ \beta_1 \\ \beta_2 \end{pmatrix}, X = \begin{pmatrix} 1 & 6.5 & 0.38 \\ 1 & 6.5 & 0.60 \\ 1 & 6.7 & 0.80 \\ 1 & 16.0 & 0.40 \\ 1 & 16.0 & 0.60 \\ 1 & 17.0 & 0.80 \\ 1 & 19.0 & 0.38 \\ 1 & 19.0 & 0.60 \\ 1 & 20.0 & 0.90 \end{pmatrix}$$

7.4.2 参数的最小二乘估计及其性质

一、参数的最小二乘估计

1. 准则与求法

(1)准则:同一元线性回归,要求 $\sum (y_i - Ey_i)^2$ 达到最小。记

$$Q(\beta_0, \beta_1, \cdots, \beta_p) = \sum (y_i - \beta_0 - \beta_1 x_{i1} - \cdots - \beta_p x_{ip})^2$$

那么最小二乘估计 $\hat{\beta}_0, \hat{\beta}_1, \cdots, \hat{\beta}_p$ 使 $Q(\hat{\beta}_0, \hat{\beta}_1, \cdots, \hat{\beta}_p) = \min_{\beta_0, \beta_1, \cdots, \beta_p} Q(\beta_0, \beta_1, \cdots, \beta_p)$。

(2)正规方程组与最小二乘估计

由于 $Q \geqslant 0$,且 Q 关于 $\beta_0, \beta_1, \cdots, \beta_p$ 的导数存在,故最小二乘估计应满足如下方程组:

$$\begin{cases} \dfrac{\partial Q}{\partial \beta_0} = 0 \\ \dfrac{\partial Q}{\partial \beta_j} = 0, \quad j = 1, 2, \cdots p \end{cases}$$

即

$$\begin{cases} \sum_{i=1}^{n}(y_i - \beta_0 - \beta_1 x_{i1} - \cdots - \beta_p x_{ip}) = 0 \\ \sum_{i=1}^{n}(y_i - \beta_0 - \beta_1 x_{i1} - \cdots - \beta_p x_{ip})x_{ij} = 0, \quad j=1,2,\cdots p \end{cases}$$

或表示为：

$$\begin{cases} n\beta_0 + \beta_1 \sum_{i=1}^{n} x_{i1} + \cdots + \beta_p \sum_{i=1}^{n} x_{ip} = \sum_{i=1}^{n} y_i \\ \beta_0 \sum_{i=1}^{n} x_{i1} + \beta_1 \sum_{i=1}^{n} x_{i1}^2 + \cdots + \beta_p \sum_{i=1}^{n} x_{i1} x_{ip} = \sum_{i=1}^{n} x_{i1} y_i \\ \quad\quad\quad\quad\quad\quad\quad\quad \vdots \\ \beta_0 \sum_{i=1}^{n} x_{ip} + \beta_1 \sum_{i=1}^{n} x_{i1} x_{ip} + \cdots + \beta_p \sum_{i=1}^{n} x_{ip}^2 = \sum_{i=1}^{n} x_{ip} y_i \end{cases} \quad (7.4.4)$$

称此方程组为正规方程组。此正规方程组的矩阵表示为：

$$X'X\beta = X'Y \quad\quad (7.4.5)$$

当 $(X'X)^{-1}$ 存在时，β 最小二乘估计 $\hat{\beta}$ 为

$$\hat{\beta} = (X'X)^{-1} X'Y \quad\quad (7.4.6)$$

通常称 $A = X'X$ 为正规方程组的系数矩阵，$B = X'Y$ 为正规方程组的常数项向量，$C = (X'X)^{-1}$ 为相关矩阵。

在(7.4.6)中，$A = X'X$ 是 $(p+1)$ 阶的方阵，在具体解上述方程组时，可将求逆矩阵的工作降低一阶。由正规方程组(7.4.4)的第一式可知：$\beta_0 = \bar{y} - \beta_1 \bar{x}_1 - \cdots - \beta_p \bar{x}_p$，将它代入方程组的后面各式，可得到正规方程组的另一形式：

$$\begin{cases} l_{11}\beta_1 + l_{12}\beta_2 + \cdots + l_{1p}\beta_p = l_{1y} \\ l_{21}\beta_1 + l_{22}\beta_2 + \cdots + l_{2p}\beta_p = l_{2y} \\ \quad\quad\quad\quad \vdots \\ l_{p1}\beta_1 + l_{p2}\beta_2 + \cdots + l_{pp}\beta_p = l_{py} \end{cases} \quad (7.4.7)$$

其中

$$l_{ij} = l_{ji} = \sum_{k=1}^{n}(x_{ki} - \bar{x}_i)(x_{kj} - \bar{x}_j) = \sum_{k} x_{ki} x_{kj} - \frac{1}{n}\left(\sum_{k=1}^{n} x_{ki}\right)\left(\sum_{k=1}^{n} x_{kj}\right),$$
$$i,j = 1,2,\cdots,p$$

$$l_{iy} = \sum_{k=1}^{n}(x_{ki} - \bar{x}_i)(y_k - \bar{y}) = \sum_{k=1}^{n} x_{ki} y_k - \frac{1}{n}\left(\sum_{k=1}^{n} x_{ki}\right)\left(\sum_{k=1}^{n} y_k\right),$$
$$i = 1,2,\cdots,p$$

若记 p 阶矩阵 $L = (l_{ij})$，$p \times 1$ 的列向量为 $l = (l_{1y}, l_{2y}, \cdots, l_{py})'$，那么当 L^{-1} 存在时，有

$$(\hat{\beta}_1, \hat{\beta}_2, \cdots, \hat{\beta}_p)' = L^{-1} l \quad\quad (7.4.8)$$

而

$$\hat{\beta}_0 = \bar{y} - \hat{\beta}_1 \bar{x}_1 - \cdots - \hat{\beta}_p \bar{x}_p \tag{7.4.9}$$

当 $p=1$ 时即为一元线性回归中最小二乘估计的公式。

(3) 方程的表示

如同一元线性回归方程,多元线性回归方程的表示也有两种形式:

$$\hat{y} = \hat{\beta}_0 + \hat{\beta}_1 x_1 + \cdots + \hat{\beta}_p x_p = \bar{y} + \hat{\beta}_1(x_1 - \bar{x}_1) + \cdots + \hat{\beta}_p(x_p - \bar{x}_p)$$

从中可知,超平面必过 $(0,0,\cdots,0,\hat{\beta}_0)$ 与 $(\bar{x}_1,\bar{x}_2,\cdots,\bar{x}_p,\bar{y})$。

例 7.4.2 求例 7.4.1 中的二元回归方程。

解:为使求逆矩阵阶数降低,我们采用解 (7.4.7) 方程组的方法。

1. 求各类和、平方和、乘积和,并求出各 l_{ij}, l_{iy}:

$$\sum x_{i1} = 126.7, \sum x_{i2} = 5.46, \sum y_i = 170.29$$

$$\sum x_{i1}^2 = 2052.39, l_{11} = 2052.39 - 126.7^2/9 = 268.7356$$

$$\sum x_{i2}^2 = 3.6188, l_{22} = 3.6188 - 5.46^2/9 = 0.3064$$

$$\sum x_{i1} x_{i2} = 77.95, l_{12} = 77.95 - 126.7 \times 5.46/9 = 1.0853$$

$$\sum x_{i1} y_i = 2646.97, l_{1y} = 2646.97 - 126.7 \times 170.29/9 = 249.6652$$

$$\sum x_{i2} y_i = 107.41, l_{2y} = 107.41 - 5.46 \times 170.29/9 = 4.1007$$

2. 解下列二元线性方程组(正规方程组):

$$\begin{cases} 268.7356\beta_1 + 1.0853\beta_2 = 249.6652 \\ 1.0853\beta_1 + 0.3064\beta_2 = 4.1007 \end{cases}$$

得 $\hat{\beta}_1 = 0.8877, \hat{\beta}_2 = 10.2392$;再求 $\hat{\beta}_0$:

$$\hat{\beta}_0 = 170.29/9 - 0.8877 \times 126.7/9 - 10.2392 \times 5.46/9 = 0.2125$$

3. 写出回归方程:

$$\hat{y} = 0.2125 + 0.8877 x_1 + 10.2392 x_2$$

当 $p > 2$ 时,要解 p 元线性方程组,计算比较复杂,一般用统计软件来求。

二、最小二乘估计的性质

为了下面的证明方便,先给出若干记号,并给出有关迹与幂等矩阵的概念及其性质。

1. 几点准备

(1) 迹及其性质

定义:设 n 阶方阵 $A = (a_{ij})_{n \times n}$,称其对角线元素的和为矩阵 A 的迹,记为 $\text{tr}(A) = \sum_{i=1}^{n} a_{ii}$。

迹的性质:直接验算就可得以下几个性质。

① 设 A 与 B 都是 n 阶方阵,则 $\text{tr}(A+B) = \text{tr}(A) + \text{tr}(B)$;

② 设 A 是 n 阶方阵,k 是常数,则 $\text{tr}(kA) = k \cdot \text{tr}(A)$;

③设 A 与 B 分别是 $n\times m$ 与 $m\times n$ 的矩阵，则 $\operatorname{tr}(AB)=\operatorname{tr}(BA)$；

④设 A 是 $n\times m$ 的矩阵，x,y 分别是 $n\times 1$ 与 $m\times 1$ 的向量，则 $x'Ay=\operatorname{tr}(x'Ay)$。

(2) 幂等矩阵及其性质

定义：设 n 阶方阵 $A=(a_{ij})_{n\times n}$，若 $A^2=A$，则称 A 为幂等矩阵。

性质：若 n 阶方阵 A 满足 $A^2=A, A'=A$，则 A 的特征根非 0 即 1，其秩记为 $\operatorname{rank}(A)$，且有 $\operatorname{rank}(A)=\operatorname{tr}(A)$。

证明：若 A 的特征根为 $\lambda_1,\lambda_2,\cdots,\lambda_n$，记 $\Lambda=\begin{pmatrix}\lambda_1 & 0 & \cdots & 0\\ 0 & \lambda_2 & \cdots & 0\\ \vdots & \vdots & \ddots & \vdots\\ 0 & 0 & \cdots & \lambda_n\end{pmatrix}$，对应的单位化相互正交的特征向量为 $l_1,l_2,\cdots,l_n$，记 $L=(l_1,l_2,\cdots,l_n)$，那么 L 是正交矩阵，$L^{-1}=L'$。

由 $Al_j=\lambda_j l_j, j=1,2,\cdots,n$，有

$$A(l_1,l_2,\cdots,l_n)=(l_1,l_2,\cdots,l_n)\begin{pmatrix}\lambda_1 & & & \\ & \lambda_2 & & \\ & & \ddots & \\ & & & \lambda_n\end{pmatrix}$$

即 $AL=L\Lambda$，则 $A=L\Lambda L'$。

由 $A^2=A$，可知 $L\Lambda L'L\Lambda L'=L\Lambda^2 L'$，即 $\Lambda^2=\Lambda$，从而

$$\lambda_j^2=\lambda_j \Rightarrow \lambda_j(\lambda_j-1)=0 \Rightarrow \lambda_j=0 \text{ 或 } 1, \quad j=1,2,\cdots,n$$

设 $\operatorname{rank}(A)=r$，那么在特征根 $\lambda_1,\lambda_2,\cdots,\lambda_n$ 中有 r 个 1，$n-r$ 个 0，从而

$$\operatorname{tr}(A)=\operatorname{tr}(L\Lambda L')=\operatorname{tr}(\Lambda L'L)=\operatorname{tr}(\Lambda)=\sum_{j=1}^{n}\lambda_j=r=\operatorname{rank}(A)$$

(3) 几个记号与概念

结构式：$Y=X\beta+\varepsilon$，其中 $E(\varepsilon)=0, \operatorname{Var}(\varepsilon)=\sigma^2 I_n$

β 最小二乘估计 $\hat{\beta}$ 为：$\hat{\beta}=(X'X)^{-1}X'Y$ 是 Y 的线性函数（指 $\hat{\beta}$ 是其分量 $y_1,y_2,\cdots,y_n$ 的线性组合）。

拟合向量：$\hat{Y}=X\hat{\beta}=X(X'X)^{-1}X'Y \triangleq HY$，其中 $H=X(X'X)^{-1}X'$ 称为投影矩阵（或称为帽子矩阵），它具有如下性质：

$$H'=H, \quad H^2=H, \quad HX=X, \quad X'H=X', \quad (I-H)^2=I-H$$

这表明 $H, I-H$ 为幂等矩阵，其中 I 是单位矩阵。

残差向量 $e=Y-\hat{Y}=(I-H)Y$，也是 Y 的线性函数。

残差平方和 $S_E=\sum_i(y_i-\bar{y})^2=e'e=Y'(I-H)Y=(Y-X\beta)'(I-H)(Y-X\beta)$

2. 性质

首先我们在假定 $\begin{cases}Y=X\beta+\varepsilon\\ E(\varepsilon)=0, \operatorname{Var}(\varepsilon)=\sigma^2 I_n\end{cases}$ 即 $\begin{cases}E(Y)=X\beta\\ \operatorname{Var}(Y)=\sigma^2 I_n\end{cases}$ 下给出最小二乘估计的若干性质。

(1) $E(\hat{\beta}) = \beta, \text{Var}(\hat{\beta}) = \sigma^2 (X'X)^{-1}$

证明:因为 $\hat{\beta} = (X'X)^{-1} X'Y, E(Y) = X\beta, \text{Var}(Y) = \sigma^2 I_n$,则

$$E(\hat{\beta}) = (X'X)^{-1} X'E(Y) = (X'X)^{-1} X'X\beta = \beta$$

$$\text{Var}(\hat{\beta}) = (X'X)^{-1} X' \text{Var}(Y) X(X'X)^{-1}$$
$$= (X'X)^{-1} X'(\sigma^2 I_n) X(X'X)^{-1} = \sigma^2 (X'X)^{-1}$$

这一性质说明:① $\hat{\beta}$ 是 β 的无偏估计;

② $\hat{\beta}_0, \hat{\beta}_1, \cdots, \hat{\beta}_p$ 的协方差矩阵 $\text{Var}(\hat{\beta})$ 与 $(X'X)^{-1}$ 相差一个常数因子 σ^2,因此称 $(X'X)^{-1}$ 为相关矩阵。由于 $(X'X)^{-1}$ 一般为非对角阵,因此 $\hat{\beta}_0, \hat{\beta}_1, \cdots, \hat{\beta}_p$ 之间一般是相关的;

③ 在正态假定下,即假定 $Y \sim N_n(X\beta, \sigma^2 I_n)$,那么 $\hat{\beta} \sim N(\beta, \sigma^2 (X'X)^{-1})$。

(2) $E(e) = 0, \text{Var}(e) = \sigma^2 (I - H)$

证明:由于 $e = (I - H)Y$,所以有

$$E(e) = (I - H)X\beta = 0, \text{Var}(e) = (I - H) \text{Var}(Y)(I - H)' = \sigma^2 (I - H)$$

这一性质说明:① 尽管 $\varepsilon_1, \varepsilon_2, \cdots, \varepsilon_n$ 是不相关的(或相互独立且同分布的),但是其残差向量诸分量一般是相关的,其方差也不相等;

② 在正态假定下,即假定 $Y \sim N_n(X\beta, \sigma^2 I_n)$,那么 $e \sim N(0, \sigma^2 (I - H))$。

(3) $\text{Cov}(e, \hat{\beta}) = 0$

证明:$\text{Cov}(e, \hat{\beta}) = \text{Cov}((I - H)Y, (X'X)^{-1} X'Y)$
$= (I - H) \text{Var}(Y) X (X'X)^{-1} = 0$

这一性质说明:① 残差向量 e 与 β 的最小二乘估计 $\hat{\beta}$ 不相关(即它们的分量间不相关);

② 在正态假定下,e 与 $\hat{\beta}$ 相互独立。

(4) $E(S_E) = (n - p - 1)\sigma^2$

证明:
$$E(S_E) = E((Y - X\beta)'(I - H)(Y - X\beta))$$
$$= E\{\text{tr}[(Y - X\beta)'(I - H)(Y - X\beta)]\}$$
$$= E\{\text{tr}[(I - H)(Y - X\beta)(Y - X\beta)']\}$$
$$= \text{tr}[(I - H) E(Y - X\beta)(Y - X\beta)']$$
$$= \text{tr}[(I - H) \text{Var}(Y)] = \text{tr}[(I - H)\sigma^2 I_n]$$
$$= \sigma^2 \text{tr}(I - H) = \sigma^2 [\text{tr}(I) - \text{tr}(H)]$$
$$= \sigma^2 [n - \text{tr}(X(X'X)^{-1} X')] = \sigma^2 [n - \text{tr}((X'X)^{-1} X'X)]$$
$$= \sigma^2 [n - \text{tr}(I_{p+1})] = \sigma^2 (n - p - 1)$$

这一性质说明:$\hat{\sigma}^2 = \dfrac{S_E}{n - p - 1}$ 是 σ^2 的无偏估计。

(5) 高斯—马尔可夫定理(G—M 定理):在模型 $\begin{cases} E(Y) = X\beta \\ \text{Var}(Y) = \sigma^2 I_n \end{cases}$ 下,β 的任一线性函数 $\alpha'\beta$ 的 BLUE(最小方差的线性无偏估计)为 $\alpha'\hat{\beta}$,其中 α 是任一 $p+1$ 维非 0 向量,$\hat{\beta}$ 是 β 的

最小二乘估计。

证明：① $\alpha'\hat{\beta} = \alpha'(X'X)^{-1}X'Y$ 是 Y 的线性函数；

② $E(\alpha'\hat{\beta}) = \alpha'(X'X)^{-1}X'E(Y) = \alpha'(X'X)^{-1}X'X\beta = \alpha'\beta$，所以 $\alpha'\hat{\beta}$ 是 $\alpha'\beta$ 的无偏估计；

③ 设 l 是这样的列向量，它可使 $l'Y$ 是 $\alpha'\beta$ 的无偏估计，即 $E(l'Y) = \alpha'\beta$，也即 $E(l'Y) = l'X\beta = \alpha'\beta$，由于 β 的任意性，故有 $l'X = \alpha'$。下面来比较 $l'Y$ 与 $\alpha'\hat{\beta}$ 两个方差的大小，为此考察其差

$$\text{Var}(l'Y) - \text{Var}(\alpha'\hat{\beta}) = \sigma^2 l'l - \sigma^2 \alpha'(X'X)^{-1}\alpha = \sigma^2[l'l - l'X(X'X)^{-1}X'l]$$
$$= \sigma^2 l'(I-H)l = \sigma^2 l'(I-H)'(I-H)l = \sigma^2 Z'Z \geqslant 0$$

这里 $Z = (I-H)l$，因此有 $\text{Var}(l'Y) \geqslant \text{Var}(\alpha'\hat{\beta})$，这就证明了方差 $\text{Var}(\alpha'\hat{\beta})$ 的最小性。

(6) 当 $Y \sim N_n(X\beta, \sigma^2 I_n)$ 时，有如下性质：

① $\hat{\beta} \sim N(\beta, \sigma^2(X'X)^{-1})$；

② S_E 与 $\hat{\beta}$ 相互独立；

③ $S_E/\sigma^2 \sim \chi^2(n-p-1)$。

证明：① 由 (1) 即得；

② $S_E = e'e$ 是 e 的函数，由 e 与 $\hat{\beta}$ 的独立性即得；

③ 由 $H' = H, H^2 = H$ 知 H 的特征根不是 1 便是 0；又由于 $\text{rank}(H) = \text{tr}(H) = p+1$，故 H 中有 $p+1$ 个特征根为 1，其他为 0。记 $\Lambda = \begin{pmatrix} 0_{(n-p-1)\times(n-p-1)} & 0_{(n-p-1)\times(p+1)} \\ 0_{(p+1)\times(n-p-1)} & I_{(p+1)\times(p+1)} \end{pmatrix}$，对应的单位化相互正交的特征向量为 $l_1, l_2, \cdots, l_n$。取 $C = (l_1, l_2, \cdots, l_n)$，则有 $H = C\Lambda C'$，即 $\Lambda = C'HC$。令 $Z = C'(Y - X\beta)$，则 $Z \sim N_n(0, \sigma^2 I_n)$，这表明 Z 的分量是相互独立且同分布，均为 $N(0, \sigma^2)$，此时 $Y - X\beta = CZ$，从而

$$S_E = Z'C'(I-H)CZ = Z'Z - Z'C'HCZ = \sum_{i=1}^{n} z_i^2 - \sum_{i=n-p}^{n} z_i^2 = \sum_{i=1}^{n-p-1} z_i^2$$

S_E/σ^2 变成 $n-p-1$ 个相互独立同分布的 $N(0,1)$ 变量的平方和，所以

$$S_E/\sigma^2 = \sum_{i=1}^{n-p-1} (z_i/\sigma)^2 \sim \chi^2(n-p-1)。$$

7.4.3 回归方程的显著性检验

在多元回归中假定 $E(y) = \beta_0 + \beta_1 x_1 + \cdots + \beta_p x_p$。当 $\beta_1 = \beta_2 = \cdots = \beta_p = 0$ 时，不管各自变量 $x_1, x_2, \cdots, x_p$ 如何变动，$E(y)$ 是常数 β_0，那么所求得的回归方程是没有意义的；而当 $\beta_1, \beta_2, \cdots, \beta_p$ 不全为 0 时，当 $x_1, x_2, \cdots, x_p$ 变动时，$E(y)$ 是随之作线性变化。

所以对方程的显著性检验是检验如下的假设：

$$H_0: \beta_1 = \beta_2 = \cdots \beta_p = 0, \quad H_1: \beta_1, \beta_2, \cdots, \beta_p \text{ 不全为 } 0$$

一、检验方法——方差分析方法

检验的思路同一元线性回归。

1. 分析各 y_i 不同的原因

各 y_i 不同的原因可能有两个,一是 H_0 不真,从而 $E(y)$ 随 $x_1, x_2, \cdots, x_p$ 的变化而变化;二是其他一切因素,包括随机误差、$x_1, x_2, \cdots, x_p$ 变化时对 $E(y)$ 的非线性影响等。

2. 平方和分解

如同一元线性回归那样,首先做总平方和分解。总平方和

$$S_T = \sum (y_i - \bar{y})^2$$

可以进行分解:

$$\begin{aligned}S_T &= \sum (y_i - \bar{y})^2 = \sum (y_i - \hat{y}_i + \hat{y}_i - \bar{y})^2 \\ &= \sum (y_i - \hat{y}_i)^2 + \sum (\hat{y}_i - \bar{y})^2 = S_E + S_R\end{aligned}$$

其中

$$S_E = \sum (y_i - \hat{y}_i)^2,\text{称为残差平方和}$$

$$S_R = \sum (\hat{y}_i - \bar{y})^2,\text{称为回归平方和}$$

利用正规方程组可以知道 $\sum (y_i - \hat{y}_i)(\hat{y}_i - \bar{y}) = 0$。

3. F 比

前面已经证明 $S_E/\sigma^2 \sim \chi^2(n-p-1) \triangleq \chi^2(f_E)$,当 H_0 为真时,可以进一步证明 $S_R/\sigma^2 \sim \chi^2(f_T - f_E) = \chi^2(p) \triangleq \chi^2(f_R)$,且与 S_E 独立。

由此可知,在 H_0 为真时,$F = \dfrac{S_R/f_R}{S_E/f_E} \sim F(f_R, f_E) = F(p, n-p-1)$

其中各平方和的自由度分别为 $f_T = n-1, f_R = p, f_E = n-p-1$,它们也有 $f_T = f_R + f_E$。上述分析与计算可以综合在如下方差分析表中(见表 7.4.2)。

表 7.4.2 多元线性回归的方差分析表

来源	平方和	自由度	均方	F 比
回归	$S_R = \sum (\hat{y}_i - \bar{y})^2$	$f_R = p$	$MS_R = S_R/f_R$	$F = MS_R/MS_E$
残差	$S_E = \sum (y_i - \hat{y}_i)^2$	$f_E = n-p-1$	$MS_E = S_E/f_E$	
总计	$S_T = \sum (y_i - \bar{y})^2$	$f_T = n-1$		

4. 拒绝域

从前面知 $E(S_E/f_E) = \sigma^2$,当 H_0 为真时 $S_R/\sigma^2 \sim \chi^2(f_R)$,因此 $E(S_R/f_R) = \sigma^2$,而在一般情况下 $E(S_R/f_R) \geqslant \sigma^2$,这一点可以从下面看出:

由于 $\hat{y}_i = \bar{y} + \hat{\beta}_1(x_{i1} - \bar{x}_1) + \cdots + \hat{\beta}_p(x_{ip} - \bar{x}_p)$,故 $\hat{y}_i - \bar{y} = \sum\limits_{j=1}^{p} \hat{\beta}_j (x_{ij} - \bar{x}_j)$,从而

$$\begin{aligned}S_R &= \sum_i (\hat{y}_i - \bar{y})^2 = \sum_i \Big[\sum_{j=1}^{p} \hat{\beta}_j (x_{ij} - \bar{x}_j)\Big]^2 \\ &= \sum_i \Big(\sum_{j=1}^{p} \sum_{k=1}^{p} \hat{\beta}_j \hat{\beta}_k (x_{ij} - \bar{x}_j)(x_{ik} - \bar{x}_k)\Big) = \sum_{j=1}^{p} \sum_{k=1}^{p} \hat{\beta}_j \hat{\beta}_k l_{jk} = \sum_{j=1}^{p} \hat{\beta}_j l_{jy}\end{aligned}$$

(7.4.10)

最后一个等式利用了正规方程组 $\sum_{k=1}^{p} \hat{\beta}_k l_{jk} = l_{jy}$ 而得。我们可以利用后一式计算回归平方和。现在我们利用前一式来求期望：

$$E(S_R) = \sum_{j=1}^{p} \sum_{k=1}^{p} E(\hat{\beta}_j \hat{\beta}_k) l_{jk} = \sum_{j=1}^{p} \sum_{k=1}^{p} [\text{Cov}(\hat{\beta}_j, \hat{\beta}_k) + E(\hat{\beta}_j)(\hat{\beta}_k)] \cdot l_{jk}$$

$$= \sum_{j=1}^{p} \sum_{k=1}^{p} [l^{jk} \sigma^2 + \beta_j \beta_k] \cdot l_{jk} = p\sigma^2 + \sum_{i} \left[\sum_{j=1}^{p} \beta_j (x_{ij} - \bar{x}_i)\right]^2 \geqslant p\sigma^2$$

上述证明中用到 $\sum_{j=1}^{p} \sum_{k=1}^{p} l^{jk} l_{jk} = \sum_{j=1}^{p} \left(\sum_{k=1}^{p} l^{jk} l_{kj}\right) = \sum_{j=1}^{p} 1 = p$，其中 $L = (l_{ij}), L^{-1} = (l^{ij})$ 都是 $p \times p$ 的矩阵。因此 H_0 为真时 $E(S_R/f_R) = \sigma^2$，而在一般情况下 $E(S_R/f_R) \geqslant \sigma^2$。

对于给定的显著性水平 α，拒绝域取为：$F \geqslant F_{1-\alpha}(f_R, f_E) = F_{1-\alpha}(p, n-p-1)$ 是合理的。

例 7.4.3 对例 7.4.2 的回归方程显著性进行检验。

由于 $\sum y_i = 170.29, \sum y_i^2 = 3516.4181$，故

$$S_T = l_{yy} = 3516.4181 - 170.29^2/9 = 294.3421, f_T = n-1 = 8$$

前面已经求得 $l_{1y} = 249.6652, l_{2y} = 4.1007, \hat{\beta}_1 = 0.8877, \hat{\beta}_2 = 10.2392$，所以利用(7.4.10)可求得回归平方和为：

$$S_R = \hat{\beta}_1 l_{1y} + \hat{\beta}_2 l_{2y} = 0.8877 \times 249.6652 + 10.2392 \times 4.1007 = 263.6157, f_R = 2$$

利用总平方和分解式有：

$$S_E = S_T - S_R = 294.3421 - 263.6157 = 30.7264, f_E = f_T - f_R = 6$$

将上面的计算结果移入方差分析表（见表 7.4.3），继续计算。

表 7.4.3 方差分析表

来源	平方和	自由度	均方	F 比
回归	$S_R = 263.6157$	$f_R = 2$	131.8079	25.74
残差	$S_E = 30.7264$	$f_E = 6$	5.1211	
总计	$S_T = 294.3421$	$f_T = 8$		

在显著性水平 0.05 时，$F_{0.95}(2,6) = 5.14$，由于 $F > 5.14$，所以方程在 0.05 水平上是有意义的。

二、方程拟合程度的描述性统计量——复相关系数

1. 定义

称 $R = \sqrt{S_R/S_T}$ 为 y 关于 $x_1, x_2, \cdots, x_p$ 的复相关系数。它是回归平方和 S_R 在总平方和 S_T 中所占比例的算术根。在经济计量学中，其平方称为决定系数。

显然 $0 \leqslant R \leqslant 1$。

2. R 与 F 的关系

R 大表示 S_E 小，方程拟合较好，但是它不像一元线性回归那样有一个临界值表可查，我

们可以将它看成是一种描述性统计量。那么大到什么程度,可以认为是大了呢? 它与 F 统计量有关:

$$R^2 = \frac{S_R}{S_T} = \frac{1}{1+\frac{S_E}{S_R}} = \frac{1}{1+\frac{n-p-1}{p}\cdot\frac{1}{F}} = \frac{pF}{pF+(n-p-1)}$$

它是 F 的单调增函数,当 F 增大时,R^2 也随之增大,其水平为 α 的临界值可以从 F 的分位数表导出,且与 $p, n-p-1, \alpha$ 有关。由于已经有了 F 的分位数表,所以就不需要这张表了。由于 R^2(或 R)比较直观,所以在统计软件中总是给出该统计量的值。

3. R 的实质——观察值与拟合值之间的简单相关系数

只要注意到: $\bar{\hat{y}} = \frac{1}{n}\sum \hat{y}_i = \frac{1}{n}\sum(\bar{y} + \hat{\beta}_1(x_{i1}-\bar{x}_1) + \cdots + \hat{\beta}_p(x_{ip}-\bar{x}_p)) = \bar{y}$,因此有:

$$r_{y,\hat{y}} = \frac{\sum(y_i-\bar{y})(\hat{y}_i-\bar{y})}{\sqrt{\sum(y_i-\bar{y})^2 \sum(\hat{y}_i-\bar{y})^2}}$$

$$= \frac{\sum(y_i-\bar{y})[\hat{\beta}_1(x_{i1}-\bar{x}_1)+\cdots+\hat{\beta}_p(x_{ip}-\bar{x}_p)]}{\sqrt{S_T \cdot S_R}}$$

$$= \frac{\hat{\beta}_1 l_{1y} + \cdots + \hat{\beta}_p l_{py}}{\sqrt{S_T \cdot S_R}} = \frac{S_R}{\sqrt{S_T \cdot S_R}} = \sqrt{\frac{S_R}{S_T}} = R$$

故从所建立的回归方程求出的拟合值与观察值间有如下关系: y_i 大时,$\hat{y}_i$ 也大,它们之间为正相关。R 愈大,y_I 与 $\hat{y}_i$ 间正相关程度也愈高。

例 7.4.4 求例 7.4.2 的回归方程的复相关系数。

解:由例 7.4.3 方差分析表(表 7.4.3)可知其复相关系数为:

$$R = \sqrt{\frac{S_R}{S_T}} = \sqrt{\frac{263.6157}{294.3421}} = 0.9464$$

该值很接近于 1,所以直观看拟合程度应该是好的。

三、失拟性检验

同一元线性回归,在有重复试验或重复观察时,可以进行失拟检验。

检验的假设为:

$$H_0: Ey = \beta_0 + \beta_1 x_1 + \cdots + \beta_p x_p, \quad H_1: Ey \neq \beta_0 + \beta_1 x_1 + \cdots + \beta_p x_p$$

在 $(x_{i1}, x_{i2}, \cdots, x_{ip})$ 上有重复试验或观察时,将数据改记为:

$$(x_{i1}, x_{i2}, \cdots, x_{ip}, y_{ij}), \quad j=1,2,\cdots,m_i, \ i=1,2,\cdots,n$$

其中至少有一个 $m_i \geq 2$,记 $N = \sum_{i=1}^{n} m_i$。

检验方法类似于一元线性回归的场合。先对总平方和 S_T 进行分解得 $S_T = S_R + S_E$。然后对 S_E 再进行分解:

$$S_E = S_e + S_{Lf}$$

其中

$$S_e = \sum_{i=1}^{n} \sum_{j=1}^{m_i} (y_{ij} - \bar{y}_i)^2$$ 为纯误差平方和，这里 $\bar{y}_i = \frac{1}{m_i} \sum_{j=1}^{m_i} y_{ij}$ 是第 i 个试验条件重复试验结果的均值。

$$S_{Lf} = \sum_{i=1}^{n} m_i (\bar{y}_i - \hat{y}_i)^2$$ 为失拟平方和，表示的是同一条件下的平均值与拟合值的偏离，拟合好的话，两者的差是较小的。

它们的自由度分别为 $f_e = \sum (m_i - 1) = N - n, f_{Lf} = n - p - 1$，令

$$F_{Lf} = \frac{S_{Lf}/f_{Lf}}{S_e/f_e}$$

在 H_0 为真时，它服从 $F(f_{Lf}, f_e)$，对于给定的显著性水平 α，拒绝域为：

$$\{F_{Lf} \geqslant F_{1-\alpha}(f_{Lf}, f_e)\}$$

当拒绝 H_0 时，需要寻找原因，改变模型，否则认为多元线性回归模型合适，可以将 S_e 与 S_{Lf} 合并作为 S_E 检验回归方程是否有意义。

具体实施过程也同一元线性回归的情况，这里不再叙述。

7.4.4 回归系数的显著性检验

一、问题与假设

在对回归方程作显著性检验后，如果拒绝了假设 $H_0: \beta_1 = \beta_2 = \cdots = \beta_p = 0$，不等于每一个系数 β_j 都不是 0。如果 $\beta_j = 0$，这表示当变量 x_j 变化时，Ey 不随其作线性变化，那么该变量 x_j 在方程中就不起作用，因此可以将它删除以简化方程。这也相当于对自变量重要性的检验。

所以在拒绝了 $H_0: \beta_1 = \beta_2 = \cdots = \beta_p = 0$ 后应该进一步检验每一个回归系数是否为 0，即检验：

$$H_{0j}: \beta_j = 0, \quad H_{1j}: \beta_j \neq 0, \quad j = 1, 2, \cdots, p$$

在没有拒绝 $H_0: \beta_1 = \beta_2 = \cdots = \beta_p = 0$ 时，表示一切回归系数都是 0，就不需要进行这一检验了。

二、检验方法

记 $L = (l_{ij}), L^{-1} = (l^{ij})$，前面已经证明了 $\hat{\beta} \sim N(\beta, \sigma^2 (X'X)^{-1})$，这表明：

$$\hat{\beta}_j \sim N(\beta_j, l^{jj} \sigma^2), \quad 在 \beta_j = 0 时, \hat{\beta}_j \sim N(0, l^{jj} \sigma^2)$$

且又知 $S_E/\sigma^2 \sim \chi^2(n-p-1)$，并与 $\hat{\beta}_j$ 独立。

有两种等价的检验方法：

1. t 检验

由上可知，在 $H_{0j}: \beta_j = 0$ 为真时，

$$t_j = \frac{\hat{\beta}_j}{\sqrt{l^{jj}}\sigma} \Big/ \sqrt{\frac{S_E}{\sigma^2 f_E}} = \frac{\hat{\beta}_j}{\sqrt{l^{jj}}\hat{\sigma}} \triangleq \frac{\hat{\beta}_j}{\hat{\sigma}_{\hat{\beta}_j}} \sim t(n-p-1)$$

其中 $\hat{\sigma}_{\hat{\beta}_j} = \sqrt{l^{jj}}\hat{\sigma}$ 是 $\hat{\beta}_j$ 的标准误。对于给定的显著性水平 α，当 $|t_j| \geqslant t_{1-\alpha/2}(f_E)$ 时拒绝 H_{0j}。

2. F 检验

在 $H_{0j}: \beta_j = 0$ 为真时，有

$$F_j = t_j^2 = \frac{\hat{\beta}_j^2}{l^{jj}\hat{\sigma}^2} = \frac{\hat{\beta}_j^2/l^{jj}}{\hat{\sigma}^2} \sim F(1, f_E)$$

对于给定的显著性水平 α，当 $F_j \geqslant F_{1-\alpha}(1, f_E)$ 时拒绝 H_{0j}。

对 F 检验有一个很好的解释。由于 F_j 可以表示为：$F_j = \frac{\hat{\beta}_j^2/l^{jj}}{\hat{\sigma}^2} \triangleq \frac{Q_j}{\hat{\sigma}^2}$，其中分母 $\hat{\sigma}^2 = \frac{S_E}{f_E}$ 是 σ^2 的无偏估计，而分子 $Q_j = \hat{\beta}_j^2/l^{jj}$ 称为 x_j 的偏回归平方和，它表示在回归方程中少了变量 x_j 后，残差平方和的增加量。一般情况是：减少一个变量，回归平方和总会减少，从而残差平方和总会增加，所以 Q_j 的值越小，此变量 x_j 就越不重要，Q_j 的值越大就表示 x_j 对降低残差平方和的作用就越大，而少了该变量的方程拟合程度就有较大的降低。

所以 F_j 实质上是 x_j 的偏回归平方和 Q_j 与 $\hat{\sigma}^2$ 之比。当 Q_j 比 $\hat{\sigma}^2$ 大得多时，说明 x_j 对 y 的影响大，当两者相差不大时，说明 x_j 对 y 的影响小。这一解释在逐步回归中起了重要作用。

例 7.4.5 对例 7.4.2 的回归方程的每一个系数进行显著性检验。

解：首先求 $L = \begin{pmatrix} 268.7356 & 1.0853 \\ 1.0853 & 0.3064 \end{pmatrix}$ 的逆矩阵。记 L 的行列式为 Δ，则有

$$\Delta = l_{11}l_{22} - l_{12}^2 = 268.7356 \times 0.3064 - 1.0853^2 = 81.1627$$

从而

$$l^{11} = l_{22}/\Delta = 0.3064/81.1627 = 0.003775$$
$$l^{22} = l_{11}/\Delta = 268.7356/81.1627 = 3.311072$$
$$l^{12} = l^{21} = -l_{12}/\Delta = -1.0853/81.1627 = -0.013372$$

故 $L^{-1} = \begin{pmatrix} 0.003775 & -0.013372 \\ -0.013372 & 3.311072 \end{pmatrix}$，又 $\hat{\sigma}^2 = S_E/f_E = 5.1211$，所以用 t 检验有：

$$t_1 = \frac{\hat{\beta}_1}{\sqrt{l^{11}}\hat{\sigma}} = \frac{0.8877}{\sqrt{0.003775 \times 5.1211}} = 6.3845,$$

$$t_2 = \frac{\hat{\beta}_2}{\sqrt{l^{22}}\hat{\sigma}} = \frac{10.2392}{\sqrt{3.311072 \times 5.1211}} = 2.4866$$

在 0.05 水平上它们都大于 $t_{0.975}(6) = 2.4469$，所以两个变量的系数都显著不为 0，两个变量对 y 均有显著影响，两者都应该保留。

也可以用 F 检验

$$F_1 = \frac{0.8877^2/0.003775}{5.1211} = 40.76, F_2 = \frac{10.2392^2/3.311072}{5.1211} = 6.18$$

在 0.05 水平上它们都大于 $F_{0.95}(1,6) = 5.99$，有同样的结论。

注:(1)当有几个系数不显著(也称变量不显著)时,一次只能删去一个变量——删去$|t_j|$最小的变量。原因是:$\hat{\beta}_j$之间是相关的,改变一个$\hat{\beta}_j$的值,会使其他的系数的估计改变。如果当$X'X$为对角阵时,那么$\hat{\beta}_j$之间是不相关的,此时可以将所有不显著项同时删去。

(2)删去一个变量后,回归系数的估计必须重新计算(除了$X'X$为对角阵),这种选择变量的方法称为"后退法"——先建立p元线性回归方程,对系数逐一进行检验,如有不显著的,则删去一个最不显著的,再建立$p-1$元线性回归方程,再对系数逐一进行检验,如有还不显著的,那么再删去一个最不显著的……直到所有系数显著为止。当我们利用回归方程解释现象时,总希望变量少一些。

下面这一例子我们是用统计软件计算的,这里仅给出其结果,不作详细计算。

例 7.4.6 某种水泥在凝固时放出的热量y(单位:卡/克)与水泥中下列四种化学成分有关:

$$x_1: 3\text{CaO} \cdot \text{Al}_2\text{O}_3 \text{的成分}(\%)$$
$$x_2: 3\text{CaO} \cdot \text{SiO}_2 \text{的成分}(\%)$$
$$x_3: 3\text{CaO} \cdot \text{Al}_2\text{O}_3 \cdot \text{Fe}_2\text{O}_3 \text{的成分}(\%)$$
$$x_4: 2\text{CaO} \cdot \text{SiO}_2 \text{的成分}(\%)$$

现测得13组数据(见表7.4.4),试给出y关于四个自变量x_1, x_2, x_3, x_4的线性回归方程。

解:首先建立y关于四个自变量x_1, x_2, x_3, x_4的线性回归方程:

$$\hat{y} = 44.68 + 1.674 x_1 + 0.688 x_2 + 0.280 x_3 + 0.042 x_4$$

表 7.4.4 水泥放热的数据

序号	x_1	x_2	x_3	x_4	y
1	7	26	6	60	78.5
2	1	29	15	52	74.3
3	11	56	8	20	104.3
4	11	31	8	47	87.6
5	7	52	6	33	95.9
6	11	55	9	22	102.2
7	3	71	17	6	102.7
8	1	31	22	44	72.5
9	2	54	18	22	93.1
10	21	47	4	26	115.9
11	1	40	23	34	83.8
12	11	66	9	12	113.3
13	10	68	8	12	109.4

对回归方程进行显著性检验的F统计量的值为141.37,由于在0.05水平上,$F_{0.95}(4, 8) = 3.84$,所以方程是显著的。再对每一系数作检验,其t统计量的值分别为:2.60, 1.10, 0.43, 0.07,由于在0.05水平上,$t_{0.975}(8) = 2.3060$,所以除x_1外其他回归系数都不显著,但是我们不能同时将它们删去,我们应该首先删去$|t|$值最小的变量——x_4,重新建立y关于三个自变量x_1, x_2, x_3的线性回归方程:

$$\hat{y} = 48.862 + 1.631x_1 + 0.645x_2 + 0.236x_3$$

对回归方程进行显著性检验的 F 统计量的值为 211.93，由于在 0.05 水平上，$F_{0.95}(3,9) = 3.86$，所以方程是显著的。再对每一系数作检验，其 t 统计量的值分别为：9.24，16.90，1.48，由于在 0.05 水平上，$t_{0.975}(9) = 2.2622$，所以 x_3 不显著，再次将它删去，建立 y 关于两个自变量 x_1, x_2 的线性回归方程：

$$\hat{y} = 53.0 + 1.42x_1 + 0.650x_2$$

对回归方程进行显著性检验的 F 统计量的值为 282.92，由于在 0.05 水平上，$F_{0.95}(2,10) = 4.10$，所以方程是显著的。再对每一系数作检验，其 t 统计量的值分别为：13.30，16.16，由于在 0.05 水平上，$t_{0.975}(10) = 2.2281$，所得到的回归方程中各变量的系数都是显著的，所以最后所得方程为：

$$\hat{y} = 53.0 + 1.42x_1 + 0.650x_2$$

方程对应的 σ 的估计为 2.112，复相关系数为 $R = \sqrt{0.983} = 0.9915$。

7.4.5 利用回归方程进行预测

如同一元线性回归方程，当求得的回归方程是显著的，并且每一系数也显著不为 0 时，可以利用所得的回归方程进行预测。所谓预测也包括两方面的内容：

给定 $x = x_0$ 时（$p \times 1$ 的向量），一是对 $E(y_0) = \beta_0 + \beta_1 x_{01} + \cdots + \beta_p x_{0p}$ 作出估计，包括点估计与区间估计，二是对 y_0 给出预测区间。

一、$E(y_0) = \beta_0 + \beta_1 x_{01} + \cdots \beta_p x_{0p}$ 的估计

1. 点估计

由于 $E(y_0) = (1, x_{01}, \cdots, x_{0p}) \begin{pmatrix} \beta_0 \\ \beta_1 \\ \vdots \\ \beta_p \end{pmatrix} = l'\beta$，其中 $l = \begin{pmatrix} 1 \\ x_0 \end{pmatrix} = \begin{pmatrix} 1 \\ x_{01} \\ \vdots \\ x_{0p} \end{pmatrix}$，因此由 G—M 定

理可知，$\hat{y}_0 = \hat{E}(y_0) = l'\hat{\beta} = \hat{\beta}_0 + \hat{\beta}_1 x_{01} + \cdots + \hat{\beta}_p x_{0p}$ 是 $E(y_0)$ 的具有最小方差线性无偏估计（BLUE）。

2. 区间估计

由于 $\hat{y}_0 \sim N(Ey_0, \hat{\sigma}_{\hat{y}_0}^2)$，$S_E/\sigma^2 \sim \chi^2(n-p-1)$，且两者独立，故

$$\frac{\hat{y}_0 - Ey_0}{\hat{\sigma}_{\hat{y}_0}} \sim t(f_E)$$

因此 $E(y_0)$ 的 $1-\alpha$ 的置信区间是：$\hat{y}_0 \pm \delta_0$，其中 $\delta_0 = t_{1-\alpha/2}(f_E)\hat{\sigma}_{\hat{y}_0}$，而 $\hat{\sigma}_{\hat{y}_0}$ 可如下求出：

$$\hat{y}_0 = (1, x_{01}, \cdots, x_{0t}) \begin{pmatrix} \hat{\beta}_0 \\ \hat{\beta}_1 \\ \vdots \\ \hat{\beta}_p \end{pmatrix} = (1, x_{01} - \bar{x}_1, \cdots, x_{0p} - \bar{x}_p) \begin{pmatrix} \bar{y} \\ \hat{\beta}_1 \\ \vdots \\ \hat{\beta}_p \end{pmatrix}$$

$$\mathrm{Var}(\hat{\beta}) = \sigma^2 (X'X)^{-1}$$

则
$$\text{Var}(\hat{y}_0) = (1, x_{01}-\bar{x}_1, \cdots, x_{0p}-\bar{x}_p) \begin{pmatrix} 1/n & 0 \\ 0 & L^{-1} \end{pmatrix} \begin{bmatrix} 1 \\ x_{01}-\bar{x}_1 \\ \vdots \\ x_{0p}-\bar{x}_p \end{bmatrix} \sigma^2$$

$$= \left[\frac{1}{n} + \sum_{i=1}^{p}\sum_{j=1}^{p} l^{ij}(x_{0i}-\bar{x}_i)(x_{0j}-\bar{x}_j)\right]\sigma^2 \triangleq \sigma_{\hat{y}_0}^2$$

当用 $\hat{\sigma}$ 代替 σ 后便得 $\hat{\sigma}_{\hat{y}_0}$,所以

$$\delta_0 = t_{1-\alpha/2}(f_E)\hat{\sigma}\sqrt{\frac{1}{n} + \sum_{i=1}^{p}\sum_{j=1}^{p} l^{ij}(x_{0i}-\bar{x}_i)(x_{0j}-\bar{x}_j)}$$

二、y_0 的概率是 $1-\alpha$ 的预测区间

同一元的场合,要求 δ,使 $P(|y_0-\hat{y}_0|<\delta)=1-\alpha$,从而 y_0 的概率是 $1-\alpha$ 的预测区间是 $\hat{y}_0 \pm \delta$。

由于

$$y_0 - \hat{y}_0 \sim N\left(0, \left[1+\frac{1}{n} + \sum_{i=1}^{p}\sum_{j=1}^{p} l^{ij}(x_{0i}-\bar{x}_i)(x_{0j}-\bar{x}_j)\right]\sigma^2\right),$$
$$S_E/\sigma^2 \sim \chi^2(n-p-1)$$

又由于 y_0 与 S_E,$\hat{y}_0$ 与 S_E 独立,故 $y_0-\hat{y}_0$ 与 S_E 独立,从而

$$\frac{y_0-\hat{y}_0}{\hat{\sigma}_{y_0-\hat{y}_0}} \sim t(f_E)$$

所以 $\delta = t_{1-\alpha/2}(f_E)\hat{\sigma}_{y_0-\hat{y}_0} = t_{1-\alpha/2}(f_E)\hat{\sigma}\sqrt{1+\frac{1}{n}+\sum_{i=1}^{p}\sum_{j=1}^{p}l^{ij}(x_{0i}-\bar{x}_i)(x_{0j}-\bar{x}_j)}$

当 n 较大,x_0 与 $\bar{x}$ 较接近时,有 $1+\frac{1}{n}+\sum_{i=1}^{p}\sum_{j=1}^{p}l^{ij}(x_{0i}-\bar{x}_i)(x_{0i}-\bar{x}_j)\approx 1$,$t_{1-\alpha/2}(f_E)$
$\approx u_{1-\alpha/2}$,那么此时 $\delta \approx \hat{\sigma} \cdot u_{1-\alpha/2}$。这里 $u_{1-\alpha/2}$ 是标准正态分布的 $1-\alpha/2$ 分位数。

例 7.4.7 若例 7.4.2 中的两个变量的取值为 $x_1=15, x_2=0.6$,求相应制冷量的预测。

解:预测值是:
$$\hat{y} = 0.2125 + 0.8877 \times 15 + 10.2392 \times 0.6 = 19.67$$

下求概率为 0.90 的预测区间:
由于 $t_{0.95}(6)=1.9432$,$\hat{\sigma}=\sqrt{5.1211}=2.26$,从而

$$\delta_0 = t_{1-\alpha/2}(f_E)\hat{\sigma}\sqrt{1+\frac{1}{n}+\sum_{i=1}^{p}\sum_{j=1}^{p}l^{ij}(x_{0i}-\bar{x}_i)(x_{0j}-\bar{x}_j)}$$

$= 1.9432 \times 2.26$

$\times\sqrt{1+\frac{1}{9}+0.003775(15-14.08)^2-2\times 0.013372(15-14.08)(0.6-0.61)+3.311072(0.6-0.61)^2}$

$= 4.64$

所以概率为 0.90 的预测区间为:

$$19.67 \pm 4.64 = (15.03, 24.31)$$

若求近似的预测区间,则由于 $u_{0.95} = 1.645, \hat{\sigma} = \sqrt{5.1211} = 2.26$,故

$$\delta \approx \hat{\sigma} \cdot u_{1-\alpha/2} = 1.645 \times 2.26 = 3.72$$

所以概率为 0.90 的近似预测区间为:

$$19.67 \pm 3.72 = (15.95, 23.39)$$

两者相差较大,这是由于 $n=9$ 不太大所致。

7.4.6 回归诊断

以上所获得的回归方程,对其显著性的检验都是基于对回归的四项假定,由于无法进行统计检验,所以只能用残差进行诊断。方法同一元线性回归中所述。由于在数据独立收集的场合,数据的独立性一般不成问题,所以对另外三个假定进行诊断。利用残差对拟合值的图来判断线性与等方差是否满足,利用残差的正态概率图来判断正态性是否满足。

对例 7.4.2 的方程进行诊断的两张残差图见图 7.4.1 与 7.4.2:

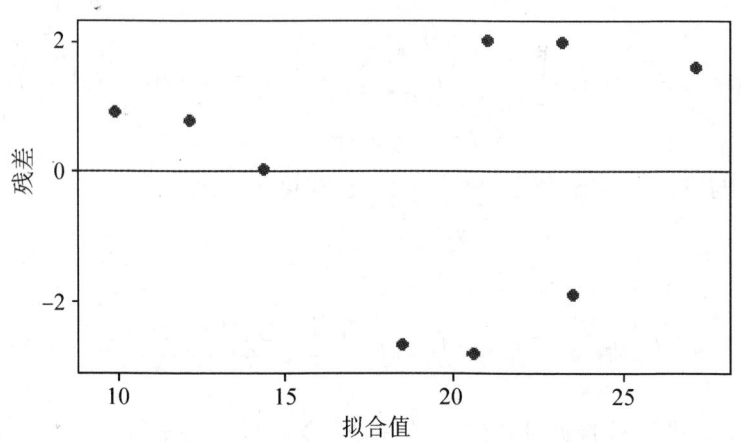

图 7.4.1 例 7.4.2 残差对拟合值的图

在该图上点的散布没有呈现任何规律性,所以不能否认线性与等方差。

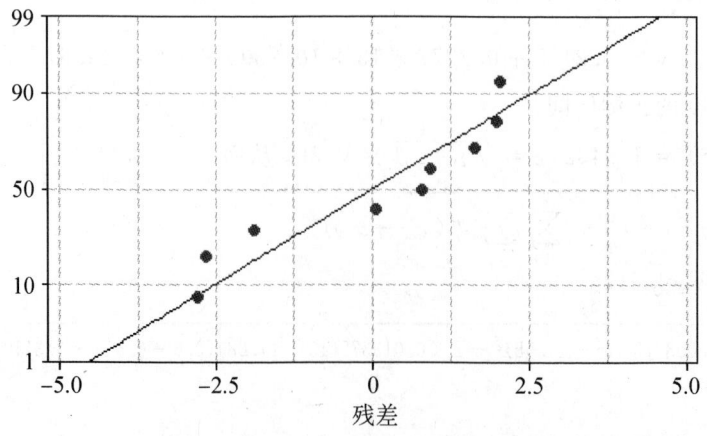

图 7.4.2 例 7.4.2 残差的正态概率图

在该图上点的散布基本在一直线附近,因此不能否认正态性。

综上,上述求得的回归方程可以为决策提供依据。

§7.5 逐步回归简介

在例7.4.6中我们看到当存在不显著变量时,需要一次删去一个变量,当变量较多时,就不很方便,特别当变量很多而数据量不太多时精度就很差,甚至无法建立方程,为此人们提出了一种筛选变量的方法,称为逐步回归方法。

逐步回归方法的基本思想是在回归方程中变量逐一引入,每次加入的变量是偏回归平方和最显著的变量,而每当引入了一个新的变量时,就需要对方程中原有的变量的系数重新进行检验,一旦有不显著时就将最不显著的变量从方程中逐一删去,直到没有不显著变量为止,再考虑新变量的引入,直到没有新变量可以加入为止,这样就完成了变量选择的任务。

由于这一过程中所使用的公式十分繁杂,所以通常用统计软件进行,因此这里将有关公式省略了,只给出统计软件的计算结果,有兴趣的读者可以参考有关著作。下面便是利用统计软件minitab对例7.4.6进行逐步回归的结果,在选择变量的同时还给出了相应回归系数的估计。

表7.5.1 例7.4.6逐步回归的minitab输出

Stepwise Regression: y versus x_1, x_2, x_4				
Alpha-to-Enter: 0.05 Alpha-to-Remove: 0.05				
Response is y on 4 predictors, with N = 13				
Step	1	2	3	4
Constant	116.53	102.57	70.07	53.01
x_4	−0.722	−0.602	−0.212	
T−Value	−4.85	−13.24	−1.40	
P−Value	0.001	0.000	0.196	
x_1		1.39	1.40	1.42
T−Value		10.74	13.70	13.30
P−Value		0.000	0.000	0.000
x_2			0.430	0.650
T−Value			2.65	16.16
Z−Value			0.026	0.000
S	8.62	2.55	2.02	2.11
R−Sq	68.15	97.46	98.57	98.26

该输出结果表示,我们选变量与删变量所采用的显著性水平 α 都是0.05。在选变量的第一步(Step 1这一列)选上的是 x_4,所建立的方程是:

$$\hat{y} = 116.53 - 0.722 x_4$$

在该一元回归中对 x_4 的系数做检验的 t 统计量的值是−4.85,其 p 值为0.001。该方程对应的 σ 的估计是8.62,复相关系数的平方是68.15%。

第二步选上的是 x_1,此时在方程中包含两个变量,所建立的方程是:

$$\hat{y} = 102.57 - 0.602 x_4 + 1.39 x_1$$

对 x_4 与 x_1 的系数做检验的 t 统计量的值分别是 -13.24 与 10.74,对应的 p 值均为 0.000。该方程对应的 σ 的估计是 2.55,复相关系数的平方是 97.46%。

第三步选上的是 x_2,此时在方程中包含三个变量,所建立的方程是:

$$\hat{y} = 70.07 - 0.212x_4 + 1.40x_1 + 0.430x_2$$

该方程对应的 σ 的估计是 2.02,复相关系数的平方是 98.57%。对 x_4、x_1 与 x_2 的系数做检验的 t 统计量的值分别是 -1.40、13.70 与 2.65,对应的 p 值分别是 0.196、0.000 与 0.026,其中 x_4 对应的 p 值为 0.196,大于 0.05,所以该变量不再显著,所以第四步将它删去,只保留两个变量:x_1 与 x_2,所得方程是:

$$\hat{y} = 53.01 + 1.42x_1 + 0.650x_2$$

对 x_1 与 x_2 的系数做检验的 t 统计量的值分别是 13.30 与 16.16,对应的 p 值均为 0.000。该方程对应的 σ 的估计是 2.11,复相关系数的平方是 98.26%。

由于在 0.05 水平上没有变量可以再选入,因此选变量的工作结束,同时给出了最后的回归方程为:

$$\hat{y} = 53.01 + 1.42x_1 + 0.650x_2$$

§ 习题七

1. 现收集了 16 组合金钢中的碳含量 x 与相应的强度 y 的数据,已知它们满足一元线性回归的假定,并求得:

$$\bar{x} = 0.125, \bar{y} = 45.789, l_{xx} = 0.3024, l_{xy} = 25.5218, l_{yy} = 2432.4566$$

(1) 求出 x 与 y 的的相关系数;

(2) 建立 y 关于 x 的一元线性回归方程 $\hat{y} = \hat{\beta}_0 + \hat{\beta}_1 x$;

(3) 对所求得的回归方程作显著性检验;(取 $\alpha = 0.05$)

(4) 求出 $\hat{\beta}_0$ 与 $\hat{\beta}_1$ 各自的分布及两者的相关系数;

(5) 给出 $\hat{\beta}_0$ 与 $\hat{\beta}_1$ 各自的标准误;

(6) 在 $x = 0.15$ 时求相应的平均强度的预测值及其 0.95 的置信区间,并给出相应强度概率为 0.95 的预测区间。

2. 下表列出了在不同重量下弹簧的长度。

习题 7.2 的数据表

重量 x(g)	5	10	15	20	25	30
长度 y(cm)	7.25	8.12	8.95	9.90	10.9	11.8

(1) 在直角坐标系中作散点图,并判断 y 关于 x 的相关关系是否为线性;

(2) 求出 y 关于 x 的一元线性回归方程 $\hat{y} = \hat{\beta}_0 + \hat{\beta}_1 x$;

(3) 对所求得的回归方程作显著性检验;(取 $\alpha = 0.05$)

(4)在 $x=16$ 时,给出 y 的概率为 0.95 的预测区间。

3. 在生产中积累了不同腐蚀时间 x 下,腐蚀深度 y 的 32 组数据,并求得回归方程为:
$$\hat{y} = -0.4441 + 0.002263x$$

并求得 σ 的估计值为 $\hat{\sigma} = 0.0347$。

(1)若 $x=870$,试给出 y 的概率为 0.95 的近似预测区间;

(2)若要求 $y \in [1.4, 1.6]$,试问 x 应控制在什么范围内才能以近似 0.95 的概率保证能够达到要求?

4. 合成纤维抽丝工段第一导丝盘的速度 y 对于丝的质量是一个重要参数,现发现它与电流周波 x 有密切关系,在生产中获得的数据见下表。

习题 7.4 的数据表

x_i	y_{i1}	y_{i2}
49.0	16.5	16.7
49.3	16.8	16.8
49.5	16.8	16.9
49.8	16.9	17.0
50.0	17.0	17.1
50.3	17.0	17.1

(1)建立 y 关于 x 的一元线性回归方程;

(2)在正态性假定下对该方程的拟合程度作出检验。(取 $\alpha=0.05$)

5. 为了检验 X 射线的杀菌作用,用 220 千伏的 X 射线来照射细菌,每次照射 6 分钟,照射次数为 t,共照射 15 次,各次照射后所剩细菌数 y 如下表:

习题 7.5 的数据表

t	y	t	y	t	y
1	355	6	106	11	36
2	211	7	104	12	32
3	197	8	60	13	21
4	160	9	56	14	19
5	142	10	38	15	15

根据经验知可建立 y 关于 t 的曲线回归方程
$$\hat{y} = ae^{bt}$$

(1)试用适当的变换把上述曲线回归方程化为一元线性回归方程,并求出该回归方程;

(2)求出相关指数的平方 R^2 和剩余标准差 s;

(3)若采用曲线回归方程 $\hat{y}=at^b$,试与上述方程作一比较,哪个方程较好?

6. 某河流的一个断面的年径流量 y 与该断面的上游流域年平均降水量 x_1、年平均饱和差 x_2 有关,现有 14 年记录(见下表)。

习题 7.6 的数据表

序号	x_1	x_2	y
1	720	1.80	290
2	553	2.67	135
3	575	1.75	234
4	548	2.07	182
5	572	2.49	145
6	453	3.59	69
7	540	1.88	205
8	579	2.22	151
9	515	2.41	131
10	576	3.03	106
11	547	1.83	200
12	568	1.90	224
13	720	1.98	271
14	700	2.90	130

(1)写出随机变量的观察向量 Y,未知参数向量 β,结构矩阵 X;

(2)建立 y 关于 x_1、x_2 的二元线性回归方程;

(3)对所求出的回归方程作显著性检验;(取 $\alpha=0.05$)

(4)当回归方程显著时,对每一回归系数作检验;(取 $\alpha=0.05$)

(5)求出回归方程对应的复相关系数;

(6)若某年 $x_1=600$,$x_2=2.50$,试求对应的预测值、Ey 的 0.95 置信区间,并给出对应的概率为 0.95 的预测区间。

第八章

回归设计

§ 8.1 基本概念

回归设计也称为响应曲面方法,它是另一类常用的试验设计方法。

若希望建立指标 y 与各因子 $z_1, z_2, \cdots, z_p$ 间相关关系的定量表达式,以便通过该表达式找出使指标满足要求的各因子的范围,此时可以使用回归设计。譬如在炼钢时,如何控制钢水中碳的含量(z_1),冶炼温度(z_2)……使钢材的强度(y)达到质量要求?

由于在生产过程中,除了要控制的工艺参数 $z_1, z_2, \cdots, z_p$ 外,还存在一些不可控制的随机因素,从而在 $z_1, z_2, \cdots, z_p$ 不变的情况下,质量指标 y 也不完全相同,因而可以假定 y 与 $z_1, z_2, \cdots, z_p$ 间有如下关系:

$$y = f(z_1, z_2, \cdots, z_p) + \varepsilon$$

这里 $f(z_1, z_2, \cdots, z_p)$ 是 $z_1, z_2, \cdots, z_p$ 的一个函数,常称为响应函数,其图形也称为响应曲面;ε 是随机误差,通常假定它服从均值为 0,方差为 σ^2 的正态分布。在上述假定下,$f(z_1, z_2, \cdots, z_p)$ 可以看作质量指标的均值,即

$$E(y) = f(z_1, z_2, \cdots, z_p)$$

在回归设计中,称 $z_1, z_2, \cdots, z_p$ 为因子(或自变量),但与正交设计中不同,它们都是定量变量,不是定性变量。称 $z = (z_1, z_2, \cdots, z_p)'$ 的可能取值的空间为因子空间。我们的任务便是从因子空间中寻找一个点 $z^0 = (z_1^0, z_2^0, \cdots, z_p^0)'$ 使 $E(y)$ 满足某种质量要求。

当 f 的函数形式已知时,可以通过最优化的方法去寻找 z^0,然而在许多情况下 f 的形式并不知道,这时常常用一个多项式去逼近它,即假定:

$$y = \beta_0 + \sum_j \beta_j z_j + \sum_j \beta_{jj} z_j^2 + \sum_{i<j} \beta_{ij} z_i z_j + \cdots + \varepsilon$$

这里各 $\beta_0, \beta_j, \beta_{jj}, \beta_{ij}, \cdots$ 为未知参数,也称为回归系数,通常需要通过收集数据对它们进行估计,若分别用 $b_0, b_j, b_{jj}, b_{ij}, \cdots$ 表示相应的估计,则称

$$\hat{y} = b_0 + \sum_j b_j z_j + \sum_j b_{jj} z_j^2 + \sum_{i<j} b_{ij} z_i z_j + \cdots$$

为 y 关于 $z_1, z_2, \cdots, z_p$ 的多项式回归方程。在实际中常用的是如下的一次与二次回归方程:

$$\hat{y} = b_0 + \sum_j b_j z_j \tag{8.1.1}$$

$$\hat{y} = b_0 + \sum_j b_j z_j + \sum_j b_{jj} z_j^2 + \sum_{i<j} b_{ij} z_i z_j \tag{8.1.2}$$

此外还有不完全的二次回归方程:

$$\hat{y} = b_0 + \sum_j b_j z_j + \sum_{i<j} b_{ij} z_i z_j \tag{8.1.3}$$

回归设计便是一种通过少量试验,获得数据,估计参数,有效地建立回归方程的方法,也称为响应曲面设计。它是由英国统计学家 G.Box 在 20 世纪 50 年代初针对化工生产提出的,以后又用于钢铁、制药、农业等部门,如今这一方法应用面很广。

根据建立的回归方程的次数不同,回归设计有一次回归设计、二次回归设计等,根据设计的性质又有正交设计、旋转设计等。本章将介绍一次回归的正交设计与二次回归的组合设计(包括正交设计与旋转设计)。

§ 8.2 一次回归的正交设计

建立一次回归方程的回归设计方法有多种,这里介绍一种常用的方法,它是利用二水平正交表来安排试验的设计方法。为建立回归方程先要做两项准备工作:改造二水平正交表与对因子水平进行编码。

8.2.1 两项准备工作

1. 改造二水平正交表

以二水平正交表 $L_8(2^7)$ 为例来叙述表的改造,其他二水平正交表可仿此进行。

- 将 $L_8(2^7)$ 中的水平"2"改为"-1",并称 1 为上水平,-1 为下水平。
- 将 $L_8(2^7)$ 中第 3 列与第 4 列的位置交换。
- 增加第 0 列,列中元素全为 1,并把此列放在最左边。

如此改造得如下 8 阶方阵:

$$X = \begin{matrix} & 1 & a & b & c & ab & ac & bc & abc \\ & \begin{pmatrix} 1 & 1 & 1 & 1 & 1 & 1 & 1 & 1 \\ 1 & 1 & 1 & -1 & 1 & -1 & -1 & -1 \\ 1 & 1 & -1 & 1 & -1 & 1 & -1 & -1 \\ 1 & 1 & -1 & -1 & -1 & -1 & 1 & 1 \\ 1 & -1 & 1 & 1 & -1 & -1 & 1 & -1 \\ 1 & -1 & 1 & -1 & -1 & 1 & -1 & 1 \\ 1 & -1 & -1 & 1 & 1 & -1 & -1 & 1 \\ 1 & -1 & -1 & -1 & 1 & 1 & 1 & -1 \end{pmatrix} \end{matrix} \tag{8.2.1}$$

矩阵 X 有如下特点:

- 对前四列分别给一个别名,它们的别名是:$1, a, b, c$。

• 规定别名之间的乘法运算,如 X 中 a 列与 b 列同行数对相乘而得的交互作用列记为 ab。从而,X 的后四列的别名分别是 ab, ac, bc, abc。由于 $a^2=1, b^2=1, c^2=1$,故后七列中任意两列的交互作用列仍为 X 中的某一列,如:

$$a \cdot ab = a^2 b = b, \quad bc \cdot abc = ab^2 c^2 = a$$

这样一来,$L_8(2^7)$ 的交互作用表就可以省略了。

• X 是正交阵,即 X 中任意两列的内积(同行元素乘积之和)皆为 0,即

$$\sum_{k=1}^{8} x_{ki} x_{kj} = 0, \quad i \neq j, \; i, j = 1, 2, \cdots, 8 \tag{8.2.2}$$

• X 中每一列元素的平方和皆为 8,这样一来,$X'X = 8 I_8$,其中 I_8 为 8 阶单位阵。

2. 因子水平的编码

设有 p 个定量因子 $z_1, z_2, \cdots, z_p$,其中每个因子的变化范围设为:

$$z_{1j} \leqslant z_j \leqslant z_{2j}, \quad j = 1, 2, \cdots, p$$

并称 z_{1j} 与 z_{2j} 分别为因子 z_j 的下水平与上水平,而称中心值

$$z_{0j} = (z_{1j} + z_{2j})/2 \tag{8.2.3}$$

为 z_j 的零水平,称

$$\Delta_j = (z_{2j} - z_{1j})/2 \tag{8.2.4}$$

为因子 z_j 的变化半径。

对每个因子 z_j 进行编码,令

$$x_j = \frac{z_j - z_{0j}}{\Delta_j}, \quad j = 1, 2, \cdots, p \tag{8.2.5}$$

并称 x_j 为因子 z_j 的编码值。

这样一来,不管诸 z_j 的变化范围是什么,也不管其量纲是什么,编码后的诸 x_j 为无量纲的量,其取值范围总是 $-1 \leqslant x_j \leqslant 1$,其中下水平 z_{1j} 对应 -1,上水平 z_{2j} 对应 $+1$,都以 -1 为其下水平,以 1 为其上水平。此种编码对建立回归方程十分有利,它抛弃了原因子量纲的干扰,当我们对 $x_1, x_2, \cdots, x_p$ 建立了回归方程后,利用(8.2.5)可以再返回到诸 z_j 上去。

8.2.2 一次回归的试验设计

先看一个例子。

例 8.2.1 硝基蒽醌中某物质的含量 y 与以下三个因子有关:

z_1:亚硝酸钠(单位:克),其取值范围为 $[5.0, 9.0]$

z_2:大苏打(单位:克),其取值范围为 $[2.5, 4.5]$

z_3:反应时间(单位:小时),其取值范围为 $[1, 3]$

为提高该物质的含量,需建立 y 关于变量 z_1, z_2, z_3 的回归方程。

利用二水平正交表安排试验的步骤如下:

1. 明确试验的目的 本例中是为了提高硝基蒽醌中某物质的含量 y,拟建立 y 关于三

个因子的一次回归方程。

2. 试验指标 本例中是硝基蒽醌中某物质的含量 y。

3. 对三个因子 z_1, z_2, z_3 进行编码，如表 8.2.1 所示。

4. 为了对 x_1, x_2, x_3 建立一元线性回归方程

$$\hat{y} = b_0 + b_1 x_1 + b_2 x_2 + b_3 x_3$$

特选 $L_8(2^7)$ 对应的 (8.2.1)，把 x_1, x_2, x_3 分别置于别名为 a, b, c 三列上，由此三列按表 8.2.1 编制试验计划，详见表 8.2.2。

表 8.2.1 因子编码水平表

因子	z_1	z_2	z_3	x_j
上水平	9.0	4.5	3	$+1$
下水平	5.0	2.5	1	-1
零水平	7.0	3.5	2	0
变化半径	2	1	1	
编码公式	$x_1 = \dfrac{z_1 - 7}{2}$	$x_2 = \dfrac{z_2 - 3.5}{1.0}$	$x_3 = \dfrac{z_3 - 2}{1}$	

表 8.2.2 试验计划及试验结果

试验号	x_1(亚硝酸钠:g)	x_2(大苏打:g)	x_3(反应时间:小时)	试验结果 y
1	1(9)	1(4.5)	1(3)	92.35
2	1(9)	1(4.5)	-1(1)	86.10
3	1(9)	-1(2.5)	1(3)	89.58
4	1(9)	-1(2.5)	-1(1)	87.05
5	-1(5)	1(4.5)	1(3)	85.70
6	-1(5)	1(4.5)	-1(1)	83.26
7	-1(5)	-1(2.5)	1(3)	83.95
8	-1(5)	-1(2.5)	-1(1)	83.38

8.2.3 数据分析

当获得了试验结果（见表 8.2.2）后，可采用第七章回归分析中的最小二乘估计去估计各个回归系数，并对回归方程及回归系数进行显著性检验，最后给出回归方程。这一切都可以由统计软件帮助完成，由于在一次回归的正交设计中计算十分简单，也可以用列表的方法完成，所以这里采用列表的方法给出计算过程。

为了建立一次回归模型，对 8 个试验结果作如下假定：

$$\begin{cases} y_i = \beta_0 + \beta_1 x_{i1} + \beta_2 x_{i2} + \beta_3 x_{i3} + \varepsilon_i, & i = 1, 2, \cdots, 8 \\ \text{各 } \varepsilon_i \text{ 相互独立并均服从 } N(0, \sigma^2) \end{cases} \quad (8.2.6)$$

1. 寻求诸 β_j 的最小二乘估计 b_j

若记

$$X = (x_{ij}) = \begin{pmatrix} 1 & 1 & 1 & 1 \\ 1 & 1 & 1 & -1 \\ 1 & 1 & -1 & 1 \\ 1 & 1 & -1 & -1 \\ 1 & -1 & 1 & 1 \\ 1 & -1 & 1 & -1 \\ 1 & -1 & -1 & 1 \\ 1 & -1 & -1 & -1 \end{pmatrix}, \quad \beta = \begin{pmatrix} \beta_0 \\ \beta_1 \\ \beta_2 \\ \beta_3 \end{pmatrix}, \quad Y = \begin{pmatrix} y_1 \\ y_2 \\ y_3 \\ y_4 \\ y_5 \\ y_6 \\ y_7 \\ y_8 \end{pmatrix}, \quad \varepsilon = \begin{pmatrix} \varepsilon_1 \\ \varepsilon_2 \\ \varepsilon_3 \\ \varepsilon_4 \\ \varepsilon_5 \\ \varepsilon_6 \\ \varepsilon_7 \\ \varepsilon_8 \end{pmatrix}$$

则(8.2.6)可改写为矩阵形式 $Y = X\beta + \varepsilon$

按最小二乘法，β 的最小二乘估计 $b = (b_0, b_1, b_2, b_3)'$ 应满足如下正规方程组：

$$X'Xb = X'Y$$

由于 X 的正交性，故 $X'X$ 为对角阵，记 $X'Y = B$，具体为：

$$X'X = \begin{pmatrix} 8 & 0 & 0 & 0 \\ 0 & 8 & 0 & 0 \\ 0 & 0 & 8 & 0 \\ 0 & 0 & 0 & 8 \end{pmatrix} = 8I_4, \quad X'Y = \begin{pmatrix} B_0 \\ B_1 \\ B_2 \\ B_3 \end{pmatrix} = B$$

由此可得

$$b = \frac{1}{8}B$$

即

$$b_0 = \bar{y} = \frac{1}{8}\sum_{i=1}^{8} y_i, \quad b_j = \frac{1}{8}\sum_{i=1}^{8} x_{ij}y_i, \quad j = 1, 2, 3$$

本例这些计算在表 8.2.3 上完成。

表 8.2.3　计算表

试验号	x_0	x_1	x_2	x_3	y
1	1	1	1	1	92.35
2	1	1	1	-1	86.10
3	1	1	-1	1	89.58
4	1	1	-1	-1	87.05
5	1	-1	1	1	85.70
6	1	-1	1	-1	83.26
7	1	-1	-1	1	83.95
8	1	-1	-1	-1	83.38
$B_j = \sum_{i=1}^{n} x_{ij}y_i$	691.37	18.79	3.45	11.79	
$b_j = B_j/8$	86.42	2.35	0.43	1.47	

在表中表明 $B_0 = 691.37, B_1 = 18.79, B_2 = 3.45, B_3 = 11.79$, 回归系数的最小二乘估计分别为 $b_0 = B_0/8 = 86.42, b_1 = B_1/8 = 2.35, b_2 = B_2/8 = 0.43, b_3 = B_3/8 = 1.47$, 从而 y 关于 x_1, x_2, x_3 的回归方程为：

$$\hat{y} = 86.42 + 2.35x_1 + 0.43x_2 + 1.47x_3$$

2. 对回归方程作显著性检验

为检验 y 关于 $x_1, x_2, \cdots, x_p$ 的回归方程的显著性可采用方差分析方法。下面结合例 8.2.1 来介绍各平方和的计算。

(1) 首先计算总平方和 S_T：

$$S_T = \sum_{i=1}^{n}(y_i - \bar{y})^2 = \sum_{i=1}^{n} y_i^2 - n\bar{y}^2, \quad f_T = n-1 \tag{8.2.7}$$

在例 8.2.1 中，$\sum y_i^2 = 59820.56, \sum_{j=1}^{n} y_i = B_0 = 691.37$, 所以

$$S_T = 59820.56 - 691.37^2/8 = 71.50, \quad f_T = n-1 = 7$$

(2) 计算回归平方和 S_R：

$$S_R = \sum_{j=1}^{3} b_j B_j = \sum_{j=1}^{3} \frac{B_j^2}{n}, \quad f_R = 3 \tag{8.2.8}$$

利用第七章中的公式可以证明 x_j 的偏回归平方和 $Q_j = \frac{B_j^2}{n}, j = 1, 2, 3$, 那么有 $S_R = Q_1 + Q_2 + Q_3$, 这一等式成立正是回归设计的正交性决定的。在正交回归设计中回归平方和恰好是各变量偏回归平方和相加，而在一般的回归分析中这一关系不成立。

本例中的各 Q_j 可按公式 $Q_j = B_j^2/n$ 算得，具体是：

$$Q_1 = B_1^2/8 = 18.79^2/8 = 44.13$$
$$Q_2 = B_2^2/8 = 3.45^2/8 = 1.49$$
$$Q_3 = B_3^2/8 = 11.79^2/8 = 17.38$$

于是：

$$S_R = Q_1 + Q_2 + Q_3 = 44.13 + 1.49 + 17.38 = 63, \quad f_R = 3$$

(3) 计算残差平方和 S_E：

$$S_E = S_T - S_R = 8.50, \quad f_E = f_T - f_R = 4$$

(4) 列方差分析表（见表 8.2.4）

表 8.2.4　方差分析表

来源	平方和	自由度	均方	F 比
回归	$S_R = 63$	$f_R = 3$	21	9.88
残差	$S_E = 8.50$	$f_E = 4$	2.125	
T	$S_T = 71.50$	$f_T = 7$		

若取显著性水平为 0.05,则 $F_{0.95}(3,4) = 6.59$,由于 $F > 6.59$,不能拒绝原假设 H_0:诸 β_j 皆为 0,所以说明上述求得的回归方程是有意义的。

3. 对回归系数作显著性检验

回归方程的显著并不意味着其中每一项都是重要的,故仍然要对各系数是否为 0 做出检验。

在回归分析中,为检验 x_j 的系数 β_j 是否为 0,可采用统计量:

$$F_j = \frac{Q_j}{\hat{\sigma}^2}, \quad j=1,2,3 \tag{8.2.9}$$

这里 $\hat{\sigma}^2 = S_E/f_E$,Q_j 是因子 x_j 的偏回归平方和。

在本例中各个因子的偏回归平方和已在在上面算得,分别为:44.13,1.49,17.38,而 $\hat{\sigma}^2 = S_E/f_E = 2.125$,从而对各回归系数进行检验的 F 统计量的值分别为:

$$F_1 = 44.13/2.125 = 20.77$$
$$F_2 = 1.49/2.125 = 0.70$$
$$F_3 = 17.38/2.125 = 8.18$$

在显著性水平为 0.05 时,$F_{0.95}(1,4) = 7.71$,所以因子 x_2 不显著,其他因子显著。

4. 写出系数显著的回归方程

在正交回归设计中,当某一变量不显著时,可以直接将它删去,而不会改变其他的回归系数,即使有两个变量不显著也可以同时删去,不必重算,这是正交回归设计的一个优点。

将 x_2 从回归方程中删去,最后得各因子均为显著的回归方程是:

$$\hat{y} = 86.42 + 2.35x_1 + 1.47x_3$$

将编码式:

$$x_1 = (z_1 - 7)/2, \quad x_3 = z_3 - 2$$

代入得 y 关于 z_1, z_3 的回归方程为:

$$\hat{y} = 86.42 + 2.35 \times \frac{z_1 - 7}{2} + 1.47(z_3 - 2)$$
$$= 75.255 + 1.175z_1 + 1.47z_3 \tag{8.2.10}$$

从方程知,当 z_1, z_3 增加时,y 也会相应增加,故含量 y 在因子空间的边界上达到最大,即 z_1, z_3 取高水平时($z_1 = 9, z_3 = 3$)可得 $\hat{y} = 75.255 + 1.175 \times 9 + 1.47 \times 3 = 90.24$,这一预测值与表 8.2.3 上第 1、3 号试验的结果的平均 $(92.35 + 89.58)/2 = 90.97$ 是吻合的。但此回归方程还告诉我们,若 $z_1 > 9, z_3 > 3$ 是可行的话,那么 y 的值还有增加的趋势,不过这要由进一步的试验来确认。

8.2.4 零水平处的拟合检验

上述用一次回归正交设计方法求得一次回归方程是简单、易行的,但是否能真实反映实际呢?即实际是否可用多维平面来近似呢?由于试验是在各因子的上水平(+1)与下水平(−1)处进行的,因而在那些点上拟合不会很差,但在零水平处拟合如何呢?

为验证在各因子的零水平(即编码空间中心点)上的指标值是否符合一次回归方程,常常在各因子均取零水平时进行若干次试验,譬如进行了 m 次试验,记其试验结果为 $y_{01}, y_{02}, \cdots, y_{0m}$,当模型(8.2.6)在整个编码空间都满足时,其平均值为 $\bar{y}_0 \sim N(\beta_0, \sigma^2/m)$,其偏差平方和为 $S_0 = \sum_{j=1}^{m}(y_{0j} - \bar{y}_0)^2$,$S_0$ 的自由度记为 $f_0 = m-1$,而按回归方程(8.1.1)应有 $\hat{y}_0 = b_0 = \bar{y} \sim N(\beta_0, \sigma^2/n)$,此时有

$$\hat{y}_0 - \bar{y}_0 \sim N(0, (\frac{1}{n} + \frac{1}{m})\sigma^2)$$

从而可用如下 t 统计量去检验 $E(\hat{y}_0 - \bar{y}_0)$ 是否为 0:

$$t = (\hat{y}_0 - \bar{y}_0) \Big/ \hat{\sigma}\sqrt{\frac{1}{n} + \frac{1}{m}}$$

其中

$$\hat{\sigma} = \sqrt{\frac{S_E + S_0}{f_E + f_0}}$$

当 $|t| \geq t_{1-\alpha/2}(f_E + f_0)$ 时认为模型对编码空间的中心是不合适的,这时需要另外寻找合适的模型,譬如建立含两个因子间交互作用的模型,其交互作用用两个因子的编码值的乘积表示,即可建立如下的回归方程:

$$\hat{y} = b_0 + \sum_{j=1}^{p} b_j x_j + \sum_{i<j} b_{ij} x_i x_j$$

利用回归的一次正交设计,可以用如同上面所述的方法求得回归系数的估计,具体可见下面的例 8.2.3,也可能需要补做一些试验以建立二次回归方程,这将在下一节介绍。

8.2.5 一次回归正交设计的一个性质——旋转性

所谓一个设计具有旋转性是指:在离设计中心距离相等的点上,其预测值的方差相等。由于方差相等可减少对预测的干扰,因此旋转性颇受人们的关注。

在一次回归的正交设计中,回归系数的方差分别为 $\text{Var}(b_j) = \dfrac{\sigma^2}{n}$,$j=0,1,2,\cdots,p$,又由于 $(X'X)$ 的逆仍是一个对角阵,因此各回归系数的估计相互独立,所以预测值的方差为:

$$\text{Var}(\hat{y}) = \text{Var}(b_0) + \sum_{j=1}^{p} x_j^2 \text{Var}(b_j) = \frac{\sigma^2}{n}(1 + \sum_{j=1}^{p} x_j^2) \tag{8.2.11}$$

现在编码空间中心点的坐标为 $(0,0,\cdots,0)$,任一点 $(x_1, x_2, \cdots, x_p)$ 离中心的距离记为 ρ,则

$$\rho^2 = \sum_{j=1}^{p} x_j^2$$

从而在离中心距离为 ρ 的点上预测值的方差相等,仅与 ρ 有关,其值为:

$$\text{Var}(\hat{y}) = \frac{\sigma^2}{n}(1 + \rho^2) \tag{8.2.12}$$

8.2.6 重复试验的情况

为了检验统计模型的真实性,也可对设计中每个试验重复若干次,譬如各进行 m 次重复,此时就可以对模型先进行失拟性检验,在模型合适场合再对模型进行检验,否则需要改变模型。

例 8.2.2 问题与试验设计同例 8.2.1,但在每一条件下进行了两次试验,即 $m=2$。因而有 $n=8, m=2, N=16$,具体的试验结果见表 8.2.5。下面叙述数据的分析。

在本例中回归系数的最小二乘估计见表 8.2.5。由此可以写出对应的回归方程为:

$$\hat{y} = 86.42 + 2.35x_1 + 0.43x_2 + 1.48x_3$$

这与例 8.2.1 得到的回归方程 $\hat{y} = 86.42 + 2.35x_1 + 0.43x_2 + 1.47x_3$ 基本相同,只在 x_3 的系数上略有差别。

表 8.2.5 例 8.2.2 的计算表

试验号	x_0	x_1	x_2	x_3	试验结果		和
1	1	1	1	1	90.98	93.73	184.71
2	1	1	1	−1	84.54	87.67	172.21
3	1	1	−1	1	87.70	91.46	179.16
4	1	1	−1	−1	85.60	88.50	174.10
5	1	−1	1	1	85.40	86.01	171.41
6	1	−1	1	−1	82.63	83.88	166.51
7	1	−1	−1	1	85.50	82.40	167.90
8	1	−1	−1	−1	83.20	83.55	166.75
B_j	1382.75	37.61	6.93	23.61	$\sum\sum y_{ik}^2 = 119668.85$		
$b_j = B_j/16$	86.42	2.35	0.43	1.48			

为进行各种检验,需要计算各偏差平方和及其自由度,具体如下:

总平方和 $S_T = \sum_{i=1}^{8}\sum_{j=1}^{2}(y_{ij} - \bar{y})^2 = 119668 - 1382.75^2/16$
$= 169.00, f_T = 15$

每一变量的偏回归平方和分别为:

$$Q_1 = B_1^2/16 = 37.61^2/16 = 88.41, \quad f_1 = 1$$
$$Q_2 = B_2^2/16 = 6.95^2/16 = 3.00, \quad f_2 = 1$$
$$Q_3 = B_3^2/16 = 23.61^2/16 = 34.84, \quad f_3 = 1$$

回归平方和 $S_R = Q_1 + Q_2 + Q_3 = 88.41 + 3.00 + 34.84 = 126.25, \quad f_R = 3$
残差平方和 $S_E = S_T - S_R = 169.00 - 126.25 = 42.75, \quad f_E = 15 - 3 = 12$
纯误差平方和 $S_e = \sum_{i=1}^{8}(y_{i1} - y_{i2})^2/2 = 51.5741/2 = 25.79, \quad f_e = 8$

失拟平方和 $S_{Lf} = S_E - S_e = 42.75 - 25.79 = 16.96$, $f_{Lf} = 12 - 8 = 4$
有了上述各平方和及其自由度,可进行各种检验:
- 失拟性检验:

$$F_{Lf} = \frac{S_{Lf}/f_{Lf}}{S_e/f_e} = \frac{16.96/4}{25.79/8} = 1.315$$

由于 $F_{0.95}(4,8)=3.84$,不仅说明线性回归模型合适,而且 S_{Lf} 与 S_e 可以合并为 S_E 用于其他的检验。

- 回归方程的显著性检验:

$$F = \frac{S_R/f_R}{S_E/f_E} = \frac{126.25/3}{42.75/12} = 11.81$$

由于 $F_{0.95}(3,12)=3.49$,故线性回归方程显著。

- 回归系数的显著性检验:

$$F_1 = \frac{Q_1}{S_E/f_E} = \frac{88.41}{3.56} = 24.82$$

$$F_2 = \frac{Q_2}{S_E/f_E} = \frac{3}{3.56} = 0.84$$

$$F_3 = \frac{Q_3}{S_E/f_E} = \frac{34.84}{3.56} = 9.78$$

由于 $F_{0.95}(1,12)=4.75$,故因子 x_2 不显著,而 x_1, x_3 显著。
最后所得的回归方程为:

$$\hat{y} = 86.42 + 2.35 x_1 + 1.48 x_3$$

当将编码式代入后,y 关于 z_1, z_3 的回归方程为:

$$\hat{y} = 86.42 + 2.35 \times \frac{z_1 - 7}{2} + 1.48(z_3 - 2) = 75.235 + 1.175 z_1 + 1.48 z_3$$

8.2.7 快速登高法

我们进行回归设计目的是要寻找最优的条件,但是在开始进行试验时,可能与最优条件相距甚远,此时需要寻找一条路径,使指标值很快达到最大(或最小),快速登高法便是这样一种快速向最优点逼近的方法(若要求指标值小的话,也称最速下降法)。

根据微分学原理,任一多元函数在局部区域内总可以用一个多维平面去近似。利用一次回归正交设计可以建立一次回归方程,此时如果要在编码空间中寻找一个点使指标 y 达到最大(或最小),那么这个点总是位于边界上。当点越出边界后,指标值是否会更大(或更小)呢?为回答这一问题,我们可以采用如下的方法:先在一个小区域上拟合一次回归方程

$$\hat{y} = b_0 + \sum_{j=1}^{p} b_j x_j \qquad (8.2.13)$$

再从编码空间的中心出发,沿着(8.2.13)的"梯度方向"再选择若干个试验点进行试验,以便观察指标 y 的变化,从而寻找使 y 达到更大(或更小)的点。这种从编码空间的中心出发,

在(8.2.13)的梯度方向上安排若干试验点的方法称为快速登高法。

上面提到的"梯度方向"的含义如下:一个多元函数 $y=f(x_1,x_2,\cdots,x_p)$ 在点 $(x_1,x_2,\cdots,x_p)'$ 的梯度是一个 p 维向量,其第 j 个分量是 y 关于 x_j 的偏导在该点的值,这一向量所决定的方向便是该点的梯度方向,它是多元函数 y 增长最快的方向。

对(8.2.13)来讲,任意一点的梯度方向都是 $(b_1,b_2,\cdots,b_p)'$。如果因子间存在交互作用,这时建立的回归方程为:

$$\hat{y}=b_0+\sum_{j=1}^p b_j x_j+\sum_{i<j} b_{ij} x_i x_j \tag{8.2.14}$$

那么在编码中心 $(0,0,\cdots,0)$ 的梯度方向仍为 $(b_1,b_2,\cdots,b_p)'$。

记因子 z_j 的零水平为 z_{0j},变化半径为 Δ_j,编码值 x_j 的回归系数为 b_j,沿梯度方向的试验点取为

$$x_j=\frac{z_j-z_{0j}}{\Delta_j}=kb_j,\quad k=1,2,\cdots,m$$

这里 m 是在梯度方向上进行试验的点数。在因子空间中,$z_j=z_{0j}+kb_j\Delta_j$,称 $b_j\Delta_j$ 为步长。为实施试验方便,设置一个步长变化系数 d,使实际试验中诸 z_j 的步长变化为 $db_j\Delta_j$,以便于操作,d 的具体确定方法参见例 8.2.3。快速登高法的具体试验点见表 8.2.6,其示意图见图 8.2.1。

表 8.2.6 快速登高的试验计划

试验号	z_1	z_2	$\cdots$	z_p
1	$z_{01}+db_1\Delta_1$	$z_{02}+db_2\Delta_2$	$\cdots$	$z_{0p}+db_p\Delta_p$
2	$z_{01}+2db_1\Delta_1$	$z_{02}+2db_2\Delta_2$	$\cdots$	$z_{0p}+2db_p\Delta_p$
$\vdots$	$\vdots$	$\vdots$	$\vdots$	$\vdots$
m	$z_{01}+mdb_1\Delta_1$	$z_{02}+mdb_2\Delta_2$	$\cdots$	$z_{0p}+mdb_p\Delta_p$

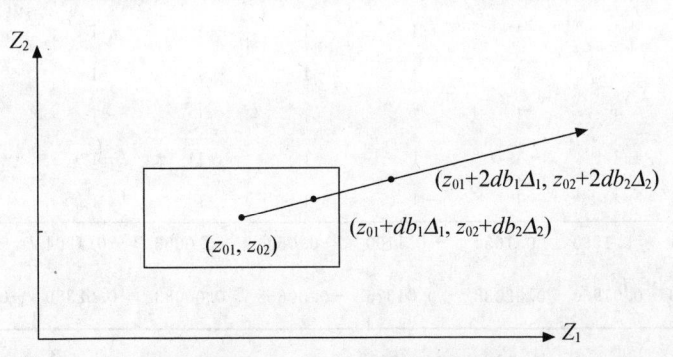

图 8.2.1 快速登高的示意图

下面结合一个例子来叙述快速登高法的实施步骤。

例 8.2.3 在寻找萃取微量元素铪的最优工艺条件中,指标 y 为铪的分布系数,它与如下四个因子有关:

z_1:初始水溶液中硝酸的当量浓度

z_2: 磷酸三丁酯在二甲苯中的体积百分比

z_3: 两种原料之比

z_4: 萃取时间(单位:分)

且 z_1 与 z_3 间可能存在交互作用,希望找出各因子的适当的值使分布系数达到最大。

1. 因子的编码值见表 8.2.7

表 8.2.7　因子编码表

因子	z_1	z_2	z_3	z_4
上水平(+1)	5	40	2.5/1	25
下水平(−1)	1	20	0.5/1	5
零水平(0)	3	30	1.5/1	15
变化半径 Δ	2	10	1.0/1	10

2. 由于现在有四个二水平因子,同时要考察一个交互作用,故采用 $L_8(2^7)$ 来安排试验,x_4 放在三因子乘积的列上,由于全部试验应有 16 次,现在仅进行 8 次,是全部试验的一半,故称之为 1/2 实施。在每一条件下进行一次试验,试验计划及每一条件下的试验结果都列在表 8.2.8 中。

3. 求回归系数并对回归方程、回归系数进行检验

回归系数的计算见表 8.2.8。

表 8.2.8　计算表

试验号	x_0	x_1	x_2	x_3	x_4		x_1x_3		y
1	1	1	1	1	1	1	1	1	0.0595
2	1	1	1	−1	−1	1	−1	−1	0.1515
3	1	1	−1	1	−1	−1	1	−1	0.0340
4	1	1	−1	−1	1	−1	−1	1	0.0922
5	1	−1	1	1	−1	−1	−1	1	0.0798
6	1	−1	1	−1	1	−1	1	−1	0.0499
7	1	−1	−1	1	1	1	−1	−1	0.0309
8	1	−1	−1	−1	−1	1	1	1	0.0206
B_j	0.5184	0.1560	0.1630	−0.1100	−0.0534	0.0066	−0.1904	−0.0142	
$b_j = \dfrac{B_j}{8}$	0.0648	0.01950	0.02038	−0.01375	−0.00668	0.00083	−0.02380	−0.00178	

为进行检验,先计算各平方和:

总平方和为:

$$S_T = \sum_{i=1}^{8} y_i^2 - \frac{1}{8}\left(\sum_{i=1}^{8} y_i\right)^2 = 0.04638 - 0.5184^2/8 = 0.01279, \quad f_T = 7$$

各变量的偏回归平方和 $Q_j = B_j^2/8$,利用表 8.2.8 中的数据可得:

$$Q_1 = 0.00304, Q_2 = 0.00332, Q_3 = 0.00151, Q_4 = 0.00036, Q_{13} = 0.00453$$

从而回归平方和为:

$$S_R = Q_1 + Q_2 + Q_3 + Q_4 + Q_{13} = 0.01276, \quad f_R = 5$$

残差平方和为:

$$S_E = S_T - S_R = 0.01279 - 0.01276 = 0.00003, \quad f_E = 2$$

所有的平方和与自由度移到方差分析表中(表 8.2.9),并完成检验。

表 8.2.9 方差分析表

来源		平方和	自由度	均方	F 比
回归		0.01276	5	0.00255	170.13
残差		0.00003	2	0.000015	
总计		0.01279	7		
系数:	x_1	0.00304	1	0.00304	202.67
	x_2	0.00332	1	0.00332	221.33
	x_3	0.00151	1	0.00151	100.67
	x_4	0.00036	1	0.00036	24.00
	$x_1 x_3$	0.00453	1	0.00453	302.00

由于 $F_{0.95}(5,2) = 19.30$,而对回归方程进行检验的 $F = 170.13$,所以在显著性水平 0.05 上回归方程是显著的。

由于 $F_{0.95}(1,2) = 18.51$,所以在显著性水平 0.05 上每一回归系数都显著不为 0。

最后可以写出用编码值表示的回归方程:

$$\hat{y} = 0.0648 + 0.01950x_1 + 0.02038x_2 - 0.01375x_3 - 0.00668x_4 - 0.02380x_1 x_3$$

4. 决定快速登高的试验计划

由表 8.2.8 可知,编码中心的梯度方向为:

$$(b_1, b_2, b_3, b_4)' = (0.01950, 0.02038, -0.01375, -0.00668)'$$

快速登高的试验计划是从编码空间中心出发,在每一试验点上,令第 j 个因子的编码值增加 db_j,这相当于因子 z_j 增加 $db_j \Delta_j$,其中 d 是一个比例常数,视试验中因子取值的方便而定。今后称 $db_j \Delta_j$ 为 z_j 的步长变化,d 为步长变化系数。在具体实施时,需再对 $db_j \Delta_j$ 作适当修匀,以方便试验操作。

在本例中,z_2 的变化以 5 作步长变化为方便,则步长系数 d 可取为:

$$d = 5/(\Delta_2 b_2) = 5/(10 \times 0.02038) = 5/0.2038$$

那么各因子步长变化及其修匀值见表 8.2.10,试验计划及试验结果见表 8.2.11。

表 8.2.10　快速登高参数

因子	z_1	z_2	z_3	z_4
$b_j \Delta_j$	0.0390	0.2038	−0.0138/1	−0.0668
$d\, b_j \Delta_j$	0.9568	5	−0.3386/1	−1.6389
修匀	1	5	−0.3/1	−2

表 8.2.11　快速登高计划及试验结果

试验号	z_1	z_2	z_3	z_4	y
9 $(z_{0j} + d\, b_j \Delta_j)$	4	35	1.2/1	13	
10 $(z_{0j} + 2 d\, b_j \Delta_j)$	5	40	0.9/1	11	0.304
11 $(z_{0j} + 3 d b_j \Delta_j)$	6	45	0.6/1	9	
12 $(z_{0j} + 4 d\, b_j \Delta_j)$	7	50	0.3/1	7	2.220
13 $(z_{0j} + 5 d\, b_j \Delta_j)$	8	55	0.0/1	5	（无意义）

在列出快速登高计划后，不一定按顺序一一试验，可选做其中的若干个，只要 y 增大即可。这里由于第 13 号试验已无法进行，而第 12 号试验结果很好，这时可以第 12 号试验的条件作为中心点，重新设计一次回归的正交设计，重复上述过程，直至找到最佳的或满意的最大值为止，这里不再一一叙述；也可以第 12 号试验的条件作为中心点，安排二次回归设计，其方法将在下一节叙述。

§ 8.3　二次回归的组合设计

为建立二次回归方程(8.1.2)，有多种设计方法，在这里介绍一种中心组合设计方案，它的优点是可以在一次回归正交设计的基础上补充若干点得到，当然也可以直接使用。

8.3.1　中心组合设计方案

在中心组合设计方案中，每个因子取五个水平，其编码值分别为：$-\gamma, -1, 0, 1, \gamma$，其中参数 γ 将由某种合理的要求定出。中心组合设计中的试验点由三部分组成：

(1) 将编码值 −1 与 1 看成每个因子的两个水平，如同一次回归的正交设计那样，采用二水平正交表安排试验，可以是全因子试验，也可以是其 1/2 实施，1/4 实施等。记其试验次数为 m_c，则 $m_c = 2^p$，或 $2^{p-1}, 2^{p-2}$ 等。

(2) 在每一因子的坐标轴上取两个试验点，该因子的编码值分别为 $-\gamma$ 与 γ，其他因子的编码值为 0。由于有 p 个因子，因此这部分试验点共有 $2p$ 个。常称这种试验点为星号点。

(3) 在试验区域的中心进行 m_0 次试验，这时每个因子的编码值均为 0。

由此可见，中心组合设计方案试验的总次数 n 为：

$$n = m_c + 2p + m_0$$

譬如 $p=2$ 与 $p=3$ 的中心组合设计方案分别如表 8.3.1 与表 8.3.2 所示，图 8.3.1 给出了 $p=2$ 时试验点的分布。

表 8.3.1　$p=2$ 的中心组合设计方案

试验号	x_1	x_2	
1	1	1	
2	1	-1	
3	-1	1	用 $L_4(2^3)$, $m_c=2^2=4$
4	-1	-1	
5	γ	0	
6	$-\gamma$	0	星号点 $2p=4$
7	0	γ	
8	0	$-\gamma$	
9	0	0	
⋮	⋮	⋮	中心点 m_0
n	0	0	

表 8.3.2　$p=3$ 的中心组合设计方案

试验号	x_1	x_2	x_3	
1	1	1	1	
2	1	1	-1	
3	1	-1	1	
4	1	-1	-1	用 $L_8(2^7)$, $m_c=2^3=8$
5	-1	1	1	
6	-1	1	-1	
7	-1	-1	1	
8	-1	-1	-1	
9	γ	0	0	
10	$-\gamma$	0	0	
11	0	γ	0	星号点 $2p=6$
12	0	$-\gamma$	0	
13	0	0	γ	
14	0	0	$-\gamma$	
15	0	0	0	
⋮	⋮	⋮	⋮	中心点 m_0
n	0	0	0	

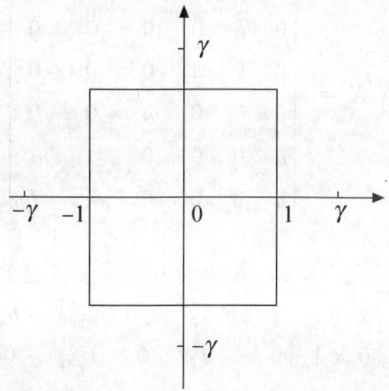

图 8.3.1　$p=2$ 的中心组合设计方案试验点的分布

γ 与 m_0 可以看成是中心组合设计方案的参数，它们将根据对试验的其他要求（譬如要求设计具有正交性或要求设计具有旋转性）来确定，并已将常用的参数制成表格以便查用。下面我们分别叙述二次回归的正交设计与旋转设计。

8.3.2　二次回归的正交设计

如果一个设计具有正交性，则数据分析将是十分方便的，又由于所得的回归系数的估计间互不相关，因此删除某些因子时不会影响其他回归系数的估计，从而很容易写出含所有显著因子的回归方程。

1. γ 的确定

为使二次回归设计具有正交性,我们先写出(8.1.2)的设计矩阵 X,为方便起见,设 $p=2$:

$$X=\begin{pmatrix} 1 & x_1 & x_2 & x_1x_2 & x_1^2 & x_2^2 \\ 1 & 1 & 1 & 1 & 1 & 1 \\ 1 & 1 & -1 & -1 & 1 & 1 \\ 1 & -1 & 1 & -1 & 1 & 1 \\ 1 & -1 & -1 & 1 & 1 & 1 \\ 1 & \gamma & 0 & 0 & \gamma^2 & 0 \\ 1 & -\gamma & 0 & 0 & \gamma^2 & 0 \\ 1 & 0 & \gamma & 0 & 0 & \gamma^2 \\ 1 & 0 & -\gamma & 0 & 0 & \gamma^2 \\ 1 & 0 & 0 & 0 & 0 & 0 \\ \vdots & \vdots & \vdots & \vdots & \vdots & \vdots \\ 1 & 0 & 0 & 0 & 0 & 0 \end{pmatrix} \tag{8.3.1}$$

其中各列依次为 $x_0,x_1,x_2,x_1x_2,(x_1)^2,(x_2)^2$ 的值,且 $m_c=4,2p=4$,则 $n=m_c+2p+m_0=8+m_0$,再记 $h=4+2\gamma^2, f=4+2\gamma^4$,那么

$$X'X=\begin{pmatrix} n & 0 & 0 & 0 & h & h \\ 0 & h & 0 & 0 & 0 & 0 \\ 0 & 0 & h & 0 & 0 & 0 \\ 0 & 0 & 0 & m_c & 0 & 0 \\ h & 0 & 0 & 0 & f & m_c \\ h & 0 & 0 & 0 & m_c & f \end{pmatrix} \tag{8.3.2}$$

一般情况下有

$$X'X=\begin{pmatrix} n & 0\times 1'_p & 0\times 1'_k & h\times 1'_p \\ 0\times 1_p & h\times I_p & 0\times J_{p\times k} & 0\times I_p \\ 0\times 1_k & 0\times J_{k\times p} & m_c\times I_k & 0\times J_{k\times p} \\ h\times 1_p & 0\times I_p & 0\times J_{p\times k} & G \end{pmatrix} \tag{8.3.3}$$

其中 $k=\binom{p}{2}$,1_u 表示元素均为1的 u 维列向量,$1'_u$ 表示为行向量,I_u 表示 u 阶单位阵,$J_{u\times v}$ 表示 u 行 v 列的矩阵,其元素均为1,$h=m_c+2\gamma^2$,G 是 p 阶对称方阵,其对角元均为 $f=m_c+2\gamma^4$,非对角元均为 m_c,即

$$G=\begin{pmatrix} f & m_c & \cdots & m_c \\ m_c & f & \cdots & m_c \\ \vdots & \vdots & \ddots & \vdots \\ m_c & m_c & \cdots & f \end{pmatrix}$$

由此可见现在 $X'X$ 不是对角阵,因此设计不正交。但是分析一下便知,(8.3.3)第一行(列)中的 h 是由于诸平方项 x_j^2 列的和不等于 0 造成的,为此可以利用"中心化"变换使其为 0,即把 x_j^2 列的元素减去该列的均值,令:

$$x_j' = x_j^2 - \frac{h}{n} \tag{8.3.4}$$

仍以 $p=2$ 为例,此时用(8.3.1)表示的矩阵 X 可以改写为:

$$X = \begin{pmatrix} 1 & 1 & 1 & 1 & 1-h/n & 1-h/n \\ 1 & 1 & -1 & -1 & 1-h/n & 1-h/n \\ 1 & -1 & 1 & -1 & 1-h/n & 1-h/n \\ 1 & -1 & -1 & 1 & 1-h/n & 1-h/n \\ 1 & \gamma & 0 & 0 & \gamma^2-h/n & -h/n \\ 1 & -\gamma & 0 & 0 & \gamma^2-h/n & -h/n \\ 1 & 0 & \gamma & 0 & -h/n & \gamma^2-h/n \\ 1 & 0 & -\gamma & 0 & -h/n & \gamma^2-h/n \\ 1 & 0 & 0 & 0 & -h/n & -h/n \\ \vdots & \vdots & \vdots & \vdots & \vdots & \vdots \\ 1 & 0 & 0 & 0 & -h/n & -h/n \end{pmatrix} \tag{8.3.5}$$

由于 $\sum_{i=1}^{n} x_{ij}' = \sum_{i=1}^{n} \left(x_{ij}^2 - \frac{h}{n} \right) = 4 + 2\gamma^2 - h = 0, j=1,2$,从而此时的 $X'X$ 阵为:

$$X'X = \begin{pmatrix} n & 0 & 0 & 0 & 0 & 0 \\ 0 & h & 0 & 0 & 0 & 0 \\ 0 & 0 & h & 0 & 0 & 0 \\ 0 & 0 & 0 & m_c & 0 & 0 \\ 0 & 0 & 0 & 0 & s_{11} & g \\ 0 & 0 & 0 & 0 & g & s_{22} \end{pmatrix} \tag{8.3.6}$$

其中 s_{11}, s_{22} 分别是矩阵 X 的第 5、第 6 列元素的平方和,g 是第 5 与第 6 列元素对应乘积和。

一般情况下有

$$X'X = \begin{pmatrix} n & 0 \times 1_p' & 0 \times 1_k' & 0 \times 1_p' \\ 0 \times 1_p & h \times I_p & 0 \times J_{p \times k} & 0 \times I_p \\ 0 \times 1_k & 0 \times J_{k \times p} & m_c \times I_k & 0 \times J_{k \times p} \\ 0 \times 1_p & 0 \times I_p & 0 \times J_{p \times k} & GG \end{pmatrix} \tag{8.3.7}$$

这里 GG 是 p 阶对称方阵:

$$GG = \begin{pmatrix} s_{11} & g & \cdots & g \\ g & s_{22} & \cdots & g \\ \vdots & \vdots & \ddots & \vdots \\ g & g & \cdots & s_{pp} \end{pmatrix}$$

其中的对角元 s_{jj} 为 X 中 x_j' 列中元素的平方和，由于该列中有 m_c 个元素为 $1-h/n$，2 个元素为 γ^2-h/n，其余 $n-m_c-2$ 个元素为 $-h/n$，$j=1,2,\cdots,p$，且诸 s_{jj} 相等，记为 s_0：

$$s_0=(1-h/n)^2\times m_c+(\gamma^2-h/n)^2\times 2+(-h/n)^2\times(n-m_c-2),\quad j=1,2,\cdots,p$$

非对角元 g 为 x_i' 与 x_j'（$i\neq j$）对应元素的乘积和，由于任意两列中有 m_c 对元素均为 $1-h/n$，有四对元素为 γ^2-h/n 与 $-h/n$，其余 $n-m_c-4$ 对元素均为 $-h/n$，故

$$g=(1-h/n)^2\times m_c+(\gamma^2-h/n)\times(-h/n)\times 4+(-h/n)^2\times(n-m_c-4) \quad (8.3.8)$$

为使设计成为正交的只要设法使 $g=0$。由于在 g 中 m_c 是给定的，$h=m_c+2\gamma^2$，$n=m_c+2p+m_0$，所以在给定了 m_0 后，g 只是 γ 的函数：

$$g=m_c-\frac{2m_ch}{n}-\frac{4h\gamma^2}{n}+\frac{h^2}{n}=m_c-\frac{m_c^2}{n}-\frac{4m_c}{n}\gamma^2-\frac{4}{n}\gamma^4$$

因此可以适当选取 γ 使 $g=0$，譬如 $p=3,m_0=2,m_c=2^3=8,2p=6,n=8+6+2=16$，那么要求：

$$\gamma^4+8\gamma^2-16=0$$

解得 $\gamma^2=4(\sqrt{2}-1)=1.6568$，则 $\gamma=1.287$。

对不同的因子个数 p 及设计方案，以及不同的中心点重复次数 m_0，对应的 γ 值见表 8.3.3。

表 8.3.3　二次回归正交设计的参数 γ 值表

m_0	$p=2$	$p=3$	$p=4$	$p=5$(1/2 实施)
1	1.000	1.215	1.414	1.546
2	1.077	1.287	1.483	1.606
3	1.148	1.353	1.546	1.664
4	1.214	1.414	1.606	1.718
5	1.267	1.471	1.664	1.772
6	1.320	1.525	1.718	1.819
7	1.369	1.575	1.772	1.868
8	1.414	1.623	1.819	1.913
9	1.457	1.668	1.868	1.957
10	1.498	1.711	1.913	2.000

2. 数据分析

由于作了变换 (8.3.4) 后，采用表 8.3.3 中的 γ 值得到的设计为正交设计，因此其回归系数的估计、对回归方程及回归系数的检验都同一次回归的正交设计类似，可以列表进行，表格的形式也同一次回归正交设计。

(1) 回归系数的估计

在对 x_j^2 列作了中心化变换后，我们可以首先建立 y 关于诸 x_j,x_jx_k,x_j' 的回归方程：

$$\hat{y} = b_0 + \sum_j b_j x_j + \sum_{j<k} b_{jk} x_j x_k + \sum_j b_{jj} x'_j$$

用第七章的方法求诸回归系数。现在 $X'X$ 为对角阵，从而其逆矩阵十分简单：

$$(X'X)^{-1} = \begin{pmatrix} \dfrac{1}{n} & 0\times 1'_p & 0\times 1'_k & 0\times 1'_p \\ 0\times 1_p & \dfrac{1}{h}\times I_p & 0\times J_{p\times k} & 0\times I_p \\ 0\times 1_k & 0\times J_{k\times p} & \dfrac{1}{m_c}\times I_k & 0\times J_{k\times p} \\ 0\times 1_p & 0\times I_p & 0\times J_{p\times k} & \dfrac{1}{s_0}\times I_p \end{pmatrix}$$

再记 $X'Y = (B_0, B_1, \cdots, B_p, B_{12}, \cdots, B_{p-1,p}, B_{11}, \cdots, B_{pp})'$，其中

$$B_0 = \sum_{i=1}^n y_i, \quad B_j = \sum_{i=1}^n x_{ij} y_i,$$
$$B_{jk} = \sum_{i=1}^n x_{ij} x_{ik} y_i, j<k, \quad B_{jj} = \sum_{i=1}^n x'_{ij} y_i \qquad j,k = 1,2,\cdots,p \qquad (8.3.9)$$

则

$$b_0 = \frac{B_0}{n} = \bar{y}, \quad b_j = \frac{B_j}{h}, \quad b_{jk} = \frac{B_{jk}}{m_c}, j<k, \quad b_{jj} = \frac{B_{jj}}{s_0}, \quad j,k = 1,2,\cdots,p \qquad (8.3.10)$$

具体计算见表 8.3.4。

表 8.3.4　二次回归正交设计的计算表

试验号	x_0	x_1	$\cdots$	x_p	$x_1 x_2$	$\cdots$	$x_{p-1} x_p$	x'_1	$\cdots$	x'_p	y
1	1	x_{11}	$\cdots$	x_{1p}	$x_{11} x_{12}$	$\cdots$	$x_{1,p-1} x_{1,p}$	x'_{11}	$\cdots$	x'_{1p}	y_1
2	1	x_{21}	$\cdots$	x_{2p}	$x_{21} x_{22}$	$\cdots$	$x_{2,p-1} x_{2,p}$	x'_{21}	$\cdots$	x'_{2p}	y_2
$\vdots$	$\vdots$	$\vdots$		$\vdots$	$\vdots$		$\vdots$	$\vdots$		$\vdots$	$\vdots$
n	1	x_{n1}	$\cdots$	x_{np}	$x_{n1} x_{n2}$	$\cdots$	$x_{n,p-1} x_{n,p}$	x'_{n1}	$\cdots$	x'_{np}	y_n
B_j	B_0	B_1	$\cdots$	B_p	B_{12}	$\cdots$	$B_{p-1,p}$	B_{11}	$\cdots$	B_{pp}	$S_T = \sum_{i=1}^n y_i^2 - B_0^2/n$
b_j	b_0	b_1	$\cdots$	b_p	b_{12}	$\cdots$	$b_{p-1,p}$	b_{11}	$\cdots$	b_{pp}	$S_R = \sum_{j=1}^p Q_j + \sum_{j<k} Q_{jk} + \sum_{j=1}^p Q_{jj}$
Q_j		Q_1	$\cdots$	Q_p	Q_{12}	$\cdots$	$Q_{p-1,p}$	Q_{11}	$\cdots$	Q_{pp}	$S_E = S_T - S_R$

(2) 对回归方程与回归系数的检验

由于是正交设计，因此同一次正交回归设计，诸 $x_j, x_j x_k, x'_j$ 的偏回归平方和分别为：

$$Q_j = b_j B_j, \quad Q_{jk} = b_{jk} B_{jk}, \quad j<k, \quad Q_{jj} = b_{jj} B_{jj}, \quad j,k = 1,2,\cdots,p \qquad (8.3.11)$$

回归平方和为：

$$S_R = \sum_{j=1}^p Q_j + \sum_{j<k} Q_{jk} + \sum_{j=1}^p Q_{jj}, \quad f_R = 2p + \binom{p}{2} \qquad (8.3.12)$$

仍然用 S_T 表示总平方和，其自由度为 $f_T=n-1$，则残差平方和为：

$$S_E = S_T - S_R, \quad f_E = f_T - f_R \tag{8.3.13}$$

其检验可在表 8.3.5 上进行。

表 8.3.5 二次回归的方差分析表

来源	平方和	自由度	均方	F 比
x_1	Q_1	1	MS_1	$F_1 = MS_1/MS_E$
⋮	⋮	⋮	⋮	⋮
x_p	Q_p	1	MS_p	$F_p = MS_p/MS_E$
$x_1 x_2$	Q_{12}	1	MS_{12}	$F_{12} = MS_{12}/MS_E$
⋮	⋮	⋮	⋮	⋮
$x_{p-1,p}$	$Q_{p-1,p}$	1	$MS_{p-1,p}$	$F_{p-1,p} = \dfrac{MS_{p-1,p}}{MS_E}$
x'_1	Q_{11}	1	MS_{11}	$F_{11} = MS_{11}/MS_E$
⋮	⋮	⋮	⋮	⋮
x'_p	Q_{pp}	1	MS_{pp}	$F_{pp} = MS_{pp}/MS_E$
回归	$S_R = \sum\limits_{j=1}^{p} Q_j + \sum\limits_{j<k} Q_{jk} + \sum\limits_{j=1}^{p} Q_{jj}$	$f_R = 2p + \binom{p}{2}$	$MS_R = S_R/f_R$	$F = MS_R/MS_E$
残差	$S_E = S_T - S_R$	$f_E = f_T - f_R$	$MS_E = S_E/f_E$	
总和	$S_T = \sum\limits_{i=1}^{n} y_i^2 - B_0^2/n$	$f_T = n - 1$		

若在中心点上有重复试验的话，还可以进一步对 S_E 进行分解：

$$S_E = S_e + S_{Lf}, \quad f_E = f_e + f_{Lf} \tag{8.3.14}$$

记在中心点上的试验结果为 $y_{01}, y_{02}, \cdots, y_{0m_0}$，其平均值为 $\bar{y}_0$，则

$$S_e = \sum_{i=1}^{m_0} (y_{0i} - \bar{y}_0)^2, \quad f_e = m_0 - 1 \tag{8.3.15}$$

$$S_{Lf} = S_E - S_e, \quad f_{Lf} = f_E - f_e \tag{8.3.16}$$

可对二次回归模型的失拟性进行检验。

例 8.3.1 为提高钻头的寿命，在数控机床上进行试验，考察钻头的寿命与钻头轴向振动频率 F 及振幅 A 的关系。在试验中，F 与 A 的变动范围分别为：$[125\mathrm{Hz}, 375\mathrm{Hz}]$ 与 $[1.5\,\mu m, 5.5\,\mu m]$，采用二次回归正交组合设计，并在中心点重复进行三次试验。

1. 对因子的取值进行编码

现在有两个因子，即 $p=2$，在中心点进行三次试验，即 $m_0=3$，则由表 8.3.3 上查得此二次回归正交组合设计中的 $\gamma=1.148$。若因子 z_j 的取值范围为 $[z_{1j}, z_{2j}]$，则令 z_{1j}, z_{2j} 的编码值分别为 $-\gamma, \gamma$，那么零水平为：

$$z_{0j} = (z_{1j} + z_{2j})/2, \quad j = 1, 2, \cdots, p$$

变化半径为：

$$\Delta_j = \frac{z_{2j} - z_{1j}}{2\gamma}, \quad j = 1, 2, \cdots, p$$

编码值 -1 与 1 分别对应于：

$$z_{0j} - \Delta_j \text{ 与 } z_{0j} + \Delta_j, \quad j = 1, 2, \cdots, p$$

在本例中因子 F 与 A 的零水平分别是

$$z_{01} = \frac{125 + 375}{2} = 250, \quad z_{02} = \frac{1.5 + 5.5}{2} = 3.5$$

它们的变化半径分别是

$$\Delta_1 = \frac{325 - 125}{2 \times 1.148} = 109, \quad \Delta_2 = \frac{5.5 - 1.5}{2 \times 1.148} = 1.74$$

因子编码值见表 8.3.6。

表 8.3.6 因子编码表

因 子	F	A
零水平（0）	250	3.5
变化半径 Δ	109	1.74
$-\gamma$	125	1.5
-1	141	1.76
0	250	3.5
1	359	5.24
γ	375	5.5

2. 试验计划与试验结果

本例的试验计划见表 8.3.7，在试验随机化后所得试验结果列在该表的最右边一列。

表 8.3.7 试验计划与试验结果

试验号	编码值		实际值		试验结果（寿命）
	x_1	x_2	F	A	y
1	1	1	359	5.24	161
2	1	-1	359	1.76	129
3	-1	1	141	5.24	166
4	-1	-1	141	1.76	135
5	1.148	0	375	3.5	187
6	-1.148	0	125	3.5	170
7	0	1.148	250	5.5	174
8	0	-1.148	250	1.5	146
9	0	0	250	3.5	203
10	0	0	250	3.5	185
11	0	0	250	3.5	230

3. 数据分析

为求出 y 关于 x_1, x_2 的二次回归方程，首先将 x_1^2 与 x_2^2 列中心化，即令 $x_j' = x_j^2 - h/n$，在本例中：

$$n = m_c + 2p + m_0 = 2^2 + 2 \times 2 + 3 = 11$$
$$h = m_c + 2\gamma^2 = 2^2 + 2 \times 1.148^2 = 6.636$$

则

$$x_j' = x_j^2 - h/n = x_j^2 - 6.636/11 = x_j^2 - 0.603, j = 1, 2 \qquad (8.3.17)$$

此时 $s_0 = \sum_{i=1}^{n}(x')_{ij}^2 = 3.471$。回归系数的估计见表 8.3.8，其中 B_j、b_j 与 Q_j 的计算公式见 (8.3.9)~(8.3.11)。

表 8.3.8 二次回归正交设计计算表

试验号	x_0	x_1	x_2	$x_1 x_2$	x_1'	x_2'	y
1	1	1	1	1	0.397	0.397	161
2	1	1	−1	−1	0.397	0.397	129
3	1	−1	1	−1	0.397	0.397	166
4	1	−1	−1	1	0.397	0.397	135
5	1	1.148	0	0	0.715	−0.603	187
6	1	−1.148	0	0	0.715	−0.603	170
7	1	0	1.148	0	−0.603	0.715	174
8	1	0	−1.148	0	−0.603	0.715	146
9	1	0	0	0	−0.603	−0.603	203
10	1	0	0	0	−0.603	−0.603	185
11	1	0	0	0	−0.603	−0.603	230
B_j	1886	8.516	95.144	1.000	−75.732	−124.498	$S_T = 8774.7, f_T = 10$
b_j	171.45	1.283	14.338	0.250	−21.818	−35.868	$S_R = 7493.17, f_R = 5$
Q_j		10.93	1364.13	0.25	1652.36	4465.50	$S_E = 1281.53, f_E = 5$

本例中由于在中心点有 3 次重复试验，所以在给出所得到的回归方程之前，先对模型的失拟性、方程及系数分别作显著性检验：

中心点上 3 次试验结果的平均值为 $\bar{y}_0 = 206$，由此求得纯误差平方和

$$S_e = \sum_{i=9}^{11}(y_i - \bar{y}_0)^2 = 1026, \quad f_e = 2$$

从而失拟平方和为：

$$S_{Lf} = 1281.53 - 1026 = 255.53, \quad f_{Lf} = 3$$

失拟性检验的统计量为：

$$F_{Lf} = \frac{S_{Lf}/f_{Lf}}{S_e/f_e} = 0.17$$

在 $\alpha = 0.05$ 时，$F_{0.95}(3,2) = 19.2$，所以认为模型合适。

有关方程与系数的检验见表 8.3.9。

在 $\alpha = 0.05$ 时，$F_{0.95}(5,5) = 5.05$，所以认为回归方程显著。又在 $\alpha = 0.05$ 时 $F_{0.95}(1,5) = 6.61$，在 $\alpha = 0.10$ 时 $F_{0.90}(1,5) = 4.06$，所以从表 8.3.9 可知 x_1' 与 x_2' 的系数在显著性水平 0.05 上是显著的，x_2 的系数在显著性水平 0.10 上是显著的。

由表 8.3.8 中所求得的回归系数，可以写出在 0.10 水平上各系数都显著的回归方程为：

表 8.3.9 方差分析表

来源	平方和	自由度	均方	F 比
x_1	10.93	1	10.93	0.04
x_2	1364.13	1	1364.13	5.32
$x_1 x_2$	0.25	1	0.25	0.00
x_1'	1652.36	1	1652.36	6.45
x_2'	4465.50	1	4465.50	17.42
回归	7493.17	5	1498.63	5.85
残差	1281.53	5	256.31	
总和	8774.70	10		

$$\hat{y} = 171.45 + 14.338 x_2 - 21.818 x_1' - 35.868 x_2' \tag{8.3.18}$$

再将(8.3.17)代入，即得 y 关于 x_1, x_2 的二次回归方程：

$$\hat{y} = 171.45 + 14.338 x_2 - 21.818(x_1^2 - 0.603) - 35.868(x_2^2 - 0.603)$$
$$= 206.23 + 14.338 x_2 - 21.818 x_1^2 - 35.868 x_2^2$$

最后再将编码式

$$x_1 = \frac{F - 250}{109}, \quad x_2 = \frac{A - 3.5}{1.74}$$

代入，即可得 y 关于 F, A 的二次回归方程：

$$\hat{y} = -86.5547 + 1.0497 F - 0.0018 F^2 + 82.9291 A - 11.8470 A^2 \tag{8.3.19}$$

为延长寿命，可以将(8.3.19)对 F 与 A 分别求导，并令其为零以解出最佳水平组合：

$$\frac{\partial \hat{y}}{\partial F} = 1.0497 - 2 \times 0.0018 F = 0$$

$$\frac{\partial \hat{y}}{\partial A} = 82.9291 - 2 \times 11.8470 A = 0$$

从中得 $F = 291.58, A = 3.50$，在该水平组合下，平均寿命的估计是 211.6。

8.3.3 二次回归的旋转设计

1. γ 的确定

在上一节，已经介绍了旋转性的概念，为使中心组合设计方案在二次回归场合具有旋转性，必须确定组合设计的参数 γ。

我们先不加证明给出二次回归中心组合设计要成为旋转设计的条件，它应该满足：

$$\sum_{i=1}^{n} x_{ij}^2 = \lambda_2 n, \qquad j = 1, 2, \cdots, p$$

$$\sum_{i=1}^{n} x_{ij}^4 = 3 \sum_{i=1}^{n} x_{ij}^2 x_{ik}^2 = 3\lambda_4 n, \quad j \neq k, \; j,k = 1, 2, \cdots, p$$

其中 λ_2 与 λ_4 可以根据具体的设计确定。在二次回归的组合设计中：

$$\sum_{i=1}^{n} x_{ij}^2 = m_c + 2\gamma^2 = h = \lambda_2 n$$

$$\sum_{i=1}^{n} x_{ij}^4 = m_c + 2\gamma^4 = 3\lambda_4 n$$

$$\sum_{i=1}^{n} x_{ij}^2 x_{ik}^2 = m_c = \lambda_4 n$$

因此 $\lambda_2 = h/n, \lambda_4 = m_c/n$，为使设计具有旋转性，则要求

$$m_c + 2\gamma^4 = 3m_c$$

即只要：

$$\gamma^4 = m_c \tag{8.3.20}$$

从(8.3.20)便可求得 γ，其值见表 8.3.10 及表 8.3.11。

2. m_0 的确定

当对组合设计提出进一步的要求时，可以确定设计中的另一个参数 m_0。

(1) 二次回归正交旋转组合设计

当要求二次回归的组合旋转设计具有正交性时，可以由(8.3.8)给出的 g，令 $g=0$ 解出 m_0，因为在 g 的表达式中，m_c 是给定的，现在 γ 也已确定，从而 g 只是 m_0 的函数，所以可从中解出。如果解得的 m_0 是整数，则所得设计为正交旋转设计；如果所得解不是整数，则取最接近的整数，这时的设计是近似正交的旋转设计。二次回归正交（或渐近正交）旋转组合设计的参数见表 8.3.10。

表 8.3.10　二次回归正交旋转组合设计参数

因子数与方案	m_c	γ	m_0	n
$p=2$	4	1.414	8	16
$p=3$	8	1.682	9	23
$p=4$	16	2.000	12	36
$p=5$	32	2.378	17	50
$p=5$(1/2 实施)	16	2.000	10	36
$p=6$(1/2 实施)	32	2.378	15	59
$p=7$(1/2 实施)	64	2.828	22	100
$p=8$(1/2 实施)	128	3.364	33	177
$p=8$(1/4 实施)	64	2.828	20	100

(2) 二次回归通用旋转组合设计

所谓一个设计具有通用性是指在与中心距离小于 1 的任意点 $(x_1, x_2, \cdots, x_p)$ 上的预测值的方差近似相等。由于一个旋转设计各点预测值的方差仅与该点到中心的距离有关，若设 $\rho^2 = \sum_{j=1}^{p} x_j^2$，则 $\text{Var}(\hat{y}(x_1, x_2, \cdots, x_p)) = f(\rho)$，通用设计要求当 $\rho < 1$ 时，$f(\rho)$ 基本为一个常数。根据这一要求，可以通过数值的方法来确定 m_0。表 8.3.11 给出有关的参数。

表 8.3.11　二次回归通用旋转组合设计参数

因子数与方案	m_c	γ	m_0	n
$p=2$	4	1.414	5	13
$p=3$	8	1.682	6	20
$p=4$	16	2.000	7	31
$p=5$(1/2 实施)	16	2.000	6	32
$p=6$(1/2 实施)	32	2.378	9	53
$p=7$(1/2 实施)	64	2.828	14	92
$p=8$(1/2 实施)	128	3.364	21	165
$p=8$(1/4 实施)	64	2.828	13	93

比较表 8.3.10 与表 8.3.11 可知，通用旋转设计的试验次数通常比正交旋转设计的次数要少，加上在单位超球体内各点方差近似相等，因此在实用中人们喜欢采用具有通用性的设计，尽管其计算要比正交设计稍麻烦些，但是有了计算机后这已不成问题，因为稍复杂的计算可以由计算机来完成。

3. 数据分析

由于二次回归正交旋转组合设计也是正交设计，因此其分析方法同前，不再叙述。下面介绍二次回归通用旋转组合设计的数据分析方法。

(1) 回归系数的估计

根据最小二乘估计的矩阵表达式可知，要估计回归系数必须先求出 $X'X$ 的逆矩阵，由于在二次回归组合设计中，$X'X$ 的一般形式为 (8.3.7)，因而可求得：

$$(X'X)^{-1} = \begin{pmatrix} K & 0 & \cdots & 0 & 0 & \cdots & 0 & E & \cdots & E \\ 0 & 1/h & & 0 & 0 & & 0 & 0 & & 0 \\ \vdots & & \ddots & & & & & & \ddots & \\ 0 & 0 & & 1/h & 0 & & 0 & 0 & & 0 \\ 0 & 0 & & 0 & 1/m_c & & 0 & 0 & & 0 \\ \vdots & & & & & \ddots & & & & \\ 0 & 0 & & 0 & 0 & & 1/m_c & 0 & & 0 \\ E & 0 & & 0 & 0 & & 0 & F & & G \\ \vdots & & & & & & & & \ddots & \\ E & 0 & & 0 & 0 & & 0 & G & & F \end{pmatrix} \quad (8.3.21)$$

根据不同的 p 与实施方案，其中的 K, E, F, G 的值已列成表格供使用（见表 8.3.12）。如果

记 $X'Y$ 阵中的元素为：

$$B_0 = \sum_{i=1}^{n} y_i, \quad B_j = \sum_{i=1}^{n} x_{ij} y_i, \quad B_{jk} = \sum_{i=1}^{n} x_{ij} x_{ik} y_i, \quad B_{jj} = \sum_{i=1}^{n} x_{ij}^2 y_i$$

则回归系数的估计为：

$$\begin{aligned}
b_0 &= KB_0 + E\sum_{j=1}^{p} B_j \\
b_j &= B_j/h, \quad j=1,2,\cdots,p \\
b_{jk} &= B_{jk}/m_c, \quad j<k, \; j,k=1,2,\cdots,p \\
b_{jj} &= EB_0 + (F-G)B_{jj} + G\sum_{k=1}^{p} B_{kk}, \quad j=1,2,\cdots,p
\end{aligned} \tag{8.3.22}$$

表 8.3.12　二次通用旋转组合设计中计算回归系数的参数

因子数及方案	n	K	$-E$	F	G
$p=2$	13	0.2	0.1	0.14375	0.01875
$p=3$	20	0.1663402	0.0567920	0.06939	0.00689003
$p=4$	31	0.1428571	0.0357142	0.0349702	0.00372023
$p=5$(1/2 实施)	32	0.1590909	0.0340909	0.0340909	0.00284090
$p=6$(1/2 实施)	53	0.1107487	0.0187380	0.0168422	0.00121724
$p=7$(1/2 实施)	92	0.0703125	0.0097656	0.00830078	0.00048828

(2) 对回归方程的检验

由于在回归系数的估计中未进行中心化变换，因此各类偏差平方和的计算要用下面的公式：

$$S_T = \sum_{i=1}^{n}(y_i - \bar{y})^2 = \sum_{i=1}^{n} y_i^2 - B_0^2/n, \quad f_T = n-1 \tag{8.3.23}$$

现在残差平方和的计算可以如下进行：

$$S_E = \sum_{i=1}^{n}(\hat{y}_i - y_i)^2 = \sum_{i=1}^{n} y_i^2 - b_0 B_0 - \sum_{j=1}^{p} b_j B_j - \sum_{j<k} b_{jk} B_{jk} - \sum_{j=1}^{p} b_{jj} B_{jj} \tag{8.3.24}$$

$$f_E = f_T - f_R$$

从而回归平方和为：

$$S_R = S_T - S_E, \quad f_R = p + p + p(p-1)/2 = 2p + p(p-1)/2 \tag{8.3.25}$$

又由于在中心点有 m_0 次重复试验，因此还可同前面一样将 S_E 分解为：

$$S_E = S_e + S_{Lf}$$

而自由度分别为：

$$f_e = m_0 - 1, \quad f_{Lf} = f_E - f_e$$

这样可同前一样先检验模型的失拟性，当模型合适时，再检验方程的显著性，公式都同前,不再重述。

(3)对回归系数的显著性检验

为对回归系数进行显著性检验,需求出各项的偏回归平方和及 σ^2 的估计,其公式如下:

$$\hat{\sigma}^2 = s^2 = S_E/f_E \tag{8.3.26}$$

$$\begin{aligned} Q_j &= b_j^2/h^{-1}, & j=1,2,\cdots,p \\ Q_{jk} &= b_{jk}^2/m_c^{-1}, & j<k, \; j,k=1,2,\cdots,p \\ Q_{jj} &= b_{jj}^2/F, & j=1,2,\cdots,p \end{aligned} \tag{8.3.27}$$

从而检验用的统计量为:

$$\begin{aligned} F_j &= Q_j/s^2, & j=1,2,\cdots,p \\ F_{jk} &= Q_{jk}/s^2, & j<k, \; j,k=1,2,\cdots,p \\ F_{jj} &= Q_{jj}/s^2, & j=1,2,\cdots,p \end{aligned} \tag{8.3.28}$$

如果有不显著的项,要删去该项,此时回归系数的估计需要重新计算。下面给出一个例子。

例 8.3.2 超声波换能器设计中要求灵敏度余量 y 大,而这一指标与以下两个因子有关:

z_1:保护膜厚度,取值范围为 $0.2 \sim 0.6$(单位:mm)

z_2:吸收材料之比,取值范围为 $4:1 \sim 7:1$

为减少试验次数并建立精度较高的回归方程,决定采用二次回归通用旋转组合设计,然后对数据作分析。

1. 试验的设计

(1)对因子的取值进行编码

在 $p=2$ 时,从表 8.3.11 查得设计参数为:

$$\gamma = \sqrt[4]{4} = 1.4142, \quad m_0 = 5$$

共需进行 13 次试验。在直接进行二次回归设计时,编码可以同例 8.3.1 那样进行:当因子的取值范围为:$z_{1j} \leqslant z_j \leqslant z_{2j}, j=1,2,\cdots,p$ 时,可令 z_{1j}, z_{2j} 的编码值分别为 $-\gamma, \gamma$。本例的因子编码值见表 8.3.13。

表 8.3.13 因子编码表

因子	z_1	z_2
零水平 $z_0(0)$	0.4	5.5 : 1
零变化半径 Δ	0.1414	1.0607 : 1
$-\gamma$	0.2	4 : 1
-1	0.2586	4.4393 : 1
0	0.4	5.5 : 1
1	0.5414	6.5607 : 1
γ	0.6	7 : 1

(2) 试验计划

本例用编码值表示的试验计划见表 8.3.14，试验结果列在该表的最右边一列。

2. 数据分析

(1) 先求出各 B，它们列在表 8.3.15 的最后一行。

表 8.3.14　编码值表示的试验计划与试验结果

试验号	x_1	x_2	y	试验号	x_1	x_2	y
1	1	1	57	8	0	−1.4142	58
2	1	−1	58	9	0	0	56.5
3	−1	1	54.5	10	0	0	57.5
4	−1	−1	55	11	0	0	57
5	1.4142	0	54.5	12	0	0	56.5
6	−1.4142	0	52.5	13	0	0	57.5
7	0	1.4142	57				

表 8.3.15　计算表

试验号	x_0	x_1	x_2	$x_1 x_2$	x_1^2	x_2^2	y
1	1	1	1	1	1	1	57
2	1	1	−1	−1	1	1	58
3	1	−1	1	−1	1	1	54.5
4	1	−1	−1	1	1	1	55
5	1	1.4142	0	0	2	0	54.5
6	1	−1.4142	0	0	2	0	52.5
7	1	0	1.4142	0	0	2	57
8	1	0	−1.4142	0	0	2	58
9	1	0	0	0	0	0	56.5
10	1	0	0	0	0	0	57.5
11	1	0	0	0	0	0	57
12	1	0	0	0	0	0	56.5
13	1	0	0	0	0	0	57.5
	B_0	B_1	B_2	B_{12}	B_{11}	B_{22}	$\sum y_i^2 = 41193.75$
B	731.5	8.3234	−2.9142	−0.5	438.5	454.5	

(2) 按公式 (8.3.22) 求回归系数的估计：

先在表 8.3.12 中查得：$K=0.2, E=-0.1, F=0.14375, G=0.01875$，又由于 $m_c=4$，$\gamma=1.4142$，故得 $h=m_c+2\gamma^2=8$，代入 (8.3.22) 得：

$$b_0=57, \quad b_1=1.04105, \quad b_2=-0.364275,$$
$$b_{12}=-0.125, \quad b_{11}=-1.59375, \quad b_{22}=0.40625$$

从而得回归方程为：

$$\hat{y} = 57 + 1.04105x_1 - 0.364275x_2 - 0.125x_1x_2$$
$$- 1.59375x_1^2 + 0.40625x_2^2 \qquad (8.3.29)$$

(3) 对模型与方程的检验

为对回归方程作检验，首先要计算各类偏差平方和，按公式(8.3.23)~(8.3.25)，有：

$$S_T = 32.8078, \quad f_T = 12$$
$$S_E = 2.6744, \quad f_E = 7$$
$$S_R = 30.1333, \quad f_R = 5$$

由于在中心点重复进行了 5 次试验，中心点试验结果的平均值 $\bar{y}_0 = 57$，因此还可求出其误差的偏差平方和：

$$S_e = \sum_{i=9}^{13}(y_i - \bar{y}_0)^2 = 1, \quad f_e = 4$$

从而失拟平方和为：

$$S_{Lf} = 2.6744 - 1 = 1.6744, \quad f_{Lf} = 3$$

检验模型失拟性的 F 比为：

$$F_{Lf} = \frac{1.6744/3}{1/4} = 2.33 < F_{0.95}(3,4) = 6.59$$

所以模型合适，把 S_{Lf} 并入 S_e 后再对方程的显著性进行检验，有：

$$F = \frac{30.1333/5}{2.6744/7} = 15.77 > F_{0.95}(5,7) = 3.97$$

所以方程显著。

(4) 对每一回归系数分别进行检验

由公式(8.3.26)~(8.3.28)，可得 $\hat{\sigma}^2 = MS_E = 2.6744/7 = 0.382$，那么对回归系数作检验的统计量分别为：

$$F_1 = 8 \times (1.04105)^2 / 0.382 = 22.697$$
$$F_2 = 8 \times (-0.364275)^2 / 0.382 = 2.779$$
$$F_{12} = 4 \times (-0.125)^2 / 0.382 = 0.164$$
$$F_{11} = (-1.59375)^2 / (0.14375 \times 0.382) = 46.256$$
$$F_{22} = (0.40625)^2 / (0.14375 \times 0.382) = 3.005$$

由于 $F_{0.95}(1,7) = 5.59$，所以有三个系数不显著，但是由于系数间不独立，所以不能一次将它们全部删除。可以逐一删除不显著的项，再检验，直到获得每一系数都显著为止。现在删去对回归系数作检验的 F 值中最小的一个对应的项，即删去 x_1x_2，得到的回归方程为：

$$\hat{y} = 57 + 1.0411x_1 - 0.3643x_2 - 1.5937x_1^2 + 0.4063x_2^2 \qquad (8.3.30)$$

经检验各项在 0.15 显著性水平上均显著。（这通常可用计算机帮助完成。）现将编码式：

$$x_1 = (z_1 - 0.4)/0.1414, \quad x_2 = (z_2 - 5.5)/1.0607$$

代入(8.3.30),则得 y 关于 z_1 与 z_2 的回归方程为:
$$\hat{y} = 54.1180 + 71.1114z_1 - 4.31567z_2 - 79.6875z_1^2 + 0.36111z_2^2 \quad (8.3.31)$$

在获得了方程(8.3.31)后,可以寻找使 y 达到最大的条件,将(8.3.31)式的右边对 z_1, z_2 分别求导并令其为零:
$$\begin{aligned}\frac{\partial \hat{y}}{\partial z_1} &= 71.1114 - 2 \times 79.6875 z_1 = 0 \\ \frac{\partial \hat{y}}{\partial z_2} &= -4.31567 + 2 \times 0.36111 z_2 = 0\end{aligned} \quad (8.3.32)$$

解上述方程组,得:
$$z_1 = 0.45, \quad z_2 = 6.00$$

即保护膜厚度为 0.45mm,吸收材料之比为 6.00:1 时可使 y 的均值达到最大,此时预测值为 57.03。

若要求诸系数在 0.05 水平上显著,则所得回归方程为:
$$\hat{y} = 57.2826 + 1.0411 x_1 - 1.6467 x_1^2$$

由于在该方程中不含 x_2,所以只要将 x_1 的编码式
$$x_1 = (z_1 - 0.4)/0.1414$$

代入,则得 y 关于 z_1 的回归方程为:
$$\hat{y}^2 = 41.1599 + 73.2309 z_1 - 82.3599 z_1^2$$

将上式的右边对 z_1 求导并令其为零:
$$\frac{\partial \hat{y}}{\partial z_1} = 73.2309 - 2 \times 82.3599 z_1 = 0$$

解上述方程,得:$z_1 = 0.44$。

这表明我们取保护膜厚度为 0.44mm,可使 y 的均值达到最大,此时预测值为 57.4。

§ 习题八

1. 某化学反应中有两个重要变量:时间 z_1 与温度 z_2,它们的可能取值范围为:
$$70 \leqslant z_1 \leqslant 130(\text{单位:分}), \quad 140 \leqslant z_2 \leqslant 200(\text{单位:}℃)$$
(1)给出编码公式,使它们的编码空间为 $[-1,1] \times [-1,1]$;
(2)若已知编码值为 $x_1 = 0.3, x_2 = 0.2$,求原变量的对应值。

2. 某橡胶制品由橡胶、树脂和改良剂复合而成,为提高其撕裂强度,考虑进行一次回归的正交设计,三个变量的取值范围分别为:

z_1:橡胶中某成分的含量 $0 \sim 20$

z_2:树脂中某成分的含量 $10 \sim 30$

z_3:改良剂的百分比 $0.1 \sim 0.3$

用编码值表示的试验计划与试验结果如表所列。

习题 8.2 的试验计划与结果

试验号	x_1	x_2	x_3	y	试验号	x_1	x_2	x_3	y
1	−1	−1	−1	407	5	1	−1	−1	230
2	−1	−1	1	421	6	1	−1	1	243
3	−1	1	−1	322	7	1	1	−1	250
4	−1	1	1	371	8	1	1	1	259

(1) 试对数据进行统计分析,建立 y 关于 z_1, z_2, z_3 的一次回归方程。

(2) 如果在试验中心进行了四次重复试验,结果分别为:417,401,455,439,试检验在区域中心一次回归方程是否合适。

3. 设某种化工产品的纯度受反应温度和压力的影响,它们的变化范围如下:

z_1:反应温度 −220 ~ −215

z_2:压力 1.1 ~ 1.3

用编码值表示的试验计划与试验结果如下表。

习题 8.3 的试验计划与试验结果

试验号	x_1	x_2	y	试验号	x_1	x_2	y
1	−1	−1	82.8	5	0	0	84.1
2	−1	1	83.5	6	0	0	84.5
3	1	−1	84.7	7	0	0	83.9
4	1	1	85.0	8	0	0	84.3

(1) 请给出进行一次回归设计时各因子的编码值;

(2) 对数据进行统计分析,建立 y 关于 $z_1, z_2, z_1 z_2$ 的一次回归方程;

(3) 对所得方程分别进行失拟性检验和显著性检验,在显著性水平 0.05 上你有什么看法?

(4) 对上述方程的系数进行显著性检验,最后给出在显著性水平 0.05 上系数均为显著的回归方程;

(5) 给出快速登高的试验计划。

4. 为考察烧结矿的烧结速度与下列五个因子的关系,拟用中心组合设计进行二次回归设计。这五个因子的取值范围分别是:

z_1:水分 6.45% ~ 9.55%

z_2:燃料 7.22 ~ 8.78

z_3:碱度 1.02 ~ 1.18

z_4:返矿 22.2 ~ 37.8

z_5:生石灰 0 ~ 8

请分别给出在中心点进行一次试验的二次回归正交设计、二次回归正交旋转设计及二次回归通用旋转设计的编码表与试验计划。

5. 为考察稼溶液的电导率 y 与温度(z_1)、稼的浓度(z_2)、苛性碱的浓度(z_3)的关系,采用二次回归通用旋转组合设计安排试验,各因子的取值范围如下:

$$z_1:30\sim80,\ z_2:20\sim120,\ z_3:0\sim300$$

用编码值表示的试验计划与试验结果如下。

习题 8.5 的试验计划与试验结果

试验号	x_1	x_2	x_3	y
1	1	1	1	0.485
2	1	1	−1	0.242
3	1	−1	1	0.720
4	1	−1	−1	0.435
5	−1	1	1	0.322
6	−1	1	−1	0.159
7	−1	−1	1	0.453
8	−1	−1	−1	0.304
9	−1.682	0	0	0.284
10	1.682	0	0	0.536
11	0	−1.682	0	0.568
12	0	1.682	0	0.291
13	0	0	−1.682	0.143
14	0	0	1.682	0.521
15	0	0	0	0.433
16	0	0	0	0.422
17	0	0	0	0.435
18	0	0	0	0.436
19	0	0	0	0.423
20	0	0	0	0.440

试对数据进行统计分析,给出 y 关于因子 z_1,z_2,z_3 的二次回归方程。

第九章

可靠性分析

§ 9.1 产品的可靠性

9.1.1 产品的两类质量指标

产品有两类质量指标：**性能指标**与**可靠性指标**。

产品完成规定功能所需要的指标称为性能指标，这是一类很重要的质量指标。而在时间上保持性能指标的能力便是可靠性指标，这是另一类更重要的质量指标。以电视机为例，图像、音质、选择性、彩色浓度等都是性能指标。而平均寿命就是可靠性指标，这里寿命是指产品开始使用到首次发生故障的时间长度。若电视机的性能指标都合格，但经常发生故障，需要维修，这会给顾客带来很多的烦恼，引起顾客的不满意，这样的电视机在市场很少有人问津，生产电视机的工厂也难以生存。

可靠性是从提高军工产品质量中提出的。第二次世界大战之后，局部战争不断发生，为了提高武器装备的性能，采用新技术、新材料越来越多，特别是使用了大量的电子元器件，从而使武器装备日趋复杂，加之装备使用环境的严酷，使当时的武器装备故障频繁。在朝鲜战争中美国的军用电子装备故障最为严重，雷达 84% 的时间是处在故障维修状态中，于是美国国防部在 1952 年成立了"电子设备可靠性咨询组（AGREE）"。经过五年的研究，该组于 1957 年发表了《军用电子设备可靠性》的研究报告，该报告首次给出可靠性定义，多种可靠性指标及其评价方法等一套系统的概念与方法，为可靠性发展奠定了牢固基础。

可靠性发展很快，经历了 20 世纪 50 年代的起步阶段，70 年代的成熟阶段，到 90 年代进入了向综合化、智能化、自动化的发展阶段，使可靠性成为一门综合性的可靠性工程技术学科，研究对象也不断扩大，从电子产品扩大到机械等非电子产品；从小的零件到大的设备或系统；从硬件到软件；从重视可靠性统计试验发展到强调可靠性工程试验；从可靠性发展到维修性；从军工装备扩展到民用产品。在这些发展中产品质量得到迅速提高，可靠性理论的实践得以丰富和完整。

9.1.2 产品可靠性的定义

产品在规定的条件下和规定的时间内，完成规定功能的能力称为**可靠性**。这是 1952 年 AGREE 研究报告给出的可靠性定义，用到如今，一字未改，实属不易。对这个定义中的三个规定和一个能力需要作一些解释。

- **规定的时间**,时间是可靠性的核心,不谈论时间就无可靠性可言。一般说来,工作时间愈长,可靠性愈低,即产品的可靠性是时间的递减函数,不同的递减速度构成不同的可靠性。而规定的时间长短又随着产品不同和使用目的的不同而异。譬如火箭发射系统要求在十分钟内可靠即可,海底电缆则要求几十年内可靠,一般的电视机等民用产品在几千小时到几万小时内不出故障,顾客就很满意了。从这个意义上看,可靠性是经得起时间考验的质量。这里的"时间"是广义的,除时间外,还指汽车的行驶里程,开关的循环次数、蛇形管 90 度的弯曲次数等。

- **规定的功能**,它常用产品的诸项性能指标表示。若产品的诸项性能指标都达到规范限,则称该产品完成规定功能,若诸项性能指标中有一项或多项未能达到,则称该产品丧失规定功能。在可靠性中,**丧失规定功能称为产品失效**,对可修产品又称产品发生故障,在本章中失效与故障是不加区分的。相应的各项性能指标的规范限称为失效判据。在具体进行可靠性工作中,合理地、明确地给出失效判据是很重要的,否则就会因"是否失效"而争论不休。

- **规定的条件**,它是指产品的使用条件,如环境条件、维护条件和操作技术等。同一产品在不同条件下工作表现出不同的可靠性水平,一辆汽车在水泥路和沙石路上行驶相同里程,显然后者故障会多于前者,这说明使用条件越恶劣,可靠性越低。所以不在规定条件下谈论可靠性就失去比较产品可靠性高低的基础。

- **能力**,为了比较可靠性的高低,对能力需要有定量的刻划。由于产品发生故障带有偶然性,故不能仅看一个产品的工作情况,而应在观察大量同类产品之后,才能看出其可靠性的高低,所以在可靠性定义中的"能力"具有统计学的意义。常用于表示此种"能力"的指标有可靠度、平均寿命、失效率等,下面将逐一介绍。

从上面解释可见,可靠性就是在上述三个规定下,研究产品发生失效的统计规律性,从而为排除故障、提高可靠性提供数量上的依据。

随着科学技术的发展,可靠性愈来愈被人们重视,因为许多产品的使用价值是与其寿命长短紧密相连的。如通讯设备、电子产品等要求能长时间工作,若它们老出故障,那就失去使用价值。一个生产低可靠性产品的工厂往往因失去市场竞争的能力而倒闭;另一方面,一个低可靠性产品对工作的影响有时很难估计。卫星上一个电子元件失效,会导致一次卫星试验的失败,一部通讯设备在战时发生故障,会导致失去战机,造成无数人员的伤亡等。不认识可靠性这一客观事实,就要受到惩罚,这方面给人们的教训太深刻了,可靠性的历史就是一部给人们的"教训史"。

9.1.3 产品的寿命及其失效分布

产品的寿命是指产品从开始工作到首次发生失效的工作时间。它是一个随机变量,常用 T 表示,如 $P(T \leqslant 300)$ 表示产品寿命不超过 300 小时的概率,$P(T>500)$ 表示产品寿命超过 500 小时的概率。

产品的寿命(随机变量)的分布称为失效(故障)分布。产品的寿命常为在 $[0,\infty)$ 上取值的连续随机变量,它的失效分布常用其分布函数 $F(t)$ 或概率密度函数 $f(t)$ 表示,具体如下:

累积失效分布函数 $F(t)=P(T \leqslant t)$

失效概率密度函数 $f(t)=F'(t)$

常用的失效分布有如下三个：

1. 指数分布 $\mathrm{Exp}(\lambda)$。
2. 威布尔(Weibull)分布 $\mathrm{Wei}(m,\eta)$。
3. 对数正态分布 $LN(\mu,\sigma^2)$。

下面用列表方式来叙述这三个常用失效分布。

表 9.1.1　三个常用失效分布

	指数分布	威布尔分布	对数正态分布
密度函数 $f(t)$ 及其图形	$f(t)=\lambda e^{-\lambda t}$, $t>0$	$f(t)=\dfrac{mt^{m-1}}{\eta^m}e^{-(\frac{t}{\eta})^m}$, $t>0$	$f(t)=\dfrac{1}{\sqrt{2\pi}\sigma t}\exp\left\{-\dfrac{(\ln t-\mu)^2}{2\sigma^2}\right\}$, $t>0$
参数范围	$\lambda>0$	$m>0, \eta>0$	$-\infty<\mu<\infty, \sigma>0$
分布函数 $F(t)$	$F(t)=1-e^{-\lambda t}$, $t>0$	$F(t)=1-e^{-(t/\eta)^m}$, $t>0$	$F(t)=\Phi\left(\dfrac{\ln t-\mu}{\sigma}\right)$, $\Phi(\cdot)$为标准正态分布函数
均值 $E(T)$ （平均寿命）	$E(T)=\dfrac{1}{\lambda}$	$E(T)=\eta\Gamma\left(1+\dfrac{1}{m}\right)$ $\Gamma(\cdot)$为伽玛函数	$E(T)=\exp\left\{\mu+\dfrac{\sigma^2}{2}\right\}$
背景举例	剔除早期失效后某些零件的寿命，某些设备的寿命	轴承等零件的寿命，某些设备的寿命	绝缘材料寿命，维修时间
可靠度函数 $R(t)$	$R(t)=e^{-\lambda t}, t>0$	$R(t)=e^{-t/\eta}, t>0$	$R(t)=1-\Phi\left(\dfrac{\ln t-\mu}{\sigma}\right)$
失效率函数 $\lambda(t)$	$\lambda(t)=\lambda, t>0$	$\lambda(t)=\dfrac{m}{\eta}\left(\dfrac{t}{\eta}\right)^{m-1}, t>0$	$\lambda(t)=\dfrac{f(t)}{R(t)}$

注1：指数分布的密度函数还有另一种形式：
$$f(t)=\dfrac{1}{\theta}e^{-t/\theta}, \quad t>0$$
它与前一种形式的联系可通过参数间的变换 $\theta=\dfrac{1}{\lambda}$ 来实现，在威布尔分布 $\mathrm{Wei}(m,\eta)$ 中若 $m=1$，就可得到这种形式的指数分布，所以指数分布是威布尔分布的特例。

注2：对数正态分布 $LN(\mu,\sigma^2)$ 有一个性质：若 $X\sim LN(\mu,\sigma^2)$，则 $Y=\ln X\sim N(\mu,\sigma^2)$，由于这性质，对数正态分布函数 $F(x)$ 可用标准正态分布函数 $\Phi(\cdot)$ 表示，即在 $x>0$ 时，有
$$F(x)=P(X\leqslant x)=P(\ln X\leqslant \ln x)=\Phi\left(\dfrac{\ln x-\mu}{\sigma}\right)$$

注3：产品制造出来后，不工作，在规定条件下贮存起来，由于环境和退化等因素影响，贮存的产品仍可能发生失效，我们把产品开始贮存到发生失效的时间称为贮存寿命。它是一个随机变量，其分布也可用表 9.1.1 的分布之一描述，一般说来，不工作状态下的产品可靠性也会随时间下降，只是比工作状态慢很多。

§ 9.2 常用的可靠性指标

常用的可靠性指标有三个,它们是可靠度、失效率和平均寿命,下面逐个介绍。

9.2.1 可靠度函数 $R(t)$

一、可靠度函数的定义及其估计

产品在规定时间 t 内和规定的条件下,完成规定功能的概率称为产品的**可靠度函数**,简称**可靠度**,记为 $R(t)$。

这个定义与可靠性定义的差别,仅在于把"能力"换成"概率"。若用 T 表示产品在规定条件下的寿命(产品首次发生失效的时间),则"产品在时间 t 内完成规定功能"等价于"产品寿命 T 大于 t"。所以可靠度函数 $R(t)$ 可以看作事件"$T > t$"的概率,即:

$$R(t) = P(T > t) \tag{9.2.1}$$

譬如 $R(5000) = 0.95$ 意味着,在 5000 小时内,平均 100 件产品中大约有 95 件能完成规定功能,大约有 5 件产品在 5000 小时内会发生故障。可靠度是一种常用的可靠性指标。

可靠度函数 $R(t)$ 可以用频率去估计。设在 $t=0$ 时有 N 件产品开始工作,而到 t 时刻有 $n(t)$ 件产品失效,仍有 $N-n(t)$ 件产品在继续工作,则频率

$$\hat{R}(t) = \frac{N-n(t)}{N} = 1 - \frac{n(t)}{N} \tag{9.2.2}$$

可用来作为时刻 t 的可靠度函数 $R(t)$ 的估计值。

例 9.2.1 某电子器件 110 只的失效时间经分组整理后如表 9.2.1 所示,试估计它的可靠度函数。

表 9.2.1 某电子器件失效时间　　　　　　　　单位:小时

i	失效时间范围	失效个数	累计失效个数	仍在工作个数
1	0~400	6	6	104
2	400~800	28	34	76
3	800~1200	37	71	39
4	1200~1600	23	94	16
5	1600~2000	9	102	7
6	2000~2400	5	108	2
7	2400~2800	1	109	1
8	2800~3200	1	110	0

根据估计公式(9.2.2)可算得:

$$\hat{R}(0) = 1, \quad \hat{R}(400) = \frac{104}{110} = 0.945$$

这是因为在 $t=0$ 时,110 个器件都在工作,而到 $t=400$ 小时时,已失效 6 个,还有 104 个器件在工作。类似地,根据表 9.2.1 最后一列数据,可容易算出其他若干个时间点上的可靠度估计值:

$$\hat{R}(800) = \frac{76}{110} = 0.691, \quad \hat{R}(1200) = \frac{39}{110} = 0.355$$

$$\hat{R}(1600) = \frac{16}{110} = 0.145, \quad \hat{R}(2000) = \frac{7}{110} = 0.064$$

$$\hat{R}(2400) = \frac{2}{110} = 0.018, \quad \hat{R}(2800) = \frac{1}{110} = 0.009$$

若把这些计算结果用坐标$(t_i, R(t_i))$点在坐标纸上,并用光滑曲线把这些点联结起来,就可得到一条下降的曲线(见图 9.2.1),这就是此种元器件的可靠度函数的估计$\hat{R}(t)$。从图 9.2.1 上也可估计出不同时刻的可靠度的值,譬如在$t = 1000$小时处,$\hat{R}(1000) = 0.5$。反之,若给出可靠度$\hat{R} = 0.9$,那也可从图 9.2.1 上读出此时的$t_0 = 500$ 小时,这表示大约有 90% 的产品在 500 小时处仍能继续工作。这个$t_0 = 500$ 小时又称为该产品的 0.9 的**可靠寿命**。

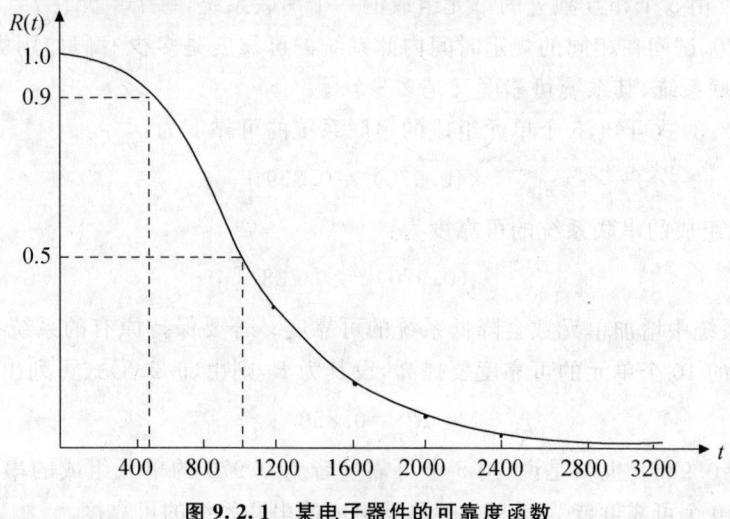

图 9.2.1 某电子器件的可靠度函数

二、可靠度函数的性质

1. 产品的可靠度函数随着使用时间的延长而逐渐降低,都有类似图 9.2.1 的形状,差别在于下降的快慢上。

2. 在$t = 0$ 处总有$R(t) = 1$,即在零时刻产品总能正常工作。

3. 在$t \to \infty$时,$R(t) \to 0$,即产品最终总是要失效的。

4. $R(t) + F(t) = 1$,见图 9.2.2。

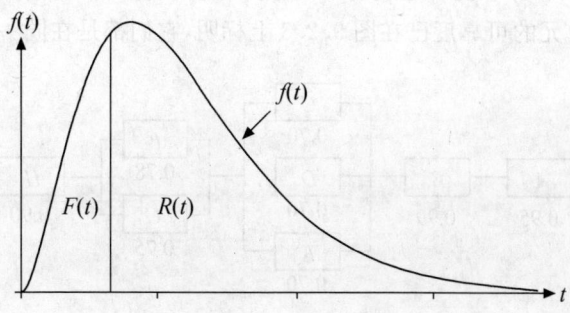

图 9.2.2 $R(t), F(t)$与$f(t)$间的关系

三、系统可靠度

由若干个单元有机组成的一个可完成某一功能的综合体,称为**系统**。最常见的系统是**串联系统和并联系统**。

一个系统由 n 个单元 $A_1, A_2, \cdots, A_n$ 组成,假如每个单元都正常工作时,系统才能正常工作,或者说,其中任一单元失效就会引起系统失效,这样的系统称为**串联系统**。假如这 n 个单位相互独立(即任一单元的工作状态不会影响其他单元的工作状态),并已知这 n 个单元的可靠度分别为 $R_1(t), R_2(t), \cdots, R_n(t)$,按概率的乘法公式,此串联系统的可靠度 $R_s(t)$ 是各单元可靠度的乘积,即:

$$R_s(t) = \prod_{i=1}^{n} R_i(t) \tag{9.2.3}$$

例 9.2.2 由 5 个相互独立的单元组成的一个串联系统,每个单元在 $t=1000$ 小时的可靠度皆为 0.970,试问在相同的规定时间内此系统的可靠度是多少?假如用类似的 10 个单元组成一个串联系统,其系统可靠度又是多少?

解:按(9.2.3)式可知,5 个单元组成的串联系统的可靠度为:

$$(0.970)^5 = 0.859$$

10 个单元组成的串联系统的可靠度为:

$$(0.970)^{10} = 0.738$$

可见,在串联系统中增加单元数会降低系统的可靠度。若要保持原有的系统可靠度 0.859,组成串联系统的 10 个单元的可靠度要提高,设其为 R,则由(9.2.3)式可列出方程:

$$R^{10} = 0.859$$

解之,可得 $R=0.985$。也就是说,用 5 个可靠度皆为 0.970 的单元组成的串联系统的可靠度,等价于用 10 个可靠度皆为 0.985 的单元组成的串联系统的可靠度。

一个系统由 n 个单元 $A_1, A_2, \cdots, A_n$ 组成,假如有一个单元工作,系统就能工作,或者说,只有当所有单元失效时系统才失效,这样的系统称为**并联系统**。假如这 n 个单元相互独立,并已知这 n 个单元的可靠度分别为 $R_1(t), R_2(t), \cdots, R_n(t)$,则此并联系统的可靠度 $R_s(t)$ 按下式计算:

$$R_s(t) = 1 - \prod_{i=1}^{n}(1 - R_i(t)) \tag{9.2.4}$$

例 9.2.3 由串联和并联混合组成的系统称为**混联系统**,试计算图 9.2.3 所示的混联系统的可靠度,其中每个单元的可靠度已在图 9.2.3 上标明,它们都是在同一规定时间的可靠度。

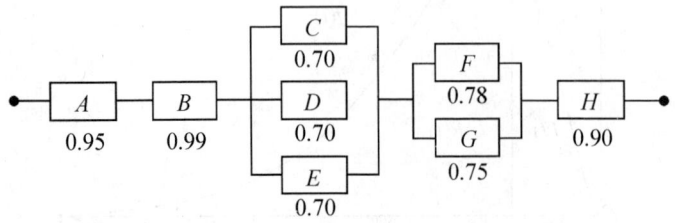

图 9.2.3 混联系统

解：把由 C、D、E 组成的并联子系统记为 C'，其可靠度 $R_{C'}$ 可由(9.2.4)式算得：

$$R_{C'}=1-(1-0.70)^3=0.973$$

类似地，把由 F、G 组成的并联子系统记为 F'，其可靠度 $R_{F'}$ 亦可由(9.2.4)式算得：

$$R_{F'}=1-(1-0.75)(1-0.78)=0.945$$

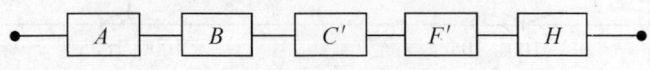

图 9.2.4　等价的串联系统

这样一来，图 9.2.3 所示的混联系统从可靠度角度来看可简化为图 9.2.4 所示的串联系统。

按(9.2.3)式，可算得此串联系统的可靠度为：

$$0.95\times 0.99\times 0.973\times 0.945\times 0.90=0.778$$

9.2.2　失效率函数 $\lambda(t)$

一、失效率函数的定义及其估计

已工作到时刻 t 尚未失效的产品中，在时刻 t 后单位时间内失效的概率称为该产品在**时刻 t 的失效率函数**，简称**失效率**，记为 $\lambda(t)$。

为了理解这个概念的含义，我们暂且把定义中的概率看作频率，先对失效率作一直观的解剖。

设在 $t=0$ 时有 N 个产品开始工作，到时刻 t 有 $n(t)$ 个产品失效，还有 $N-n(t)$ 个产品在继续工作。为了考虑时刻 t 后产品的失效情况，再继续观察 Δt 时间。假如在 $t+\Delta t$ 时间内又有 Δn 个产品失效(见图 9.2.5)，那么在时刻 t 尚有 $N-n(t)$ 个产品继续工作的条件下，在时间 $(t,t+\Delta t)$ 内失效的频率为：

$$\frac{\Delta n}{N-n(t)}=\frac{\text{在时间}(t,t+\Delta t)\text{内失效的产品数}}{\text{在时刻}t\text{仍正常工作的产品数}}$$

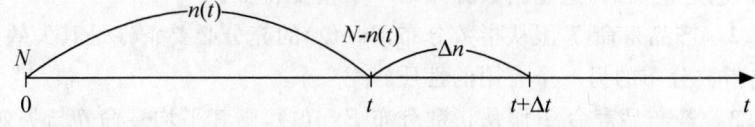

图 9.2.5　失效率估计的示意图

于是产品工作到时刻 t 之后，每单位时间内发生的失效频率为：

$$\frac{\Delta n/(N-n(t))}{\Delta t}=\frac{\Delta n}{\Delta t(N-n(t))}=\hat{\lambda}(t) \qquad (9.2.5)$$

这个量可用来估计时刻 t 的失效率 $\lambda(t)$。由于频率的稳定性，所以当 N 愈大、Δt 愈小时，这个估计就愈精确。

例 9.2.4　设在 $t=0$ 时有 $N=100$ 件产品开始工作。在 $t=100\text{h}$ 前有 2 个失效，而在

100~105h 内失效 1 个(见图 9.2.6)那么：

$$\hat{\lambda}(100) = \frac{1}{5 \times 98} = 0.00204$$

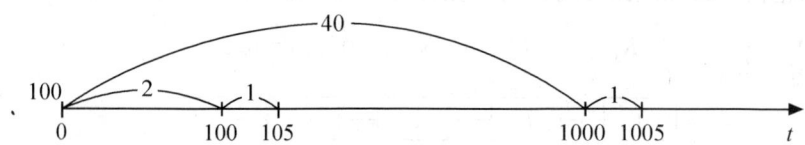

图 9.2.6　例 9.2.4 的示意图

假如在 $t=1000$h 前共有 40 个失效，而在 1000~1005h 内失效 1 个，此时

$$\hat{\lambda}(1000) = \frac{1}{5 \times 60} = 0.00333$$

二、失效率函数 $\lambda(t)$ 的数学表达式

定理 9.2.1　若产品寿命 T 的概率函数为 $f(t)$，可靠度函数为 $R(t)$，则其失效率函数 $\lambda(t)$ 有如下数学表达式：

$$\lambda(t) = \frac{f(t)}{R(t)} \tag{9.2.6}$$

由此定理立即可知，若产品的寿命 T 服从指数分布 $\mathrm{Exp}(\lambda)$，则其概率密度函数 $f(t)$ 与可靠度函数 $R(t)$ 分别为：

$$f(t) = \lambda e^{-\lambda t}, \quad t > 0$$
$$R(t) = e^{-\lambda t}, \quad t > 0$$

其比值就是失效率函数：

$$\lambda(t) = \frac{\lambda e^{-\lambda t}}{e^{-\lambda t}} = \lambda, \quad t > 0$$

可见指数分布场合下，产品的失效率为常数。反之，其逆命题"失效率为常数的寿命分布一定是指数分布"也是正确的，这是指数分布的一个重要特征。

定理 9.2.2　产品寿命 T 服从指数分布 $\mathrm{Exp}(\lambda)$ 的充分必要条件是其失效率为常数 λ。

顺便指出指数分布的另一个有用的性质。

定理 9.2.3　若产品寿命 T 服从指数分布 $\mathrm{Exp}(\lambda)$，则其平均寿命 θ 与失效率 λ 互为倒数，即：

$$\theta = \frac{1}{\lambda} \text{ 或 } \lambda = \frac{1}{\theta} \tag{9.2.7}$$

这对计算指数分布的平均寿命或失效率是方便的。

例 9.2.5　设系统由 n 个相互独立的元器件串联而成，假如每个元器件的失效率皆为常数，且分别为 $\lambda_1, \lambda_2, \cdots, \lambda_n$，求此串联系统的可靠度、失效率与平均寿命。

解：因为失效率为常数的失效分布为指数分布，故每个元器件的寿命都服从指数分布，其可靠度为 $R_i(t) = e^{-\lambda_i t}$，由独立性，可从(9.2.3)式求得此串联系统的可靠度为：

$$R_s(t) = \prod_{i=1}^{n} R_i(t) = \exp\{-t(\lambda_1 + \lambda_2 \cdots + \lambda_n)\}$$

若记 $\lambda_s = \lambda_1 + \lambda_2 + \cdots + \lambda_n$，则有 $R_s(t) = e^{-\lambda_s t}$。可见此串联系统的失效率为常数，故其寿命也服从指数分布，而其失效率 λ_s 是各分量失效率之和，平均寿命为 $1/\lambda_s$。若此 n 个元器件相同，有相同的失效率 λ 则其串联系统的失效率 λ_s 与平均寿命 θ_s 分别为：

$$\lambda_s = n\lambda, \qquad \theta_s = \frac{1}{n\lambda}$$

若有 10 个相同的元器件串联在一起，每个元器件的失效率均为 0.002，则在相互独立工作的条件下，此串联系统的失效率 λ_s 与平均寿命 θ_s 分别为：

$$\lambda_s = 10 \times 0.002 = 0.02, \qquad \theta_s = \frac{1}{\lambda_s} = \frac{1}{0.02} = 50(\text{小时})$$

例 9.2.6 设系统由 n 个相互独立的元器件并联而成，假如每个元器件的失效率皆为同一常数 λ，求此并联系统的可靠度与平均寿命。

解：由于此系统中各元器件的寿命都服从指数分布，其可靠度皆为 $e^{-\lambda t}$，又各元器件相互独立，故此并联系统的可靠度为：

$$R_s(t) = 1 - (1 - e^{-\lambda t})^n$$

而其分布函数 $F_s(t)$ 与概率密度函数 $f_s(t)$ 分别为：

$$F_s(t) = (1 - R_s(t)) = (1 - e^{-\lambda t})^n$$
$$f_s(t) = F'_s(t) = n\lambda e^{-\lambda t}(1 - e^{-\lambda t})^{n-1}$$

于是可算得该并联系统的平均寿命为

$$\theta_s = \frac{1}{\lambda}\left(1 + \frac{1}{2} + \cdots + \frac{1}{n}\right)$$

由此可见，由相同失效率组成的并联系统，假如各元器件工作互不影响，则并联系统的平均寿命比单个元器件的平均寿命提高 $(1/2 + \cdots + 1/n)$ 倍。即两个相同失效率的元器件并联后，其平均寿命比单个元件提高 0.5 倍，三个并联可提高 0.83 倍，四个并联可提高 1.08 倍，以后增加并联元器件，平均寿命增加愈来愈小，到十个并联时，只提高 1.93 倍。

三、失效率的单位

从失效率的估计公式(9.2.5)可以定出失效率的单位。

$$\hat{\lambda}(t) = \frac{\Delta n/(N - n(t))}{\Delta t} = ***/h$$

譬如 $\hat{\lambda}(1000) = 2 \times 10^{-5}/h = 2\%/1000h$，它表示每 100 个产品工作 1000h 后只有 2 个失效。

失效率的基本单位是 1 个菲特(Fit)，它定义为：

$$1 \text{ 个菲特} = 10^{-9}/h \tag{9.2.8}$$

若把它改写为：

$$1\text{菲特} = \frac{1(\text{个})}{1000(\text{个}) \times 10^6 \text{h}} = \frac{1(\text{个})}{10^4(\text{个}) \times 10^5 \text{h}}$$

则它表示每1000个产品工作一百万小时后只有1个失效;或者每一万个产品工作十万个小时后只有1个失效。这是一个很小的数,只有可靠性很高的产品才能达到,所以失效率常用来表示高可靠产品的可靠性指标,它愈小可靠性愈高。

我国的电子元器件的可靠性等级就是按失效率大小来制定的。国家标准 GB1772—79 制定我国电子元器件的可靠性按失效率共分为七级,其各级名称、符号及最大失效率见表9.2.2。

表 9.2.2　我国电子元器件的可靠性等级

名　称	符　号	最大失效率
亚五级	Y	3×10^{-5}/h
五级	W	1×10^{-5}/h
六级	L	1×10^{-6}/h
七级	Q	1×10^{-7}/h
八级	B	1×10^{-8}/h
九级	J	1×10^{-9}/h
十级	S	1×10^{-10}/h

譬如,我国的瓷片电容器经过权威机构验证核实其失效率达到 3×10^{-8}/h。由于它介于两个失效率之间:

$$1 \times 10^{-8}/\text{h} < 3 \times 10^{-8}/\text{h} < 1 \times 10^{-7}/\text{h}$$

故规定为七级电容器,在其产品或其包装上可用"Q"给予明显标志。

四、产品的失效率曲线

人们在各种产品的使用和试验中得到大量数据,对它进行统计分析后,发现一般产品的失效率 λ 和时间 t 有如图9.2.7所示的浴盆曲线形式。这条曲线明显地分为三段,对应着产品的三个时期。

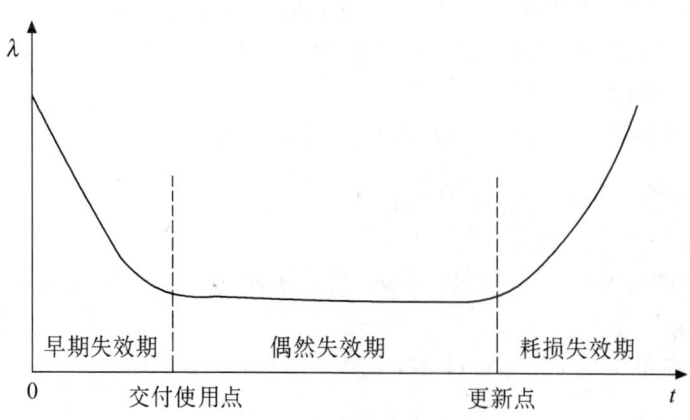

图 9.2.7　产品的失效率典线

1. 早期失效期　其特点是失效率较高,但随着工作时间的增加,失效逐渐暴露出来,若采取得力措施,失效率会迅速降低。这一时期产品失效原因大多是由于原材料不均匀和制造工艺缺陷等引起的。如电容器由于混入导电微粒引起击穿;电视机由于虚焊和元器件筛选不严而在开始使用时频繁出故障。如果在生产过程中加强对原材料检验,加强质量管理,提高操作人员技术水平和责任心,那就可大大减少早期失效的产品。

使产品失效率达到偶然失效期的时间称为交付使用点。厂方为尽快达到交付使用点,常采用合理的筛选技术和加负荷试验,或者用其他方法将这些有缺陷、不可靠的产品尽早暴露出来,使剩下的产品有较低的失效率。一旦达到交付使用点的失效率水平,产品就可出厂,交付使用。

2. 偶然失效期　又称随机失效期,这是产品的最好的工作时期。其特点是失效率低且稳定,可以看作常数。在这一时期内产品失效纯属偶然。在这一阶段要尽力做好产品的维护和保养工作,使这一时期尽量用足,若不注意这一点,更新点会提前到来。

3. 耗损失效期　它是由于材料老化、疲劳、磨损而引起失效的。其特点是失效率急速增加,大部分都会失效。这时应替换的要立即替换,该维修的要立即维修,不可存有侥幸心理,以免造成大祸或措手不及,影响正常生产。

9.2.3　平均寿命

产品的平均寿命是常用的产品可靠性指标之一,由于它直观易懂,常为大家采用。若产品的概率密度函数为 $f(t)$,则其平均寿命就是其均值 $E(T)$:

$$E(T) = \int_0^\infty tf(t)\mathrm{d}t$$

当产品寿命 T 服从指数分布 $\mathrm{Exp}(\lambda)$ 时,其平均寿命

$$E(T) = \int_0^\infty \lambda t e^{-\lambda t}\mathrm{d}t = \frac{1}{\lambda} = \theta$$

如产品的失效率 $\lambda=5\times 10^{-5}$/小时,则其平均寿命 $E(T)=\theta=20000$ 小时。

当产品为不可修复产品时,其平均寿命又称为**平均失效前时间**(mean time to farture),简记为 **MTTF**。若取 n 个不可修复产品在相同条件下进行寿命试验,测得 n 个失效时间 $t_1, t_2, \cdots, t_n$,则其 MTTF 的估计值为:

$$\hat{\mathrm{MTTF}} = \frac{1}{n}\sum_{i=1}^n t_i$$

当产品为可修复产品时,其平均寿命又称为**平均失效间隔时间**(mean time between farture),简记为 **MTBF**。若取若干个可修复产品,每次故障发生后进行修复,修复后又重新投入使用,共测得 n 个工作持续时间 $t_1, t_2, \cdots, t_n$(见图 9.2.8),则其 MTBF 的估计值为:

$$\hat{\mathrm{MTBF}} = \frac{1}{n}\sum_{i=1}^n t_i = \frac{T}{n}$$

其中 $T = \sum_{i=1}^n t_i$ 称为该产品总工作时间或总试验时间,如取 2 个相同的可修复产品,在 1700 小时内,共发生 5 次故障,每次修复后继续工作,具体时间记录在图 9.2.8 上。

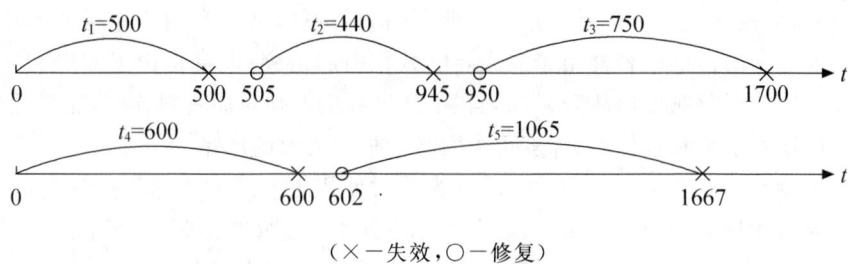

(×—失效，○—修复)

图 9.2.8　2 个可修复产品的工作时间

由图 9.2.8 上的数据,可得 MTBF 的估计值

$$\widehat{\text{MTBF}} = \frac{1}{5}(500+440+750+600+1065) = 671(小时)$$

9.2.4　产品的维修性及平均维修时间

产品不可能无限期地工作下去,随着使用时间的延长,总会出现故障。若产品是可修复的,且能迅速而经济地修复产品,使产品又能继续工作,这也是一种能力的表现,维修性指的就是这种能力。

可修复产品从开始出故障到修理完毕(能恢复正常工作)所经历的时间 T 称为维修时间,它是一个随机变量,其分布称为维修分布,常用的维修分布是指数分布或对数正态分布。若设 $g(t)$ 为维修时间的概率密度函数,则其**平均维修时间**(mean time to repair,简记为 **MTTR**)。

$$\text{MTTR} = \int_0^\infty t g(t) \mathrm{d}t$$

其估计值可用 n 次维修时间 $t_1, t_2, \cdots, t_n$ 的均值,即

$$\widehat{\text{MTTR}} = \frac{1}{n}\sum_{i=1}^n t_i$$

例 9.2.7　某产品生产现场有多台设备,在一周内共发生 24 次故障,其维修时间为:(单位:分)

55	28	125	47	58	53	36	88
51	110	40	75	64	115	48	52
60	72	87	105	55	82	66	65

其平均维修时间的估计值为:

$$\widehat{\text{MTTR}} = \frac{1}{24}(55+28+125+\cdots+66+65) = 68.21(分)$$

即一次故障的平均维修时间为 68.21 分,一小时多一点。

为了认识其维修分布,我们来作其直方图(见图 9.2.9):

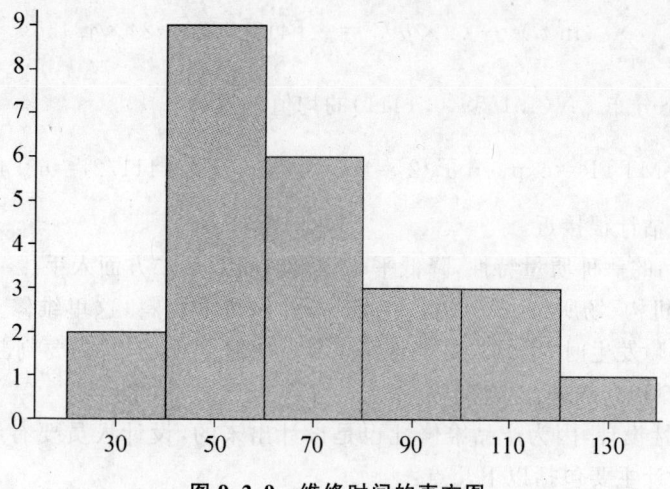

图 9.2.9 维修时间的直方图

从此直方图看,维修分布是偏态分布,很可能是对数正态分布。

若对上述 24 个数据排序

$$t_{(1)} \leqslant t_{(2)} \leqslant \cdots \leqslant t_{(n)}$$

然后取对数,得

$$\ln t_{(1)} \leqslant \ln t_{(2)} \leqslant \cdots \leqslant \ln t_{(n)}$$

最后在正态概率纸上描点,诸点呈现在一直线附近,故可认为该维修时间 T 服从对数正态分布(见图 9.2.10)。

设此对数正态分布为 $LN(\mu, \sigma^2)$,其中 μ, σ^2 的估计分别为:

$$\hat{\mu} = \frac{1}{24} \sum_{i=1}^{24} \ln t_i = \frac{1}{24}(\ln 55 + \ln 28 + \cdots + \ln 66 + \ln 65)$$

$$= \frac{1}{24}(4.01 + 3.33 + \cdots + 4.19 + 4.17) = 4.1559$$

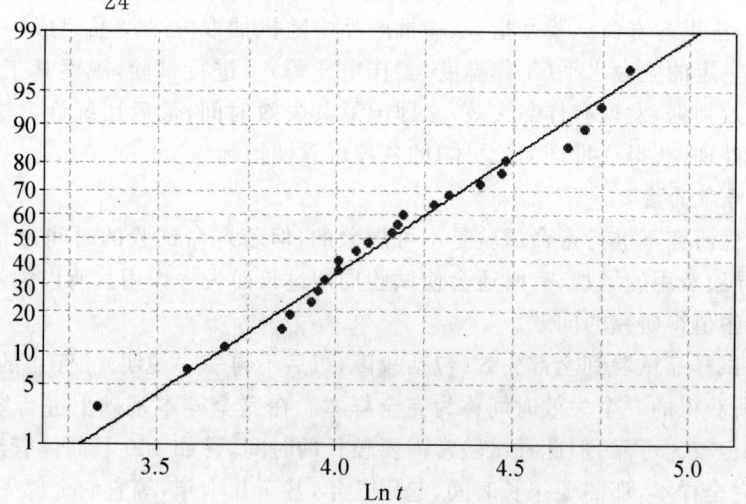

图 9.2.10 维修时间的对数的正态概率图

$$\hat{\sigma}^2 = \frac{1}{24-1}\left[\sum_{i=1}^{24}(\ln t_i)^2 - 24 \times \hat{\mu}^2\right] = \frac{1}{23}[417.7624 - 24 \times 4.1559^2] = 0.1411$$

由此可得对数正态分布 $LN(4.1559, 0.1411)$ 的均值

$$E(T) = \widehat{\text{MTTR}} = \exp\{\mu + \sigma^2/2\} = \exp\{4.1559 + 0.1411/2\} = 68.47(\text{分})$$

这与 MTTR 的点估计很接近。

维修性是产品的一种质量特性,降低平均维修时间要从二方面入手:

1. 要有维修机构、场所、人员、设备、工具、备件和技术资料,这里维修人员的技术水平是最重要的,当故障发生时,维修人员要带好工具及时赶到现场,首先要判断故障类型,然后按事先规定的步骤和方法进行维修。

2. 重视维修性设计,因为产品维修性也是设计出来的,设计人员要有维修性意识和工程经验,维修性设计主要包括以下几点:

- 简化设计,尽量采用最简单的结构和外形,这可降低对使用与维修人员的要求;
- 可达性设计,发生故障时,使维修人员看得见,够得着;
- 尽量采用标准化,互换性与模块化设计;
- 故障检测设计,故障检测诊断要快捷,以提高故障定位速度。

§ 9.3 指数分布寿命数据处理

指数分布是可靠性中最常用,也是最简单的失效分布。其失效率为常数,又与平均寿命互为倒数,这是其主要特征。因此有关指数分布的统计分析方法主要围绕失效率与平均寿命进行。下面从寿命试验开始来叙述有关指数分布的各种统计方法。

9.3.1 截尾寿命试验

一、寿命试验

为了弄清产品的失效分布,估计产品的各项可靠性指标,或研究产品的失效机理,都要进行寿命试验,这里的寿命试验是指:从一批产品中随机抽取 n 个产品组成一个样本;然后把此样本放在一定的应力水平(工作温度、工作电压等)下进行试验,观察其工作状态,对照事先确定的失效判据,发现有样品失效,立即记录其失效时间;最后用统计方法对这些失效时间数据进行处理,获得这批产品(总体)的各项可靠性指标。

二、截尾寿命试验

进行可靠性研究不进行寿命试验是不可想象的,但若寿命试验的时间过长也是不可行的,这不仅会导致费用的增加,有时还会使试验周期过长而失去作用。所以缩短寿命试验时间是可靠性中很值得研究的问题。

把 n 个投试样品试验到全部失效(包括故障,以后不再一一说明)才停止的试验,称为**完全寿命试验**,所得到的 n 个失效时间称为**完全样本**。在完全样本基础上进行统计分析获得的可靠性指标也较为可靠,但此种试验常需要较长的时间,譬如 100 只晶体管组成的寿命试验,若要获得完全样本,那需要很长时间,起码几年,甚至几十年,等它们全部失效,新的晶体管可能已设计出来了,所以这种试验不能适应产品更新换代的要求,常不被采用。

把 n 个投试样品试验到部分失效就停止的试验,称为**截尾寿命试验**。在截尾寿命试验中,依先后记录的失效时间 $t_1 \leqslant t_2 \leqslant \cdots \leqslant t_r$,称为**截尾样本**。其中 r 称为**截尾数**,一般 $r \leqslant n$,当 $r=n$ 时,截尾寿命试验就成为完全寿命试验。所以完全寿命试验是截尾寿命试验的一个极端情况。一般说来,截尾样本所含的失效信息总比完全样本少一些。假如我们能知道产品的寿命分布,譬如是指数分布或威布尔分布,那么用截尾样本加上产品的寿命分布信息,进行统计分析,获得的产品可靠性指标的估计仍然是可靠的。基于这一点,当今不少产品都采用截尾寿命试验,以图减少寿命试验时间。常用的截尾寿命试验有如下两种:

1. **定时截尾寿命试验**　又称 Ⅰ 型截尾寿命试验。它是指试验到指定时间就立即停止试验。这时样本中的失效个数是随机的,事先无法知道。譬如对 50 个样品进行寿命试验,事先指定 2000 小时为试验停止时间,那么在 2000 小时内可能失效 20 个,也可能失效 10 个,为了不使失效个数过少或过多,恰当地规定试验停止时间是实施定时截尾寿命试验的关键。

2. **定数截尾寿命试验**　又称 Ⅱ 型截尾寿命试验。它是指试验到指定的失效个数达到时停止。譬如事先规定试验到有 60% 的样品发生失效时停止,若有 50 个样品参加试验,那试验到有 30 个样品失效时停止。这时试验停止时间是随机的,不易控制,因此恰当地规定失效比例,不致于使试验时间过长是成功地进行定数截尾寿命试验的关键。

假如在截尾寿命试验中还考虑失效产品是否允许**替换**,这又有**无替换试验**与**有替换试验**之分。进行有替换试验主要是为了获取更多的试验信息,当一个产品失效了,就将它从试验位置上取下,为了利用这个空的位置,可以补上相同产品继续试验。在试验费用增加不多的场合,有替换试验还是一个很好的想法,不过要有一些准备替换的产品。

假如投试样品数为 n,按有无替换和截尾方式,可以组合成如下四种截尾寿命试验:

(n,无,时)——取 n 个产品进行无替换定时截尾寿命试验;
(n,无,数)——取 n 个产品进行无替换定数截尾寿命试验;
(n,有,时)——取 n 个产品进行有替换定时截尾寿命试验;
(n,有,数)——取 n 个产品进行有替换定数截尾寿命试验。

这四种截尾寿命试验是最常用的,以后的统计分析主要是对这四种截尾寿命试验的失效数据进行处理。

三、总试验时间

设产品的失效分布为指数分布,其分布函数如下:

$$F(t) = 1 - e^{-\lambda t}, \quad t > 0$$

又设从该批产品中随机抽取容量为 n 的一个样本进行截尾寿命试验。在试验停止时,样本中产品所经受的试验时间的总和称为总试验时间,记为 T_r,其中下标 r 表示试验停止时的失效产品数,指数分布的平均寿命与失效率的点估计与区间估计都与其总试验时间有关。截尾寿命试验有四种(见下页图 9.3.1),其总试验时间的计算分述如下。

1. 进行(n,无,时)试验

事先规定试验停止时间 t_0,若在 t_0 前有 r 个产品失效,其失效时间依次为:

$$t_1 \leqslant t_2 \leqslant \cdots \leqslant t_r \leqslant t_0$$

还有 $n-r$ 个产品在 t_0 时仍未失效,故其总试验时间为:

质量管理统计方法

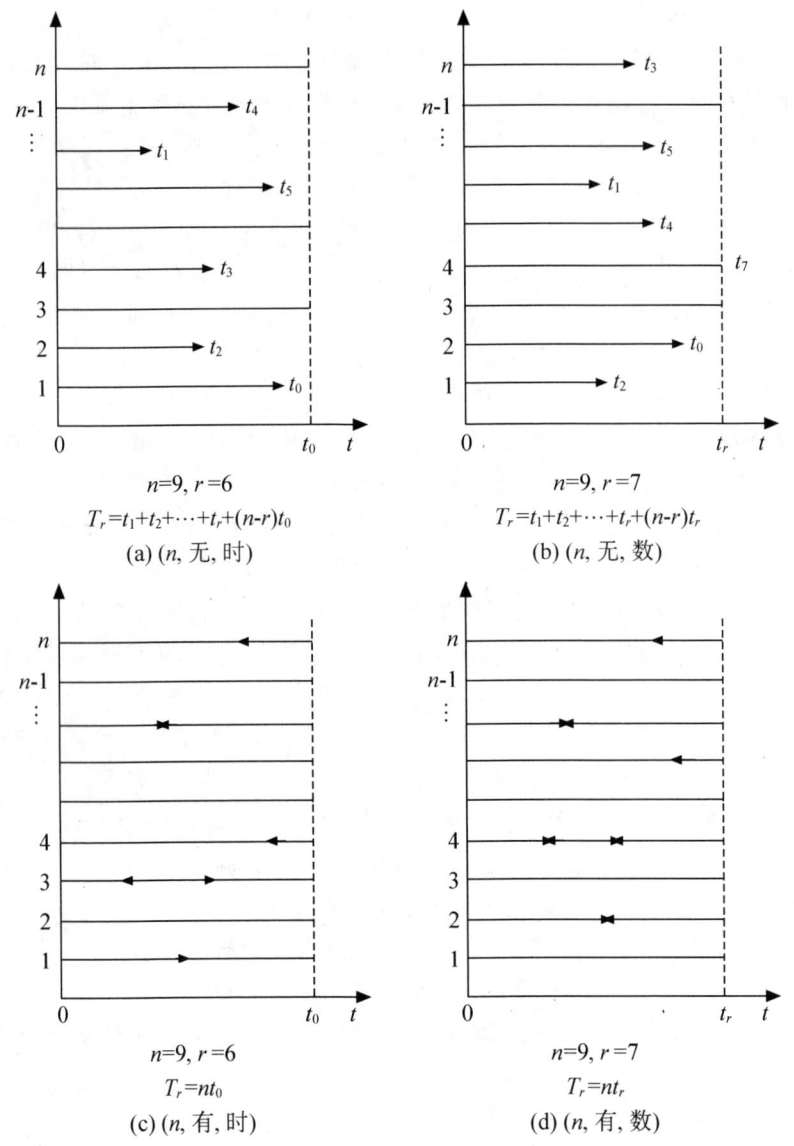

图 9.3.1 四种截尾寿命试验及总试验时间

(n 为样品数，r 为失效数，t_0 为停止时间)

$$T_r = t_1 + t_2 + \cdots + t_r + (n-r)t_0$$

2. 进行 $(n, 无, 数)$ 试验

事先规定失效数 r，试验到第 r 个失效产品发生时停止试验，若这 r 个失效时间分别为：

$$t_1 \leqslant t_2 \leqslant \cdots \leqslant t_r$$

其余 $n-r$ 个产品在试验停止时 t_r 尚未失效，故其总试验时间为：

$$T_r = t_1 + t_2 + \cdots + t_r + (n-r)t_r$$

3. 进行 $(n, 有, 时)$ 试验

事先规定试验停止时间 t_0，则在 t_0 前失效一个产品，替换一个，直到 t_0 时，n 个试验位置没有一个是空的，这时无论中间替换了几次，总试验时间总是为：

$$T_r = nt_0$$

4. 进行 $(n,有,数)$ 试验

事先规定失效数 r，试验中发现一个失效产品，立即替换，直至第 r 个失效产品出现，立即停止试验，若停止试验时间为 t_r，在 t_r 前 n 个试验位置没有一个空着，这时无论中间替换了几次，总试验时间总是为：

$$T_r = nt_r$$

9.3.2 平均寿命 θ 与失效率 λ 的点估计

在指数分布场合，产品的平均寿命 θ 与失效率 λ 互为倒数，当取 n 个样品进行截尾寿命试验，若其总试验时间为 T_r，失效数为 r，则 θ 与 λ 的点估计分别为：

$$\hat{\theta} = \frac{T_r}{r} \tag{9.3.1}$$

$$\hat{\lambda} = \frac{r}{T_r} \tag{9.3.2}$$

其中

$$T_r = \begin{cases} t_1+t_2+\cdots+t_r+(n-r)t_0, & 在(n,无,时) \\ t_1+t_2+\cdots+t_r+(n-r)t_r, & 在(n,无,数) \\ nt_0, & 在(n,有,时) \\ nt_r, & 在(n,有,数) \end{cases} \tag{9.3.3}$$

例 9.3.1 设某产品寿命服从指数分布，随机抽取 7 个产品进行寿命试验，试验到 700 小时停止，结果如图 9.3.2 所示，即除第 7 个产品没有失效外，其余 6 个产品先后失效。

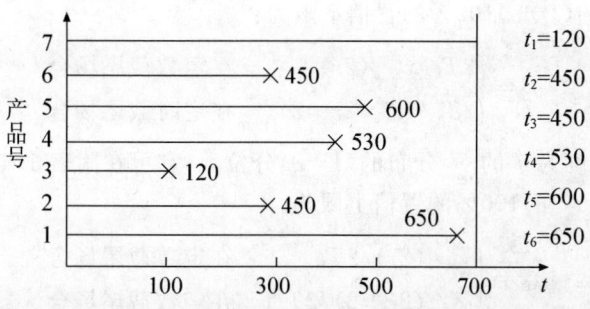

图 9.3.2 定时截尾示意图

试求平均寿命 θ 与失效率 λ 的点估计。

解：这是 $n=7$，$r=6$，$t_0=700$ 的无替换定时截尾寿命试验，计算总试验时间：

$$T_r = 120+450+450+530+600+600+(7-6)\times 700 = 3500$$

所以平均寿命 θ 与失效率 λ 的点估计分别为：

$$\hat{\theta}=\frac{3500}{6}=583\text{h},\quad \hat{\lambda}=\frac{6}{3500}=0.0174/\text{h}$$

例 9.3.2 设电子设备的寿命服从指数分布,任取 15 台进行无替换定数截尾寿命试验。事先规定失效数 $r=7$,试验结果为(单位:h):

$$t_1=500,\ t_2=1350,\ t_3=2130$$
$$t_4=2500,\ t_5=3120,\ t_6=3500,\ t_7=3800$$

试求平均寿命 θ、失效率 λ 和 500h 的可靠度 $R(500)$ 的点估计。

解:这里 $n=15, r=7$,试验停止时间 $t_7=3800$,故容易算得其总试验时间为:

$$T_r=500+1350+2130+2500+3120+3500+3800+(15-7)\times 3800=47300$$

所以 θ 与 λ 的点估计分别为:

$$\hat{\theta}=\frac{47300}{7}=6757(\text{h}),\quad \hat{\lambda}=\frac{7}{47300}=0.000148/\text{h}$$

而可靠度 $R(500)$ 的点估计为:

$$\hat{R}(500)=e^{-500\times 0.000148}=0.928$$

这表明:此种电子设备在 500 小时后仍有 92.8% 的产品继续工作。

9.3.3 平均寿命 θ 与失效率 λ 的置信限

平均寿命 θ 与失效率 λ 的点估计在实际中经常使用,它们的缺点是缺少置信水平,因此在不少场合还需要平均寿命 θ 与失效率 λ 的置信限。

平均寿命 θ 是望大特性,实际中常用的是 θ 的 $1-\alpha$ 置信下限。

失效率 λ 是望小特性,实际中常用的是 λ 的 $1-\alpha$ 置信上限。

可靠度 $R(t)=e^{-\lambda t}$ 也是望大特性,它又是失效率 λ 的单调减函数,所以由失效率 λ 的 $1-\alpha$ 置信上限就可获得可靠度 $R(t)$ 的 $1-\alpha$ 置信下限。

这些置信限都可用 χ^2 分布的分位数,失效数 r 和总试验时间给出,而与有无替换无关,具体结果如下:

1. 平均寿命 θ 的 $(1-\alpha)100\%$ 的置信下限为:

$$\hat{\theta}_L=\begin{cases} 2T_r/\chi^2_{1-\alpha}(2r), & \text{在定数截尾场合} \\ 2T_r/\chi^2_{1-\alpha}(2r+2), & \text{在定时截尾场合} \end{cases} \quad (9.3.4)$$

其中 $\chi^2_{1-\alpha}(f)$ 是自由度为 f 的 χ^2 分布的 $(1-\alpha)$ 分位数,它可在附表 1.4 中查得。

2. 失效率 λ 的 $(1-\alpha)100\%$ 的置信上限为:

$$\hat{\lambda}_U=\begin{cases} \chi^2_{1-\alpha}(2r)/2T_r, & \text{在定数截尾场合} \\ \chi^2_{1-\alpha}(2r+2)/2T_r, & \text{在定数截尾场合} \end{cases} \quad (9.3.5)$$

3. 可靠度 $R(t)$ 的 $(1-\alpha)100\%$ 的置信下限为:

$$\hat{R}_L(t)=\begin{cases} \exp\left[-\dfrac{t\cdot\chi^2_{1-\alpha}(2r)}{2T_r}\right], & \text{在定数截尾场合} \\ \exp\left[-\dfrac{t\cdot\chi^2_{1-\alpha}(2r+2)}{2T_r}\right], & \text{在定时截尾场合} \end{cases} \quad (9.3.6)$$

其中 t 是任一指定时间,又称任务时间。

例 9.3.3 设产品寿命服从指数分布,随机抽取 9 个产品进行定数截尾寿命试验,截尾数 $r=7$,所得失效数据(单位:h)为:

$$150, 450, 500, 530, 600, 650, 700$$

试求平均寿命 θ,失效率 λ 和 100 小时的可靠度 $R(100)$ 的 0.90 置信限。

解:这里 $n=9, r=7, t_r=700$,可算得总试验时间为 $T_r=4980$h。置信水平 $1-\alpha$ 为 0.9,所以 $\alpha=0.1$。从附表 1.4 可查得:

$$\chi^2_{1-\alpha}(2r)=\chi^2_{0.9}(14)=21.064$$

于是,利用(9.3.4),(9.3.5),(9.3.6)诸式可算得平均寿命 θ 的置信下限为:

$$\hat{\theta}_L=\frac{2T_r}{\chi^2_{1-\alpha}(2r)}=\frac{2\times 4980}{21.064}=473(\text{h})$$

失效率 λ 的置信上限为:

$$\hat{\lambda}_U=\frac{\chi^2_{1-\alpha}(2r)}{2T_r}=\frac{21.064}{2\times 4980}=0.00211(\text{h})$$

在 $t=100$h 处的可靠度的置信下限为:

$$\hat{R}_L(100)=e^{-\hat{\lambda}_U\times 100}=0.809$$

例 9.3.4 设产品寿命服从指数分布,从中随机抽取 20 个产品进行定时截尾寿命试验,截尾时间 $t_0=500$h,可在 500h 内无一产品发生失效,能否确定平均寿命和 500h 的可靠度 $R(500)$ 的置信下限?假如置信水平 $1-\alpha$ 取 0.9,即 $\alpha=0.1$。

解:在定时截尾寿命试验场合,由于事先预计不足,无失效现象有时是会发生的,此时寻求 θ 和 $R(500)$ 的点估计已十分困难,但求其单侧置信下限倒是可能的。此时:

$$\hat{\theta}_L=\frac{2T_r}{\chi^2_{1-\alpha}(2r+2)}=\frac{2\times 20\times 500}{\chi^2_{0.9}(2)}=\frac{20000}{4.605}=4343(\text{h})$$

$$\hat{R}_L(500)=e^{-500/\hat{\theta}_L}=0.8913$$

即平均寿命 θ 的 90% 的置信下限为 4343h,而 500h 的可靠度的 90% 置信下限为 0.8913。

9.3.4 指数分布的检验

产品的失效分布是否为指数分布,这是需要确认的。可以从失效物理方面确认,也可利用失效数据进行统计假设检验来确认。这里介绍一个检验方法,它已被列入国家标准 GB5080.6-85《恒定失效率假设的有效性检验》之中。

设从一批产品中随机取出 n 个样品进行定数或定时截尾寿命试验,获得 r 个失效时间:

$$t_1\leqslant t_2\leqslant \cdots \leqslant t_r\leqslant t_0$$

其中 t_0 是定时截尾寿命试验中的试验停止时间,其总试验时间 T_r 按(9.3.3)式计算,指数分布检验的具体步骤如下:

1. 建立假设

$$H_0: \text{产品的失效分布为 } F(t) = 1 - e^{-\lambda t}, t > 0$$

2. 计算每次失效发生时的累计试验时间

$$T_k^* = \sum_{i=1}^{k} t_i + (n-k)t_k, \quad k = 1, 2, \cdots, r$$

当 $k = r$ 时，T_k^* 就是定数截尾寿命试验下的总试验时间 T_r，但与定时截尾寿命试验下的总试验时间 T_r 相比，一般是偏小一点，即

$$T_r^* \leqslant T_r$$

3. 计算检验统计量

$$\chi^2 = 2 \sum_{k=1}^{d} \ln \frac{T_r}{T_k^*} \tag{9.3.7}$$

其中

$$d = \begin{cases} r-1, & \text{在定数截尾寿命试验场合} \\ r, & \text{在定时截尾寿命试验场合} \end{cases} \tag{9.3.8}$$

在恒定失效率（即指数分布）场合，χ^2 服从自由度 $2d$ 的 χ^2 分布。

4. 对给定的显著性水平 $\alpha(0 < \alpha < 1)$，在 χ^2 分布表（见附录1.4）上查得 $\alpha/2$ 和 $1 - \alpha/2$ 的 χ^2 分布位数 $\chi_{\alpha/2}^2(2d)$ 与 $\chi_{1-\alpha/2}^2(2d)$。如果 $\chi_{\alpha/2}^2(2d) \leqslant \chi^2 \leqslant \chi_{1-\alpha/2}^2(2d)$，则接受指数分布的假设。

如果 $\chi^2 < \chi_{\alpha/2}^2(2d)$ 则拒绝指数分布假设 H_0，其失效率很可能是递增的；如果 $\chi^2 > \chi_{1-\alpha/2}^2(2d)$，则也拒绝指数分布假设 H_0，其失效率很可能是递减的。

例 9.3.5 从某产品中随机抽取 12 个进行定数截尾寿命试验，截尾数 $r = 6$，其 6 个失效数据为：

$$46 \quad 69 \quad 192 \quad 1490 \quad 3912 \quad 6110$$

试问这批数据是否来自指数分布？

解：假设这个定数截尾样本来自指数分布（这就是 H_0），计算检验统计量，这可在表 9.3.1 中进行。

$$\chi^2 = 2 \sum_{k=1}^{d} \ln \frac{T_r}{T_k^*} = 26.7764 \quad (\text{其中 } d = r - 1 = 5)$$

若给定显著性水平 $\alpha = 0.10$，从 χ^2 分布表可查得 $\chi_{0.05}^2(10) = 3.964$，$\chi_{0.95}^2(10) = 18.307$。由于 $\chi^2 > \chi_{0.95}^2(10)$，故应拒绝假设 H_0，即认为此截尾样本不是来自指数分布，其失效率很可能是递减的。经分析，这批产品尚未进行早期失效筛选。

表 9.3.1 检验指数分布的计算表

k	$t_{(k)}$	T_k^*	$\ln(T_r^*/T_k^*)$
1	46	552	4.4753
2	69	805	4.0980
3	192	2035	3.1706
4	1490	13717	1.2625
5	3912	33093	0.3818
6	6110	$48479 = T_r^*$	

§ 9.4 威布尔分布寿命数据处理

9.4.1 威布尔分布简介

威布尔分布是可靠性中常用失效分布之一，许多电子元器件、机械零件与设备等产品的失效分布都是威布尔分布。威布尔分布还有最弱环模型作为其实际背景。最弱环模型认为故障发生在产品的构成因素中最弱部位，这相当于构成链条的各个环节中最弱环的寿命就是整个链条的寿命，假如各环节的分布是相同的，那么链条的寿命就服从威布尔分布。大量的实践说明，凡是因某一局部失效而导致全局停止运行的元件、器件、设备等的寿命都可看作或近似看作服从威布尔分布。譬如金属材料和机械零件或部件(如轴承)的疲劳寿命就服从威布尔分布。

威布尔分布的分布函数 $F(t)$，密度函数 $f(t)$，失效函数 $\lambda(t)$ 分别是：

$$F(t)=1-\exp\left\{-\left(\frac{t}{\eta}\right)^m\right\}, \qquad t>0 \tag{9.4.1}$$

$$f(t)=\frac{m}{\eta}\left(\frac{t}{\eta}\right)^{m-1}\cdot\exp\left\{-\left(\frac{t}{\eta}\right)^m\right\}, \quad t>0 \tag{9.4.2}$$

$$\lambda(t)=\frac{m}{\eta}\left(\frac{t}{\eta}\right)^{m-1}, \qquad t>0 \tag{9.4.3}$$

它含有两个参数 $\eta>0$ 与 $m>0$，其中 η 称为特征寿命，因为当 $t=\eta$ 时，$F(\eta)=1-e^{-1}=0.632$。这表明：η 是威布尔分布的 0.632 分位数，这个分位数在可靠性中就称为特征寿命，它表示有 63.2% 的产品在 η 以前失效。另一个参数 m 称为形状参数，它的改变会引起密度函数形状的变化。图 9.4.1 给出不同形状参数 m(固定 η)的密度函数与失效率函数。从图 9.4.1 上还可以看出，参数 m 对威布尔分布形状有很大影响：

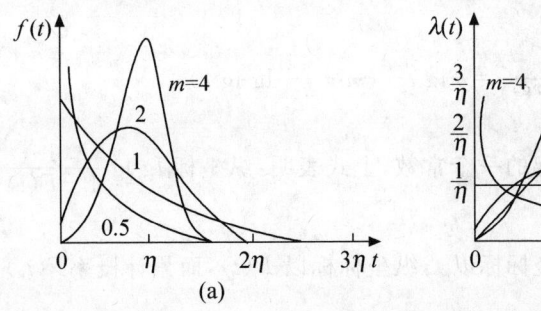
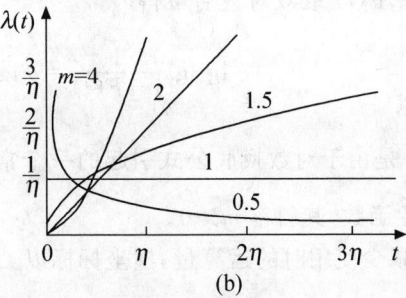

图 9.4.1 威布尔分布的密度函数(a)和失效率函数(b)

—— 当 $m<1$，早期失效较多；
—— 当 $m=1$，威布尔分布就是指数分布，失效率为常数；
—— 当 $m>1$，威布尔分布的密度函数呈单峰状态，失效率呈上升状态，只是上升速度不同，m 愈大，失效率上升速度愈快；
—— 当 $m \geqslant 3$，威布尔分布近似对称状态，接近于正态分布。

许多产品和材料，若其失效分布为威布尔分布，则其形状参数大多在 0.5 与 5 之间，由于威布尔分布既能刻画失效率上升的产品寿命，又能刻画失效率下降的产品寿命，即能适应多种场合，故威布尔分布在可靠性中应用广泛。

威布尔分布的平均寿命 $E(T)$ 与方差 $\mathrm{Var}(T)$ 容易算出：

$$E(T)=\eta\Gamma(1+\frac{1}{m}) \tag{9.4.4}$$

$$\mathrm{Var}(T)=\eta^2\left[\Gamma(1+\frac{2}{m})-\Gamma^2(1+\frac{1}{m})\right] \tag{9.4.5}$$

其中 $\Gamma(\cdot)$ 是伽玛函数，$\Gamma\left(1+\frac{1}{m}\right)$ 的数值可在附表 6.1 中查得。

9.4.2 威布尔概率纸的应用

设从一批产品中随机抽取一个容量为 n 的样本，经过寿命试验，获得如下一个截尾样本：

$$t_1\leqslant t_2\leqslant\cdots\leqslant t_r,\quad r\leqslant n$$

利用这个截尾样本能否回答如下两个问题：

——这批产品的失效分布是否是威布尔分布？

——若是威布尔分布，则其形状参数 m 与特征寿命 η 如何估计？

这是研究威布尔分布必须回答的两个问题。下面我们利用威布尔概率纸来回答这两个问题。

威布尔概率纸是一种特种的坐标纸，见图 9.4.2，它的

- 横坐标是十进对数 $\lg t$ 刻度，但标以寿命数据值 t；
- 纵坐标是用双十进对数 $\lg\lg\frac{1}{1-F(t)}$ 作刻度，但标以累积概率 $F(t)$。

在这张坐标纸上，任一个威布尔分布函数 $F(t)=1-\exp\{-(t/\eta)^m\}$ 都呈直线状，这是因为对 $1-F(t)$ 取双对数后可得

$$\lg\lg\frac{1}{1-F(t)}=m\lg t-(m\lg\eta+\lg\lg e)$$

其中 $\lg\lg e$ 是由于对数换底公式引起的一个常数，上式表明：纵坐标 $\lg\lg\frac{1}{1-F(t)}$ 是横坐标 $\lg t$ 的线性函数，其斜率 $m>0$。

为了减少使用时的运算量，横坐标标以 t，纵坐标标以 $F(t)$，而累计概率 $F(t_i)$ 用修正后的累积频率 $\frac{i}{n+1}$ 估计，其中 n 为样本量，t_i 是截尾样本 $t_1\leqslant t_2\leqslant\cdots\leqslant t_r$ 中第 i 个观察值。

实际使用步骤如下：

1. 有一个有序截尾样本 $t_1\leqslant t_2\leqslant\cdots\leqslant t_r,r(\leqslant n)$ 为截尾数；
2. 用 r 个数对 $\left(t_i,\frac{i}{n+1}\right),i=1,2,\cdots,r$，在威布尔概率纸描点；
3. 判断：
   - 若 r 个点近似在一直线附近，则认为该样本来自某威布尔分布；

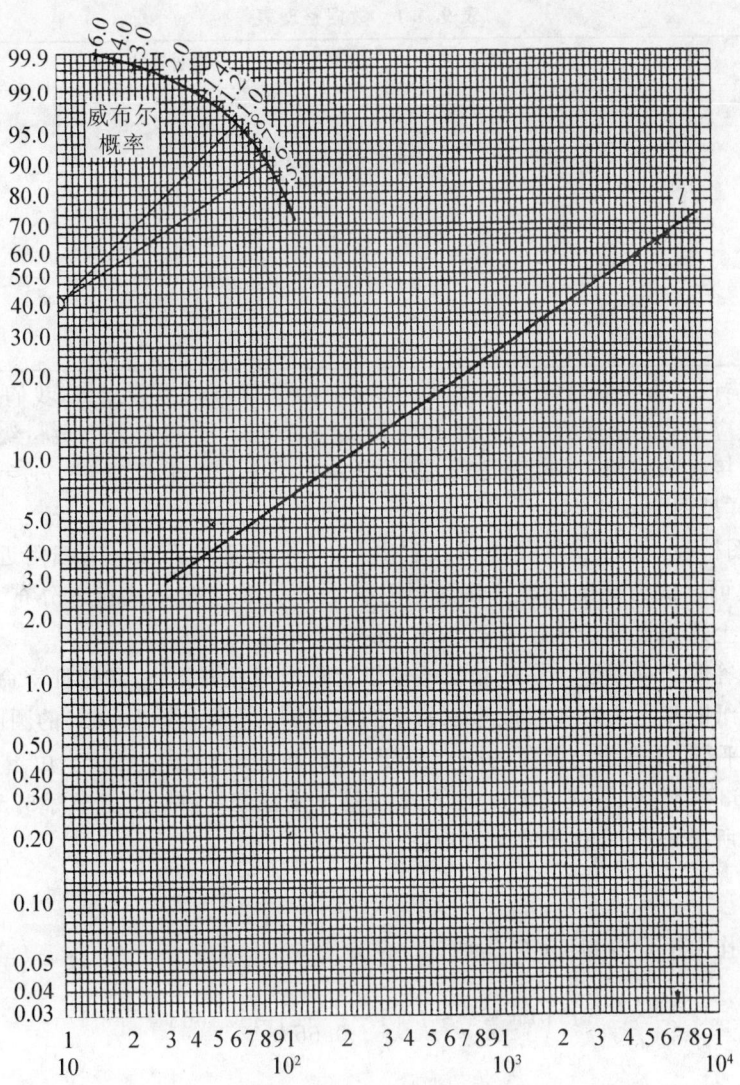

图 9.4.2 威布尔概率纸

- 若 r 个点明显不在一直线附近,则认为该样本不是来自威布尔分布。

例 9.4.1 某厂生产的二级管,在高温下做贮存寿命试验,投入 18 个样品,在规定失效标准后,进行定周期测试,测试时间和观察到的各区间内的失效数如下:

测试时间(h)	100	500	1000	2000	3500	5000	5500
失效数 r_i	1	1	2	2	3	1	1

试问这批二级管在高温贮存下的失效分布是否为威布尔分布?

解:第一步,整理数据。由于试验是定周期测试,获得的是区间数据。对区间数据,常用区间的中点作为该组失效产品的失效时间的代表。表 9.4.1 第三列写出了其组中值。失效概率 $F(t_i)$ 的估计值为 $\hat{F}(t_i) = R_i/(n+1)$,其中用到累计失效数 $R_i = \sum_{j=1}^{i} r_j$。

表 9.4.1 数据整理表

测试点	失效区间	组中值 t_i	失效数 r_i	累计失效数 R_i	$\hat{F}_i(\%)$
100	[0,100]	50	1	1	5
500	[100,500]	300	1	2	11
1000	[500,1000]	750	2	4	21
2000	[1000,2000]	1500	2	6	32
3500	[2000,3500]	2750	3	9	47
5000	[3500,5000]	4250	1	10	53
5500	[5000,5500]	5250	1	11	58

第二步，描点。取一张威布尔概率纸。其 t 尺的量程跨三个数量级，我们的诸 t_i 恰好从 50 到 5250，故应把 t 尺刻度标为 10 到 10^4。若诸 t 跨四个或四个以上数量级，那可把两张概率纸横向连接起来使用。t 尺选好后，就可把表 9.4.1 上 7 个点 $(t_i, \hat{F}_i)$, $i=1,2,\cdots,7$，画在概率纸上，详见图 9.4.2。

第三步，图检验。从图 9.4.2 上可以看出，这 7 个点基本上在一直线附近，很容易描出这条直线 l，故可以认为这批二级管在高温贮存下的失效分布是威布尔分布。这就回答了第一个问题。上述用概率纸检验威布尔分布的方法称为图方法。

现在来回答第二个问题。在威布尔概率纸上作出形状参数 m 和特征寿命 η 的图估计。在威布尔概率纸的左上角有一张威布尔斜率的诺模图，过纵坐标上 40% 的圆圈处作一直线与图上直线 l 平行，此直线与圆弧的交点刻度 0.65 就是 m 的图估计值。由于 η 是 0.632 的分位数，在 0.632 处作水平线与 l 相交，从交点落下垂线与 t 轴的交点坐标 6250 就是 η 的图估计值。综上所得 m 的 η 的图估计值为：

$$\hat{m}=0.65, \quad \hat{\eta}=6250$$

由此可以作出平均寿命 $E(T)$ 的估计。由附表 6.1 查得：

$$\Gamma\left(1+\frac{1}{m}\right)=\Gamma\left(1+\frac{1}{0.65}\right)=1.3663$$

故

$$\hat{E}(T)=\hat{\eta}\Gamma\left\{1+\frac{1}{m}\right\}=6250\times 1.3663=8539\text{h}$$

9.4.3 形状参数 m 和特征寿命 η 的点估计

由截尾样本 $t_1 \leqslant t_2 \leqslant \cdots \leqslant t_r, r \leqslant n$ 直接给出 m 与 η 的点估计是困难的。但可以通过变换

$$\mu=\ln \eta, \quad \sigma=1/m \tag{9.4.6}$$

先给出 μ 与 σ 的点估计，然后通过逆变换 $\eta=e^\mu, m=\sigma^{-1}$ 再给出 η 与 m 的点估计。下面给出两种较为实用的方法，其中一个可在样本容量 $n \leqslant 25$ 时使用，另一个可在样本容量 $n > 25$ 时使用。

一、μ 与 σ 的最佳线性无偏估计（BLUE）（$n \leqslant 25$）

$$\hat{\mu}=\sum_{k=1}^{r} D(n,r,k)\ln t_k, \quad \hat{\sigma}=\sum_{k=1}^{r} C(n,r,k)\ln t_k \tag{9.4.7}$$

其中 n 为样本容量，r 为失效数，k 为失效时间从小到大的序号。诸 $D(n,r,k)$ 为 μ 的无偏系数，$C(n,r,k)$ 为 σ 的无偏系数，它们的部分数值可在附表 6.2 中查得，其他的可从中国电子技术标准化研究所编的《可靠性试验用表》中查得，该表由国防工业出版社于 1987 年出版。

公式(9.4.7)给出的估计 $\hat{\mu}$ 和 $\hat{\sigma}$ 是在所有线性无偏估计中方差最小的，它们的方差也可写出：

$$\text{Var}(\hat{\mu}) = A_{r,n}\sigma^2, \quad \text{Var}(\hat{\sigma}) = l_{r,n}\sigma^2 \tag{9.4.8}$$

其中 $A_{r,n}, l_{r,n}$ 可在附表 6.3 中查得，它们仅依赖于样本容量 n 和截尾数 r。

例 9.4.2 设某产品的寿命服从威布尔分布，现从一批产品中任取 12 个进行定数截尾寿命试验，到有 8 个产品失效时停止试验，8 个失效产品的失效时间列于表 9.4.2 中第二列。试用 BLUE 方法求此产品平均寿命和可靠度 $R(10)$ 的估计值。

这时 $n=12, r=8$，从附表 6.2 可以查得 BLUE 系数 $D(n,r,i), C(n,r,i)$，其值也列于表 9.4.2 中。

表 9.4.2 $\hat{\mu}$ 和 $\hat{\sigma}$ 的计算表

i	t_i(h)	$x_i = \ln t_i$	$D(n,r,i)$	$C(n,r,i)$
1	2.5	0.9163	−0.0293	−0.1216
2	7.5	2.0149	−0.0190	−0.1251
3	17.5	2.8622	−0.0049	−0.1200
4	44	3.7842	0.0125	−0.1085
5	63	4.1431	0.0332	−0.0907
6	83	4.4188	0.0579	−0.0661
7	425	6.0521	0.0875	−0.0333
8	1250	7.1309	0.8622	−0.6653

由公式(9.4.7)可得：

$$\hat{\mu} = \sum_{i=1}^{8} D(n,r,i) \ln t_i = 7.0394$$

$$\hat{\sigma} = \sum_{i=1}^{8} C(n,r,i) \ln t_i = 2.7573$$

因而有：

$$\hat{\eta} = e^{\hat{\mu}} = 1141, \quad \hat{m} = \hat{\sigma}^{-1} = 0.3627$$

平均寿命 $E(T)$ 的估计值为：

$$\hat{E}(T) = \hat{\eta} \cdot \Gamma\left(1 + \frac{1}{\hat{m}}\right) = 1141 \cdot \Gamma\left(1 + \frac{1}{0.36}\right)$$

$$= 1141 \times 4.5712 = 5215.74 \text{(h)}$$

其中 $\Gamma\left(1 + \dfrac{1}{0.36}\right)$ 的值可查附表 6.1。可靠度 $R(10)$ 的估计值为：

$$\hat{R}(10) = \exp\left(-\frac{10}{\hat{\eta}}\right)^{\hat{m}} = \exp\left(\frac{10}{1141}\right)^{0.3627} = 0.8358$$

二、μ 与 σ 的简单线性无偏估计（GLUE）（$n > 25$）

由于计算上的困难，BLUE 的系数 $D(n,r,i)$ 和 $C(n,r,i)$ 只算到 $n \leqslant 25$，可在实际中常会遇到样本容量 $n > 25$ 的情况。为了弥补这个美中不足，统计学家又提出 μ 与 σ 的简单线性无偏估计（GLUE），具体估计公式如下：

$$\tilde{\sigma} = \frac{1}{nk_{r,n}} \sum_{i=1}^{r} |\ln t_s - \ln t_i| = \frac{1}{nk_{r,n}} \left[(2s-r)\ln t_s - \sum_{i=1}^{s} \ln t_i + \sum_{i=s+1}^{r} \ln t_i \right] \quad (9.4.9)$$

$$\tilde{\mu} = \ln t_s - \tilde{\sigma} E(Z_{s,n}) \quad (9.4.10)$$

其中 s 由样本容量 n 和失效数 r 确定如下：

$$s = \begin{cases} r, & r \leqslant 0.9n \\ n, & r > 0.9n,\ n \leqslant 15 \\ n-1, & r > 0.9n,\ 16 \leqslant n \leqslant 25 \\ [0.892n]+1, & r > 0.9n,\ n \geqslant 25 \end{cases} \quad (9.4.11)$$

记号 $[0.892n]$ 表示 $0.892n$ 的整数部分。例如，当 $n = 30$ 时，

$$s = \begin{cases} r, & r = 1, 2, \cdots, 26 \\ 27, & r = 27, 28, 29, 30 \end{cases}$$

而 $nk_{r,n}$ 和 $E(Z_{s,n})$ 都可在附表 6.4 中查得。

式（9.4.9）和（9.4.10）给出的简单线性无偏估计 $\tilde{\mu}$ 和 $\tilde{\sigma}$ 的方差也可写出：

$$\text{Var}(\tilde{\sigma}) = \tilde{l}_{r,n} \sigma^2, \quad \text{Var}(\tilde{\mu}) = \tilde{A}_{r,n} \sigma^2 \quad (9.4.12)$$

其中 $\tilde{l}_{r,n}, \tilde{A}_{r,n}$ 也可在附表 6.4 中查得。

例 9.4.3 某产品的寿命服从威布尔分布，现从这批产品中随机抽取 30 个样品进行定数截尾寿命试验，到有 10 个产品失效时试验停止，失效时间（单位：h）为：

17.5, 66, 83, 125, 375, 1166, 1333, 1667, 1883, 2625

求此产品的平均寿命，可靠度 $R(100)$，失效率 $\lambda(100)$ 的估计值。

解：这里 $n = 30, r = 10 < 0.9n$。所以 $s = r = 10$，查附表 6.4 知：

$$nk_{10,30} = 9.9128, \quad E(Z_{10,30}) = -0.9746$$

于是由（9.4.9）与（9.4.10）可得

$$\tilde{\sigma} = \frac{1}{9.9128}\left\{10 \times \ln 2625 - \sum_{i=1}^{10} \ln t_i\right\} = \frac{1}{9.9128}(10 \times 7.8728 - 59.5185) = 1.9378$$

$$\tilde{\mu} = \ln t_{10} - \tilde{\sigma} E(Z_{10,30}) = 7.8728 - 1.9378 \times (-0.9746) = 9.7614$$

m 和 η 的估计为：

$$\hat{m} = \tilde{\sigma}^{-1} = 0.516, \quad \hat{\eta} = e^{\tilde{\mu}} = 17351$$

有了 m 和 η 的估计，就可求出其他可靠性指标的估计：

$$\hat{E}(T) = \hat{\eta} \cdot \Gamma\left(1 + \frac{1}{\hat{m}}\right) = 17351 \times \Gamma\left(1 + \frac{1}{0.52}\right) = 17351 \times 1.8652 = 32363(\text{h})$$

$$\hat{R}(100) = \exp\left\{-\left(\frac{100}{\hat{\eta}}\right)^{\hat{m}}\right\} = \exp(-0.0395) = 0.933$$

$$\hat{\lambda}(100) = \frac{\hat{m}}{100}\left\{\frac{100}{\hat{\eta}}\right\}^{\hat{m}} = \frac{\hat{m}}{100}\ln\frac{1}{\hat{R}(100)} = \frac{0.516}{100}\ln\frac{1}{0.933} = 3.578 \times 10^{-4}/\text{h}$$

§9.5 加速寿命试验

随着科学技术的发展，高可靠、长寿命的产品愈来愈多，截尾寿命试验也不能适应这种需要。譬如，不少电子元器件的寿命是很长的，在正常工作温度40℃下可达数百万小时以上，若取1000个这样的电子元器件。那要进行数万小时的试验，可能只有一两个失效，甚至还会出现没有失效的情况。这些情况的出现对估计元器件的可靠性指标都是不利的，甚至很难给出估计。假如我们把工作温度40℃提高到60℃，甚至80℃，只要失效机理不变，由于工作环境变得恶劣一些，该电子元器件的失效个数会增多，这对估计高温下的可靠性指标是很有利的，然后再设法外推工作温度下的可靠性指标。此种在超过正常应力水平下的寿命试验称为**加速寿命试验**。

在加速寿命试验中，再采用截尾试验技术，就可使试验时间大为缩短，这里不详谈这个问题，只用一个例子来说明加速寿命试验的思想。

例9.5.1 某厂制造一种新型绝缘材料，专家们预测其在正常工作温度150℃下的平均寿命要达10000小时以上。为了获得平均寿命的估计值，预计寿命试验要进行20000小时左右，这相当于要进行2年多时间，在一般工厂里是承受不了的。从绝缘材料的物理性能知，适当地提高试验温度，可以加速绝缘材料的老化，从而使击穿时间提前到来，达到缩短试验时间的目的。通过摸底试验得知，在高温270℃下该绝缘材料的失效原因仍然是由于老化引起的，因此选取温度作为加速应力是妥当的，而加速应力水平应在150℃到270℃间选取。经研究，决定选190℃，220℃，240℃和260℃四个温度水平作为加速应力水平，在这四个温度水平下分别安排一个截尾寿命试验，各获得一个截尾样本，然后再设法估计各温度水平下的平均寿命。具体估计方法依据寿命分布而定，所得的平均寿命估计值列于表9.5.1。

表 9.5.1 各温度下的平均寿命的估计值

i	T_I(℃)	平均寿命 θ_i(h)
1	190	5046
2	220	2638
3	240	1572
4	260	1016

进一步的工作可以从图9.5.1得到启发。以温度T作纵轴，平均寿命θ作横轴，把表9.5.1上的数据点在该坐标纸上，可以看出一个明显的趋势：随着试验温度T的下降，平均寿命θ在增加，假如把图9.5.1上的四个点用一条光滑的曲线联结起来，并顺势延长，那就可以看到，当试验温度水平为150℃时，其平均寿命大约为17000小时，这就是加速寿命试

验全过程的简单缩影。从这个缩影可以看出加速寿命试验的基本思想是：利用高应力水平下的平均寿命去推正常应力水平下的平均寿命。实现这个基本思想的关键在于建立形如图 9.5.1 上的曲线。这类曲线称为**加速曲线**，这类曲线对应的函数表达式称为**加速方程**，或称**加速模型**。在物理和化学中已有一些这样的加速模型可供使用，常用的有如下两个：

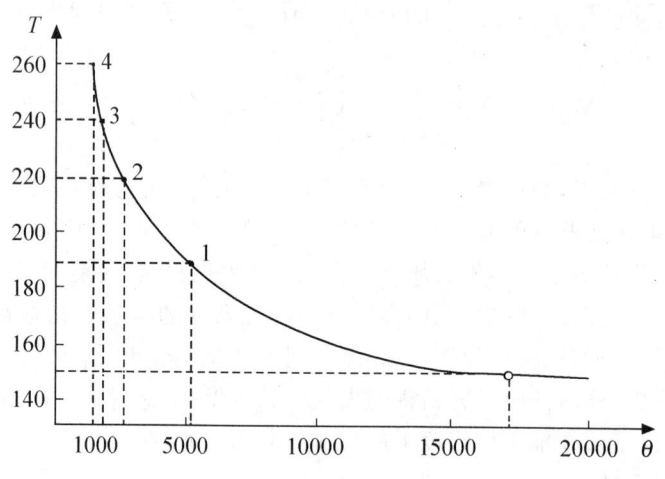

图 9.5.1 绝缘材料的加速曲线

1. 阿伦尼斯（Anhenius）模型

高温度使产品（如电子元器件、绝缘材料等）内部加快化学反应，促使产品提前失效，阿伦尼斯在 1880 年提出如下加速模型：

$$\theta = Ae^{bT} \tag{9.5.1}$$

其中 θ 可以是平均寿命或特征寿命等，T 是绝对温度，它等于摄氏温度加 273，A 与 b 是待定常数。

2. 逆幂律模型

加大电压（电流、功率等）亦能促使产品提前失效，在物理上已被很多实验数据证实，平均寿命 θ（或特征寿命等）与电压 V 有如下关系：

$$\theta = A/V^d \tag{9.5.2}$$

其中 A 与 d 是待定常数。

回到例 9.5.1 中来，在那里已选温度作加速应力，故应用阿伦尼斯模型（9.5.1）。这个模型告诉我们，随着温度水平的增加，平均寿命是按指数下降。这样一来，图 9.5.1 上的曲线应用指数函数拟合是恰当的。从回归分析角度看，(9.5.1)是一元非线性回归，取对数后，可得如下一元线性回归模型：

$$\ln \theta = a + b/T \tag{9.5.3}$$

用表 9.5.1 上的数据和最小二乘法容易算得其中 a 与 b 的估计量，即得：

$$\ln(\theta) = -3.6975 + 5675/T \tag{9.5.4}$$

用此方程进行外推，将正常工作温度水平

$$T_0 = 150℃ = 150 + 273 = 423\text{K}$$

代入 9.5.4 式可算得 150℃ 下的平均寿命为:

$$\theta_0 = 16624(\text{h})$$

这与在图 9.5.1 上作业得到的结果很接近,但此结果不会因人而异。

§ 习题九

1. 下面是 420 只某种部件在 12 天内的失效数据,试画出此部件的可靠度函数。

习题 9.1 的数据表

组号	失效时间范围	失效数	组号	失效时间范围	失效数
1	0~24	222	7	144~168	17
2	24~48	45	8	168~192	7
3	48~72	32	9	192~216	14
4	72~96	27	10	216~240	9
5	96~120	21	11	240~264	8
6	120~144	15	12	264~288	3

2. 对 1575 台电视机进行高温老化试验,每隔 4 小时测试一次,直到 36 小时后共失效 85 台,具体数据统计如下:

测试时间 t_i	4	8	12	16	20	24	28	32	36
Δt_i 内失效数	39	18	8	9	2	4	2	2	1

试估计 $t=0,4,8,12,16,20,24,28,32$ 的失效率各是多少,并画出失效率曲线。

3. 一种设备的寿命服从参数为 λ 的指数分布,假如其平均寿命为 3700 小时,求其连续工作 300 小时和 900 小时的可靠度。

4. 设产品的失效率函数为:

$$\lambda(t) = ct, \quad t > 0$$

这里 c 为常数,求其可靠度函数 $R(t)$ 和失效密度函数 $f(t)$。

5. 设某产品的寿命 T 服从威布尔分布,其形状参数 $m=2$,特征寿命 $\eta=2000$ 小时,试求 $t=1000$ 小时的可靠度与失效率。

6. 设产品寿命 T 服从指数分布,抽 9 个产品进行 $(n,无,数)$ 试验,失效数 $r=7$,试验结果为:
$$150,450,500,530,600,650,700$$
试求平均寿命 θ 的点估计和 90% 置信下限。

7. 设电视机的寿命服从指数分布,抽 47 台在规定条件下做 $(n,有,时)$ 试验,试验停止时间为 $t_0=196$ 小时,试求失效数 $r=1,2,3,4,5$ 台时的平均寿命的点估计和 90% 的置信下限。

8. 从某批元件中抽 20 个作寿命试验,获得如下 10 个失效数据(单位:h):

20, 50, 300, 300, 340, 580, 970, 1110, 1660, 2410

试用威布尔概率纸检验这个截尾样本是否来自威布尔分布,若是,请继续用概率纸作出形状参数 m 与特征寿命 η 的估计。

9. 设某仪器的寿命服从威布尔分布,现从中随机抽取 10 台进行定数截尾寿命试验,观察到的 6 个失效时间(单位:h)为 8,20,34,46,63,86。试用最佳线性无偏估计作出 m 与 η 的估计和在 $t=50$ 小时处可靠度的估计。

10. 设某产品的寿命服从威布尔分布。现从中随机抽取 60 个进行截尾寿命试验,试验进行到有 30 个产品失效停止。观察到的 30 个失效时间为:

1 9 18 21 24 29 34 43 48 48 50 60 62 63 67
67 84 100 102 111 114 116 116 117 118 133 135 139 163 171

试用简单线性无偏估计作出参数 m 与 η 的估计和平均寿命的估计。

第十章

测量系统分析

在质量管理中数据的使用是极其频繁和相当广泛的。譬如,依据测量数据决定是否需要调整制造过程;两个变量或更多变量之间是否存在重要关系等都是测量数据的重要应用。每次使用质量管理统计方法的成败与收益在很大程度上决定于所使用数据的质量。为了获得高质量的数据,必须对产生数据的测量系统要有充分的理解与深入的分析。本章将对测量系统的特点与要求做一些介绍,并对测量系统的评价给出一些实用的方法。

§ 10.1 测量系统

人类的生活与工作离不开数据,在产品的统计质量管理中数据的使用是极其频繁和相当广泛的,所有统计质量管理的方法都是以数据为基础而建立起来的。如果数据失真或误差很大,都会导致分析失效、决策失败。因此,在应用统计分析方法时,应首先把注意力集中在数据的质量上,为此,必须对获得数据的测量系统进行考察。

10.1.1 测量系统

数据是通过测量获得的,其中测量就是给具体事物(实体或系统)赋值的过程。这个过程的输入有人(合格的操作者)、机(量具和必要的设备和软件)、料(实体和系统)、法(操作程序)、环(必要的测量环境)。其中量具是指用来获得测量结果的装置,它是测量系统中的关键设备。这个过程的输出就是测量值或测量结果,或简称数据。这一过程又称为测量系统,可用图 10.1.1 示意。

一个测量系统可以看作是数据的"制造过程",这个看法是有用的,因为这可以使人们在测量系统中运用统计过程控制(SPC)的原理和工具。

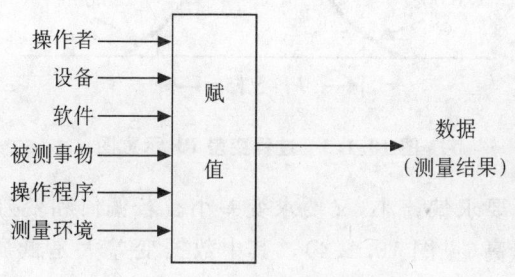

图 10.1.1 测量系统示意图

10.1.2 表征数据质量的统计指标

什么是高质量的数据呢？数据的质量是由在稳定条件下运行的某一测量系统得到的多次测量结果的统计特性确定的。通常用来表征测量数据质量高低的统计特性是**偏倚**（Bias）和**变差**（Variation）。

- **偏倚**用来表示多次测量结果的平均值与基准值之差（见图 10.1.2），其中基准值可通过更高级别的测量设备进行多次测量取其平均值来确定。

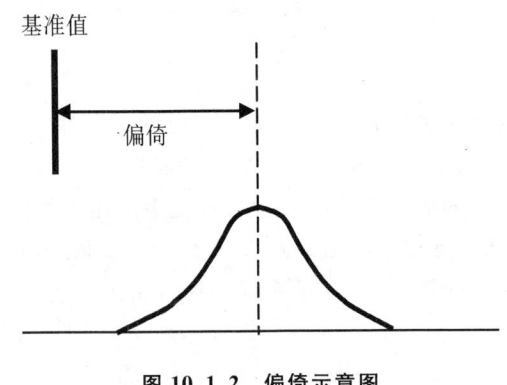

图 10.1.2　偏倚示意图

测量过程的目标是零件的"真值"。希望任何单独读数都尽可能接近此真值。遗憾的是真值永远也不可能知道，故常用一个更高级的测量设备所定义的"基准值"来代替。

- **变差**用来表示在相同的条件下进行多次重复测量结果的变异程度，常用测量结果的标准差 σ 或**过程变差** PV 表示。这里的过程变差是指 99% 的测量结果所占区间的长度（图 10.1.3）。

通常测量结果服从正态分布 $N(\mu,\sigma^2)$，于是在正态分布下有：

$$P(|x-\mu|<2.575\sigma)=0.99$$

可见，99% 的测量结果所占区间 $(\mu-2.575\sigma, \mu+2.575\sigma)$ 的长度为：

$$PV=5.15\sigma$$

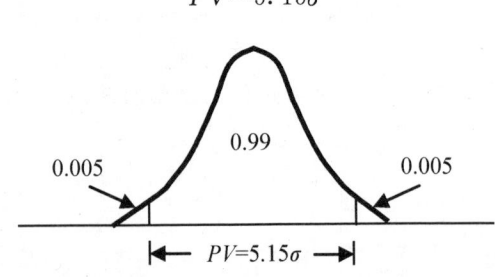

图 10.1.3　过程变差 PV 示意图

测量数据质量高既要求偏倚小，又要求变差小。若偏倚和变差中有一项或二项都大，都不能说测量数据质量高（见图 10.1.4）。其中数据变差大是低质量数据最常见的原因之一。

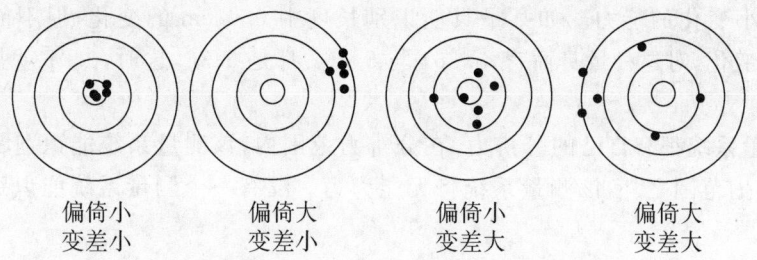

| 偏倚小 | 偏倚大 | 偏倚小 | 偏倚大 |
| 变差小 | 变差小 | 变差大 | 变差大 |

图 10.1.4 偏倚与变差示意图，基准值在圆心

有的资料上把偏倚称为准确度，把变差称为精度，高质量数据仅在准确度与精度都很高时才会发生，其中之一较低，都不能称为高质量数据。

例 10.1.1 一测量员对基准值为 $L=0.80$mm 的样品重复测量 10 次，所得测量值为：

0.75　0.75　0.80　0.80　0.65
0.80　0.75　0.75　0.75　0.70

其平均值与偏倚为：

$$\bar{x} = \frac{1}{10}\sum_{i=1}^{10} x_i = \frac{7.5}{10} = 0.75$$

$$偏倚 = \bar{x} - L = 0.75 - 0.80 = -0.05$$

这表明测量的平均值比基准值低了 0.05mm。

大家知道：影响数据变差有两类因素（即波动的原因），它们是：偶然因素与异常因素。当测量系统仅受偶然因素影响时，该系统是稳定的，这时数据来自正态分布，其标准差可用极差 R 估计：

$$\hat{\sigma} = R/d_2, \qquad R = x_{\max} - x_{\min}$$

其中 d_2 可通过附表 3 查得。

在例 10.1.1 中，$R = 0.80 - 0.65 = 0.15$，相应的标准差与过程变差的估计分别为：

$$\hat{\sigma}_R = R/d_2 = 0.15/3.078 = 0.04873$$
$$PV = 5.15\hat{\sigma}_R = 0.2509$$

这表明如果重复测量，则将有 99% 的测量结果落在长度约为 0.25 的区间内。

§ 10.2　测量系统的基本要求

一个理想的测量系统应具有零偏倚和零变差，但这样的系统不存在，因此人们只能使用不太理想的测量系统，因而，一个测量系统的质量仅能用其多次测量数据的统计特性来确定。一个可使用的、良好的测量系统必须具备以下三个基本要求：

10.2.1　测量系统要有足够的分辨力

测量系统的**分辨力**（Discrimination）是指该测量系统的最小读数单位，它能如实指示被测特性中极小变化的能力。如某量具能识别长度中 0.01cm 的变化,但不能识别长度中 0.001 cm 的变化,对这种量具而言,5.361 与 5.362 都是 5.36,这时,0.01 就是该量具的分辨力。

每个测量系统都有自己的分辨力,在分辨力范围内,该测量系统能识别零件之间的差别,但在分辨力范围之外,该测量系统将无能为力。没有一个测量系统能识别一切被测特性。

一个测量系统被选用,它一定具有足够的分辨力。这里"足够"通常是指:"1∶10 经验法则"。具体是:

(1)测量系统的波动比制造过程的波动小,最多为后者的 1/10;

(2)测量系统的波动小于公差限,最多为公差限的 1/10。

若波动大小用各自的标准差表示,σ 表示测量系统的标准差,σ_1 表示制造过程的标准差,d 表示公差限,则一个测量系统具有足够的分辨力是指:

$$\sigma \leqslant \min\left(\frac{\sigma_1}{10}, \frac{d}{10}\right)$$

如果测量系统没有足够的分辨力,就不能定量地表示单个零件的特性值,也不能识别制造过程所发生的波动,这时,应放弃使用该测量系统,而改用更好的测量系统,使它具有足够的分辨力。但应注意的是,有时使用分辨力过高的测量系统意味着浪费。

例 10.2.1 表 10.2.1a 是用分辨率为 0.001cm 的量具对 22 个子组(每个子组含 5 个产品)测得的数据,其 $\bar{x}$ 图与 R 图(见图 10.2.1a)能清楚地把波动表示出来,显示了测量系统有足够的分辨力。对表 10.2.1a 上最后一位数据施行四舍五入后得表 10.2.1b,它可看作分辨率为 0.01cm 的测量数据,图 10.2.1b 上的 $\bar{x}$ 图与 R 图上的波动明显减小,由于四舍五入的结果,看上去过程好像失控了。而图 10.2.1a 上却无此现象。特别,在图 10.2.1b 上的 R 图上 22 个点只有三个不同的极差值,这是分辨力不足的表现。

10.2.2 测量系统在规定的时间内要保持统计稳定性

这是一项基本要求。测量系统是否保持统计稳定性可用 $\bar{x}-R$ 控制图是否受控来评定。因为测量系统可以看成一个制造(数据的)过程,因此用于判断过程稳定性的各种过程控制图都可用来评价测量系统的稳定性。差别在于现在不是从生产线上随时抽取样品作控制图,而是选定标准件或标准样品在一定时间内经常用同一量具反复地测量此标准件或标准样品,用测量值来作控制图,考察其测量系统的稳定性。

具体操作如下:

(1)选定标准件或标准样品,在选定的时间点上(如每日一次,或每周一次,或一月一次等)对其进行重复测量,譬如每次测量 3~5 回;

(2)作 $\bar{x}-R$ 控制图;

(3)分析控制图,看有无异常现象出现;

(4)在消除由异常原因引起的异常现象后,则可认为测量过程是统计稳定的,这时可估计测量系统的标准差 $\hat{\sigma}_R = \bar{R}/d_2$,其中 $\bar{R}$ 为平均极差。另外,如有需要,可计算该测量系统的过程变差 $PV = 5.15\hat{\sigma}_R$,考察过程变差是否符合要求。

第十章 测量系统分析

表 10.2.1a 数据表（最小测量单位 0.001）

序号	测量值					$\bar{x}$	R
1	0.103	0.116	0.109	0.111	0.108	0.1094	0.013
2	0.111	0.113	0.108	0.111	0.109	0.1104	0.005
3	0.112	0.111	0.107	0.108	0.107	0.1090	0.005
4	0.112	0.109	0.113	0.109	0.111	0.1108	0.004
5	0.102	0.110	0.108	0.110	0.111	0.1082	0.009
6	0.109	0.105	0.108	0.115	0.112	0.1098	0.010
7	0.111	0.113	0.106	0.117	0.110	0.1114	0.011
8	0.105	0.107	0.108	0.109	0.111	0.1080	0.006
9	0.104	0.108	0.109	0.101	0.109	0.1062	0.008
10	0.116	0.108	0.108	0.104	0.116	0.1104	0.012
11	0.112	0.116	0.111	0.107	0.111	0.1114	0.009
12	0.099	0.107	0.108	0.109	0.113	0.1072	0.014
13	0.109	0.111	0.109	0.113	0.109	0.1102	0.004
14	0.108	0.105	0.103	0.112	0.115	0.1086	0.012
15	0.105	0.108	0.104	0.109	0.101	0.1054	0.008
16	0.111	0.111	0.115	0.109	0.108	0.1108	0.007
17	0.113	0.113	0.111	0.107	0.107	0.1102	0.006
18	0.112	0.107	0.108	0.103	0.107	0.1074	0.009
19	0.108	0.109	0.110	0.113	0.102	0.1084	0.011
20	0.111	0.107	0.113	0.115	0.105	0.1102	0.010
21	0.115	0.109	0.106	0.111	0.107	0.1096	0.009
22	0.116	0.109	0.111	0.105	0.108	0.1098	0.011
						$\bar{\bar{x}}$	$\bar{R}$
						0.1092	0.00877

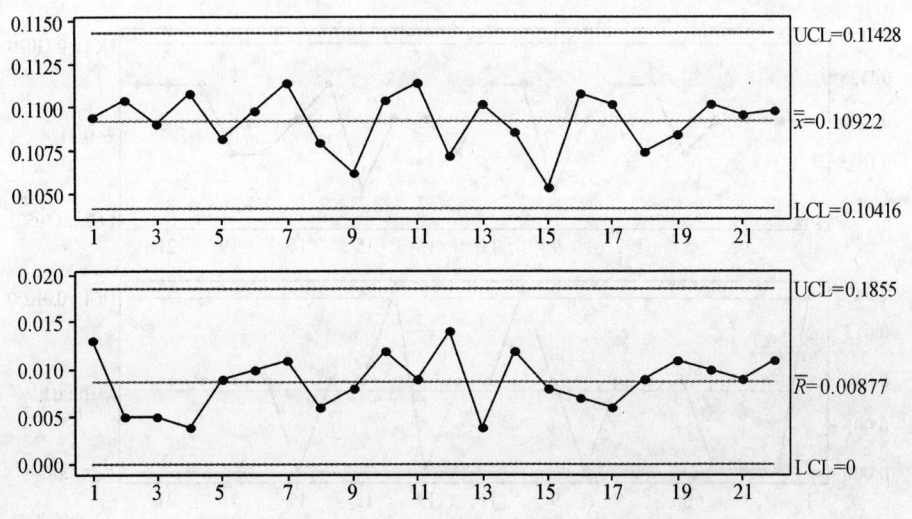

图 10.2.1a 最小测量单位为 0.001 的 $x-R$ 控制图

表 10.2.1b 数据表（最小测量单位 0.01）

序号	测量值					$\bar{x}$	R
1	0.10	0.12	0.11	0.11	0.11	0.110	0.02
2	0.11	0.11	0.11	0.11	0.11	0.110	0.00
3	0.11	0.11	0.11	0.11	0.11	0.110	0.00
4	0.11	0.11	0.11	0.11	0.11	0.110	0.00
5	0.10	0.11	0.11	0.11	0.11	0.108	0.01
6	0.11	0.11	0.11	0.12	0.11	0.112	0.01
7	0.11	0.11	0.11	0.12	0.11	0.112	0.01
8	0.11	0.11	0.11	0.11	0.11	0.110	0.00
9	0.10	0.11	0.11	0.10	0.11	0.106	0.01
10	0.12	0.11	0.11	0.10	0.12	0.112	0.02
11	0.11	0.12	0.11	0.11	0.11	0.112	0.01
12	0.10	0.11	0.11	0.11	0.11	0.108	0.01
13	0.11	0.11	0.11	0.11	0.11	0.110	0.00
14	0.11	0.11	0.10	0.11	0.12	0.110	0.02
15	0.11	0.11	0.10	0.11	0.10	0.106	0.01
16	0.11	0.11	0.12	0.11	0.11	0.112	0.01
17	0.11	0.11	0.11	0.11	0.11	0.110	0.00
18	0.11	0.11	0.11	0.10	0.11	0.108	0.01
19	0.11	0.11	0.11	0.11	0.10	0.108	0.01
20	0.11	0.11	0.11	0.12	0.11	0.112	0.01
21	0.12	0.11	0.11	0.11	0.11	0.112	0.01
22	0.12	0.11	0.11	0.11	0.11	0.112	0.01
						$\bar{\bar{x}}$	$\bar{R}$
						0.1100	0.00864

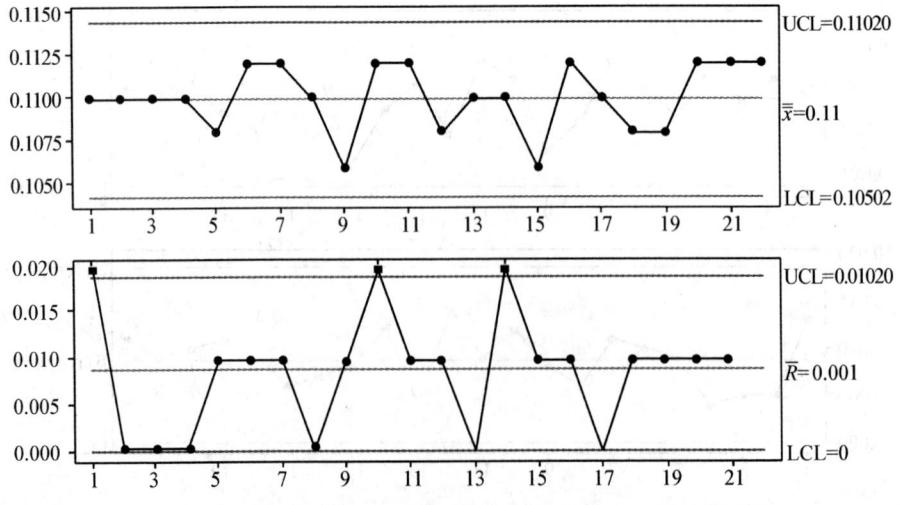

图 10.2.1b 最小测量单位为 0.01 的 $x-R$ 控制图

在考察测量系统稳定性时,还要明确以下三个问题:

第一,测量系统的外部条件是什么?譬如,有的测量系统要预热一段时间后才能进入稳定工作状态,这时就要明确提出该测量系统的预热时间。

第二,若测量系统已达到稳定状态,但该系统的标准差 σ 或过程变差 PV 没有符合要求,则应设法减小系统的标准差。造成测量系统标准差过大的一个可能原因是系统与它周围环境有关引起的。如,测量某容器内液体的体积,若所使用的测量系统对周围环境温度很敏感,则会引起测量数据的变差变大,因此改进测量系统使其对环境温度不敏感是很重要的。

第三,一个测量系统的稳定性能保持多久?即测量系统的实际使用寿命有多长。因此,到一定时间需要用高一级的测量系统对其进行一次校正。

10.2.3 测量系统要具有线性性

每个测量系统都有一个量程,譬如,有的温度计的量程为 $-20℃\sim40℃$,也有的温度计可测 $100℃\sim1000℃$;有的台秤只能称 10kg 以下的物品,有的磅秤的量程为 1kg~500kg。因此,对测量系统量程内的每个测量值要求相同的偏倚是不合理的。一般是(见图 10.2.2):

在量程较低的地方(基准值小),偏倚要小一些;
在量程较高的地方(基准值大),偏倚可以大一些。

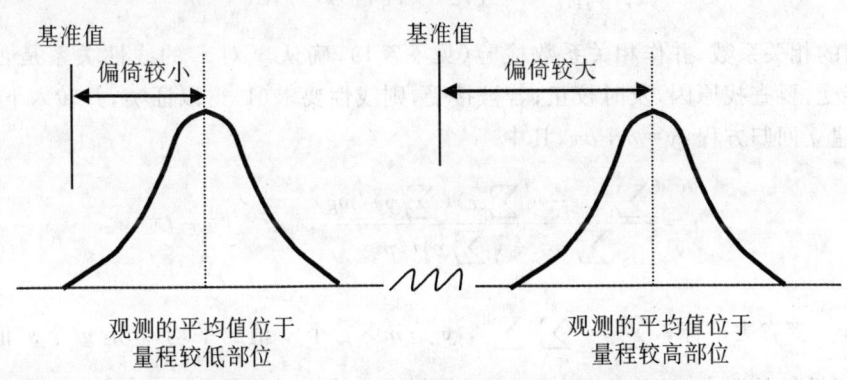

图 10.2.2 在量程内对测量系统的偏倚的要求

测量系统的线性是指如下两点要求:

(1)偏倚应是基准值的线性函数。若记 x 为基准值,y 为偏倚,则应有

$$y = a + bx$$

这个要求对控制偏倚有好处,不使基准值 x 过小或过大时测量系统的偏倚过大。当然这个要求应在测量系统(或量具)的设计阶段要做到。若一个测量系统在设计时具有线性性,但在使用时发现为非线性,这时就要查找原因,及时纠正或校准。

(2)该线性函数的斜率 b 的绝对值 $|b|$ 要求较小。因为 $|b|$ 偏大,将会导致偏倚分散(见图 10.2.3a),而 $|b|$ 偏小,将会导致偏倚集中(见图 10.2.3b)。

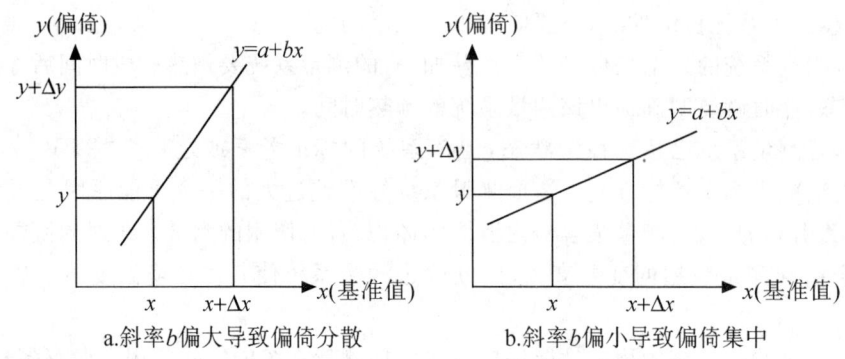

a.斜率b偏大导致偏倚分散　　　　b.斜率b偏小导致偏倚集中

图 10.2.3　斜率 b 对偏倚的影响（$b>0$ 的情况）

如何检验这两个要求是否达到呢？如何评价一个测量系统的线性性呢？美国三大汽车公司编写的《测量系统分析（第三版）》提供了具体操作程序，其要点如下：

(1) 选择 g 个（$g \geq 5$）零件，最好选择已知标准值的标准件，且基准值覆盖量具的量程。

(2) 对每个零件重复测量 m 次（$m \geq 10$），所有测量由一位合格的操作者按随机次序完成。

(3) 记 x_i 为第 i 个零件的基准值，y_{ij} 为第 i 个零件第 j 次重复测量值，这样共有 $m \times g$ 对数据：

$$(x_i, y_{ij}), \quad i=1,2,\cdots,g, \quad j=1,2,\cdots,m$$

计算它们的相关系数，并作相关系数检验（见§7.1），确认 y 对 x 的线性关系是否可接受。若不被接受，要查找原因，及时校正；若被接受，则线性要求(1)得以证实，并转入下一步。

(4) 建立回归方程：$\hat{y} = a + bx$，其中

$$b = \frac{\sum xy - (\sum x)(\sum y)/mg}{\sum x^2 - (\sum x)^2/mg}, \quad a = \bar{y} - b\bar{x}$$

这里 x 与 y 都省去下标，$\sum = \sum\limits_{i=1}^{g} \sum\limits_{j=1}^{m}$，$\bar{y}$ 是 $m \times g$ 个 y 值的平均，$\bar{x}$ 是 g 个 x 值的平均。

(5) 线性性的要求(2)希望 $|b|$ 愈小愈好，斜率 b 的绝对值最小为 0，因此要求(2)相当于对下列一对假设进行检验：

$$H_0: b = 0, \quad H_1: b \neq 0$$

可用如下 t 统计量对这对假设进行检验：

$$t = \frac{b\sqrt{m \sum\limits_{i=1}^{g}(x_i - \bar{x})^2}}{s}$$

其中 s^2 是剩余平方和的均方，具体计算公式是：

$$s = \left[\frac{\sum y^2 - b \sum xy - a \sum y}{mg - 2}\right]^{1/2}$$

这里 $\sum = \sum_{i=1}^{g}\sum_{j=1}^{m}$，$g$ 是零件数，m 是重复测量数。对给定的显著性水平 α，这个检验的拒绝域为：

$$W = \{|t| \geq t_{1-\alpha/2}(mg-2)\}$$

若检验结果是拒绝 H_0，这说明 $|b|$ 较大，尚需改进；若不拒绝 H_0，可认为斜率 b 较接近于 0，要求(2)得以满足。

(6)上述原假设 $H_0: b = 0$ 能否满足(即要求(2)是否达到)还可以用图形来识别，具体如下：

在量具的量程内任取一点 x_0，可得预测值 $\hat{y}_0 = a + bx_0$ 及其 $1-\alpha$ 置信区间：

$$a + bx_0 \pm s \cdot t_{1-\alpha/2}(mg-2)\left[\frac{1}{mg} + \frac{(x_0 - \bar{x})^2}{m\sum_{i=1}^{g}(x_i - \bar{x})^2}\right]^{1/2}$$

若让 x_0 在量程内移动，就可得到一个置信水平为 $1-\alpha$ 的置信带(见图10.2.4)，其两端呈喇叭状。

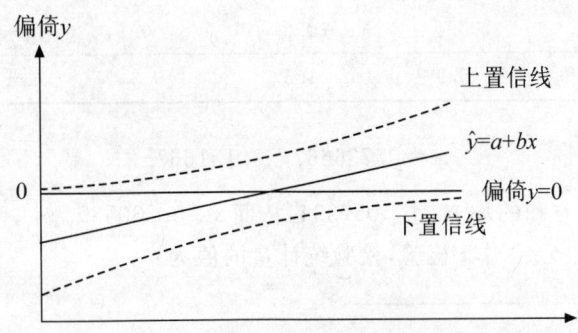

图 10.2.4　线性性研究的作图分析

在图10.2.4上再画出"偏倚 $y=0$"的水平线，若此水平线完全在置信带内，则可认为斜率基本为 0，即要求(2)得以满足；若水平线与置信带相交，则可认为斜率基本不为 0，即要求(2)没有达到，尚需对量具作出改进。

例 10.2.2 某设备经理对其新购的量具的线性性感兴趣，特在其量程内选定 $5(=g)$ 个标准件，经检验，它们的基准值分别为：

　　　　2.00　　4.00　　6.00　　8.00　　10.00

然后请一位合格的测量员对每个标准件各重复测量 $12(=m)$ 次，其偏倚(=测量值-基准值)及其和记录在表10.2.2上。

下面按前述操作步骤来研究这个新量具的线性性。

(1)与(2)已在例题中说明。

(3)对表10.2.2中 60 个数据计算相关系数得 $r = -0.845$。在 $\alpha = 0.05$ 时，自由度为 58 的临界值为 0.232，如今 $|r| > 0.232$，故两者线性关系是存在的，这就满足要求(1)。

(4)用最小二乘法寻求回归系数的估计，建立如下一元线性回归方程：

表 10.2.2　5×12 个偏倚汇总表

零件		1	2	3	4	5
基准值		2.00	4.00	6.00	8.00	10.00
偏倚	1	0.7	1.1	−0.2	−0.4	−0.9
	2	0.5	−0.1	−0.3	−0.3	−0.7
	3	0.4	0.2	−0.1	−0.2	−0.5
	4	0.5	1.0	−0.1	−0.3	−0.7
	5	0.7	−0.2	0.0	−0.2	−0.6
	6	0.3	−0.1	0.1	−0.3	−0.5
	7	0.5	−0.1	0.0	−0.2	−0.5
	8	0.5	−0.1	0.1	−0.3	−0.5
	9	0.4	−0.1	0.4	−0.2	−0.4
	10	0.4	0.0	0.3	−0.5	−0.8
	11	0.6	0.1	0.0	−0.4	−0.7
	12	0.4	−0.2	0.1	−0.3	−0.6
偏倚之和		5.9	1.5	0.3	−3.5	−7.4

$$\hat{y} = 0.736667 - 0.131667x$$

该回归方程的剩余平方和的均方为 0.057394，从而 $s = 0.239539$。

(5) 对原假设 $H_0: b = 0$ 作 t 检验，检验统计量的值为：

$$t = \frac{b\sqrt{12 \times \sum_{i=1}^{g}(x_i - \bar{x})^2}}{s} = \frac{-0.131667 \times \sqrt{480}}{0.239539} = -12.0426$$

对给定的显著性水平 $\alpha = 0.05$，查得自由度为 $mg - 2 = 58$ 的 t 分布的 0.975 分位数为：

$$t_{0.975}(58) = 2.00172$$

由于 $|t| > 2.00172$，故拒绝原假设 $H_0: b = 0$，可见斜率还是较大的，需要做进一步的改进。

(6) 再用图作直观分析，为此首先计算 $a + bx$ 的 0.95 置信带

$$0.736667 - 0.131667x \pm 0.239539 \times 2.00172 \times \left[\frac{1}{60} + \frac{(x-6)^2}{12 \times 40}\right]^{1/2}$$

然后画出该置信带，见图 10.2.5，最后在图上画出偏倚 $y = 0$ 的水平线，明显可见，此水平线与置信带相交，不在置信带内，这也说明要求(2)没有达到，尚需对新量具做调试。

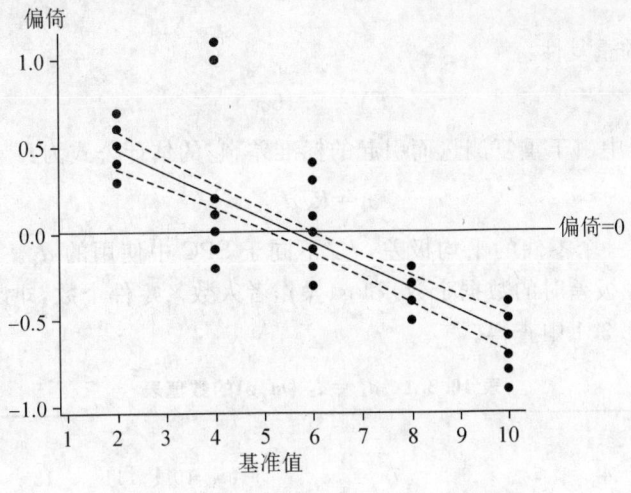

图 10.2.5 线性性研究——作图分析

§10.3 测量系统的波动

测量系统的波动主要是由于量具与操作者引起的。为了考察量具与操作者的波动大小,常常要选用一些零件或产品让操作者用量具去测量,由于零件间差异对测量结果的影响不得不考虑,故在考察量具和操作者的波动时,还要考察零件间的波动,下面逐个来考察它们,然后加以综合。

10.3.1 重复性(Repeatability)

由一个或多个操作者采用一种量具,多次重复测量同一零件的同一特性时所获得的测量值的变差称为量具的重复性,记为 EV。(见图 10.3.1)

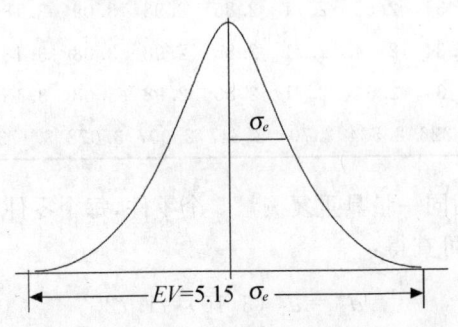

图 10.3.1 重复性示意图

一个好的量具应具有很好的重复性,也就是它的重复测量值的变差是很小的。重复性表示量具的能力,它属于测量系统内的变差。重复性的研究要分两步进行。

(1)考察测量过程是否稳定,即测量过程的波动是否仅由偶然原因引起?这可使用极差 R 图。为此选择 n 个零件,每个零件都重复测量相同的次数,建立 R 图,观察其是否受控。若 R 图上出现失控现象,要分析失控原因,并加以纠正。在确认测量系统已达到稳定时可进入下一步。

(2)计算量具的重复性：

$$EV=5.15\sigma_e$$

其中 σ_e 是测量过程中由于重复测量而引起的标准差，它的估计公式为：

$$\hat{\sigma}_e=\bar{R}/d_2^*$$

其中 $\bar{R}$ 是重复测量一个零件的平均极差，d_2^* 不同于 SPC 中使用的 d_2。d_2^* 的值依赖于重复测量次数 m（计算极差时的数据个数）和 g（操作者人数×零件个数，即计算 $\bar{R}$ 时所用含极差个数），可在表 10.3.1 中查得。

表 10.3.1　$d_2^*=d_2^*(m,g)$ 的数值表

g\m	2	3	4	5	6	7	8	9	10	11	12	13	14	15
1	1.41	1.91	2.24	2.48	2.67	2.83	2.96	3.08	3.18	3.27	3.35	3.42	3.49	3.55
2	1.28	1.81	2.15	2.40	2.60	2.77	2.91	3.02	3.13	3.22	3.30	3.38	3.45	3.51
3	1.23	1.77	2.12	2.38	2.58	2.75	2.89	3.01	3.11	3.21	3.29	3.37	3.43	3.50
4	1.21	1.75	2.11	2.37	2.57	2.74	2.88	3.00	3.10	3.20	3.28	3.36	3.43	3.49
5	1.19	1.74	2.10	2.36	2.56	2.73	2.87	2.99	3.10	3.19	3.28	3.35	3.42	3.49
6	1.18	1.73	2.09	2.35	2.56	2.73	2.87	2.99	3.10	3.19	3.27	3.35	3.42	3.49
7	1.17	1.73	2.09	2.35	2.55	2.72	2.87	2.99	3.09	3.19	3.27	3.35	3.42	3.48
8	1.17	1.72	2.08	2.35	2.55	2.72	2.87	2.98	3.09	3.19	3.27	3.35	3.42	3.48
9	1.16	1.72	2.08	2.34	2.55	2.72	2.86	2.98	3.09	3.18	3.27	3.35	3.42	3.48
10	1.16	1.72	2.08	2.34	2.55	2.72	2.86	2.98	3.09	3.18	3.27	3.34	3.42	3.48
11	1.16	1.71	2.08	2.34	2.55	2.72	2.86	2.98	3.09	3.18	3.27	3.34	3.41	3.48
12	1.15	1.71	2.07	2.34	2.55	2.72	2.85	2.98	3.09	3.18	3.27	3.34	3.41	3.48
13	1.15	1.71	2.07	2.34	2.55	2.71	2.85	2.98	3.09	3.18	3.27	3.34	3.41	3.48
14	1.15	1.71	2.07	2.34	2.54	2.71	2.85	2.98	3.08	3.18	3.27	3.34	3.41	3.48
15	1.15	1.71	2.07	2.34	2.54	2.71	2.85	2.98	3.08	3.18	3.26	3.34	3.41	3.48
>15	1.128	1.693	2.059	2.326	2.534	2.704	2.847	2.907	3.078	3.173	3.258	3.336	3.407	3.472

譬如，两名操作者使用同一量具重复测量 5 个零件，每个零件各测 3 次，这时 $m=3, g=2\times5=10$，从表 10.3.1 中可查得：

$$d_2^*=d_2^*(3,10)=1.72$$

于是该量具的重复性为：

$$EV=5.15\hat{\sigma}_e=5.15\bar{R}/1.72=2.99\bar{R}$$

10.3.2 再现性(Reproducibility)

由不同操作者，采用相同量具，测量同一零件的同一特性所得重复测量的均值的变差称为量具的再现性，记为 AV（见图 10.3.2）。

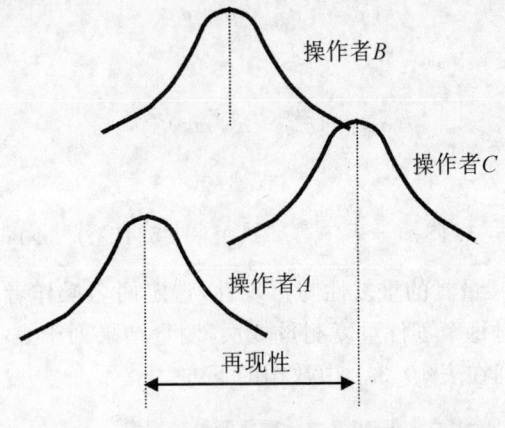

图 10.3.2　再现性示意图

在再现性的定义中,量具是相同的、零件是相同的,不同的是操作者。所以一个测量系统(或量具)的再现性主要反映操作者在测量技术上的变差,简单地说,再现性就是操作者(人的因素)引起的测量误差。它属于测量系统间的变差。

估计再现性的具体步骤如下:

(1) 假设现在有 k 名操作者,测量 n 个零件,要求每名操作者对每个零件重复测量 m 次。记第 i 名操作者的测量数据如下:

零件号 重复号	1	2	⋯	n	
1	x_{11}	x_{21}	⋯	x_{n1}	
2	x_{12}	x_{22}	⋯	x_{n2}	
⋮	⋮	⋮	⋱	⋮	
m	x_{1m}	x_{2m}	⋯	x_{nm}	
均值	$\bar{x}_1$	$\bar{x}_2$	⋯	$\bar{x}_n$	总平均 $\bar{\bar{x}}$

把第 i 名操作者所得的 nm 个测量值的总平均记为 $\bar{\bar{x}}^{(i)}$,这样就得到 k 个总平均:

$$\bar{\bar{x}}^{(1)}, \bar{\bar{x}}^{(2)}, \cdots, \bar{\bar{x}}^{(k)}$$

(2) 计算极差 R_0 与操作者的标准差:

$$R_0 = \bar{\bar{x}}_{\max} - \bar{\bar{x}}_{\min}, \quad \hat{\sigma}'_0 = R_0/d_2^*$$

其中,d_2^* 可查表 10.3.1 中 $g=1$ 的 $d_2^* = d_2^*(m,1)$ 的值,因为这里只涉及一个极差 R_0,故 $g=1, m=k$。

(3) 由于上述标准差 $\hat{\sigma}'_0$ 还包含着每名操作者重复测量引起的波动,故需对标准差 $\hat{\sigma}'_0$ 作出修正,此种修正要用相应方差进行。因为在独立场合方差才具有可加性,而标准差不具有可加性。

若记重复性中的方差为 σ_e^2,如今每名操作者各测量 nm 次,故其均值 $\bar{\bar{x}}$ 的方差要缩小 nm 倍,即实际重复性的方差为 σ_e^2/nm。从上述再现性的方差 σ'^2_0 中扣去这个重复性方差,即得再现性方差的校正值:

$$\hat{\sigma}_0^2 = \hat{\sigma}'^2_0 - \sigma_e^2/nm$$

其标准差为：

$$\hat{\sigma}_0 = (\hat{\sigma}'^2_0 - \sigma_e^2/nm)^{1/2}$$

(4)最后算得再现性为：

$$AV = 5.15\hat{\sigma}_0 = [(5.15\hat{\sigma}'_0)^2 - (5.15\sigma_e)^2/nm]^{1/2}$$

例 10.3.1 为估计某量具的重复性与再现性，选定两名操作者和 5 个零件，并让每名操作者分别按随机次序对每个零件重复测量 3 次，测量结果列于表 10.3.2 上，每名操作者每个零件的均值与极差列在表 10.3.2 中数据的下方。

表 10.3.2 重复测量数据表

零件号 试验号	操作者 1					
	1	2	3	4	5	
1	217	220	217	214	218	
2	216	216	216	212	219	
3	216	218	216	212	220	
均值 $\bar{x}$	216.3	218.0	216.3	212.7	219.0	$\bar{\bar{x}}_a=216.46$
极差 R	1.0	4.0	1.0	2.0	2.0	$\bar{R}_a=2.0$
零件号 试验号	操作者 2					
	1	2	3	4	5	
1	218	216	216	215	220	
2	219	216	215	212	220	
3	220	219	216	212	220	
均值 $\bar{x}$	219.0	217.0	215.7	213.3	220.0	$\bar{\bar{x}}_b=216.94$
极差 R	2.0	3.0	1.0	3.0	0.0	$\bar{R}_b=1.8$

对这批数据具体处理如下：

(1)用诸极差数据作重复性极差控制图(图 10.3.3)。

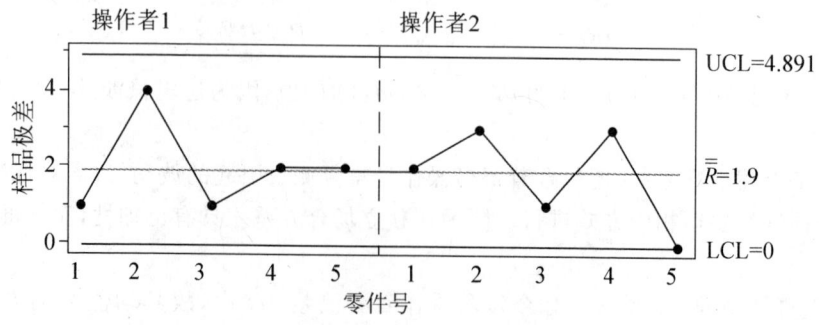

图 10.3.3 重复性极差控制图

从图 10.3.3 可见,所有极差都受控,故可认为:测量过程稳定。

(2) 计算重复测量的标准差与重复性,由于 $m=3, g=2\times 5=10$,从表 10.3.2 可查得 $d_2^* = d_2^*(3,10) = 1.72$,于是重复测量标准差与重复性分别为:

$$\hat{\sigma}_e = \overline{R}/d_2^* = 1.9/1.72 = 1.10$$
$$EV = 5.15\hat{\sigma}_e = 5.67$$

(3) 计算再现性,从表 10.3.2 查得总平均:

$$\overline{x}_a = 216.46, \quad \overline{x}_b = 216.94$$

故其极差 $R_0 = \overline{x}_{\max} - \overline{x}_{\min} = 216.94 - 216.46 = 0.48$,为计算标准差,从表 10.3.1 查得 $d_2^* = d_2^*(2,1) = 1.41$,从而:

$$\hat{\sigma}'_e = R_0/d_2^* = 0.48/1.41 = 0.34$$

其校正后的标准差为:

$$\hat{\sigma}_0 = [0.34^2 - 1.10^2/(3\times 5)]^{1/2} = 0.19$$

最后算得再现性为:

$$AV = 5.15\hat{\sigma}_0 = 0.98$$

10.3.3 零件之间的变差

首先指出:这里的"零件"是泛意词,它是指用于测量的试样。它可以是电子元器件或机械零件,也可以是一块钢材,一块塑料,一块玻璃等。

我们知道,任意两个零件之间总是有差异的,这种差异反映在它们各自的测量值上。如,测量 5 个不同零件,可得 5 个测量值 x_1, x_2, x_3, x_4, x_5,其极差 R_p 与标准差 $\hat{\sigma}_p$ 分别为:

$$R_p = x_{\max} - x_{\min}, \quad \hat{\sigma}_p = R/d_2$$

于是,零件之间的变差为:

$$PV = 5.15\hat{\sigma}_p$$

零件间的变差亦可用重复测试数据计算。如有 n 个零件,和 k 位操作者,每位操作者对每个零件要重复测量 m 次,这样每个零件共测 km 次,n 个零件就可算得 n 个均值,$\overline{x}_1, \overline{x}_2, \cdots, \overline{x}_n$,然后计算其极差:

$$R_P = \overline{x}_{\max} - \overline{x}_{\min}$$

零件间的标准差与变差分别为:

$$\hat{\sigma}_P = R_P/d_2^*(m,g), \quad PV = 5.15\hat{\sigma}_P$$

这里 $d_2^*(m,g)$ 中的 m 为零件数 $n, g=1$。

譬如,在例 10.3.1 中有二名操作者对 5 个零件各重复测量 3 次,这样每个零件被测 6 次,它们的平均值为:

$$\bar{x}_1 = 217.6, \bar{x}_2 = 217.5, \bar{x}_3 = 216.0, \bar{x}_4 = 212.9, \bar{x}_5 = 219.5$$

其极差 $R_p = 219.5 - 212.9 = 6.6$。零件间的标准差与变差分别为：

$$\hat{\sigma}_P = R_P/d_2^*(5,1) = 6.6/2.48 = 2.66$$
$$PV = 5.15 \times 2.66 = 13.71$$

§ 10.4 测量系统分析 I——均值极差法

10.4.1 测量数据的结构与%GRR

测量理论告之，任何一个测量数据（如零件的特性值）都是由基准值和若干种测量误差叠加而成的，常假设测量数据 x 有如下结构：

$$x = \mu + p + o + e$$

其中 μ 为基准值，p 为零件间的误差，o 为操作者间的误差，e 为重复测量的误差。并且，除基准值 μ 为常量外，另外三种误差都是随机变量。此外还假设这三个随机变量间相互独立，其各自分布都是均值为零的正态分布，具体是：

$$p \sim N(0, \sigma_p^2), \quad o \sim N(0, \sigma_o^2), \quad e \sim N(0, \sigma_e^2)$$

根据这些假设，我们立即可得测量数据的总方差为：

$$\sigma_T^2 = \text{Var}(x) = \text{Var}(p) + \text{Var}(o) + \text{Var}(e) = \sigma_p^2 + \sigma_o^2 + \sigma_e^2$$

这就是总方差 $\sigma_T^2 = \text{Var}(x)$ 的分解公式，它是零件的方差、操作者的方差、重复测量的方差之和，后二种方差是由量具引起的，故又称量具的方差，记为 σ_{GRR}^2，即

$$\sigma_{\text{GRR}}^2 = \sigma_o^2 + \sigma_e^2$$

若对上述方差等式两端各乘以 5.15^2，可获得总变差 $TV = 5.15\sigma_T$ 的平方的分解公式：

$$TV^2 = PV^2 + GRR^2, \quad GRR^2 = AV^2 + EV^2$$

其中 $GRR = \sqrt{AV^2 + EV^2} = \sqrt{(5.15\sigma_o)^2 + (5.15\sigma_e)^2}$ 称为量具的重复性与再现性的合成变差，简称合成变差。

各种变差都是愈小愈好的指标，此外人们还特别感兴趣的指标是百分比合成变差（%GRR），它定义为：

$$\%GRR = \frac{GRR}{TV} \times 100\%$$

它表示合成变差 GRR 在总变差 TV 中所占的百分数，它也是愈小愈好的指标，当%GRR 较小时，表示该量具测量过程输出特性的能力较强。当%GRR 较大时，那该量具就无能力察觉过程的变化，甚至过程恶化都发现不了。这可能导致应及时改进的信号被抑制住了，这当然不是人们希望的。由此可见，%GRR 是引起人们重视的指标。

美国一些公司对%GRR 划分为三个区域：

(1) 当%GRR<10%时,量具是可接受的;

(2) 当%GRR>30%时,量具是不可接受的;

(3) 当%GRR 在 10%～30%时,量具是否接受依赖于应用的重要性和量具的成本、维修成本等因素的综合考虑。如有可能,还是要努力改善量具的能力。对关键的测量,此种量具是不可取的。

传统上,量具的合成变差 GRR 还与过程容差 $T=USL-LSL$ 进行比较,这就是如下的容差比

$$P/T = \frac{GRR}{USL-LSL} \times 100\%$$

这里容差 T 是测量系统外部顾客要求,这个指标亦可用来度量一个量具测量过程输出特性的能力强弱,当 GRR 不变时,容差 $T=USL-LSL$ 较大时,此量具的容差比小于 10%的可能性就会大一些,若容差 T 较小(要求较高),此量具被接受的可能性小一些,这是合理之处。而%GRR 与总变差 TV 之比是测量系统内部的两个变差之比,与外部顾客要求的容差 T 无关。这正是%GRR 出名的原因。

为了对%GRR 作出估计,必须先要对各种方差 $\sigma_e^2, \sigma_o^2, \sigma_p^2$ 作出估计,这里所用的各方差的估计都是在§10.3 中用均值与极差获得的,所以这里用来评价%GRR 的方法称为均值极差法。

例 10.4.1 在例 10.3.1 中对某量具的重复性、再现性与零件间的变差作出了估计。在那里选了 2 名操作者和 5 个零件,要求每位操作者对每个零件各重复测量 3 次,数据列在表 10.3.2 上,用表 10.3.2 上的数据已算得:

$$\hat{\sigma}_e = 1.10 \qquad EV = 5.67$$
$$\hat{\sigma}_o = 0.19 \qquad AV = 0.98$$
$$\hat{\sigma}_p = 2.66 \qquad PV = 13.71$$

利用变差的分解公式可算得量具合成变差 GRR 与总变差 TV:

$$GRR = \sqrt{EV^2 + AV^2} = \sqrt{5.76^2 + 0.98^2} = 5.75$$
$$TV = \sqrt{PV^2 + GRR^2} = \sqrt{13.71^2 + 5.57^2} = 14.87$$

由此可算得%GRR,它是

$$\%GRR = \frac{5.75}{14.87} \times 100\% = 38.67\%$$

可见,该量具不能在一般场合使用。

在实际中要减少%GRR,就要求分子 GRR 较小,从而要求重复性 EV 和再现性 AV 都要小,若其中一项或两项大,就需要查明原因。重复性较大的原因可能是量具需要校正、修理或更换;再现性较大的原因可能是对量具校正不当或对操作者培训不够。在这个例子中是由于重复性 EV 较大,故需要改进量具或更换量具。

以上计算在一些统计软件中可以完成,譬如可用 Minitab 软件。

10.4.2 分辨力与数据组数

分辨力就是测量系统识别被测特性极小变化的能力,由于经济上和物理上的一些限制,测量系统不可能无限制地识别被测特性任意微小的变化,而总是把被测特性值分成若干个不同数据组,同一数据组内的测量值被认为具有一个数值,落在不同组内的测量值被认为是不同的值,因此数据组数(不同数据组的个数)的多少表征着一个测量系统分辨力的大小。数据组数愈多,该系统分辨力愈大。美国一些公司建议用零件的变差 PV 和量具的变差 GRR 之比的 1.41 倍来度量数据组数,即

$$数据组数 = \frac{PV}{GRR} \times 1.41 = \frac{\sigma_p}{\sigma_{GRR}} \times 1.41$$

至于数据组数的多少对过程分析会有什么影响? 美国一些公司也给出了一些看法,详见表 10.4.1。这些对研究分辨力是有好处的,但要成为标准,还有待进一步实践。

表 10.4.1 数据组数对过程分析的影响

数据组数与过程的分步	测量数据对分析和控制的影响
1 个数据组	不能用于对过程的参数估计或计算过程能力指数,仅能表明过程的输出是否合格
2—4 个数据组	仅能提供粗糙的估计值,一般说来不能用于对过程的参数估计或计算过程能力指数
5 个及以上数据组	能够用于过程参数估计,以及可以用于各种类型的控制图。表明测量系统具有足够的分辨力

例 10.4.2 在例 10.4.1 中已算得一个测量系统的 $PV=13.71, GRR=5.75$,由此可得

$$数据组数 = \frac{13.71}{5.75} \times 1.41 = 3.36$$

这个结果表明:该测量系统的分辨力是不够的,尚需提高。

§ 10.5　测量系统分析 Ⅱ——方差分析法

在 § 10.4 节内我们获得一个评估%GRR 的一个方法，这个方法被称为"均值极差法"，因为其中三个主要方差（$\sigma_e^2, \sigma_o^2, \sigma_p^2$）都是用均值和极差获得的。该方法简单，便于叙述重复性、再现性和零件间的变差等概念。这一节里将叙述另一个更完美的评估%GRR 的方差分析法，它与均值极差法的差别表现在如下两点：

- 均值极差法主要用各种极差评估各种方差，精度略差一些。方差分析法主要用各种平方和评估各种方差，精度要高一些。
- 在操作者与零件间有时存在交互效应 OP，它也是一种影响测量数据的随机误差，其方差记为 σ_{op}^2，而均值极差法无法估计 σ_{op}^2，从而无法考察此种交互效应引起的变差 $IV = 5.15\,\sigma_{op}$，而方差分析法有能力考察此种交互效应，并提供其方差 σ_{op}^2 及总变差 TV 的较好估计。

从以上这两方面看，方差分析法应优先使用，然而方差分析法计算复杂，要求在计算机上完成计算，今后我们采取的态度是：在不需考察操作者与零件间的交互效应，又不能使用计算机场合，均值极差法才被采用。

10.5.1　方差分析法所使用的模型

方差分析法是一种广泛被使用的统计方法，它的完整叙述已在第四章给出，这里所使用的方差分析（ANOVA）法是基于两因子随机效应模型，它假设测量数据 x 有如下结构：

$$x = \mu + p + o + op + e \tag{10.5.1}$$

其中 μ 为基准值，p 为零件效应（效应就是误差，以下同），o 为操作者效应，op 为操作者与零件间的交互效应，e 为重复测量效应，这四个效应都是相互独立的随机变量，其分布分别为：

$$p \sim N(0, \sigma_p^2), \quad o \sim N(0, \sigma_o^2), \quad op \sim N(0, \sigma_{op}^2), \quad e \sim N(0, \sigma_e^2)$$

根据这些假设，我们立即可得测量数据的总方差 $\sigma_T^2 = \text{Var}(x)$ 为：

$$\sigma_T^2 = \sigma_p^2 + \sigma_o^2 + \sigma_{op}^2 + \sigma_e^2 = \sigma_p^2 + \sigma_{\text{GRR}}^2$$

其中 $\sigma_{\text{GRR}}^2 = \sigma_o^2 + \sigma_{op}^2 + \sigma_e^2$ 称为量具的重复性与再现性的合成方差，且把交互效应的方差 σ_{op}^2 与 σ_o^2 合并为操作者的方差，对它们各乘以 5.15^2，即得

$$TV^2 = PV^2 + \text{GRR}^2, \quad \text{GRR}^2 = AV^2 + IV^2 + EV^2$$

其中 $IV = 5.15\,\sigma_{op}$，在此基础上可计算%GRR 或容差比：

$$\%\text{GRR} = \frac{\text{GRR}}{TV} \times 100\%$$

$$P/T = \frac{\text{GRR}}{\text{USL} - \text{LSL}} \times 100\%$$

它们的评估等级的划分与以前一样。

10.5.2 随机方式收集数据

方差分析(ANOVA)法要求诸测量数据相互独立,这可用测量次序随机化来实现。如果数据不是以随机方式收集,可能会成为偏倚值增加的源泉,随机化也是一般试验设计的一个原则。

一个简单的随机采集数据的方法如下:设有

- n 个零件,记为 $1,2,\cdots,n$
- k 个操作者,记为 $A,B,C,\cdots,K$
- 每位操作者对每个零件需要重复测量 m 次。

方法:在 nk 张卡片上分别写上

$$
\begin{matrix}
A1 & A2 & \cdots & An \\
B1 & B2 & \cdots & Bn \\
\vdots & \vdots & \ddots & \vdots \\
K1 & K2 & \cdots & Kn
\end{matrix}
$$

把这些放入一个容器内,搅拌均匀后,一一抽出,直到抽完为止,形成一试验号序列

$$B2,\quad C3,\quad A5,\quad A1,\quad B4,\quad \cdots$$

请某位操作者按此次序进行测量,共得 nk 个测量数量,这是第一次重复测试数据。

把 nk 张卡片放回容器,重新搅拌均匀,重新一一抽取,获得第二个随机号试验次序,按此次序执行测量,可得第二次重复测试数据,重复上述过程,直到获得第 m 次重复测试数据。整理这 m 次重复测量数据形成数据表,如表10.5.1。

例 10.5.1 为评估某测厚仪的合成变差 GRR,特设计一个重复测试计划。在一类垫片中随机地选出 10 块,记为 $1,2,\cdots,10$。再选出三位操作者,分别记为 A,B,C,规定要让每位操作者对每个垫片重复测试 2 次,全部测试完毕应得 $10\times3\times2=60$ 个数据。

测试按上述的随机方式进行,每次测试中操作者不知垫片的编号。整理测试数据,可得表 10.5.1。

表 10.5.1 垫片厚度的重复测量数据

操作者	重复测量序号	零件号									
		1	2	3	4	5	6	7	8	9	10
A(1)	1	0.65	1.00	0.85	0.85	0.55	1.00	0.95	0.85	1.00	0.60
	2	0.60	1.00	0.80	0.95	0.45	1.00	0.95	0.80	1.00	0.70
B(2)	1	0.55	1.05	0.80	0.80	0.40	1.00	0.95	0.75	1.00	0.55
	2	0.55	0.95	0.75	0.75	0.40	1.05	0.90	0.70	0.95	0.50
C(3)	1	0.50	1.05	0.80	0.80	0.45	1.00	0.95	0.80	1.05	0.85
	2	0.55	1.00	0.80	0.80	0.50	1.05	0.95	0.80	1.05	0.80

以下我们将记 x_{ijl} 为第 i 个零件(垫片)被第 j 个操作者(A 为 1,B 为 2,C 为 3)第 l 次重复测量结果。譬如在表 10.5.1 中,$x_{231}=1.05$,$x_{721}=0.95$。

10.5.3 总平方和的分解

用 x_{ijl} 表示第 i 个零件被第 j 个操作者进行第 l 次重复测试结果,其中 $i=1,2,\cdots,n$ 是零件编号,$j=1,2,\cdots,k$ 是操作者编号(其中 A 为 1,B 为 2,依此类推),$l=1,2,\cdots,m$ 是重复号。这里共有 nkm 个数据,其平均值记为:

$$\bar{x}_{\cdots} = \frac{1}{nkm}\sum_{i=1}^{n}\sum_{j=1}^{k}\sum_{l=1}^{m}x_{ijl}$$

其总平方和及其自由度分别为:

$$S_T = \sum_{i=1}^{n}\sum_{j=1}^{k}\sum_{l=1}^{m}(x_{ijl}-\bar{x}_{\cdots})^2, \quad f_T = nkm-1$$

对总平方和 S_T 的分解需要用到如下一些部分数据的平均值:

$$\bar{x}_{ij\cdot} = \frac{1}{m}\sum_{l=1}^{m}x_{ijl} \text{(第 } j \text{ 位操作者对第 } i \text{ 个零件重复测量 } m \text{ 次的平均值)}$$

$$\bar{x}_{i\cdot\cdot} = \frac{1}{km}\sum_{j=1}^{k}\sum_{l=1}^{m}x_{ijl} \text{(第 } i \text{ 个零件被测 } km \text{ 次的平均值)}$$

$$\bar{x}_{\cdot j\cdot} = \frac{1}{nm}\sum_{i=1}^{n}\sum_{l=1}^{m}x_{ijl} \text{(第 } j \text{ 位操作者共测 } nm \text{ 次的平均值)}$$

然后在总平方和 S_T 右端的括号内增加四个量 $\bar{x}_{ij\cdot}$,$\bar{x}_{i\cdot\cdot}$,$\bar{x}_{\cdot j\cdot}$,$\bar{x}_{\cdots}$,再减去这四个量,并展开,可以验证,所有的两两交叉乘积和均为 0。最后得到:

$$S_T = \sum_{i=1}^{n}\sum_{j=1}^{k}\sum_{l=1}^{m}[(x_{ijl}-\bar{x}_{ij\cdot})+(\bar{x}_{i\cdot\cdot}-\bar{x}_{\cdots})+(\bar{x}_{\cdot j\cdot}-\bar{x}_{\cdots})$$
$$+(\bar{x}_{ij\cdot}-\bar{x}_{i\cdot\cdot}-\bar{x}_{\cdot j\cdot}+\bar{x}_{\cdots})]^2$$
$$= \sum_{i=1}^{n}\sum_{j=1}^{k}\sum_{l=1}^{m}(x_{ijl}-\bar{x}_{ij\cdot})^2 + km\sum_{i=1}^{n}(\bar{x}_{i\cdot\cdot}-\bar{x}_{\cdots})^2$$
$$+ nm\sum_{j=1}^{k}(\bar{x}_{\cdot j\cdot}-\bar{x}_{\cdots})^2 + m\sum_{i=1}^{n}\sum_{j=1}^{k}(\bar{x}_{ij\cdot}-\bar{x}_{i\cdot\cdot}-\bar{x}_{\cdot j\cdot}+\bar{x}_{\cdots})^2$$

这就获得平方和分解式:

$$S_T = S_e + S_p + S_o + S_{op}$$

其中,

误差平方和 $S_e = \sum_{i=1}^{n}\sum_{j=1}^{k}\sum_{l=1}^{m}(x_{ijl}-\bar{x}_{ij\cdot})^2$ 反映重复测量引起的波动,$f_e = nk(m-1)$;

零件平方和 $S_p = km\sum_{i=1}^{n}(\bar{x}_{i\cdot\cdot}-\bar{x}_{\cdots})^2$ 反映零件间的差别引起的波动,$f_p = n-1$;

操作者平方和 $S_o = nm\sum_{j=1}^{k}(\bar{x}_{\cdot j\cdot}-\bar{x}_{\cdots})^2$ 反映操作者测量技术不同引起的波动,$f_o = k-1$;

操作者×零件平方和 $S_{op} = m\sum_{i=1}^{n}\sum_{j=1}^{k}(\bar{x}_{ij\cdot} - \bar{x}_{i\cdot\cdot} - \bar{x}_{\cdot j\cdot} + \bar{x}_{\cdots})^2$ 反映操作者与零件间交互作用引起的波动，$f_{op} = (n-1)(k-1)$。

可以验证：总平方和 S_T 的自由度 f_T 也有如下等式：

$$f_T = f_e + f_p + f_o + f_{op}$$

例 10.5.2 在例 10.5.1 的测厚仪例子中

$$n = 10, \quad k = 3, \quad m = 2$$

利用表 10.5.1 中的 60 个数据，按各平方和计算公式可算得各平方和及其自由度分别为：

$$S_T = 2.24913, \quad f_T = nkm - 1 = 59$$
$$S_e = 0.03875, \quad f_e = nk(m-1) = 30$$
$$S_p = 2.05871, \quad f_p = n - 1 = 9$$
$$S_o = 0.04800, \quad f_o = k - 1 = 2$$
$$S_{op} = 0.10367, \quad f_{op} = (n-1)(k-1) = 18$$

方差分析表如下：

表 10.5.2　测厚仪数据的方差分析表

来源	平方和 S	自由度 F	均方 MS	F
零件	$S_p = 2.05871$	9	0.228745	(175.9)
操作者	$S_o = 0.04800$	2	0.024000	(18.5)
零件×操作者	$S_{op} = 0.10367$	18	0.005759	4.46
重复误差	$S_e = 0.03875$	30	0.001292	
总和	$S_T = 2.24913$	59		

这张方差分析表主要用来检验零件与操作者间交互作用是否存在，如今 $F = 4.46$，若取 $\alpha = 0.05$，查表得 $F_{0.95}(18, 30) = 1.96$，由于 $F > 1.96$，故此交互作用存在。

零件和操作者这两个因子总是要参加测量系统分析，故无须进行检验。

10.5.4　各种方差的估计

在方差分析表上有四个均方：

$$MS_p, \quad MS_o, \quad MS_{op}, \quad MS_e$$

它们含有四种方差 $\sigma_p^2, \sigma_o^2, \sigma_{op}^2, \sigma_e^2$ 的信息，这可从它们的均值看出，具体是：

$$E(MS_o) = \sigma_e^2 + m\sigma_{op}^2 + nm\sigma_o^2$$
$$E(MS_p) = \sigma_e^2 + m\sigma_{op}^2 + km\sigma_p^2$$
$$E(MS_{op}) = \sigma_e^2 + m\sigma_{op}^2$$
$$E(MS_e) = \sigma_e^2$$

由此可获得各种方差的无偏估计，具体见表 10.5.3。

表 10.5.3 各种方差的无偏估计(有交互作用)

名称	方差的无偏估计	变差的估计
重复误差 e	$\hat{\sigma}_e^2 = MS_e$	$EV = 5.15\hat{\sigma}_e$
零件 p	$\hat{\sigma}_p^2 = (MS_p - MS_{op})/km$	$PV = 5.15\hat{\sigma}_p$
操作者 o	$\hat{\sigma}_o^2 = (MS_o - MS_{op})/nm$	$AV = 5.15\hat{\sigma}_o$
零件×操作者	$\hat{\sigma}_{op}^2 = (MS_{op} - MS_e)/m$	$IV = 5.15\hat{\sigma}_{op}$
GRR	$\hat{\sigma}_o^2 + \hat{\sigma}_{op}^2 + \hat{\sigma}_e^2$	$GRR = 5.15(\hat{\sigma}_o^2 + \hat{\sigma}_{op}^2 + \hat{\sigma}_e^2)^{1/2}$

例 10.5.3 利用测厚仪数据的方差分析表(见表 10.5.2)上诸均方结果给出各种方差和变差的估计值。表 10.5.2 上的四个均方分别为:

$$MS_e = 0.001292$$
$$MS_o = 0.024000$$
$$MS_p = 0.228745$$
$$MS_{op} = 0.005759$$

在有交互作用场合,应使用表 10.5.3 给出的各种方差的无偏估计公式,计算结果列于表 10.5.4 中。

表 10.5.4 测厚仪试验中各方差与变量的估计

方差的估计值	标准差的估计值	变差
$\hat{\sigma}_e^2 = MS_e = 0.00129$	$\hat{\sigma}_e = 0.035949$	$EV = 0.185137$
$\hat{\sigma}_o^2 = (0.024000 - 0.00579)/(10 \times 2) = 0.000912$	$\hat{\sigma}_o = 0.030199$	$AV = 0.155525$
$\hat{\sigma}_p^2 = (0.228745 - 0.005759)/(3 \times 2) = 0.037164$	$\hat{\sigma}_p = 0.192780$	$PV = 0.992817$
$\hat{\sigma}_{op}^2 = (0.005759 - 0.001292)/2 = 0.002234$	$\hat{\sigma}_{op} = 0.047263$	$IV = 0.243405$
$\sigma_T^2 = \sigma_p^2 + \sigma_o^2 + \sigma_{op}^2 + \sigma_e^2 = 0.041602$	$\hat{\sigma}_T = 0.203966$	$TV = 1.050423$
$\sigma_{GRR}^2 = \sigma_o^2 + \sigma_{op}^2 + \sigma_e^2 = 0.004438$	$\hat{\sigma}_{GRR} = 0.066618$	$GRR = 0.343084$

$$\%GRR = \frac{GRR}{TV} = \frac{0.343084}{1.050423} = 0.3266$$

从表 10.5.4 最后一行可见,%GRR=0.3266>30%。故此测厚仪不可接受,还应努力改进测厚仪。

10.5.5 交互作用不存在时的方差分析

假如在方差分析中操作者与零件的交互作用的检验结果是不显著的(如表 10.5.2 中的 F 比值小于临界值),这时要修改数据结构式(10.5.1),剔去交互效应项,并把交互作用的平方和 S_{op} 并入误差平方和,相应的自由度也合并在一起,作为新的误差平方和及其自由度分别记为 S_e' 与 f_e',即:

$$S_e' = S_e + S_{op}, \quad f_e' = f_e + f_{op} = nk(m-1) + (n-1)(k-1) = nkm - n - k - 1$$

这时新的误差均方为：

$$MS'_e = \frac{S'_e}{f'_e} = \frac{S_e + S_{op}}{nkm - n - k + 1}$$

而另外二个均方 MS_p 与 MS_o 不变，但其均值改变了，分别为：

$$E(MS'_e) = \sigma_e^2$$
$$E(MS_p) = \sigma_e^2 + km\sigma_p^2$$
$$E(MS_o) = \sigma_e^2 + nm\sigma_o^2$$

于是各种方差的估计公式也改了，具体见表 10.5.5。

表 10.5.5　各种方差的无偏估计（无交互作用）

名称	方差的无偏估计	变差的估计
重复误差 e	$\hat{\sigma}_e^2 = MS'_e$	$EV = 5.15\hat{\sigma}_e$
零件 p	$\hat{\sigma}_p^2 = (MS_p - MS'_e)/km$	$FV = 5.15\hat{\sigma}_p$
操作者 o	$\hat{\sigma}_o^2 = (MS_o - MS'_e)/nm$	$AV = 5.15\hat{\sigma}_o$
GRR	$\hat{\sigma}_o^2 + \hat{\sigma}_e^2$	$GRR = 5.15(\hat{\sigma}_o^2 + \hat{\sigma}_e^2)^{1/2}$
总和	$\hat{\sigma}_T^2 = \hat{\sigma}_e^2 + \hat{\sigma}_p^2 + \hat{\sigma}_o^2$	$TV = 5.15\hat{\sigma}_T$

以下的％GRR 及其评级与以前一样，这里就不再重复了。

§ 10.6　破坏性试验的测量系统分析

在某些场合，获得测量数据的同时，试样受到破坏。例如橡胶件的拉伸试验，不断加大拉伸应力，直到橡胶件断裂为止，这时断裂的橡胶件受到破坏，不能再做重复试验了。又如强度试验，湿度试验，黏度试验等都是破坏性试验。在破坏性试验中，一个试样只能获得一个数据，无法获得重复测量数据，从而测量误差的估计受到影响。

在可重复试验场合，同一位操作者用同一量具对同一零件重复测量二次，所得数据 x_1 与 x_2 的差 $x_1 - x_2$ 是纯测量误差。可在破坏性试验场合，要用二个零件才能获得二个数据 x'_1 与 x'_2，即使用一批中的二个零件，同一位操作者用同一量具去测量，所得的差 $x'_1 - x'_2$ 不仅含有测量误差，还含有零件间的差异。这一现象告诉人们，在破坏性试验场合测量系统分析已不适宜用前述的普通的方差分析，而要改用嵌套（Nested）方差分析，这里我们来叙述它。

10.6.1　嵌套试验设计与交叉试验设计

两因子试验设计可分为交叉试验设计和嵌套试验设计。为说明它们，先看一个例子。

例 10.6.1　设有 2 个操作者和 3 个零件，且规定每位操作者要对每个零件重复测量 2 次。在可重复测量场合，共可测得 12 个数据，这 12 个数据的获得按图 10.6.1 上的 12 根线条所示。这样的试验称为交叉试验设计，普通的两因子或更多因子的方差分析用的就是这类交叉试验数据。

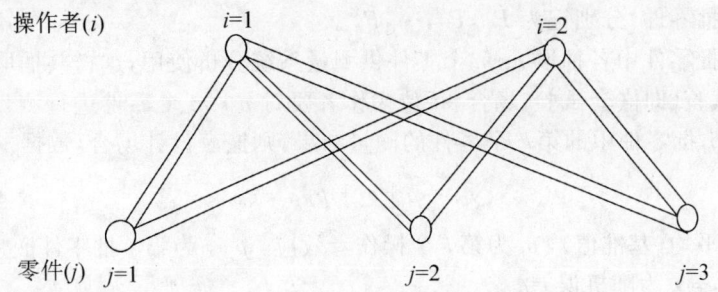

图 10.6.1 交叉试验示意图,图中平行线表示重复 2 次

在不可重复测量(破坏性试验)场合,要获得 12 个试验数据就需有 12 个零件,设 12 个零件是从三批产品中随机选出,且每批中有 4 个零件。这时试验应作如图 10.6.2 安排,其中 i 是操作者编号,j 是零件批号,零件号有二种编号,一种按次序编号:$1,2,\cdots,12$,其 $1,2,7,8$ 号来自第一批,$3,4,9,10$ 号来自第二批,$5,6,11,12$ 号来自第三批;另一种是用三维数组 (i,j,k) 编号。譬如,$(1,3,2)=(6),(2,1,2)=(8)$。

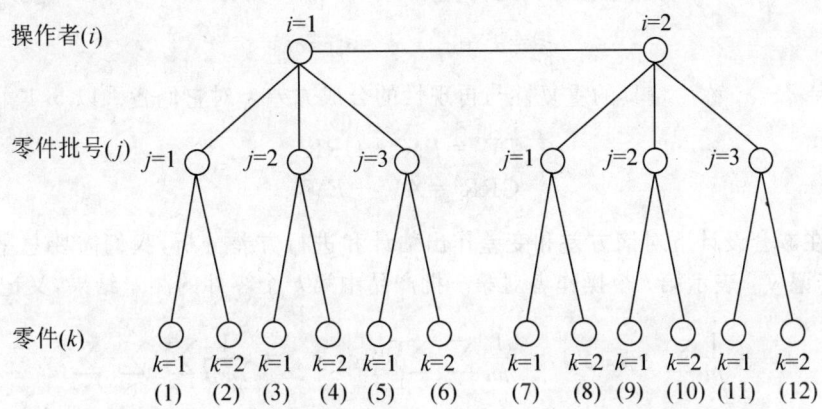

图 10.6.2 嵌套试验示意图,其中 (i,j,k) 表示一次试验

从图 10.6.2 可以看出,不同操作者($i=1$ 与 $i=2$)所使用的零件都是不同的,且在每位操作者下是一个单因子(三水平)试验,或者说零件因子的试验嵌套在操作者因子的每个水平下,这样的试验称为嵌套试验设计。

两因子交叉试验设计与嵌套试验设计间的差别在于:每个零件既被第一位操作者使用,又被其他操作者使用的试验称为交叉试验设计。而每个零件仅被一位操作者使用,不能被其他操作者使用的试验称为嵌套试验设计。

还有一点应该指出,在交叉试验中可以考察两因子间的交互作用,可在嵌套试验中两因子间不存在交互作用,这是因为没有一个零件能被多个操作者使用,故零件与操作者间无交互作用。

10.6.2 两因子嵌套试验设计的模型

设有 r 位操作者,分别记为 $O_1,O_2,\cdots,O_r$。

又设有 n 批零件,分别记为 $P_1, P_2, \cdots, P_n$。

如今从每批零件中各抽取 $r \cdot m$ 个零件供测量系统分析使用,这样共抽取 $r \cdot n \cdot m$ 个零件,在破坏性试验(即嵌套试验)场合,每位操作者要对 $n \cdot m$ 个零件进行测量,设 y_{ijk} 为第 i 位操作者对第 j 批零件中的第 k 个零件的测量结果,则嵌套设计场合,数据 y_{ijk} 有如下结构:

$$y_{ijk} = \mu + o_i + p_{j(i)} + \varepsilon_{ijk}$$

其中 μ 为一般平均(基准值),o_i 为第 i 个操作者效应,$p_{j(i)}$ 为第 j 批零件嵌入第 i 个操作者下引起的效应,ε_{ijk} 为随机误差。

为了表明所作的测量系统分析有广泛的代表性,k 位操作者常是在众多操作者中任意选出的,n 批零件批也是从众多零件批中任意选出的。这时诸操作者效应 o_i,零件批效应 $p_{j(i)}$ 和误差 ε_{ijk} 都是相互独立的随机变量,且设

    诸 o_i 是来自某正态总体 $N(0, \sigma_o^2)$ 的一个样本

    诸 $p_{j(i)}$ 是来自另一正态总体 $N(0, \sigma_p^2)$ 的一个样本

    诸 ε_{ijk} 是来自又一正态总体 $N(0, \sigma_e^2)$ 的一个样本

根据这些假设,立即可得测量数据的总方差 $\sigma_T^2 = \text{Var}(y_{ijk})$ 为:

$$\sigma_T^2 = \sigma_o^2 + \sigma_p^2 + \sigma_e^2 = \sigma_p^2 + \sigma_{\text{GRR}}^2$$

其中 $\sigma_{\text{GRR}}^2 = \sigma_o^2 + \sigma_e^2$ 称为量具的重复性与再现性的合成方差。对它们各乘以 5.15^2 后,即得

$$TV^2 = PV^2 + \text{GRR}^2$$
$$\text{GRR}^2 = AV^2 + EV^2$$

为了在嵌套设计下对诸方差和变差作出估计和进行方差分析,我们需要总平方和的分解公式,若记 y_{ijk} 表示第 i 个操作者对第 j 批产品中第 k 个零件的测量结果,又记

$$\bar{y}_{ij\cdot} = \frac{1}{m} \sum_{k=1}^{m} y_{ijk}, \quad \bar{y}_{i\cdot\cdot} = \frac{1}{nm} \sum_{j=1}^{n} \sum_{k=1}^{m} y_{ijk}, \quad \bar{y}_{\cdots} = \frac{1}{rnm} \sum_{i=1}^{r} \sum_{j=1}^{n} \sum_{k=1}^{m} y_{ijk}$$

则总偏差 $y_{ijk} - \bar{y}_{\cdots}$ 有如下表达式:

$$\underset{\text{总偏差}}{y_{ijk} - \bar{y}_{\cdots}} = \underset{\text{操作者效应}}{(\bar{y}_{i\cdot\cdot} - \bar{y}_{\cdots})} + \underset{\substack{\text{第}i\text{个操作者下} \\ \text{的零件效应}}}{(\bar{y}_{ij\cdot} - \bar{y}_{i\cdot\cdot})} + \underset{\text{误差}}{(y_{ijk} - \bar{y}_{ij\cdot})}$$

对上式两端平方,求和后可得所有交叉乘积项为零,最后可得

$$S_T = S_o + S_{p(o)} + S_e$$

其中,

总平方和 $S_T = \sum_{i=1}^{r} \sum_{j=1}^{n} \sum_{k=1}^{m} (y_{ijk} - \bar{y}_{\cdots})^2, \quad f_T = rnm - 1$

操作者平方和 $S_o = nm \sum_{i=1}^{r} (\bar{y}_{i\cdot\cdot} - \bar{y}_{\cdots})^2, \quad f_o = r - 1$

嵌套在操作者下的零件平方和 $S_{p(o)} = m \sum_{i=1}^{r} \sum_{j=1}^{n} (\bar{y}_{ij\cdot} - \bar{y}_{i\cdot\cdot})^2, \quad f_{p(o)} = r(n-1)$

误差平方和 $\quad S_e = \sum_{i=1}^{r} \sum_{j=1}^{n} \sum_{k=1}^{m} (y_{ijk} - \bar{y}_{ij.})^2, \quad f_e = rn(m-1)$

把诸平方和移入方差分析表并对各效应方差 σ_o^2 与 $\sigma_{p(o)}^2$ 是否为零进行检验,这一步在嵌套设计中并不十分需要,在嵌套设计中重要的是对诸方差 σ_o^2, σ_p^2 和 σ_e^2 作出估计,为此需要如下的各均方的均值:

$$E(MS_o) = E\left(\frac{S_o}{f_o}\right) = \sigma_e^2 + nm\sigma_o^2 + m\sigma_p^2$$

$$E(MS_{p(o)}) = E\left(\frac{S_{p(o)}}{f_{po}}\right) = \sigma_e^2 + m\sigma_p^2$$

$$E(MS_e) = E\left(\frac{S_e}{f_e}\right) = \sigma_e^2$$

由此可得三个方差的无偏估计,具体见表 10.6.1。

表 10.6.1　嵌套设计下各种方差的无偏估计

名称	方差的无偏估计	变差的估计
误差 e	$\hat{\sigma}_e^2 = MS_e$	$EV = 5.15\hat{\sigma}_e$
零件 p	$\hat{\sigma}_p^2 = (MS_{p(o)} - MS_e)/m$	$PV = 5.15\hat{\sigma}_p$
操作者 o	$\hat{\sigma}_o^2 = (MS_o - MS_{p(o)})/nm$	$AV = 5.15\hat{\sigma}_o$
合成方差	$\hat{\sigma}_{GRR}^2 = \hat{\sigma}_o^2 + \hat{\sigma}_e^2$	$GRR = 5.15\hat{\sigma}_{GRR}$

由上述的各种估计可对测量系统进行评价。

在这里还需指出,在对操作者的方差 $\hat{\sigma}_o^2$ 是否为零的检验中要用的统计量是

$$F_1 = \frac{MS_o}{MS_{p(o)}}$$

在 $\sigma_o = 0$ 时 F_1 服从分布 $F(f_o, f_{p(o)})$,这可从各均方的均值的表达式看出。从这些表达式中还可看出,用于检验嵌套因子 P 的方差 σ_p^2 是否为零的检验中,所使用的统计量是

$$F_2 = \frac{MS_{p(o)}}{MS_e}$$

在 $\sigma_p = 0$ 时 F_2 服从分布 $F(f_{p(o)}, f_e)$。但在作测量系统分析时,注意力是放在诸方差的估计上,而对上述检验结果并不在意,但可作参考用。

例 10.6.2 测量材料的黏度是一种破坏性试验,无法重复使用。为了测量某材料的黏度,从众多操作者选出二位操作者($i=1, i=2$),又从多批材料中选出三批($j=1, j=2, j=3$),每批中又选出二块($k=1, k=2$)作黏度试验,共获得 12 个黏度数据列于表 10.6.2 中,表中还列出诸 $\bar{y}_{ij.}, \bar{y}_{i..}$ 和 $\bar{y}_{...}$。

表 10.6.2　黏度试验数据

操作者 i \ 批号 j	1	2	3	$\bar{y}_{i..}$
1	($k=1$)　($k=2$) 20.85　20.63 ($\bar{y}_{11.}=20.74$)	($k=1$)　($k=2$) 19.47　19.63 ($\bar{y}_{12.}=19.55$)	($k=1$)　($k=2$) 20.35　20.11 ($\bar{y}_{13.}=20.23$)	20.173
2	($k=1$)　($k=2$) 19.76　19.47 ($\bar{y}_{21.}=19.615$)	($k=1$)　($k=2$) 20.13　19.95 ($\bar{y}_{22.}=20.04$)	($k=1$)　($k=2$) 19.11　19.30 ($\bar{y}_{23.}=19.205$)	19.620
				$\bar{y}_{...}=19.8965$

为了进行嵌套方差分析和各方差估计，需要计算各平方和，具体计算如下：

$$S_T = (20.85-\bar{y}_{...})^2 + (20.63-\bar{y}_{...})^2 + \cdots + (19.30-\bar{y}_{...})^2 = 3.18367$$

$$S_o = 2\times 2\times [(20.173-\bar{y}_{...})^2 + (19.620-\bar{y}_{...})^2] = 0.91853$$

$$S_{p(o)} = 2\times [(20.74-20.173)^2 + (19.55-20.173)^2 + \cdots + (19.205-19.62)^2]$$
$$= 2.12303$$

$$S_e = (20.85-20.74)^2 + (20.63-20.74)^2 + (19.47-19.55)^2 + \cdots +$$
$$(19.11-19.205)^2 + (19.30-19.205)^2 = 0.14210$$

把上述诸平方和移入方差分析表，继续计算均方与 F 比，可得表 10.6.3。

表 10.6.3　黏度数据的嵌套方差分析表

来源	平方和	自由度	均方	F
操作者 O	$S_o=0.91853$	1	$MS_o=0.91853$	$F_1=MS_o/MS_{p(o)}=1.7306$
嵌套因子 P	$S_{p(o)}=2.12303$	4	$MS_{p(o)}=0.53076$	$F_2=MS_{p(o)}/MS_e=22.4106$
误差	$S_e=0.14210$	6	$MS_e=0.02368$	
总和	$S_T=3.18367$	11		

若取显著性水平 $\alpha=0.05$，可查表得 $F_{0.95}(1,4)=7.71$，故操作者间差异不显著。又查得 $F_{0.95}(4,6)=4.53$，故嵌套因子 P 显著。在实际中，无论因子 O 与嵌套因子 P 是否显著，都需对其方差 σ_o^2 和 σ_p^2 作出估计，因在测量系统分析中人们关注的是对测量系统的评价，而此种评价的基础在于方差 σ_o^2 和 σ_p^2 的估计。

利用上述各种均方，可对各种方差和变差作出估计，具体见表 10.6.4。

表 10.6.4　黏度数据的各种方差和变差的估计

方差的估计	标准差	变差	百分比(%)
$\sigma_e^2=0.023683$	$\sigma_e=0.153894$	$EV=0.79255$	26.32
$\sigma_o^2=0.064629$	$\sigma_o=0.254223$	$AV=1.30925$	43.48
$\sigma_{GRR}^2=0.088313$	$\sigma_{GRR}=0.297174$	$GRR=1.53045$	50.83
$\sigma_p^2=0.253537$	$\sigma_p=0.503525$	$PV=2.59315$	86.11
$\sigma_T^2=0.341850$	$\sigma_T=0.584679$	$TV=3.01110$	100.00

从表 10.6.4 可以看出％GRR＝50.83％,较大,此测量系统不能接受,从 EV,AV 分别与 TV 的百分比(分别为 26.32％,43.48％)来看,也较大,所以改进此测量系统要从培训操作者和改进测量黏度的量具两方面入手。

另外,可算得数据组数如下:

$$数据组数 = \frac{\sigma_p}{\sigma_{GRR}} \times 1.41 = 2.39$$

可见,此测量系统的分辨力也是较差的,也需作进一步改进。

§ 10.7 属性数据的测量系统分析

大多数量具是能提供连续数据的测量装置。但也有一些量具只能提供属性数据,即分类数据,其类别之间是相互排斥的。譬如:
- 把产品分为合格品与不合格品;
- 把声音分为嘶嘶声、叮当声和重击声三类;
- 对考卷评出甲(优秀)、乙(良好)、丙(及格)和丁(不及格)四类。

属性数据的测量系统分析有多种方法,其中较为常用的是科恩(Cohen)的 Kappa 技术。下面将介绍这种 Kappa 技术。

10.7.1 Kappa 系数

先看一个例子。

例 10.7.1 某生产过程已在统计意义上受控,由于过程能力指数尚不足,常有不合格品出现,为了区分合格品与不合格品,该企业培训了数名评价人。现从一批零件中随机抽取 50 个,请评价人 A 与 B 分别对每个零件进行评定,评定结果列于表 10.7.1 上,现要对评价人 A 与 B 的一致性作出评定。

表 10.7.1 属性数据(1—合格品,0—不合格品)

零件	A	B	零件	A	B
1	1	1	12	0	0
2	1	1	13	1	1
3	0	0	14	0	1
4	0	0	15	1	1
5	0	0	16	1	1
6	0	1	17	1	1
7	1	1	18	1	1
8	1	1	19	1	1
9	0	0	20	1	1
10	1	1	21	0	1
11	1	1	22	1	0

续表

零件	A	B	零件	A	B
23	1	1	37	0	0
24	1	1	38	1	1
25	0	0	39	0	0
26	0	0	40	1	1
27	1	1	41	1	1
28	1	1	42	0	0
29	1	1	43	1	1
30	0	0	44	1	1
31	1	1	45	0	0
32	1	1	46	1	1
33	1	1	47	1	1
34	1	0	48	0	0
35	1	1	49	1	1
36	0	1	50	0	0

对表 10.7.1 上的数据先要进行整理加工,形成方表,具体操作如下:设

$$n_{ij} = \text{被 } A \text{ 评为 } i, \text{ 而被 } B \text{ 评为 } j \text{ 的零件数}, \quad i,j=0,1$$

据此可得如下 2×2 列联表,由于行数与列数相等,故又称方表。

表 10.7.2　两位评价人的方表

A＼B	0	1	行和	频率
0	$n_{00}=14$	$n_{01}=4$	$n_{0+}=18$	$p_{0+}=18/50=0.36$
1	$n_{10}=2$	$n_{11}=30$	$n_{1+}=32$	$p_{1+}=32/50=0.64$
列和	$n_{+0}=16$	$n_{+1}=34$	$n=50$	
频率	$p_{+0}=\dfrac{16}{50}=0.32$	$p_{+1}=\dfrac{34}{50}=0.68$		1.00

上述方表中对角线元素之和 $n_{00}+n_{11}=14+30=44$ 表示评价人 A 与 B 对零件评价一致的零件数。将此和再除以零件总数 n 所得的频率称为实际一致性比率,记为 p_0,在这个例子中,

$$p_0 = \frac{n_{00}+n_{11}}{n} = \frac{44}{50} = 0.88$$

p_0 愈大,A 与 B 的一致性程度愈高,显然有 $0 \leqslant p_0 \leqslant 1$,当 $p_0=1$ 时,A 与 B 的评价完全一致,达到最高程度。

用 p_0 来度量 A 与 B 的评价一致性尚有不足之处。倘若这两位评价人都是随机地(猜测地)将 50 个零件分为两类，其结果也会在部分零件上达到一致，不过这里的一致是偶然达到的，这种偶然达到的一致性比率称为偶然一致性比率，记为 p_e。显然 p_e 不可能为负，总有 $0 \leqslant p_e \leqslant 1$，下面来讨论如何估计 p_e。

当评价人 A 与 B 都是随机将 50 个零件分为 0 与 1 两类，并且结果与表 10.7.2 上的行和与列和一致，即评价人 A 随机地将 50 个零件分为 18 个 0 类与 32 个 1 类。而评价人 B 也随机地把 50 个零件分为 16 个 0 类与 34 个 1 类。表 10.7.2 上还列出这些分类数的发生的频率。如 p_{0+} 表示评价人 A 将零件评为 0 类的概率。其他（p_{1+}, p_{+0}, p_{+1}）也可作类似解释，这里把频率当作概率使用。

当评价人 A 与 B 随机地作评价时，此两人行动一定是独立的，互不影响。从而二人同评为 0 类的概率为 $p_{0+} \cdot p_{+0}$，二人同评为 1 类的概率为 $p_{1+} \cdot p_{+1}$，这时偶然一致性比率 p_e 为其和，即

$$p_e = p_{0+} \cdot p_{+0} + p_{1+} \cdot p_{+1}$$

用本例的数据(见表 10.7.2)可算得偶然一致性比率为：

$$p_e = 0.36 \times 0.32 + 0.64 \times 0.68 = 0.5504$$

这个比率突显出用 p_0 来评价二人一致性程度的不足之处。若从 p_0 中扣去 p_e 得：

$$p_0 - p_e = 0.88 - 0.5504 = 0.3296$$

这个差表示二位评价人组成的测量系统比偶然一致性比率要高出 0.3296。这个差愈大表示由二位评价人组成的属性数据测量系统愈好。但这个差不可能越过 $1 - p_e$，因为在二位评价人完全一致时，$p_0 = 1$，这是该测量系统最好的状态。

考虑到这些关系，科恩(Cohen)建议用如下的 Kappa 系数：

$$\kappa = \frac{p_0 - p_e}{1 - p_e} \quad (\leqslant 1)$$

来度量由二位评价人组成的属性数据测量系统的一致性程度。它是愈大愈好的指数。关于 Kappa 系数 κ 有几点值得我们重视：

(1) Kappa 系数不能度量评价人间不一致性的程度。

(2) Kappa 系数不仅在二级分类数据可用，在三级或更多级分类数据场合也可用，详见 §10.7.4。

(3) 在二级分类数据场合，西方对 Kappa 系数有一个通用的经验法则，具体有以下几点。

- 如果 Kappa 系数 $\kappa \geqslant 0.9$，那么该测量系统是优秀的。
- 如果 Kappa 系数 $0.7 \leqslant \kappa \leqslant 0.9$，那么该测量系统是可以接受的。
- 如果 Kappa 系数 $\kappa < 0.7$，那么该测量系统是不可接受的，还需要改进。
- 如果 Kappa 系数 $\kappa < 0.4$，那么该测量系统的一致性很差，不能使用。
- 如果 Kappa 系数 $\kappa = 0$（即 $p_0 = p_e$），它表示一致性是由于偶然性引起的。

用本例的数据可以算得 A 与 B 二位评价人的一致性的 Kappa 系数为：

$$\kappa = \frac{0.88 - 0.5504}{1 - 0.5504} = 0.7331$$

这表明该测量系统是可以接受的。

10.7.2 已知标准下的 Kappa 系数

在实际中为了考核评价人的评定水平高低,常用一些已知标准值(合格品与不合格品)的产品让评价人去作评定,把评定结果与标准值对照也可计算 Kappa 系数。这样的 Kappa 系数给出了评价人与标准一致性的程度。具体操作看下面的例子。

例 10.7.2 现有 50 个零件,它们合格与否的情况已经确定,现请评价人 C 在未知标准值的情况下对此 50 个零件作出评定,评定结果与标准值的对照如表 10.7.3 所示。

表 10.7.3 属性数据(1—合格品,0—不合格品)

零件	C	标准值	零件	C	标准值
1	1	1	26	1	0
2	1	1	27	1	1
3	0	0	28	1	1
4	0	0	29	1	1
5	0	0	30	0	0
6	0	0	31	1	1
7	1	1	32	1	1
8	1	1	33	1	1
9	1	0	34	1	1
10	1	1	35	1	1
11	1	1	36	1	1
12	0	0	37	0	0
13	1	1	38	1	1
14	0	1	39	0	0
15	1	1	40	1	1
16	1	1	41	1	1
17	1	1	42	0	0
18	1	1	43	0	1
19	1	1	44	1	1
20	1	1	45	0	0
21	0	1	46	1	1
22	0	0	47	1	1
23	1	1	48	0	0
24	1	1	49	1	1
25	0	0	50	0	0

对表 10.7.3 上的属性数据进行整理加工可得如下方表：

表 10.7.4　评价人 C 与标准值 S 的方表

C \ S	0	1	行和	频率
0	$n_{00}=15$	$n_{01}=3$	$n_{0+}=18$	$p_{0+}=0.36$
1	$n_{10}=1$	$n_{11}=31$	$n_{1+}=32$	$p_{1+}=0.64$
列和	$n_{+0}=16$	$n_{+1}=34$	$n=50$	
频率	$p_{+0}=0.32$	$p_{+1}=0.68$		1.00

由上述方表立即可算得实际一致性比率 p_o 和偶然一致性比率 p_e，它们是

$$p_0 = \frac{n_{00}+n_{11}}{n} = \frac{15+31}{50} = \frac{46}{50} = 0.92$$

$$p_e = p_{0+} \cdot p_{+0} + p_{1+} \cdot p_{+1} = 0.32 \times 0.36 + 0.68 \times 0.64 = 0.5504$$

由此不难算得 Kappa 系数

$$\kappa = \frac{p_0 - p_e}{1 - p_e} = \frac{0.92 - 0.5504}{1 - 0.5504} = 0.8221$$

在已知标准值的场合，还可从表 10.7.3 上算得漏报比率和误报比率。

$$漏报比率 = \frac{把不合格品漏报为合格品数}{样品数} = \frac{n_{10}}{n} = \frac{1}{50} = 0.02$$

$$误报比率 = \frac{把合格品误报为不合格品数}{样品数} = \frac{n_{01}}{n} = \frac{3}{50} = 0.06$$

在二级分类数据场合，在西方对漏报比率和误报比率各有一个评定指南，为供参考使用，特列于表 10.7.5 中。

表 10.7.5　对漏报比率和误报比率的评定指南

测量系统评定	漏报比率	误报比例
评价人可接受	$\leqslant 2\%$	$\leqslant 5\%$
评价人可接受边缘，还需改进	$\leqslant 5\%$	$\leqslant 10\%$
评价人不可接受	$> 5\%$	$> 10\%$

按此指南，评价人 C 是处于可接受边缘，还需不断改进。

在已知标准值场合，Kappa 系数不仅表示评价人与标准值间一致性程度高低，还意味着评价人区分好与不好零件的能力。

10.7.3　多人多次重复下的 Kappa 系数

属性数据的测量系统分析常在多位评价人参与，每位评价人对产品进行多次重复测量情况下进行，可获得大量的属性数据，对这些属性数据亦可算得各种 Kappa 系数。现结合下面例子介绍具体算法。

例 10.7.3 从过程中随机抽取 50 个零件，请三位评价人在未知标准和未知零件编号的情况下分别对它们进行分二级（合格品与不合格品）评定，并要求每位评价人对每个零件各重复评定三次，评定结果列于表 10.7.6 上。

表 10.7.6 属性数据表(1—合格品,0—不合格品)

零件	A-1	A-2	A-3	B-1	B-2	B-3	C-1	C-2	C-3	标准值
1	1	1	1	1	1	1	1	1	1	1
2	1	1	1	1	1	1	1	1	1	1
3	0	0	0	0	0	0	0	0	0	0
4	0	0	0	0	0	0	0	0	0	0
5	0	0	0	0	0	0	0	0	0	0
6	1	1	0	1	1	0	1	0	0	1
7	1	1	1	1	1	1	1	1	1	1
8	1	1	1	1	1	1	1	1	1	1
9	0	0	0	0	0	0	0	0	0	0
10	1	1	1	1	1	1	1	1	1	1
11	1	1	1	1	1	1	1	1	1	1
12	0	0	0	0	0	0	0	0	0	0
13	1	1	1	1	1	1	1	1	1	1
14	1	1	0	1	1	1	1	0	0	1
15	1	1	1	1	1	1	1	1	1	1
16	1	1	1	1	1	1	1	1	1	1
17	1	1	1	1	1	1	1	1	1	1
18	1	1	1	1	1	1	1	1	1	1
19	1	1	1	1	1	1	1	1	1	1
20	1	1	1	1	1	1	1	1	1	1
21	1	1	0	1	0	1	0	1	0	1
22	0	0	1	0	1	0	1	0	1	0
23	1	1	1	1	1	1	1	1	1	1
24	1	1	1	1	1	1	1	1	1	1
25	0	0	0	0	0	0	0	0	0	0
26	0	1	0	0	0	0	0	0	1	0
27	1	1	1	1	1	1	1	1	1	1
28	1	1	1	1	1	1	1	1	1	1
29	1	1	1	1	1	1	1	1	1	1
30	0	0	0	0	0	1	0	0	0	0
31	1	1	1	1	1	1	1	1	1	1
32	1	1	1	1	1	1	1	1	1	1
33	1	1	1	1	1	1	1	1	1	1
34	0	0	1	0	0	1	0	1	1	0
35	1	1	1	1	1	1	1	1	1	1
36	1	1	0	1	1	1	1	0	1	1
37	0	0	0	0	0	0	0	0	0	0
38	1	1	1	1	1	1	1	1	1	1
39	0	0	0	0	0	0	0	0	0	0
40	1	1	1	1	1	1	1	1	1	1
41	1	1	1	1	1	1	1	1	1	1
42	0	0	0	0	0	0	0	0	0	0
43	1	0	1	1	1	1	1	1	0	1
44	1	1	1	1	1	1	1	1	1	1
45	0	0	0	0	0	0	0	0	0	0
46	1	1	1	1	1	1	1	1	1	1
47	1	1	1	1	1	1	1	1	1	1
48	0	0	0	0	0	0	0	0	0	0
49	1	1	1	1	1	1	1	1	1	1
50	0	0	0	0	0	0	0	0	0	0

我们将分未知标准值与已知标准值的两种场合分别对表 10.7.6 上的数据进行分析。

一、未知标准值场合

在未知标准值场合,对三位评价人分别两两比较,即对 A 与 B,B 与 C,A 与 C 进行一致性比较。

在对 A 与 B 的比较中,我们规定 $A-1$ 与 $B-1$ 比较,$A-2$ 与 $B-2$ 比较,$A-3$ 与 $B-3$ 比较,这样一来,相当于 A 与 B 进行了 150 次比较。仿以前方法对此 150 对属性数据进行整理加工,获得如下方表(表 10.7.7):

表 10.7.7　A 与 B 的方表

A＼B	0	1	n_{i+}	p_{i+}
0	44	6	50	0.3333
1	3	97	100	0.6667
n_{+j}	47	103	150	
p_{+j}	0.3133	0.6867		1.00

利用表 10.7.7 上的数据可算得 A 与 B 的实际一致性比率 p_0、偶然一致性比率 p_e 和 Kappa 系数:

$$p_0 = \frac{44+97}{150} = \frac{141}{150} = 0.94$$

$$p_e = 0.3133 \times 0.3333 + 0.6867 \times 0.6667 = 0.5622$$

$$\kappa = \frac{0.94 - 0.5622}{1 - 0.5622} = 0.8630$$

类似地对 B 与 C,A 与 C 的属性数据进行整理加工分别获得各自方表。然后,在利用各方表上的数据算得各自的 Kappa 系数。

表 10.7.8　B 与 C 的方表

B＼C	0	1	n_{i+}	p_{i+}
0	42	5	47	0.3133
1	9	94	103	0.6867
n_{+j}	51	99	150	
p_{+j}	0.34	0.66		1.00

$p_0 = 0.9067$
$p_e = 0.5597$
$\kappa = 0.7881$

表 10.7.9　A 与 C 的方表

A＼C	0	1	n_{i+}	p_{i+}
0	43	7	50	0.3333
1	8	92	100	0.6667
n_{+j}	51	99	150	
p_{+j}	0.34	0.66		1.00

$p_0 = 0.9000$
$p_e = 0.5533$
$\kappa = 0.7761$

从上述三个 Kappa 系数可见,三位评价人中两两比较的一致性程度都较高,都达到可接受水平。

二、已知标准值场合

在已知标准值场合,三位评价人分别与标准值(记为 S)进行比较。按此要求对表 10.7.6 上的属性数据重新进行整理加工。分别得到三张方表,它们是表 10.7.10、表 10.7.11 和表 10.7.12。它们的 Kappa 系数列于表 10.7.13 上。

从表 10.7.13 可见三位评价人都是可以接受的,但评价人 C 尚需不断改进。

表 10.7.10 A 与 S 的方表

S \ A	0	1	n_{i+}	p_{i+}
0	45	5	50	0.3333
1	3	97	100	0.6667
n_{+j}	48	102	150	
p_{+j}	0.32	0.68		1.00

表 10.7.11 B 与 S 的方表

S \ B	0	1	n_{i+}	p_{i+}
0	45	2	47	0.3133
1	3	100	103	0.6867
n_{+j}	48	102	150	
p_{+j}	0.32	0.68		1.00

表 10.7.12 C 与 S 的方表

S \ C	0	1	n_{i+}	p_{i+}
0	42	9	51	0.34
1	6	93	99	0.66
n_{+j}	48	102	150	
p_{+j}	0.32	0.68		1.00

表 10.7.13 A, B, C 的 Kappa 系数、漏报比率、误报比率

评价人	p_0	p_e	κ	漏报比率	误报比率
A	0.9467	0.5600	0.8789	3/150=2%	5/150=3.33%
B	0.9667	0.5672	0.9231	3/150=2%	2/150=1.33%
C	0.9000	0.5576	0.7740	6/150=4%	9/150=6%

10.7.4 一般场合下的 Kappa 系数

现有一批产品要按某质量特性把它们分为 r 类。为了考察二位经过培训的评价人之间

的一致性,特从该批产品中随机抽取 n 个。让每个评价人对每件产品作出分类,若记 n_{ij} 为评价人 A 认为产品属于 i 类,而评价人 B 则认为该产品属于 j 类的产品数,二位评价人的评定结果汇总于表 10.7.14 上。

表 10.7.14　r 类属性数据汇总表

B A	1	2	⋯	r	行和 n_{i+}	频率 p_{i+}
1	n_{11}	n_{12}	⋯	n_{1r}	n_{1+}	$p_{1+}=n_{1+}/n$
2	n_{21}	n_{22}	⋯	n_{2r}	n_{2+}	$p_{2+}=n_{2+}/n$
⋮	⋯	⋯	⋯	⋯	⋮	⋮
r	n_{r1}	n_{r2}	⋯	n_{rr}	n_{r+}	$p_{r+}=n_{r+}/n$
列和 n_{+j}	n_{+1}	n_{+2}	⋯	n_{+r}	n	
频率 p_{+j}	$p_{+1}=n_{+1}/n$	$p_{+2}=n_{+2}/n$	⋯	$p_{+r}=n_{+r}/n$		1.00

利用表 10.7.14 上的数据可算得实际一致性比率 p_0 和偶然一致性比率 p_e:

$$p_0=\frac{n_{11}+n_{22}+\cdots+n_{rr}}{n}$$

$$p_e=\frac{n_{1+}}{n}\frac{n_{+1}}{n}+\frac{n_{2+}}{n}\frac{n_{+2}}{n}+\cdots+\frac{n_{r+}}{n}\frac{n_{+r}}{n}$$

由此可算得 A 与 B 的 Kappa 系数:

$$\kappa=\frac{p_0-p_e}{1-p_e}=\frac{\sum_{i=1}^{r}\frac{n_{ii}}{n}-\sum_{i=1}^{r}\frac{n_{i+}n_{+i}}{n^2}}{1-\sum_{i=1}^{r}\frac{n_{i+}n_{+i}}{n^2}}$$

Kappa 系数 κ 的大小表征着评价人 A 与 B 评定产品时一致性的强弱。在 $r=2$ 时,上述这些公式就是前面几步讨论的 Kappa 系数,其一致性的强弱有一个经验法则可用。而当 $r\geqslant 3$ 时,无此类经验法则,故要寻求假设检验方法来确定其显著性。

对方表的一致性的检验有一个大样本方法,其所检验的假设是:

$$H_0:\kappa_0=0,\quad H_1:\kappa_0>0$$

这里的 κ_0 是 Kappa 系数的真值,而 Kappa 系数 κ 是统计量。其检验统计量是

$$u=\frac{\kappa}{\sqrt{\mathrm{Var}(\kappa)}}\dot\sim N(0,1)$$

其中 κ 就是上述用属性数据算得的 Kappa 系数,而

$$\mathrm{Var}(\kappa)=\frac{1}{\sqrt{n-1}\,(1-p_e)^2}[p_e+p_e^2-\sum_{i=1}^{r}p_{i+}p_{+i}(p_{i+}+p_{+i})]$$

由于这是单边检验,故其拒绝域为 $W=\{u\geqslant u_{1-\alpha}\}$,若取 $\alpha=0.05,u_{0.95}=1.645$。

当 u 的观察值超过 1.645 时,就可以拒绝原假设 H_0,即 A、B 间的一致性不是由于两位评价人随机地在区分产品。

例 10.7.4 产品的光洁度是重要指标,目前尚无测量光洁度的量具,但有光洁度的分级标准,该标准规定在什么情况下是优等品(一级),什么情况下是合格品(二级),什么情况下是不合格品(三级)。两位评价人熟悉了这些文字描述的标准,并有了初步的实践。如今从一批产品中随机抽取 80 件,请这两位评价人 A 与 B 对此 80 件产品分别进行级别评定。对这些属性数据进行整理加工,获得如下方表(10.7.15):

表 10.7.15 属性数据表(1—优等,2—合格,3—不合格)

A \ B	1	2	3	n_{i+}	p_{i+}
1	$n_{11}=18$	$n_{12}=6$	$n_{13}=1$	$n_{1+}=25$	$p_{1+}=0.3125$
2	$n_{21}=7$	$n_{22}=32$	$n_{23}=4$	$n_{2+}=43$	$p_{2+}=0.5375$
3	$n_{31}=1$	$n_{32}=4$	$n_{33}=7$	$n_{3+}=12$	$p_{3+}=0.1500$
n_{+j}	$n_{+1}=26$	$n_{+2}=42$	$n_{+3}=12$	$n=80$	
p_{+j}	$p_{+1}=0.3250$	$p_{+2}=0.5250$	$p_{+3}=0.1500$		1.00

用表 10.7.15 上的数据可算得:

$$p_0 = \frac{18+32+7}{80} = 0.7125$$

$$p_e = 0.3250 \times 0.3125 + 0.5250 \times 0.5375 + 0.15 \times 0.15 = 0.4063$$

$$\kappa = \frac{0.7125 - 0.4063}{1 - 0.4063} = 0.5157$$

为了检验此 Kappa 系数是否显著为零,需要计算 κ 的方差:

$$\mathrm{Var}(\kappa) = \frac{1}{\sqrt{79} \times (1-0.4063)^2}[0.4063 + 0.4063^2 - (0.325 \times 0.3125 \times 0.6375$$
$$+ 0.5375 \times 0.525 \times 1.0625 + 0.15^2 \times 0.3)] = 0.063857$$

再算检验统计量 u 的观察值:

$$u \text{ 的观察值} = \frac{0.5157}{\sqrt{0.063857}} = 2.04$$

对给定 $\alpha=0.05$,u 的观察值超过 1.645,故应拒绝 $\kappa_0=0$ 的原假设。故两评价人间的一致性显著地异于随机地区分级别而产生的偶然一致性。

§ 习题十

1. 某测量员对长度基准值为 20.00mm 的块规重复测量了 7 次,得测量数据如下:

19.97　20.01　19.99　20.02　19.98　19.99　19.97

请指出其偏倚与变差。

2. 某测量员用一台天平对重量 10 克、20 克、50 克、100 克的砝码各进行 10 次秤重,偏倚如下表:

习题 10.2 的数据表

基准值(克)	x	10	20	50	100
偏倚	1	1	−2	1	4
	2	0	−1	3	3
	3	−1	−1.5	5	3
	4	2	0	3	5
	5	1.5	0.5	2	4
	6	0.5	−0.5	4	3
	7	−2	1	3	7
	8	−1.5	2	2	5
	9	2	3	4	3
	10	−0.5	2.5	3	6

请分析测量系统的线性性。

3. 为考察某零件的测量系统的重复性与再现性,选择三位操作者 A、B、C。又从产品中随机抽 20 个零件,请各位操作者对每个零件各测量 2 次,测量结果如下表:

习题 10.3 的数据表

零件号	A		B		C	
1	21	20	20	20	19	21
2	24	23	24	24	23	24
3	20	21	19	21	20	22
4	27	27	28	26	27	28
5	19	18	19	18	18	21
6	23	21	24	21	23	22
7	22	21	22	24	22	20
8	19	17	18	20	19	18
9	24	23	25	23	24	24
10	25	23	25	26	24	25
11	21	20	20	20	21	20
12	18	19	17	19	18	19
13	23	25	25	25	25	25
14	24	24	23	25	24	25
15	29	30	30	28	31	30
16	25	25	25	26	25	27
17	20	20	19	20	20	20
18	19	21	19	19	21	23
19	25	26	25	24	25	25
20	19	19	18	17	19	17

请计算重复性 EV 和再现性 AV,并用均值极差法考察 %GRR。

4. 为了对某制造过程的测量系统进行评价,随机抽取 5 个样品和 2 位检验员 A 与 B,每位检验员对每个样品各重复测量 2 次,获得如下数据:

习题 10.4 的数据表

样品号	检验员 A		检验员 B	
1	1.00	1.05	1.00	1.05
2	0.95	0.90	0.95	0.95
3	0.70	0.70	0.80	0.80
4	1.00	0.95	1.05	1.05
5	0.55	0.50	0.85	0.80

请用方差分析法对该测量系统的 %GRR 作出评价。

5. 现有零件 30 个,其合格与否未知,请两位评价人 A 与 B 对其进行评定,评定结果如下,其中 1 表示合格品,0 表示不合格品。

习题 10.5 的数据表

零件号	A	B	零件号	A	B
1	1	1	16	1	1
2	0	0	17	1	1
3	1	1	18	0	0
4	1	1	19	1	1
5	0	0	20	1	1
6	1	1	21	1	1
7	0	0	22	1	1
8	1	1	23	1	1
9	1	1	24	0	0
10	0	1	25	1	0
11	0	0	26	0	0
12	1	1	27	1	1
13	1	1	28	1	1
14	0	0	29	1	1
15	1	1	30	0	0

请用 Kappa 系数对两位评价人的一致性作出评价。

附　　表

附表 1 基本统计用表

附表 1.1 标准正态分布函数 $\Phi(x)$ 表

$$\Phi(x) = \int_{-\infty}^{x} \frac{1}{\sqrt{2\pi}} e^{-\frac{x^2}{2}} dx$$

x	0.00	0.01	0.02	0.03	0.04	0.05	0.06	0.07	0.08	0.09
0.0	0.5000	0.5040	0.5080	0.5120	0.5160	0.5199	0.5239	0.5279	0.5319	0.5359
0.1	0.5398	0.5438	0.5478	0.5517	0.5557	0.5596	0.5636	0.5675	0.5714	0.5753
0.2	0.5793	0.5832	0.5871	0.5910	0.5948	0.5987	0.6026	0.6064	0.6103	0.6141
0.3	0.6179	0.6217	0.6255	0.6293	0.6331	0.6368	0.6406	0.6443	0.6480	0.6517
0.4	0.6554	0.6591	0.6628	0.6664	0.6700	0.6736	0.6772	0.6808	0.6844	0.6879
0.5	0.6915	0.6950	0.6985	0.7019	0.7054	0.7088	0.7123	0.7157	0.7190	0.7224
0.6	0.7257	0.7291	0.7324	0.7357	0.7389	0.7422	0.7454	0.7486	0.7517	0.7549
0.7	0.7580	0.7611	0.7642	0.7673	0.7704	0.7734	0.7764	0.7794	0.7823	0.7852
0.8	0.7881	0.7910	0.7939	0.7967	0.7995	0.8023	0.8051	0.8079	0.8106	0.8133
0.9	0.8159	0.8186	0.8212	0.8238	0.8264	0.8289	0.8315	0.8340	0.8365	0.8389
1.0	0.8413	0.8438	0.8461	0.8485	0.8508	0.8531	0.8554	0.8577	0.8599	0.8621
1.1	0.8643	0.8665	0.8686	0.8708	0.8729	0.8749	0.8770	0.8790	0.8810	0.8830
1.2	0.8849	0.8869	0.8888	0.8907	0.8925	0.8944	0.8962	0.8980	0.8997	0.9015
1.3	0.9032	0.9049	0.9066	0.9082	0.9099	0.9115	0.9131	0.9147	0.9162	0.9177
1.4	0.9192	0.9207	0.9222	0.9236	0.9251	0.9265	0.9279	0.9292	0.9306	0.9319

附表 1.1（续 1）

x	0.00	0.01	0.02	0.03	0.04	0.05	0.06	0.07	0.08	0.09
1.5	0.9332	0.9345	0.9357	0.9370	0.9382	0.9394	0.9406	0.9418	0.9429	0.9441
1.6	0.9452	0.9463	0.9474	0.9484	0.9495	0.9505	0.9515	0.9525	0.9535	0.9545
1.7	0.9554	0.9564	0.9573	0.9582	0.9591	0.9599	0.9608	0.9616	0.9625	0.9633
1.8	0.9641	0.9649	0.9656	0.9664	0.9671	0.9678	0.9686	0.9693	0.9700	0.9706
1.9	0.9713	0.9719	0.9726	0.9732	0.9738	0.9744	0.9750	0.9756	0.9761	0.9767
2.0	0.9773	0.9778	0.9783	0.9788	0.9793	0.9798	0.9803	0.9808	0.9812	0.9817
2.1	0.9821	0.9826	0.9830	0.9834	0.9838	0.9842	0.9846	0.9850	0.9854	0.9857
2.2	0.9861	0.9864	0.9868	0.9871	0.9875	0.9878	0.9881	0.9884	0.9887	0.9890
2.3	0.9893	0.9896	0.9898	0.9901	0.9904	0.9906	0.9909	0.9911	0.9913	0.9916
2.4	0.9918	0.9920	0.9922	0.9925	0.9927	0.9929	0.9931	0.9932	0.9934	0.9936
2.5	0.9938	0.9940	0.9941	0.9943	0.9945	0.9946	0.9948	0.9949	0.9951	0.9952
2.6	0.9953	0.9955	0.9956	0.9957	0.9959	0.9960	0.9961	0.9962	0.9963	0.9964
2.7	0.9965	0.9966	0.9967	0.9968	0.9969	0.9970	0.9971	0.9972	0.9973	0.9974
2.8	0.9974	0.9975	0.9976	0.9977	0.9977	0.9978	0.9979	0.9979	0.9980	0.9981
2.9	0.9981	0.9982	0.9983	0.9983	0.9984	0.9984	0.9985	0.9985	0.9986	0.9986

x	0.0	0.1	0.2	0.3	0.4	0.5	0.6	0.7	0.8	0.9
3.0	0.9^28650	0.9^30324	0.9^33129	0.9^35166	0.9^36631	0.9^37674	0.9^38409	0.9^38922	0.9^42765	0.9^45190
4.0	0.9^46833	0.9^47934	0.9^48665	0.9^51460	0.9^54587	0.9^56602	0.9^57887	0.9^58699	0.9^52067	0.9^65208
5.0	0.9^67133	0.9^58302	0.9^70036	0.9^74210	0.9^76668	0.9^78101	0.9^78928	0.9^84010	0.9^86684	0.9^88192
6.0	0.9^90136									

附表1.2 标准正态分布的 α 分位数表

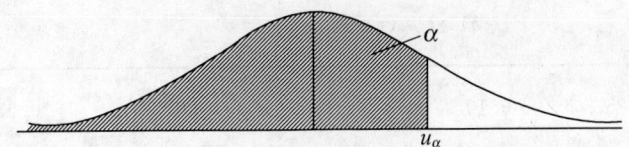

a	0.00	0.01	0.02	0.03	0.04	0.05	0.06	0.07	0.08	0.09
0.00	—	−2.33	−2.05	−1.88	−1.75	−1.64	−1.55	−1.48	−1.41	−1.34
0.10	−1.28	−1.23	−1.18	−1.13	−1.08	−1.04	−0.99	−0.95	−0.92	−0.88
0.20	−0.84	−0.81	−0.77	−0.74	−0.71	−0.67	−0.64	−0.61	−0.58	−0.55
0.30	−0.52	−0.50	−0.47	−0.44	−0.41	−0.39	−0.36	−0.33	−0.31	−0.28
0.40	−0.25	−0.23	−0.20	−0.18	−0.15	−0.13	−0.10	−0.08	−0.05	−0.03
0.50	0.00	0.03	0.05	0.08	0.10	0.13	0.15	0.18	0.20	0.23
0.60	0.25	0.28	0.31	0.33	0.36	0.39	0.41	0.44	0.47	0.50
0.70	0.52	0.55	0.58	0.61	0.64	0.67	0.71	0.74	0.77	0.81
0.80	0.84	0.88	0.92	0.95	0.99	1.04	1.08	1.13	1.18	1.23
0.90	1.28	1.34	1.41	1.48	1.55	1.64	1.75	1.88	2.05	2.33

a	0.001	0.005	0.010	0.025	0.050	0.100
u_α	−3.090	−2.576	−2.326	−1.960	−1.645	−1.282

a	0.999	0.995	0.990	0.975	0.950	0.900
u_α	3.090	2.576	2.326	1.960	1.645	1.282

附表 1.3　t 分布分位数 $t_{1-\alpha}(n)$ 表

$$P\{t(n) > t_{1-\alpha}(n)\} = \alpha$$

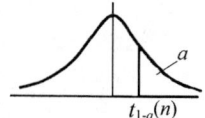

n	$\alpha=0.25$	0.10	0.05	0.025	0.01	0.005
1	1.0000	3.0777	6.3138	12.7062	31.8207	63.6574
2	0.8165	1.8856	2.9200	4.3027	6.9646	9.9248
3	0.7649	1.6377	2.3534	3.1824	4.5407	5.8409
4	0.7407	1.5332	2.1318	2.7764	3.7469	4.6041
5	0.7267	1.4759	2.0150	2.5706	3.3649	4.0322
6	0.7176	1.4398	1.9432	2.4469	3.1427	3.7074
7	0.7111	1.4149	1.8946	2.3646	2.9980	3.4995
8	0.7064	1.3968	1.8595	2.3060	2.8965	3.3554
9	0.7027	1.3830	1.8331	2.2622	2.8214	3.2498
10	0.6998	1.3722	1.8125	2.2281	2.7638	3.1698
11	0.6974	1.3634	1.7959	2.2010	2.7181	3.1058
12	0.6955	1.3562	1.7823	2.1788	2.6810	3.0545
13	0.6938	1.3502	1.7709	2.1604	2.6503	3.0123
14	0.6924	1.3450	1.7613	2.1448	2.6245	2.9768
15	0.6912	1.3406	1.7531	2.1315	2.6025	2.9467
16	0.6901	1.3368	1.7459	2.1199	2.5835	2.9208
17	0.6892	1.3334	1.7396	2.1098	2.5669	2.8982
18	0.6884	1.3304	1.7341	2.1009	2.5524	2.8784
19	0.6876	1.3277	1.7291	2.0930	2.5395	2.8609
20	0.6870	1.3253	1.7247	2.0860	2.5280	2.8453
21	0.6864	1.3232	1.7207	2.0796	2.5177	2.8314

附表1.3(续)

n	$a=0.25$	0.10	0.05	0.025	0.01	0.005
22	0.6859	1.3212	1.7171	2.0739	2.5083	2.8188
23	0.6853	1.3159	1.7139	2.0687	2.4999	2.8073
24	0.6848	1.3178	1.7109	2.0639	2.4922	2.7969
25	0.6844	1.3163	1.7081	2.0595	2.4851	2.7874
26	0.6840	1.3150	1.7056	2.0555	2.4786	2.7787
27	0.6837	1.3137	1.7033	2.0518	2.4727	2.7707
28	0.6834	1.3125	1.7011	2.0484	2.4671	2.7633
29	0.6830	1.3114	1.6991	2.0452	2.4620	2.7564
30	0.6828	1.3104	1.6973	2.0423	2.4573	2.7500
31	0.6825	1.3095	1.6955	2.0395	2.4528	2.7440
32	0.6822	1.3086	1.6939	2.0369	2.4487	2.7385
33	0.6820	1.3077	1.6924	2.0345	2.4448	2.7333
34	0.6818	1.3070	1.6909	2.0322	2.4411	2.7284
35	0.6816	1.3062	1.6896	2.0301	2.4377	2.7238
36	0.6814	1.3055	1.6883	2.0281	2.4345	2.7195
37	0.6812	1.3049	1.6871	2.0262	2.4314	2.7154
38	0.6810	1.3042	1.6860	2.0244	2.4286	2.7116
39	0.6808	1.3036	1.6849	2.0227	2.4258	2.7079
40	0.6807	1.3031	1.6839	2.0211	2.4233	2.7045
41	0.6805	1.3025	1.6829	2.0195	2.4208	2.7012
42	0.6804	1.3020	1.6820	2.0181	2.4185	2.6981
43	0.6802	1.3016	1.6811	2.0167	2.4163	2.6951
44	0.6801	1.3011	1.6802	2.0154	2.4141	2.6923
45	0.6800	1.3006	1.6794	2.0141	2.4121	2.6896

附表 1.4 χ^2 分布分位数 $\chi^2_{1-\alpha}(n)$ 表

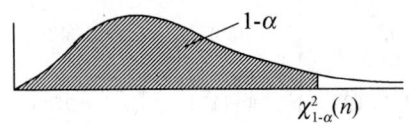

n	$\chi^2_{0.005}$	$\chi^2_{0.01}$	$\chi^2_{0.025}$	$\chi^2_{0.05}$	$\chi^2_{0.10}$	$\chi^2_{0.90}$	$\chi^2_{0.95}$	$\chi^2_{0.975}$	$\chi^2_{0.99}$	$\chi^2_{0.995}$
1	0.000039	0.00016	0.00098	0.0039	0.0158	2.71	3.84	5.02	6.63	7.88
2	0.0100	0.0201	0.0506	0.1026	0.2107	4.61	5.99	7.38	9.21	10.60
3	0.0717	0.115	0.216	0.352	0.584	6.25	7.81	9.35	11.34	12.84
4	0.207	0.297	0.484	0.711	1.064	7.78	9.49	11.14	13.28	14.86
5	0.412	0.554	0.831	1.15	1.61	9.24	11.07	12.83	15.09	16.75
6	0.676	0.872	1.24	1.64	2.20	10.64	12.59	14.45	16.81	18.55
7	0.989	1.24	1.69	2.17	2.83	12.02	14.07	16.01	18.48	20.28
8	1.34	1.65	2.18	2.73	3.49	13.36	15.51	17.53	20.09	21.96
9	1.73	2.09	2.70	3.33	4.17	14.68	16.92	19.02	21.67	23.59
10	2.16	2.56	3.25	3.94	4.87	15.99	18.31	20.48	23.21	25.19
11	2.60	3.05	3.82	4.57	5.58	17.28	19.68	21.92	24.73	26.76
12	3.07	3.57	4.40	5.23	6.30	18.55	21.03	23.34	26.22	28.30
13	3.57	4.11	5.01	5.89	7.04	19.81	22.36	24.74	27.69	29.82
14	4.07	4.66	5.63	6.57	7.79	21.06	23.68	26.12	29.14	31.32
15	4.60	5.23	6.26	7.26	8.55	22.31	25.00	27.49	30.58	32.80
16	5.14	5.81	6.91	7.96	9.31	23.54	26.30	28.85	32.00	34.27
18	6.26	7.01	8.23	9.39	10.86	25.99	28.87	31.53	34.81	37.16
20	7.43	8.26	9.59	10.85	12.44	28.41	31.41	34.17	37.57	40.00
24	9.89	10.86	12.40	13.85	15.66	33.20	36.42	39.36	42.98	45.56
30	13.79	14.95	16.79	18.49	20.60	40.26	43.77	46.98	50.89	53.67
40	20.71	22.16	24.43	26.51	29.05	51.81	55.76	59.34	63.69	66.77
60	35.53	37.48	40.48	43.19	46.46	74.40	79.08	83.30	88.38	91.95
120	83.85	86.92	91.57	95.70	100.62	140.23	146.57	152.21	158.95	163.64

对于大的自由度，近似有 $\chi^2_{1-\alpha} = \dfrac{1}{2}(u_{1-\alpha} + \sqrt{2n-1})^2$，其中 $n=$ 自由度，u_α 是标准正态分布的分位数。

附表 1.5 F 分布分位数 $F_{1-\alpha}(n_1, n_2)$ 表

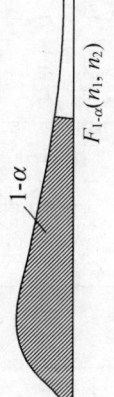

F 分布的 0.90 分位数 $F_{0.90}(n_1, n_2)$ 表

n_1 = 分子的自由度,n_2 = 分母的自由度

n_2\n_1	1	2	3	4	5	6	7	8	9	10	12	15	20	24	30	40	60	120	∞
1	39.86	49.50	53.59	55.83	57.24	58.20	58.91	59.44	59.86	60.19	60.71	61.22	61.74	62.00	62.26	62.53	62.79	63.06	63.33
2	8.53	9.00	9.16	9.24	9.29	9.33	9.35	9.37	9.38	9.39	9.41	9.42	9.44	9.45	9.46	9.47	9.47	9.48	9.49
3	5.54	5.46	5.39	5.34	5.31	5.28	5.27	5.25	5.24	5.23	5.22	5.20	5.18	5.18	5.17	5.16	5.15	5.11	5.13
4	4.54	4.32	4.19	4.11	4.05	4.01	3.98	3.95	3.94	3.92	3.90	3.87	3.84	3.83	3.82	3.80	3.79	3.78	3.76
5	4.06	3.78	3.62	3.52	3.45	3.40	3.37	3.34	3.32	3.30	3.27	3.24	3.21	3.19	3.17	3.16	3.14	3.12	3.11
6	3.78	3.46	3.29	3.18	3.11	3.05	3.01	2.98	2.96	2.94	2.90	2.87	2.84	2.82	2.80	2.78	2.76	2.74	2.72
7	3.59	3.26	3.07	2.96	2.88	2.83	2.78	2.75	2.72	2.70	2.67	2.63	2.59	2.58	2.56	2.54	2.51	2.49	2.47
8	3.46	3.11	2.92	2.81	2.73	2.67	2.62	2.59	2.56	2.54	2.50	2.46	2.42	2.40	2.38	2.36	2.34	2.32	2.29
9	3.36	3.01	2.81	2.69	2.61	2.55	2.51	2.47	2.44	2.42	2.38	2.34	2.30	2.28	2.25	2.23	2.21	2.18	2.16
10	3.29	2.92	2.73	2.61	2.52	2.46	2.41	2.38	2.35	2.32	2.28	2.24	2.20	2.18	2.16	2.13	2.11	2.08	2.06
11	3.23	2.86	2.66	2.54	2.45	2.39	2.34	2.30	2.27	2.25	2.21	2.17	2.12	2.10	2.08	2.05	2.03	2.00	1.97
12	3.18	2.81	2.61	2.48	2.39	2.33	2.28	2.24	2.21	2.19	2.15	2.10	2.06	2.04	2.01	1.99	1.96	1.93	1.90
13	3.14	2.76	2.56	2.43	2.35	2.28	2.23	2.20	2.16	2.14	2.10	2.05	2.01	1.98	1.96	1.93	1.90	1.88	1.85
14	3.10	2.73	2.52	2.39	2.31	2.24	2.19	2.15	2.12	2.10	2.05	2.01	1.96	1.94	1.91	1.89	1.86	1.83	1.80
15	3.07	2.70	2.49	2.36	2.27	2.21	2.16	2.12	2.09	2.06	2.02	1.97	1.92	1.90	1.87	1.85	1.82	1.79	1.76
16	3.05	2.67	2.46	2.33	2.24	2.18	2.13	2.09	2.06	2.03	1.99	1.94	1.89	1.87	1.84	1.81	1.78	1.75	1.72

附表 1.5（续 1）

n_2 \ n_1	1	2	3	4	5	6	7	8	9	10	12	15	20	24	30	40	60	120	∞
17	3.03	2.64	2.44	2.31	2.22	2.15	2.10	2.06	2.03	2.00	1.96	1.91	1.84	1.84	1.81	1.78	1.75	1.72	1.69
18	3.01	2.62	2.42	2.29	2.20	2.13	2.08	2.04	2.00	1.98	1.93	1.89	1.84	1.81	1.78	1.75	1.72	1.69	1.66
19	2.99	2.61	2.40	2.27	2.18	2.11	2.06	2.02	1.98	1.96	1.91	1.86	1.81	1.79	1.76	1.73	1.70	1.67	1.63
20	2.97	2.59	2.38	2.25	2.16	2.09	2.04	2.00	1.96	1.94	1.89	1.84	1.79	1.77	1.74	1.71	1.68	1.64	1.61
21	2.96	2.57	2.36	2.23	2.14	2.08	2.02	1.98	1.95	1.92	1.87	1.83	1.78	1.75	1.72	1.69	1.66	1.62	1.59
22	2.95	2.56	2.35	2.22	2.13	2.06	2.01	1.97	1.93	1.90	1.86	1.81	1.76	1.73	1.70	1.67	1.64	1.60	1.57
23	2.94	2.55	2.34	2.21	2.11	2.05	1.99	1.95	1.92	1.89	1.84	1.80	1.74	1.72	1.69	1.66	1.62	1.59	1.55
24	2.93	2.54	2.33	2.19	2.10	2.04	1.98	1.94	1.91	1.88	1.83	1.78	1.73	1.70	1.67	1.64	1.61	1.57	1.53
25	2.92	2.53	2.32	2.18	2.09	2.02	1.97	1.93	1.89	1.87	1.82	1.77	1.72	1.69	1.66	1.63	1.59	1.56	1.52
26	2.91	2.52	2.31	2.17	2.08	2.01	1.96	1.92	1.88	1.86	1.81	1.76	1.71	1.68	1.65	1.61	1.58	1.54	1.50
27	2.90	2.51	2.30	2.17	2.07	2.00	1.95	1.91	1.87	1.85	1.80	1.75	1.70	1.67	1.64	1.60	1.57	1.53	1.49
28	2.89	2.50	2.29	2.16	2.06	2.00	1.94	1.90	1.87	1.84	1.79	1.74	1.69	1.66	1.63	1.59	1.56	1.52	1.48
29	2.89	2.50	2.28	2.15	2.06	1.99	1.93	1.89	1.86	1.83	1.78	1.73	1.68	1.65	1.62	1.58	1.55	1.51	1.47
30	2.88	2.49	2.28	2.14	2.05	1.98	1.93	1.88	1.85	1.82	1.77	1.72	1.67	1.64	1.61	1.57	1.54	1.50	1.46
40	2.84	2.44	2.23	2.09	2.00	1.93	1.87	1.83	1.79	1.76	1.71	1.66	1.61	1.57	1.54	1.51	1.47	1.42	1.38
60	2.79	2.39	2.18	2.04	1.95	1.87	1.82	1.77	1.74	1.71	1.66	1.60	1.54	1.51	1.48	1.44	1.40	1.35	1.29
120	2.75	2.35	2.13	1.99	1.90	1.82	1.77	1.72	1.68	1.65	1.60	1.55	1.48	1.45	1.41	1.37	1.32	1.26	1.19
∞	2.71	2.30	2.08	1.94	1.85	1.77	1.72	1.67	1.63	1.60	1.55	1.49	1.42	1.38	1.34	1.30	1.24	1.17	1.00

F 分布的 0.95 分位数 $F_{0.95}(n_1, n_2)$ 表

附表 1.5（续 2）

n_1 = 分子的自由度，n_2 = 分母的自由度

n_2 \ n_1	1	2	3	4	5	6	7	8	9	10	12	15	20	24	30	40	60	120	∞
1	161.45	199.50	215.71	224.58	230.16	233.99	236.76	238.88	240.54	241.88	243.91	245.95	248.01	249.05	250.10	251.14	252.20	253.25	254.31
2	18.51	19.00	19.16	19.25	19.30	19.33	19.35	19.37	19.38	19.40	19.41	19.43	19.45	19.45	19.46	19.47	19.48	19.49	19.50
3	10.13	9.55	9.28	9.12	9.01	8.94	8.89	8.85	8.81	8.79	8.74	8.70	8.66	8.64	8.62	8.59	8.57	8.55	8.53
4	7.71	6.94	6.59	6.39	6.26	6.16	6.09	6.04	6.00	5.96	5.91	5.86	5.80	5.77	5.75	5.72	5.69	5.66	5.63
5	6.61	5.79	5.41	5.19	5.05	4.95	4.88	4.82	4.77	4.74	4.68	4.62	4.56	4.53	4.50	4.46	4.43	4.40	4.37
6	5.99	5.14	4.76	4.53	4.39	4.28	4.21	4.15	4.10	4.06	4.00	3.94	3.87	3.84	3.81	3.77	3.74	3.70	3.67
7	5.59	4.74	4.35	4.12	3.97	3.87	3.79	3.73	3.68	3.64	3.57	3.51	3.44	3.41	3.38	3.34	3.30	3.27	3.23
8	5.32	4.46	4.07	3.84	3.69	3.58	3.50	3.44	3.39	3.35	3.28	3.22	3.15	3.12	3.08	3.04	3.01	2.97	2.93
9	5.12	4.26	3.86	3.63	3.48	3.37	3.29	3.23	3.18	3.14	3.07	3.01	2.94	2.90	2.86	2.83	2.79	2.75	2.71
10	4.96	4.10	3.71	3.48	3.33	3.22	3.14	3.07	3.02	2.98	2.91	2.85	2.77	2.74	2.70	2.66	2.62	2.58	2.54
11	4.84	3.98	3.59	3.36	3.20	3.09	3.01	2.95	2.90	2.85	2.79	2.72	2.65	2.61	2.57	2.53	2.49	2.45	2.40
12	4.75	3.89	3.49	3.26	3.11	3.00	2.91	2.85	2.80	2.75	2.69	2.62	2.54	2.51	2.47	2.43	2.38	2.34	2.30
13	4.67	3.81	3.41	3.18	3.03	2.92	2.83	2.77	2.71	2.67	2.60	2.53	2.46	2.42	2.38	2.34	2.30	2.25	2.21
14	4.60	3.74	3.34	3.11	2.96	2.85	2.76	2.70	2.65	2.60	2.53	2.46	2.39	2.35	2.31	2.27	2.22	2.18	2.13
15	4.54	3.68	3.29	3.06	2.90	2.79	2.71	2.64	2.59	2.54	2.48	2.40	2.33	2.29	2.25	2.20	2.16	2.11	2.07
16	4.49	3.63	3.24	3.01	2.85	2.74	2.66	2.59	2.54	2.49	2.42	2.35	2.28	2.24	2.19	2.15	2.11	2.06	2.01
17	4.45	3.59	3.20	2.96	2.81	2.70	2.61	2.55	2.49	2.45	2.38	2.31	2.23	2.19	2.15	2.10	2.06	2.01	1.96

附表 1.5(续 3)

n_1 \ n_2	1	2	3	4	5	6	7	8	9	10	12	15	20	24	30	40	60	120	∞
18	4.41	3.55	3.16	2.93	2.77	2.66	2.58	2.51	2.46	2.41	2.34	2.27	2.19	2.15	2.11	2.06	2.02	1.97	1.92
19	4.38	3.52	3.13	2.90	2.74	2.63	2.54	2.48	2.42	2.38	2.31	2.23	2.16	2.11	2.07	2.03	1.98	1.93	1.88
20	4.35	3.49	3.10	2.87	2.71	2.60	2.51	2.45	2.39	2.35	2.28	2.20	2.12	2.08	2.04	1.99	1.95	1.90	1.84
21	4.32	3.47	3.07	2.84	2.68	2.57	2.49	2.42	2.37	2.32	2.25	2.18	2.10	2.05	2.01	1.96	1.92	1.87	1.81
22	4.30	3.44	3.05	2.82	2.66	2.55	2.46	2.40	2.34	2.30	2.23	2.15	2.07	2.03	1.98	1.94	1.89	1.84	1.78
23	4.28	3.42	3.03	2.80	2.64	2.53	2.44	2.37	2.32	2.27	2.20	2.13	2.05	2.01	1.96	1.91	1.86	1.81	1.76
24	4.26	3.40	3.01	2.78	2.62	2.51	2.42	2.36	2.30	2.25	2.18	2.11	2.03	1.98	1.94	1.89	1.84	1.79	1.73
25	4.24	3.39	2.99	2.76	2.60	2.49	2.40	2.34	2.28	2.24	2.16	2.09	2.01	1.96	1.92	1.87	1.82	1.77	1.71
26	4.23	3.37	2.98	2.74	2.59	2.47	2.39	2.32	2.27	2.22	2.15	2.07	1.99	1.95	1.90	1.85	1.80	1.75	1.69
27	4.21	3.35	2.96	2.73	2.57	2.46	2.37	2.31	2.25	2.20	2.13	2.06	1.97	1.93	1.88	1.84	1.79	1.73	1.67
28	4.20	3.34	2.95	2.71	2.56	2.45	2.36	2.29	2.24	2.19	2.12	2.04	1.96	1.91	1.87	1.82	1.77	1.71	1.65
29	4.18	3.33	2.93	2.70	2.55	2.43	2.35	2.28	2.22	2.18	2.10	2.03	1.94	1.90	1.85	1.81	1.75	1.70	1.64
30	4.17	3.32	2.92	2.69	2.53	2.42	2.33	2.27	2.21	2.16	2.09	2.01	1.93	1.89	1.84	1.79	1.74	1.68	1.62
40	4.08	3.23	2.84	2.61	2.45	2.34	2.25	2.18	2.12	2.08	2.00	1.92	1.84	1.79	1.74	1.69	1.64	1.58	1.51
60	4.00	3.15	2.76	2.53	2.37	2.25	2.17	2.10	2.04	1.99	1.92	1.84	1.75	1.70	1.65	1.59	1.53	1.47	1.39
120	3.92	3.07	2.68	2.45	2.29	2.17	2.09	2.02	1.96	1.91	1.83	1.75	1.66	1.61	1.55	1.50	1.43	1.35	1.25
∞	3.84	3.00	2.60	2.37	2.21	2.10	2.01	1.94	1.88	1.83	1.75	1.67	1.57	1.52	1.46	1.39	1.32	1.22	1.00

附表 1.5（续 4）

F 分布的 0.975 分位数 $F_{0.975}(n_1,n_2)$ 表

$n_1=$分子的自由度，$n_2=$分母的自由度

n_2\n_1	1	2	3	4	5	6	7	8	9	10	12	15	20	24	30	40	60	120	∞
1	647.78	799.50	864.16	899.58	921.85	937.11	498.22	956.66	963.28	968.62	976.71	984.87	993.10	997.25	1001.41	1005.60	1009.80	1014.02	1018.26
2	38.51	39.00	39.17	39.25	39.30	39.33	39.36	39.37	39.39	39.40	39.41	39.43	39.45	39.46	39.46	39.47	39.48	39.49	39.50
3	17.44	16.04	15.44	15.10	14.28	14.73	14.62	14.54	14.47	14.42	14.34	14.25	14.17	14.12	14.08	14.04	13.99	13.95	13.90
4	12.22	10.65	9.98	9.60	9.36	9.20	9.07	8.98	8.90	8.84	8.75	8.66	8.56	8.51	8.46	8.41	8.36	8.31	8.26
5	10.01	8.43	7.76	7.39	7.15	6.98	6.85	6.76	6.68	6.62	6.52	6.43	6.33	6.28	6.23	6.18	6.12	6.07	6.02
6	8.81	7.26	6.60	6.23	5.99	5.82	5.70	5.60	5.52	5.46	5.37	5.27	5.17	5.12	5.07	5.01	4.96	4.90	4.85
7	8.07	6.54	5.89	5.52	5.29	5.12	4.99	4.90	4.82	4.76	4.67	4.57	4.47	4.42	4.36	4.31	4.25	4.20	4.14
8	7.57	6.06	5.42	5.05	4.82	4.65	4.53	4.43	4.36	4.30	4.20	4.10	4.00	3.95	3.89	3.84	3.78	3.73	3.67
9	7.21	5.71	5.08	4.72	4.48	4.32	4.20	4.10	4.03	3.96	3.87	3.77	3.67	3.61	3.56	3.51	3.45	3.39	3.33
10	6.94	5.46	4.83	4.47	4.24	4.07	3.95	3.85	3.78	3.72	3.62	3.52	3.42	3.37	3.31	3.26	3.20	3.14	3.08
11	6.72	5.26	4.63	4.28	4.04	3.88	3.76	3.66	3.59	3.53	3.43	3.33	3.23	3.17	3.12	3.06	3.00	2.94	2.88
12	6.55	5.10	4.47	4.12	3.89	3.73	3.61	3.51	3.44	3.37	3.28	3.18	3.07	3.02	2.96	2.91	2.85	2.79	2.72
13	6.41	4.97	4.35	4.00	3.77	3.60	3.48	3.39	3.31	3.25	3.15	3.05	2.95	2.89	2.84	2.78	2.72	2.66	2.60
14	6.30	4.86	4.24	3.89	3.66	3.50	3.38	3.29	3.21	3.15	3.05	2.95	2.84	2.79	2.73	2.67	2.61	2.55	2.49
15	6.20	4.77	4.15	3.80	3.58	3.41	3.29	3.20	3.12	3.06	2.96	2.86	2.76	2.70	2.64	2.59	2.52	2.46	2.40
16	6.12	4.69	4.08	3.73	3.50	3.34	3.22	3.12	3.05	2.99	2.89	2.79	2.68	2.63	2.57	2.51	2.45	2.38	2.32

附表 1.5（续 5）

n_2 \ n_1	1	2	3	4	5	6	7	8	9	10	12	15	20	24	30	40	60	120	∞
17	6.04	4.62	4.01	3.66	3.44	3.28	3.16	3.06	2.98	2.92	2.82	2.72	2.62	2.56	2.50	2.44	2.38	2.32	2.25
18	5.98	4.56	3.95	3.61	3.38	3.22	3.10	3.01	2.93	2.87	2.77	2.67	2.56	2.50	2.44	2.38	2.32	2.26	2.19
19	5.92	4.51	3.90	3.56	3.33	3.17	3.05	2.96	2.88	2.82	2.72	2.62	2.51	2.45	2.39	2.33	2.27	2.20	2.13
20	5.87	4.46	3.86	3.51	3.29	3.13	3.01	2.91	2.84	2.77	2.68	2.57	2.46	2.41	2.35	2.29	2.22	2.16	2.09
21	5.83	4.42	3.82	3.48	3.25	3.09	2.97	2.87	2.80	2.73	2.64	2.53	2.42	2.37	2.31	2.25	2.18	2.11	2.04
22	5.79	4.38	3.78	3.44	3.22	3.05	2.93	2.84	2.76	2.70	2.60	2.50	2.39	2.33	2.27	2.21	2.14	2.08	2.00
23	5.75	4.35	3.75	3.41	3.18	3.02	2.90	2.81	2.73	2.67	2.57	2.47	2.36	2.30	2.24	2.18	2.11	2.04	1.97
24	5.72	4.32	3.72	3.38	3.15	2.99	2.87	2.78	2.70	2.64	2.54	2.44	2.33	2.27	2.21	2.15	2.08	2.01	1.94
25	5.69	4.29	3.69	3.35	3.13	2.97	2.85	2.75	2.68	2.61	2.51	2.41	2.30	2.24	2.18	2.12	2.05	1.98	1.91
26	5.66	4.27	3.67	3.33	3.10	2.94	2.82	2.73	2.65	2.59	2.49	2.39	2.28	2.22	2.16	2.09	2.03	1.95	1.88
27	5.63	4.24	3.65	3.31	3.08	2.92	2.80	2.71	2.63	2.57	2.47	2.36	2.25	2.19	2.13	2.07	2.00	1.93	1.85
28	5.61	4.22	3.63	3.29	3.06	2.90	2.78	2.69	2.61	2.55	2.45	2.34	2.23	2.17	2.11	2.05	1.98	1.91	1.83
29	5.59	4.20	3.61	3.27	3.04	2.88	2.76	2.67	2.59	2.53	2.43	2.32	2.21	2.15	2.09	2.03	1.96	1.89	1.81
30	5.57	4.18	3.59	3.25	3.03	2.87	2.75	2.65	2.57	2.51	2.41	2.31	2.20	2.14	2.07	2.01	1.94	1.87	1.79
40	5.42	4.05	3.46	3.13	2.90	2.74	2.62	2.53	2.45	2.39	2.29	2.18	2.07	2.01	1.94	1.88	1.80	1.72	1.64
60	5.29	3.93	3.34	3.01	2.79	2.63	2.51	2.41	2.33	2.27	2.17	2.06	1.94	1.88	1.82	1.74	1.67	1.58	1.48
120	5.15	3.80	3.23	2.89	2.67	2.52	2.39	2.30	2.22	2.16	2.05	1.94	1.82	1.76	1.69	1.61	1.53	1.43	1.31
∞	5.02	3.69	3.12	2.79	2.57	2.41	2.29	2.19	2.11	2.05	1.94	1.83	1.71	1.64	1.57	1.48	1.39	1.27	1.00

附表 1.5（续 6）

F 分布的 0.99 分位数 $F_{0.99}(n_1, n_2)$ 表

$n_1 =$ 分子的自由度，$n_2 =$ 分母的自由度

n_2 \ n_1	1	2	3	4	5	6	7	8	9	10	12	15	20	24	30	40	60	120	∞
1	4052.18	4999.50	5403.35	5624.58	5763.65	5858.99	5928.36	5981.07	6022.47	6055.85	6106.32	6157.28	6208.73	6234.63	6260.65	6286.78	6313.03	6339.39	6365.86
2	98.50	99.00	99.17	99.25	99.30	99.33	99.36	99.37	99.39	99.40	99.42	99.43	99.45	99.46	99.47	99.47	99.48	99.49	99.50
3	34.12	30.82	29.46	28.71	28.24	27.91	27.67	27.49	27.35	27.23	27.05	26.87	26.69	26.60	26.50	26.41	26.32	26.22	26.13
4	21.20	18.00	16.69	15.98	15.52	15.21	14.98	14.80	14.66	14.55	14.37	14.20	14.02	13.93	13.84	13.75	13.65	13.56	13.46
5	16.26	13.27	12.06	11.39	10.97	10.67	10.46	10.29	10.16	10.05	9.89	9.72	9.55	9.47	9.38	9.29	9.20	9.11	9.02
6	13.75	10.92	9.78	9.15	8.75	8.47	8.26	8.10	7.98	7.87	7.72	7.56	7.40	7.31	7.23	7.14	7.06	6.97	6.88
7	12.25	9.55	8.45	7.85	7.46	7.19	6.99	6.84	6.72	6.62	6.47	6.31	6.16	6.07	5.99	5.91	5.82	5.74	5.65
8	11.26	8.65	7.59	7.01	6.63	6.37	6.18	6.03	5.91	5.81	5.67	5.52	5.36	5.28	5.20	5.12	5.03	4.95	4.86
9	10.56	8.02	6.99	6.42	6.06	5.80	5.61	5.47	5.35	5.26	5.11	4.96	4.81	4.73	4.65	4.57	4.48	4.40	4.31
10	10.04	7.56	6.55	5.99	5.64	5.39	5.20	5.06	4.94	4.85	4.71	4.56	4.41	4.33	4.25	4.17	4.08	4.00	3.91
11	9.65	7.21	6.22	5.67	5.32	5.07	4.89	4.74	4.63	4.54	4.40	4.25	4.10	4.02	3.94	3.86	3.78	3.69	3.60
12	9.33	6.93	5.95	5.41	5.06	4.82	4.64	4.50	4.39	4.30	4.16	4.01	3.86	3.78	3.70	3.62	3.54	3.45	3.36
13	9.07	6.70	5.74	5.21	4.86	4.62	4.44	4.30	4.19	4.10	3.96	3.82	3.66	3.59	3.51	3.43	3.34	3.25	3.17
14	8.86	6.51	5.56	5.04	4.70	4.46	4.28	4.14	4.03	3.94	3.80	3.66	3.51	3.43	3.35	3.27	3.18	3.09	3.00
15	8.68	6.36	5.42	4.89	4.56	4.32	4.14	4.00	3.89	3.80	3.67	3.52	3.37	3.29	3.21	3.13	3.05	2.96	2.87
16	8.53	6.23	5.29	4.77	4.44	4.20	4.03	3.89	3.78	3.69	3.55	3.41	3.26	3.18	3.10	3.02	2.93	2.84	2.75
17	8.40	6.11	5.19	4.67	4.34	4.10	3.93	3.79	3.68	3.59	3.46	3.31	3.16	3.08	3.00	2.92	2.83	2.75	2.65

附表 1.5（续 7）

n_1 \ n_2	1	2	3	4	5	6	7	8	9	10	12	15	20	24	30	40	60	120	∞
18	8.29	6.01	5.09	4.58	4.25	4.01	3.84	3.71	3.60	3.51	3.37	3.23	3.08	3.00	2.92	2.84	2.75	2.66	2.57
19	8.18	5.93	5.01	4.50	4.17	3.94	3.77	3.63	3.52	3.43	3.30	3.15	3.00	2.92	2.84	2.76	2.67	2.58	2.49
20	8.10	5.85	4.94	4.43	4.10	3.87	3.70	3.56	3.46	3.37	3.23	3.09	2.94	2.86	2.78	2.69	2.61	2.52	2.42
21	8.02	5.78	4.87	4.37	4.04	3.81	3.64	3.51	3.40	3.31	3.17	3.03	2.88	2.80	2.72	2.64	2.55	2.46	2.36
22	7.95	5.72	4.82	4.31	3.99	3.76	3.59	3.45	3.35	3.26	3.12	2.98	2.83	2.75	2.67	2.58	2.50	2.40	2.31
23	7.88	5.66	4.76	4.26	3.94	3.71	3.54	3.41	3.30	3.21	3.07	2.93	2.78	2.70	2.62	2.54	2.45	2.35	2.26
24	7.82	5.61	4.72	4.22	3.90	3.67	3.50	3.36	3.26	3.17	3.03	2.89	2.74	2.66	2.58	2.49	2.40	2.31	2.21
25	7.77	5.57	4.68	4.18	3.85	3.63	3.46	3.32	3.22	3.13	2.99	2.85	2.70	2.62	2.54	2.45	2.36	2.27	2.17
26	7.72	5.53	4.64	4.14	3.82	3.59	3.42	3.29	3.18	3.09	2.96	2.82	2.66	2.58	2.50	2.42	2.33	2.23	2.13
27	7.68	5.49	4.60	4.11	3.78	3.56	3.39	3.26	3.15	3.06	2.93	2.78	2.63	2.55	2.47	2.38	2.29	2.20	2.10
28	7.64	5.45	4.57	4.07	3.75	3.53	3.36	3.23	3.12	3.03	2.90	2.75	2.60	2.52	2.44	2.35	2.26	2.17	2.06
29	7.60	5.42	4.54	4.04	3.73	3.50	3.33	3.20	3.09	3.00	2.87	2.73	2.57	2.49	2.41	2.33	2.23	2.14	2.03
30	7.56	5.39	4.51	4.02	3.70	3.47	3.30	3.17	3.07	2.98	2.84	2.70	2.55	2.47	2.39	2.30	2.21	2.11	2.01
40	7.31	5.18	4.31	3.83	3.51	3.29	3.12	2.99	2.89	2.80	2.66	2.52	2.37	2.29	2.20	2.11	2.02	1.92	1.80
60	7.08	4.98	4.13	3.65	3.34	3.12	2.95	2.82	2.72	2.63	2.50	2.35	2.20	2.12	2.03	1.94	1.84	1.73	1.60
120	6.85	4.79	3.95	3.48	3.17	2.96	2.79	2.66	2.56	2.47	2.34	2.19	2.03	1.95	1.86	1.76	1.66	1.53	1.38
∞	6.63	4.61	3.78	3.32	3.02	2.80	2.64	2.51	2.41	2.32	2.18	2.04	1.88	1.79	1.70	1.59	1.47	1.32	1.00

附表 2 抽样检验用表

附表 2.1 计数标准型一次抽样方案表

不合格品率的计数标准型一次抽样方案

$P_1,\%$ \ $P_0,\%$	0.75	0.85	0.95	1.05	1.20	1.30	1.50	1.70	1.90	2.10	2.40	2.60	3.00	$P_1,\%$ \ $P_0,\%$
0.095	750,2	425,1	395,1	370,1	345,1	315,1	280,1	250,1	225,1	210,1	185,1	160,1	68,0	0.091~0.100
0.105	730,2	665,2	380,1	355,1	330,1	310,1	275,1	250,1	225,1	200,1	185,1	160,1	150,1	0.101~0.112
0.120	700,2	650,2	595,2	340,1	320,1	295,1	275,1	245,1	220,1	200,1	180,1	160,1	150,1	0.113~0.125
0.130	930,3	625,2	580,2	535,2	305,1	285,1	260,1	240,1	220,1	195,1	180,1	160,1	150,1	0.126~0.140
0.150	900,3	820,3	545,2	520,2	475,2	270,1	250,1	230,1	215,1	190,1	175,1	160,1	140,1	0.141~0.160
0.170	1105,4	795,3	740,3	495,2	470,2	430,2	240,1	220,1	205,1	185,1	175,1	160,1	140,1	0.161~0.180
0.190	1295,5	980,4	710,3	665,3	440,2	415,2	370,2	210,1	200,1	175,1	170,1	155,1	140,1	0.181~0.200
0.210	1445,6	1135,5	875,4	635,3	595,3	395,2	365,2	330,2	190,1	185,1	165,1	155,1	140,1	0.201~0.224
0.240	1620,7	1305,6	1015,5	785,4	570,3	525,3	350,2	325,2	300,2	175,1	160,1	145,1	135,1	0.225~0.250
0.260	1750,8	1435,7	1165,6	910,5	705,4	510,3	465,3	310,2	290,2	170,1	150,1	140,1	130,1	0.251~0.280
0.300	2055,10	1545,8	1275,7	1025,6	810,5	625,4	450,3	410,3	275,2	265,2	240,2	135,1	125,1	0.281~0.315
0.340		1820,10	1385,8	1145,7	920,6	725,5	555,4	400,3	365,3	260,2	230,2	210,2	120,1	0.316~0.355
0.380			1630,10	1235,8	1025,7	820,6	640,5	490,4	355,3	250,2	220,2	205,2	190,2	0.356~0.400
0.420				1450,10	1100,8	910,7	725,6	565,5	440,4	330,3	295,3	195,2	180,2	0.401~0.450
0.480					1300,10	985,8	810,7	545,5	505,5	315,3	285,3	260,3	175,2	0.451~0.500
0.530						1165,10	875,8	715,7	495,5	390,4	350,4	255,3	230,3	0.501~0.560
0.600							1035,10	770,8	640,7	455,5	405,5	310,4	225,3	0.561~0.630
0.670								910,10	690,8	435,5	390,5	360,5	275,4	0.631~0.710
0.750									815,10	570,7	510,7	350,5	320,5	0.711~0.800
0.850										620,8	550,8	455,7	310,5	0.801~0.900
0.950										725,10	650,10	490,8	405,7	0.901~1.00
1.05												580,10	435,8	1.01~1.12
1.20												715,13	515,10	1.13~1.25
1.30													635,13	1.26~1.40
1.50													825,18	1.41~1.60
$P_1,\%$ \ $P_0,\%$	0.71~0.80	0.81~0.90	0.91~1.00	1.01~1.12	1.13~1.25	1.26~1.40	1.41~1.60	1.61~1.80	1.81~2.00	2.01~2.24	2.25~2.50	2.51~2.80	2.81~3.15	$P_1,\%$ \ $P_0,\%$

附表 2.1(续 1) 不合格品率的计数标准型一次抽样方案

$P_0,\%$ \ $P_1,\%$	3.40	3.80	4.20	4.80	5.30	6.00	6.70	7.50	8.50	9.50	10.5	12.0	13.0	15.0	17.0	19.0	21.0	24.0	26.0	30.0	34.0	$P_1,\%$ \ $P_0,\%$
0.095	64,0	58,0	54,0	49,0	45,0	41,0	37,0	33,0	30,0	27,0	24,0	22,0	19,0	17,0	15,0	13,0	11,0	10,0	9,0	8,0	7,0	0.091~0.100
0.105	60,0	56,0	52,0	48,0	44,0	40,0	37,0	33,0	29,0	27,0	24,0	21,0	19,0	17,0	15,0	13,0	11,0	10,0	9,0	7,0	7,0	0.101~0.112
0.120	130,1	54,0	50,0	46,0	43,0	39,0	36,0	33,0	29,0	26,0	24,0	21,0	19,0	17,0	15,0	13,0	11,0	10,0	9,0	7,0	7,0	0.113~0.125
0.130	130,1	115,1	48,0	45,0	41,0	38,0	35,0	32,0	29,0	26,0	23,0	21,0	19,0	16,0	15,0	13,0	11,0	10,0	9,0	7,0	6,0	0.126~0.140
0.150	130,1	115,1	100,1	43,0	40,0	37,0	33,0	31,0	28,0	26,0	23,0	21,0	18,0	16,0	15,0	13,0	11,0	10,0	9,0	7,0	6,0	0.141~0.160
0.170	125,1	115,1	100,1	92,1	38,0	35,0	33,0	30,0	27,0	25,0	23,0	21,0	18,0	16,0	14,0	13,0	11,0	10,0	9,0	7,0	6,0	0.161~0.180
0.190	125,1	115,1	100,1	92,1	82,1	34,0	31,0	29,0	26,0	24,0	22,0	21,0	18,0	16,0	14,0	13,0	11,0	10,0	9,0	7,0	6,0	0.181~0.200
0.210	125,1	115,1	100,1	92,1	82,1	72,1	30,0	28,0	25,0	23,0	22,0	20,0	18,0	16,0	14,0	13,0	11,0	10,0	9,0	7,0	6,0	0.201~0.224
0.240	125,1	115,1	100,1	90,1	82,1	72,1	64,1	27,0	25,0	23,0	21,0	19,0	17,0	15,0	14,0	12,0	11,0	10,0	9,0	7,0	6,0	0.225~0.250
0.260	120,1	110,1	100,1	90,1	80,1	72,1	64,1	56,1	24,0	22,0	20,0	19,0	17,0	15,0	14,0	12,0	11,0	10,0	9,0	7,0	6,0	0.251~0.280
0.300	115,1	110,1	98,1	88,1	80,1	70,1	64,1	56,1	50,1	21,0	19,0	18,0	17,0	15,0	14,0	12,0	11,0	10,0	9,0	7,0	6,0	0.281~0.315
0.340	110,1	105,1	96,1	86,1	80,1	70,1	62,1	56,1	50,1	45,1	19,0	17,0	16,0	15,0	13,0	12,0	11,0	10,0	9,0	7,0	6,0	0.316~0.355
0.380	110,1	100,1	92,1	86,1	78,1	70,1	62,1	56,1	50,1	45,1	40,1	17,0	15,0	14,0	13,0	12,0	11,0	10,0	9,0	7,0	6,0	0.356~0.400
0.420	165,2	95,1	88,1	82,1	76,1	68,1	62,1	49,1	45,1	40,1	35,1	14,0	16,0	14,0	12,0	11,0	10,0	9,0	8,0	7,0	6,0	0.401~0.450
$P_0,\%$ \ $P_1,\%$	3.16~3.55	3.56~4.00	4.01~4.50	4.51~5.00	5.01~5.60	5.61~6.30	6.31~7.10	7.11~8.00	8.01~9.00	9.01~10.00	10.01~11.2	11.3~12.5	12.6~14.0	14.1~16.0	16.1~18.0	18.1~20.0	20.1~22.4	22.5~25.0	25.1~28.0	28.1~31.5	31.6~35.5	$P_1,\%$ \ $P_0,\%$

附表 2.1（续 2）

不合格品率的计数标准型一次抽样方案

$P_1,\%$ \ $P_0,\%$	3.40	3.80	4.20	4.80	5.30	6.00	6.70	7.50	8.50	9.50	10.5	12.0	13.0	15.0	17.0	19.0	21.0	24.0	26.0	30.0	34.0	$P_1,\%$ \ $P_0,\%$
0.480	165,2	150,2	84,1	80,1	74,1	68,1	62,1	56,1	49,1	44,1	40,1	35,1	31,1	13,0	12,0	11,0	10,0	9,0	8,0	7,0	6,0	0.451~0.500
0.530	155,2	145,2	135,2	76,1	70,1	64,1	60,1	54,1	49,1	44,1	39,1	35,1	31,1	28,1	11,0	11,0	10,0	9,0	8,0	7,0	6,0	0.501~0.560
0.600	205,3	140,2	125,2	115,2	68,1	62,1	58,1	54,1	48,1	44,1	39,1	35,1	31,1	27,1	24,1	10,0	9,0	9,0	8,0	7,0	6,0	0.561~0.630
0.670	200,3	185,3	125,2	115,2	105,2	59,1	56,1	52,1	47,1	43,1	39,1	35,1	31,1	27,1	24,1	21,1	9,0	8,0	8,0	7,0	6,0	0.631~0.710
0.750	250,4	180,3	165,3	110,2	105,2	94,2	54,1	49,1	46,1	42,1	38,1	35,1	30,1	27,1	24,1	21,1	19,1	17,1	7,0	7,0	6,0	0.711~0.800
0.850	285,5	220,4	160,3	140,3	100,2	90,2	84,2	47,1	44,1	40,1	38,1	34,1	30,1	27,1	24,1	21,1	19,1	17,1	15,1	6,0	6,0	0.801~0.900
0.950	275,5	255,5	195,4	140,3	130,3	86,2	82,2	74,2	42,1	39,1	36,1	34,1	30,1	27,1	23,1	21,1	19,1	17,1	15,1	6,0	6,0	0.901~1.00
1.05	360,7	245,5	225,5	175,4	125,3	115,3	78,2	72,2	64,2	37,1	35,1	32,1	29,1	26,1	23,1	21,1	19,1	17,1	15,1	6,0	6,0	1.01~1.12
1.20	390,8	280,6	220,5	165,4	155,4	115,3	105,3	64,2	58,2	58,2	33,1	31,1	28,1	25,1	23,1	21,1	18,1	17,1	15,1	6,0	6,0	1.13~1.25
1.30	465,10	350,8	250,6	195,5	150,4	135,4	100,3	66,2	62,2	58,2	52,2	30,1	26,1	25,1	22,1	20,1	18,1	16,1	15,1	5,0	5,0	1.26~1.40
1.50	565,13	410,10	310,8	220,6	175,5	130,4	120,4	90,3	54,2	54,2	50,2	47,2	26,1	24,1	21,1	20,1	18,1	16,1	14,1	13,1	5,0	1.41~1.60
1.70	745,18	505,13	360,10	275,8	195,8	155,5	115,4	110,4	78,3	52,2	49,2	45,2	41,2	23,1	21,1	19,1	18,1	16,1	14,1	13,1	11,1	1.61~1.80
1.90	660,18	445,13	325,10	245,8	175,6	140,5	105,4	95,4	70,3	47,2	44,2	41,2	36,2	32,2	18,1	17,1	16,1	14,1	13,1	11,1		1.81~2.00
2.10		585,18	400,13	290,10	220,8	155,6	125,5	95,4	86,4	62,3	42,2	39,2	36,2	32,2	18,1	18,1	16,1	14,1	13,1	11,1		2.01~2.24
$P_0,\%$ \ $P_1,\%$	3.16~3.55	3.56~4.00	4.01~4.50	4.51~5.00	5.01~5.60	5.61~6.30	6.31~7.10	7.11~8.00	8.01~9.00	9.01~10.00	10.01~11.2	11.3~12.5	12.6~14.0	14.1~16.0	16.1~18.0	18.1~20.0	20.1~22.4	22.5~25.0	25.1~28.0	28.1~31.5	31.6~35.5	$P_0,\%$ \ $P_1,\%$

附表 2.1(续 3) 不合格品率的计数标准型一次抽样方案

$P_0,\%$ \ $P_1,\%$	3.40	3.80	4.20	4.80	5.30	6.00	6.70	7.50	8.50	9.50	10.5	12.0	13.0	15.0	17.0	19.0	21.0	24.0	26.0	30.0	34.0	$P_1,\%$ \ $P_0,\%$
2.40				520,18	360,13	260,10	195,8	140,6	110,5	84,4	76,4	56,3	37,2	34,2	31,2	28,2	16,1	15,1	14,1	12,1	11,1	2.25~2.50
2.60					470,18	320,13	230,10	175,8	125,6	100,5	74,4	54,3	50,3	33,2	30,2	28,2	25,2	15,1	13,1	12,1	11,1	2.51~2.80
3.00					415,18	280,13	205,10	155,8	110,6	86,5	66,4	48,3	44,3	29,2	27,2	26,2	22,2	13,1	13,1	12,1	11,1	2.81~3.15
3.40						350,17	250,13	180,10	140,8	100,6	78,5	60,4	48,3	44,3	39,3	35,3	23,2	22,2	20,2	11,1	10,1	3.16~3.55
3.80							310,17	225,13	165,10	125,8	90,6	78,5	60,4	52,4	37,3	33,3	31,3	21,2	20,2	17,2	10,1	3.56~4.00
4.20								275,17	200,13	145,10	110,8	90,6	70,5	62,5	46,4	41,4	30,3	20,2	19,2	17,2	10,1	4.01~4.50
4.80									220,17	180,13	130,10	100,8	78,6	70,6	54,5	48,5	37,4	28,3	18,2	17,2	15,2	4.51~5.00
5.30										215,17	180,13	130,10	100,8	85,8	62,6	54,6	43,5	33,4	25,3	16,2	15,2	5.01~5.60
6.00											220,17	160,13	115,10	100,10	68,7	60,7	48,6	38,5	29,4	22,3	14,2	5.61~6.30
6.70												195,17	140,13	120,12	82,9	74,9	54,7	44,6	34,5	21,3	14,2	6.31~7.10
7.50													175,17	150,16	105,12	90,12	66,9	48,7	38,6	26,4	18,3	7.11~8.00
8.50															130,16	115,16	82,12	58,9	43,7	30,5	23,4	8.01~9.00
9.50																	105,16	74,12	52,9	34,6	27,5	9.01~10.0
10.50																				38,7	26,5	10.1~11.2
$P_1,\%$	3.40~3.55	3.80~4.00	4.01~4.50	4.51~5.00	5.01~5.60	5.61~6.30	6.31~7.10	7.11~8.00	8.01~9.00	9.01~10.00	10.01~11.2	11.3~12.5	12.6~14.0	14.1~16.0	16.1~18.0	18.1~20.0	20.1~22.4	22.5~25.0	25.1~28.0	28.1~31.5	31.6~35.5	$P_0,\%$ \ $P_1,\%$

附表2.2 正常检验一次抽样方案

接收质量限（AQL）

样本量字码	样本量	0.010 Ac Re	0.015 Ac Re	0.025 Ac Re	0.040 Ac Re	0.065 Ac Re	0.10 Ac Re	0.15 Ac Re	0.25 Ac Re	0.40 Ac Re	0.65 Ac Re	1.0 Ac Re	1.5 Ac Re	2.5 Ac Re	4.0 Ac Re	6.5 Ac Re	10 Ac Re	15 Ac Re	25 Ac Re	40 Ac Re	65 Ac Re	100 Ac Re	150 Ac Re	250 Ac Re	400 Ac Re	650 Ac Re	1000 Ac Re
A	2													↓					0 1			1 2	2 3	3 4	5 6	7 8	10 11	14 15	21 22	30 31
B	3																0 1		⇧	1 2	2 3	3 4	5 6	7 8	10 11	14 15	21 22	30 31	44 45
C	5														0 1		⇧	1 2	2 3	3 4	5 6	7 8	10 11	14 15	21 22	30 31	44 45	←
D	8												0 1		⇧	1 2	2 3	3 4	5 6	7 8	10 11	14 15	21 22	30 31	44 45	←		
E	13											0 1		⇧	1 2	2 3	3 4	5 6	7 8	10 11	14 15	21 22	←					
F	20										0 1		⇧	1 2	2 3	3 4	5 6	7 8	10 11	14 15	21 22	←						
G	32									0 1		⇧	1 2	2 3	3 4	5 6	7 8	10 11	14 15	21 22	←							
H	50								0 1		⇧	1 2	2 3	3 4	5 6	7 8	10 11	14 15	21 22	←								
J	80							0 1		⇧	1 2	2 3	3 4	5 6	7 8	10 11	14 15	21 22	←									
K	125						0 1		⇧	1 2	2 3	3 4	5 6	7 8	10 11	14 15	21 22	←										
L	200					0 1		⇧	1 2	2 3	3 4	5 6	7 8	10 11	14 15	21 22	←											
M	315				0 1		⇧	1 2	2 3	3 4	5 6	7 8	10 11	14 15	21 22	←												
N	500			0 1		⇧	1 2	2 3	3 4	5 6	7 8	10 11	14 15	21 22	←													
P	800		0 1		⇧	1 2	2 3	3 4	5 6	7 8	10 11	14 15	21 22	←														
Q	1250	0 1		⇧	1 2	2 3	3 4	5 6	7 8	10 11	14 15	21 22	←															
R	2000	↓	⇧	1 2	2 3	3 4	5 6	7 8	10 11	14 15	21 22	←																

注：↓——使用箭头下面的第一个抽样方案。如果样本量等于或超过批量，则执行100%检验；
⇧——使用箭头上面的第一个抽样方案；
Ac——接收数；
Re——拒收数。

附表2.3 加严检验一次抽样方案

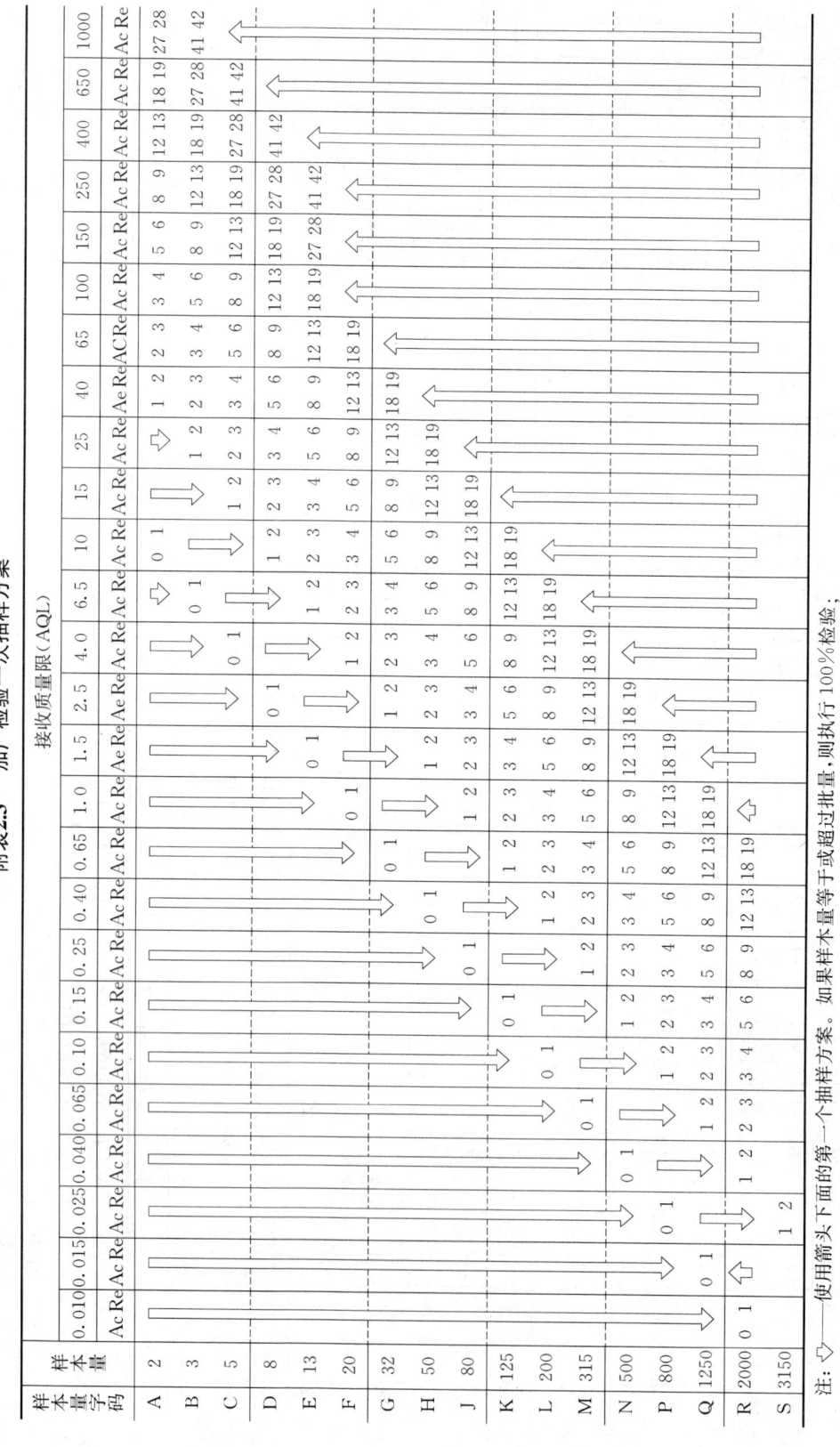

附表2.4 放宽检验一次抽样方案

样本量字码	样本量	接收质量限（AQL）																									
		0.010	0.015	0.025	0.040	0.065	0.10	0.15	0.25	0.40	0.65	1.0	1.5	2.5	4.0	6.5	10	15	25	40	65	100	150	250	400	650	1000
		Ac Re	Ac Re	Ac Re	Ac Re	Ac Re	Ac Re	Ac Re	Ac Re	Ac Re	Ac Re	Ac Re	Ac Re	Ac Re	Ac Re	Ac Re	Ac Re	Ac Re	Ac Re	Ac Re	Ac Re	Ac Re	Ac Re	Ac Re	Ac Re	Ac Re	Ac Re
A	2	↓																				5 6	7 8	10 11	14 15	21 22	30 31
B	2																				3 4	5 6	7 8	10 11	14 15	21 22	30 31
C	2																			2 3	3 4	6 7	6 7	8 9	14 15	21 22	←
D	3																	1 2	2 3	3 4	5 6	7 8	8 9	10 11 14 15	21 22	←	
E	5															0 1	1 2	2 3	3 4	5 6	6 7	8 9	10 11	14 15	21 22	←		
F	8														0 1	1 2	2 3	3 4	5 6	6 7	8 9	10 11	←					
G	13													0 1	1 2	2 3	3 4	5 6	6 7	8 9	10 11	←						
H	20												0 1	1 2	2 3	3 4	5 6	6 7	8 9	10 11	←							
J	32											0 1	1 2	2 3	3 4	5 6	6 7	8 9	10 11	←								
K	50										0 1	1 2	2 3	3 4	5 6	6 7	8 9	10 11	←									
L	80									0 1	1 2	2 3	3 4	5 6	6 7	8 9	10 11	←										
M	125								0 1	1 2	2 3	3 4	5 6	6 7	8 9	10 11	←											
N	200							0 1	1 2	2 3	3 4	5 6	6 7	8 9	10 11	←												
P	315						0 1	1 2	2 3	3 4	5 6	6 7	8 9	10 11	←													
Q	500					0 1	1 2	2 3	3 4	5 6	6 7	8 9	10 11	↑														
R	800				0 1	↑																						

注：⇩ ——使用箭头下面的第一个抽样方案。如果样本量等于或超过批量，则执行100%检验；
⇧ ——使用箭头上面的第一个抽样方案；
Ac ——接收数；
Re ——拒收数。

附表2.5 单侧限"σ"法的样本量与接收常数

A 或 A′ 计算值范围	n	k	A 或 A′ 计算值范围	n	k
2.069 以上	2	−1.163	0.731～0.755	16	−0.411
1.690～2.068	3	−0.950	0.710～0.730	17	−0.399
			0.690～0.709	18	−0.388
1.463～1.689	4	−0.822	0.671～0.689	19	−0.377
1.309～1.462	5	−0.736	0.654～0.670	20	−0.368
1.195～1.308	6	−0.672	0.585～0.653	25	−0.329
1.106～1.194	7	−0.622	0.534～0.584	30	−0.300
1.035～1.105	8	−0.582	0.495～0.533	35	−0.278
0.975～1.034	9	−0.548	0.463～0.494	40	−0.260
0.925～0.974	10	−0.520	0.436～0.462	45	−0.245
0.882～0.924	11	−0.496	0.414～0.435	50	−0.233
0.845～0.881	12	−0.475			
0.811～0.844	13	−0.456			
0.782～0.810	14	−0.440			
0.756～0.781	15	−0.425			

注：① 当计算值小于 0.414 时，可按下面公式计算 n 和 k：

$$n = \frac{8.56382}{(\text{计算值})^2}, \quad k = -0.56207 \times (\text{计算值})$$

② $A = \dfrac{\mu_{0U} - \mu_{1U}}{\sigma}$，$A' = \dfrac{\mu_{0L} - \mu_{1L}}{\sigma}$。

附表 2.6　单侧限"s"法的样本量与接收常数

B 或 B' 计算值范围	n	k	B 或 B' 计算值范围	n	k
1.980 及以上	4	−1.176	0.700～0.719	20	−0.387
1.620～1.979	5	−0.953	0.680～0.699	21	−0.376
1.420～1.619	6	−0.823	0.660～0.679	22	−0.367
1.260～1.419	7	−0.734	0.640～0.659	23	−0.358
1.160～1.259	8	−0.670	0.620～0.639	24	−0.350
1.080～1.159	9	−0.620	0.600～0.619	26	−0.335
1.020～1.079	10	−0.580	0.580～0.599	27	−0.328
0.960～1.019	11	−0.546	0.560～0.579	29	−0.136
0.920～0.959	12	−0.518	0.540～0.559	31	−0.305
0.880～0.919	13	−0.494	0.520～0.539	34	−0.290
			0.500～0.519	36	−0.282
0.840～0.879	14	−0.473	0.480～0.499	39	−0.270
0.800～0.839	15	−0.455	0.460～0.479	42	−0.260
0.780～0.799	16	−0.438	0.440～0.459	46	−0.248
0.760～0.779	17	−0.423	0.420～0.439	50	−0.237
0.740～0.759	18	−0.410	0.400～0.419	55	−0.226
0.720～0.739	19	−0.398	0.399 及以下	60	−0.216

注：$B = \dfrac{\mu_{1U} - \mu_{0U}}{s}$，$B' = \dfrac{\mu_{0L} - \mu_{1L}}{s}$。

附表 2.7　双侧限"σ"法的样本量与接收常数

A或A'	2.080及以上	1.700~2.079	1.480~1.699	1.320~1.479	1.200~1.319	1.120~1.199	1.040~1.119	0.980~1.039
n	2	3	4	5	6	7	8	9
C	0.14及以下	0.012及以下	0.010及以下	0.009及以下	0.008及以下	0.008及以下	0.007及以下	0.007及以下
k	−1.379	−1.126	−0.975	−0.872	−0.796	−0.737	−0.690	−0.650
C	0.015~0.085	0.013~0.069	0.011~0.060	0.010~0.054	0.009~0.049	0.009~0.045	0.008~0.042	0.008~0.040
k	−1.365	−1.114	−0.965	−0.863	−0.788	−0.730	−0.682	−0.643
C	0.086~0.156	0.070~0.127	0.061~0.110	0.055~0.098	0.050~0.090	0.046~0.083	0.043~0.078	0.041~0.073
k	−1.334	−1.089	−0.943	−0.844	−0.770	−0.713	−0.667	−0.629
C	0.157~0.226	0.128~0.185	0.111~0.160	0.099~0.143	0.091~0.131	0.084~0.121	0.079~0.113	0.074~0.107
k	−1.306	−1.066	−0.923	−0.826	−0.754	−0.698	−0.653	−0.616
C	0.227~0.297	0.186~0.242	0.161~0.210	0.144~0.188	0.132~0.171	0.122~0.159	0.114~0.148	0.108~0.140
k	−1.281	−1.046	−0.906	−0.801	−0.740	−0.685	−0.641	−0.604
C	0.298~0.368	0.243~0.300	0.211~0.260	0.189~0.233	0.172~0.212	0.160~0.197	0.149~0.184	0.141~0.173
k	−1.259	−1.028	−0.890	−0.796	−0.727	−0.673	−0.629	−0.593
C	0.369~0.438	0.301~0.358	0.261~0.310	0.234~0.277	0.213~0.253	0.198~0.234	0.185~0.219	0.174~0.207
k	−1.240	−1.013	−1.877	−0.785	−0.716	−0.663	−0.620	−0.585
C	0.439~0.509	0.359~0.416	0.311~0.360	0.278~0.322	0.254~0.294	0.235~0.272	0.220~0.255	0.208~0.240
k	−1.225	−1.000	−0.866	−0.775	−0.707	−0.655	−0.612	−0.577
C	0.510~0.580	0.417~0.473	0.361~0.410	0.323~0.367	0.295~0.335	0.273~0.310	0.256~0.290	0.241~0.273
k	−1.212	−0.989	−0.857	−0.766	−0.700	−0.648	−0.606	−0.571
C	0.581~0.651	0.474~0.531	0.411~0.460	0.368~0.411	0.336~0.376	0.311~0.348	0.291~0.325	0.274~0.307
k	−1.201	−0.980	−0.849	−0.759	−0.693	−0.642	−0.600	−0.566
C	0.652~0.778	0.532~0.635	0.461~0.550	0.412~0.492	0.377~0.449	0.349~0.416	0.326~0.389	0.308~0.367
k	−1.192	−0.973	−0.843	−0.754	−0.688	−0.637	−0.596	−0.562
C	0.779~1.131	0.636~0.924	0.551~0.800	0.493~0.716	0.450~0.653	0.417~0.605	0.390~0.566	0.368~0.533
k	−1.174	−0.958	−0.830	−0.742	−0.678	−0.627	−0.587	−0.553
C	1.132~1.485	0.925~1.212	0.801~1.050	0.717~0.939	0.654~0.857	0.606~0.794	0.567~0.742	0.534~0.700
k	−1.165	−0.951	−0.824	−0.737	−0.673	−0.623	−0.583	−0.549
C	1.486~1.838	1.213~1.501	1.051~1.300	0.940~1.163	0.858~1.061	0.795~0.983	0.743~0.919	0.701~0.867
k	−1.163	−0.950	−0.823	−0.736	−0.672	−0.622	−0.582	−0.548
C	1.838以上	1.501以上	1.300以上	1.163以上	1.061以上	0.983以上	0.919以上	0.867以上
k	−1.163	−0.950	−0.822	−0.736	−0.672	−0.622	−0.582	−0.548

注：$A=\dfrac{\mu_{1U}-\mu_{0U}}{\sigma}$，$A'=\dfrac{\mu_{0L}-\mu_{1L}}{\sigma}$，$C=\dfrac{\mu_{1U}-\mu_{0L}}{\sigma}$。

附表 2.8 双侧限"S"法的样本量与接收常数

B 或 B'	0.880~0.919	0.840~0.879	0.800~0.839	0.780~0.799	0.760~0.779	0.740~0.759	0.720~0.739	0.700~0.719
n	13	14	15	16	17	18	19	20
D	0.006 及以下	0.005 及以下	0.005 及以下	0.005 及以下	0.005 及以下	0.005 及以下	0.005 及以下	0.004 及以下
k	−0.601	−0.574	−0.551	−0.530	−0.512	−0.495	−0.479	−0.466
D	0.007~0.028	0.006~0.027	0.006~0.026	0.006~0.025	0.006~0.024	0.006~0.024	0.006~0.023	0.005~0.022
k	−0.594	−0.568	−0.545	−0.525	−0.506	−0.490	−0.474	−0.461
D	0.029~0.055	0.028~0.053	0.027~0.052	0.026~0.050	0.025~0.047	0.025~0.047	0.024~0.046	0.023~0.045
k	−0.579	−0.554	−0.531	−0.512	−0.494	−0.478	−0.463	−0.449
D	0.056~0.083	0.054~0.080	0.053~0.077	0.051~0.075	0.050~0.073	0.048~0.071	0.047~0.069	0.046~0.067
k	−0.567	−0.543	−0.521	−0.501	−0.483	−0.468	−0.454	−0.440
D	0.084~0.111	0.081~0.107	0.078~0.103	0.076~0.100	0.074~0.097	0.072~0.094	0.070~0.092	0.068~0.089
k	−0.555	−0.531	−0.509	−0.491	−0.473	−0.458	−0.444	−0.431
D	0.112~0.139	0.108~0.134	0.104~0.129	0.101~0.125	0.098~0.121	0.095~0.118	0.093~0.115	0.090~0.112
k	−0.545	−0.521	0.500	−0.481	−0.465	−0.449	−0.436	−0.424
D	0.140~0.166	0.135~0.160	0.130~0.155	0.126~0.150	0.122~0.146	0.119~0.141	0.116~0.138	0.113~0.134
k	−0.536	−0.512	−0.492	−0.473	−0.457	−0.442	−0.429	−0.417
D	0.167~0.194	0.161~0.187	0.156~0.181	0.151~0.175	0.147~0.170	0.142~0.165	0.139~0.161	0.135~0.157
k	−0.528	−0.505	−0.484	−0.467	−0.450	−0.436	−0.423	−0.411
D	0.195~0.222	0.188~0.214	0.182~0.207	0.176~0.200	0.171~0.194	0.166~0.189	0.162~0.184	0.158~0.179
k	−0.521	−0.498	−0.478	−0.461	−0.445	−0.431	−0.418	−0.406
D	0.223~0.361	0.215~0.347	0.208~0.336	0.201~0.325	0.195~0.315	0.190~0.306	0.185~0.298	0.180~0.291
k	−0.505	−0.484	−0.464	−0.447	−0.432	−0.418	−0.406	−0.394
D	0.362~0.499	0.348~0.481	0.337~0.465	0.326~0.450	0.316~0.437	0.307~0.424	0.299~0.413	0.292~0.402
k	−0.497	−0.476	−0.457	−0.440	−0.425	−0.412	−0.400	−0.388
D	0.500~0.777	0.482~0.748	0.466~0.723	0.451~0.700	0.438~0.679	0.425~0.660	0.414~0.642	0.403~0.626
k	−0.495	−0.473	−0.455	−0.438	−0.423	−0.410	−0.398	−0.387
D	0.778~1.054	0.749~1.016	0.724~0.981	0.701~0.950	0.680~0.922	0.661~0.896	0.643~0.872	0.627~0.850
k	−0.494	−0.473	−0.455	−0.438	−0.423	−0.410	−0.398	−0.387
D	1.054 以上	1.016 以上	0.981 以上	0.950 以上	0.922 以上	0.896 以上	0.872 以上	0.850 以上
k	−0.494	−0.473	−0.455	−0.438	−0.423	−0.410	−0.398	−0.387

注：$D=\dfrac{\mu_{0U}-\mu_{0L}}{\hat{\sigma}}$，$B=\dfrac{\mu_{1U}-\mu_{0U}}{\hat{\sigma}}$，$B'=\dfrac{\mu_{0L}-\mu_{1L}}{\hat{\sigma}}$。

附表 3 计量控制图计算控制线的系数表

子组中观测值个数 n	控制限系数											中心线系数			
	A	A_2	A_3	B_3	B_4	B_5	B_6	D_1	D_2	D_3	D_4	c_4	$1/c_4$	d_2	$1/d_2$
2	2.121	1.880	2.659	0.000	3.267	0.000	2.606	0.000	3.686	0.000	3.267	0.7979	1.2533	1.128	0.8865
3	1.732	1.023	1.954	0.000	2.568	0.000	2.276	0.000	4.358	0.000	2.574	0.8862	1.1284	1.693	0.5907
4	1.500	0.729	1.628	0.000	2.266	0.000	2.088	0.000	4.698	0.000	2.282	0.9213	1.0854	2.059	0.4857
5	1.342	0.577	1.427	0.000	2.089	0.000	1.964	0.000	4.918	0.000	2.114	0.9400	1.0638	2.326	0.4299
6	1.225	0.483	1.287	0.030	1.970	0.029	1.874	0.000	5.078	0.000	2.004	0.9515	1.0510	2.534	0.3946
7	1.134	0.419	1.182	0.118	1.882	0.113	1.806	0.204	5.204	0.076	1.924	0.9594	1.0423	2.704	0.3698
8	1.061	0.373	1.099	0.185	1.815	0.179	1.751	0.388	5.306	0.136	1.864	0.9650	1.0363	2.847	0.3512
9	1.000	0.337	1.032	0.239	1.761	0.232	1.707	0.547	5.393	0.184	1.816	0.9693	1.0317	2.970	0.3367
10	0.949	0.308	0.975	0.284	1.716	0.276	1.669	0.687	5.469	0.223	1.777	0.9727	1.0281	3.078	0.3249
11	0.905	0.285	0.927	0.321	1.679	0.313	1.637	0.811	5.535	0.256	1.744	0.9754	1.0252	3.173	0.3152
12	0.866	0.266	0.886	0.354	1.646	0.346	1.610	0.922	5.594	0.283	1.717	0.9776	1.0229	3.258	0.3069
13	0.832	0.249	0.850	0.382	1.618	0.374	1.585	1.025	5.647	0.307	1.693	0.9794	1.0210	3.336	0.2998
14	0.802	0.235	0.817	0.406	1.594	0.399	1.563	1.118	5.696	0.328	1.672	0.9810	1.0194	3.407	0.2935
15	0.775	0.223	0.789	0.428	1.572	0.421	1.544	1.203	5.741	0.347	1.653	0.9823	1.0180	3.472	0.2880
16	0.750	0.212	0.763	0.448	1.552	0.440	1.526	1.282	5.782	0.363	1.637	0.9835	1.0168	3.532	0.2831
17	0.728	0.203	0.739	0.466	1.534	0.458	1.511	1.356	5.820	0.378	1.622	0.9845	1.0157	3.588	0.2787
18	0.707	0.194	0.718	0.482	1.518	0.475	1.496	1.424	5.856	0.391	1.608	0.9854	1.0148	3.640	0.2747
19	0.688	0.187	0.698	0.497	1.503	0.490	1.483	1.487	5.891	0.403	1.597	0.9862	1.0140	3.689	0.2711
20	0.671	0.180	0.680	0.510	1.490	0.504	1.470	1.549	5.921	0.415	1.585	0.9869	1.0133	3.735	0.2677
21	0.655	0.173	0.663	0.523	1.477	0.516	1.459	1.605	5.951	0.425	1.575	0.9876	1.0126	3.778	0.2647
22	0.640	0.167	0.647	0.534	1.466	0.528	1.448	1.659	5.979	0.434	1.566	0.9882	1.0119	3.819	0.2618
23	0.626	0.162	0.633	0.545	1.455	0.539	1.438	1.710	6.006	0.443	1.557	0.9887	1.0114	3.858	0.2592
24	0.612	0.157	0.619	0.555	1.445	0.549	1.429	1.759	6.031	0.451	1.548	0.9892	1.0109	3.895	0.2567
25	0.600	0.153	0.606	0.565	1.435	0.559	1.420	1.806	6.056	0.459	1.541	0.9896	1.0105	3.931	0.2544

资料来源：ASTM,Philadelphia,PA,USA.

附表4 t化极差统计量的分位数 $q_{1-\alpha}(r,f)$ 表

($\alpha=0.10$)

f \ r	2	3	4	5	6	7	8	9	10	15	20
1	8.93	13.4	16.4	18.5	20.2	21.5	22.6	23.6	24.5	27.6	29.7
2	4.13	5.73	6.77	7.54	8.14	8.63	9.05	9.41	9.72	10.9	11.7
3	3.33	4.47	5.20	5.74	6.16	6.51	6.81	7.06	7.29	8.12	8.68
4	3.01	3.98	4.59	5.03	5.39	5.68	5.93	6.14	6.33	7.02	7.50
5	2.85	3.72	4.26	4.66	4.98	5.24	5.46	5.65	5.82	6.44	6.86
6	2.75	3.56	4.07	4.44	4.73	4.97	5.17	5.34	5.50	6.07	6.47
7	2.68	3.45	3.93	4.28	4.55	4.78	4.97	5.14	5.28	5.83	6.19
8	2.63	3.37	3.83	4.17	4.43	4.65	4.83	4.99	5.13	5.64	6.00
9	2.59	3.32	3.76	4.08	4.34	4.54	4.72	4.87	5.01	5.51	5.85
10	2.56	3.27	3.70	4.02	4.26	4.47	4.64	4.78	4.91	5.40	5.73
11	2.54	3.23	3.66	3.96	4.20	4.40	4.57	4.71	4.84	5.31	5.63
12	2.52	3.20	3.62	3.92	4.16	4.35	4.51	4.65	4.78	5.24	5.55
13	2.50	3.18	3.59	3.88	4.12	4.30	4.46	4.60	4.72	5.18	5.48
14	2.49	3.16	3.56	3.85	4.08	4.27	4.42	4.56	4.68	5.12	5.43
15	2.48	3.14	3.54	3.83	4.05	4.23	4.39	4.52	4.64	5.08	5.38
16	2.47	3.12	3.52	3.80	4.03	4.21	4.36	4.49	4.61	5.04	5.33
17	2.46	3.11	3.50	3.78	4.00	4.18	4.33	4.45	4.58	5.01	5.30
18	2.45	3.10	3.49	3.77	3.98	4.16	4.31	4.44	4.55	4.98	5.26
19	2.45	3.09	3.47	3.75	3.97	4.14	4.29	4.42	4.53	4.95	5.23
20	2.44	3.08	3.46	3.74	3.95	4.12	4.27	4.40	4.51	4.92	5.20
24	2.42	3.05	3.42	3.69	3.90	4.07	4.21	4.34	4.44	4.85	5.12
30	2.40	3.02	3.39	3.65	3.85	4.02	4.16	4.28	4.38	4.77	5.03
40	2.38	2.99	3.35	3.60	3.80	3.96	4.10	4.21	4.32	4.69	4.95
60	2.36	2.96	3.31	3.56	3.75	3.91	4.04	4.16	4.25	4.62	4.86
120	2.34	2.93	3.28	3.52	3.71	3.86	3.99	4.10	4.19	4.54	4.78
∞	2.33	2.90	3.24	3.48	3.66	3.81	3.93	4.04	4.13	4.47	4.69

($\alpha=0.05$)

f \ r	2	3	4	5	6	7	8	9	10	15	20
1	18.0	27.0	32.8	37.1	40.4	43.1	45.4	47.4	49.1	55.4	59.6
2	6.08	8.33	9.80	10.9	11.7	12.4	13.0	13.5	14.0	15.7	16.8
3	4.50	5.91	6.82	7.50	8.04	8.48	8.85	9.18	9.46	10.05	11.2
4	3.93	5.04	5.76	6.29	6.71	7.05	7.35	7.60	7.83	8.66	9.23
5	3.64	4.60	5.22	5.67	6.03	6.33	6.58	6.80	6.99	7.72	8.21
6	3.46	4.34	4.90	5.30	5.63	5.90	6.12	6.32	6.49	7.14	4.59
7	3.34	4.16	4.68	5.06	5.36	5.61	5.82	6.00	6.16	6.76	7.17
8	3.26	4.04	4.53	4.89	5.17	5.40	5.60	5.77	5.92	6.48	6.87
9	3.20	3.95	4.41	4.76	5.02	5.24	5.43	5.59	5.74	6.28	6.64
10	3.15	3.88	4.33	4.65	4.91	5.12	5.30	5.46	5.60	6.11	6.47
11	3.11	3.82	4.26	4.57	4.82	5.03	5.20	5.35	5.49	5.98	6.33
12	3.08	3.77	4.20	4.51	4.75	4.95	5.12	5.27	5.39	5.88	6.21
13	3.06	3.73	4.15	4.45	4.69	4.88	5.05	5.19	5.32	5.79	6.11
14	3.03	3.70	4.11	4.41	4.64	4.83	4.99	5.13	5.25	5.71	6.03
15	3.01	3.67	4.08	4.37	4.59	4.78	4.94	5.08	5.20	5.65	5.96
16	3.00	3.65	4.05	4.33	4.56	4.74	4.90	5.03	5.15	5.59	5.90
17	2.98	3.63	4.02	4.30	4.52	4.70	4.86	4.99	5.11	5.54	5.84
18	2.97	3.61	4.00	4.28	4.49	4.67	4.82	4.96	5.07	5.50	5.79
19	2.96	3.59	3.98	4.25	4.47	4.65	4.79	4.92	5.04	5.46	5.75
20	2.95	3.58	3.96	4.23	4.45	4.62	4.77	4.90	5.01	5.43	5.71
24	2.92	3.53	3.90	4.17	4.37	4.54	4.68	4.81	4.92	5.32	5.59
30	2.89	3.49	3.85	4.10	4.30	4.46	4.60	4.72	4.82	5.21	5.47
40	2.86	3.44	3.79	4.04	4.23	4.39	4.52	4.63	4.73	5.11	5.36
60	2.83	3.40	3.74	3.98	4.16	4.31	4.44	4.55	4.65	5.00	5.24
120	2.80	3.36	3.68	3.92	4.10	4.24	4.36	4.47	4.56	4.90	5.13
∞	2.77	3.31	3.63	3.86	4.03	4.17	4.29	4.39	4.47	4.80	5.01

($\alpha=0.01$)

附表4(续2)

f \ r	2	3	4	5	6	7	8	9	10	15	20
1	90.0	135	164	186	202	216	227	237	246	277	298
2	14.0	19.0	22.3	24.7	26.6	28.2	29.5	30.7	31.7	35.4	37.9
3	8.26	10.6	12.2	13.3	14.2	15.0	15.6	16.2	16.7	18.5	19.8
4	6.51	8.12	9.17	9.96	10.6	11.1	11.5	11.9	12.3	13.5	14.4
5	5.70	6.98	7.80	8.42	8.91	9.32	9.67	9.97	10.2	11.2	11.9
6	5.24	6.33	7.03	7.56	7.97	8.32	8.61	8.87	9.10	9.95	10.5
7	4.95	5.92	6.54	7.01	7.37	7.68	7.94	8.17	8.37	9.12	9.65
8	4.75	5.64	6.20	6.62	6.96	7.24	7.47	7.68	7.86	8.55	9.03
9	4.60	5.43	5.96	6.35	6.66	6.91	7.13	7.33	7.49	8.13	8.57
10	4.48	5.27	5.77	6.14	6.43	6.67	6.87	7.05	7.21	7.81	8.22
11	4.39	5.14	5.62	5.97	6.25	6.48	6.67	6.84	6.99	7.56	7.95
12	4.32	5.04	5.50	5.84	6.10	6.32	6.51	6.67	6.81	7.36	7.73
13	4.26	4.96	5.40	5.73	5.98	6.19	6.37	6.53	6.67	7.19	7.55
14	4.21	4.89	5.32	5.63	5.88	6.08	6.26	6.41	6.54	7.05	7.39
15	4.17	4.84	5.25	5.56	5.80	5.99	6.16	6.31	6.44	6.93	7.26
16	4.13	4.79	5.19	5.49	5.72	5.92	6.08	6.22	6.35	6.82	7.15
17	4.10	4.74	5.14	5.43	5.66	5.85	6.01	6.15	6.27	6.73	7.05
18	4.07	4.70	5.09	5.38	5.60	5.79	5.94	6.08	6.20	6.65	6.97
19	4.05	4.67	5.05	5.33	5.55	5.73	5.89	6.02	6.14	6.58	6.89
20	4.02	4.64	5.02	5.29	5.51	5.69	5.84	5.97	6.09	6.52	6.82
24	3.96	4.54	4.91	5.17	5.37	5.54	5.69	5.81	5.92	6.33	6.61
30	3.89	4.45	4.80	5.05	5.24	5.40	5.54	5.65	5.76	6.14	6.41
40	3.82	4.37	4.70	4.93	5.11	5.26	5.39	5.50	5.60	5.96	6.21
60	3.76	4.28	4.60	4.82	4.99	5.13	5.25	5.36	5.45	5.78	6.01
120	3.70	4.20	4.50	4.71	4.87	5.01	5.12	5.21	5.30	5.61	5.83
∞	3.64	4.12	4.40	4.60	4.76	4.88	4.99	5.08	5.16	5.45	5.65

附表 5　正交试验设计用表

附表 5.1　正交表

$L_4(2^3)$

试验号＼列号	1	2	3
1	1	1	1
2	1	2	2
3	2	1	2
4	2	2	1

注：任意两列间的交互作用列为另一列。

$L_8(2^7)$

试验号＼列号	1	2	3	4	5	6	7
1	1	1	1	1	1	1	1
2	1	1	1	2	2	2	2
3	1	2	2	1	1	2	2
4	1	2	2	2	2	1	1
5	2	1	2	1	2	1	2
6	2	1	2	2	1	2	1
7	2	2	1	1	2	2	1
8	2	2	1	2	1	1	2

$L_8(2^7)$ 两列间的交互作用列表

试验号＼列号	1	2	3	4	5	6	7
	(1)	3	2	5	4	7	6
		(2)	1	6	7	4	5
			(3)	7	6	5	4
				(4)	1	2	3
					(5)	3	2
						(6)	1

附 表

$L_{16}(2^{15})$

列号 试验号	1	2	3	4	5	6	7	8	9	10	11	12	13	14	15
1	1	1	1	1	1	1	1	1	1	1	1	1	1	1	1
2	1	1	1	1	1	1	1	2	2	2	2	2	2	2	2
3	1	1	1	2	2	2	2	1	1	1	1	2	2	2	2
4	1	1	1	2	2	2	2	2	2	2	2	1	1	1	1
5	1	2	2	1	1	2	2	1	1	2	2	1	1	2	2
6	1	2	2	1	1	2	2	2	2	1	1	2	2	1	1
7	1	2	2	2	2	1	1	1	1	2	2	2	2	1	1
8	1	2	2	2	2	1	1	2	2	1	1	1	1	2	2
9	2	1	2	1	2	1	2	1	2	1	2	1	2	1	2
10	2	1	2	1	2	1	2	2	1	2	1	2	1	2	1
11	2	1	2	2	1	2	1	1	2	1	2	2	1	2	1
12	2	1	2	2	1	2	1	2	1	2	1	1	2	1	2
13	2	2	1	1	2	2	1	1	2	2	1	1	2	2	1
14	2	2	1	1	2	2	1	2	1	1	2	2	1	1	2
15	2	2	1	2	1	1	2	1	2	2	1	2	1	1	2
16	2	2	1	2	1	1	2	2	1	1	2	1	2	2	1

$L_{16}(2^{15})$ 两列间的交互作用列表

列号	1	2	3	4	5	6	7	8	9	10	11	12	13	14	15
	(1)	3	2	5	4	7	6	9	8	11	10	13	12	15	14
		(2)	1	6	7	4	5	10	11	8	9	14	15	12	13
			(3)	7	6	5	4	11	10	9	8	15	14	13	12
				(4)	1	2	3	12	13	14	15	8	9	10	11
					(5)	3	2	13	12	15	14	9	8	11	10
						(6)	1	14	15	12	13	10	11	8	9
							(7)	15	14	13	12	11	10	9	8
								(8)	1	2	3	4	5	6	7
									(9)	3	2	5	4	7	6
										(10)	1	6	7	4	5
											(11)	7	6	5	4
												(12)	1	2	3
													(13)	3	2
														(14)	1

$L_9(3^4)$

列号 试验号	1	2	3	4
1	1	1	1	1
2	1	2	2	2
3	1	3	3	3
4	2	1	2	3
5	2	2	3	1
6	2	3	1	2
7	3	1	3	2
8	3	2	1	3
9	3	3	2	1

$L_{16}(4^5)$

列号 试验号	1	2	3	4	5
1	1	1	1	1	1
2	1	2	2	2	2
3	1	3	3	3	3
4	1	4	4	4	4
5	2	1	2	3	4
6	2	2	1	4	3
7	2	3	4	1	2
8	2	4	3	2	1
9	3	1	3	4	2
10	3	2	4	3	1
11	3	3	1	2	4
12	3	4	2	1	3
13	4	1	4	2	3
14	4	2	3	1	4
15	4	3	2	4	1
16	4	4	1	3	2

$L_{27}(3^{13})$

列号 试验号	1	2	3	4	5	6	7	8	9	10	11	12	13
1	1	1	1	1	1	1	1	1	1	1	1	1	1
2	1	1	1	1	2	2	2	2	2	2	2	2	2
3	1	1	1	1	3	3	3	3	3	3	3	3	3
4	1	2	2	2	1	1	1	2	2	2	3	3	3
5	1	2	2	2	2	2	2	3	3	3	1	1	1
6	1	2	2	2	3	3	3	1	1	1	2	2	2
7	1	3	3	3	1	1	1	3	3	3	2	2	2
8	1	3	3	3	2	2	2	1	1	1	3	3	3
9	1	3	3	3	3	3	3	2	2	2	1	1	1
10	2	1	2	3	1	2	3	1	2	3	1	2	3
11	2	1	2	3	2	3	1	2	3	1	2	3	1
12	2	1	2	3	3	1	2	3	1	2	3	1	2
13	2	2	3	1	1	2	3	2	3	1	3	1	2
14	2	2	3	1	2	3	1	3	1	2	1	2	3
15	2	2	3	1	3	1	2	1	2	3	2	3	1
16	2	3	1	2	1	2	3	3	1	2	2	3	1
17	2	3	1	2	2	3	1	1	2	3	3	1	2
18	2	3	1	2	3	1	2	2	3	1	1	2	3
19	3	1	3	2	1	3	2	1	3	2	1	3	2
20	3	1	3	2	2	1	3	2	1	3	2	1	3
21	3	1	3	2	3	2	1	3	2	1	3	2	1
22	3	2	1	3	1	3	2	2	1	3	3	2	1
23	3	2	1	3	2	1	3	3	2	1	1	3	2
24	3	2	1	3	3	2	1	1	3	2	2	1	3
25	3	3	2	1	1	3	2	3	2	1	2	1	3
26	3	3	2	1	2	1	3	1	3	2	3	2	1
27	3	3	2	1	3	2	1	2	1	3	1	3	2

$L_{27}(3^{13})$ 两列间的交互作用列表

试验号\列号	1	2	3	4	5	6	7	8	9	10	11	12	13
(1)		$\begin{cases}3\\4\end{cases}$	$\begin{cases}2\\4\end{cases}$	$\begin{cases}2\\3\end{cases}$	$\begin{cases}6\\7\end{cases}$	$\begin{cases}5\\7\end{cases}$	$\begin{cases}5\\6\end{cases}$	$\begin{cases}9\\10\end{cases}$	$\begin{cases}8\\10\end{cases}$	$\begin{cases}8\\9\end{cases}$	$\begin{cases}12\\13\end{cases}$	$\begin{cases}11\\13\end{cases}$	$\begin{cases}11\\12\end{cases}$
(2)			$\begin{cases}1\\4\end{cases}$	$\begin{cases}1\\3\end{cases}$	$\begin{cases}8\\11\end{cases}$	$\begin{cases}9\\12\end{cases}$	$\begin{cases}10\\13\end{cases}$	$\begin{cases}5\\11\end{cases}$	$\begin{cases}6\\12\end{cases}$	$\begin{cases}7\\13\end{cases}$	$\begin{cases}5\\8\end{cases}$	$\begin{cases}6\\9\end{cases}$	$\begin{cases}7\\10\end{cases}$
(3)				$\begin{cases}1\\2\end{cases}$	$\begin{cases}9\\13\end{cases}$	$\begin{cases}10\\11\end{cases}$	$\begin{cases}8\\12\end{cases}$	$\begin{cases}7\\12\end{cases}$	$\begin{cases}5\\13\end{cases}$	$\begin{cases}6\\11\end{cases}$	$\begin{cases}6\\10\end{cases}$	$\begin{cases}7\\8\end{cases}$	$\begin{cases}5\\9\end{cases}$
(4)					$\begin{cases}10\\12\end{cases}$	$\begin{cases}8\\13\end{cases}$	$\begin{cases}9\\11\end{cases}$	$\begin{cases}6\\13\end{cases}$	$\begin{cases}7\\11\end{cases}$	$\begin{cases}5\\12\end{cases}$	$\begin{cases}7\\9\end{cases}$	$\begin{cases}5\\10\end{cases}$	$\begin{cases}6\\8\end{cases}$
(5)						$\begin{cases}1\\7\end{cases}$	$\begin{cases}1\\6\end{cases}$	$\begin{cases}2\\11\end{cases}$	$\begin{cases}3\\13\end{cases}$	$\begin{cases}4\\12\end{cases}$	$\begin{cases}2\\8\end{cases}$	$\begin{cases}4\\10\end{cases}$	$\begin{cases}3\\9\end{cases}$
(6)							$\begin{cases}1\\5\end{cases}$	$\begin{cases}4\\13\end{cases}$	$\begin{cases}2\\12\end{cases}$	$\begin{cases}3\\11\end{cases}$	$\begin{cases}3\\10\end{cases}$	$\begin{cases}2\\9\end{cases}$	$\begin{cases}4\\8\end{cases}$
(7)								$\begin{cases}3\\12\end{cases}$	$\begin{cases}4\\11\end{cases}$	$\begin{cases}2\\13\end{cases}$	$\begin{cases}4\\9\end{cases}$	$\begin{cases}3\\8\end{cases}$	$\begin{cases}2\\10\end{cases}$
(8)									$\begin{cases}1\\10\end{cases}$	$\begin{cases}1\\9\end{cases}$	$\begin{cases}2\\5\end{cases}$	$\begin{cases}3\\7\end{cases}$	$\begin{cases}4\\6\end{cases}$
(9)										$\begin{cases}1\\8\end{cases}$	$\begin{cases}4\\7\end{cases}$	$\begin{cases}2\\6\end{cases}$	$\begin{cases}3\\5\end{cases}$
(10)											$\begin{cases}3\\6\end{cases}$	$\begin{cases}4\\5\end{cases}$	$\begin{cases}2\\7\end{cases}$
(11)												$\begin{cases}1\\13\end{cases}$	$\begin{cases}1\\12\end{cases}$
(12)													$\begin{cases}1\\11\end{cases}$

$L_{25}(5^6)$

试验号 \ 列号	1	2	3	4	5	6
1	1	1	1	1	1	1
2	1	2	2	2	2	2
3	1	3	3	3	3	3
4	1	4	4	4	4	4
5	1	5	5	5	5	5
6	2	1	2	3	4	5
7	2	2	3	4	5	1
8	2	3	4	5	1	2
9	2	4	5	1	2	3
10	2	5	1	2	3	4
11	3	1	3	5	2	4
12	3	2	4	1	3	5
13	3	3	5	2	4	1
14	3	4	1	3	5	2
15	3	5	2	4	1	3
16	4	1	4	2	5	3
17	4	2	5	3	1	4
18	4	3	1	4	2	5
19	4	4	2	5	3	1
20	4	5	3	1	4	2
21	5	1	5	4	3	2
22	5	2	1	5	4	3
23	5	3	2	1	5	4
24	5	4	3	2	1	5
25	5	5	4	3	2	1

$$L_{12}(2^{11})\text{（交互作用分散在各列）}$$

试验号＼列号	1	2	3	4	5	6	7	8	9	10	11
1	1	1	1	1	1	1	1	1	1	1	1
2	1	1	1	1	1	2	2	2	2	2	2
3	1	1	2	2	2	1	1	1	2	2	2
4	1	2	1	2	2	1	2	2	1	1	2
5	1	2	2	1	2	2	1	2	1	2	1
6	1	2	2	2	1	2	2	1	2	1	1
7	2	1	2	2	1	1	2	2	1	2	1
8	2	1	2	1	2	2	2	1	1	1	2
9	2	1	1	2	2	2	1	2	2	1	1
10	2	2	2	1	1	1	1	2	2	1	2
11	2	2	1	2	1	2	1	1	1	2	2
12	2	2	1	1	2	1	2	1	2	2	1

$$L_{18}(2^1 \times 3^7)\text{（交互作用分散在各列）}$$

试验号＼列号	1	2	3	4	5	6	7	8
1	1	1	1	1	1	1	1	1
2	1	1	2	2	2	2	2	2
3	1	1	3	3	3	3	3	3
4	1	2	1	1	2	2	3	3
5	1	2	2	2	3	3	1	1
6	1	2	3	3	1	1	2	2
7	1	3	1	2	1	3	2	3
8	1	3	2	3	2	1	3	1
9	1	3	3	1	3	2	1	2
10	2	1	1	3	3	2	2	1
11	2	1	2	1	1	3	3	2
12	2	1	3	2	2	1	1	3
13	2	2	1	2	3	1	3	2
14	2	2	2	3	1	2	1	3
15	2	2	3	1	2	3	2	1
16	2	3	1	3	2	3	1	2
17	2	3	2	1	3	1	2	3
18	2	3	3	2	1	2	3	1

附表 5.2 Lenth 检验的临界值表

α	因子数(p)										
	4	5	6	7	8	9	10	11	12	13	14
0.010	13.03	11.83	10.33	9.75	8.68	8.32	7.65	7.45	7.00	6.83	6.55
0.020	8.89	8.18	7.77	7.18	6.80	6.47	6.19	5.97	5.78	5.63	5.51
0.030	7.07	6.66	6.52	6.03	5.89	5.57	5.45	5.24	5.16	5.02	4.96
0.040	5.95	5.81	5.74	5.33	5.30	5.01	4.97	4.78	4.75	4.62	4.60
0.050	5.14	5.24	5.17	4.87	4.87	4.62	4.62	4.45	4.45	4.33	4.33
0.060	4.52	4.83	4.73	4.53	4.53	4.33	4.35	4.20	4.22	4.10	4.12
0.070	4.02	4.51	4.37	4.26	4.26	4.10	4.12	4.00	4.03	3.92	3.95
0.080	3.59	4.23	4.07	4.04	4.03	3.92	3.93	3.83	3.86	3.77	3.80
0.090	3.17	4.00	3.82	3.85	3.83	3.75	3.77	3.69	3.72	3.64	3.68
0.100	2.67	3.79	3.59	3.69	3.65	3.62	3.63	3.56	3.60	3.53	3.56
0.200	1.91	2.28	2.23	2.42	2.39	2.59	2.48	2.74	2.72	2.80	2.81
0.300	1.61	1.88	1.90	2.06	2.07	2.17	2.17	2.25	2.25	2.31	2.32

α	因子数(p)										
	15	16	17	18	19	20	21	22	23	24	25
0.010	6.40	6.20	6.11	5.93	5.86	5.71	5.68	5.55	5.50	5.42	5.37
0.020	5.38	5.28	5.19	5.11	5.05	4.97	4.93	4.87	4.83	4.78	4.74
0.030	4.84	4.79	4.72	4.67	4.61	4.57	4.53	4.49	4.46	4.43	4.40
0.040	4.50	4.47	4.39	4.37	4.32	4.30	4.26	4.24	4.21	4.19	4.16
0.050	4.24	4.23	4.16	4.15	4.11	4.10	4.06	4.05	4.02	4.01	3.98
0.060	4.03	4.04	3.97	3.98	3.94	3.94	3.90	3.90	3.87	3.87	3.84
0.070	3.87	3.89	3.82	3.84	3.79	3.81	3.77	3.77	3.75	3.75	3.73
0.080	3.73	3.75	3.69	3.72	3.67	3.69	3.65	3.66	3.64	3.65	3.63
0.090	3.61	3.64	3.58	3.61	3.57	3.59	3.56	3.57	3.55	3.56	3.54
0.100	3.51	3.54	3.49	3.52	3.48	3.50	3.47	3.48	3.46	3.48	3.46
0.200	2.84	2.85	2.87	2.89	2.89	2.91	2.91	2.93	2.93	2.95	2.94
0.300	2.36	2.37	2.41	2.41	2.44	2.45	2.48	2.48	2.55	2.56	2.61

附表 5.2(续)　　因子数(p)

α	26	27	28	29	30	31	32	33	34	35
0.010	5.31	5.27	5.20	5.18	5.10	5.10	5.05	5.02	4.98	4.95
0.020	4.70	4.68	4.63	4.62	4.58	4.58	4.54	4.52	4.50	4.48
0.030	4.38	4.36	4.32	4.32	4.29	4.29	4.26	4.25	4.23	4.22
0.040	4.15	4.13	4.11	4.11	4.09	4.08	4.06	4.05	4.04	4.03
0.050	3.98	3.97	3.95	3.94	3.93	3.93	3.91	3.90	3.90	3.89
0.060	3.84	3.83	3.82	3.81	3.81	3.80	3.79	3.78	3.78	3.77
0.070	3.73	3.72	3.71	3.70	3.70	3.69	3.69	3.68	3.68	3.67
0.080	3.63	3.62	3.62	3.61	3.61	3.60	3.60	3.60	3.60	3.59
0.090	3.54	3.53	3.54	3.53	3.53	3.52	3.52	3.52	3.52	3.51
0.100	3.47	3.45	3.46	3.45	3.46	3.45	3.46	3.45	3.45	3.45
0.200	2.96	2.96	2.97	2.97	2.99	2.98	3.00	2.99	3.01	3.00
0.300	2.62	2.65	2.65	2.67	2.68	2.70	2.71	2.71	2.73	2.73

附表 6 可靠性用表

附表 6.1 $\Gamma\left(1+\dfrac{1}{m}\right)$ 数值表

m	0	1	2	3	4	5	6	7	8	9
0.2	120.0000	80.3577	56.3313	41.0577	30.9419	24.0000	19.0867	15.5138	12.8529	10.8291
0.3	9.2605	8.0244	7.0355	6.2336	5.5754	5.0291	4.5712	4.1838	3.8534	3.5693
0.4	3.3234	3.1091	2.9213	2.7557	2.6091	2.4786	2.3619	2.2572	2.1628	2.0774
0.5	2.0000	1.9295	1.8652	1.8062	1.7522	1.7024	1.6566	1.6141	1.5749	1.5384
0.6	1.5046	1.4730	1.4436	1.4161	1.3904	1.3663	1.3437	1.3224	1.3024	1.2836
0.7	1.2658	1.2491	1.2332	1.2183	1.2041	1.1906	1.1779	1.1658	1.1543	1.1434
0.8	1.1330	1.1231	1.1137	1.1047	1.0961	1.0880	1.0801	1.0727	1.0655	1.0587
0.9	1.0522	1.0459	1.0399	1.0342	1.0287	1.0234	1.0183	1.0135	1.0088	1.0043
1.0	1.0000	0.9959	0.9919	0.9880	0.9843	0.9808	0.9774	0.9741	0.9709	0.9679
1.1	0.9649	0.9621	0.9593	0.9567	0.9542	0.9517	0.9493	0.9470	0.9448	0.9427
1.2	0.9407	0.9387	0.9368	0.9349	0.9331	0.9314	0.9297	0.9281	0.9265	0.9250
1.3	0.9236	0.9222	0.9208	0.9195	0.9182	0.9170	0.9158	0.9147	0.9135	0.9125
1.4	0.9114	0.9104	0.9094	0.9085	0.9076	0.9067	0.9059	0.9050	0.9043	0.9035
1.5	0.9027	0.9020	0.9013	0.9007	0.9000	0.8994	0.8988	0.8982	0.8976	0.8971
1.6	0.8966	0.8961	0.8956	0.8951	0.8947	0.8942	0.8938	0.8934	0.8930	0.8926
1.7	0.8922	0.8919	0.8916	0.8912	0.8909	0.8906	0.8903	0.8901	0.8898	0.8895
1.8	0.8893	0.8891	0.8888	0.8886	0.8884	0.8882	0.8880	0.8878	0.8877	0.8875
1.9	0.8874	0.8872	0.8871	0.8869	0.8868	0.8867	0.8866	0.8865	0.8864	0.8863
2.0	0.8862	0.8861	0.8861	0.8860	0.8860	0.8859	0.8858	0.8858	0.8858	0.8857
2.1	0.8857	0.8857	0.8856	0.8856	0.8856	0.8856	0.8856	0.8856	0.8856	0.8856
2.2	0.8856	0.8856	0.8857	0.8857	0.8857	0.8857	0.8858	0.8858	0.8858	0.8859
2.3	0.8859	0.8860	0.8860	0.8861	0.8861	0.8862	0.8862	0.8863	0.8864	0.8864
2.4	0.8865	0.8866	0.8866	0.8867	0.8868	0.8869	0.8869	0.8870	0.8871	0.8872
2.5	0.8873	0.8874	0.8874	0.8875	0.8876	0.8877	0.8878	0.8879	0.8880	0.8881

附表 6.1(续)

m	0	1	2	3	4	5	6	7	8	9
2.6	0.8882	0.8883	0.8884	0.8885	0.8886	0.8887	0.8888	0.8890	0.8891	0.8892
2.7	0.8893	0.8894	0.8895	0.8896	0.8897	0.8899	0.8900	0.8901	0.8902	0.8903
2.8	0.8905	0.8906	0.8907	0.8908	0.8909	0.8911	0.8912	0.8913	0.8914	0.8916
2.9	0.8917	0.8918	0.8919	0.8921	0.8922	0.8923	0.8925	0.8926	0.8927	0.8928
3.0	0.8930	0.8931	0.8932	0.8934	0.8935	0.8936	0.8938	0.8939	0.8940	0.8942
3.1	0.8943	0.8944	0.8946	0.8947	0.8948	0.8950	0.8951	0.8952	0.8954	0.8955
3.2	0.8957	0.8958	0.8959	0.8961	0.8962	0.8963	0.8965	0.8966	0.8967	0.8969
3.3	0.8970	0.8972	0.8973	0.8974	0.8976	0.8977	0.8978	0.8980	0.8981	0.8982
3.4	0.8984	0.8985	0.8987	0.8988	0.8989	0.8991	0.8992	0.8993	0.8995	0.8996
3.5	0.8997	0.8999	0.9000	0.9002	0.9003	0.9004	0.9006	0.9007	0.9008	0.9010
3.6	0.9011	0.9012	0.9014	0.9015	0.9016	0.9018	0.9019	0.9021	0.9022	0.9023
3.7	0.9025	0.9026	0.9027	0.9029	0.9030	0.9031	0.9033	0.9034	0.9035	0.9037
3.8	0.9038	0.9039	0.9041	0.9042	0.9043	0.9044	0.9046	0.9047	0.9048	0.9050
3.9	0.9051	0.9052	0.9054	0.9055	0.9056	0.9058	0.9059	0.9060	0.9061	0.9063
4.0	0.9046	0.9077	0.9089	0.9102	0.9114	0.9126	0.9137	0.9149	0.9160	0.9171
5.0	0.9182	0.9192	0.9202	0.9213	0.9222	0.9232	0.9241	0.9251	0.9260	0.9269
6.0	0.9277	0.9286	0.9294	0.9302	0.9310	0.9318	0.9325	0.9333	0.9340	0.9347
7.0	0.9354	0.9361	0.9368	0.9375	0.9381	0.9387	0.9394	0.9400	0.9406	0.9412
8.0	0.9417	0.9423	0.9429	0.9434	0.9439	0.9444	0.9450	0.9455	0.9460	0.9465
9.0	0.9470	0.9479	0.9484	0.9488	0.9493	0.9497	0.9501	0.9505	0.9509	0.9514

$m=0.10$	3628800.0000		$m=0.15$	2593.5662
$m=0.11$	445505.7599		$m=0.16$	1155.3810
$m=0.12$	82834.0913		$m=0.17$	578.2421
$m=0.13$	20985.2457		$m=0.18$	318.1185
$m=0.14$	6730.8732		$m=0.19$	189.1710

附表6.2 最佳线性无偏估计系数表(威布尔分布)

n	r	k	$D(n,r,k)$	$C(n,r,k)$	n	r	k	$D(n,r,k)$	$C(n,r,k)$
2	2	1	0.0836	−0.7213	5	5	2	0.1088	−0.1817
		2	0.9164	0.7213			3	0.1676	−0.1305
							4	0.2463	−0.0065
3	2	1	−0.3777	−0.8221			5	0.4189	0.5031
		2	1.3777	0.8221					
	3	1	0.0880	−0.3747	6	2	1	−1.1656	−0.9141
		2	0.2557	−0.2558			2	2.1656	0.9141
		3	0.6563	0.6305		3	1	−0.3154	−0.4466
							2	−0.2034	−0.3886
4	2	1	−0.7063	−0.8690			3	1.5188	0.8353
		2	1.7063	0.8690		4	1	−0.0865	−0.2859
	3	1	−0.0801	−0.4144			2	−0.0281	−0.2655
		2	0.0604	−0.3259			3	0.0649	−0.1859
		3	1.0197	0.7403			4	1.0496	0.7372
	4	1	0.0714	−0.2488		5	1	0.0057	−0.2015
		2	0.1537	−0.2239			2	0.0466	−0.1973
		3	0.2639	−0.0859			3	0.1002	−0.1536
		4	0.5110	0.5586			4	0.1723	−0.0646
							5	0.6752	0.6170
5	2	1	−0.9599	−0.8963		6	1	0.0489	−0.1458
		2	1.9599	0.8963			2	0.0835	−0.1495
	3	1	−0.2101	−0.4343			3	0.1211	−0.1267
		2	−0.0860	−0.3642			4	0.1656	−0.0732
		3	1.2961	0.7986			5	0.2255	0.0360
	4	1	−0.0154	−0.2730			6	0.3554	0.4593
		2	0.0520	−0.2499					
		3	0.1521	−0.1491	7	2	1	−1.3383	−0.9267
		4	0.8113	0.6721			2	2.3383	0.9267
	5	1	0.0584	−0.1845		3	1	−0.4036	−0.4550

附表 6.2（续 1）

n	r	k	$D(n,r,k)$	$C(n,r,k)$	n	r	k	$D(n,r,k)$	$C(n,r,k)$
7	3	2	−0.3012	−0.4056	8	4	2	−0.1502	−0.2837
		3	1.7048	0.8605			3	−0.0685	−0.2275
	4	1	−0.1463	−0.2940			4	1.4164	0.8109
		2	−0.0941	−0.2760		5	1	−0.0781	−0.2172
		3	−0.0071	−0.2102			2	−0.0474	−0.2128
		4	1.2475	0.7802			3	−0.0001	−0.1803
	5	1	−0.0393	−0.2110			4	0.0637	−0.1225
		2	−0.0044	−0.2065			5	1.0619	0.7328
		3	0.0458	−0.1691		6	1	−0.0172	−0.1661
		4	0.1134	−0.0992			2	0.0065	−0.1675
		5	0.8844	0.6858			3	0.0380	−0.1483
	6	1	0.0137	−0.1587			4	0.0780	−0.1105
		2	0.0418	−0.1609			5	0.1292	−0.0500
		3	0.0757	−0.1396			6	0.7655	0.6424
		4	0.1176	−0.0951		7	1	0.0168	−0.1303
		5	0.1721	−0.0176			2	0.0376	−0.1348
		6	0.5791	0.5719			3	0.0612	−0.1238
	7	1	0.0418	−0.1201			4	0.0888	−0.0991
		2	0.0673	−0.1259			5	0.1225	−0.0571
		3	0.0937	−0.1149			6	0.1655	0.0109
		4	0.1232	−0.0873			7	0.5076	0.5343
		5	0.1586	−0.0362		8	1	0.0365	−0.1019
		6	0.2063	0.0607			2	0.0561	−0.1081
		7	0.3090	0.4237			3	0.0759	−0.1027
8	2	1	−1.4869	−0.9361			4	0.0971	−0.0872
		2	2.4869	0.9361			5	0.1212	−0.0589
	3	1	−0.4794	−0.4616			6	0.1502	−0.0111
		2	−0.3848	−0.4180			7	0.1894	0.0758
		3	1.8642	0.8790			8	0.2735	0.3942
	4	1	−0.1977	−0.2998	9	2	1	−1.6173	−0.9434

附表6.2（续2）

n	r	k	D(n,r,k)	C(n,r,k)	n	r	k	D(n,r,k)	C(n,r,k)
9	2	2	2.6173	0.9434	9	8	6	0.1218	−0.0312
	3	1	−0.5458	−0.4656			7	0.1569	0.0292
		2	−0.4577	−0.4275			8	0.4523	0.5024
		3	2.0035	0.8932		9	1	0.0323	−0.0884
	4	1	−0.2427	−0.3040			2	0.0480	−0.0944
		2	−0.1990	−0.2895			3	0.0634	−0.0920
		3	−0.1219	−0.2405			4	0.0796	−0.0827
		4	1.5639	0.8340			5	0.0972	−0.0656
	5	1	−0.1123	−0.2217			6	0.1174	−0.0380
		2	−0.0847	−0.2174			7	0.1418	0.0065
		3	−0.0398	−0.1887			8	0.1749	0.0852
		4	0.0206	−0.1394			9	0.2455	0.3692
		5	1.2161	0.7673					
	6	1	−0.0446	−0.1712	10	2	1	−1.7333	−0.9491
		2	−0.0239	−0.1720			2	2.7333	0.9491
		3	0.0057	−0.1547		3	1	−0.6047	−0.4693
		4	0.0440	−0.1220			2	−0.5223	−0.4351
		5	0.0925	−0.0721			3	2.1270	0.9044
		6	0.9264	0.6920		4	1	−0.2827	−0.3073
	7	1	−0.0058	−0.1364			2	−0.2421	−0.2941
		2	0.0118	−0.1400			3	−0.1691	−0.2406
		3	0.0336	−0.1297			4	1.6938	0.8520
		4	0.0600	−0.1076		5	1	−0.1426	−0.2251
		5	0.0922	−0.0723			2	−0.1175	−0.2210
		6	0.1325	−0.0194			3	−0.0748	−0.1953
		7	0.6757	0.6055			4	−0.0174	−0.1523
	8	1	0.0178	−0.1102			5	1.3523	0.7937
		2	0.0340	−0.1154		6	1	−0.0690	−0.1748
		3	0.0516	−0.1097			2	−0.0506	−0.1754
		4	0.0714	−0.0950			3	−0.0226	−0.1596
		5	0.0943	−0.0700			4	0.0141	−0.1308

n	r	k	$D(n,r,k)$	$C(n,r,k)$	n	r	k	$D(n,r,k)$	$C(n,r,k)$
10	6	5	0.0602	−0.0883	10	10	6	0.0956	−0.0487
		6	1.0680	0.7290			7	0.1129	−0.0222
	7	1	−0.0261	−0.1406			8	0.1338	0.0192
		2	−0.0109	−0.1437			9	0.1623	0.0912
		3	0.0095	−0.1340			10	0.2229	0.3478
		4	0.0348	−0.1143					
		5	0.0659	−0.0838	11	2	1	−1.8377	−0.9538
		6	0.1041	−0.0402			2	2.8377	0.9538
		7	0.8227	0.6565		3	1	−0.6578	−0.4722
	8	1	0.0006	−0.1153			2	−0.5802	−0.4412
		2	0.0143	−0.1198			3	2.2379	0.9134
		3	0.0305	−0.1142		4	1	−0.3186	−0.3099
		4	0.0493	−0.1006			2	−0.2806	−0.2979
		5	0.0714	−0.0785			3	−0.2113	−0.2588
		6	0.0979	−0.0460			4	1.8105	0.8665
		7	0.1307	0.0009		5	1	−0.1699	−0.2277
		8	0.6054	0.5735			2	−0.1467	−0.2239
	9	1	0.0178	−0.0953			3	−0.1061	−0.2006
		2	0.0309	−0.1005			4	−0.0514	−0.1625
		3	0.0446	−0.0978			5	1.4741	0.8147
		4	0.0596	−0.0886		6	1	−0.0910	−0.1777
		5	0.0763	−0.0727			2	−0.0745	−0.1780
		6	0.0957	−0.0486			3	−0.0477	−0.1636
		7	0.1188	−0.0129			4	−0.0126	−0.1379
		8	0.1481	0.0415			5	0.0314	−0.1007
		9	0.4082	0.4749			6	1.1944	0.7578
	10	1	0.0289	−0.0779		7	1	−0.0445	−0.1437
		2	0.0417	−0.0836			2	−0.0311	−0.1464
		3	0.0542	−0.0828			3	−0.0118	−0.1374
		4	0.0670	−0.0770			4	0.0126	−0.1195
		5	0.0806	−0.0661			5	0.0424	−0.0927

附表 6.2（续 4）

n	r	k	$D(n,r,k)$	$C(n,r,k)$	n	r	k	$D(n,r,k)$	$C(n,r,k)$
11	7	6	0.0788	−0.0556	11	11	3	0.0472	−0.0750
		7	0.9535	0.6952			4	0.0576	−0.0714
	8	1	−0.0150	−0.1189			5	0.0685	−0.0641
		2	−0.0032	−0.1228			6	0.0802	−0.0525
		3	0.0118	−0.1175			7	0.0932	−0.0353
		4	0.0298	−0.1049			8	0.1082	−0.0106
		5	0.0512	−0.0853			9	0.1265	0.0286
		6	0.0768	−0.0573			10	0.1514	0.0949
		7	0.1078	−0.0187			11	0.2041	0.3292
		8	0.7407	0.6254					
	9	1	0.0044	−0.0996	12	2	1	−1.9327	−0.9577
		2	0.0154	−0.1043			2	2.9327	0.9577
		3	0.0280	−0.1014		3	1	−0.7060	−0.4746
		4	0.0421	−0.0927			2	−0.6326	−0.4463
		5	0.0583	−0.0782			3	2.3385	0.9209
		6	0.0771	−0.0570		4	1	−0.3512	−0.3120
		7	0.0993	−0.0272			2	−0.3155	−0.3009
		8	0.1266	0.0149			3	−0.2494	−0.2654
		9	0.5488	0.5456			4	1.9161	0.8784
	10	1	0.0174	−0.0838		5	1	−0.1947	−0.2298
		2	0.0282	−0.0889			2	−0.1732	−0.2262
		3	0.0393	−0.0877			3	−0.1343	−0.2050
		4	0.0511	−0.0819			4	−0.0820	−0.1707
		5	0.0640	−0.0714			5	1.5842	0.8317
		6	0.0784	−0.0554		6	1	−0.1110	−0.1799
		7	0.0950	−0.0325			2	−0.0959	−0.1801
		8	0.1148	0.0006			3	−0.0704	−0.1668
		9	0.1398	0.0500			4	−0.0366	−0.1436
		10	0.3721	0.4509			5	0.0055	−0.1106
	11	1	0.0262	−0.0696			6	1.3085	0.7810
		2	0.0369	−0.0748		7	1	−0.0612	−0.1461

附表6.2（续5）

n	r	k	$D(n,r,k)$	$C(n,r,k)$	n	r	k	$D(n,r,k)$	$C(n,r,k)$
12	7	2	−0.0492	−0.1485	12	10	6	0.0634	−0.0608
		3	−0.0309	−0.1401			7	0.0795	−0.0408
		4	−0.0075	−0.1238			8	0.0985	−0.0333
		5	0.0213	−0.0999			9	0.1217	0.0248
		6	0.0561	−0.0675			10	0.5022	0.5209
		7	1.0713	0.7259		11	1	0.0168	−0.0746
	8	1	−0.0293	−0.1216			2	0.0259	−0.0794
		2	−0.0190	−0.1251			3	0.0351	−0.0793
		3	−0.0049	−0.1200			4	0.0446	−0.0755
		4	0.0125	−0.1085			5	0.0549	−0.0683
		5	0.0332	−0.0907			6	0.0662	−0.0573
		6	0.0579	−0.0661			7	0.0787	−0.0417
		7	0.0875	−0.0333			8	0.0932	−0.0200
		8	0.8622	0.6653			9	0.1104	0.0106
	9	1	−0.0081	−0.1027			10	0.1320	0.0559
		2	0.0015	−0.1070			11	0.3421	0.4297
		3	0.0131	−0.1040		12	1	0.0239	−0.0629
		4	0.0266	−0.0959			2	0.0330	−0.0677
		5	0.0423	−0.0826			3	0.0416	−0.0684
		6	0.0605	−0.0638			4	0.0503	−0.0661
		7	0.0820	−0.0382			5	0.0593	−0.0611
		8	0.1078	−0.0037			6	0.0687	−0.0531
		9	0.6742	0.5978			7	0.0790	−0.0413
	10	1	0.0066	−0.0875			8	0.0905	−0.0245
		2	0.0158	−0.0921			9	0.1037	−0.0005
		3	0.0259	−0.0908			10	0.1198	0.0357
		4	0.0370	−0.0851			11	0.1418	0.0971
		5	0.0490	−0.0753			12	0.1884	0.3128

附表 6.3 最佳线性无偏估计方差表（威布尔分布）

n	r	$A_{r,n}^{-1}$	$l_{r,n}^{-1}$	n	r	$A_{r,n}^{-1}$	$l_{r,n}^{-1}$
2	2	1.5165	1.4048	9	7	6.4260	7.8662
3	2	1.0917	1.2219		8	7.4042	9.8268
	3	2.4822	2.9010		9	7.9477	12.3647
4	2	0.7496	1.1534	10	2	0.2561	1.0539
	3	2.3086	2.5495		3	0.8304	2.1704
	4	3.4076	4.4389		4	1.7880	3.3609
5	2	0.5589	1.1173		5	3.1148	4.6409
	3	1.8889	2.3991		6	4.6649	6.0324
	4	3.4268	3.9402		7	6.1910	7.5686
	5	4.3216	6.0007		8	7.4593	9.3042
6	2	0.4456	1.0949		9	8.3489	11.3451
	3	1.5315	2.3142		10	8.8517	13.9717
	4	3.0891	3.7076	11	2	0.2339	1.0487
	5	4.4721	5.3733		3	0.7466	2.1530
	6	5.2308	7.5780		4	1.5977	3.3219
7	2	0.3723	1.0798		5	2.7998	4.5617
	3	1.2691	2.2593		6	4.2739	5.0944
	4	2.6835	3.5694		7	5.8414	7.3563
	5	4.2500	5.0616		8	7.2974	8.9564
	6	5.4734	6.8366		9	8.4678	10.7604
	7	6.1377	9.1662		10	9.2853	12.8750
8	2	0.3215	1.0688		11	9.7553	15.5827
	3	1.0787	2.2209	12	2	0.2159	1.0444
	4	2.3217	3.4771		3	0.6796	2.1388
	5	3.8753	4.8693		4	1.4436	3.2905
	6	5.3596	6.4502		5	2.5327	4.5087
	7	6.4475	8.3228		6	3.9093	5.8052
	8	7.0431	10.7624		7	5.4567	7.1963
9	2	0.2844	1.0605		8	7.0017	8.7047
	3	0.9377	2.1924		9	8.3732	10.3644
	4	2.0254	3.4109		10	9.4575	12.2319
	5	3.4785	4.7374		11	10.2156	14.4148
	6	5.0500	6.2045		12	10.6586	17.1969

附表 6.4　简单线性无偏估计表(威布尔分布)

n	r	s	$E(Y_{r,n})$	$nk_{r,n}$	$\bar{l}_{r,n}^{-1}$	$\widetilde{A}_{r,n}^{-1}$
30	5	5	−1.8237	4.1810	4.1872	0.9493
	10	10	−0.9746	9.9128	9.9214	4.5547
	15	15	−0.4253	16.4445	16.1732	10.8983
	20	20	0.0364	24.2800	23.2990	18.0926
	25	25	0.5123	34.7784	31.1814	23.0961
	30	27	0.7444	41.7589	36.9481	23.4309
35	5	5	−1.9887	4.1532	4.1513	0.8282
	10	10	−1.1574	9.7579	9.7650	3.8211
	15	15	−0.6341	15.9740	15.7583	9.3464
	20	20	−0.2147	23.0801	22.7612	16.4611
	25	25	0.1745	31.6400	29.9109	23.1252
	30	30	0.6005	43.1793	38.0373	27.2554
	35	32	0.8152	50.7308	43.8461	29.0717
40	5	5	−2.1302	4.1329	4.1063	0.7346
	10	10	−1.3115	9.6481	9.6540	3.3148
	15	15	−0.8052	15.6574	15.5444	8.1733
	20	20	−0.4106	22.3370	22.0029	14.7640
	25	25	−0.0621	29.9936	29.0737	21.9022
	30	30	0.2805	39.2495	37.0407	28.0089
	35	35	0.6712	51.7923	44.6562	31.3983
	40	36	0.7661	56.4923	49.6000	30.7879
45	5	5	−2.2541	4.1173	4.1239	0.6744
	10	10	−1.4447	9.5662	9.6359	2.9352
	15	15	−0.9505	15.4292	15.3809	7.1080
	20	20	−0.5723	21.8277	21.6794	13.1597
	25	25	−0.2478	28.9536	28.7443	20.3422
	30	30	0.0556	37.1411	36.0339	27.4524
	35	35	0.3655	47.0695	44.1186	32.7720

附表 6.4(续 1)

n	r	s	$E(Y_{r,n})$	$nk_{r,n}$	$\bar{l}_{r,n}^{-1}$	$\widetilde{A}_{r,n}^{-1}$
45	40	40	0.7298	60.5849	51.7692	35.8398
	45	41	0.8195	65.4982	56.6600	36.9470
50	5	5	−2.3643	4.1050	4.0813	0.6176
	10	10	−1.5621	9.5027	9.5391	2.6187
	15	15	−1.0769	15.2566	15.2948	6.4058
	20	20	−0.7105	21.4553	21.4306	11.9106
	25	25	−0.4018	28.2300	27.9526	18.8016
	30	30	−0.1216	35.7878	34.9607	25.9730
	35	35	0.1503	44.4897	42.0968	32.4741
	40	40	0.4360	55.0710	50.0075	37.2222
	45	45	0.7794	69.5326	57.6127	39.7581
	50	45	0.7794	71.2361	61.7333	38.7161
60	5	5	−2.5538	4.0867	4.0561	0.5375
	10	10	−1.7621	9.4107	9.4742	2.2245
	15	15	−1.2895	15.0127	15.2132	5.2356
	20	20	−0.9385	20.9459	21.1071	9.7600
	25	25	−0.6497	27.2823	27.3182	15.7164
	30	30	−0.3959	34.1233	34.0252	22.6606
	35	35	−0.1615	41.0183	41.1733	30.2213
	40	40	0.0651	50.0041	48.1968	36.8179
	45	45	0.2958	59.6943	55.9415	42.8336
	50	50	0.5474	71.5323	63.6767	46.5139
	55	54	0.7883	84.0292	69.8104	47.7899
	60	54	0.7883	85.9852	74.5834	46.5541
70	5	5	−2.7130	4.0739	4.1121	0.4899
	10	10	−1.9285	9.3472	9.3895	1.9263
	15	15	−1.4642	14.8483	14.9140	4.4272
	20	20	−1.1231	20.6127	20.7771	8.2656
	25	25	−0.8462	26.6857	26.8127	13.4085
	30	30	−0.6072	33.1268	33.1240	19.7158
	35	35	−0.3917	40.0166	39.8446	26.6711

附表 6.4(续 2)

n	r	s	$E(Y_{r,n})$	$nk_{r,n}$	$\bar{l}_{r,n}^{-1}$	$\widetilde{A}_{r,n}^{-1}$
70	40	40	−0.1902	47.4683	47.0215	33.8243
	45	45	−0.0046	55.6493	54.1300	40.6409
	50	50	0.1998	64.8256	61.4814	46.9879
	55	55	0.4042	75.4596	69.2775	51.6272
	60	60	0.6328	88.5017	77.0559	54.9542
	65	63	0.7947	98.5759	82.0139	55.5613
	70	63	0.7947	100.7375	87.3208	54.2294
80	5	5	−2.8803	4.0644	4.0535	0.4436
	10	10	−2.0710	9.3008	9.2169	1.7012
	15	15	−1.6127	14.7300	14.6884	3.8813
	20	20	−1.2785	20.3774	20.4906	7.0765
	25	25	−1.0096	26.2742	26.4038	11.4793
	30	30	−0.7800	32.4593	32.4391	16.9678
	35	35	−0.5759	38.9828	38.6529	23.4476
	40	40	−0.3886	45.9101	45.4172	30.5262
	45	45	−0.2118	53.3300	52.5149	37.6273
	50	50	−0.0408	61.3673	60.1435	45.0123
	55	55	0.1292	70.2068	67.2209	51.5079
	60	60	0.3035	80.1418	75.4894	56.9424
	65	65	0.4875	91.6858	83.0441	60.9541
	70	70	0.7013	105.8896	90.7366	63.4992
	75	72	0.7995	113.1574	94.0196	63.5333
	80	72	0.7995	115.4918	99.6299	62.1239
90	5	5	−2.9710	4.0570	4.0026	0.4083
	10	10	−2.1957	9.2653	9.2442	1.5548
	15	15	−1.7416	14.6407	14.7053	3.4746
	20	20	−1.4127	20.2023	20.2513	6.2119
	25	25	−1.1495	25.9728	26.1803	10.0964
	30	30	−0.9265	31.9796	32.1905	14.8844
	35	35	−0.7310	38.2567	38.1254	20.6761
	40	40	−0.5518	44.8466	44.5480	27.2403

附表 6.4(续 3)

n	r	s	$E(Y_{r,n})$	$nk_{r,n}$	$\bar{l}_{r,n}^{-1}$	$\widetilde{A}_{r,n}^{-1}$
90	45	45	−0.3861	51.8036	51.2210	34.2130
	50	50	−0.2287	59.1992	58.3339	41.8085
	55	55	−0.0762	67.1300	65.6357	49.0939
	60	60	0.0748	75.7323	72.6219	55.0370
	65	65	0.2276	85.2078	80.3136	61.6235
	70	70	0.3868	95.8769	88.7792	66.5575
	75	75	0.5592	108.3013	96.4758	69.8532
	80	80	0.7881	123.6319	103.8768	72.0130
	85	81	0.8033	127.7646	106.6492	71.6684
	90	81	0.8033	130.2474	112.6290	70.1638
100	5	5	−3.0787	4.0512	4.0412	0.3868
	10	10	−2.3065	9.2373	9.1974	1.4334
	15	15	−1.8562	14.5709	14.5193	3.1486
	20	20	−1.5308	20.0668	20.0946	5.6336
	25	25	−1.2720	25.7423	25.8717	9.0523
	30	30	−1.0539	31.6177	31.5706	13.3027
	35	35	−0.8630	37.7175	37.5472	18.5267
	40	40	−0.6911	44.0714	43.6404	24.4541
	45	45	−0.5327	50.7161	49.9376	31.2829
	50	50	−0.3841	57.6972	56.7790	38.5657
	55	55	−0.2422	65.0736	63.7424	46.1202
	60	60	−0.1045	72.9224	71.2477	53.1707
	65	65	0.0314	81.3481	78.6469	60.0175
	70	70	0.1679	90.4980	85.8402	66.1178
	75	75	0.3081	100.5904	93.8731	71.5402
	80	80	0.4558	111.9724	101.6454	75.3615
	85	85	0.6177	125.2527	110.6049	78.4972
	90	90	0.8064	141.6804	116.9546	79.3866
	95	90	0.8064	142.3913	118.8334	78.8757
	100	90	0.8064	145.0039	125.2280	77.3080

参 考 答 案

第一章

1. (1)a,c (2)c (3)d (4)b (5)a (6)d (7)b (8)b
   (9)b (10)a (11)b (12)c,d (13)b,c (14)a,c (15)a,c (16)b,c

2. (1)2/3； (2)3/4

3. $\text{Exp}(\lambda)$

4. 1662 小时

5. (1)0.0007466； (2)0.9352

6. $c = \dfrac{1}{2(n-1)}$

8. $\hat{\mu} = \bar{x}$，无偏估计

9. $\hat{\mu} = x_{(1)}, \hat{\theta} = \bar{x} - x_{(1)}$

10. $\hat{\lambda} = \dfrac{\alpha}{\bar{x}}, AN(\lambda, \lambda^2/n\alpha)$

11. 在显著性水平 $\alpha = 0.05$ 下当日包装机工作正常

12. 在显著性水平 $\alpha = 0.05$ 下初速有显著降低

13. 在显著性水平 $\alpha = 0.05$ 下该道工序对提高参数值有用

14. (1)1.33； (2)0.4； (3)0.1151； (4)主要问题是过程均值与规范中心相距较远

15. $P_p = 0.7075, P_{pk} = 0.4846$

第二章

1. 不合个数：A 类为 6 个，B 类为 7 个，C 类为 3 个；不合格品数：A 类为 6 个，B 类为 4 个，C 类为 1 个。

2. 1,0.9,0.5838,0.3304

3. 1,0.9831,0.7358,0.3917

4. (1)104,1336,3049； (2)0.0098,0.0383,0.0392

5. 14.7

6. (105,4)

7. 正常、加严、放宽一次计数调整型方案分别为(80,1),(125,1),(32,0)

8. 正常、加严、放宽一次计数调整型方案分别为(13,30),(13,27),(5,14)

9. 2,0,2,4,6,8,10,12,14,16,18,20,22,24,26,28,30,32

10. 3,6,0,3,6,9,0,3,6,9,12,15,18,21,24

11. $(n, k_U) = (4, 0.004562\%)$

12. $(n, k_L) = (4, 41.44\%)$

13. $(n, k) = (6, -0.672)$

14. $d_n \leqslant 0.0726n - 0.9066$ 接收，$d_n \geqslant 0.0726n + 1.1641$ 拒收，其他为继续抽检。

第三章

1. (1)$\bar{x}$ 图：UCL=49.55,CL=49.505,LCL=49.46；s 图：UCL=0.064,CL=0.031,LCL=0；过程受控；
   (2)$\bar{x}$ 图：UCL=49.55,CL=49.505,LCL=49.46；R 图：UCL=0.162,CL=0.077,LCL=0；过程受控；
   (3)从 $\bar{x}-s$ 图求得 $C_p = 0.99, C_{pk} = 0.93$；从 $\bar{x}-R$ 图求得 $C_p = 0.97, C_{pk} = 0.92$。

2. Me 图：UCL=7.505,CL=11.467,LCL=15.429；R 图：UCL=12.125,CL=5.733,LCL=0；过程受控；

$C_p=0.61, C_{pk}=0.60$。

3. 单值图 UCL=4.455, CL=3.45, LCL=2.445, 移动极差图 UCL=1.234, CL=0.378, LCL=0; 过程受控。

4. (1) np 图 UCL=9.81, CL=3.96, LCL=0; (2) 过程受控。

5. (1) c 图 UCL=66.25, CL=45.92, LCL=25.59; (2) 过程不受控, 其中第 4、13 组超上限, 第 5、11 组低于下限, 要分析超上限的原因, 总结低于下限的经验。

6. 用 C1 方案, 若取 $p_1=0.9\%, p_0=0.6\%$, 那么每半小时抽 160 个产品进行检验, $h=5, k=3$。

7. 除第 22 组数据过低外, 过程基本受控。

8. 过程受控。

第四章

1. $S_e=28, S_A=40, S_T=68, f_e=12, f_A=2, f_T=14$

2. $f_T=25, f_A=3, f_e=22$

3. $S_e=20.5, \hat{\sigma}^2=2.5625$

4. 在显著性水平 0.05 上因子 A 是显著的。

5. (1) 在显著性水平 0.05 上三类人员的测验平均分有显著差异; 且三类人员中任两类的测验平均分在 $\alpha=0.05$ 水平上都有显著差异;
   (2) [83.38, 95.02];
   (3) 可以认为方差相等。

6. (1) 在显著性水平 0.05 上三种贮藏方法的含水率有显著差异, 多重比较表明仅 μ_2 与 μ_3 之间有显著差异;
   (2) 三种储藏方法的平均含水率的 0.95 置信区间分别为: [7.11, 8.85], [5.50, 7.76], [8.00, 10.26];
   (3) 可以认为方差相等。

7. 在显著性水平 0.05 上四个观察点上 SO_2 的平均含量有显著差异。

8. (1) 在显著性水平 0.05 上诸实验室的测定值的均值有显著差异;
   (2) $\hat{\sigma}^2=0.0181, \hat{\sigma}_a=0.0169$。

9. (1) 在显著性水平 0.05 上两个因子及其交互作用对扭矩都有显著影响;
   (2) A_2B_1 条件下扭矩最大, 该条件下平均扭矩的估计为 34.7。

10. (1) 在显著性水平 0.05 上因子 A 与 B 对合金强度都有显著影响;
    (2) 在 A_3B_4 条件下强度达到最大, 其平均强度的估计为 73.06。

11. (1) $\begin{cases} y_{ij}=\mu+a_i+b_j+\varepsilon_{ij}, i=1, 2\cdots, r, j=1, 2, \cdots, b \\ a_1+a_2+a_3+a_4=0, b_1+b_2+b_3+b_4=0 \\ \text{诸 } \varepsilon_{ij} \text{ 相互独立同分布} \sim N(0, \sigma^2) \end{cases}$;
    (2) $\hat{a}_1=-0.5, \hat{a}_2=-0.25, \hat{a}_3=-1.75, \hat{a}_4=2.5$,
    $\hat{b}_1=-2.25, \hat{b}_2=-2.00, \hat{b}_3=1.00, \hat{b}_4=3.25$;
    (3) 在显著性水平 0.05 上区组与处理间都有显著差异;
    (4) 第四种处理与前三种处理间都有显著差异, 而前三种处理间无显著差异。

第五章

1. (1) 因子从主要到次要的次序为: A, C, B, 最好水平组合为 $A_3B_2C_2$;
   (2) 在显著性水平 0.05 上因子 A 是显著的;
   (3) 最好水平组合为 $A_3B_2C_2$, 平均收率为 85.3%, 置信水平为 0.95 的置信区间是 [78.27, 92.39]。

2. (2) 在显著性水平 0.05 上因子 A 与交互作用 $A \times C$ 是显著的, 在显著性水平 0.10 上因子 B 是显著的;
   (3) 最佳水平组合是 A_2BC_1, 平均棉粒结数的 0.90 的置信区间是 [0.104, 0.196]。

4. 在显著性水平 0.05 上因子 A、C、D、E、F、G 都是显著的, 收缩率最小的水平组合是 $A_1BC_2D_1E_1F_2G_2$。

9. (1) 在将因子均方小于误差均方的项并入误差项后, 在 0.05 水平上因子 B 是显著的;
   (2) 使平均硬度最小的水平组合是 B_2, 其平均硬度的估计值是 30.7, 0.95 的置信区间是 [29.64,

31.76]。
10. (1)在 0.05 水平上因子 C 是显著的；
    (2)使酸洗时间最短的水平组合是 C_3，其平均时间的估计值是 20.33，0.95 的置信区间是 [13.42, 27.24]。
11. (1)在 0.10 水平上因子 D 是显著的；
    (2)使盐耗率最低的水平组合是 D_2，其平均盐耗率的估计值是 141.5，0.95 的置信区间是 [131.1, 151.9]。
12. (1)在 0.05 水平上因子 V, Mn, C 是显著的；
    (2)使性能达到最小的水平组合是 $V_1 Mn_1 C_1$，其平均性能的估计值是 51.69，0.95 的置信区间是 [44.08, 59.30]。
13. 最佳水平组合取 $A_1 B_2 C_2 D_3$。
14. 最好水平组合是 $A_1 B_3 C_2 D_1$。
15. (2)在显著性水平 0.10 上 A 与 C 是显著的。

第六章

1. (1)稳定条件取 $\alpha=35°$，F 不显著；
   (2)调节因子为 F，在 $\alpha=35°$ 与 $F=7.9$ 下，可使 $\bar{y}=149.89$，$s=31.14$，$\eta=13.63$。
2. 最好的水平组合是 $AB_3 C_3$，其中因子 A 的水平任意。内表中第 3 号试验条件是 $A_1 B_3 C_3$，此时 $\eta=24.53$，$\bar{y}=976.34$。
3. 使信噪比最大的水平组合是 $AB_1 C_1 D$，其中因子 A 与 D 的水平任意。内表中 $A_1 B_1 C_1 D_1$ 对应的 $\eta=16.1845$ 是最大的，对应的粗糙度为 0.162 与 0.148 也是最小的。
4. 在牵拉强度上，稳定性较好的生产条件是 $B_1 E_2 G_1$；在延伸率上，稳定性较好的生产条件是 $E_2 G_1$；在热变化率上，稳定性较好的生产条件是 $A_2 C_1 D_2 E_1 F_2 G_2$；综上，在稳定性要求下，最佳搭配是 $A_2 B_1 C_1 D_2 EF_2 G$，其中 E 与 G 对三个指标的影响不一致，取 $E_2 G_1$ 对牵拉强度与延伸率有利，取 $E_1 G_2$ 对热变化率有利。这种矛盾在多指标场合常会发生，只能根据实际情况选择折中方案使用。
5. $\eta_1=5.7276$ (db)，$\eta_2=3.6713$ (db)，磅秤 A_1 的测量精度比 A_2 高。
6. 内表各号试验的信噪比 η 和灵敏度 γ 如下表：

序号	η	γ	序号	η	γ
1	14.602	0.0738	10	12.894	0.0115
2	13.954	−0.0087	11	12.903	−0.0445
3	13.195	−0.0047	12	13.493	0.0795
4	14.672	0.0748	13	12.729	−0.0202
5	13.973	0.0622	14	12.592	0.0175
6	8.787	−0.0732	15	13.088	0.0909
7	19.706	0.1254	16	15.615	−0.0405
8	16.992	−0.1070	17	19.733	0.1490
9	13.772	0.0671	18	12.479	−0.0548

η 的方差分析表明：因子 P 与 I 是显著的，取 $P_3 I_1$ 为宜；γ 的方差分析表明：因子 D 是显著的，取 D_1 为宜。综上，使波动最小的水平组合是 $VP_3 I_1 D_1 t$，其中 V 与 t 的水平可任取。

第七章

1. (1) 0.941；(2) $\hat{y}=35.2393+84.3975x$；(3)在 0.05 水平上方程是显著的；
   (4) $\hat{\beta}_0 \sim N(\beta_0, 0.1142\sigma^2)$，$\hat{\beta}_1 \sim N(\beta_1, 3.3069\sigma^2)$，两者的相关系数是 −0.67；
   (5) $\hat{\beta}_0$ 的标准误是 1.51，$\hat{\beta}_1$ 的标准误是 8.11；

(6) $\hat{y}_0 = 47.90$, 0.95 的置信区间 $[45.47, 50.33]$, 0.95 的预测区间是 $[38.03, 57.77]$。

2. (2) $\hat{y} = 6.283 + 0.183x$; (3) 在 0.05 水平上方程是显著的；(4) $[9.04, 9.38]$。

3. (1) $[1.457, 1.593]$; (2) x 应控制在区间 $(845, 873)$ 中。

4. (1) $\hat{y} = -0.3849 + 0.3480x$; (2) 在 0.05 水平上回归方程拟合是好的，并且是显著的。

5. (1) $\hat{y} = 390.1378 e^{-0.2179t}$; (2) $R^2 = 0.9683$, $s = 17.6707$;
(3) $\hat{y} = 606.7153 t^{-1.1746}$，对应的 $R^2 = 0.4142$, $s = 75.9787$，(1) 中的方程为好。

6. (2) $\hat{y} = 209.87 + 0.292x_1 - 87.65x_2$; (3) 在 0.05 水平上方程是显著的；
(4) 在 0.05 水平上每一回归系数也是显著的；(5) 0.94；
(6) $\hat{y}_0 = 166$, Ey 的 0.95 置信区间 $[150.62, 181.38]$，概率为 0.95 的预测区间 $[111.92, 220.08]$。

第八章

1. (1) $x_1 = \dfrac{z_1 - 100}{30}$, $x_2 = \dfrac{z_2 - 170}{30}$; (2) $z_1 = 109$ 分, $z_2 = 176$°C。

2. (1) $\hat{y} = 380.25 - 6.74 z_1$; (2) 在区域中心一次回归方程不合适。

3. (2) $\hat{y} = 259.5 + 0.82 z_1 - 84.5 z_2 - 0.40 z_1 z_2$; (3) 模型是合适的,方程是显著的；
(4) 在显著性水平 0.05 上各系数都显著的回归方程是 $\hat{y} = 158.05 + 0.34 z_1$；
(5) 可在 $z_1 = -217.5 + 0.85k$, $k = 1, 2, 3, \cdots$ 等点上进行试验。

5. 用编码值表示的回归方程：
$\hat{y} = 0.431 + 0.078 x_1 - 0.086 x_2 + 0.108 x_3 - 0.019 x_1 x_2 + 0.027 x_1 x_3 - 0.007 x_1^2 - 0.035 x_3^2$

第九章

1. $R(0) = 1$, $R(24) = 0.4714$, $R(72) = 0.2881$, $R(120) = 0.1738$, $R(168) = 0.0976$, $R(216) = 0.0476$, $R(264) = 0.0071$

2. $\lambda(4) = 0.00293$, $\lambda(12) = 0.00149$, $\lambda(20) = 0.00067$, $\lambda(28) = 0.00033$

3. $R(300) = 0.9221$, $R(900) = 0.7841$

4. $R(t) = \exp(-ct^2/2)$, $t > 0$; $f(t) = ct \cdot \exp(-ct^2/2)$, $t > 0$

5. $R(1000) = 0.7788$, $\lambda(1000) = 5 \times 10^{-4}$

6. $\hat{\theta} = 511.43$, $\hat{\theta}_L = 339.92$

7. $\hat{\theta}_1 = 9212$, $\hat{\theta}_2 = 4606$, $\hat{\theta}_3 = 3071$, $\hat{\theta}_4 = 2303$, $\hat{\theta}_5 = 1842$
   $\hat{\theta}_{1L} = 2368$, $\hat{\theta}_{2L} = 1731$, $\hat{\theta}_{3L} = 1379$, $\hat{\theta}_{4L} = 1152$, $\hat{\theta}_{5L} = 993$

9. $\hat{\eta} = 108.4056$, $\hat{m} = 1.0766$, $\hat{R}(50) = 0.6475$

10. $\hat{\eta} = 250.0273$, $\hat{m} = 1.0421$, $\hat{\theta} = 246.1$

第十章

1. 偏倚 $= -0.01$, 变差 $PV = 0.095$。

2. 偏倚 $= -0.204 + 0.0490x$, 回归方程显著, 其斜率显著不为 0。

3. $EV = 5.253$, $AV = 0.4455$, $\%GRR = 31.54\%$。

4. $\%GRR = 58.08\%$。

5. $\kappa = 0.9298$, 一致性优秀。

参 考 文 献

[1] 魏宗舒等.概率论与数理统计教程.高等教育出版社,1983.
[2] 茆诗松等.数理统计.华东师范大学出版社,1990.
[3] 傅权等.基本统计方法教程.华东师范大学出版社,1989.
[4] 方开泰等.数理统计与标准化.技术标准出版社,1981.
[5] 林修齐等.全面质量管理的组织与推行.上海科学技术出版社,1987.
[6] 上海质量管理协会.质量体系中的统计技术.上海科学技术出版社,1997.
[7] 中国科学院数学研究所统计组.抽样检验方法.科学出版社,1973.
[8] 马毅林等.工业产品抽样检验方法.机械工业出版社,1984.
[9] 刘光庭.质量检验.北京理工大学出版社,1990.
[10] 马毅林等.产品质量抽样检验.中国标准出版社,1997.
[11] 王淑君.生产过程质量控制.中国标准出版社,1997.
[12] 茆诗松.统计过程控制.上海质量,1997(3)—1998(8).
[13] 美国克莱斯勒、福特和通用汽车公司.天津汽车研究所译.Statistical Process Control, Reference Manual. 1995(第二版,内部读物).
[14] S. Kotz & N. L. Johnson. Process Capability Indices. Chapman & Hall, 1993.
[15] 上海科技交流站.正交试验设计法.上海人民出版社,1975.
[16] 北京大学数学力学系概率统计组.正交设计法.石油化学工业出版社,1976.
[17] 机械电子工业部质量安全司.最新质量统计技术及其应用.机械工业出版社,1992.
[18] 王万中等.试验的设计与分析.华东师范大学出版社,1997.
[19] 王金玉.半正态概率纸的构造及其应用.数理统计与管理,1993(5).
[20] 茆诗松等.回归分析及其试验设计.华东师范大学出版社,1986.
[21] 中国现场统计研究会三次设计组.正交法和三次设计.科学出版社,1987.
[22] 何悌.质量管理国际标准的统计技术.中国标准出版社,1995.
[23] 纳特雷拉.毛镇道等译.实验统计学.上海翻译出版公司,1990.
[24] 周纪芗.回归设计.上海质量,1996(11)—1997(2).
[25] 许守群.超声波换能器优化设计.数理统计与管理,1989(6).
[26] 茆诗松.参数设计.上海质量,1995(10)—1996(3).
[27] M. S. Phadke. Quality Engineering Using Robust Design. AT&T Ball Laboratories, 1989.(黎正中译.稳健设计之品质工程.台北图书有限公司,1993.)
[28] 茆诗松等.可靠性统计.华东师范大学出版社,1984.
[29] 茆诗松等.加速寿命试验.科学出版社,1997.
[30] 中国电子技术标准化研究所.可靠性试验用表.国防工业出版社,1987.
[31] 邓勃.分析测试数据的统计处理方法.清华大学出版社.1995.
[32] 美国克莱斯勒、福特和通用汽车公司.天津汽车研究所译.Measurement System Ananlysis, Reference Manual. 1995(第二版,内部读物).

[33] 茆诗松等. 概率论与数理统计(第三版). 中国统计出版社. 2007.

[34] 茆诗松等. 试验设计. 中国统计出版社. 2004.

[35] Andrew Sleeper. Design for Six Sigma Statistics. McGraw Hill，2006.

[36] 上海质量管理科学研究院. 六西格玛核心教程. 黑带读本(修订版). 中国标准出版社，2006.